lonely planet

L'essentiel du
Japon

W0280182

Pour découvrir le meilleur du Japon

Édition écrite et actualisée par

Chris Rowthorn,
Ray Bartlett, Andrew Bender, Laura Crawford,
Craig McLachlan, Rebecca Milner, Simon Richmond,
Benedict Walker, Wendy Yanagihara

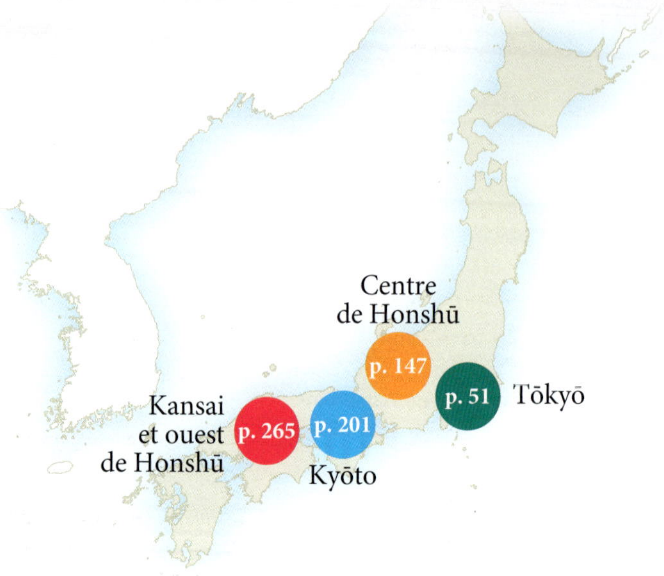

Tōkyō

- Le Meiji-jingū
- Shibuya
- Le marché de Tsukiji
- Nikkō
- Kamakura

Centre de Honshū

- Kanazawa
- Takayama
- Route alpine Tateyama-Kurobe
- Kamikōchi
- Tsumago et Magome

Kyōto

- Arashiyama
- Le Nanzen-ji
- Le Kiyomizu-dera
- Le Kinkaku-ji
- Le Fushimi Inari-taisha

Sommaire

Avant le départ

Sur la route

Kansai et ouest
e Honshū

ne pas manquer 268

Le Nara-kōen

Les onsen de Kinosaki

Hiroshima

Naoshima

Miyajima

Sommaire

Sur la route

En savoir plus

Carnet pratique

Quelques mots sur le Japon

Le Japon est un monde à part, un archipel où s'est développée une civilisation unique. Il reste aujourd'hui une terre de contrastes, entre tradition et modernité, une terre spirituelle, chaleureuse et accueillante.

La culture japonaise déborde de richesses. De la splendeur d'une danse de geisha de Kyōto à la beauté épurée d'un jardin minéral zen, le Japon saura envoûter le plus blasé des voyageurs.

Le Japon offre un exotisme et un dépaysement accessibles. Un séjour dans un *ryokan* (auberge traditionnelle), un repas de poisson cru dégusté assis en kimono sur un tatami ou un bain dans un *onsen* (source chaude) bouillonnant sont autant de manières de succomber à la fascination de la civilisation nippone.

La cuisine japonaise constitue également un attrait de taille – voire une raison suffisante pour visiter l'archipel ! Offrez-vous un repas dans un établissement de sushis haut de gamme de Tōkyō pour vous rendre compte de l'excellence japonaise. L'attention portée au moindre détail, le génie de la présentation et la sélection impitoyable des meilleurs ingrédients sont les composantes d'une gastronomie qui modifiera probablement votre perception des limites du possible en matière d'art culinaire.

Les merveilles de la nature japonaise restent un secret bien gardé. Les Alpes japonaises et Hokkaidō offrent des possibilités de randonnée de premier ordre, et, grâce à l'excellent réseau de refuges, on peut marcher plusieurs jours simplement avec son sac à dos. Dans les récifs de corail d'Okinawa, au sud, vous vous demanderez si vous n'avez pas été transporté par miracle en Thaïlande. Au Japon, la pleine nature n'est jamais très loin : même depuis des grandes villes comme Kyōto, il suffit de quelques minutes pour être au cœur de montagnes boisées.

> « Le Japon saura envoûter le plus blasé des voyageurs »

Maiko (apprentie geisha) à Gion (p. 225)

Japon

CHINE
RUSSIE
Shànghǎi
Níngbō
Pǔtuóshān
CHINE
Amakusa-shotō
Kyūshū
Kagoshima
Tanegashima
Yakushima
30°N
125°E
130°E
Tokara-shotō
Mer de Chine orientale
Amami
Amami-shotō
Okushiri
OCÉAN PACIFIQUE
Okinawa City
Nago
Naha
Okinawa-hontō
Taipei
TAIWAN
Hirara
Miyako-shotō
Ishigaki
Yaeyama-shotō
25°N
0
400 km
Tropique du Cancer
Sado-ga-shima
SÉOUL
Niigat
CORÉE DU SUD
Mer du Japon
Oki-shotō
1
12
19
21
25
Toyama
Naga
Kanazawa
9
18
Matsumo
4
Fukui
7
Kamikōc
Matsue
Kinosaki
Kōfu
Izumo
2
Gifu
11
Mt Fuji
Tottori
Kyōto
Nagoya
15
Tsu-shima
Hamada
Himeji
Ōsaka
Shizuoka
Okayama
Nara
Tsu
Hiroshima
13
Kōbe
Naoshima
22
10
Ise
17
Takamatsu
Koya-san
8
Shimonoseki
Wakayama
Kitakyūshū
Tokushima
Fukuoka
Matsuyama
Shingū
Beppu
Shikoku
Kōchi
Usuki
Aso-san
Nagasaki
Kumamoto
Voir encart
Kyūshū
Miyazaki
Kagoshima
130°E
135°E

25 expériences incontournables

1. Les temples et les jardins de Kyōto
2. Les *onsen*
3. La cuisine japonaise
4. Une nuit dans un *ryokan*
5. Le *hanami*
6. Le marché de Tsukiji à Tōkyō
7. Une randonnée dans les Alpes japonaises
8. Le Tōdai-ji de Nara et son Daibutsu (Grand Bouddha)
9. Le Kenroku-en à Kanazawa
10. Le Kōya-san
11. La randonnée de Magome à Tsumago
12. Les danses de geishas à Kyōto
13. Naoshima
14. Le mont Fuji
15. Les châteaux
16. Le sumo
17. Hiroshima
18. Kamikōchi
19. Le marché de Nishiki à Kyōto
20. L'architecture moderne à Tōkyō
21. Le kabuki
22. Le quartier de Dōtombori à Ōsaka
23. Le ski
24. Shopping à Tōkyō
25. La bambouseraie d'Arashiyama

25 expériences incontournables

Les temples et les jardins de Kyōto

Kyōto compte plus de 1 000 temples : vous devriez bien trouver celui qui correspond à vos goûts. Si vous aimez les choses imposantes et clinquantes, vous apprécierez l'éclatante splendeur du Kinkaku-ji (p. 232). Si vous préférez le *wabi-sabi* (paix et sobriété) au rococo, en revanche, la tranquillité du Hōnen-in (p. 227) ou du Shōren-in (p. 220) vous conviendra davantage. Sachez que les jardins des temples sont parmi les plus beaux qui soient : vous en trouverez des magnifiques au Ginkaku-ji (p. 230), au Ryōan-ji (p. 232) et au Tōfuku-ji (p. 237). Ci-dessous : le Ginkaku-ji

1

JOHN ELK / GETTY IMAGES ©

2

Les onsen

Rien de tel que de s'immerger dans le bassin d'un *onsen* (bain naturel alimenté par une source chaude) : on pousse alors un soupir de bien-être et de bonheur ! Avec un peu de chance, le bas se trouve en plein air et il y a un joli petit cours d'eau juste à côté. Les Japonais ont transformé la pratique du bain en une sorte de religion populaire. À travers tout le pays, on peut s'adonner à ce rituel des plus relaxants. Pour un *onsen* traditionnel, rendez-vous à Kinosaki (p. 309).

La cuisine japonaise

Dans ce paradis des fines bouches, la cuisine (p. 376) est merveilleusement savoureuse et variée, depuis les sushis incroyablement frais du marché au poisson de Tsukiji, jusqu'aux brochettes de poulet grillé servies sous la voie ferrée à Yūrakuchō. À Tōkyō, vous pourrez très bien passer un mois sans manger deux fois la même chose et en appréciant un type de cuisine japonaise différent chaque soir. Quand vous rentrerez chez vous, les plats des restaurants japonais risquent fort de vous paraître bien insipides. Il ne vous restera alors qu'une solution : repartir dans l'archipel ! Ci-dessous : sushis

3

Les meilleurs…

Onsen (sources chaudes)

KINOSAKI
Cette ville thermale nippone classique fait un sans-faute : pittoresque et accueillante, elle est remplie de bons *ryokan*. (p. 309)

KAYŌTEI
Cet excellent *onsen* est situé dans un *ryokan* de la préfecture d'Ishikawa, à 3 heures en train de Kyōto. (p. 198)

SHIN-HOTAKA ONSEN
Shin-Hotaka Onsen est une belle station thermale au pied de la partie nord des Alpes japonaises. (p. 168)

KURAMA ONSEN
À moins d'une heure de Kyōto en train, on se sent pourtant loin de tout dans cet *onsen* pittoresque. (p. 240)

Les meilleurs…

Ryokan (auberges traditionnelles)

TAWARAYA
Le Tawaraya, à Kyōto, forme un monde à part – que vous risquez de ne plus avoir envie de quitter. (p. 245)

HIIRAGIYA
Le Hiiragiya est un concurrent sérieux du Tawaraya pour le titre de "meilleur *ryokan* de Kyōto". (p. 246)

BENIYA MUKAYŪ
Cette retraite du centre de Honshū propose des séances relaxantes de yoga le matin et des bains extérieurs privatifs en cyprès. (p. 198)

NISHIMURAYA HONKAN
Il suffit de pénétrer dans l'élégante cour intérieure du Nishimuraya Honkan pour comprendre qu'une expérience spéciale est au rendez-vous. (p. 311)

LONELY PLANET / GETTY IMAGES ©

4 Une nuit dans un ryokan

Manger dans sa chambre ; passer la journée à paresser en kimono ; contempler un jardin en barbotant dans un bassin ; ne pas lever le petit doigt – sauf peut-être pour manger : cela vous tente ? Offrez-vous une nuit dans un excellent *ryokan*, comme l'un de ceux qui se trouvent près des *onsen* de la préfecture d'Ishikawa (p. 188). Bien avant l'industrie des spas, les Japonais savaient déjà ce qu'était un centre de bien-être. Tous les *ryokan*, du plus modeste au plus luxueux, vous donneront une idée du mode de vie traditionnel japonais.

En haut à gauche : le *ryokan* Tawaraya (p. 245)

TOM BONAVENTURE / GETTY IMAGES ©

5 Le hanami

Au printemps, le Japon n'est que réjouissances quand vient le temps du *hanami* (contemplation des cerisiers en fleur). Les Japonais investissent alors les parcs, apportant en-cas, bière et saké, pique-niquent sous les arbres, discutent, font connaissance. Il ne tient qu'à vous de vous mêler à la fête (p. 61), par exemple à l'Ueno-kōen, à Tōkyō. En bas à gauche : Meguro-gawa (p. 61)

Le marché de Tsukiji à Tōkyō

6

Toutes les variétés de poissons et de fruits de mer possibles et imaginables sont en vente au marché de Tsukiji (p. 66). Le plus grand marché au poisson du monde témoigne du goût des Japonais pour les produits de la mer. Même si vous ne souhaitez pas vous lever aux aurores pour assister à la criée au thon, le Tsukiji est une étape incontournable dans la capitale.

7

Une randonnée dans les Alpes japonaises

Véritable antidote à la frénésie qui anime les grandes villes de l'archipel, les Alpes japonaises (p. 164) offrent l'un des paysages les plus spectaculaires de Honshū. On peut facilement passer une semaine à marcher sac au dos, de refuge en refuge, sans jamais cesser d'être ébahi par la splendeur de ce massif ponctué de hauts sommets.

Le Tōdai-ji de Nara et son Daibutsu (Grand Bouddha)

Au Tōdai-ji (p. 297), célèbre temple de Nara, arrêtez-vous un instant avant d'entrer dans le grand pavillon. Puis, sans regarder en l'air, pénétrez à l'intérieur. Faites alors le vide en vous et levez les yeux vers le Grand Bouddha : on peut presque sentir l'énergie irradier de cette colossale statue, plus grande réalisation en bronze au monde du Bouddha cosmique. À n'en pas douter, l'une des révélations les plus marquantes d'un voyage au Japon. Ci-dessous : le Daibutsu

8

Les meilleurs... Endroits où manger

TŌKYŌ
Tōkyō, qui détient le record de restaurants étoilés dans le monde, est une ville de choix pour la gastronomie. (p. 99)

KYŌTO
Kyōto est l'endroit idéal pour goûter à la cuisine japonaise traditionnelle, sous la forme du *kaiseki* (repas gastronomique japonais). (p. 248)

NAGASAKI
Nagasaki a toujours été une porte ouverte sur le reste de l'Asie. Sa cuisine est parfumée de saveurs du continent. (p. 349)

ŌSAKA
Cette ville, dont la devise est "*kuidaore*" (manger jusqu'à en tomber), est naturellement le paradis des gourmands. (p. 283)

Le Kenroku-en à Kanazawa

Entretenu pendant plus de 200 ans par la famille Maeda, dans le domaine du château de Kanazawa-jō, le Kenroku-en (p. 193) est l'un des trois plus beaux jardins du pays. On dit qu'il possède les six attributs d'un paysage parfait. Promenez-vous au fil des chemins sinueux, des ponts arqués et des fontaines, traversez ses petits bois de pruniers et de pins, et admirez ses grands attraits : son cerisier, le Kikuzakura du Kenroku-en, et l'emblématique lanterne en pierre Kotoji-tōrō, à côté de l'étang Kasumiga-ike. Pour parachever la visite, rien de tel qu'un thé vert au Shigure-tei.

9

Les meilleures... Villes pour voir des temples, des sanctuaires et des jardins

KYŌTO

On peut passer un mois à Kyōto en visitant chaque jour un jardin, un temple et un sanctuaire différents. (p. 201)

NARA

Nara est un condensé de merveilles : certains la considèrent comme le berceau de la culture japonaise. (p. 295)

KANAZAWA

Kanazawa, qui baigne dans la culture traditionnelle, possède l'un des plus beaux jardins du Japon : le Kenroku-en. (p. 188)

TŌKYŌ

Au milieu de tout ce béton et de ces néons se trouvent quelques témoignages magnifiques du Japon d'autrefois. (p. 51)

10 Le Kōya-san

Dans le funiculaire qui grimpe jusqu'à l'ensemble monastique bouddhique sacré du Kōya-san (p. 304), on a presque l'impression de s'élever vers un autre monde. Une atmosphère sacrée émane de tout le lieu, et en particulier du vaste cimetière de l'Oku-no-in. Par des sentiers serpentant sous d'immenses cryptomerias, on parvient au pavillon principal – à ce moment-là, l'apparition d'un Bouddha semblerait la chose la plus naturelle du monde. À gauche : statues de Jizō à l'Oku-no-in, Kōya-san

11 La randonnée de Magome à Tsumago

Ville relais magnifiquement conservée du sud de la préfecture de Nagano, Tsumago (p. 184) compte plusieurs auberges en bois traditionnelles. De Tsumago, suivez l'ancienne route de Nakasendō (p. 183), qui passe par des hameaux de montagne endormis, des forêts de cèdres anciens et des chutes d'eau jusqu'au col de Magome-tōge, avant de continuer jusqu'à Magome. L'itinéraire (8 km) est jalonné de rizières, de fermes et de roues à eau, qui ont résisté au passage des ans. À droite : ancienne route de Nakasendō

JUDY BELLAH / GETTY IMAGES ©

12 Les danses de geishas à Kyōto

On ne le dira jamais assez : si vous vous trouvez à Kyōto (p. 201) à la saison des représentations de danse de geishas (au printemps et à l'automne), faites tout votre possible pour assister à l'un de ces événements (p. 256). Ces spectacles pleins de charme et des plus captivants ont quelque chose d'onirique. Il y a fort à parier qu'une fois le rideau tombé, après l'explosion finale de chants et de couleurs, les geishas continueront encore longtemps à danser dans votre tête. Ci-dessus : représentation de Kyō Odori (p. 257)

MITSUE NAGASE ©

13 Naoshima

Dans la mer Intérieure de Seto, Naoshima (p. 320) a été transformée en île-musée par la société japonaise Benesse Corporation. Paradis des amateurs d'art, elle est parsemée de musées et d'installations – même le *sento* (bain public) local a été converti en projet artistique. Vous pourrez séjourner dans une yourte, dans une auberge pittoresque ou dans l'un des musées. Il s'agit de l'une des curiosités les plus intéressantes du Japon.
À gauche : *Pumpkin*, de Yayoi Kusama

Le mont Fuji

De loin, le mont Fuji (p. 126) a tout de l'icône de carte postale. De près, le cône parfaitement symétrique du plus haut pic du Japon n'est rien moins que grandiose. Le lever du soleil depuis le sommet ? Un moment de pure magie. Intemporel et immensément vénéré, le Fuji-san est gravi chaque année par des centaines de milliers de personnes, qui perpétuent une tradition séculaire de pèlerinage. Le voyageur en quête de panoramas peut mettre ses pas dans ceux des peintres japonais qui immortalisèrent les vues du mont, en s'attaquant aux sommets voisins, moins intimidants.

14

Les meilleures... Destinations pour randonner

KAMIKŌCHI
Kamikōchi est un sanctuaire alpin sauvage, au cœur de la partie nord des Alpes japonaises. (p. 166)

TSUMAGO ET MAGOME
Dans les montagnes, la Nakasendō était l'une des cinq routes reliant Edo (actuelle Tōkyō) à Kyōto, pendant la période d'Edo. (p. 183)

TATEYAMA
Si vous souhaitez prendre de l'altitude dans les Alpes japonaises sans faire de randonnée, empruntez la route alpine Tateyama-Kurobe. (p. 186)

KYŌTO
Entourée de montagnes, la ville de Kyōto s'avère être l'un des meilleurs endroits au Japon pour la marche. (p. 206)

Les meilleures…
Expériences japonaises

KARAOKÉ
Prenez le micro lors d'une soirée karaoké entre amis, dans le pays d'origine de ce divertissement. (p. 176)

LE SHINKANSEN (TRAIN À GRANDE VITESSE)
Les amoureux du rail vont adorer le fameux *shinkansen* japonais. (p. 413)

LE HANAMI (OBSERVATION DES CERISIERS EN FLEUR)
Lorsque les *sakura* (cerisiers) fleurissent, le Japon se déchaîne. (p. 61)

LA RENCONTRE AVEC UNE GEISHA À KYŌTO
Voir une geisha se rendre à petits pas à un rendez-vous a quelque chose de magique. (p. 225)

L'ASCENSION DU MONT FUJI
Que ce soit par les fenêtres d'un *shinkansen* ou depuis un lac à sa base, la vue du Fuji est inoubliable. (p. 128)

15

Les châteaux

À voir leur silhouette gracieuse dominant les plaines, on n'imagine guère les sinistres réalités militaires ayant présidé à leur construction – les châteaux paraissent avoir été conçus davantage pour le plaisir des yeux que pour la protection des seigneurs. Si vous vous intéressez à l'histoire militaire et au monde des samouraïs et des shoguns, ces édifices vous passionneront. On en trouve à travers tout le pays, de toutes tailles, originaux ou reconstruits. Récemment restauré, le Himeji-jō (p. 318) est un incontournable.

À gauche : le Himeji-jō

Ci-dessus : un couloir du Himeji-jō

Le sumo

16

Pour les spectateurs assis au bord du cercle au Ryōgoku Kokugikan (p. 114), assister à un combat entre deux *yokozuna* (lutteurs du rang le plus élevé), c'est un peu comme voir deux montagnes s'élancer l'une vers l'autre : on sent pratiquement la terre trembler. Et même lorsqu'on est installé tout en haut, un combat de sumos reste l'un des moments forts de tout voyage au Japon. Rituel de la poignée de sel, appels incantatoires de l'arbitre, interminable période d'observation, tout cela est unique – et exclusivement japonais.

R CREATION / GETTY IMAGES ©

Hiroshima

17

La dynamique Hiroshima (p. 325) est une cité bouillonnante. À voir ses boulevards bordés d'arbres, sa population cosmopolite et sa vie nocturne enjouée, on a du mal à imaginer que la ville n'était plus qu'un champ de ruines quelque minutes après le largage de la première bombe atomique de l'Histoire. Si les monuments du par du Mémorial de la Paix évoquent ce désastre, c'est seulement lors de la visite du musée que l'effroyable réalité prend corps. Une leçon d'histoi essentielle. À gauche : dôme de Genbaku (p. 325)

Kamikōchi

Kamikōchi (p. 165), une vallée d'altitude dominée par les sommets du nord des Alpes japonaises, offre des paysages parmi les plus spectaculaires du Japon. Au départ du joli Kappa-bashi (un pont), des sentiers suivent le cours de l'Azusa-gawa à travers de paisibles forêts. Berceau de l'alpinisme japonais et porte d'accès au Yariga-take (3 180 m), Kamikōchi sert aussi de base pour de simples balades – une petite heure de marche le long de la rivière et vous voilà aux sources chaudes du secteur ! En hiver, la vallée s'explore en raquettes.

18

Les meilleurs…

Endroits pour découvrir l'histoire du Japon

KYŌTO

C'est à Kyōto, capitale du Japon pendant plus de 1 000 ans, que s'est jouée une grande partie de l'histoire japonaise. (p. 201)

NARA

Nara, qui fut la première capitale permanente du Japon, demeure un concentré de traditions nippones. (p. 295)

TŌKYŌ

Si, sur le plan historique, Tōkyō n'est rien comparée à Kyōto ou à Nara, on y trouve malgré tout de nombreux sites dignes d'intérêt. (p. 51)

HIROSHIMA

Hiroshima, qui fut le théâtre de la plus grande tragédie du pays, donne pourtant au visiteur de l'espoir en l'avenir. (p. 325)

Le marché de Nishiki à Kyōto

19

Il y a quelque chose d'étrangement agréable à visiter un marché où plus de la moitié des denrées sur les étalages vous laissent perplexe (est-ce un aliment, peut-être une épice, ou alors une sorte de décoration ?). Même lorsque l'on a passé des années au Japon, le mystère n'est pas entièrement levé. L'atmosphère traditionnelle du marché de Nishiki (p. 214) donne une idée du Japon d'avant les supermarchés.

LONELY PLANET / GETTY IMAGES ©

Les meilleurs...
Endroits pour les enfants

TŌKYŌ
La capitale plaira à tous les enfants, quels que soient leurs goûts. (p. 77)

NARA
Nara est l'une des rares cités japonaises où les parents peuvent satisfaire leur curiosité pour la culture traditionnelle sans que leurs bambins s'ennuient. (p. 295)

KYŌTO
Votre progéniture ne se passionne pas pour les jardins zen ? Il y a des tas d'autres choses pour les divertir à Kyōto ! (p. 201)

OKINAWA
Okinawa est la destination idéale pour les activités de plein air. (p. 353)

TIM HUGHES / GETTY IMAGES ©

20 L'architecture moderne à Tōkyō

Si le Japon est connu pour ses temples traditionnels, Tōkyō n'en est pas moins un véritable musée en plein air d'édifices contemporains. La capitale n'en est plus à copier la tour Eiffel, tant s'en faut, et l'on y trouve aujourd'hui des dizaines de réalisations originales et visionnaires, fruits du travail des plus grands architectes de la planète – boutiques chics d'Omote-sandō (p. 117), projets postmodernes d'Odaiba (p. 87), nouvelle armée de tours de bureaux à Marunouchi (p. 60)...

À gauche : Tokyo International Exhibition Center, Odaiba, œuvre du cabinet d'architectes AXS Satow Inc

Le kabuki

21

Peu de formes théâtrales égalent le kabuki. Que vous compreniez ou non les paroles, vous serez happé par cet univers déconcertant, coloré et dynamique, typiquement nippon. Pour en faire l'expérience, rien de mieux que l'illustre théâtre Minami-za (p. 258) de Kyōto ou le Kabuki-za (p. 113) de Tōkyō.

22

Le quartier de Dōtombori à Ōsaka

Le quartier de Dōtombori, à Ōsaka (p. 286), est une extravagance de néons, où des paons humains rôdent sous des crabes et des fugus en plastique géants, de la taille de petits avions (vous comprendrez quand vous y serez !). Laissez-vous porter par la marée humaine qui s'engouffre dans le chapelet sans fin des galeries et n'oubliez pas de vous arrêter pour déguster quelques beignets de calamar ou des sushis.

Le ski

Les voyageurs du monde entier ont enfin découvert l'un des secrets les mieux gardés du Japon : le ski. Entre les Alpes japonaises, dans le centre de Honshū (p. 147) et les massifs de Hokkaidō (p. 338), où règne un froid sibérien, vous ne regretterez pas d'avoir mis quelques pulls supplémentaires dans votre valise. Un passage rapide (et peu ruineux) dans une boutique de location de matériel et vous voilà sur les pistes, alors même qu'un *onsen* vous attend pour une expérience unique après le ski : quoi de mieux en effet qu'un bain brûlant et un saké glacé après une journée sur des pistes noires ? Ci-dessous : un skieur à Niseko (p. 338)

23

Les meilleurs…

Paradis de la culture pop

SHIBUYA

Shibuya, haut lieu de la jeunesse à Tōkyō, est aussi le paradis du shopping. (p. 73)

AKIHABARA

Akihabara ("Akiba" pour les habitants), à Tōkyō, est connu – notamment des *geeks* – pour ses boutiques d'électronique. (p. 79)

HARAJUKU

Vous avez déjà vu la photo d'une Japonaise gothique à Tōkyō ? Vous pouvez être quasi sûr qu'elle a été prise dans le quartier de Harajuku. (p. 75)

MUSÉE INTERNATIONAL DU MANGA À KYŌTO

Les *otaku* (fans de mangas, d'anime ou de jeux vidéo japonais) sont aux anges dans le merveilleux musée international du Manga de Kyoto. (p. 214)

Shopping à Tōkyō

Si quelque chose existe sur terre, on peut l'acheter au Japon. Depuis le melon à 10 000 ¥ (70 €) jusqu'aux babioles des bazars à 100 ¥, vous n'imaginez pas la diversité des produits sur le marché à Tōkyō. Après un détour par Ginza (p. 116) pour voir les célébrités faire leurs emplettes, rejoignez le commun des mortels à Shibuya (p. 116) et à Shinjuku (p. 119).

Ci-dessous : Shibuya 109 (p. 117)

Les meilleurs…

Endroits pour faire du shopping

TŌKYŌ

Si vous ne trouvez pas ce que vous cherchez dans les magasins de Tōkyō, c'est sûrement que ça n'existe pas. (p. 115)

KYŌTO

Kyōto a tout : des magasins traditionnels aux boutiques branchées, en passant par les marchés aux puces. (p. 258)

ŌSAKA

Ōsaka est une ville de marchands et donc un bon endroit pour faire du shopping ! (p. 289)

NAOSHIMA

Vous trouverez des souvenirs originaux sur l'île-musée de Naoshima, dans la mer Intérieure. (p. 320)

24

25

La bambouseraie d'Arashiyama

À l'ouest de Kyōto se trouve l'un des lieux les plus magiques (et les plus connus) du Japon : la bambouseraie (p. 233) d'Arashiyama. Ces tiges d'une hauteur qui semble infinie produisent un effet visuel totalement différent de l'impression donnée par n'importe quelle autre forêt – on sent là une présence, quelque chose qu'aucune photo ne peut saisir. Si vous avez vu le film d'Ang Lee *Tigre et Dragon*, alors vous avez une idée de ce à quoi ressemble cette bambouseraie.

Les meilleurs itinéraires du Japon

Tōkyō et ses environs
Découverte de la capitale et excursions

5 JOURS

Si votre temps est compté, pourquoi ne pas rester à Tōkyō, en prévoyant quelques excursions en dehors de la ville ? Prenez un vol pour Narita ou Tōkyō-Haneda (plus près).

1 Tōkyō (p. 51)

Logez plutôt dans un quartier bien desservi par les transports en commun : Shinjuku, Shibuya, Ginza, ou le secteur de la gare de Tōkyō. Le matin du premier jour, cap sur le marché de Tsukiji (le décalage horaire vous aidera à vous lever tôt). Ensuite, direction Asakusa pour visiter le Sensō-ji (temple), puis Ueno où se trouve le Musée national de Tōkyō. Le lendemain, prenez la ligne circulaire vers Harajuku, marchez jusqu'au Meiji-jingū, le plus beau temple shintoïste de la ville, et baladez-vous dans l'Omote-sandō (une avenue chic). Rendez-vous ensuite à Shibuya pour une immersion dans le Tōkyō moderne. Le soir, promenez-vous dans la partie est de Shinjuku, scintillante de néons.

TŌKYŌ ➔ NIKKŌ

1 heure 45 Ligne *tokkyū* (express) Tōbu Nikkō depuis la gare d'Asakusa (Tōkyō) jusqu'à Nikkō.

2 Nikkō (p. 132)

Les sites de Nikkō, inscrits au Patrimoine mondial, constituent une excursion à la journée très enrichissante. Vous y découvrirez un ensemble de temples et de sanctuaires spectaculaires, entourés d'arbres imposants.

TŌKYŌ ➔ KAMAKURA

1 heure Ligne JR Yokosuka depuis la gare de Tōkyō ou ligne Shōnan Shinjuku depuis Shinjuku, Shibuya ou Ikebukuro.

3 Kamakura (p. 143)

Même si l'on peut visiter des temples à Tōkyō, mieux vaut partir vers le sud pour se plonger dans l'ambiance du bouddhisme japonais. La ville côtière de Kamakura abrite le Daibutsu (Grand Bouddha) et de nombreux petits temples.

TŌKYŌ ➔ MONT FUJI

1 heure 45 Bus au départ du Shinjuku Highway Bus Terminal (Tōkyō) jusqu'à Kawaguchi-ko et Fuji-Yoshida (gare du mont Fuji), au pied du Fuji.

4 Mont Fuji (p. 126)

L'emblème du Japon est parfois visible depuis les gratte-ciel de Tōkyō par temps clair. Mais, pour augmenter vos chances de l'admirer, rendez-vous dans les villages au pied de la montagne (ne vous déplacez pas si le temps est nuageux, vous ne le verrez pas).

Vue sur Tōkyō depuis la Tokyo City View (p. 69)

5 JOURS

De Tōkyō à Kyōto
Quand le moderne côtoie l'ancien

Si vous disposez d'une petite semaine au Japon, prévoyez de visiter Tōkyō et Kyōto. Ces deux villes vous donneront un aperçu des deux facettes du pays, ultramoderne et délicieusement traditionnel. Passez deux jours dans chaque et ajoutez une journée à Nara (tout près de Kyōto) pour finir.

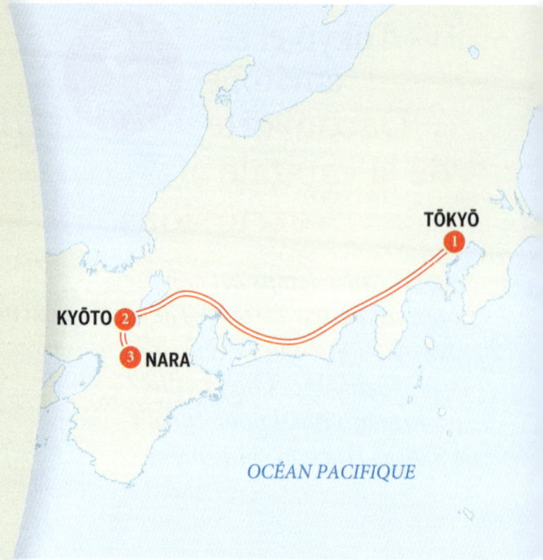

① Tōkyō (p. 51)

Vous atterrirez sûrement à Narita ou à Tōkyō-Haneda (si vous avez le choix, optez pour Tōkyō-Haneda, plus près de la ville). Choisissez un hôtel ou un *ryokan* (auberge japonaise traditionnelle) dans un quartier animé et bien desservi par les transports. Shinuku, Shibuya, Roppongi, Ginza ou le secteur de la gare de Tōkyō feront l'affaire. Levez-vous de bonne heure le premier jour pour vous rendre sur le marché de Tsukiji. Ensuite, rejoignez Shibuya ou Shinjuku, pour vous plonger dans le Tōkyō moderne. Le lendemain, allez à Asakusa pour découvrir le centre spirituel de Tōkyō : le Sensō-ji. Si vous en avez le temps, traversez la ville pour visiter le Meiji-jingū, le temple le plus important de la capitale nippone. Du Meiji-jingū, marchez jusqu'à Harajuku et l'avenue ultratendance d'Omotesandō, où de nombreuses modes japonaises voient le jour. Parmi les autres quartiers à visiter, figurent Akihabara et ses magasins d'électronique, le quartier commerçant chic de Ginza et Roppongi, réputé pour sa vie nocturne.

TŌKYŌ ➔ KYŌTO

2 heures 45 *Shinkansen* (train à grande vitesse) entre Tōkyō et Kyōto (depuis Tōkyo, asseyez-vous du côté droit du train et ouvrez l'œil pour apercevoir le mont Fuji peu après Yokohama).

② Kyōto (p. 201)

Passez le premier jour dans la partie sud du quartier de Higashiyama, où se concentrent certains des sites les plus fascinants du Japon : les temples Kiyomizu-dera, Chion-in et Shōren-in, ainsi que le parc Maruyama-kōen. Le lendemain, cap sur la partie nord de Higashiyama, où vous pourrez flâner depuis le temple Nanzen-ji jusqu'au Ginkaku-ji, le long de la promenade de la Philosophie (Tetsugaku-no-Michi). Restez une journée en ville pour explorer le marché de Nishiki et les rues commerçantes avoisinantes. Prévoyez au moins une soirée à arpenter le quartier de Gion pour avoir la chance d'apercevoir une geisha. Enfin, s'il n'est pas encore temps de repartir, rejoignez l'ouest de la ville pour visiter la région d'Arashiyama et Sagano, où vous trouverez des sites impressionnants, comme la célèbre bambouseraie et le temple Tenryū-ji.

KYŌTO ➔ NARA

45 minutes Ligne JR Nara ou ligne *tokkyū* (express) Kintetsu.

③ Nara (p. 295)

Si vous disposez d'au moins deux jours pour visiter le Kansai, envisagez de vous rendre à Nara depuis Kyōto (inutile de prévoir une nuit à Nara, très proche de Kyōto). Commencez par un moment de détente dans le superbe jardin Isui-en, puis allez admirer l'impressionnant Daibutsu (Grand Bouddha) au Tōdai-ji. Pour finir, explorez le parc Nara-kōen et grimpez jusqu'au sanctuaire de Kasuga Taisha, où règne une atmosphère particulière.

Le Kinkaku-ji (p. 232), Kyōto
KEITH LEVIT / DESIGN PICS / CORBIS ©

10 JOURS

Le Kansai
Le centre culturel du Japon

Le Kansai s'enorgueillit de la plus grande concentration de sites incontournables de tout le Japon. Si vous souhaitez découvrir un grand nombre de monuments traditionnels japonais sans perdre trop de temps dans les transports, l'idéal est de passer l'intégralité de votre séjour dans la région.

1 Kyōto (p. 201)

Kyōto constitue incontestablement la meilleure base : centrale, elle offre en outre un large éventail d'hébergements d'excellente qualité, et réunit les temples, jardins et sanctuaires les plus remarquables du pays. Si vous le pouvez, prenez un vol pour l'aéroport international du Kansai (KIX). Passez la première journée dans Kyōto à explorer le quartier de Higashiyama (parties sud et nord), puis le lendemain à flâner dans la bambouseraie de la région d'Arashiyama et Sagano.

KYŌTO ➡ ŌSAKA

Environ 45 minutes Service express *shinkaisoku* sur la ligne JR de Kyōto à Ōsaka (ou le *shinkansen* – 15 minutes – si vous avez un Japan Rail Pass). Les lignes privées Hankyū et Keihan relient également Kyōto à Ōsaka.

2 Ōsaka (p. 274)

Puisque cet itinéraire ne vous emmène pas à Tōkyō, découvrez la vie urbaine japonaise à Ōsaka, à seulement quelques minutes en train de Kyōto. Le quartier de Minami est une destination de choix si votre temps est compté.

KYŌTO ➡ NARA

Environ 45 minutes Ligne JR Nara de Kyōto à Nara. Pour plus de confort : *tokkyū* sur la ligne Kintetsu, entre la gare Kintetsu de Kyōto et Nara (un peu plus d'une demi-heure).

3 Nara (p. 295)

Nara est l'excursion la plus enrichissante à faire depuis Kyōto. Vous pourrez passer toute la journée à explorer le parc Nara-kōen, où se trouvent tous les sites incontournables de la ville.

KYŌTO ➡ KŌYA-SAN

Environ 2 heures 30 Service express *shinkaisoku* sur la ligne JR de Kyōto à Ōsaka (environ 45 minutes) – ou le *shinkansen* (15 minutes), si vous avez un Japan Rail Pass. Puis ligne Midōsuji du métro jusqu'à la station Nankai Namba et train *kyūkō* (express) de la ligne Nankai-Dentetsu jusqu'à Kōya-san (1 heure 40).

4 Kōya-san (p. 304)

Passez une nuit dans un monastère du centre bouddhique de Kōya-san, perché dans les montagnes de Wakayama, au sud de Kyōto.

KYŌTO ➡ KANAZAWA

Environ 2 heures 15 *Tokkyū Thunderbird* de Kyōto à Kanazawa.

5 Kanazawa (p. 188)

Même si elle ne fait pas partie du Kansai, Kanazawa en est très proche, aussi bien géographiquement que spirituellement. Prenez le train express au départ de Kyōto pour vous y rendre. Une fois sur place, profitez de l'un des plus beaux jardins du Japon, le Kenroku-en, dans un agréable quartier bien préservé (avec d'excellents fruits de mer), aux habitants sympathiques.

KYŌTO ➡ KINOSAKI

Environ 2 heures 30 *Tokkyū* de Kyōto à Kinosaki.

6 Kinosaki (p. 309)

Rien de tel qu'une visite à Kinosaki, charmante station thermale sur la côte de la mer du Japon, pour terminer votre séjour au Kansai. Avant de quitter le pays, plongez dans des sources chaudes et détendez-vous dans un *ryokan* !

Cerfs dans le Nara-kōen (p. 295), Nara
SUNNYWINDS / GETTY IMAGES ©

10 JOURS

De Tōkyō à Kyōto en passant par les Alpes japonaises
L'itinéraire classique

Si votre temps est restreint, ce circuit classique offre un avant-goût du Japon en abordant trois de ses aspects : l'ultramodernité à Tōkyō, la culture séculaire à Kyōto et la nature splendide dans les Alpes japonaises.

1 **Tōkyō** (p. 51)

Passez deux ou trois jours dans la capitale et plongez-vous dans l'univers moderne du Japon avant de vous diriger vers l'ouest pour découvrir un tout autre aspect du pays.

TŌKYŌ ➔ TAKAYAMA

4 heures *Shinkansen* (train à grande vitesse) de Tōkyō à Nagoya (1 heure 45), puis *tokkyū* (express) de Nagoya à Takayama (2 heures 15).

2 **Takayama** (p. 156)

Takayama, la porte des Alpes japonaises du nord, est une destination agréable. Explorez le quartier de Sanmachi-suji et découvrez les maisons au toit de chaume de Hida-no-Sato.

TAKAYAMA ➔ KAMIKŌCHI

1 heure 15 Bus de Takayama à Hirayu Onsen (1 heure), puis jusqu'à Kamikōchi (15 minutes).

3 **Kamikōchi** (p. 165)

Kamikōchi offre le plus beau panorama des Alpes japonaises du nord (tout au moins pour ceux qui ne partent pas en randonnée). Restez au moins une nuit pour profiter de l'air de la montagne et du paysage. Si vous aimez la marche, allez jusqu'à l'Azusa-gawa, une très jolie rivière qui coule dans la vallée.

KAMIKŌCHI ➔ KYŌTO

1 heure 15 Bus de Kamikōchi à Hirayu Onsen (15 minutes), puis jusqu'à Takayama (1 heure).

Environ 3 heures 15 *Tokkyū* de Takayama à Nagoya (2 heures 15), puis *shinkansen* de Nagoya à Kyōto (environ 1 heure).

4 **Kyōto** (p. 201)

Passez trois ou quatre jours dans l'ancienne capitale et profitez de certains des plus beaux temples, jardins et sanctuaires du Japon. Ne manquez pas le quartier de Higashiyama (nord et sud) et la région d'Arashiyama et Sagano.

KYŌTO ➔ NARA

Environ 45 minutes Ligne JR Nara de Kyōto à Nara ou, pour plus de confort, *tokkyū* sur la ligne Kintetsu depuis la gare Kintetsu de Kyōto jusqu'à Nara (un peu plus d'une demi-heure).

5 **Nara** (p. 295)

Arborant une gigantesque statue du Bouddha, dotée de nombreux parcs peuplés de cerfs et de nombreuses attractions pour les enfants, Nara est l'une des destinations les plus riches du Japon !

Arashiyama (p. 232), Kyōto

2 SEMAINES

De Tōkyō à Hiroshima en passant par Kyōto
De la capitale à la mer Intérieure

Commencez votre séjour dans la capitale, puis prenez un train à grande vitesse pour goûter aux délices traditionnels de Kyōto. Allez ensuite vers l'ouest le long de la mer Intérieure, arrêtez-vous sur l'île de Naoshima, puis continuez jusqu'à Hiroshima et Miyajima.

1 Tōkyō (p. 51)

Passez au moins deux ou trois jours à Tōkyō avant de mettre le cap vers l'ouest. Le premier jour, visitez le marché de Tsukiji, pour commencer par une véritable expérience sensorielle. Ensuite, regagnez Asakusa pour visiter le Sensō-ji (temple), puis Ueno, où se trouve le Musée national de Tōkyō. Le lendemain, prenez la ligne circulaire à destination de Harajuku, marchez jusqu'au Meiji-jingū, le plus beau temple shintoïste de la ville, et baladez-vous le long de l'avenue chic d'Omote-sandō. De là, rendez-vous à Shibuya pour une immersion dans le Tōkyō moderne. Déambulez le soir dans la partie est de Shinjuku, pour découvrir la folie des néons de Tōkyō.

TŌKYŌ ➔ KYŌTO

2 heures 45 *Shinkansen* entre Tōkyō et Kyōto. Ouvrez bien l'œil peu après avoir quitté Tōkyō : si le temps est dégagé, vous apercevrez peut-être le mont Fuji.

2 Kyōto (p. 201)

Passez une journée dans Kyōto à explorer le quartier de Higashiyama, puis la journée suivante à vous promener dans la bambouseraie de la région d'Arashiyama et Sagano. Si possible, passez trois ou quatre jours à Kyōto, en envisageant éventuellement une excursion à Nara. Nara est aisément accessible depuis Kyōto – toutefois, y passer une nuit peut aussi être une bonne solution si vous souhaitez prendre votre temps.

KYŌTO ➔ NAOSHIMA

1 heure 50 *Shinkansen* de Kyōto à Okayama (1 heure), puis train jusqu'à Uno (50 minutes).

20 minutes Ferry d'Uno à Naoshima.

3 Naoshima (p. 320)

Naoshima est l'un des sites les plus intéressants du Japon : cette petite île dans la mer Intérieure a été transformée en galerie d'art géante (on y trouve des musées, des installations et des galeries un peu partout). Pour profiter pleinement de l'expérience, dormez une nuit sur place.

NAOSHIMA ➔ HIROSHIMA

20 minutes Ferry de Naoshima à Uno.

1 heure 35 Train d'Uno à Okayama (50 minutes), puis *shinkansen* d'Okayama à Hiroshima (45 minutes).

Itsukushima-jinja (p. 332), Miyajima
CHRIS RENNIE / ROBERT HARDING ©

4 Hiroshima (p. 325)

À quelques heures à l'ouest de Naoshima, Hiroshima est une étape incontournable pour tous ceux qui s'intéressent à l'histoire du Japon. Les monuments du parc du Mémorial de la Paix sont édifiants, mais la vitalité de la ville moderne vous donnera aussi confiance en la capacité humaine à se remettre d'une telle tragédie. Vous pourrez séjourner une nuit à Hiroshima, ou sur l'île voisine de Miyajima.

HIROSHIMA → MIYAJIMA

45 minutes Ferry du parc du Mémorial de la Paix d'Hiroshima à Miyajima.

5 Miyajima (p. 331)

Vous avez sans doute vu des images du célèbre "torii flottant" (portique japonais) au large de Miyajima. En plus de ce superbe monument, vous trouverez largement de quoi vous occuper sur cette île verte et montagneuse.

MIYAJIMA → TŌKYŌ

45 minutes Ferry de Miyajima à Hiroshima.
Environ 4 heures *Shinkansen* de Hiroshima à Tōkyō.

6 Tōkyō (p. 51)

De retour à Tōkyō, profitez-en pour acheter quelques souvenirs de dernière minute et pour dîner une dernière fois dans la capitale, avant de quitter le Japon.

L'agenda

Les grands rendez-vous

- **Gion Matsuri,** juillet
- **Contemplation des cerisiers en fleur,** avril
- **Takayama Matsuri,** avril
- **Tenjin Matsuri,** juillet
- **Shōgatsu (Nouvel An),** du 31 décembre au 3 janvier

Avril Geishas pendant le *hanami* (contemplation des cerisiers en fleur), Kyōto

Janvier

Le Japon s'éveille après les vacances de fin d'année. Le Nord et les montagnes sont pris dans l'étreinte de l'hiver, mais la plupart des endroits restent accessibles.

Shōgatsu (Nouvel An)

Les festivités du Nouvel An (31 déc-3 jan), durant lesquelles on mange et on boit en quantité, sont parmi les plus importantes de l'année. Au centre des célébrations, le *hatsu-mōde* marque la première visite de l'année au temple, où l'on vient prier pour obtenir santé, bonheur et prospérité. De nombreux magasins et sites sont alors fermés, et les transports sont souvent pris d'assaut par les Japonais qui rentrent dans leur famille pour les fêtes.

Ski

Beaucoup de stations ouvrent en décembre, mais la saison ne démarre vraiment qu'en janvier.

Février

Sauf à Okinawa, il fait encore froid dans la majeure partie du Japon. La saison du ski bat son plein. C'est aussi un bon moment pour profiter des *onsen* (sources chaudes).

Setsubun Matsuri

Pour célébrer la fin de l'hiver et chasser les mauvais esprits, les Japonais jettent des haricots grillés en scandant : "*Oni wa soto, fuku wa uchi.*" ("Les démons, dehors ! Le bonheur, dedans !"), le 2, le 3 ou le 4 février ; renseignez-vous dans les temples de quartier.

Yuki Matsuri

Début février, à Sapporo, la célèbre fête de la Neige attire plus de 2 millions de visiteurs et dégèle l'atmosphère de Hokkaidō. Un concours réunit des participants du monde entier qui créent de spectaculaires sculptures de neige et de glace. Dans les nombreux pubs et restaurants de la ville, on se réchauffe à coup de saké et avec l'excellente cuisine locale.

Mars

En mars, le temps commence à se réchauffer. Les pruniers entament le bal de la floraison. C'est un mois agréable pour découvrir Honshū, Kyūshū et Shikoku.

Contemplation des pruniers en fleur

Pas aussi connus que les cerisiers, mais non moins superbes, les pruniers fleurissent entre fin février et début mars. Pour en profiter, promenez-vous dans un bosquet fleuri comme celui du Kitano Tenman-gū, à Kyōto.

Avril

Le cœur du printemps japonais. La pleine saison des cerisiers en fleur intervient début avril à Honshū. C'est une période magnifique, mais certains endroits peuvent être bondés – Kyōto par exemple.

Contemplation des cerisiers en fleur

Lorsque les cerisiers se parent de toutes leurs fleurs, les Japonais se livrent au *hanami* (contemplation des cerisiers en fleur). Du 25 mars au 5 avril, c'est la pleine saison à Tōkyō et à Kyōto.

Takayama Matsuri

Le Sanno Matsuri, la première partie de la fête de la ville de Takayama, les 14 et 15 avril, est marqué par des défilés de chars spectaculaires. Réservez bien à l'avance si vous voulez passer la nuit sur place, ou bien venez en octobre pour assister à la seconde partie, le Hachiman Matsuri.

Mai

L'un des meilleurs mois pour découvrir le Japon. Il fait beau et agréablement chaud dans la plus grande partie du pays. Réservez vos hébergements bien à l'avance si vous venez pendant les congés de la "Golden Week", fin avril et début mai.

Golden Week

La plupart des Japonais sont en vacances du 29 avril au 5 mai, alors que les jours fériés se succèdent. Transports et hébergements sont pris d'assaut.

Sanja Matsuri

Le troisième week-end de mai, pour la plus grande de toutes les fêtes de Tōkyō, des centaines de *mikoshi* (autels portatifs) sont portés en procession dans Asakusa, à partir du Asakusa-jinja.

Juin

C'est un bon moment pour voyager : il fait chaud, mais ce n'est pas étouffant. Sachez toutefois que la saison des pluies démarre en juin à Kyūshū et à Honshū ; il ne pleut pas tous les jours, mais il peut faire humide.

Randonnée dans les Alpes japonaises

La fonte des neiges a dégagé la plupart des sommets des Alpes japonaises et les randonneurs se lancent sur les sentiers. Informez-vous sur les conditions avant de partir – certaines années, l'abondance des neiges peut compliquer les choses, à pied comme à ski.

Juillet

La saison des pluies, qui s'achève à Honshū, laisse la place à une période très chaude et humide. Dirigez-vous vers les Alpes japonaises ou Hokkaidō pour échapper à la moiteur.

Hokkaidō et les Alpes japonaises sont des refuges agréables. Plusieurs des fêtes et manifestations les plus intéressantes ont lieu à cette période.

Matsumoto Bonbon

La plus grande fête de Matsumoto a lieu le premier samedi d'août. Des foules se livrent à la danse *bon bon* dans les rues de la ville.

O-Bon

Cette fête bouddhique en l'honneur des âmes des défunts se tient à la mi-août : selon la tradition, les ancêtres reviennent alors sur terre pour rendre visite à leurs descendants. Afin de les guider dans leur voyage, des lanternes allumées sont déposées sur les cours d'eau, les lacs et la mer. Consultez aussi Daimon-ji Gozan Okuribi.

Daimon-ji Gozan Okuribi

À l'occasion de la fête des Morts (O-Bon), d'immenses feux prenant la forme de caractères chinois et d'autres symboles sont allumés à Kyōto. C'est l'un des spectacles les plus impressionnants auxquels on peut assister au Japon.

Ascension du mont Fuji

La saison officielle pour l'ascension du mont Fuji démarre le 1er juillet. Les conditions sont optimales en juillet et août.

Gion Matsuri

La mère de toutes les fêtes japonaises. Les 17 et 24 juillet, à Kyōto, des dizaines de grands chars sont tirés dans les rues. Les trois soirs précédents, les habitants revêtent un *yukata* (kimono de coton léger) pour se promener entre les étals dressés dans Shijō-dōri.

Tenjin Matsuri

Ōsaka la laborieuse se déchaîne les 24 et 25 juillet. Venez plutôt le second jour, lorsque des *mikoshi* sont portés en procession dans la ville par une foule immense.

Août

Il fait chaud et humide dans la plus grande partie du Japon. Là encore,

Septembre

La vague de chaleur bat en retraite durant la première quinzaine de septembre. Les températures redeviennent très agréables dans les grandes îles de l'archipel. C'est une période très plaisante pour découvrir le pays.

Kishiwada Danjiri Matsuri

Les 14 et 15 septembre, d'énormes *danjiri* (chars) sont tirés dans les rues étroites d'Ōsaka à l'occasion de festivités endiablées durant lesquelles l'alcool coule à flots. Résultat, les *danjiri*

finissent parfois leur course dans les maisons !

Octobre

L'une des meilleures époques pour se rendre au Japon : les températures sont agréables et le soleil est généralement de la partie. Dans les Alpes japonaises, les teintes automnales sont flamboyantes.

Kurama-no-hi Matsuri

Le 22 octobre, d'immenses torches enflammées sont portées dans les rues du petit village de Kurama, dans les montagnes au nord de Kyōto. C'est l'une des fêtes les plus authentiques du pays.

Novembre

Novembre est agréable dans la plupart des régions : le ciel est à peu près dégagé et les températures restent douces. Les premières chutes de neige touchent les montagnes mais à Kyōto et Nara, entre autres, c'est la plus belle période pour les couleurs d'automne – il y a souvent foule.

Shichi-Go-San (fête des 7-5-3)

Une fête en l'honneur des petites filles âgées de 3 et 7 ans, et des garçons de 5 ans. Le 15 novembre, on habille ces bambins de leurs plus beaux atours, on les conduit au temple ou au sanctuaire et on prie pour leur bonheur.

Décembre

Dans tout le pays, les températures sont fraîches, voire froides. Les Japonais s'affairent à la préparation du Nouvel An. La plupart des magasins, des sites et des services se mettent en congé à partir du 29 ou du 30 décembre, ce qui complique le voyage (les transports fonctionnent et les hébergements restent ouverts).

À gauche Février Yuki Matsuri (fête de la Neige), Sapporo **Ci-dessous Mai** Autel portatif, fête de Sanja Matsuri

(À GAUCHE) TRAVEL PIX / GETTY IMAGES © ; (CI-DESSOUS) GARY CONNER / GETTY IMAGES ©

Quoi de neuf ?

Pour cette nouvelle édition de L'essentiel du Japon, *nos auteurs se sont appliqués à rechercher tout ce que le pays propose de neuf, de frais et de couru. Voici la liste de ce qui nous a le plus enchantés.*

1 L'EXTENSION DU RÉSEAU DU SHINKANSEN

La ligne de *shinkansen* Hokuriku (train à grande vitesse) met Kanazawa à seulement un peu plus de 2 heures de Tōkyō. Elle permet d'effectuer facilement (et confortablement) la boucle Tōkyō-Kyōto-Kanazawa, un des principaux itinéraires d'une semaine au Japon.

2 LE YEN MOINS CHER

Le yen a beaucoup baissé récemment face à d'autres devises, ce qui fait du Japon (du moins en dehors de Tōkyō) une destination beaucoup moins chère que d'autres.

3 L'AGRANDISSEMENT DE L'AÉROPORT DE HANEDA

Deuxième aéroport de Tōkyō, l'aéroport international de Haneda accueille de plus en plus de vols internationaux. Une aubaine pour les voyageurs, car il est beaucoup plus proche du centre de Tōkyō que l'aéroport de Narita.

4 LES TICKETS DU NARITA EXPRESS (N'EX) À PRIX RÉDUIT

Les touristes peuvent acheter des tickets pour le Narita Express pour seulement 1 500 ¥ ; une économie importante par rapport au prix normal de 3 020 ¥. Difficile de dire combien de temps cette offre restera valable. Plus d'infos sur www.jreast.co.jp/e/nex.

5 LA MULTIPLICATION DES PASS JR

Japan Rail a lancé de nouveaux pass touristiques : un pass de trois jours pour la région du Kantō (Tōkyō et ses environs) couvrant Narita, Nikkō et le mont Fuji ; un pass de quatre jours pour visiter Hiroshima et l'ouest de Honshū ; un pass de quatre jours pour la région de Hokuriku ; et un pass de cinq jours pour le Kansai et Hiroshima. Voir p. 416 pour plus d'informations.

6 LE DÉMÉNAGEMENT DU MARCHÉ DE TSUKIJI

Le célèbre marché au poisson de Tsukiji doit emménager dans de nouveaux locaux de la baie de Tōkyō fin 2016. Il ne reste plus beaucoup de temps pour visiter cette curiosité tokyoïte dans son état actuel (p. 66).

7 LES NOUVELLES DÉTAXES

Récemment encore, les touristes ne pouvaient acheter en détaxe que certains articles comme les dispositifs électroniques. Désormais, de nombreux articles consommables (produits alimentaires, cosmétiques, boissons et médicaments) peuvent aussi être détaxés lors d'achats supérieurs à 5 000 ¥. Des panneaux indiquent les boutiques pratiquant la détaxe.

8 L'ACCÈS WI-FI ÉTENDU

Alors que la plupart des hôtels japonais n'offraient que l'accès Internet filaire dans les chambres, le Wi-Fi est en passe de devenir la norme. Il est aussi de plus en plus courant dans les restaurants, cafés, bars, aéroports, ainsi que dans quelques gares. Certaines grandes villes l'offrent même dans la rue.

9 LE MUSÉE D'ART OKADA

Ce musée abritant l'extraordinaire collection d'œuvres japonaises, chinoises et coréennes de l'industriel Okada Kazuo, est venu compléter les musées d'art installés à Hakone (p. 141).

En avant-goût

Livres

Le Maître de thé (Le Livre de Poche, 2006). Une plongée au cœur du Japon du XVIe siècle par Yasushi Inoué, l'un des grands écrivains japonais du XXe siècle, dont de nombreux autres romans sont disponibles en français.

Le Japon éternel (Découvertes Gallimard, 1998), de Nelly Delay. La civilisation japonaise à travers les âges, dans un ouvrage bien illustré.

Ce n'est pas un hasard (P.O.L., 2011), de Ryoko Sekiguchi. Une chronique tenue du 10 mars au 30 avril 2011, juste après la catastrophe de Fukushima.

Films

Anime de Hayao Miyazaki Les films d'animation de ce réalisateur sont des classiques. Commencez par *Mon voisin Totoro* (1988) ou par *Le Château dans le ciel* (1986) et poursuivez par *Le vent se lève* (2014).

L'Anguille, de Shohei Imamura. Palme d'or au Festival de Cannes en 1997.

Tel père, tel fils, de Hirokazu Kore-eda. Prix du jury au Festival de Cannes 2013.

Musique

Peppermint Tea House (Shoukichi Kina, 1994). Un best of de musique okinawaïenne.

Level 3 (Perfume, 2013). Par le groupe de pop japonaise du moment – un trio féminin de J-pop et d'électro-pop.

Atak 020. The End (2013). Un opéra de Keiichiro Shibuya, interprété par la "vocaloïde" Hatsune Miku, véritable idole au Japon. Le spectacle a été donné au Théâtre du Châtelet, à Paris, en 2013.

Sites Web

Lonely Planet (www.lonelyplanet.fr). Infos, forums, fiches sur le pays...

Japon Infos (www.japoninfos.com). Site d'actualités japonaises.

Zoom Japon (www.zoomjapon.info). Mensuel gratuit en ligne.

Japan Rail (www.japanrailpass.net). Renseignez-vous sur les forfaits ferroviaires avant votre départ.

Sur le départ ?

Si vous deviez n'en choisir qu'un...

Un livre *Voyage au Japon. Tome 1 : Tōkyō* (CFSL Ink, 2012), de Rémi Maynègre et Sandrine Garcia. Un très beau carnet de voyage. Également disponible : *Tome 2 : Kōya-San* (2013).

Un film *Lost in Translation* (2003), de Sofia Coppola. Cette histoire de chassés-croisés affectifs à Tōkyō offre un regard intéressant sur le Japon.

Un disque *Hainumikaze* (2002), de la chanteuse Moto Chitose. Ce qui se fait de mieux en matière de J-pop.

Un site Le site de l'Office national du tourisme japonais (JNTO ; www.tourisme-japon.fr). Infos sur tous les aspects du voyage au Japon.

Femmes calligraphes

Ce qu'il faut savoir

Pour plus d'informations, voir le Carnet pratique (p. 395)

Monnaie

Yen (¥)

Langue

Japonais

Visas

Français, Belges et Canadiens n'ont pas besoin de visa pour un séjour touristique jusqu'à 3 mois. Cette durée est portée à 6 mois pour les Suisses.

Argent

On trouve des DAB dans les postes et dans certaines supérettes. Les cartes sont acceptées dans la plupart des hôtels et des grands magasins, dans de rares restaurants et *ryokan*.

Portable

Seuls les téléphones 3G fonctionnent. On ne trouve pas de cartes SIM ; vous pourrez vous en procurer pour vous connecter à Internet avec un smartphone ou une tablette.

Wi-Fi

Le Wi-Fi (surtout gratuit) est moins répandu que dans d'autres pays – disponible dans certains cafés, restaurants, bars et hôtels.

Accès Internet

On trouve des cybercafés dans les grandes villes. De nombreux hôtels proposent une connexion, voire le Wi-Fi.

Pourboire

Inutile au Japon.

Quand partir

Haute saison (avr-début mai, mi-août, Nouvel An)

- Kyōto, Nara, ainsi que d'autres villes touristiques de Honshū sont bondées aux saisons de la floraison des cerisiers (fin mars-début avr) et des feuillages d'automne.

Saison intermédiaire (juin-juil, sept à mi-déc)

- Juin et juillet correspondent à la saison des pluies dans la majorité du Japon (hormis Hokkaidō). Même s'il ne pleut pas tous les jours, il peut faire très humide.

Basse saison (jan-mars)

- L'hiver est frais ou froid à peu près partout sur Honshū mais la saison est néanmoins propice au voyage. Attendez-vous à trouver de la neige en montagne.

À prévoir

- **Plusieurs mois à l'avance** Réservez votre hébergement si vous voyagez pendant les saisons des cerisiers en fleur (mars-avr) et des feuillages d'automne à Honshū (oct-nov).
- **Un mois à l'avance** Achetez un Japan Rail (JR) Pass. Ce pass, qui ne peut être acheté qu'en dehors du Japon, pourra vous faire économiser beaucoup d'argent si vous prévoyez de voyager souvent en train.

Budget quotidien

Moins de 8 000 ¥

- Hébergement en chambre d'hôte : 2 800 ¥
- Deux repas dans un restaurant simple : 2 000 ¥
- Transport en train/bus : 1 500 ¥
- Une entrée dans un temple/musée : 500 ¥
- En-cas, boissons et autres : 1 000 ¥

8 000-20 000 ¥

- Hébergement en *business hotel* : 9 000 ¥
- Deux repas dans un restaurant de milieu de gamme : 4 000 ¥
- Transport en train/bus : 1 500 ¥
- Deux entrées dans un temple/musée : 1 000 ¥
- En-cas, boissons et autres : 2 000 ¥

Plus de 20 000 ¥

- Hébergement en hôtel haut de gamme : 20 000 ¥
- Deux repas dans un bon restaurant : 6 000 ¥
- Deux courses en taxi : 3 000 ¥
- Deux entrées dans un temple/musée : 1 000 ¥
- En-cas, boissons et autres : 2 000 ¥

Taux de change

Canada	1 $C	100 ¥
Suisse	1 FS	131 ¥
Zone euro	1 €	136 ¥

Pour connaître les derniers taux de change, connectez-vous au site www.xe.com.

À emporter

- **Permis de conduire** Pour conduire au Japon, les Français, les Belges et les Suisses doivent se procurer une traduction certifiée de leur permis de conduire. Celle-ci n'est disponible qu'au Japon, auprès de la Japan Automobile Federation (plus d'infos sur www.jaf.or.jp/e/index.htm). Le permis de conduire international délivré au Canada est reconnu au Japon.
- **Japan Rail (JR) Pass** Vous devrez acheter ce pass avant votre arrivée au Japon.
- **Chaussures sans lacets** Plus pratiques car vous devrez vous déchausser souvent, notamment à Kyōto.

À l'arrivée

Aéroport international de Narita (Tōkyō ; p. 122)

Train Narita Express (N'EX) jusqu'à Tōkyō ; 53 minutes ; 3 020 ¥

Limousine Bus 1 heure 45, diverses destinations en ville ; 3 500 ¥

Taxi 1 heure 30 ; environ 30 000 ¥.

Aéroport international de Haneda (Tōkyō ; p. 122)

Monorail 15 minutes ; 490 ¥

Limousine Bus 30 minutes à 1 heure 30 selon la destination à Tōkyō ; à partir de 930 ¥

Taxi environ 6 000 ¥ pour Tōkyō.

Aéroport international du Kansai (Kyōto ; p. 260)

Trains express 1 heure 15 pour Kyōto ; 2 850 ¥

Limousine Bus 1 heure 30 pour Kyōto ; 2 550 ¥

Taxi 1 heure 30 pour Kyōto ; 3 600 ¥

Comment circuler

- **Avion** Le réseau intérieur est efficace et abordable.
- **Bus** Les bus longue distance et régionaux sont nombreux et confortables.
- **Voiture** Il est étonnamment simple de conduire au Japon, à condition d'éviter les grandes villes comme Tōkyō. Pour le permis de conduire, voir *À emporter*, ci-contre.
- **Taxi** On en trouve partout ; parfois bon marché pour les groupes, notamment à Kyōto.
- **Train** Le Japon possède l'un des meilleurs réseaux de trains du monde, avec entre autres le célèbre *shinkansen* (train à grande vitesse).

Se loger

- **Hôtels** Des *business hotels* bon marché aux hôtels haut de gamme.
- **Chambres d'hôte** Bon marché.
- **Ryokan** Auberges japonaises traditionnelles.
- **Auberges de jeunesse** Nombreuses et pas trop chères.

Mises en garde

- **Foule** Kyōto et Nara peuvent être bondées quand les cerisiers sont en fleur (fin mars-début avr).
- **Chaleur** La majeure partie du pays est très chaude et humide en juillet et août.
- **Nouvel An** La plupart des commerces et des sites ferment du 27 décembre au 3 janvier.

なんて奴ら
300

Tōkyō

Tōkyō est une mégalopole faite d'une dizaine de villes. Chaotique et organisée, hypermoderne et profondément classique, criarde et réservée, unique et incontestablement japonaise, elle est un paradoxe qui, telle une star, semble se complaire dans sa grandeur, tout en souhaitant sans cesse se réinventer.

C'est une ville qui accumule les superlatifs. Depuis le début de l'époque d'Edo, elle a œuvré pour rester à la pointe du progrès, depuis l'aménagement de kilomètres de marécage jusqu'à la transformation de paysages défigurés par la guerre en quartiers jonchés de gratte-ciel.

Aujourd'hui, le résultat de cette soif constante d'amélioration et de changement est un univers complexe et extravagant sans nul autre pareil. Par ses dimensions, Tōkyō devance largement les autres grandes agglomérations de la planète.

En résumé, la capitale nippone est une ville que tout le monde devrait visiter au moins une fois dans sa vie !

Carrefour de Shibuya (p. 74)

Tokyo Sky Tree (p. 85)
FRANK DEIM / GETTY IMAGES ©

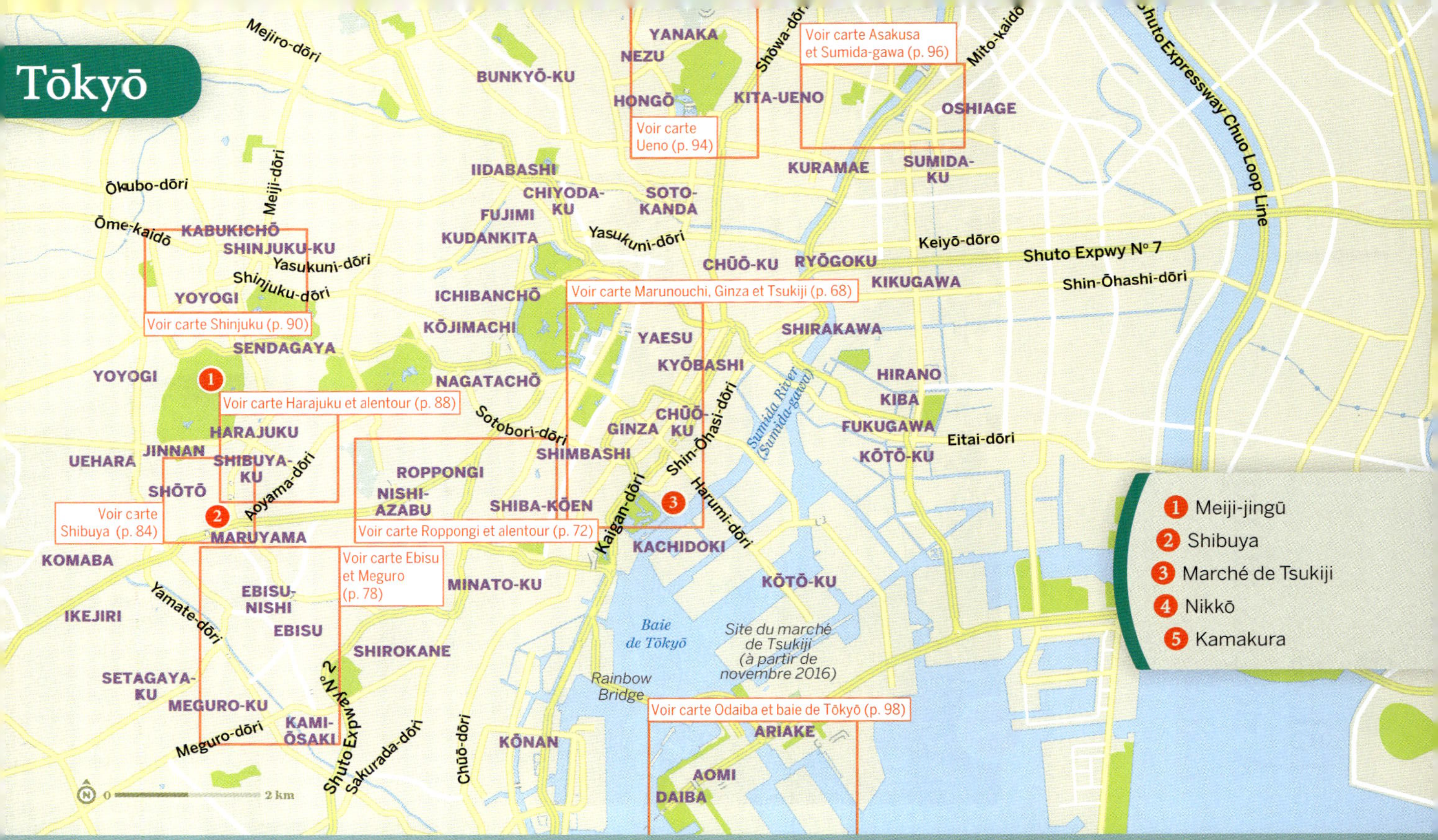

Tōkyō
Meiji-jingū
Shibuya
Marché de Tsukiji
Nikkō
Kamakura
Voir carte Shinjuku (p. 90)
Voir carte Harajuku et alentour (p. 88)
Voir carte Shibuya (p. 84)
Voir carte Ebisu et Meguro (p. 78)
Voir carte Roppongi et alentour (p. 72)
Voir carte Marunouchi, Ginza et Tsukiji (p. 68)
Voir carte Ueno (p. 94)
Voir carte Asakusa et Sumida-gawa (p. 96)
Voir carte Odaiba et baie de Tōkyō (p. 98)
YANAKA
NEZU
HONGŌ
KITA-UENO
OSHIAGE
BUNKYŌ-KU
IIDABASHI
CHIYODA-KU
SOTO-KANDA
KURAMAE
SUMIDA-KU
FUJIMI
KUDANKITA
KABUKICHŌ
SHINJUKU-KU
YOYOGI
CHŪŌ-KU
RYŌGOKU
KIKUGAWA
ICHIBANCHŌ
KŌJIMACHI
YAESU
SHIRAKAWA
SENDAGAYA
KYŌBASHI
HIRANO
KIBA
FUKUGAWA
NAGATACHŌ
CHŪŌ-KU
GINZA
HARAJUKU
JINNAN
UEHARA
SHIBUYA-KU
SHŌTŌ
ROPPONGI
NISHI-AZABU
SHIMBASHI
SHIBA-KŌEN
KŌTŌ-KU
MARUYAMA
KOMABA
KACHIDOKI
EBISU-NISHI
EBISU
MINATO-KU
IKEJIRI
SHIROKANE
SETAGAYA-KU
MEGURO-KU
KAMI-ŌSAKI
KŌNAN
ARIAKE
AOMI
DAIBA
Baie de Tōkyō
Site du marché de Tsukiji (à partir de novembre 2016)
Rainbow Bridge
Sumida River (Sumida-gawa)
Mejiro-dōri
Ōkubo-dōri
Meiji-dōri
Ōme-kaidō
Yasukuni-dōri
Shinjuku-dōri
Shōwa-dōri
Mito-kaidō
Shuto Expressway Chuo Loop Line
Keiyō-dōro
Shuto Expwy N° 7
Shin-Ōhashi-dōri
Sotobori-dōri
Shin-Ōhasi-dōri
Harumi-dōri
Kaigan-dōri
Eitai-dōri
Aoyama-dōri
Yamate-dōri
Meguro-dōri
Shuto Expwy N° 2
Sakurada-dōri
Chūō-dōri
0
2 km

Tōkyō
À ne pas manquer

Le Meiji-jingū

Pour sortir des rues bétonnées et des néons de Tōkyō, rendez-vous au Meiji-jingū (p. 76). Niché au milieu d'une forêt vallonnée, ce sanctuaire est prisé des Tokyoïtes stressés. Une promenade dans l'une des avenues bordées d'arbres est le moyen idéal pour passer quelques heures au calme. Achetez un *omikuji* sur place pour connaître votre oracle et ne manquez pas les mariages traditionnels japonais qui se déroulent régulièrement.

1

2 Shibuya

Shibuya (p. 73) est la quintessence de Tōkyō : des foules de passants, d'énormes panneaux luminescents, de métros aériens et une concentration ahurissante de boutiques et de restaurants. Ceux qui ont vu *Lost in Translation* reconnaîtront le quartier, où de nombreuses scènes ont été tournées. Nulle part à Tōkyō le spectac de la rue n'est aussi fascinant, et vous ne trouverez pas mieux pour faire du shopping. À gauche : carrefour de Shibuya (p. 74)

Le marché de Tsukiji

L'ancêtre de tous les marchés au poisson, Tsukiji (p. 66), ne se résume pas à la criée au thon pour laquelle il est célèbre. Vous y trouverez des allées entières de créatures étranges et merveilleuses venues de la mer ! À droite : poulpe rouge

3

4

Nikkō

Dans un pays où le bois brut est la couleur dominante des temples, Nikkō (p. 132) se distingue par sa variété. À trois heures de route au nord de Tōkyō, vous contemplerez un ensemble de sanctuaires et de temples évoquant les excès du rococo. Nikkō dispute à Kamakura la palme de la meilleure excursion depuis Tōkyō, à seulement 1 heure 45 en train express. À ne pas manquer si vous n'allez pas à Kyōto.

Ci-dessus à gauche : Tōshō-gū (p. 133)

5

Kamakura

À seulement une heure de Tōkyō en train express, Kamakura (p. 143) est un monde à part. La ville comprend une collection de temples et de sanctuaires près de la mer et un bouddha de bronze géant qui en font une excellente escapade d'une journée. Comme Nikkō, c'est une étape incontournable si vous n'avez pas le temps de visiter Kyōto.

Ci-dessus à droite : Daibutsu (p. 144)

Tōkyō : le best of

Expériences

Carrefour de Shibuya Lorsque le feu passe au vert, une marée humaine s'élance sur la chaussée. (p. 74)

Roppongi Un quartier cosmopolite où l'alcool coule à flots. (p. 65)

Bureaux siège du gouvernement métropolitain de Tōkyō Une vue imprenable sur la ville, depuis les tours jumelles inspirées de Notre-Dame de Paris. (p. 77)

Marché de Tsukiji Une aventure plurisensorielle au lever du soleil. (p. 66)

Hébergement

Park Hyatt Tōkyō Une oasis de calme et de beauté dominant Tōkyō. (p. 97)

Sawanoya Ryokan Un bijou de tranquillité à Yanaka où vous attendent accueil exceptionnel et bains traditionnels. (p. 98)

Hotel S Un établissement de charme à quelques pas de la vie nocturne de Roppongi. (p. 93)

Hōshi Onsen Chōjūkan Un très bon choix pour une expérience typique dans un *ryokan* (auberge traditionnelle) doté d'un *onsen* (bain thermal). (p. 137)

Shopping

Ginza Rendez-vous à Ginza pour voir où les familles fortunées achètent leurs articles de luxe. (p. 115)

Shinjuku Commencez à Takashimaya Times Square, puis improvisez. (p. 119)

Harajuku On se croirait presque aux Champs-Élysées sur la grande avenue Omote-sandō ! (p. 117)

Shibuya Plus de grands magasins, de boutiques et de disquaires que partout ailleurs sur la terre. (p. 116)

Ce qu'il faut savoir

Échappées belles

- **Nikkō** Des temples et des sanctuaires fantasmagoriques au milieu des arbres. (p. 132)
- **Kamakura** Un bouddha géant et des temples en bord de mer. (p. 143)
- **Hakone** *Onsen*, vues sur le mont Fuji et joli lac de montagne. (p. 138)
- **Minakami et Takaragawa Onsen** Un *onsen* typique au bord de l'eau, à proximité de Tōkyō. (p. 137)

À gauche : shopping à Harajuku (p. 117)
Ci-dessus : statues en pierre, Nikkō (p. 132)

ADRESSES UTILES

- **Office national du tourisme** (JNTO ; www.tourisme-japon.fr). Une mine d'informations, dans tous les domaines.
- **Yes ! Tokyo** (www.yes-tokyo.fr). Le site officiel de l'office du tourisme de la ville.
- **Go Tōkyō** (www.gotokyo.org/fr). Un site géré par la municipalité, répertoriant les différents monuments, activités et restaurants ; idées de promenades.
- **Metropolis** (metropolis.co.jp). Ce magazine anglophone est une mine d'informations. Il est disponible gratuitement dans les grandes librairies et les enseignes fréquentées par les étrangers.
- **Tōkyō Art Beat** (www.tokyoartbeat.com). Un guide d'art et de design, avec une liste d'événements régulièrement mise à jour.
- **Grutt Pass** (www.rekibun.or.jp/grutto). Si vous prévoyez de rester à Tōkyō au moins une semaine, envisagez d'investir dans un Grutt Pass – un carnet de bons de réduction valables dans plus de 70 musées de l'agglomération de Tōkyō.

COMMENT CIRCULER

- **À pied** Pour explorer les principaux centres urbains de la ville.
- **Taxi** Seulement si vous manquez le dernier train (les prix sont élevés).
- **Métro** Le métro dessert toute la ville – la ligne circulaire (*loop line*) est parfois plus directe.
- **Ligne circulaire JR Yamanote** D'un quartier de Tōkyō à l'autre (sauf ceux qui ne figurent pas sur la ligne, comme Roppongi).
- **Lignes ferroviaires privées** Pour des excursions à la journée, à Nikkō ou à Kamakura par exemple.

MISES EN GARDE

- **Heures de pointe** D'énormes foules se ruent dans les métros et les trains de Tōkyō de 7h à 9h et de 16h30 à 19h. Il est plus agréable de voyager en dehors de ces créneaux.
- **Été (juil-août)** Synonyme de chaleur et d'humidité à Tōkyō. Attendez-vous à transpirer. L'hiver n'est jamais excessivement froid.

Promenade dans Yanaka

Cette promenade vous emmène à la découverte du quartier de Yanaka, l'un des rares endroits de Tōkyō à avoir conservé des bâtiments datant d'avant la Seconde Guerre mondiale – un vrai contraste par rapport aux quartiers du centre-ville. Ne commencez pas trop tard, car de nombreux temples ferment à 17h.

EN BREF

- **Départ**
  Station Nezu
- **Arrivée**
  Yanaka Ginza
- **Distance**
  Environ 2 km
- **Durée**
  Environ 2 heures

1 Kototoi-dōri

Depuis la sortie 1 de la station Nezu, remontez la rue Kototoi-dōri. Là, une poignée de maisons de marchands traditionnelles en bois à deux étages – avec le magasin au rez-de-chaussée et les appartements au-dessus – subsistent au milieu de bâtiments en béton du XXe siècle aux enseignes colorées. Ne manquez pas les boutiques qui vendent des *sembei* (galettes de riz) et des *wagashi* (douceurs japonaises).

2 Gyokurin-ji

Visitez le temple Gyokurin-ji. En arrivant dans l'enceinte, sur la droite, un mur en pierre protège une allée étroite : suivez-la. Ce sentier sinueux vous mènera dans les profondeurs de l'un des secteurs les plus pittoresques de Yanaka.

3 Enju-ji

En sortant des ruelles, tournez à gauche et vous apercevrez un bel ensemble de temples, parmi lesquels figure l'Enju-ji, entouré d'arbres noueux magnifiques.

4 Cèdre de l'Himalaya

Rebroussez chemin vers la bifurcation marquée par un vieux cèdre de l'Himalaya. À gauche de l'arbre se trouve une boutique typiquement japonaise.

5 Atelier d'Allan West

Passez devant cette boutique et continuez jusqu'à l'atelier du peintre Allan West.

6 SCAI the Bathhouse

Vous arriverez ensuite à SCAI the Bathhouse, une galerie d'art contemporain installée depuis 1993 dans des bains publics centenaires.

7 Annexe du musée de Shitamachi

Un pâté de maisons plus loin, l'annexe du musée de Shitamachi abrite un ancien magasin d'alcool datant de 1910. L'entrée est gratuite.

8 Kayaba Coffee

Besoin de faire une pause ? Immergez-vous dans l'ambiance locale autour d'un café au Kayaba Coffee. De là, rebroussez chemin, prenez à gauche à l'embranchement et engagez-vous dans la rue étroite à gauche du magasin Yamazaki. Laissez ce guide de côté un instant – c'est toujours tout droit jusqu'à Yanaka Ginza – et profitez des temples, des petites galeries et des boutiques d'artisanat qui ponctuent le chemin.

9 Musée Asakura Chōso

Un peu plus loin se trouve le musée Asakura Chōso (entrée sur votre droite). Cette maison de caractère conçue par le sculpteur Fumio Asakura (dit Chōso ; 1883-1964) est organisé autour d'un jardin d'eau et de rochers, un atelier à l'occidentale et une salle du "soleil levant". Y sont présentées plusieurs œuvres réalistes majeures de l'artiste, surtout des portraits de personnes et de chats. Le musée est fermé les lundis et vendredis.

10 Yanaka Ginza

À l'intersection animée de vendeurs, vous serez à Yanaka Ginza. Joignez-vous aux habitants en remontant la rue. Marchez vers l'ouest et vous trouverez la station de métro Sendagi ; en allant vers l'est, la station Nippori permet de prendre la ligne JR Yamanote.

Tōkyō en...

DEUX JOURS

Commencez par un pèlerinage au sanctuaire **Meiji-jingū** (p. 76), à Harajuku, puis promenez-vous dans la rue piétonne **Takeshita-dōri** (p. 75). Déjeunez au **Harajuku Gyōza Rō** (p. 103), puis allez admirer l'architecture de l'avenue Omotesandō. En soirée, faites un tour sous les néons de Shinjuku, puis prenez un verre dans un bar du Golden Gai. Le lendemain, visitez la partie ancienne de la ville, à Asakusa et Ueno, puis promenez-vous dans Yanaka. Terminez la journée en dînant au **Hantei** (p. 105).

QUATRE JOURS

Le troisième jour, prenez un taxi à l'aube pour visiter le **marché de Tsukiji** (p. 66), avant de petit-déjeuner chez **Daiwa Sushi** (p. 100). Marchez jusqu'au **Hama-rikyū Onshi-teien** (jardin, p. 64), puis filez vers **Ginza** où vous trouverez de délicieux *depachika* (stands de nourriture en sous-sol). Découvrez le musée d'art Mori (p. 69) à **Roppongi**, avant de prendre un dernier verre dans le quartier. Le dernier jour, faites un tour à l'Ōedo Onsen Monogatari, puis explorez Akihabara, le quartier des fans d'anime (dessins animés japonais). À la nuit tombée, rejoignez le quartier de Shibuya illuminé de néons.

Jeune fille dans Takeshita-dōri (p. 75), Harajuku

Tōkyō

☎03 / 13,39 MILLIONS D'HABITANTS

Les incontournables

- **Ginza** (p. 64). Le premier quartier "moderne" de la ville, où les familles aisées font encore leur shopping.
- **Roppongi** (p. 65). Ce secteur de restaurants et de bars cosmopolite a prospéré ces dernières années.
- **Shibuya** (p. 73). Le centre de la jeunesse et de la mode à Tōkyō.
- **Shinjuku** (p. 77). Tōkyō comme on se l'imagine : néons, gratte-ciel et foule.
- **Ueno** (p. 80). On y trouve le plus beau parc de la ville et de nombreux musées.
- **Asakusa** (p. 85). Le Tōkyō de jadis, avec le temple bouddhique le plus célèbre de la ville.

Kabukichō (p. 79) de nuit

LUCIANO MORTUL/SHUTTERSTOCK ©

À voir et à faire

Tōkyō est si vaste qu'elle évoque davantage une conurbation qu'un ensemble unique et cohérent. À l'époque d'Edo, elle se composait de Yamanote (la "ville haute") et de Shitamachi (la "ville basse" ou centre-ville). Construite sur les hauteurs à l'ouest du château (aujourd'hui le Palais impérial), Yamanote rassemblait les résidences de l'élite féodale. À l'est, sur les berges de la Sumida, Shitamachi était habitée par les ouvriers, les marchands et les artisans.

Cette distinction subsiste aujourd'hui, comme en témoignent l'enchevêtrement de ruelles et les quartiers très compacts caractéristiques de l'est de la ville. Des secteurs comme Asakusa et Ueno conservent une atmosphère simple, une architecture plus traditionnelle et une tradition artisanale. Ce sont des lieux privilégiés où ranger son guide et flâner au hasard.

Yamanote est devenue un quartier de commerce et d'affaires. Plus à l'ouest, les quartiers plus récents comme Shinjuku et Shibuya se sont épanouis après la Seconde Guerre mondiale. Avec leurs néons et leurs écrans géants, ils incarnent le Tōkyō hypermoderne.

MARUNOUCHI (QUARTIER DE LA GARE DE TŌKYŌ) 丸の内 (東京駅)

Le Palais impérial se dresse au centre de la ville. Si le bâtiment est fermé aux visiteurs, une grande partie du domaine a été transformée en parcs publics, comme le Kitanomaru-kōen, qui abrite plusieurs musées.

À l'est du palais s'étend Marunouchi, un quartier d'affaires animé. Ces dix dernières années, plusieurs tours ont remplacé

Les cerisiers en fleur

Pour admirer les cerisiers en fleur, les parcs comme **Ueno-kōen** (p. 80), **Yoyogi-kōen** (p. 75) et **Shinjuku-gyoen** (p. 71) s'imposent. Voici toutefois deux endroits seulement connus des habitants et qui restent délicieusement hors des sentiers battus au printemps :

Meguro-gawa (目黒川 ; carte p. 78 ; Ⓢ ligne Hibiya jusqu'à Naka-Meguro) : le canal de Naka-Meguro est bordé de *sakura* (cerisiers) dont les frondaisons forment une magnifique canopée rose pâle. Les restaurants installent des étals de nourriture et, plutôt que de s'attabler, les gens mangent en se promenant.

Aoyama Rei-en (青山霊園 ; carte p. 72 ; 2-32-2 Minami-Aoyama, Minato-ku ; ligne Chiyoda jusqu'à Nogizaka, sortie n°5 ou ligne Ginza jusqu'à Gaienmae, sortie n°1B) : Dans ce vaste cimetière, dernière demeure de nombreux personnages célèbres, les cerisiers parent de leurs couleurs les tombes et statues. Bien qu'inhabituel, c'est un lieu parfait pour le *hanami* (contemplation des fleurs).

les édifices de béton fatigués qui le caractérisaient naguère.

Entre les stations Hibiya et Ōtemachi et parallèle au palais, la jolie avenue arborée Naka-dōri est jalonnée de boutiques haut de gamme et de cafés sur cour. Autrefois connu pour être désert le soir et le week-end, le quartier de Marunouchi est désormais un lieu de rendez-vous de plus en plus populaire.

Palais impérial — Palais

(皇居 ; Kōkyo ; carte p. 68 ; ☎3213-1111 ; sankan.kunaicho.go.jp/english/index.html ; 1 Chiyoda, Chiyoda-ku ; Ⓢ ligne Chiyoda jusqu'à Ōtemachi, sortie C13b ou C10). GRATUIT Le palais impérial occupe le site de l'Edo-jô, le château du shogunat Tokugawa à l'époque où ce dernier régnait sur le pays. Résidence de l'empereur et de certains membres de la famille impériale, il ne se visite que deux fois dans l'année, le 23 décembre et le 2 janvier, mais on peut découvrir gratuitement certaines parties extérieures. Le côté sud-ouest de la place du Palais impérial offre un point de vue sur les deux ponts emblématiques de Nijū-bashi, en fer, et de Megane-bashi, en pierre.

Musée national d'Art moderne (MOMAT) — Musée

(国立近代美術館 ; Kokuritsu Kindai Bijutsukan ; carte p. 62 ; ☎03-5777-8600 ; www.momat.go.jp/english ; 3-1 Kitanomaru-kōen, Chiyoda-ku ; tarif plein/étudiant 420/130 ¥, supplément pour les expositions temporaires ; 🕒10h-17h mar-jeu, sam et dim, 10h-20h ven ; Ⓢ ligne Tōzaito jusqu'à Takebashi, sortie n°1b). Parmi les plus belles du pays, cette collection de 9 000 pièces rassemble des tableaux, photos, sculptures et vidéos d'artistes japonais de la période Meiji à nos jours, ainsi que des œuvres occidentales. Superbe vue sur le jardin oriental du Palais impérial.

Intermediatheque — Musée

(carte p. 68 ; ☎03-5777-8600 ; www.intermediatheque.jp ; 2e et 3e niv, JP Tower, 2-7-2 Marunouchi, Chiyoda-ku ; 🕒11h-18h mar, mer, sam et dim, 11h-20h jeu et ven ; ligne JR Yamanote jusqu'à Tokyo, sortie Marunouchi). GRATUIT Ce lieu à l'esprit résolument contemporain puise dans l'important fonds scientifique et culturel de l'université de Tōkyō (Tōdai) pour monter de fascinantes expositions interdisciplinaires. La plus belle collection d'oiseaux naturalisés du pays et un squelette de dinosaure y côtoient des affiches pop arts. Une jolie salle de lecture de Tōdai a été reconstituée pour accueillir des événements tels que diffusion de disques de jazz des années 1920 sur gramophone ou projections de vieux films.

Agglomération de Tōkyō

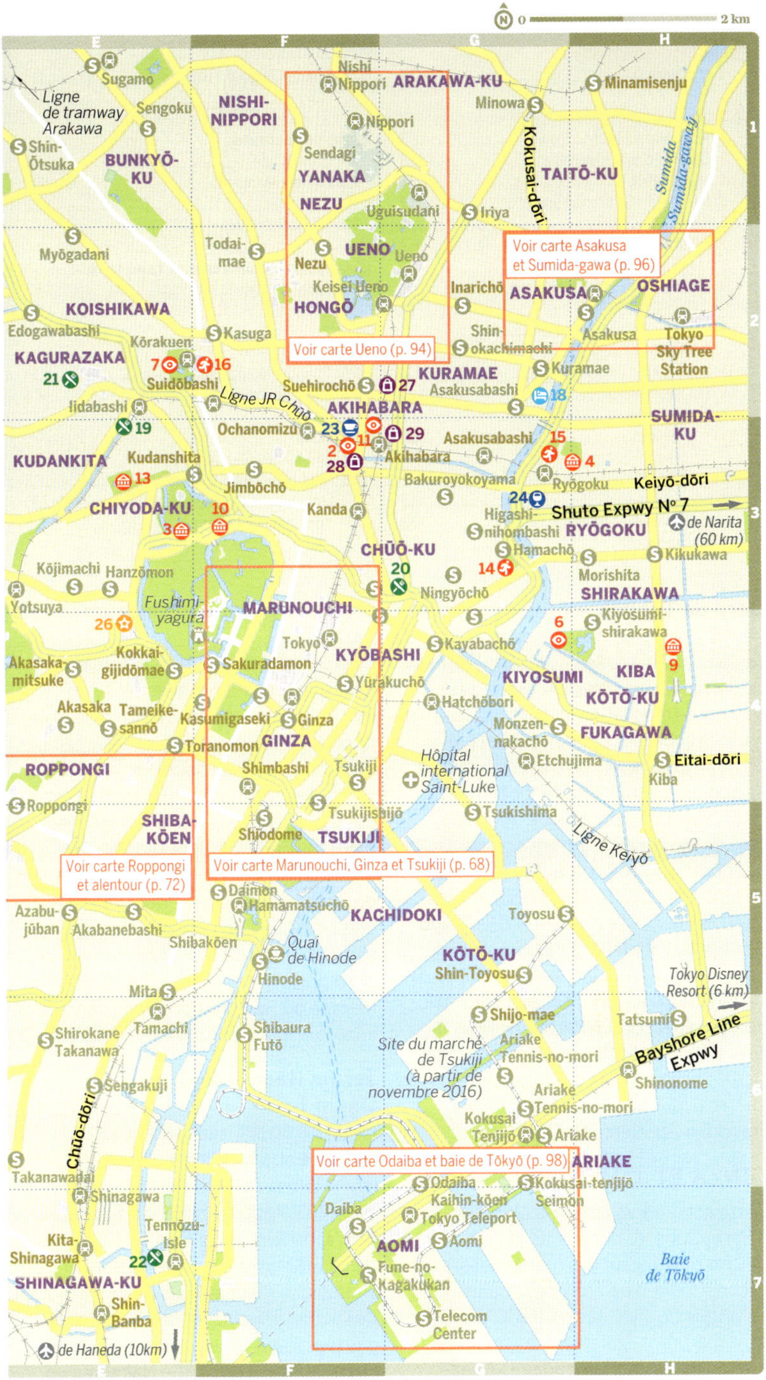
N
0
2 km
E
F
G
H
1
2
3
4
5
6
7
Sugamo
Ligne de tramway Arakawa
Sengoku
Shin-Ōtsuka
NISHI-NIPPORI
BUNKYŌ-KU
Nishi Nippori
ARAKAWA-KU
Nippori
Minowa
Minamisenju
Kokusai-dōri
Sendagi
YANAKA
NEZU
TAITŌ-KU
Sumida
Sumida-gawa
Uguisudani
Iriya
Myōgadani
Todai-mae
Nezu
UENO
Ueno
Keisei Ueno
Voir carte Asakusa et Sumida-gawa (p. 96)
Inarichō
ASAKUSA
OSHIAGE
KOISHIKAWA
HONGŌ
Edogawabashi
Kōrakuen
Kasuga
Voir carte Ueno (p. 94)
Shin-okachimachi
Asakusa
Tokyo Sky Tree Station
KAGURAZAKA
7
16
Kuramae
21
Suidōbashi
Suehirochō
27
KURAMAE
Asakusabashi
18
Iidabashi
Ligne JR Chūō
AKIHABARA
19
Ochanomizu
23
11
29
Asakusabashi
15
SUMIDA-KU
2
Akihabara
4
KUDANKITA
Kudanshita
28
Bakuroyokoyama
Ryōgoku
Keiyō-dōri
13
Jimbōchō
24
Shuto Expwy Nº 7
CHIYODA-KU
10
Kanda
Higashi-nihombashi
RYŌGOKU
de Narita (60 km)
3
CHŪŌ-KU
Hamachō
Kikukawa
Kōjimachi
Hanzōmon
20
14
Morishita
Yotsuya
Ningyōchō
SHIRAKAWA
Fushimi-yagura
MARUNOUCHI
6
Kiyosumi-shirakawa
26
Tokyo
Kayabachō
9
Akasaka-mitsuke
Kokkai-gijidōmae
Sakuradamon
KYŌBASHI
KIYOSUMI
KIBA
Yūrakuchō
KŌTŌ-KU
Akasaka
Tameike-sannō
Hatchōbori
Kasumigaseki
Ginza
Monzen-nakachō
FUKAGAWA
Toranomon
GINZA
Hôpital international Saint-Luke
Etchujima
Eitai-dōri
ROPPONGI
Shimbashi
Tsukiji
Kiba
Roppongi
Tsukijishijō
Tsukishima
SHIBA-KŌEN
Shiodome
TSUKIJI
Ligne Keiyō
Voir carte Roppongi et alentour (p. 72)
Voir carte Marunouchi, Ginza et Tsukiji (p. 68)
Daimon
Hamamatsuchō
KACHIDOKI
Toyosu
Azabu-jūban
Akabanebashi
Shibakōen
Quai de Hinode
KŌTŌ-KU
Hinode
Shin-Toyosu
Tokyo Disney Resort (6 km)
Mita
Shijo-mae
Tatsumi
Tamachi
Shibaura Futō
Shirokane Takanawa
Site du marché de Tsukiji (à partir de novembre 2016)
Ariake Tennis-no-mori
Bayshore Line Expwy
Shinonome
Sengakuji
Ariake Tennis-no-mori
Chūō-dōri
Kokusai Tenjijō
Ariake
Voir carte Odaiba et baie de Tōkyō (p. 98)
ARIAKE
Takanawadai
Odaiba Kaihin-kōen
Kokusai-tenjijō Seimon
Shinagawa
Daiba
Tokyo Teleport
Tennōzu-Isle
AOMI
Aomi
Kita-Shinagawa
22
Fune-no-Kagakukan
Baie de Tōkyō
SHINAGAWA-KU
Shin-Banba
Telecom Center
de Haneda (10km)

Agglomération de Tōkyō

Les incontournables

1 Meiji-jingū C4

À voir

2 Akihabara Electric Town F3
3 Galerie d'art populaire E3
4 Musée Edo-Tōkyō H3
5 Musée du Sabre japonais C4
6 Kiyosumi-teien G4
7 Koishikawa Kōrakuen E2
8 Meiji-jingū Gyoen C4
9 Musée d'Art contemporain, Tokyo (MOT) H4
10 Musée national d'Art moderne (MOMAT) F3
11 Tokyo Anime Center Akiba Info F3
Yasukuni-jinja .... (voir 13)
12 Yoyogi-kōen C4
13 Yūshū-kan E3

Activités

14 Écurie Arashio G3
15 Ryōgoku Kokugikan G3
16 Tokyo Dome F2

Où se loger

17 E Hotel Higashi-Shinjuku D3
18 Nui G2

Où se restaurer

19 Canal Cafe E3
20 Hōnen Manpuku G3
21 Kado E2
22 TY Harbor Brewery E7

Où prendre un verre et faire la fête

23 @Home Cafe F3
24 Popeye G3

Où sortir

25 Théâtre Nō national D4
26 Théâtre national E4

Achats

27 2k540 Aki-Oka Artisan G2
28 mAAch ecute F3
Mandarake Complex .... (voir 23)
29 Yodobashi Akiba G3

Gare de Tōkyō — Édifice

(東京駅 ; carte p. 68 ; www.tokyostationcity.com/en ; 1-9 Marunouchi, Chiyoda-ku ; lignes de JR jusqu'à Tokyo Station). À l'issue des travaux de rénovation et d'agrandissement massifs achevés pour son centenaire en 2014, la gare de Tōkyō a recouvré sa splendeur d'antan. L'élégant bâtiment en brique conçu par Tatsuno Kingo du côté de Marunouchi arbore à nouveau ses dômes, détruits durant la Seconde Guerre mondiale. Le Tōkyō Station Hotel (p. 91) se tient à l'extrémité sud, la **Tokyo Station Gallery (carte p. 68 ; www.ejrcf.or.jp/gallery ; gare de Tōkyō, 1-9-1 Marunouchi, Chiyoda-ku ; variable suivant les expositions ; 10h-18h mar-jeu, sam et dim, 10h-20h ven ; lignes JR jusqu'à Tōkyō, sortie Marunouchi nord)** au nord. Cette dernière abrite des expositions intéressantes ainsi que l'utile JR East Travel Service Center (p. 121).

GINZA ET TSUKIJI 銀座 • 築地

Ginza est à Tōkyō ce que la Madeleine est à Paris. Dans les années 1870, ce fut l'un des premiers quartiers modernisés, avec la construction de nombreux bâtiments en brique de style occidental. C'est ici qu'apparurent également les premiers grands magasins, lampadaires à gaz et autres éléments du monde urbain moderne.

Si d'autres secteurs commerçants rivalisent aujourd'hui avec Ginza en termes d'opulence, de dynamisme et de popularité, ce dernier demeure le temple du snobisme. Idéal pour faire du lèche-vitrines et observer les passants, il est aussi le quartier d'origine des galeries d'art, toujours présentes en nombre.

Le carrefour Yon-chōme, à l'intersection de Chūō-dōri et Harumi-dōri, forme le cœur de Ginza. Les après-midi de week-end, Chūō-dōri devient zone piétonnière.

À courte distance à pied au sud-est, le marché de Tsukiji propose des denrées de luxe d'un tout autre genre.

Jardin Hama-rikyū Onshi-teien — Jardin

(浜離宮恩賜庭園 ; carte p. 68 ; www.tokyo-park.or.jp/park/format/index028.html ; 1-1 Hama-rikyū-teien, Chūō-ku ; adulte/enfant 300 ¥/gratuit ; 9h-17h ; S ligne Ōedo jusqu'à Shiodome, sortie A1). Ce beau jardin constitue l'unique vestige du domaine de chasse des Tokugawa sis à l'emplacement de l'actuel marché de Tsukiji. Au milieu d'un vaste étang peuplé de canards, le charmant pavillon de thé **Nakajima no**

Ochaya (中島の御茶屋 ; **carte p. 68 ; www.tokyo-park.or.jp/park/format/restaurant028.html ; formule thé 500 ¥ ; ⌚9h-16h30**) se dresse sur un îlot aux arbres (pins noirs du Japon, abricotiers du Japon, hydrangeas...) bien taillés, certains sont vieux de plusieurs siècles.

Shiseido Gallery Galerie d'art

(資生堂ギャラリー ; **carte p. 68 ; ✆3572-3901 ; www.shiseido.co.jp/e/gallery/html ; sous-sol, 8-8-3 Ginza, Chūō-ku ; ⌚11h-19h mar-sam, 11h-18h dim ; S ligne Ginza jusqu'à Shimbashi, sortie n°1 ou 3**). GRATUIT Au sous-sol de l'ensemble de cafés et de restaurants Shiseido Parlour, la galerie d'art expérimental de la célèbre entreprise de cosmétiques expose des œuvres régulièrement renouvelées. L'espace haut de plafond se prête particulièrement aux installations.

Ginza Graphic Gallery Galerie d'art

(ギンザ・グラフィック・ギャラリー ; **carte p. 68 ; ✆3571-5206 ; www.dnp.co.jp/gallery/ggg ; 7-7-2 Ginza, Chūō-ku ; ⌚11h-19h mar-ven, 11h-18h sam ; S ligne Ginza jusqu'à Ginza, sortie A2**). GRATUIT Cette galerie présente chaque mois des expositions d'art graphique japonais et, sporadiquement, occidental. L'accent est mis sur la publicité et l'affiche. La Tokyo Art Directors Conference annuelle a lieu ici en juillet.

ROPPONGI ET ALENTOUR 六本木

Autrefois surtout connu pour sa vie nocturne de débauche, Roppongi a changé de visage ces dix dernières années et affiche désormais un air de sophistication (du moins en journée).
La métamorphose a commencé avec l'inauguration, en 2003, de l'immense complexe **Roppongi Hills** (六本木ヒルズ ; **carte p. 72 ; www.roppongihills.com/en ; 6-chōme Roppongi, Minato-ku ; ⌚11h-23h ; ligne Hibiya jusqu'à Roppongi, sortie n°1**). Le promoteur Minoru Mori ne mit pas moins de 17 ans à planifier et réaliser ce royaume labyrinthique qui, selon sa vision utopiste, devait améliorer la qualité de vie des citadins en regroupant habitations, travail et loisirs dans un même microcosme urbain.
Peut-on parler d'une réussite ? Question d'opinion, mais des structures similaires ont vu le jour à la suite de ce projet, comme **Tokyo Midtown** (東京ミッドタウン ; **carte p. 72 ; www.tokyo-midtown.com/en ; 9-7 Akasaka, Minato-ku ; ⌚11h-23h ; S ligne**

Ginza

OLEKSIY MAKSYMENKO/GETTY IMAGES ©

À ne pas manquer
Le marché au poisson de Tsukiji

Dans le plus grand marché au poisson du monde, environ 2 000 tonnes de poissons et fruits de mer transitent chaque jour. Malgré un choix immense, le thon rouge (*maguro*) tient indiscutablement la vedette. La criée au thon débute à 5h. Le marché doit déménager à Toyosu, à 2 km de son emplacement actuel, en novembre 2016.

東京都中央卸売市場

carte p. 68

☎ 3261-8326

www.tsukiji-market.or.jp

5-2-1 Tsukiji, Chūō-ku

🕐 5h-13h ; fermé tous les dimanches et jours fériés, ainsi que la plupart des mercredis

S ligne Hibiya jusqu'à Tsukiji, sortie 1

Un marché en activité

Même si vous n'arrivez pas à l'aube, vous pourrez toujours vous imprégner de l'ambiance frénétique de différents secteurs du marché. Tsukiji est le théâtre d'une chorégraphie échevelée de chariots élévateurs et de charrettes à bras, où l'on ne prête guère attention aux touristes. À vous de faire attention à ne pas vous trouver en plein milieu. Mieux vaut ne pas venir en groupe, avec de petits enfants ou encore avec de belles chaussures aux pieds. Et, surtout, ne touchez à rien que vous ne comptiez acheter.

Le secteur des grossistes intermédiaires

Tsukiji ne se résume pas à la criée au thon. Le **secteur des grossistes intermédiaires** (水産仲卸業者売場 ; carte p. 68 ; 🕘9h-11h), ouvert au public à partir de 9h, est probablement aussi intéressant, et beaucoup plus bigarré. Vous y verrez toutes sortes de créatures marines, du poulpe rouge au troque (escargot avec une coquille conique et spiralée).

Les poissons et fruits de mer sont exposés dans des caisses en polystyrène – un régal pour les photographes, mais encore une fois, attention. Arrivez aussi tôt que possible ; dès 11h, la foule des acheteurs a disparu et les camions de nettoyage préparent les lieux désertés pour le marché du lendemain.

Le marché extérieur

Dans le **marché extérieur** (場外市場 ; Jōgai Shijō ; carte p. 68 ; 🕘5h-14h ; **S** ligne Hibiya jusqu'à Tsukiji, sortie 1), on trouve une gamme hétéroclite de produits : poisson et algues séchés, bottes en caoutchouc, vaisselle, etc. L'endroit est bien plus adapté aux promeneurs. Ne manquez pas l'**Uogashi-yokochō**, un ensemble de minuscules restaurants de sushis à l'intérieur du marché, où vous pourrez vous régaler de poisson ultrafrais.Il faut aussi voir le sanctuaire shintoïste du marché, le **Namiyoke-jinja**, dont les divinités protègent les marins.

Le **Tourist Information Center** (centre d'information touristique ; carte p. 68 ; ☎03-6264-1925 ; www.tsukiji.or.jp ; 4-16-2 Tsukiji, Chuo-ku ; 🕘9h30-13h30 lun-sam, 10h-14h dim ; **S** ligne Hibiya jusqu'à Tsukiji, sortie 1), dans le marché extérieur, fournit des cartes. Son personnel est anglophone.

La criée au thon

Assister au déroulement de la criée au thon nécessite certes quelques efforts – certains commencent à faire la queue avant l'aube – mais le spectacle en vaut la peine. Voici quelques conseils pour une visite couronnée de succès.

1 ARRIVER TÔT

Si elles sont l'un des temps forts d'un séjour à Tōkyō, les enchères au thon de Tsukiji se méritent. Chaque jour, 120 visiteurs au maximum sont autorisés à y assister depuis une galerie entre 5h25 et 6h15. Il faut être au **Centre d'information du marché** (おさかな普及センター ; Osakana Fukyū Senta ; carte p. 68 ; Kachidoki Gate, 6-20-5 Tsukiji, Chūō-ku), à 5h pour s'inscrire. Premiers arrivés, premiers servis... Aussi, pour être sûr d'avoir une place, tâchez de vous y présenter vers 4 h. Les transports en commun ne circulant pas assez tôt pour vous y conduire à temps, vous devrez venir en taxi ou attendre toute la nuit sur place.

2 FAIRE PREUVE DE RESPECT

Par le passé, l'attitude indélicate de certains touristes a conduit à interdire l'accès des enchères au public. Comportez-vous par conséquent avec le plus grand respect. Notez qu'en plus des jours de fermeture habituels (mercredi et dimanche), les enchères sont souvent fermées aux visiteurs en décembre-janvier afin d'éviter l'affluence liée aux vacances. Pour consulter le calendrier, rendez-vous sur www.tsukiji-market.or.jp/tukiji_e.htm.T

3 LE MARCHÉ DÉMÉNAGE

Le marché déménagera en novembre 2016 à Toyosu, un polder dans la baie de Tōkyō, et l'on ignore encore si les enchères resteront accessibles aux non-professionnels.

Marunouchi, Ginza et Tsukiji

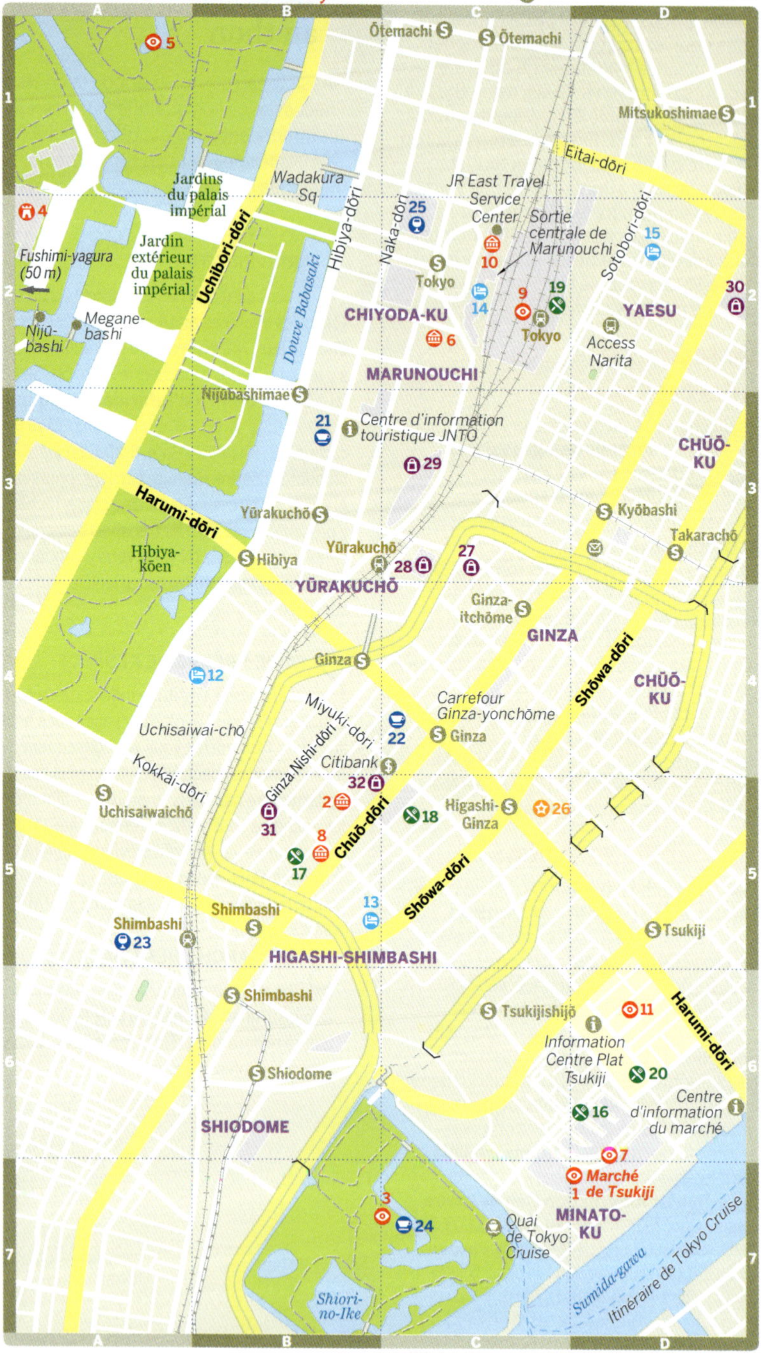

Marunouchi, Ginza et Tsukiji

Ōedo jusqu'à Roppongi, sortie n°8), en 2005, de l'autre côté de Roppongi. La dernière en date est **Toranomon Hills** (**carte p. 72 ; toranomonhills.com ; 1-23 Toranomon, Minato-ku ; S ligne Ginza jusqu'à Toranomon, sortie n°1)**, ouvert en 2014, œuvre de Mori Building.

Musée d'Art Mori — Musée

(**森美術館 ; carte p. 72 ; www.mori.art.museum ; 52e niv, Mori Tower, Roppongi Hills, 6-10-1 Roppongi, Minato-ku ; tarif plein/étudiant/enfant 1 500/1 000/500 ¥ ; 10h-22h mer-lun, 10h-17h mar, Sky Deck 10h-22h ; S ligne Hibiya jusu'à Roppongi, sortie n°1)**. Perché au sommet de la Mori Tower, ce gigantesque musée haut de plafond à la vue panoramique présente des expositions thématiques dont on parle, à l'image de Roppongi Hills. Les œuvres d'artistes contemporains de renom, japonais et étrangers, y sont magnifiquement mises en valeur.

Le billet comprend l'accès à l'observatoire **Tokyo City View** (**東京シティビュー ; carte p. 72 ; 6406-6652 ; www.roppongihills.com/tcv/en ; 52e niv, Mori Tower, Roppongi Hills, 6-10-1 Roppongi, Minato-ku ; inclus dans l'entrée du musée d'Art Mori, observatoire seul tarif plein/étudiant/enfant 1 500/1 000/500 ¥ ; 10h-23h lun-jeu et dim, 10h-1h ven et sam ; S ligne Hibiya jusqu'à Roppongi, sortie n°1)**, au 52e niveau, qui dévoile une vue panoramique sur la mégalopole du haut de ses 250 m. Par temps clément, le Sky Deck (500 ¥ ; 11h-20h) sur le toit permet de profiter du spectacle en plein air.

Musée d'Art Suntory — Musée

(**サントリー美術館 ; carte p. 72 ; 3479-8600 ; www.suntory.com/sma ; 4e niv, Tokyo Midtown, 9-7-4 Akasaka, Minato-ku ; tarifs variables, gratuit pour les enfants ; 10h-18h dim-jeu, jusqu'à 20h ven et sam ; S ligne Ōedo jusqu'à Roppongi, sortie n°8)**. Depuis ses débuts en 1961, le musée Suntory promeut l'art de vivre au travers d'expositions temporaires soulignant la beauté d'objets utilitaires tels que céramiques, laques, verres, tissages, etc. Ses espaces conçus par l'architecte Kengō Kuma, sont tous deux d'une grande sobriété et d'une beauté à couper le souffle.

21_21 Design Sight — Musée

(**21_21デザインサイト ; carte p. 72 ; 3475-2121 ; www.2121designsight.jp ; Tokyo Midtown, 9-7-6 Akasaka, Minato-ku ; adulte/enfant 1 000 ¥/**

gratuit ; 11h-20h mer-lun ; S ligne Ōedo jusqu'à Roppongi, sortie n°8). Dévolu au design sous toutes ses formes, ce lieu d'exposition et de rencontre s'adresse aux passionnés d'art, professionnels ou simples visiteurs. L'étonnant bâtiment aux angles aigus, en béton et en verre, a été dessiné par le grand architecte Tadao Andō.

National Art Center Tokyo — Musée

(国立新美術館 ; carte p. 72 ; 5777-8600 ; www.nact.jp ; 7-22-1 Roppongi, Minato-ku ; tarif variable selon expo ; 10h-18h mer, jeu et sam-lun, 10h-20h ven ; S ligne Chiyoda jusqu'à Nogizaka, sortie n°6). Conçu par Kishō Kurokawa, ce bijou d'architecture n'a pas de collection permanente. Il s'enorgueillit néanmoins du plus grand espace du pays dédié aux expositions temporaires, comme celles du Japan Media Arts Festival. La façade de verre ondulée, les cafés au sommet de gigantesques cônes inversés et la boutique-cadeaux **Souvenir From Tokyo (スーベニアフロムトーキョー ; carte p. 72 ; www.souvenirfromtokyo.jp ; sous-sol, National Art Center Tokyo, 7-22-2 Roppongi, Minato-ku ; 10h-18h sam-lun, mer et jeu, jusqu'à 20h ven ; S ligne Chiyoda jusqu'à Nogizaka, sortie n°6)** justifient à eux seuls la visite.

Tour de Tōkyō — Tour

(東京タワー ; carte p. 72 ; www.tokyotower.co.jp/english ; 4-2-8 Shiba-kōen, Minato-ku ; adulte/enfant plateforme principale 900/400 ¥, plateforme spéciale 1 600/800 ¥ ; observation 9h-22h ; S ligne Ōedo jusqu'à Akabanebashi, sortie Akabanebashi). Pour les Tokyoïtes, cette tour érigée en 1958 reste le symbole de la renaissance de la ville après la Seconde Guerre mondiale. Haute de 333 m, elle dépasse de 13 m la tour Eiffel dont elle s'inspire. Elle a été peinte en orange et blanc pour être en conformité avec les règles de sécurité aérienne internationales. La plateforme d'observation principale se situe à 145 m, la plateforme "spéciale" à 250 m, mais leur vue ne saurait rivaliser avec celle dont on jouit depuis le sommet du Tokyo Sky Tree, plus onéreux d'accès.

Zōjō-ji — Temple bouddhique

(増上寺 ; carte p. 72 ; 3432-1431 ; www.zojoji.or.jp/en/index.html ; 4-7-35 Shiba-kōen, Minato-ku ; aube-crépuscule ; S ligne Ōedo jusqu'à Daimon, sortie A3). GRATUIT Parmi les lieux de culte majeurs du mouvement bouddhique du Jōdō shū (Terre pure), l'ancien temple funéraire des Tokugawa édifié en 1393

National Art Center Tokyo

TRAVELASIA/GETTY IMAGES ©

présente une architecture impressionnante. **Sangedatsumon** (解脱門; carte p. 72), la porte principale datant de 1605, comporte trois niveaux qui symbolisent les étapes pour accéder au nirvana. La gigantesque **Daibonsho** (1673), qui pèse 15 tonnes, est considérée comme l'une des trois grandes cloches de la période d'Edo.

EBISU ET MEGURO 恵比寿・目黒

Portant le nom de la grande brasserie qui faisait autrefois vivre la majorité des habitants du quartier, Ebisu est aujourd'hui un secteur branché fort d'excellents bars et restaurants. Un court trajet le long de la "Skywalk" au départ de la gare d'Ebisu conduit au **Ebisu Garden Place** (恵比寿ガーデンプレイス ; carte p. 78 ; www.gardenplace.jp ; 4-20 Ebisu, Shibuya-ku ; ligne JR Yamanote jusqu'à Ebisu, sortie est), autre "micro-cité" comportant boutiques et restaurants, immeubles de bureaux et deux musées. La vaste esplanade centrale accueille régulièrement des manifestations et des marchés le week-end.

Meguro est à un arrêt au sud d'Ebisu, sur la ligne JR Yamanote.

Musée métropolitain de la Photographie — Musée

(東京都写真美術館 ; carte p. 78 ; ☎3280-0099 ; www.syabi.com ; 1-13-3 Mita, Meguro-ku ; 600-1 650 ¥ ; 10h-18h mar, mer, sam et dim, 10h-20h jeu et ven ; ligne JR Yamanote jusqu'à Ebisu, sortie est). Fermé pour rénovation jusqu'à fin août 2016, le principal musée de la photographie de Tōkyō se tient au bout du Ebisu Garden Place, du côté droit en arrivant de la gare d'Ebisu. Il combine collection permanente et expositions temporaires, dont plusieurs ont souvent lieu en même temps (le prix dépendant alors du nombre visité).

Musée de la Bière Ebisu — Musée

(エビスビール記念館 ; carte p. 78 ; ☎5423-7255 ; www.sapporoholdings.jp/english/guide/yebisu ; 4-20-1 Ebisu, Shibuya-ku ; 11h-19h mar-dim ; ligne JR Yamanote jusqu'à Ebisu, sortie est). GRATUIT Au Ebisu Garden Place, derrière le grand magasin Mitsukoshi, ce petit musée occupe le site de la brasserie

Si vous aimez... Les jardins

Vous avez apprécié la verdure du Hama-Rikyū Onshi-teien (p. 64) ? Voici d'autres jardins à ne pas manquer :

1 JARDIN ORIENTAL DU PALAIS IMPÉRIAL

(皇居 ; Kōkyo ; carte p. 68 ; sankan.kunaicho.go.jp/english/index.html ; 1 Chiyoda, Chiyoda-ku ; 9h-16h nov-fév, 9h-16h30 mars à mi-avr et sept-oct, fermé lun et ven tte l'année ; S ligne Chiyoda jusqu'à Ōtemachi, sorties C13b et C10) Dans ce joli jardin paysager, aménagé dans l'enceinte du château, on peut observer de près les énormes pierres utilisées pour bâtir les remparts. On peut même grimper sur les vestiges d'un des bastions, non loin de la pelouse supérieure. La visite est limitée à un certain nombre de personnes. La plupart des gens arrivent par Ōte-mon, la porte la plus proche de la gare de Tōkyō, autrefois entrée principale de l'Edo-jō.

2 SHINJUKU-GYOEN

(新宿御苑 ; carte p. 90 ; ☎3350-0151 ; www.env.go.jp/garden/shinjukugyoen ; 11 Naito-chō, Shinjuku-ku ; adulte/enfant 200/50 ¥ ; 9h-16h30 mar-dim ; S ligne Marunouchi jusqu'à Shinjuku-gyoenmae, sortie n°1) Le Shinjuku-gyoen a beau avoir été conçu à l'origine comme retraite impériale (achevée en 1906), c'est aujourd'hui le parc de tous, qui offre un agréable répit aux citadins las du tohu-bohu de la ville. Ne manquez pas la serre récemment rénovée, ses nénuphars géants, ses superbes orchidées et les cerisiers en fleur au printemps.

3 KIYOSUMI-TEIEN

(清澄庭園 ; carte p. 62 ; teien.tokyo-park.or.jp/en/kiyosumi/index.html ; 3-3-9 Kiyosumi, Kōtō-ku ; adulte/enfant 150 ¥/gratuit ; 9h-17h ; ligne Ōedo jusqu'à Kiyosumi-Shirakawa, sortie A3) À l'origine (en 1721) villa d'un daimyo (seigneur régional au temps du shogunat), le Kiyosumi-teien est aujourd'hui l'une des retraites les plus pittoresques de Tōkyō. Après sa destruction par le séisme de 1923, Iwasaki Yatarō, fondateur de la Mitsubishi Corporation, acheta la propriété. Il fit venir de tout le pays de très belles pierres, désormais disposées autour d'un étang bordé de pins noirs du Japon, d'hortensias et de cerisiers de Taïwan.

Roppongi et alentour

Roppongi et alentour

À voir

1 21_21 Design Sight C1
2 Aoyama Rei-en A1
3 Musée d'Art Mori B3
4 National Art Center Tokyo B2
5 Roppongi Hills B3
6 Sangedatsumon G4
7 Musée d'Art Suntory C1
8 Tokyo City View B3
9 Tokyo Midtown C1
10 Tour de Tōkyō F4
11 Toranomon Hills G1
12 Zōjō-ji G4

Où se loger

13 B Roppongi C2
14 Hotel S B3

Où se restaurer

15 Gonpachi A3
16 Jōmon C3
17 Tofuya-Ukai F4

Où prendre un verre et faire la fête

18 Agave C2
19 Pink Cow D3
20 SuperDeluxe B3

Achats

Souvenir From Tokyo (voir 4)

Ebisu d'origine (1889). Il retrace l'histoire de la marque et de la bière en général au Japon à travers des photos, des affiches et des bouteilles anciennes. Dans le salon de dégustation, vous pourrez goûter à quatre variétés de bière (400 ¥ chacune).

Musée métropolitain d'Art Teien — Musée

(東京都庭園美術館 ; carte p. 78 ; www.teien-art-museum.ne.jp ; 5-21-9 Shirokanedai, Minato-ku ; tarif variable ; 10h-18h, fermé 2e et 4e mer du mois ; ligne JR Yamanote jusqu'à Meguro, sortie est). Cette ancienne résidence princière Art déco, conçue en 1933 par l'architecte français Henri Rapin, accueille essentiellement des expositions d'arts décoratifs. Rouvert en 2014 à l'issue de longs travaux de rénovation, le musée inclut désormais une annexe moderne signée Hiroshi Sugimoto.

SHIBUYA 渋谷

Shibuya est le centre névralgique de la culture adolescente tokyoïte. Les vêtements aux couleurs vives et les cheveux décolorés y sont monnaie courante.

Si un ami tokyoïte vous donne rendez-vous à Shibuya, vous vous retrouverez certainement sur la **place Hachikō** (ハチ公), devant la gare. Débordant d'animation, le **carrefour de Shibuya** mène de la gare à la rue piétonne **Center-gai**, artère principale de Shibuya, abritant quantité de commerces, de bars et de restaurants.

Du côté est de la gare, l'immeuble **Shibuya Hikarie** sur 38 niveaux, inauguré

Shibuya 109 (p. 117)

en 2012, s'impose comme le tout nouvel emblème du quartier. Ses boutiques et restaurants haut de gamme ont toutes les chances d'attirer dans le secteur une clientèle plus âgée et sophistiquée.

Carrefour de Shibuya — Grand carrefour

(渋谷スクランブル交差点 ; **Shibuya Scramble ; carte p. 84 ; ligne JR Yamanote jusqu'à Shibuya, sortie Hachikō).** L'intersection, devant la gare de Shibuya passe pour être la plus fréquentée au monde. Ses écrans géants et ses néons composent un spectacle saisissant comme on n'en voit qu'à Tōkyō. Les gens arrivent de toutes les directions en même temps – ils sont parfois plus d'un millier à chaque changement des feux tricolores – et parviennent pourtant à s'éviter avec autant d'habileté que de nonchalance.

Statue de Hachikō — Statue

(ハチ公像 ; **carte p. 84 ; Hachikō Plaza ; ligne Jr Yamanote jusqu'à Shibuya, sortie Hachikō).** Hachikō, un chien akita, appartenait à un professeur qui habitait près de la gare de Shibuya. L'homme mourut en 1925, mais l'animal continua de venir l'attendre tous les jours à la gare pendant les 10 ans qu'il lui survécut. Cette histoire entra dans la légende, et l'on érigea une petite statue à la mémoire du chien sur le parvis de la gare.

Shibuya Center-gai — Rue

(渋谷センター街 ; **Shibuya Sentā-gai ; carte p. 84 ; ligne JR Yamanote jusqu'à Shibuya, sortie Hachikō).** La rue piétonne Center-gai, artère principale de Shibuya, est festonnée de fast-foods et d'enseignes de prêt-à-porter prisées des ados. Éclairé de nuit comme en plein jour, ce lieu cacophonique où l'activité commerciale déborde sur les trottoirs évoque une version tokyoïte des marchés nocturnes d'Asie du sud-Est ou des kermesses de quartier.

Myth of Tomorrow — Art public

(明日の神話 ; **Asu no Shinwa ; carte p. 84 ; ligne JR Yamanote jusqu'à Shibuya, sortie Hachikō).** Réalisée en 1967 pour un hôtel de luxe mexicain, cette peinture murale de Tarō Okamoto disparut deux ans plus tard et ne refit surface au Japon qu'en 2003. Depuis 2008, l'œuvre de 30 m de long illustrant l'explosion de la bombe atomique sur Hiroshima orne la gare de Shibuya, au 2e niveau en direction de la ligne Inokashira.

Carrefour de Shibuya

Vaut le détour
Musée Ghibli

Le maître de l'anime Hayao Miyazaki, dont le Studio Ghibli (prononcez "jibouri") a produit entre autres *Princesse Mononoké* et *Le Voyage de Chihiro,* a conçu ce musée lui-même. Les amateurs apprécient les croquis originaux, et les enfants, même s'ils ne sont pas familiers de ces films, adorent l'ambiance de conte de fées et le chat-bus dans lequel ils peuvent monter. Ne manquez pas l'anime de 20 minutes projeté au 1er niveau.

Se rendre au **musée Ghibli** (ジブリ美術館 ; www.ghibli-museum.jp ; 1-1-83 Shimo-Renjaku, Mitaka-shi ; adulte 1 000 ¥, enfant 100-700 ¥ ; 10h-18h mer-lun ; ligne JR Chūō jusqu'à Mitaka, sortie sud) fait partie de l'aventure. Les billets s'achètent à l'avance, et il faut aussi choisir le jour et l'heure exacts de la visite. On peut le faire en ligne via une agence de voyages avant d'arriver au Japon (le plus simple) ou acheter ses billets aux billetteries automatiques des supérettes Lawson à Tōkyō (il faut comprendre le japonais pour se servir des distributeurs). Ces deux solutions sont présentées en détail sur le site Web, qui comporte aussi un plan très utile.

Un minibus (aller-retour/simple 300/200 ¥) part pour le musée environ toutes les 20 minutes de la sortie sud de la station Mitaka (arrêt de bus n°9). Sinon, vous pourrez vous y rendre à pied (environ 15 minutes) en suivant le canal, puis en tournant à droite une fois arrivé à l'Inokashira-kōen – le musée se trouve en fait à la lisière ouest du parc. Vous pouvez aussi y aller en traversant le parc depuis la station Kichijōji (comptez environ 30 minutes).

Shibuya Hikarie — Édifice

(渋谷ヒカリエ ; carte p. 84 ; 5468-5892 ; www.hikarie.jp ; 2-21-1 Shibuya, Shibuya-ku ; ligne JR Yamanote jusqu'à Shibuya, sortie est). Cette tour étincelante de 34 niveaux, inaugurée en 2012, constitue la première étape de ce qui promet d'être un réaménagement massif de Shibuya. Entre les boutiques du bas et les bureaux des niveaux supérieurs, le 8e niveau renferme plusieurs lieux culturels dignes d'intérêt, dont le **d47 Museum** (www.hikarie8.com/d47museum ; 11h-20h).

HARAJUKU ET ALENTOUR 原宿

Harajuku est le haut lieu de la mode, que les Tokyoïtes fréquentent tout autant pour s'adonner au shopping que pour parader. Les attraits du quartier ne se limitent cependant pas à cela : on y découvre le Meiji-jingu, sanctuaire shintoïste le plus grandiose de Tōkyō, d'excellents musées d'art et des exemples d'architecture contemporaine.

Yoyogi-kōen — Parc

(代々木公園 ; carte p. 62 ; ligne JR Yamanote jusqu'à Harajuku, sortie Omote-sandō). Par un bel après-midi de week-end ensoleillé, vous pourrez être sûr de voir de nombreux Tokyoïtes lézarder sur cette vaste pelouse, idéale pour pique-niquer.

Takeshita-dōri — Rue

(竹下通り ; carte p.88 ; ligne Yamanote jusqu'à Harajuku, sortie Takeshita). Temple de la mode adolescente, cette ruelle piétonne très animée est un lieu culte pour les jeunes des quatre coins du Japon. Les tendances vestimentaires du moment y côtoient les accessoires des cultures alternatives (tutus *decora* et robes de lolitas gothiques).

Musée d'Art mémorial Ukiyo-e Ōta — Musée

(浮世絵太田記念美術館 ; carte p. 88 ; 3403-0880 ; www.ukiyoe-ota-muse.jp ; 1-10-10 Jingūmae, Shibuya-ku ; adulte/enfant 700-1 000 ¥/gratuit ; 10h30-17h30 mar-dim, fermé du 27 à la fin du mois ; ligne JR

RUDI VAN STARREX/GETTY IMAGES ©

À ne pas manquer
Le Meiji-jingū

Le sanctuaire shintoïste le plus grandiose de Tōkyō rend hommage à l'empereur Meiji et à l'impératrice Shōken. Érigé en 1920, il fut détruit par les bombardements de la Seconde Guerre mondiale, puis rebâti en 1958. Contrairement à tant d'autres édifices ayant connu le même sort, il a conservé son authenticité. Le torii (portique) en bois, haut de 12 m, a été sculpté dans un cyprès de Taïwan vieux de 1 500 ans.

Le **Meiji-jingū-Gyoen** (明治神宮御苑 ; jardin intérieur ; carte p. 88 ; 500 ¥ ; 9h-16h30, jusqu'à 16h nov-fév ; ligne JR Yamanote jusqu'à Harajuku, sortie Omote-sandō), qui n'occupe qu'une toute petite partie d'un vaste domaine boisé, était autrefois une terre impériale. Le jardin d'iris, qui fut dessiné par l'empereur Meiji pour l'impératrice, est de toute beauté en juin, quand les fleurs s'épanouissent.

INFOS PRATIQUES

明治神宮 ; carte p. 88 ; www.meijijingu.or.jp ; 1-1 Yoyogi Kamizono-chō, Shibuya-ku ; aube-crépuscule ; ligne JR Yamanote jusqu'à Harajuku, sortie Omote-sandō

Yamanote jusqu'à Harajuku, sortie Omote-sandō). Ce musée tranquille donne à voir la belle collection d'*ukiyo-e* (littéralement "image du monde flottant") réunie par Seizo Ōta, ancien directeur de la Toho Life Insurance Company. Les estampes font l'objet d'expositions thématiques temporaires, visitables en 1 heure, qui incluent le plus souvent des œuvres de grands maîtres comme Hokusai et Hiroshige.

Omote-sandō Rue

(表参道 ; carte p. 88 ; S ligne Ginza jusqu'à Omote-sandō, sorties A3 et B4, ligne JR Yamanote jusqu'à Harajuku, sortie Omote-sandō). Cette avenue majestueuse, conçue à l'origine comme voie d'accès officielle au Meiji-jingū, accueille désormais des boutiques haut de gamme imaginées par des designers dans des bâtiments à la pointe de l'architecture contemporaine.

Tōkyō pour les enfants

Propre, sûre et dotée de tout le confort moderne : à bien des égards, Tōkyō est un rêve pour les parents. En revanche, les sites les plus intéressants ne conviennent pas toujours aux tout-petits.

Les enfants un peu plus grands et les ados devraient apprécier la culture pop et les rues remplies de néons. **Shibuya** et **Harajuku** abondent en boutiques, restaurants et galeries qui ont la faveur des jeunes Japonais. **Odaiba** est une destination prisée des familles tokyoïtes. Ici, les enfants peuvent rencontrer le robot humanoïde ASIMO au **musée national des Sciences émergentes et de l'Innovation** (p. 89) et s'amuser avec les jeux de réalité virtuelle de **Tokyo Joypolis** (p. 89).

Le **Tokyo Disney Resort** (p. 91), avec tous les manèges classiques, remporte un franc succès. Le **musée Ghibli** (p. 75) rend hommage au génie de l'animation japonaise, Hayao Miyazaki (*Princesse Mononoké, Le Voyage de Chihiro*...). Pour un cadeau, vous pouvez faire un tour au grand magasin de jouets **KiddyLand** (p. 118).

Les petits Japonais adorent les **trains** – vos enfants devraient également tomber sous le charme. La terrasse sud de la gare de Shinjuku surplombe les voies ferrées qui "alimentent" la gare ferroviaire la plus fréquentée du monde. Pensez également à embarquer à bord du monorail sans conducteur de la ligne Yurikamome qui serpente entre les gratte-ciel.

Musée Nezu — Musée

(根津美術館 ; carte p. 88 ; ☎3400-2536 ; www.nezu-muse.or.jp ; 6-5-1 Minami-Aoyama, Minato-ku ; tarif plein/étudiant/enfant 1 000/800 ¥/gratuit, expos spéciales 200 ¥ en supp ; ⏲10h-17h mar-dim ; Ⓢligne Ginza jusqu'à Omote-sandō, sortie A5). Ce musée affiche un saisissant mélange de nouveau et d'ancien : sa collection réputée d'antiquités japonaises, chinoises et coréennes est exposée dans une galerie dessinée par l'architecte contemporain Kengō Kuma. Des pièces choisies, issues de la vaste collection, sont présentées lors d'expositions saisonnières.

SHINJUKU 新宿

Quartier affairé, Shinjuku réunit la plupart des caractéristiques de Tōkyō : grands magasins haut de gamme, vieux bars anachroniques, marée humaine, écrans vidéo le long des rues, clubs à hôtesses, sanctuaires discrets et immenses gratte-ciel.

Au cœur de Shinjuku s'étend l'une des gares les plus fréquentées du monde, où transitent chaque jour plus de 3 millions de voyageurs. À l'ouest de celle-ci, **Nishi-Shinjuku** est un quadrillage de rues parfaitement pensé où s'élèvent de hautes tours administratives. Les autorités municipales de Tōkyō ont quitté Yūrakuchō pour s'établir ici en 1991.

La partie est de Shinjuku constitue l'une des zones les plus étendues et animées pour sortir.

Bureaux du gouvernement métropolitain de Tōkyō — Édifice

(東京都庁 ; Tōkyō Tochō ; carte p. 90 ; www.metro.tokyo.jp/english/tmg/observat.htm ; 2-8-1 Nishi-Shinjuku, Shinjuku-ku ; ⏲plateformes panoramiques 9h30-23h ; Ⓢ ligne Ōedo jusqu'à Tochōmae, sortie A4). GRATUIT Le siège de la municipalité de Tōkyō, dessiné par Kenzō Tange, se distingue par son architecture monumentale évoquant une sorte de cathédrale pixelisée. Prenez l'ascenseur au rez-de-chaussée du bâtiment 1 jusqu'à l'une des deux plateformes panoramiques (la vue sur la ville est quasiment la même du haut de chacune des tours). Par temps dégagé, on aperçoit, à l'ouest, le mont Fuji.

Ebisu et Meguro

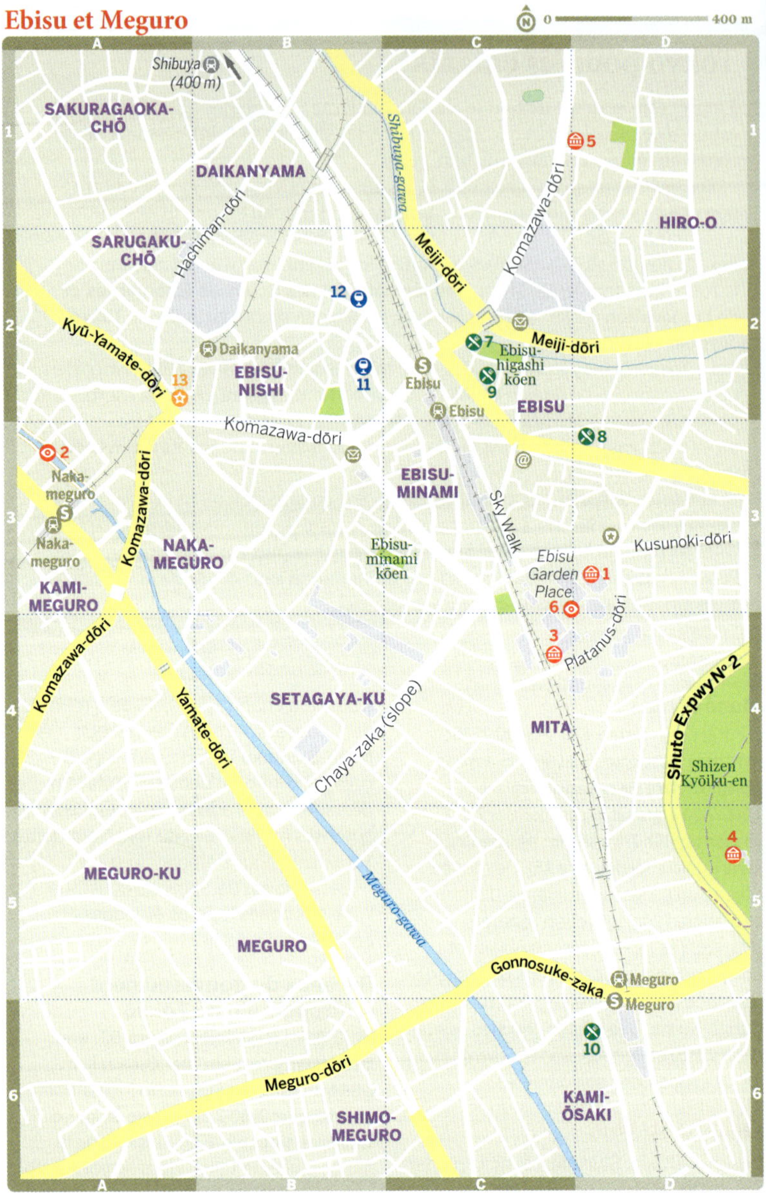

Shinjuku I-Land Art public

(新宿アイランド ; carte p. 90 ; 6-5-1 Nishi-Shinjuku, Shinjuku-ku ; S ligne Marunouchi jusqu'à Nishi-Shinjuku). Ce complexe de bureaux, édifié en 1995, compense son architecture ordinaire par une douzaine d'œuvres d'art public, dont une sculpture dite *Love* de Robert Indiana et deux *Tokyo Brushstroke* de Roy Liechtenstein. Avec ses restaurants à l'ombre de l'horloge astronomique de Giulio Paolini, la cour circulaire fait un endroit agréable pour une pause café ou déjeuner.

Ebisu et Meguro

À voir

Où se restaurer

Où prendre un verre et faire la fête

Où sortir

Kabukichō — Quartier

(歌舞伎町; carte p. 90 ; ligne JR Yamanote jusqu'à Shinjuku, sortie est). Le quartier chaud le plus connu de Tōkyō, qui couvre plusieurs pâtés de maisons au nord de Yasukuni-dōri, tire son nom d'un théâtre de kabuki finalement jamais construit. À la place se succèdent *soaplands* (genre de maison close), peep-shows, cabarets, *love hotels* et bars fétichistes. On peut généralement s'y promener en toute sécurité, mais mieux vaut ne pas s'y rendre seul.

KŌRAKUEN ET ALENTOUR 後楽園

Kōrakuen et ses abords faisaient partie de la zone résidentielle où vivait l'élite du gouvernement du Yamanote de l'époque d'Edo. À une courte distance à pied se situe le pittoresque Kagurazaka, ancien quartier de geishas.

Koishikawa Kōrakuen — Jardin

(小石川後楽園 ; carte p. 62 ; 1-6-6 Kōraku, Bunkyō-ku ; adulte/enfant 300 ¥/gratuit ; 9h-17h ; ligne JR Sōbu jusqu'à Iidabashi, sortie C3). Créé au milieu du XVIIe siècle, ce jardin, jadis propriété – bien plus vaste – du clan Tokugawa, intègre des éléments d'aménagement paysager chinois et japonais. Aujourd'hui, le *shakkei* ("paysage emprunté") inclut le stade Tokyo Dome. Ne manquez pas l'**Engetsu-kyō** (pont de la Pleine Lune), qui date du début de la période d'Edo.

Yasukuni-jinja — Sanctuaire shintoïste

(靖国神社 ; carte p. 62 ; 03-3261-8326 ; www.yasukuni.or.jp ; 3-1-1 Kudan-kita, Chiyoda-ku ; 6h-17h ; S ligne Hanzōmon jusqu'à Kudanshita, sortie n°1). Littéralement "sanctuaire du pays apaisé", ce mémorial rend hommage aux quelque 2,5 millions de Japonais morts pour la patrie, au cours des différentes guerres, de 1868 à la Seconde Guerre mondiale. Achevé en 1869, il possède des torii (portiques) peu communs en acier et en bronze. Il s'agit aussi d'un lieu hautement controversé car 14 grands criminels de la dernière guerre, dont le général Tōjō Hideki, y ont été inhumés en 1979.

Yūshū-kan — Musée

(遊就館 ; carte p. 62 ; 3261-8326 ; www.yasukuni.or.jp ; 3-1-1 Kudankita, Chiyoda-ku ; tarif plein/étudiant 800/500 ¥ ; 9h-16h ; S ligne Hanzōmon jusqu'à Kudanshita, sortie n°1). Ce musée de la guerre controversé, dans l'enceinte du Yasukuni-jinja, commence par la tradition des samouraïs et s'achève par la défaite du Japon au terme de la Seconde Guerre mondiale. La vision pour le moins singulière de l'histoire mise en œuvre ici ne manque pas de rebuter certains visiteurs.

AKIHABARA 秋葉原

Si "Akiba" est l'épicentre de la culture *otaku* (geek), pas besoin d'être un fan de mangas et d'anime pour apprécier ce quartier décalé, fourmillant de stimulations sensorielles et d'inventivité.

Procurez-vous un plan au **Tokyo Anime Center Akiba Info** (東京アニメセンター ; **Akiba Info ; carte p. 62 ; www.animecenter.jp ; 2e niv, Akihabara UDX Bldg, 4-14-1 Soto-Kanda, Chiyoda-ku ; 11h-19h mar-dim ; ligne JR Yamanote jusqu'à Akihabara, sortie Electric Town)** ; serviable, le personnel parle anglais.

Akihabara Electric Town — Quartier

(秋葉原電気街 ; Akihabara Denki-Gai ; carte p. 62 ; ligne JR Yamanote jusqu'à Akihabara, sortie Electric Town). Akihabara a commencé à devenir Electric Town après la Seconde

Guerre mondiale, quand les abords de la gare ont accueilli un marché noir de pièces détachées de radio et d'autres appareils. Réputé dans les années 1960 et 1970 pour son matériel électronique à bas prix, neuf ou d'occasion, le quartier a souffert par la suite de la concurrence des commerces discount installés ailleurs en ville. Il a rebondi depuis et s'illustre désormais comme le fief de la culture *otaku* (geek), entraînant dans son orbite les adeptes de la J-pop.

UENO 上野

Cœur culturel de la ville, Ueno figure parmi les quartiers phares depuis l'époque d'Edo. Il s'organise autour d'un immense parc, Ueno-kōen, siège de grands musées, à l'exemple du Musée national de Tōkyō.

Musée national de Tōkyō — Musée

(東京国立博物館 ; **Tokyo Kokuritsu Hakubutsukan ; carte p. 94 ; ☎3822-1111 ; www.tnm.jp ; 13-9 Ueno-kōen, Taitō-ku ; tarif plein/étudiant/enfant et senior 620/410 ¥/gratuit ; ⏲9h30-17h mar-jeu toute l'année, jusqu'à 20h ven, 18h sam et dim mars-déc ; 🚆ligne JR Yamanote jusqu'à Ueno, sortie Ueno-kōen).** Le musée incontournable de Tōkyō recèle la plus importante collection d'art japonais au monde, composée, entre autres, de céramiques, sculptures bouddhiques, sabres de samouraï, *ukiyo-e* (estampes) et kimonos exquis. Si vous ne disposez que de 2 ou 3 heures, concentrez-vous sur le Honkan (galerie principale) et la ravissante galerie des trésors de Hōryū-ji, où sont exposés des masques, des *kakemono* (peintures sur rouleau) et des bouddhas dorés provenant du premier temple bouddhique du Japon (607), dans la préfecture de Nara.

Ueno-kōen — Parc

(上野公園 ; **carte p. 94 ; ⏲5h-23h ; 🚆ligne JR Yamanote jusqu'à Ueno, sorties Ueno-kōen et Shinobazu).** Ce vaste espace vert aux allées boisées recèle des temples du XVIIe siècle et un zoo. On peut louer des barques (600 ¥/heure) pour parcourir le **Shinobazu-ike** couvert de nénuphars, à l'extrémité sud. En suivant la chaussée qui sépare l'étang en deux, vous rejoindrez

À gauche : Akihabara (p. 79) ; **ci-dessous :** Ueno Tōshō-gū
(À GAUCHE) SEAN PAVONE/SHUTTERSTOCK ©; (CI-DESSOUS) LUCIANO MORTULA/SHUTTERSTOCK ©

le Benten-dō, dédié à Benzaiten (déesse de la Mer), où l'on a bel aperçu de la végétation et des oiseaux du parc. De grands plans en anglais facilitent l'orientation.

Ueno Tōshō-gū Sanctuaire shintoïste

(上野東照宮 ; carte p. 94 ; www.uenotoshogu.com ; 9-88 Ueno-kōen, Taitō-ku ; 500 ¥ ; ⌚9h30-16h30 ; 🚆ligne JR Yamanote jusqu'à Ueno, sortie Shinobazu). Comme celui de Nikkō (p. 133), ce sanctuaire, dans l'enceinte du Ueno-kōen, fut édifié en l'honneur de Tokugawa Ieyasu, le seigneur de la guerre qui unifia le Japon. Étincelant d'ors et d'éléments décoratifs, il date de 1651 mais a subi des remaniements récents. Si vous ne voulez pas payer le billet, sachez qu'on le voit plutôt bien depuis l'entrée.

Kiyōmizu Kannon-dō Temple bouddhique

(清水観音堂 ; carte p. 94 ; 1-29 Ueno-kōen, Taitō-ku ; ⌚9h-16h ; 🚆ligne JR Yamanote jusqu'à Ueno, sortie Shinobazu). Construit en 1631 et sur son site actuel du Ueno-kōen depuis 1698, cette reproduction miniature du célèbre Kiyomizu-dera de Kyoto a survécu à toute les catastrophes. Les femmes désireuses d'avoir des enfants s'y rendent en pèlerinage.

Zoo d'Ueno Zoo

(上野動物園 ; Ueno Dōbutsu-en ; carte p. 94 ; www.tokyo-zoo.net ; 9-83 Ueno-kōen, Taitō-ku ; adulte/enfant 600 ¥/gratuit ; ⌚9h30-17h mar-dim ; 🚆ligne JR Yamanote jusqu'à Ueno, sortie Ueno-kōen). Le plus vieux zoo du Japon, créé en 1882, héberge des animaux du monde entier, mais a pour vedettes deux pandas géants, Rī Rī et Shin Shin, arrivés de Chine en 2011. À noter aussi tout un espace dédié aux lémuriens, créatures *kawaii* (mignonnes) bien dans le goût japonais.

Musée national des Sciences Musée

(国立科学博物館 ; Kokuritsu Kagaku Hakubutsukan ; carte p. 94 ; www.kahaku.go.jp ; 7-20 Ueno-kōen, Taitō-ku ; adulte/

Musée national de Tōkyō

TRÉSORS HISTORIQUES

Visiter le Musée national de Tōkyō en une journée tiendrait d'une gageure. Heureusement, le Honkan (galerie principale) est conçu de manière à fournir aux visiteurs un condensé d'histoire de l'art japonaise depuis l'ère Jōmon (13000-300 av. J.-C.) jusqu'à la période d'Edo (1603-1868). Les œuvres exposées changent régulièrement, afin de protéger les plus fragiles et d'assurer aux visiteurs une part de nouveauté.

Achetez votre billet devant l'entrée principale, puis gagnez tout droit le Honkan, repérable à son toit pentu en tuiles. Une fois votre manteau rangé dans un casier, empruntez l'escalier jusqu'au 2e niveau, où les expositions sont présentées dans l'ordre chronologique. Prévoyez deux heures pour ce circuit des incontournables de l'art japonais.

La première salle sur votre droite est dévolue à l'**art japonais antique** ❶. N'oubliez pas de récupérer un exemplaire de la brochure *Highlights of Japanese Art* à l'entrée.

Poursuivez par la **galerie des Trésors nationaux** ❷. Le titre de "trésor national" est la plus haute distinction attribuée à une œuvre d'art au Japon. D'autres spécimens, distingués par une étiquette rouge, sont disséminés ailleurs dans le musée.

Tout en continuant la visite, arrêtez-vous le temps d'admirer l'**art de la Cour impériale** ❸, les **armures et sabres de samouraïs** ❹, ainsi que les **ukiyo-e et kimonos** ❺.

Ensuite, descendez par l'escalier jusqu'au 1er niveau, où chaque salle est consacrée à un artisanat différent, comme la laque ou la céramique. Admirez les superbes exemplaires de **sculpture sacrée** ❻ et d'**art populaire** ❼.

Terminez la visite par un coup d'œil à la splendide **galerie des trésors de Hōryū-ji** ❽.

Ukiyo-e et kimonos (salle 10)
Les beaux kimonos en soie et les *ukiyo-e* (estampes) aux riches couleurs sont deux éléments emblématiques de l'*ukiyo* ("monde flottant" ou monde des plaisirs et de la beauté éphémère) de la période d'Edo (1603-1868).

Sculpture japonaise (salle 11)
Quantité des plus célèbres sculptures du Japon sont celées dans les reliquaires des temples. On a ici la chance rare d'en voir de près.

JARDIN DU MUSÉE

Ne manquez pas le jardin si vous visitez le musée au cours des quelques semaines où il est ouvert au public, au printemps et à l'automne.

Galerie des trésors du Hōryū-ji
Flânez au milieu des bouddhas miniatures en or du Hōryū-ji. Fondé en 607, il s'agirait de l'un des plus vieux temples bouddhiques du Japon. Contemplez la gracieuse cruche à tête de dragon, classée trésor national.

REBECCA MILNER ©

Armures et sabres de samouraïs (salles 5 et 6)

Sabres étincelants, armures finement ciselées et casques imposants évoquent les samouraïs, guerriers emblématiques du Japon féodal.

REBECCA MILNER ©

Art de la cour impériale (salle 3-2)

Œuvres littéraires, calligraphie et rouleaux narratifs illustrés sont exposés aux côtés d'objets décoratifs rappelant la vie raffinée que menaient les courtisans il y a mille ans.

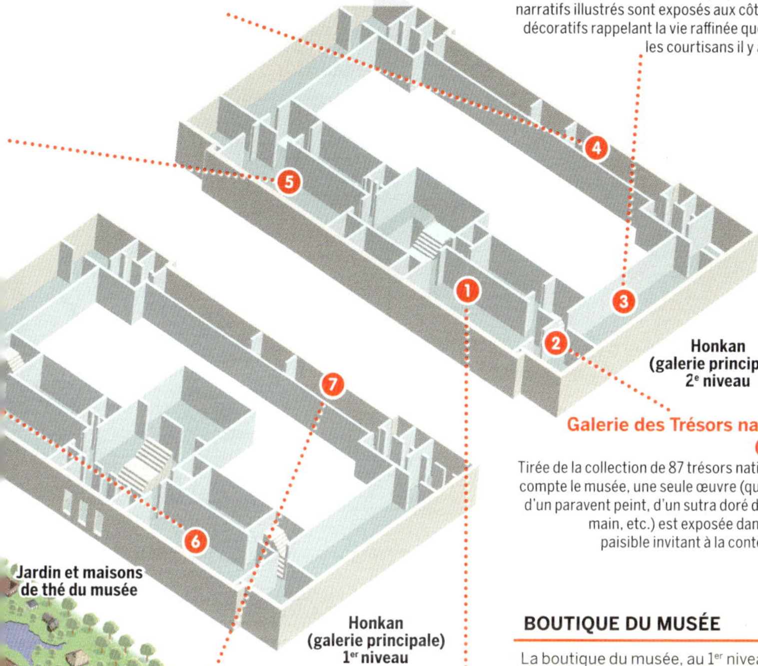

Galerie des Trésors nationaux (salle 2)

Tirée de la collection de 87 trésors nationaux que compte le musée, une seule œuvre (qu'il s'agisse d'un paravent peint, d'un sutra doré dessiné à la main, etc.) est exposée dans un cadre paisible invitant à la contemplation.

BOUTIQUE DU MUSÉE

La boutique du musée, au 1er niveau du Honkan, est riche d'une excellente collection de livres sur l'art japonais en anglais.

Aube de l'art japonais (salle 1)

L'instauration de la cour impériale et l'introduction du bouddhisme ont changé à jamais l'esthétique japonaise. Ces œuvres en argile des ères précédentes témoignent des prémices de l'art japonais.

Culture populaire (salle 15)

Admirez les objets artisanaux fabriqués par les minorités ethniques japonaises – Aïnous de Hokkaidō, Kirishitan (chrétiens persécutés du Moyen Âge) et membres de l'ancien empire de Ryūkyū, aujourd'hui Okinawa.

REBECCA MILNER ©

Shibuya

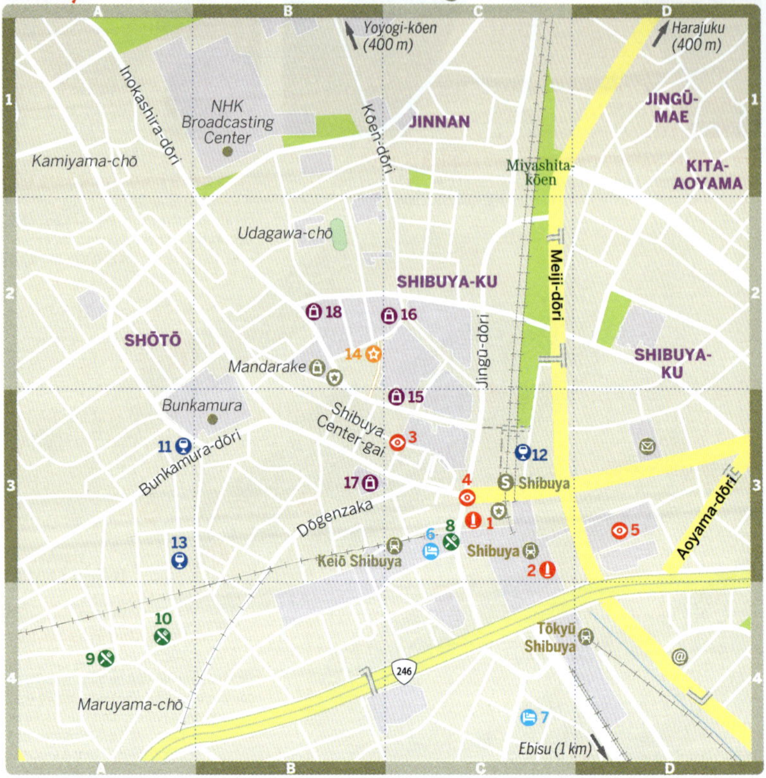

enfant 600 ¥/gratuit ; 9h-17h mar-jeu, sam et dim, 9h-20h ven ; ligne JR Yamanote jusqu'à Ueno, sortie Ueno-kōen). La galerie du Japon expose la riche biodiversité de l'archipel, des ours d'Hokkaido aux scarabées géants d'Okinawa. On y voit aussi un sismographe numérique qui trace les ondes sismiques en temps réel. Signalétique en anglais dans tout le musée, et audioguide en anglais (300 ¥).

Musée national d'Art occidental — Musée

(国立西洋美術館 ; Kokuritsu Seiyō Bijutsukan ; carte p. 94 ; www.nmwa.go.jp ; 7-7 Ueno-kōen, Taitō-ku ; tarif plein/étudiant 420/130 ¥, 2e et 4e sam gratuit ; 9h30-17h30 mar-jeu, sam et dim, 9h30-20h ven ; ligne JR Yamanote jusqu'à Ueno, sortie Ueno-kōen). La collection permanente va d'images médiévales de la Vierge à l'Enfant à l'expressionnisme abstrait du XXe siècle, mais elle met particulièrement l'accent sur l'impressionnisme français notamment au moyen d'une galerie complète dévolue à Monet. Le bâtiment principal, dessiné par Le Corbusier à la fin des années 1950, est aujourd'hui inscrit au patrimoine mondial de l'Unesco. Plusieurs bronzes d'Auguste Rodin se découvrent à l'extérieur.

Musée Shitamachi — Musée

(下町風俗資料館 ; carte p. 94 ; 3823-7451 ; www.taitocity.net/taito/shitamachi ; 2-1 Ueno-kōen, Taitō-ku ; adulte/enfant 300/100 ¥ ; 9h30-16h30 mar-dim ; ligne JR Yamanote jusqu'à Ueno, sortie Shinobazu). Ce musée donne à voir la vie des quartiers populaires de Tōkyō aux périodes Meiji et Taishō (1868-1926), avant que la ville ne soit détruite par le grand tremblement de terre de Kantō et la Seconde Guerre mondiale.

Shibuya

À voir

1 Statue de Hachikō C3
2 Myth of Tomorrow C3
3 Shibuya Center-gai C3
4 Carrefour de Shibuya C3
5 Shibuya Hikarie D3

Où se loger

6 Excel Hotel Tōkyū C3
7 Shibuya Granbell Hotel C4

Où se restaurer

d47 Shokudō .... (voir 5)
8 Food Show C3
9 Kaikaya A4
10 Matsukiya A4

Où prendre un verre et faire la fête

11 Good Beer Faucets A3
12 Tight C3
13 Womb A3

Où sortir

14 WWW B2

Achats

15 Fake Tokyo C3
16 Parco C2
17 Shibuya 109 .... B3
18 Tōkyū Hands B2

Les visiteurs peuvent entrer dans des immeubles d'habitation et des échoppes.

Ameya-yokochō Marché

(アメヤ横町 ; carte p. 94 ; 4 Ueno, Taitō-ku ; ligne JR Yamanote jusqu'à Ueno, sortie Ueno-kōen). Une ruelle parallèle aux rails de la ligne JR abrite ce marché en plein air, à mille lieues du Tōkyō chic, où l'on commença par vendre au noir des produits américains après la guerre. Aujourd'hui, on y trouve de tout, du poisson frais aux baskets.

ASAKUSA ET SUMIDA-GAWA 浅草・隅田川

Avec son temple ancien (le Sensō-ji), Asakusa, au cœur de Shitamachi, reste très imprégné de l'atmosphère de jadis – même si rien ne subsiste de l'audace et de la paillardise du quartier de plaisirs qu'il était au début du XXe siècle.

Les quartiers situés de l'autre côté de la Sumida-gawa ressemblent beaucoup, eux aussi, à ce qu'ils étaient autrefois. Abstraction faite du Tokyo Sky Tree, ils ont été relativement épargnés par la frénésie de construction qui a fait rage ailleurs dans la ville. En regard de son emplacement, au milieu de bâtiments bas et de fils électriques à découvert, la toute nouvelle tour emblématique de Tōkyō semble comme surgie de nulle part.

Ryōgoku, également à l'est de la Sumida-gawa, abrite le Kokugikan, le stade national de sumo. On voit souvent des sumotoris aux alentours de la station Ryōguku.

Super Dry Hall Architecture

(フラムドール ; Flamme d'Or ; carte p.96 ; 1-23-1 Azuma-bashi, Sumida-ku ; S ligne Ginza jusqu'à Asakusa, sortie n°4). Conçu par Philippe Starck et achevé en 1989, le siège d'Asahi Breweries compte parmi les constructions modernes emblématiques de Tōkyō. La "flamme" dorée de 360 tonnes qui surmonte l'édifice est sujette à interprétation. Si la compagnie se plaît à penser qu'elle représente la mousse sur un verre de bière, les habitants la surnomment "l'étron d'or".

Mokuhankan Estampes

(木版館 ; carte p. 96 ; ☎070-5011-1418 ; mokuhankan.com/parties ; 2e niv, 1-41-8 Asakusa, Taitō-ku ; 2 000 ¥/pers ; 10h-17h30 ; Tsukuba Express jusqu'à Asakusa, sortie n°5). Venez vous initier à l'*ukiyo-e* dans l'atelier de David Bull, où des séances d'une heure ont lieu chaque jour (inscription en ligne). La boutique sur place présente des séries d'estampes humoristiques de l'artiste et de Jed Henry mettant en scène des personnages de jeux vidéo dans des décors traditionnels japonais.

Tokyo Sky Tree Visite

(東京スカイツリー ; carte p. 96 ; www.tokyo-skytree.jp ; 1-1-2 Oshiage, Sumida-ku ; entrée des plateformes panoramiques à 350 m/450 m 2 060/3 090 ¥ ; 8h-22h ; S ligne Hanzōmon jusqu'à Oshiage, sortie Sky Tree). Le Tokyo Sky Tree – plus haute "tour de radiodiffusion sur pied" du monde (634 m) – a été inauguré en mai 2012. Sa silhouette argentée en grillage d'acier, de forme triangulaire à la base, prend la forme d'un cercle à 300 m de hauteur. Il comporte deux plateformes panoramiques, l'une à 350 m, l'autre à 450 m. Dans la journée, au

TTSTUDIO/SHUTTERSTOCK ©

À ne pas manquer
Le Sensō-ji

Le temple le plus visité de Tōkyō renferme une statue en or de Kannon (déesse bouddhiste de la Compassion) que deux pêcheurs auraient miraculeusement tirée des eaux de la Sumida-gawa en 628, selon la légende. L'édifice actuel date de 1958. On y pénètre par la monumentale **Kaminari-mon** (雷門 ; porte du Tonnerre), de couleur rouge.

Juste après la porte, protégée par Fūjin (dieu du Vent) et Raijin (dieu du Tonnerre), **Nakamise-dōri** est l'artère commerçante du temple. On y vend de tout : babioles pour touristes ou authentiques objets artisanaux dans le style d'Edo.

Au bout de Nakamise-dōri, on accède au temple lui-même. Sur la gauche, la **pagode à 5 niveaux** (五重塔) est haute de 55 m. Cette réplique (1973) d'une pagode construite par Tokugawa Iemitsu est particulièrement belle quand elle est illuminée.

L'existence de la statue de Kannon demeure un secret car elle n'est pas exposée au public. Cela ne dissuade pas un flot continu de fidèles de venir en pèlerinage. Devant le temple, de l'encens brûle dans un grand chaudron. La fumée aurait des vertus curatives, aussi les dévots en imprègnent-ils leurs vêtements.

À la lisière est de l'ensemble, l'**Asakusa-jinja** (浅草神社) a été érigé en l'honneur des frères qui ont découvert la statue de Kannon à l'origine de la construction du Sensō-ji. Il témoigne de la coexistence, fréquente à l'époque, de lieux de culte bouddhiques et shintoïstes sur un même site. La structure actuelle, d'un rouge profond, date de 1649. Elle est un exemple saisissant du style architectural *gongen-zukuri* remontant au début de la période d'Edo. Le sanctuaire est aussi au centre de l'une des fêtes les plus importantes de Tōkyō, Sanja Matsuri, en mai.

INFOS PRATIQUES

浅草寺 ; carte p. 96 ; ☎3842-0181 ; www.senso-ji.jp ; 2-3-1 Asakusa, Taitō-ku ; 🕘24h/24 ; 🚇ligne Ginza jusqu'à Asakusa, sortie n°1)

meilleur de la visibilité, le regard porte sur 100 km jusqu'au mont Fuji. C'est toutefois la nuit que Tōkyō apparaît sous son aspect le plus magique.

Musée Edo-Tōkyō Musée

(江戸東京博物館 ; carte p. 62 ; ☎3626-9974 ; www.edo-tokyo-museum.or.jp ; 1-4-1 Yokoami, Sumida-ku ; adulte/enfant 600 ¥/gratuit ; 9h30-17h30 mar-ven et dim, jusqu'à 19h30 sam ; ligne JR Sōbu jusqu'à Ryōgoku, sortie ouest). À l'aide de maquettes de la ville, reproductions de bâtiments, cartes et *ukiyo-e* (estampes), ce musée d'histoire illustre avec brio la longue transition entre le Tōkyō féodal de la période d'Edo et la capitale moderne d'aujourd'hui. La réplique grandeur nature du pont Nihonbashi retient particulièrement l'attention. Explications en anglais et audioguide gratuit (caution 1 000 ¥).

Musée d'Art contemporain, Tokyo (MOT) Musée

(東京都現代美術館 ; carte p. 62 ; www.mot-art-museum.jp ; 4-1-1 Miyoshi, Kōtō-ku ; adulte/enfant 500 ¥/gratuit ; 10h-18h mar-dim ; ligne Ōedo jusqu'à Kiyosumi-Shirakawa, sortie B2). La collection permanente constitue une bonne initiation aux grands mouvements de l'art japonais d'après-guerre. Les expositions temporaires (en sus) abordent des thèmes divers tels que mode, architecture et design. Le bâtiment en pierre, acier et bois, conçu par Takahiko Yanagisawa, fait lui-même figure d'œuvre d'art. Bien indiqué, le musée se situe en bordure du Kiba-kōen, à 10 minutes à pied de la station de métro.

ODAIBA ET BAIE DE TŌKYŌ
お台場・東京湾

Développée essentiellement dans les années 1990, l'île artificielle d'Odaiba se distingue par ses grands édifices spectaculaires – le **Tokyo Big Sight** (Tokyo International Exhibition Center ; carte p. 98) est composé de quatre immenses pyramides inversées –, ses rues larges et surtout son front de mer. Qu'on l'aime ou non, elle donne l'impression d'être dans un autre Tōkyō.

La présence de centres commerciaux géants et de complexes de loisirs en fait

Si vous aimez... Les musées

Si vous avez apprécié le Musée national de Tōkyō, voici quelques autres suggestions :

1 MUSÉE DU SABRE JAPONAIS

(刀剣博物館 ; carte p.62 ; www.touken.or.jp ; 4-25-10 Yoyogi, Shibuya-ku ; tarif plein/étudiant/enfant 600/300 ¥/gratuit ; 9h-16h30 mar-dim ; ligne Keiō New jusqu'à Hatsudai, sortie est). En 1948, après la restitution, par les Américains, d'une bonne partie des *katana* (sabres japonais) confisqués pendant l'occupation d'immédiat après-guerre, le ministère de l'Éducation fonda une société afin de préserver l'art féodal de la fabrication des sabres. Ce musée, qui expose plusieurs dizaines de pièces légendées en anglais, fut également créé à cette occasion.

2 MUSÉE D'ART YAMATANE

(山種美術館 ; carte p. 78 ; ☎03-5777-8600 ; www.yamatane-museum.or.jp ; 3-12-36 Hiroo, Shibuya-ku ; tarif plein/étudiant/enfant 1 000/800 ¥/gratuit, expositions en sus ; 10h-17h mar-dim ; ligne JR Yamanote jusqu'à Ebisu, sortie ouest). Cette collection de *nihonga* – style d'aquarelles japonaises réalisées sur soie ou papier à l'aide de pigments naturels – rassemble quelque 1 800 œuvres datant de l'ère Meiji et de la période suivante, dont seule une petite sélection est montrée à la fois dans le cadre d'expositions thématiques.

3 GALERIE D'ART POPULAIRE

(東京国立近代美術館 工芸館 ; carte p. 62 ; www.momat.go.jp/english ; 1 Kitanomaru-kōen, Chiyoda-ku ; adulte/enfant 210/70 ¥, gratuit 1er dim du mois ; 10h-17h mar-dim ; S ligne Tōzai jusqu'à Takebashi, sortie n°1b). Cette annexe du MOMAT a élu domicile dans l'ancien quartier général en brique rouge de la garde impériale, reconstruit après la Seconde Guerre mondiale. Elle accueille d'excellentes expositions temporaires de *mingei* (art populaire), notamment de céramiques, objets en laque ou en bambou, textiles et poupées réalisés par des "trésors vivants" ou des artisans contemporains.

Harajuku et alentour

Harajuku et alentour

À voir

1 Musée Nezu D4
2 Omote-sandō C3
3 Takeshita-dōri A2
4 Musée d'Art mémorial Ukiyo-e Ōta B2

Où se loger

5 Dormy Inn Premium Shibuya Jingūmae A3

Où se restaurer

6 Harajuku Gyōza-rō B3
7 Maisen C2
8 Yanmo C4

Où prendre un verre et faire la fête

9 Omotesando Koffee C2
10 Two Rooms C4

Achats

11 KiddyLand B3
12 Laforet B2
13 Musubi B1
14 Oriental Bazaar B3
15 Sou-Sou D4

une destination prisée des familles et un lieu de rendez-vous amoureux des adolescents. Ne manquez pas la maquette à taille réelle (18 m de haut) du robot **Gundam** (ガンダム ; carte p. 98) devant le centre commercial Diver City.

Il est plus amusant de se rendre à Odaiba en prenant le train sans conducteur Yurikamome, qui part de la station Shimbashi et serpente parmi les gratte-ciel avant de franchir le Rainbow Bridge (pont Arc-en-Ciel).

Ōedo Onsen Monogatari — Onsen

(**大江戸温泉物語 ; carte p. 98 ; www.ooedoonsen.jp ; 2-6-3 Aomi, Kōtō-ku ; adulte/**

enfant à partir de 1 980/900 ¥, après 18h à partir de 1 480/900 ¥ ; 11h-9h, dernière entrée 7h ; ligne Yurikamome jusqu'à Telecom Centre, ligne Rinkai jusqu'à Tokyo Teleport puis navette gratuite). Quoi de plus japonais que cette sorte de parc de loisirs sur le thème du bain ? L'intérieur, éclairé par des lanternes, reproduit un quartier du vieil Edo façon Disneyland, avec des jeux et des stands de restauration. À l'entrée, les visiteurs troquent leurs vêtements contre des *yukata* (kimonos d'été en coton léger) de couleurs vives. Sachez que les porteurs de tatouages se voient refuser l'accès.

Musée national des Nouvelles Sciences et de l'Innovation (Mirai-kan) Musée

(未来館 ; carte p. 98 ; www.miraikan.jst.go.jp ; 2-3-6 Aomi, Kōtō-ku ; adulte/enfant 620/210 ¥ ; 10h-17h mer-lun ; ligne Yurikamome jusqu'à Telecom Centre). Les expositions du *Miraikan* ("salle du futur") présentent des sciences et des technologies dont certaines façonneront sans doute les années à venir. Les nombreuses installations interactives ravissent les enfants et les adultes curieux. Il y a aussi des démonstrations, dont celle du robot humanoïde ASIMO et de l'androïde Otonaroid, plus vrai que nature. Très fréquenté, le dôme-planétarium Gaia propose une version audio en anglais ; réservez vos places dès l'arrivée.

Odaiba Kaihin-kōen Parc

(お台場海浜公園 ; parc marin d'Odaiba ; carte p. 98 ; www.tptc.co.jp/en/park/tabid/846/Default.aspx ; 1-4-1 Daiba, Minato-ku ; 24h/24 ; ligne Yurikamome jusqu'à Odaiba Kaihin-kōen). Depuis les promenades et les passerelles surélevées de ce parc, on peut profiter de l'une des plus belles perspectives sur Tōkyō, en particulier la nuit, lorsque des *yakatabune* (bateaux traditionnels en bois) décorés de lanternes traversent la baie. Il abrite une **plage** artificielle de 800 m et une réplique de la statue de la Liberté, haute de 11 m, dont la silhouette très photogénique se détache sur fond de Rainbow Bridge.

Tokyo Joypolis Parc d'attractions

(東京ジョイポリス; carte p. 98 ; tokyo-joypolis.com ; 3e-5e niv, Decks Tokyo Beach, 1-6-1 Daiba, Minato-ku ; adulte/enfant 800/300 ¥, forfait manèges 3 900/2 900 ¥, forfait après 17h 2 900/1 900 ¥ ; 10h-22h ; ligne Yurikamome jusqu'à Odaiba Kaihin-kōen). Des

Shinjuku-gyoen (p. 71)

JOHN W BANAGAN/GETTY IMAGES ©

Shinjuku

0 500 m
E Hotel Higashi-Shinjuku (250 m)
Ōme-kaidō
Nishi-shinjuku
KITA-SHINJUKU
15
Seibu Shinjuku
1
Bunka Sentā-dōri
KABUKICHŌ
Kuyakusho-dōri
Central Rd
16
14
11
19
Meiji-dōri
2
Shinjuku-nishiguchi
SHINJUKU-KU
Citibank Shinjuku Higashi-guchi
Shinjuku
Gyoen-dōri
Kita-dōri
Kōen-dōri
Tochō-dōri
SHINJUKU
20
21
Yasukuni-dōri
Shinjuku
13
18
Shinjuku-sanchōme
17
SHINJUKU-NICHŌME
5
Tochōmae
Gare routière de Shinjuku
Billetterie des navettes de l'aéroport (Limousine Bus)
12
Shinjuku Chūō-kōen
Centre d'information touristique de Tōkyō
NISHI-SHINJUKU
6
4
9
10
Kōshū-kaidō
Season Rd
Shinjuku
Shinjuku-gyoenmae
Citibank Shinjuku Minami-guchi
Shinjuku-dōri
Gijido-dōri
One Day's St
Minami-dōri
Tōkyū Hands
Shinjuku-gyoen (parc de Shinjuku)
7
YOYOGI
8
Musée du Sabre japonais (500 m)
SENDAGAYA
3

Shinjuku

À voir
1 Kabukichō D1
2 Shinjuku I-Land B2
3 Shinjuku-gyoen F4
4 Bureau du gouvernement métropolitain de Tōkyō A3

Où se loger
5 Citadines G2
6 Kadoya Hotel C3
7 Park Hyatt Tokyo A4

Où se restaurer
8 Kozue A4
9 Lumine C3
10 Mylord D3
11 Nagi E1
12 Nakajima E3
13 Tsunahachi E2

Où prendre un verre et faire la fête
14 Albatross G E1
New York Bar .... (voir 7)
15 Zoetrope C1

Où sortir
16 Robot Restaurant E1
17 Shinjuku Pit Inn F2

Achats
18 Disk Union E2
19 Don Quijote D1
20 Isetan E2
21 RanKing RanQueen D2

attractions à composante virtuelle et à sensations fortes, comme le Halfpipe Canyon rehaussé d'images vidéo, vous attendent dans ce parc couvert, géré par le concepteur de jeux Sega, sans oublier des manèges pour les enfants. Pour qui souhaite profiter de plus d'une demi-douzaine d'entre eux, le forfait illimité se révèle plus avantageux que les billets individuels (500 ¥ pour la plupart).

Tokyo Disney Resort — Parc d'attractions

(東京ディズニーリゾート ; www.tokyodisneyresort.co.jp ; 1-1 Maihama, Urayasu-shi ; billet journalier pour 1 parc adulte/enfant 6 400/4 200 ¥, après 18h 3 400 ¥ ; variable selon saison ; ligne JR Keiyō jusqu'à Maihama). Une réplique quasi parfaite du Disneyland californien d'Anaheim, assorti d'un parc aquatique destiné aux adultes, Tokyo DisneySea, et d'hôtel Disney. Prévoyez un bento (boîte repas) car les restaurants sur place sont presque toujours pris d'assaut.

Où se loger

Tōkyō a la réputation d'être une destination onéreuse en matière d'hébergement. Toutefois, un nombre croissant d'adresses économiques et de catégorie moyenne attrayantes ouvrent chaque année. Les options les moins chères se concentrent du côté est de la ville, à Ueno et Asakusa.

Quel que soit le quartier choisi, nous vous recommandons vivement de réserver. Les tarifs proposés en ligne (souvent sur le site Internet de l'hôtel) sont presque toujours plus bas.

Notez que certains établissements petits budgets et de gamme intermédiaire n'acceptent pas les cartes bancaires.

MARUNOUCHI (QUARTIER DE LA GARE DE TŌKYŌ) 丸の内 (東京駅)

Central et pratique pour venir à Tōkyō et en repartir, Marunouchi est une base intéressante, mais les tarifs appliqués sont parmi les plus onéreux de la ville.

Yaesu Terminal Hotel — Business hotel ¥¥

(八重洲ターミナルホテル ; carte p. 68 ; 3281-3771 ; www.yth.jp ; 1-5-14 Yaesu, Chūō-ku ; s/d 11 500/16 500 ¥ ; ; lignes JR jusqu'à Tokyo, sortie Yaesu nord). Dans Sakura-dōri, une rue plantée de cerisiers, ce petit hôtel affiche un style contemporain épuré. Les chambres modernes, de dimension généralement modeste, coûte un prix raisonnable pour le quartier et s'agrémentent de photos aux rayons X de l'artiste Steven Meyers.

Tokyo Station Hotel — Hôtel de luxe ¥¥¥

(東京ステーションホテル ; carte p. 68 ; 03-5220-1112 ; www.tokyostationhotel.jp ; 1-9-1 Marunouchi, Chiyoda-ku ; ch à partir de 41 000 ¥ ; ; lignes JR jusqu'à Tokyo, sortie Marunouchi sud). Partie intégrante de la gare

Ci-dessous : marché de Tsukiji (p. 66) ; **à droite :** gare de Tōkyō (p. 64)
(CI-DESSOUS) CURIOSO/SHUTTERSTOCK ©; (À DROITE) KORKUSUNG/SHUTTERSTOCK ©

de Tōkyō, l'établissement a été joliment rafraîchi dans le cadre des restaurations de ce monument historique. Chambres spacieuses à l'opulente décoration européenne, avec hauts plafonds, comptoirs en marbre et lustres richement ornementés. Certaines ont vue sur le Palais impérial.

GINZA ET TSUKIJI 銀座・築地

À Ginza, les excellents cafés, restaurants et boutiques sont à votre porte, sans parler du Palais impérial et du marché au poisson de Tsukiji. Tout cela a son prix, bien sûr.

Mitsui Garden Hotel Ginza Premier Business hotel ¥¥
(三井ガーデンホテル銀座プレミア ; **carte p. 68 ; ☎ 3543-1131 ; www.gardenhotels.co.jp ; 8-13-1 Ginza, Chūō-ku ; ch à partir de 16 000 ¥ ; ⊖ ❄ @ 📶 ; S ligne Ginza jusqu'à Shimbashi, sortie n°1).** Aménagée dans une tour, cette adresse haut de gamme, forte d'un emplacement de premier ordre, pratique des prix honnêtes. Elle comprend 361 chambres à la décoration plaisante et un hall avec vue mémorable sur Shiodome et la tour de Tōkyō.

Imperial Hotel Hôtel de luxe ¥¥¥
(帝国ホテル ; **carte p. 68 ; ☎ 3504-1111 ; www.imperialhotel.co.jp ; 1-1-1 Uchisaiwai-chō, Chiyoda-ku ; s/d à partir de 42 770/48 710 ¥ ; ⊖ ❄ @ 📶 ≋ ; S ligne Hibiya jusqu'à Hibiya, sortie A13).** Le successeur du chef-d'œuvre conçu en 1923 par Frank Lloyd Wright rend, par touches çà et là, hommage au style du célèbre architecte américain. À défaut d'être les plus chics de Tōkyō, les chambres allient espace, confort et, le plus souvent, une perspective impressionnante. Celles du bâtiment principal sont à la pointe de la modernité. Service hors pair.

ROPPONGI ET ALENTOUR 六本木

Si la vie nocturne est en tête de vos priorités, Roppongi est l'endroit idéal pour poser vos valises.

Hotel S Boutique-hôtel ¥¥
(ホテル S ; carte p. 72 ; ☎5771-2469 ; hr-roppongi.jp ; 1-11-6 Nishi-Azabu, Minato-ku ; ch à partir de 18 200 ¥ ; ❄ @ 📶 ; S ligne Hibiya jusqu'à Roppongi, sortie n°2). Les huit styles de chambres de l'établissement reflètent l'esprit design de Roppongi. Certaines des options les plus chères, en duplex, comportent des éléments décoratifs japonais tels que tatami (gris anthracite) et baignoire ronde en *hinoki* (cyprès du Japon). Les chambres de base se classent elles aussi un cran au-dessus de la moyenne.

B Roppongi Business hotel ¥¥
(ザ・ビー六本木 ; carte p. 72 ; ☎5412-0451 ; www.theb-hotels.com/the-b-roppongi/en/index.html ; 3-9-8 Roppongi, Minato-ku ; s/d petit-déj inclus à partir de 13 600/14 100 ¥ ; 🚭 @ 📶 ; S ligne Hibiya jusqu'à Roppongi, sortie n°5). Cet hôtel d'affaires à l'atmosphère décontractée se révèle idéalement situé pour qui souhaite sortir le soir dans Roppongi. Ses chambres élégantes, aux tons blanc et brun, vont de 10 à 31 m² de surface. On regrettera juste les petites salles de bains préfabriquées. S'il affiche complet, le quartier voisin d'Akasaka compte deux autres enseignes de la chaîne.

SHIBUYA ET ALENTOUR 渋谷

Shibuya permet d'être au cœur de l'animation, tout en profitant d'une excellente desserte ferroviaire. Toutefois, si vous ne comptez pas profiter de la vie nocturne du quartier, mieux vaut peut-être opter pour un endroit un peu plus tranquille.

Dormy Inn Premium Shibuya Jingūmae Business hotel ¥¥
(ドーミーインプレミアム渋谷神宮前 ; carte p. 88 ; ☎5774-5489 ; www.hotespa.net/hotels/shibuya ; 6-24-4 Jingūmae, Shibuya-ku ; s/d à partir de 11 490/15 990 ¥ ; 🚭 ❄ 📶 ; 🚆 ligne JR Yamanote jusqu'à Harajuku, sortie Ōmote-sandō). Outre les petites chambres habituelles avec lits doubles (140 cm), cette nouvelle enseigne de la chaîne Dormy Inn propose

Ueno

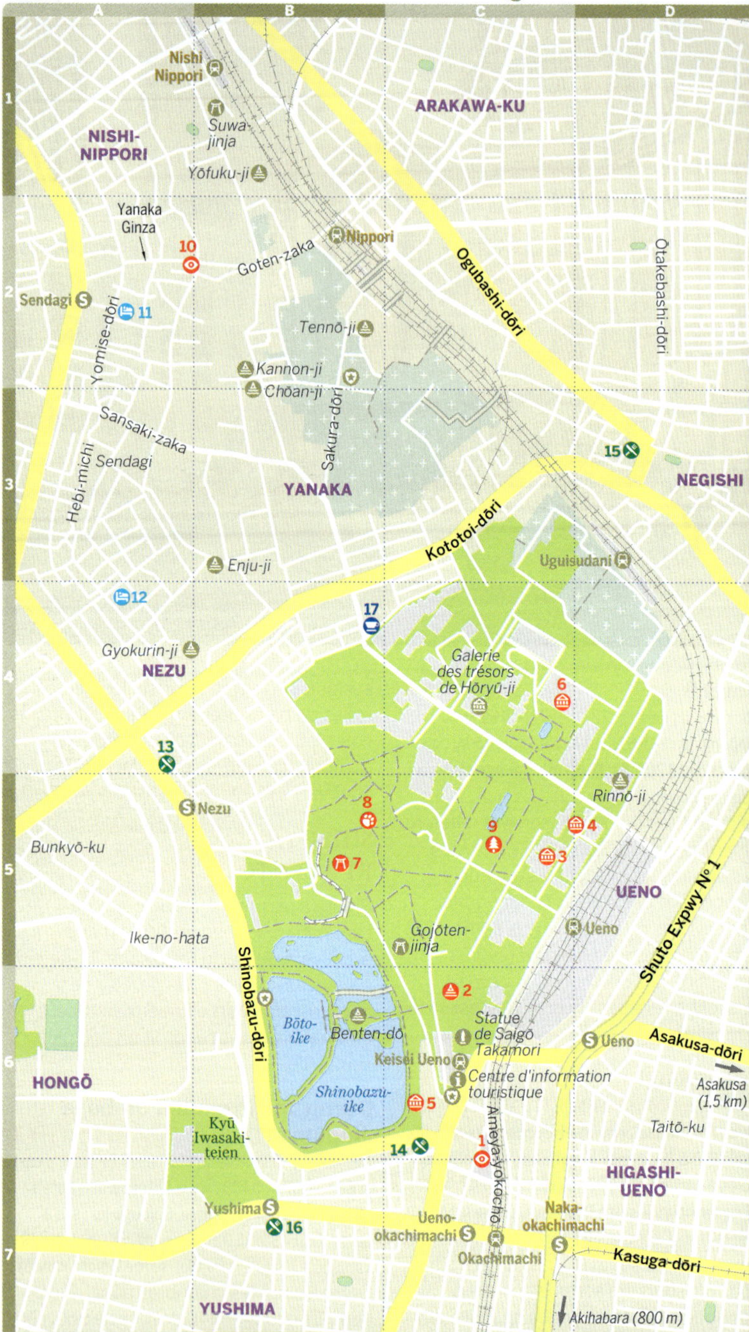

0
400 m
Nishi Nippori
Suwa-jinja
NISHI-NIPPORI
Yōfuku-ji
ARAKAWA-KU
Yanaka Ginza
10
Goten-zaka
Nippori
Ogubashi-dōri
Ōtakebashi-dōri
Sendagi
11
Yomise-dōri
Tennō-ji
Kannon-ji
Chōan-ji
Sakura-dōri
Sansaki-zaka
Sendagi
Hebi-michi
YANAKA
15
NEGISHI
Kototoi-dōri
Uguisudani
Enju-ji
12
17
Gyokurin-ji
NEZU
Galerie des trésors de Hōryū-ji
6
13
Rinnō-ji
Nezu
8
4
9
3
Bunkyō-ku
7
UENO
Shuto Expwy N°1
Ueno
Ike-no-hata
Gojōten-jinja
Shinobazu-dōri
2
Bōto-ike
Benten-dō
Statue de Saigō Takamori
Ueno
Asakusa-dōri
Keisei Ueno
Centre d'information touristique
Asakusa (1,5 km)
HONGŌ
Shinobazu-ike
5
Ameya-yokochō
Taitō-ku
Kyū Iwasaki-teien
14
1
HIGASHI-UENO
Yushima
Naka-okachimachi
16
Ueno-okachimachi
Okachimachi
Kasuga-dōri
YUSHIMA
Akihabara (800 m)

Ueno

une foule d'avantages : petit-déjeuner et dîner (nouilles) gratuits, blanchisserie, bain et service de navette jusqu'à la gare de Shibuya (7h-12h).

Shibuya Granbell Hotel Boutique-hôtel ¥¥¥

渋谷グランベルホテル ; carte p. 84 ; ✆5457-2681 ; www.granbellhotel.jp ; 15-17 Sakuragaoka-chō, Shibuya-ku ; s/d à partir de 13 000/22 000 ¥ ; ligne JR Yamanote jusqu'à Shibuya, sortie sud). Pour le prix d'un hôtel d'affaires, vous aurez droit à des chambres beaucoup plus chics, avec salle de bains vitrée, literie Simmons et rideaux pop art, dans la partie calme de Shibuya en direction de Daikanyama, à quelques minutes à pied de la gare.

Excel Hotel Tokyu Hôtel ¥¥¥

エクセルホテル東急 ; carte p. 84 ; ✆5457-0109 ; www.tokyuhotelsjapan.com/en/TE/TE_SHIBU/ index.html ; 1-12-2 Dōgenzaka, Shibuya-ku ; s/d à partir de 24 948/34 452 ¥ ; ligne JR Yamanote jusqu'à Shibuya, sortie Hachikō). Cette tour du complexe Mark City, au sommet de la gare de Shibuya, renferme des chambres spacieuses mais ordinaires, dont le prix augmente à mesure qu'on grimpe dans les étages. Un simple supplément de 2 000 ¥ par nuitée garantit toutefois une assez belle vue sur la ville.

SHINJUKU 新宿

Important carrefour des transports de la partie ouest de la ville, Shinjuku est une base pratique, où les grands hôtels dominent.

Notez que les hôtels bon marché de Shinjuku qui s'adressent aux voyageurs étrangers se concentrent dans le quartier chaud, Kabukichō. Si celui-ci n'est pas

Musée national d'Art occidental (p. 84)

Asakusa et Sumida-gawa

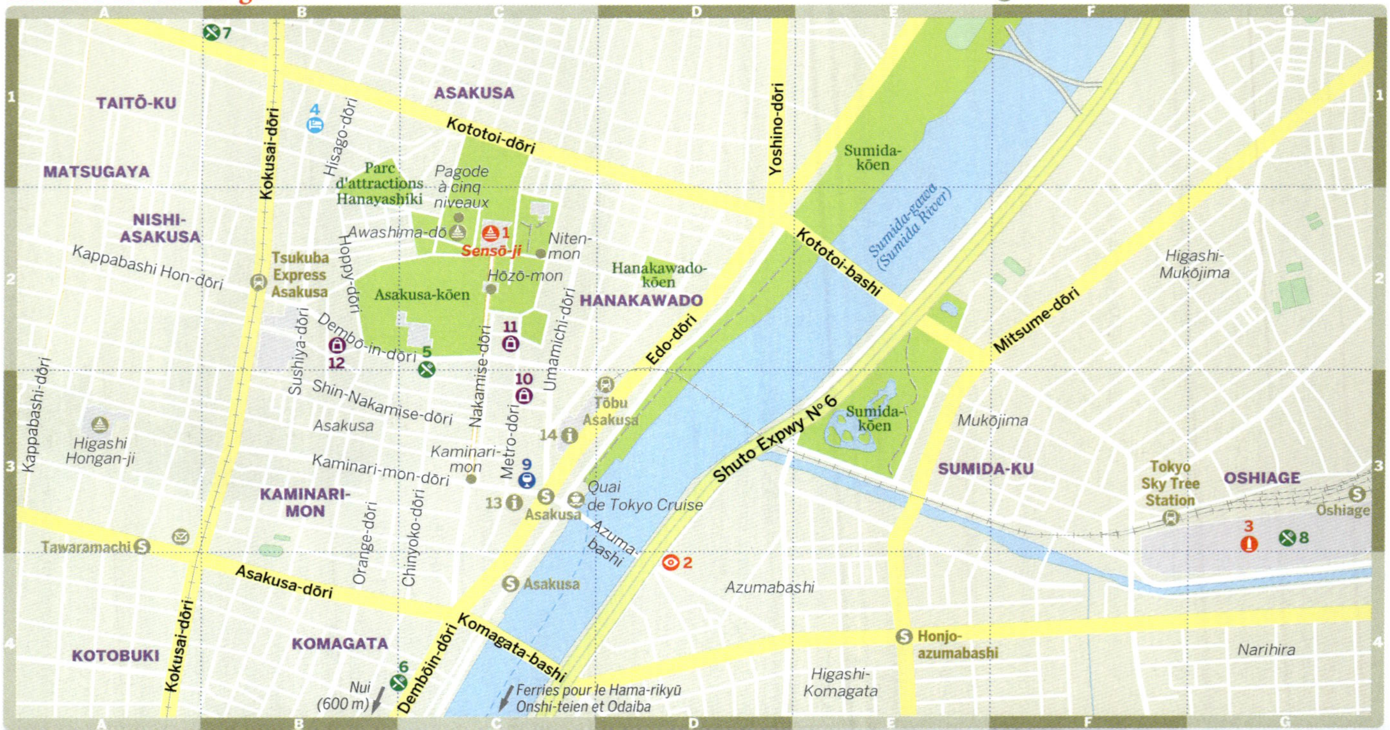

Asakusa et Sumida-gawa

particulièrement dangereux, certains n'apprécieront pas forcément de croiser chaque soir des individus louches.

E Hotel Higashi-Shinjuku — Business hotel ¥¥

(イーホテル東新宿 ; **carte p. 62 ; www.shinjukuhotel.co.jp/eng ; 2-3-15 Kabukichō, Shinjuku-ku ; s/d à partir de 9 000/11 000 ¥ ; ; S ligne Ōedo jusqu'à Higashi-Shinjuku, sortie A1).** Le chouchou des voyageurs conjugue emplacement de choix – juste devant la station de métro Higashi-Shinjuku – personnel avenant et abondance d'informations sur Tōkyō. Les chambres, petites comme à l'ordinaire, ont un cadre moderne et de confortables lits doubles. Celles qui donnent sur l'artère principale peuvent être bruyantes, mais profitent, pour certaines, d'une belle vue nocturne. Café au rez-de-chaussée.

Citadines — Appart'hôtel ¥¥

(シタディーン ; **carte p. 90 ; 5379-7208 ; www.citadines.com ; 1-28-13 Shinjuku, Shinjuku-ku ; ch à partir de 14 256 ¥ ; ; S ligne Marunouchi jusqu'à Shinjuku-gyoenmae, sortie n°2).** Des studios compacts, modernes et lumineux, dotés de grands lits doubles (160 cm), d'une kitchenette et d'un coin salon, pouvant loger jusqu'à 3 personnes. L'adresse se trouve un peu loin de l'animation de Shinjuku, mais les voyageurs restant plus de quelques jours apprécieront sans doute son calme relatif. Salle de fitness et laverie automatique. Anglais parlé.

Kadoya Hotel — Hôtel ¥¥

(かどやホテル ; **carte p. 90 ; 3346-2561 ; www.kadoya-hotel.co.jp ; 1-23-1 Nishi-Shinjuku, Shinjuku-ku ; s/d à partir de 9 000/14 000 ¥ ; ; ligne JR Yamanote jusqu'à Shinjuku, sortie ouest).** Sympathique et obligeant, le Kadoya reçoit des touristes étrangers depuis des décennies. Si les chambres standards accusent leur âge, elles sont propres, douillettes et d'un prix très avantageux pour Nishi-Shinjuku. Les "comfort rooms" (à partir de 19 500 ¥), plus récentes et mieux décorées, affichent plus d'espace, et sont équipées de matelas Simmons et d'une baignoire à la japonaise. Laverie automatique.

Park Hyatt Tokyo — Hôtel de luxe ¥¥¥

(パークハイアット東京 ; **carte p. 90 ; 5322-1234 ; tokyo.park.hyatt.com ; 3-7-1-2 Nishi-Shinjuku, Shinjuku-ku ; d à partir de 43 000 ¥ ; ; S ligne Ōedo jusqu'à Tochōmae, sortie A4).** Depuis son inauguration il y a 20 ans, le Park Hyatt n'a rien perdu en termes d'élégance et de bon goût. Il débute au 41e niveau du gratte-ciel conçu par Kenzō Tange dans la partie ouest de Shinjuku, ce qui veut dire que même les chambres de base y ont une vue somptueuse. Le prêt de téléphones portables (seuls les appels sortants sont facturés) et les cours de yoga le matin figurent parmi les plus appréciables.

UENO 上野

Si vous souhaitez vous plonger dans le Tōkyō historique, sachez que

Odaiba et baie de Tōkyō

Odaiba et baie de Tōkyō

À voir

1 Gundam B2
2 Musée national des Nouvelles sciences et de l'Innovation (Miraikan) B3
3 Odaiba Kaihin-kōen B1
4 Ōedo Onsen Monogatari B3

Activités

5 Tokyo Joypolis B1

Où se restaurer

6 Bills B1

Où prendre un verre et faire la fête

7 Jicoo the Floating Bar A1

Ueno compte des *ryokan* (auberges traditionnelles) accueillants et bon marché. Un train direct relie le quartier à l'aéroport de Narita.

Sawanoya Ryokan Ryokan ¥¥
(旅館澤の屋 ; carte p. 94 ; ☎3822-2251 ; www.sawanoya.com ; 2-3-11 Yanaka, Taitō-ku ; s/d à partir de 5 184/9 720 ¥ ; ; S ligne Chiyoda jusqu'à Nezu, sortie n°1). Fort d'un personnel très accueillant, ce petit bijou du paisible quartier de Yanaka offre tout ce qu'on peut espérer d'un *ryokan* en termes d'hospitalité. Les bains communs en cyprès et terre cuite délassent très agréablement après une longue journée (certaines chambres sont aussi équipées de leur propre baignoire traditionnelle). La réception fournit quantité de renseignements touristiques sur le Japon et loue des vélos.

Annex Katsutarō Ryokan Ryokan ¥¥
(アネックス勝太郎旅館 ; carte p. 94 ; ☎3828-2500 ; www.katsutaro.com ; 3-8-4 Yanaka, Taitō-ku ; s/d à partir de 6 500/10 800 ¥ ; ; S ligne Chiyoda jusqu'à Sendagi, sortie n°2). Évoquant davantage un hôtel moderne qu'un traditionnel *ryokan*, l'Annex Katsutarō, tenu en famille, loue d'impeccables chambres avec tatamis décorées avec soin, et pourvues de salles de bains attenantes. Bien qu'un peu loin à pied des principaux sites d'Ueno, l'établissement reste idéal pour découvrir le vieux quartier de Yanaka. Petit-déjeuner et vélos moyennant un modeste supplément.

ASAKUSA ET SUMIDA-GAWA 浅草・隅田川

Asakusa est un quartier excentré, doté d'une agréable atmosphère traditionnelle. On y trouve les meilleures auberges de jeunesse de la ville.

Nui Auberge de jeunesse ¥

(ヌイ ; carte p. 62 ; ☎6240-9854 ; backpackersjapan.co.jp/nui_en ; 2-14-13 Kuramae, Taitō-ku ; dort/d à partir de 2 700/6 800 ¥ ; ligne Ōedo jusqu'à Kuramae, sortie A7). Aménagée dans un ancien entrepôt, cette auberge de jeunesse rehausse le standing des établissements tokyoïtes pour petits budgets. Du fait de la hauteur sous plafond, on peut s'asseoir confortablement sur les lits superposés. Il y a aussi une immense cuisine et un espace de travail. Mais, surtout, signalons le bar/lounge du rez-de-chaussée, prisé de la clientèle locale, avec son mobilier fabriqué à partir de bois recyclé.

Sukeroku No Yado Sadachiyo Ryokan ¥¥

(助六の宿貞千代 ; carte p. 96 ; ☎3842-6431 ; www.sadachiyo.co.jp ; 2-20-1 Asakusa, Taitō-ku ; d avec/sans 2 repas à partir de 33 600/19 600 ¥ ; ligne Ginza jusqu'à Asakusa, sortie n°1). Les chambres à tatamis, très soignées de ce *ryokan* traditionnel ont toutes ont une salle de bains moderne à l'occidentale. Ne regardez pas à la dépense en vous offrant un exquis repas sur place, et prévoyez un moment dans les *o-furo* (bains japonais traditionnels), l'un en odorant bois de cyprès du Japon, l'autre en granit noir. Ne manquez pas le rickshaw stationné à l'extérieur.

Où se restaurer

À Tōkyō, la gastronomie aussi appelle les superlatifs. Il y a plus de restaurants dans cette vibrante mégalopole que dans toute autre ville du monde. Et la qualité est sans pareille, puisque l'on est rarement à plus de 500 m d'un bon restaurant, voire d'une excellente table.

Autre atout et non des moindres, on mange très bien pour tous types de budget dans presque tous les quartiers. Le déjeuner est en principe d'un excellent rapport qualité/prix, car nombre de restaurants chers proposent des plats bon marché à midi. Il n'est nécessaire

Gyūdon, plat japonais de riz surmonté de bœuf

RACHEL LEWIS/GETTY IMAGES ©

de réserver que dans les restaurants haut de gamme, quoique le faire dans les établissements de catégorie moyenne se révèle également une bonne idée (surtout les vendredis et samedis soir) si vous comptez vous y rendre à plus de deux personnes.

Des quartiers plus historiques comme Ueno et Asakusa se distinguent par leurs tables traditionnelles, certaines centenaires. Cosmopolite, Roppongi affiche un large choix de cuisines du monde entier. En matière de sushis, rien n'égale Ginza et Tsukiji, le premier étant également réputé pour ses restaurants haut de gamme. Dans la partie ouest de Tōkyō, Ebisu, Shibuya et Harajuku regroupent davantage d'adresses branchées. De nombreuses exceptions viennent bien sûr faire pendant local à ces généralités.

MARUNOUCHI (QUARTIER DE LA GARE DE TŌKYŌ) 丸の内 (東京駅)

Il y a également de nombreux restaurants dans la gare de Tōkyō (Tōkyō Station).

Tokyo Rāmen Street Rāmen ¥

(東京ラーメンストリート ; carte p. 68 ; www.tokyoeki-1bangai.co.jp/ramenstreet ; B1 First Avenue Tokyo Station, 1-9-1 Marunouchi, Chiyoda-ku ; rāmen à partir de 800 ¥ ; 7h30-22h30 ; lignes de JR jusqu'à la gare de Tōkyō, sortie Yaesu sud). Huit *rāmen-ya* triés sur le volet tiennent boutique dans cette galerie marchande en sous-sol, du côté Yaesu de la gare de Tōkyō. Tous les grands classiques sont représentés, des *shōyu* (à la sauce soja) aux *tsukemen* (nouilles froides servies à côté du bouillon). De longues files d'attente se forment devant les échoppes les plus appréciées, mais elles avancent d'ordinaire assez vite.

Hōnen Manpuku Japonais ¥¥

(豊年萬福 ; carte p. 62 ; 3277-3330 ; www.hounenmanpuku.jp ; 1-8-16 Nihombashi-Muromachi, Chūō-ku ; plats 1 280-1 850 ¥ ; 11h30-14h30 et 17h-23h lun-sam, 17h-22h dim ; ; S ligne Ginza jusqu'à Mitsukoshimae, sortie A1). Installés sous de grosses lanternes en papier ou en terrasse, au bord de l'eau, les clients dégustent des *sukiyaki* de bœuf ou de porc à prix d'ami et autres plats traditionnels. Les produits utilisés proviennent de fournisseurs haut de gamme de Nihombashi. Menus déjeuner d'un excellent rapport qualité/prix.

GINZA ET TSUKIJI 銀座・築地

Un petit-déjeuner de sushis à Tsukiji est incontournable à Tōkyō.

Daiwa Sushi Sushis ¥¥

(大和寿司 ; carte p. 68 ; 3547-6807 ; Bldg 6, 5-2-1 Tsukiji, Chūō-ku ; formule sushis 3 500 ¥ ; 5h-13h30 lun-sam, parfois fermé mer ; ; S ligne Ōedo jusqu'à Tsukijishijomae, sortie A1). Les attentes de plus d'une heure sont monnaie courante pour accéder au comptoir à sushis le plus connu de Tsukiji, dont le succès est tel qu'il faut pratiquement s'en éclipser sitôt servi. Le jeu en vaut toutefois la chandelle. À moins d'être capable de commander en japonais, le menu standard (7 *nigiri*, *maki* et soupe miso) reste une valeur sûre. Carte illustrée.

Trattoria Tsukiji Paradiso! Italien ¥¥

(carte p. 68 ; 3545-5550 ; www.tsukiji-paradiso.com ; 6-27-3 Tsukiji, Chūō-ku ; plats 1 500-3 600 ¥ ; 11h-14h et 18h-22h ; S ligne Hibiya jusqu'à Tsukiji, sortie n°2). Le paradis des gastronomes, comme son nom l'indique. Jouant de sa proximité avec le marché de Tsukiji, cette charmante trattoria couleur aigue-marine prépare de succulentes pâtes aux fruits de mer. Les *linguine*, spécialité de la maison, sont généreusement garnies en coquillages, agrémentés d'une sauce tomate au piment et à l'ail. Le déjeuner (à partir de 980 ¥) est une véritable affaire. Réservez pour le soir.

Kyūbey Sushis ¥¥¥

(久兵衛 ; carte p. 68 ; 3571-6523 ; www.kyubey.jp ; 8-7-6 Ginza, Chūō-ku ; formule sushis déjeuner 5 000-8 400 ¥, dîner à partir de 10 500 ¥ ; 11h30-14h et 17h-22h lun-sam ; ; S ligne Ginza jusqu'à Shimbashi, sortie n°3). Depuis 1936, le soin apporté à la qualité et à la présentation vaut au Kyūbey une clientèle riche et célèbre. Pour autant, il s'agit d'une table décontractée où les étrangers se sentent parfaitement à leur aise. Attendez-vous à être accueilli en anglais par Imada-san et son équipe de cuisiniers virtuoses, qui confectionnent et servent les sushis un par un.

Maru Japonais ¥¥¥

(銀座圓 ; carte p. 68 ; 5537-7420 ; www.maru-mayfont.jp/ginza ; 2e niv, Ichigo Ginza 612 Bldg, 6-12-15 Ginza, Chū?-ku?;ō-ku ; déjeuner/dîner à partir de 1 100/6 000 ¥ ; 11h30-14h et 17h30-21h lun-sam ; ; S ligne Ginza jusqu'à Ginza, sortie A3). De jeunes chefs inventifs mettent ici au goût du jour la grande cuisine japonaise (*kaiseki*). On peut les voir à l'œuvre derrière un comptoir donnant sur la jolie salle à manger. Les formules déjeuner, avantageuses, comprennent pour l'essentiel du poisson.

ROPPONGI ET ALENTOUR 六本木

Le sous-sol de Tōkyō Midtown (p. 65) abrite quantité d'adresses aux tarifs raisonnables ainsi que des comptoirs de vente à emporter.

Gonpachi Izakaya ¥

(権八 ; carte p. 72 ; 5771-0170 ; www.gonpachi.jp/nishiazabu ; 1-13-11 Nishi-Azabu, Minato-ku ; brochettes 180-1 500 ¥, formules déj en sem/week-end à partir de 800/2 050 ¥ ; 11h30-3h30 ; ; ligne Hibiya jusqu'à Roppongi, sortie n°1). Cette véritable institution tokyoïte sert des brochettes grillées à la braise, ainsi que des tempura, des nouilles, etc. Sombre au regard de ce qui se fait habituellement, la salle évoque un marché nocturne de l'époque d'Edo, et l'extérieur une villa féodale. (Si l'endroit vous dit quelque chose, c'est parce qu'il a inspiré le décor de l'une des scènes de combat du film *Kill Bill*.)

Jōmon
Izakaya ¥¥

(ジョウモン ; carte p. 72 ; 3405-2585 ; www.teyandei.com ; 5-9-17 Roppongi, Minato-ku ; brochettes 150-1 600 ¥ ; 18h-5h ; ; ligne Hibiya jusqu'à Roppongi, sortie n°3). Faites glisser la porte en bois pour trouver cette douillette cuisine pourvue de tabourets de bar, et dont les murs disparaissent sous des rangées de jolies carafes de *shochū* (liqueur). Les brochettes de viande et de légumes grillés sont sa spécialité, qu'il s'agisse de bœuf premier choix absolument exquis ou d'œufs de caille roulés dans une tranche de bacon. Le restaurant est presque en face du Family Mart ; réservez le week-end.

Tofuya-Ukai Kaiseki ¥¥¥

(とうふ屋うかい ; carte p. 72 ; 3436-1028 ; www.ukai.co.jp ; 4-4-13 Shiba-kōen, Minato-ku ; plats déj/dîner à partir de 5 500/8 400 ¥ ; 11h-22h ; ; ligne Toei Ōedo jusqu'à Akabanebashi, sortie n°8). Ce restaurant, très impressionnant, ne comporte que des salles individuelles qui toutes surplombent un beau jardin. Les plats de *kaiseki* (gastronomie japonaise) utilisent du tofu maison préparé de différentes façons, et il y a aussi parfois des sashimis

Divers mets japonais
OLEKSIY MAKSYMENKO/GETTY IMAGES ©

et du poisson grillé. À considérer le festin, le rapport qualité/prix est excellent. Réservez longtemps à l'avance.

EBISU ET MEGURO 恵比寿・目黒

Tonki — Tonkatsu ¥

(とんき ; **carte p. 78 ; 1-2-1 Shimo-Meguro, Meguro-ku ; repas 1 900 ¥ ; 16h-22h45 mer-lun, fermé 3e lun du mois ; ; ligne JR Yamanote jusqu'à Meguro, sortie ouest).** L'un des meilleurs spécialistes du *tonkatsu* (côtelette de porc panée), fréquenté par une clientèle d'habitués fidèles. Les places au comptoir, d'où l'on observe le ballet parfaitement chorégraphié des chefs, sont les plus convoitées. De la station Meguro, descendez Meguro-dōri et prenez la première ruelle à gauche. Repérez ensuite l'enseigne blanche et le *noren* (court rideau en tissu fendu) de l'autre côté des portes coulissantes.

Afuri — Rāmen ¥

(あふり ; **carte p. 78 ; 1-1-7 Ebisu, Shibuya-ku ; nouilles à partir de 750 ¥ ; 11h-5h ; ; ligne JR Yamanote jusqu'à Ebisu, sortie est).** Ici, on est loin du service bourru du *rāmen-ya* typique. Les jeunes cuisiniers enjoués s'affairent dans une décoration industrielle tendance. Peu orthodoxe, la carte pourra choquer les puristes, pourtant, les spécialités maison comme le *yuzu-shio* (léger bouillon salé parfumé au *yuzu* – une espèce d'agrume) attirent les foules au déjeuner. Précommandez à la caisse automatique.

Ippo — Izakaya ¥¥

(一歩 ; **carte p. 78 ; 3445-8418 ; 2e niv, 1-22-10 Ebisu, Shibuya-ku ; plats 500-1 500 ¥ ; 18h-3h ; ligne JR Yamanote jusqu'à Ebisu, sortie est).** Ce petit bar-restaurant tranquille, dépourvu d'enseigne (entrée en haut d'un escalier en bois), donne dans les plaisirs simples. Les cuisiniers sympathiques, qui parlent un peu anglais, vous aideront à choisir parmi les plats grillés, frits, mijotés ou cuits à la vapeur.

Ouca — Glaces ¥

(櫻花 ; **carte p. 78 ; www.ice-ouca.com ; 1-6-6 Ebisu, Shibuya-ku ; glaces à partir de 390 ¥ ; 11h-23h30 mars-oct, 12h-23h nov-fév ; ligne JR Yamanote jusqu'à Ebisu, sortie est).** Outre le classique thé vert, ce glacier décline un éventail de parfums originaux tels que sésame noir (*kuro-goma*) ou patate douce violette (*beni imo*).

Poisson grillé

BENOIST SÉBIRE/GETTY IMAGES ©

SHIBUYA 渋谷

Pour plus d'options, direction les restaurants aux 6e et 7e niveaux du Shibuya Hikarie (p. 75). Sinon, l'espace restauration au sous-sol (niveau 3) regroupe de bons comptoirs de vente à emporter.

d47 Shokudō Japonais ¥

(d47食堂 ; carte p. 84 ; www.hikarie8.com/d47shokudo/about.shtml ; 8e niv, Shibuya Hikarie, 2-21-1 Shibuya, Shibuya-ku ; repas 1 100-1 680 ¥ ; 11h-14h30 et 18h-23h ; ; ; ligne JR Yamanote jusqu'à Shibuya, sortie est). Cette enseigne prépare un choix régulièrement renouvelé de *teishoku* (menus) à base de spécialités provenant de chacune des 47 préfectures du Japon, du tofu fermenté d'Okinawa aux calmars farcis d'Hokkaidō. Une carte de petits plats plus étendue est proposée le soir. Les baies vitrées ont vue panoramique sur les trains qui arrivent en gare de Shibuya ou en repartent.

Food Show Supermarché ¥

(フードショー ; carte p. 84 ; sous-sol, 2-24-1 Shibuya, Shibuya-ku ; 10h-21h ; ; ligne JR Yamanote jusqu'à Shibuya, sortie Hachikō). Au sous-sol de la gare de Shibuya, faites le plein de mets à emporter tels que raviolis vapeur, poulet *karaage* (mariné et cuit dans une pâte à friture) croustillant, salades et gâteaux presque trop beaux pour être mangés. Après 17h, des autocollants indiquent les bentos (boîtes repas) et les menus sushis en promotion. Un panneau de couleur verte pointant vers le bas marque l'entrée du magasin dans le Hachikō Plaza.

Kaikaya Produits de la mer ¥¥

(開花屋 ; carte p. 84 ; 3770-0878 ; www.kaikaya.com ; 23-7 Maruyama-chō, Shibuya-ku ; déjeuner à partir de 780 ¥, plats 680-2 300 ¥ ; 11h30-14h et 17h30-23h30 lun-ven, 17h30-23h30 sam et dim ; ; ; ligne JR Yamanote jusqu'à Shibuya, sortie Hachikō). Ce qui figure ici à la carte, servi à la japonaise ou à l'occidentale, provient pour l'essentiel de la baie voisine de Sagami. Mention spéciale pour le *maguro no kama* (collier de thon). Très prisé, l'endroit est joliment animé. Réservation recommandée.

Matsukiya Sukiyaki ¥¥¥

(松木家 ; carte p. 84 ; 3461-2651 ; 6-8 Maruyama-chō, Shibuya-ku ; sukiyaki à partir de 5 250 ¥ ; 11h30-13h30 et 17h-23h lun-sam ; ; ligne JR Yamanote jusqu'à Shibuya, sortie Hachikō). Maître du *sukiyaki* (fondue/pot-au-feu japonais) depuis 1890, Matsukiya connaît vraiment son affaire. Cela vaut la peine de choisir le plat au prix fort (7 350 ¥) pour déguster une viande encore plus fondante, cuite à la perfection à votre table. Enseigne blanche en façade et entrée au sommet de marches. Réservation conseillée.

HARAJUKU ET ALENTOUR 原宿

Les crêpes sucrées sont l'apanage de Takeshita-dōri.

Harajuku Gyōza-rō Gyōza ¥

(原宿餃子楼 ; carte p.88 ; 6-4-2 Jingūmae, Shibuya-ku ; 6 gyōza 290 ¥ ; 11h30-4h30 ; ; ligne JR Yamanote jusqu'à Harajuku, sortie Omote-sandō). Les *gyōza* (raviolis) sont l'unique spécialité au menu, mais nul ne songerait à s'en plaindre dans la file d'attente d'habitués. Mangez-les *sui* (bouillis) ou *yaki* (sautés), avec ou sans *niniku* (ail) ou *nira* (ciboulette) – ils sont tous délicieux. Attente garantie le week-end.

Maisen Tonkatsu ¥

(まい泉 ; carte p. 88 ; mai-sen.com ; 4-8-5 Jingūmae, Shibuya-ku ; déj/dîner à partir de 995/1 680 ¥ ; 11h-22h ; ; ; ligne Ginza jusqu'à Omote-sandō, sortie A2). On peut commander autre chose (des crevettes frites par exemple), mais tout le monde ou presque vient ici pour les *tonkatsu* (côtelettes de porc panées et frites). La carte comprend différentes qualités de viande, dont l'onéreux *kurobuta* (cochon noir), mais même les moins chères fondent dans la bouche. Le restaurant occupe un ancien bain public. La vitrine de plats à emporter sert de délicieux *tonkatsu sando* (sandwichs).

Yanmo Produits de la mer ¥¥¥

(やんも ; carte p. 88 ; www.yanmo.co.jp/aoyama/index.html ; sous-sol, T Place bldg, 5-5-25 Minami-

Aoyama, Minato-ku ; plats déj/dîner à partir de 1 100/7 560 ¥ ; ⏲11h30-14h et 18h-22h30 lun-sam ; 🚭; S ligne Ginza jusqu'à Omote-sandō, sortie A5). Haut de gamme sans être guindé, ce restaurant est l'endroit idéal pour qui veut s'offrir un somptueux dîner de fruits de mer, pêchés près de la péninsule d'Izu voisine. Parmi les plats à prix raisonnables figurent des sashimis et du poisson grillé ou cuit à la vapeur. Le déjeuner se révèle très avantageux, mais il y a parfois la queue. Réservation indispensable le soir.

SHINJUKU 新宿

Shinjuku abonde en restaurants en tous genres et pour tous les budgets. Pour affiner son choix – ou manger sur le pouce sans avoir à braver la foule – cap sur l'une des *resutoran-gai* ("villes" de restaurants) que l'on trouve au dernier niveau de la plupart des grands magasins ; **Lumine** (ルミネ ; **carte p. 90 ; www.lumine.ne.jp/shinjuku ; Shinjuku Station, Shinjuku-ku ; ⏲11h-23h ; 🚆ligne JR Yamanote jusqu'à Shinjuku, sortie sud**) et **Mylord** (ミロード ; **carte p. 90 ; www.shinjuku-mylord.com ; Shinjuku Station, Shinjuku-ku ; ⏲11h-23h ; 🚆ligne JR Yamanote jusqu'à Shinjuku, sortie sud**), dans la gare de Shinjuku près de la sortie sud, ont des établissements aux tarifs raisonnables.

Nagi — Rāmen ¥

(凪 ; **carte p. 90 ; www.n-nagi.com ; 2e niv, Golden Gai G2, 1-1-10 Kabukichō, Shinjuku-ku ; rāmen à partir de 820 ¥ ; ⏲24h/24 ; 📄 ; 🚆ligne JR Yamanote jusqu'à Shinjuku, sortie est).** Cet établissement pittoresque de Golden Gai, au sommet d'un escalier périlleux, excelle dans les *niboshi rāmen* (nouilles aux œufs dans un bouillon à base de sardines séchées). Il y a presque toujours la queue ; achetez d'abord votre commande au distributeur de l'intérieur, puis intégrez la file d'attente. L'enseigne porte un cercle rouge.

Nakajima — Kaiseki ¥

(中嶋 ; **carte p. 90 ; ☎3356-4534 ; www.shinjyuku-nakajima.com ; sous-sol, 3-32-5 Shinjuku, Shinjuku-ku ; déj/dîner à partir de 800/8 640 ¥ ; ⏲11h30-14h et 17h30-22h lun-sam ; 🚭📄 ; S ligne Marunouchi jusqu'à Shinjuku-sanchōme, sortie A1).** Le soir, ce restaurant étoilé au Michelin sert d'exquis *kaiseki* (repas gastronomiques). En semaine, il propose une formule déjeuner à base d'humbles *iwashi* (sardines) pour le dixième du prix. Préparées par les chefs du Nakajima, elles sont divines. La file d'attente au déjeuner commence à se former un peu avant l'ouverture. Repérez l'enseigne blanche en haut de l'escalier.

Tsunahachi — Tempura ¥¥

(つな八 ; **carte p. 90 ; ☎3352-1012 ; www.tunahachi.co.jp ; 3-31-8 Shinjuku, Shinjuku-ku ; déj/dîner à partir de 1 296/2 268 ¥ ; ⏲11h-22h30 ; 🚭📄 ; 🚆ligne JR Yamanote jusqu'à Shinjuku, sortie est).** Ici, on cuisine habilement, depuis près de 90 ans, crevettes et légumes de saison sautés. Les plats des formules sont servis un par un, et arrivent donc brûlants. Prenez place au comptoir pour avoir le plaisir d'observer les chefs à l'œuvre. Un *noren* (rideau) indigo marque l'entrée.

Kozue — Japonais ¥¥¥

(梢 ; **carte p. 90 ; ☎5323-3460 ; tokyo.park.hyatt.jp/en/hotel/dining/Kozue.html ; 40e niv, Park Hyatt, 3-7-1-2 Nishi-Shinjuku, Shinjuku-ku ; plats déj/dîner à partir de 2 700/15 000 ¥ ; ⏲11h30-14h30 et 17h30-21h30 ; 🚭📄 ; S ligne Ōedo jusqu'à Tochōmae, sortie A4).** Le mariage fort réussi d'une exquise cuisine japonaise de saison, servie dans de la vaisselle artisanale, et d'une vue vertigineuse sur Shinjuku, à travers d'immenses baies vitrées. Réservation indispensable.

KŌRAKUEN ET ALENTOUR 後楽園

Tokyo Dome City abrite des dizaines de restaurants, surtout des chaînes convenant aux familles avec enfants.

Kado — Japonais traditionnel ¥¥

(カド ; **carte p. 62 ; ☎3268-2410 ; kagurazaka-kado.com ; 1-32 Akagi-Motomachi, Shinjuku-ku ; menus déj/dîner à partir de 800/3 150 ¥ ; ⏲11h30-14h30 et 17h-23h ; 🚭📄 ; 🚆ligne Tōzai jusqu'à Kagurazaka, sortie n°1).** Aménagé dans une vieille maison, ce restaurant à la devanture en bois, avec pour enseigne une lanterne blanche, prépare une cuisine familiale (*katei-ryōri*). Dîner sous forme de menu, avec des plats de saison tels que caille grillée ou soupe de crabe. Pas de carte en anglais au déjeuner, mais le plat du jour (カド定食, *kado teishoku*) reste une valeur sûre. Réservation indipensable le soir.

Canal Café — Italien ¥¥

(カナルカフェ ; **carte p. 62** ; **3260-8068 ; www.canalcafe.jp ; 1-9 Kagurazaka, Shinjuku-ku ; menu déj à partir de 1 600 ¥, plats dîner 1 500-2 800 ¥ ; 11h30-23h mar-sam, 11h30-21h30 dim ; ; ligne JR Sōbu jusqu'à Iidabashi, sortie ouest**). Au bord des douves qui constituent la lisière du Kitanomaru-kōen, voici l'un des meilleurs restaurants en plein air de Tōkyō. On y déguste de savoureuses pizzas au feu de bois, pâtes aux fruits de mer et viandes grillées. Du "côté terrasse", on sert plutôt des sandwichs, des muffins ou simplement du café.

UENO 上野

L'artère commerçante Ameya-yokochō (p. 85) et ses abords comptent maints restaurants informels ouvrant sur la rue, où dîner dans une ambiance sympathique. **Yanaka Ginza** (谷中銀座 ; **carte p. 94 ; dligne JR Yamanote jusqu'à Nippori, sortie nord**) est jalonné de marchands d'en-cas et de comptoirs de vente à emporter.

Shinsuke — Izakaya ¥¥

(シンスケ ; **carte p. 94 ; 3832-0469 ; 3-31-5 Yushima, Bunkyō-ku ; 17h-21h30 lun-ven, 17h-21h sam ; ; ligne Chiyoda jusqu'à Yushima, sortie n°3**). En activité depuis 1925, Shinsuke incarne l'archétype de l'*izakaya* : long comptoir en cèdre, "maître" portant *happi* (manteau court en coton) et *hachimaki* (bandeau), et *dai-ginjo* (saké de premier choix) goulayant. C'est typiquement le genre d'endroit propre à intimider les étrangers, mais il n'en est pourtant rien. La cuisine – des classiques revisités – se révèle succulente et le personnel, avenant, pourra, en anglais, vous en dire davantage sur les plats. Ne manquez pas le *kitsune raclette* (tofu frit fourré de fromage à raclette).

Hantei — Japonais traditionnel ¥¥

(はん亭 ; **carte p. 94 ; 3828-1440 ; www.hantei.co.jp/nedu.html ; 2-12-15 Nezu, Bunkyō-ku ; plat déj/dîner à partir de 3 150/2 835 ¥ ; 12h-15h et 17h-22h mar-dim ; ; ligne Chiyoda jusqu'à Nezu, sortie n°2**). Occupant un édifice en bois traditionnel presque

Tempura

STEFANOCAR75/ISTOCK IMAGES ©

centenaire et superbement entretenu, Hantei est une véritable institution locale. De délicieuses brochettes saisonnières de *kushiage* (viande, poisson et légumes frits) sont servies avec de petits plats d'accompagnement très rafraîchissants. Les plats du déjeuner comportent 8 brochettes, ceux du soir un minimum de six, après quoi on continuera de vous en servir (210 ¥ la brochette) jusqu'à satiété.

Izu-ei Honten Unagi **¥¥**
(伊豆栄本店 ; carte p. 94 ; www.izuei.co.jp ; 2-12-22 Ueno, Taitō-ku ; menus 2 160-4 860 ¥ ; 11h-21h30 ; ; ligne JR Yamanote jusqu'à Ueno, sortie Hirokōji). L'*unagi* (anguille) et le cadre traditionnel raffiné, avec serveuse en kimono, constituent les deux grands attraits du lieu. On peut s'y asseoir sur des tatatamis ou des chaises.

Sasa-no-Yuki Tofu **¥¥**
(笹乃雪 ; carte p. 94 ; 3873-1145 ; 2-15-10 Negishi, Taitō-ku ; plats 400-700 ¥, menus déj/dîner à partir à partir de 2 200/5 000 ¥ ; 11h30-20h mar-dim ; ; ligne JR Yamanote jusqu'à Uguisudani, sortie nord). Ce restaurant, qui a ouvert ses portes à la période d'Edo, sert toujours les plats qui ont fait sa renommée, à base de tofu frais préparé chaque matin avec de l'eau tirée du puits de l'établissement. On y déguste, entre autres, de l'*ankake-dofu* (tofu dans une épaisse sauce sucrée) et du *goma-dofu* (tofu au sésame). Les meilleures places donnent sur un minuscule jardin qui compte pourtant un joli bassin où nagent de paisibles *koi* (carpes).

ASAKUSA ET SUMIDA-GAWA 浅草・隅田川

Ne manquez pas les marchands d'en-cas de Nakamise-dōri, qui servent des douceurs traditionnelles comme les *mochi* (gâteaux de riz gluant) farcis de pâte de haricots rouges.

Daikokuya Tempura **¥**
(大黒家 ; carte p. 96 ; www.tempura.co.jp/english/index.html ; 1-38-10 Asakusa, Taitō-ku ; repas 1 550-2 100 ¥ ; 11h-20h30 lun-ven, 11h-21h sam ; ; S ligne Ginza jusqu'à Asakusa, sortie n°1). Près de Nakamise-dōri, voici l'adresse où goûter à des tempura à l'ancienne, frits dans de l'huile de sésame pure, une spécialité d'Asakusa. L'établissement occupe un bâtiment blanc à toit de tuiles. S'il y a une file d'attente (ce qui est souvent le cas), tentez votre chance à l'annexe, un pâté de maisons plus loin.

Rokurinsha Rāmen **¥**
(六厘舎 ; carte p. 96. ; www.rokurinsha.com ; 6e niv, Solamachi, 1-1-2 Oshiage, Sumida-ku ; rāmen à partir de 850 ¥ ; 10h30-23h ; ; S ligne Hanzōmon jusqu'à Oshiage, sortie Sky Tree). Les *tsukemen-rāmen* de Rokurinsha font se déplacer les foules à Tokyo Sky Tree Town. Les nouilles, épaisses et parfaitement *al dente*, sont à tremper

Bouteilles de saké
GRAHAM CROUCH/GETTY IMAGES ©

dans un bol de bouillon épais à base de *tonkotsu* (échine de porc).

Komagata Dojō Japonais traditionnel ¥

(駒形どぜう ; carte p. 96 ; 3842-4001 ; 1-7-12 Komagata, Taitō-ku ; à partir de 1 550 ¥ ; 11h-21h ; ; S ligne Ginza jusqu'à Asakusa, sorties A2 et A4). Depuis 1801, le Komagata Dojō accommode le *dojō* (loche d'étang), un poisson aux allures d'anguille miniature. Le *dojō-nabe* (fondue de loche), présenté sur des *hibachi* (réchaud à charbon de bois) individuels, faisait partie des mets courants à l'époque d'Edo, mais rares sont les restaurants qui en proposent encore. Les planches en bois posées sur des tatamis en guise de tables accentuent l'atmosphère traditionnelle. Vous reconnaîtrez l'adresse aux lanternes de la devanture.

Otafuku Japonais traditionnel ¥¥

(大多福 ; carte p. 96 ; 3871-2521 ; www.otafuku.ne.jp ; 1-6-2 Senzoku, Taitō-ku ; oden 110-550 ¥, plat 5 400 ¥ ; 17h-23h mar-sam, 17h-22h dim ; ; ligne Tsukuba Express jusqu'à Asakusa, sortie n°1). Ce spécialiste de l'*oden* a fêté son centenaire en 2015. Le "pot-au-feu" mijote à feu doux sur le comptoir et les convives pêchent dans la cocotte les morceaux qui les tentent, pas plus d'un ou deux à la fois. Qu'on choisisse une variante bon marché (radis blanc et algues) ou plus chère (saint-jacques et thon), l'ambiance conviviale et le cadre d'antan séduisent. Repérez l'entrée en forme de cabane et la lanterne du côté nord de Kototoi-dōri.

ODAIBA ET BAIE DE TŌKYŌ
お台場・東京湾

Chacun des immenses centres commerciaux d'Odaiba comprend des niveaux dévolus à la restauration, avec des options familiales.

Bills International ¥

(ビルズ ; carte p. 98 ; www.bills-jp.net ; 3e niv Seaside Mall, DECKS Tokyo Beach, 1-6-1 Daiba, Minato-ku ; plats à partir de 1 300 ¥ ; 9h-22h lun-ven, 8h-22h sam et dim ; ; ligne Yurikamome jusqu'à Odaiba Kaihin-kōen). La chaîne du chef australien Bill Granger connaît un grand succès au Japon. La carte de cette enseigne spacieuse et engageante comprend des classiques du petit-déjeuner tels que crêpes à la ricotta et des plats comme les burgers au bœuf *wagyu*. Vue sur la baie depuis la terrasse.

TY Harbor Brewery Américain ¥¥

(carte p. 62 ; 5479-4555 ; www.tyharborbrewing.co.jp ; 2-1-3 Higashi-Shinagawa, Shinagawa-ku ; menu déj 1 200-1 700 ¥, plats dîner à partir de 1 700 ¥ ; 11h30-14h et 17h30-22h ; ; S ligne Rinkai jusqu'à Tennōzu Isle, sortie B). Dans un ancien entrepôt sur le front de mer, TY Harbor sert d'excellents burgers, steaks et pâtés de crabe, à déguster en admirant la vue sur les canaux de l'île de Tennōzu. L'établissement brasse sa propre bière sur place. Téléphonez pour réserver une table en terrasse.

Où prendre un verre et faire la fête

La vie nocturne de Tōkyō constitue indubitablement l'un de ses atouts majeurs. Tous les clichés occidentaux sur la réserve et le calme nippons volent en éclats à la nuit tombée. La capitale japonaise est certes un lieu où l'on travaille dur, mais dont les habitants aiment aussi faire la fête et sortent tous les soirs de la semaine.

En la matière, Shinjuku occupe la première place. Roppongi, où l'on a le sentiment de s'immerger dans une scène de *Blade Runner*, a quant à lui la faveur des *gaijin* (étrangers). Ginza et Marunouchi comptent pléthore d'établissements, du bar onéreux à l'*izakaya* défraîchi, où les employés de bureau viennent décompresser après une rude journée.

Les clubs se concentrent essentiellement à Shibuya et Roppongi. La plupart des grandes discothèques éditent des flyers de réductions, à imprimer ou télécharger sur leurs sites Internet. Vous devrez présenter une pièce d'identité à l'entrée.

Il existe aussi des cafés formidables, certains sur des thèmes loufoques.

MARUNOUCHI (QUARTIER DE LA GARE DE TŌKYŌ) 丸の内 (東京駅)

Cafe Salvador Café

(carte p. 68 ; www.cafecompany.co.jp/brands/salvador/marunouchi ; 3-2-3 Marunouchi, Chiyoda-ku ; 7h-23h lun-ven, 10h-23h sam, 10h-20h dim ; ; ligne JR Yūrakuchō jusqu'à Yūrakuchō, sortie Kokusai Forum). L'un de cafés les plus conviviaux de la luxueuse Naka-dōri : canapé moelleux, œuvres d'art originales aux murs, piles de revues sur papier glacé, Wi-Fi gratuit et prises de courant un peu partout. Des salades, sandwichs et autres viennoiseries accompagnent les nombreuses boissons caféinées.

So Tired Bar

(ソータイアード ; carte p. 68 ; 5220-1358 ; www.heads-west.com/shop/so-tired.html ; 7e niv, Shin-Marunouchi Bldg, 1-5-1 Marunouchi, Chiyoda-ku ; 11h-4h lun-sam, 11h-23h dim ; ligne JR jusqu'à Tokyo, Marunouchi sortie nord). Le plus intéressant dans ce bar est que l'on peut acheter sa consommation au comptoir puis aller s'installer en terrasse, au 7e niveau du Shin-Maru Building. La vue donne la curieuse impression d'être suspendu au milieu des immeubles de bureaux, avec la gare ferroviaire de Tōkyō en contrebas.

GINZA ET TSUKIJI 銀座・築地

Kagaya Izakaya

(加賀屋 ; carte p. 68 ; 3591-2347 ; www1.ocn.ne.jp/~kagayayy/index.html ; niv B1, Hanasada Bldg, 2-15-12 Shimbashi, Minato-ku ; 19h-minuit lun-sam ; ligne JR Yamanote jusqu'à Shimbashi, sortie Shimbashi). Il n'existe pas à Tōkyō de patron de bar plus excentrique que Mark Kagaya, dont les bouffonneries sont l'attraction de ce modeste *izakaya*. La cuisine de sa mère, savoureuse et nourrissante, vaut également le détour. Réservation indispensable.

Cha Ginza Salon de thé

(茶・銀座 ; carte p. 68 ; www.uogashi-meicha.co.jp/shop/ginza ; 5-5-6 Ginza, Chūō-ku ; formule thé 600 ¥ ; 11h-18h, boutique jusqu'à 19h mar-dim ; S ligne Ginza jusqu'à Ginza, sortie B3). Dans ce salon de thé au design contemporain, vous débourserez 600 ¥ pour une tasse de *matcha* (thé vert moulu) préparé à la perfection et un petit gâteau ou de *sencha* (thé vert). Achetez votre coupon à la boutique du rez-de-chaussée, qui vend des thés de haute qualité provenant de diverses régions productrices du Japon.

ROPPONGI ET ALENTOUR 六本木

SuperDeluxe Lounge

(スーパー・デラックス ; carte p. 72 ; 5412-0515 ; www.super-deluxe.com ; niveau B1, 3-1-25 Nishi-Azabu, Minato-ku ; droit d'entrée variable ; S ligne Hibiya jusqu'à Roppongi, sortie n°1b). Ce lieu de performance artistique, doublé d'un bar à cocktails et d'un club, accueille toutes sortes d'événements : rencontres de hula-hoop, soirées littéraires ou présentations en format 20x20 PechaKucha (20 diapos x 20 secondes). Programme sur le site Internet. Dans un bâtiment en brique anonyme, à côté d'une cordonnerie.

Pink Cow Bar

(ピンクカウ ; carte p. 72 ; www.thepinkcow.com ; niveau B1, Roi Bldg, 5-5-1 Roppongi, Minato-ku ; 17h-tard mar-dim ; S ligne Hibiya jusqu'à Roppongi, sortie n°3). Une adresse sympathique et insolite, décorée de motifs animaliers et d'œuvres d'artistes locaux qui changent périodiquement. Ses soirées "tricot et bavardages", salons littéraires et projections de films indépendants donnent l'occasion de rencontrer des gens créatifs. Formidable buffet à volonté (2 000 ¥) les vendredi et samedi.

Agave Bar

(アガヴェ ; carte p. 72 ; 3497-0229 ; www.agave.jp ; niveau B1, 7-15-10 Roppongi, Minato-ku ; 18h30-2h lun-jeu, 18h30-4h ven et sam ; S ligne Hibiya ou Ōedo jusqu'à Roppongi, sortie n°2). Sièges en cuir brut et *cruzas de rosas* (croix décorées de roses) composent le décor de ce petit bijou caché dans la jungle de Roppongi, riche de plus de 400 sortes de tequila.

EBISU 恵比寿

Buri Bar

(ぶり ; carte p. 78 ; 3496-7744 ; 1-14-1 Ebisu-nishi, Shibuya-ku ; 17h-3h ; ligne

JR Yamanote jusqu'à Ebisu, sortie ouest). Ce *tachinomi-ya* ("bar debout"), dont le nom signifie signifie "super" dans le dialecte d'Hiroshima, compte parmi les plus prisés d'Ebisu. Une foule animée s'y bouscule presque chaque soir autour du comptoir en forme de fer à cheval. Le saké (plus de 50 variétés ; 750 ¥) est servi semi-glacé dans des bocaux multicolores de taille généreuse.

Enjoy House — Bar

(carte p. 78 ; enjoyhouse.jugem.jp ; 2e niv, 2-9-9 Ebisu-nishi, Shibuya-ku ; boissons à partir de 600 ¥ ; 12h-tard ; ligne JR Yamanote jusqu'à Ebisu, sortie ouest). Un cadre très plaisant – banquettes en veloutine, guirlandes électriques et feuillages – pour passer la soirée. Des DJ assurent régulièrement l'animation musicale, mais l'entrée n'en reste pas moins libre. Dans la journée, le bar devient un restaurant de burgers. Cherchez le nom anglais peint en lettres rouges sur la fenêtre à l'étage.

SHIBUYA 渋谷

Good Beer Faucets — Bar

(グッドビアフォウセッツ; carte p. 84 ; shibuya.goodbeerfaucets.jp ; 2e niv, 1-29-1 Shōtō, Shibuya-ku ; bière à partir de 800 ¥ ; 17h-minuit lun-jeu et sam, 17h-3h ven, 16h-23h dim ; ligne JR Yamanote jusqu'à Shibuya, sortie Hachikō). Avec 40 bières japonaises artisanales à la pression, l'endroit assure l'un des meilleurs choix en la matière. Toutes coûtent 200 ¥ de moins à la happy hour (17h-20h lun-jeu, 16h-19h dim). Intérieur classe en chrome et béton.

Womb — Club

(ウーム ; carte p. 84 ; 5459-0039 ; www.womb.co.jp ; 2-16 Maruyama-chō, Shibuya-ku ; entrée 2 000-4 000 ¥ ; 23h-tard ven et sam, 16h-22h dim ; ligne JR Yamanote jusqu'à Shibuya, sortie Hachikō). Ce pilier de la scène nocturne tokyoïte reçoit de nombreux DJ de renommée internationale, qui programment surtout de la house et de la techno. Habituellement pleins à craquer, les 4 niveaux resplendissent de lasers et de lumières stromboscopiques. NB : il peut y faire une chaleur étouffante.

Tight — Bar

(タイト ; carte p. 84 ; www.tight-tokyo.com ; 2e nv, 1-25-10 Shibuya, Shibuya-ku ; boissons à partir de 500 ¥ ; 18h-2h lun-sam, jusqu'à minuit dim ; ligne JR Yamanote jusqu'à Shibuya, sortie Hachikō). Parmi les baraques en bois

Izakaya, Asakusa

GREG ELMS/GETTY IMAGES ©

de Nonbei-yokochō, une étroite ruelle nocturne le long des rails du JR, ce local exigu mérite bien son nom. Pour autant, le manque de places assises ne dissuade pas les habitués : certains soirs, il y a du monde jusque dans l'escalier. Repérez la grande baie vitrée.

HARAJUKU 原宿

Two Rooms — Bar

(トゥールームス ; carte p. 88 ; ☎3498-0002 ; www.tworooms.jp ; 5e niv, AO bldg, 3-11-7 Kita-Aoyama, Minato-ku ; 11h30-2h lun-sam, 11h30-22h dim ; S ligne Ginza jusqu'à Omote-sandō, sortie B2). Vous croiserez ici une clientèle qui porte beau et ne semble guère s'émouvoir du prix du verre de vin (1 500 ¥ minimum). On peut aussi manger sur place, mais le vrai spectacle se déroule au bar, en soirée. Les vendredis et samedis, téléphonez avant (le personnel parle anglais) pour réserver une table en terrasse avec vue panoramique sur la ligne des toits de Shinjuku.

Omotesando Koffee — Café

(carte p. 88 ; ooo-koffee.com ; 4-15-3 Jingūmae, Shibuya-ku ; expresso 250 ¥ ; 10h-19h ; S ligne Ginza jusqu'à Omote-sandō, sortie A2). Le stand à café le plus *oshare* (chic) de Tōkyō occupe un cube minimaliste dans une maison traditionnelle vieille d'un demi-siècle. Attendez-vous à faire tout le tour du pâté de maisons avant de le trouver, mais sachez aussi que vous serez récompensé d'un impeccable *macchiato* et d'un siège dans le jardin.

SHINJUKU 新宿

L'artère principale du côté est de la gare de Shinjuku, Yasukuni-dōri, est bordée d'innombrables *izakaya*. Il y a davantage d'ambiance plus bas dans le Golden Gai, un agrégat de minuscules bars excentriques installés dans ce qui était un marché noir après-guerre. L'endroit est fréquenté par les écrivains et les artistes. Si la plupart des établissements réservent un accueil froid aux étrangers, quelques-uns sont plus sympathiques. Il est courant de payer un droit d'entrée (de 500 ¥ et plus) dans les bars du Golden Gai.

Kabukichō, le quartier chaud le plus connu de Tōkyō, abonde en cabarets, en bars à hôtesses (et leurs équivalents masculins !), en *love hotels* et en bars fétichistes. Si vous souhaitez y jeter un coup d'œil, vous pouvez vous promener

Kabuki-za (p. 113)

en toute sécurité, mais mieux vaut ne pas y aller seul. Si vous suivez un rabatteur dans un bar ou une discothèque, l'addition risque d'être très salée.

Zoetrope — Bar

(ゾートロープ ; carte p. 90 ; homepage2.nifty.com/zoetrope ; 3e niv, 7-10-14 Nishi-Shinjuku, Shinjuku-ku ; 19h-4h lun-sam ; ligne JR Yamanote jusqu'à Shinjuku, sortie ouest). Une adresse incontournable pour les amateurs de whisky japonais. Pas moins de 300 variétés (à partir de 700 ¥), dont certaines ne sont même plus commercialisées, s'alignent derrière le petit comptoir. Le patron, qui parle un peu anglais, vous conseillera. Il vous laissera également choisir le fond musical des films muets projetés sur le mur.

Albatross G — Bar

(アルバトロスG ; carte p. 90 ; www.alba-s.com/index.html ; 1-1-7 Kabukichō, Shinjuku-ku ; entrée 500 ¥, boissons à partir de 500 ¥ ; 19h-5h ; ligne JR Yamanote jusqu'à Shinjuku, sortie est). Avec ses somptueux lustres et ses cadres dorés accrochés aux murs, le lieu respire le décadentisme. Si vous ne trouvez pas de place au comptoir, installez-vous à l'étage.

New York Bar — Bar

(ニューヨークバー ; carte p. 90 ; 5323-3458 ; tokyo.park.hyatt.com ; 52e niv, Park Hyatt, 3-7-1-2 Nishi-Shinjuku, Shinjuku-ku ; 17h-minuit dim-mer, jusqu'à 1h jeu-sam ; ligne Ōedo jusqu'à Tochōmae, sortie A4). Même si vous ne logez pas au Park Hyatt, rien ne vous empêche de gagner le 52e niveau pour admirer la ville la nuit à travers les baies vitrées de ce bar où fut tournée une scène de *Lost in Translation*. Droit d'entrée de 2 200 ¥ après 20h (19h dim) et musique live tous les soirs. Cocktails à partir de 1 800 ¥. Tenue correcte exigée.

AKIHABARA 秋葉原

@Home Cafe — Café

(@ほぉ〜むカフェ ; carte p. 62 ; www.cafe-athome.com ; 4e-7e niv, 1-11-4 Soto-Kanda, Chiyoda-ku ; boissons à partir de 500 ¥ ; 11h30-22h lun-ven, 10h30-22h sam et dim ; ligne JR Yamanote jusqu'à Akihabara, sortie Electric Town). Un *maid cafe* où des serveuses *kawaii* (mignonnes) en tenue de soubrette jouent avec les clients à des jeux d'enfant. Attendez-vous à être appelé *go-shujinsama* dès votre arrivée. Si cela peut en émoustiller certains, il ne s'agit pourtant que d'un divertissement innocent destiné aux *otaku* d'Akiba. Le riz au curry et autres plats s'agrémentent d'un smiley.

UENO 上野

Torindō — Maison de thé

(桃林堂 ; carte p. 94 ; 1-5-7 Ueno-Sakuragi, Taitō-ku ; formule thé 810 ¥ ; 9h-17h ; S ligne Chiyoda jusqu'à Nezu, sortie n°1). Venez goûter une tasse de *matcha* dans cette petite maison de thé à la lisière du Ueno-kōen. La tradition voulant que le thé amer soit consommé avec une douceur, choisissez dans le comptoir vitré un dessert joliment présenté, puis installez-vous à la table commune. Vous reconnaîtrez le bâtiment à sa façade blanche et son rideau de porte orange.

ASAKUSA ET SUMIDA-GAWA 浅草・隅田川

Popeye — Pub

(ポパイ ; carte p. 62 ; www.40beersontap.com ; 2-18-7 Ryōgoku, Sumida-ku ; 17h-23h lun-sam ; ; ligne JR Sōbu jusqu'à Ryōgoku, sortie ouest). Ce bar propose quelque 70 bières à la pression, ainsi que le plus grand choix de bières japonaises au monde, de l'Echigo Weizen à l'Hitachino Nest Espresso Stout. La formule happy hour (17h-20h) comprend des assiettes gratuites de pizza, saucisses et autres en-cas à grignoter. Compte tenu de son immense popularité, l'endroit se remplit bien vite ; aussi, arrivez tôt pour avoir une place assise.

Kamiya Bar — Bar

(神谷バー ; carte p. 96 ; 3841-5400 ; www.kamiya-bar.com ; 1-1-1 Asakusa, Taitō-ku ; 11h30-22h mer-lun ; S ligne Ginza jusqu'à Asakusa, sortie n°3). L'un des bars à l'occidentale les plus anciens de Tōkyō, ouvert en 1880, reste immensément populaire – mais aujourd'hui, c'est sans doute plus pour sa bière à la pression bon marché très généreusement servie (1 020 ¥ le litre). Sa vraie spécialité est toutefois le Denki Bran, une liqueur à base d'herbes distillée sur place depuis plus d'un siècle. Commandez au comptoir, puis donnez vos tickets au serveur.

ODAIBA ET BAIE DE TŌKYŌ お台場・東京湾

Jicoo the Floating Bar
Bar à cocktails

(ジークザフローティングバー ; carte p. 98 ; ☎0120-049-490 ; www.jicoofloatingbar.com ; entrée 2 600 ¥ ; ⌚20h-22h30 jeu-sam ; 🚉 ligne Yurikamome jusqu'à Hinode ou Odaiba Kaihin-kōen). Quelques soirs par semaine, le bateau de croisière *Himiko*, conçu par le dessinateur de mangas Leiji Matsumoto, se transforme en bar flottant. Embarquez à l'heure pile à Hinode ou à la demie à l'Odaiba Kaihin-kōen. Le "forfait navigation" pour la soirée inclut en principe un concert. L'espace étant limité, réservez en ligne.

Où sortir

CONCERTS

Très variée, la scène musicale tokyoïte va du classique à l'électro. Shibuya concentre un grand nombre de petites salles où se produisent des groupes indé et prometteurs. Consultez **Tokyo Dross** (www.tokyodross.blogspot.jp) pour la liste des meilleurs concerts à venir.

WWW
Concerts

(carte p. 84 ; www-shibuya.jp/index.html ; 13-17 Udagawa-chō, Shibuya-ku ; billets 2 000-5 000 ¥ ; 🚉 ligne JR Yamanote jusqu'à Shibuya, sortie Hachikō). La salle de concerts à succès la plus récente de Tōkyō occupe un ancien cinéma d'art et d'essai, dont la salle en gradins (les fauteuils ont été retirés) permet à tous les spectateurs de bien voir la scène. La programmation va de la pop indé au punk en passant par l'électro, et c'est l'un des rares lieux où l'on peut entendre une musique de qualité presque chaque soir.

Unit
Concerts

(ユニット ; carte p. 78 ; ☎5459-8630 ; www.unit-tokyo.com ; 1-34-17 Ebisu-nishi, Shibuya-ku ; entrée 2 500-5 000 ¥ ; 🚉 ligne Tōkyū Tōyoko jusqu'à Daikanyama). Le week-end, ce club en sous-sol présente un concert le soir et un set de DJ dans la foulée. Il s'agit d'une excellente adresse pour découvrir des groupes indépendants nippons ou des artistes étrangers faisant leurs débuts au Japon. Moins interlope que d'autres salles du genre à Tōkyō, l'Unit est fréquenté par une jeunesse dorée. Sa belle hauteur de plafond lui évite par ailleurs d'être trop enfumé.

Shinjuku Pit Inn
Jazz

(新宿ピットイン ; carte p. 90 ; ☎3354-2024 ; www.pit-inn.com ; sous-sol, 2-12-4 Shinjuku, Shinjuku-ku ; à partir de 3 000 ¥ ; ⌚matinée 14h30, spectacle du soir 19h30 ; Ⓢ ligne Marunouchi jusqu'à Shinjuku-sanchōme, sortie C5). Les aficionados fréquentent le lieu depuis plus de 40 ans pour entendre les meilleurs jazzmen du

Supporters des Yomiuri Giants au Tokyo Dome

GREG ELMS/GETTY IMAGES ©

Japon. En semaine, les matinées donnent l'occasion de s'exprimer à de jeunes artistes, et ne coûtent que 1 300 ¥.

THÉÂTRE ET DANSE

Le kabuki constitue l'art de la scène emblématique de Tōkyō. On peut cependant aussi assister à d'autres formes de théâtre traditionnel, comme le nō (drame classique stylisé et dansé) et le bunraku (théâtre de marionnettes) toute l'année, mais les représentations ne sont pas régulières.

Kabuki-za — Théâtre traditionnel

(歌舞伎座 ; carte p. 68 ; ☎3545-6800 ; www.kabuki-bito.jp/eng ; 4-12-15 Ginza, Chūō-ku ; billets 4 000-20 000 ¥, billets pour un acte 800-2 000 ¥ ; Ⓜligne Hibiya jusqu'à Higashi-Ginza, sortie n°3). La façade flamboyante de ce vénérable théâtre, entièrement reconstruit il y a peu pour intégrer une tour d'habitation, ne manque pas d'impressionner. Elle témoigne de la richesse ornementale qui fait partie intégrante des mises en scène de kabuki. Programmation, achat de billets et explications concernant les places pour un seul acte sur le site Internet.

Une représentation complète dure généralement de 11h à 15h30 ou de 16h30 à 21h et se compose de 3 ou 4 actes (généralement issus de pièces différentes), entrecoupés de longs entractes. Pensez à louer un casque diffusant des explications détaillées en anglais et prévoyez un bento pour manger un morceau entre deux actes.

Si un spectacle de plus de 4 heures vous semble trop long, 90 places assises et 60 debout sont vendues le jour même pour chaque acte. Bien qu'au fond de l'auditorium, celles-ci n'en garantissent pas moins une bonne visibilité.

Renseignez-vous sur les plus recherchées et arrivez au moins 1 heure 30 à l'avance.

Robot Restaurant — Cabaret

(ロボットレストラン ; carte p. 90 ; ☎3200-5500 ; www.robot-restaurant.com ; 1-7-1 Kabukichō, Shinjuku-ku ; billets 7 000 ¥ ; ⏲16h, 17h55, 19h50 et 21h45 ; Ⓡligne JR Yamanote jusqu'à Shinjuku, sortie est). Ce spectacle de Kabukichō illustre le comique japonais dans ce qu'il a de plus farfelu, avec des robots géants manipulés par des femmes en bikini et assez de néons pour illuminer tout Shinjuku. Réservation recommandée mais pas impérative. Si vous avez réservé, arrivez au moins 30 minutes avant. Réductions dans les magazines gratuits en anglais.

> ## Achat des billets
>
> Envie d'aller voir un spectacle ou une manifestation culturelle ? **Ticket Pia** (チケットぴあ ; **☎0570-02-9111 ; t.pia.jp ; ⏲10h-20h**) s'occupe de tout, y compris des concerts et représentations de théâtre. Les billets (à moins que le spectacle soit déjà complet) sont en vente jusqu'à 3 jours avant. Vous trouverez des enseignes au 4e niveau du **Shibuya Hikarie** (p. 75) et au **centre d'information touristique d'Asakusa** (p. 121).

Théâtre national — Théâtre traditionnel

(国立劇場 ; Kokuritsu Gekijō ; carte p. 62 ; ☎3265-7411 ; www.ntj.jac.go.jp/english ; 4-1 Hayabusa-chō, Chiyoda-ku ; billets à partir de 1 500 ¥ ; Ⓢligne Hanzōmon jusqu'à Hanzōmon, sortie n°1). La salle numéro un de la capitale pour les arts de la scène traditionnels, avec des auditoriums de 1 600 et 590 places. Au programme, des représentations de kabuki, de *gagaku* (musique de la cour impériale) et de bunraku. Traduction en anglais au moyen d'oreillettes (650 ¥ plus 1 000 ¥ de caution). Consultez la programmation sur le site Internet.

Théâtre Nō national — Théâtre traditionnel

(国立能楽堂 ; Kokuritsu Nō-gakudō ; carte p. 62 ; ☎03-3423-1331 ; www.ntj.jac.go.jp/english ; 4-18-1 Sendagaya, Shibuya-ku ; billets à partir de 2 600 ¥ ; Ⓡligne JR Sōbu jusqu'à Sendagaya). Une élégante scène en cyprès sert de cadre à la musique, la poésie et aux danses traditionnelles qui font la réputation

Ci-dessous : vitrine à Ginza ; **à droite :** magasin à Marunouchi

(CI-DESSOUS) CHRISTIAN KOBER/GETTY IMAGES ©; (À DROITE) CLAIRE TAKACS/GETTY IMAGES ©

du nō. Chaque fauteuil est équipé d'un petit écran projetant une traduction des dialogues en anglais. Seulement quelques représentations par mois.

Le théâtre se trouve à 400 m de la gare de Sendagaya ; depuis la sortie de celle-ci, longez la rue principale et prenez à gauche au feu.

SPORTS

Sport hautement ritualisé, et à ce titre fascinant, le sumo est profondément ancré dans la tradition shintoïste. C'est aussi l'unique sport traditionnel japonais ayant encore suffisamment d'influence pour attirer les foules et avoir les honneurs du *prime time* à la télévision.

Les tournois ont lieu à Tōkyō au Ryōgoku Kokugikan en janvier, mai et septembre. Le reste de l'année, on peut assister tôt le matin à l'entraînement des lutteurs dans l'une des écuries de sumos de la capitale, comme l'école Arashio (p. 115), où ces derniers vivent et s'exercent.

Le base-ball tient plus de l'obsession nationale que d'un simple sport. Cela vaut la peine de se procurer des billets ne serait-ce que pour voir l'engouement des supporters et assister à la chorégraphie parfaite de la traditionnelle pause de la 7e manche. Les deux équipes rivales de Tōkyō sont les Yomiuri Giants et les Yakult Swallows.

La saison de base-ball dure d'avril à octobre. Consultez la programmation sur les sites Internet des stades.

Ryōgoku Kokugikan — Sumo

(両国国技館, Ryōgoku Sumo Stadium ; carte p. 62 ; ✆3623-5111 ; www.sumo.or.jp ; 1-3-28 Yokoami, Sumida-ku ; 2 200-14 800 ¥ ; 🚆ligne JR Sōbu jusqu'à Ryōgoku, sortie ouest). Si vous séjournez dans la capitale lors d'un tournoi – 15 jours en janvier, mai et septembre –, ne laissez pas passer votre chance d'assister à un match dans le plus grand stade de sumo du Japon. Les portes ouvrent à 8h, mais

les choses sérieuses ne commencent vraiment que vers 14h, avec l'entrée sur le ring des sumotoris les plus titrés. Mieux vaut louer une radio (100 ¥, plus 2 000 ¥ de caution) pour bénéficier de commentaires en anglais.

Les billets sont vendus en ligne un mois à l'avance. Théoriquement, on peut aussi s'en procurer le jour même à la billetterie devant le stade, mais il faut arriver très tôt (vers 6h) pour espérer avoir des places en fin de tournoi. En arrivant le matin quand il y a encore peu de monde, il est habituellement possible de se glisser jusqu'aux box pour quatre avec table et coussins.

Un restaurant au sous-sol sert des bols de *chanko-nabe* (ragoût riche en protéines consommé par les lutteurs) pour 250 ¥ seulement.

Tokyo Dome Base-ball

(東京ドーム ; **carte p. 62 ; www.tokyo-dome.co.jp/e ; 1-3 Kōraku, Bunkyō-ku ; billets 2 200-6 100 ¥ ; ligne JR Chūō jusqu'à Suidōbashi, sortie ouest).** Le "Gros Œuf" est le stade des Yomiuri Giants, l'équipe vedette du base-ball japonais, qui s'y produit en saison de fin mars à fin octobre. Les billets partent très vite ; achetez-les le plus tôt possible sur www.giants.jp/en.

Écurie Arashio Sumo

(荒汐部屋 ; **Arashio-beya ; carte p. 62 ; 3666- 7646 ; www.arashio.net/tour_e.html ; 2-47-2 Hama-chō, Nihombashi, Chūō-ku ; S ligne Toei Shinjuku jusqu'à Hamachō, sortie A2).** GRATUIT Rendez-vous dans cette accueillante école de sumo pour y assister aux entraînements, entre 7h30 et 10h. Songez à appeler la veille pour vérifier que la séance aura bien lieu.

Achats

Ginza est le quartier commerçant originel de Tōkyō. Les jeunes lui préfèrent toutefois les secteurs à la mode de Shibuya et d'Harajuku, dans l'ouest de la ville,

La capitale nippone conserve une tradition artisanale bien vivante. Pour se procurer des objets faits main, direction les quartiers plus anciens d'Ueno et d'Asakusa.

Des carrefours majeurs tels que Shibuya, Shinjuku, Ikebukuro et Ueno, qui abritent grands magasins et enseignes de chaînes, constituent des destinations pratiques pour le shopping. Akihabara compte pour sa part une importante concentration d'enseignes d'électronique, mais aussi de mangas et d'anime.

Enfin, un nombre croissant de commerces hors taxes fleurissent dans la capitale nippone ; aussi, ayez toujours votre passeport sur vous.

MARUNOUCHI (QUARTIER DE LA GARE DE TŌKYŌ) 丸の内 (東京駅)

Takashimaya Grand magasin

(高島屋 ; carte p. 68 ; www.takashimaya.co.jp/tokyo/store_information ; 2-4-1 Nihombashi, Chūō-ku ; 10h-20h ; S ligne Ginza jusqu'à Nihombashi, sortie Takashimaya). Le premier magasin Takashimaya (1933) rend hommage à l'âge d'or de New York : colonnes en marbre, lustres et liftières en uniforme annonçant les étages d'une voix chantante. Présentez votre passeport pour obtenir gratuitement la carte Shoppers Discount, qui donne droit à 5 % de remise à partir de 3 000 ¥ d'achat.

Muji Vêtements, maison

(無印良品 ; carte p.68 ; www.muji.com ; 3-8-3 Marunouchi, Chiyoda-ku ; 10h-21h ; ligne JR Yamanote jusqu'à Yūrakuchō, sortie Kyōbashi). L'enseigne phare de la marque célèbre pour son esthétique simple et fonctionnelle propose vêtements, accessoires et objets pour la maison. Il y a plusieurs autres enseignes en ville, dont une à Tōkyō Midtown, mais celle de Yūrakuchō loue des vélos et possède une agréable cafétéria.

Marché d'antiquités d'Ōedo Antiquités

(大江戸骨董市 ; carte p. 68 ; 6407-6011 ; www.antique-market.jp ; 3-5-1 Marunouchi, Chiyoda-ku ; 9h-16h 1er et 3e dim du mois ; ligne JR Yamanote jusqu'à Yūrakuchō, sortie Kokusai Forum). Ce marché coloré se tient dans la cour du Tokyo International Forum les premier et troisième dimanches du mois. On peut y chiner toutes sortes d'antiquités et d'objets vintage japonais, des céramiques anciennes aux figurines en plastique kitsch.

GINZA 銀座

Akomeya Alimentation

(carte p. 68 ; 6758-0271 ; www.akomeya.jp ; 2-2-6 Ginza, Chūō-ku ; boutique 11h-21h ; restaurant 11h30-22h ; S ligne Yūrakuchō jusqu'à Ginza-itchome, sortie n°4). Le riz est au cœur de la gastronomie japonaise. Ce magasin chic en vend moult variétés, de même que des produits fabriqués à base de riz, comme le saké, une large gamme d'ingrédients culinaires et des articles pour la cuisine, la maison et le bain.

Takumi Artisanat

(たくみ ; carte p. 68 ; 3571-2017 ; www.ginza-takumi.co.jp ; 8-4-2 Ginza, Chūō-ku ; 11h-19h lun-sam ; S ligne Ginza jusqu'à Shimbashi, sortie n°5). Une sélection raffinée d'objets artisanaux, parmi lesquels des jouets, textiles et céramiques provenant de tout le Japon. Les pièces s'accompagnent d'informations sur leur origine et leur contexte culturel.

Dover Street Market Ginza Mode

(DSM ; carte p. 68 ; 6228-5080 ; ginza.doverstreetmarket.com ; 6-9-5 Ginza, Chūō-ku ; 11h-20h dim-jeu, 11h-21h ven et sam ; S ligne Ginza jusqu'à Ginza, sortie A2). Grand magasin tel qu'imaginé par Rei Kawakubo (créatrice de Comme des Garçons), DSM comporte 7 niveaux de marques d'avant-garde, dont plusieurs marques japonaises et toute la gamme des articles Comme des Garçons. Les installations artistiques, insolites, méritent à elles seules la visite.

Uniqlo Mode

(ユニクロ ; carte p. 68 ; www.uniqlo.com ; 5-7-7 Ginza, Chūō-ku ; 11h-21h ; S ligne Ginza jusqu'à Ginza, sortie A2). Cette marque de vêtements, désormais mondiale s'est fait un nom grâce à ses basiques de qualité revisités avec style et à prix abordable. Sa boutique principale sur 11 niveaux présente des modèles introuvables ailleurs.

SHIBUYA 渋谷

Tōkyū Hands Gadgets/divers

(東急ハンズ ; carte p. 84 ; shibuya.tokyu-hands.co.jp ; 12-18 Udagawa-chō, Shibuya-ku ; 10h-

20h30 ; ligne JR Yamanote jusqu'à Shibuya, sortie Hachikō). Cette grande surface dédiée au bricolage domestique et au *zakka* (tout ce qui permet d'améliorer la maison et le cadre de vie) comporte, sur 8 niveaux, des objets dont vous ignoriez avoir besoin et, partant, indispensables (pantoufles de réflexologie, masques au venin d'abeille, moules en forme de personnages de BD...).

Fake Tokyo — Mode

(carte p. 84 ; 5456-9892 ; www.faketokyo.com ; 18-4 Udagawa-chō, Shibuya-ku ; 12h-22h ; ligne JR Yamanote jusqu'à Shibuya, sortie Hachikō). Ces deux boutiques se révèlent idéales pour quiconque souhaite découvrir les tout nouveaux créateurs japonais. Candy, au rez-de-chaussée, présente du streetwear unisexe teinté d'impertinence. Sister, à l'étage, décline des modèles plus féminins, neufs ou vintage. Cherchez des yeux les bannières "Fake Tokyo".

Shibuya 109 — Mode

(渋谷 109 ; Ichimarukyū ; carte p. 84 ; www.shibuya109.jp/en/top ; 2-29-1 Dōgenzaka, Shibuya-ku ; 10h-21h ; ligne JR Yamanote jusqu'à Shibuya, sortie Hachikō). C'est ici que les ados pomponnés que l'on croise à Shibuya font leur shopping. Surnommée *marukyū*, cette tour cylindrique renferme des dizaines de petits magasins ; chacun fort d'un style spécifique, très étudié. Même si vous n'avez pas l'intention d'acheter quoi que ce soit, impossible de saisir l'essence du quartier sans faire un saut ici.

Parco — Grand magasin

(パルコ ; carte p. 84 ; 3464-5111 ; www.parco-shibuya.com ; 15-1 Udagawa-chō, Shibuya-ku ; 10h-21h ; ligne JR Yamanote jusqu'à Shibuya, sortie Hachikō). Différent des grands magasins classiques, Parco attire davantage les étudiants en art et en design que les accros au shopping. Beaucoup de stylistes japonais y ont une enseigne.

HARAJUKU ET ALENTOUR 原宿

Omote-sandō est jalonnée de boutiques de luxe. Étroite et sinueuse, Cat Street, qui la croise, permet de faire du shopping dans une atmosphère plus informelle. L'entrelacs de ruelles environnant ces deux artères et appelé Ura-Hara

Omote-sandō

MAREMAGNUM/GETTY IMAGES ©

(littéralement "derrière Harajuku") abrite de petites boutiques et des magasins d'occasion grâce auxquels le quartier conserve une ambiance un peu underground.

Sou-Sou Mode

(そうそう ; carte p. 88 ; ☎3407-7877 ; sousounetshop.jp ; 5-3-10 Minami-Aoyama, Minato-ku ; 11h-20h ; S ligne Ginza jusqu'à Omote-sandō, sortie A5). Des vêtements traditionnels japonais – tels que chaussettes *tabi* (séparant le gros orteil des autres doigts de pied) et *haori* (veste à larges manches portés sur le kimono) – revisités au goût du jour. Sou-Sou est surtout connue pour les versions amusantes et colorées des chaussures *tabi* à semelle de caoutchouc et bout métallique que portent les ouvriers du bâtiment nippons.

Laforet Mode

(ラフォーレ ; carte p. 88 ; www.laforet.ne.jp ; 1-11-6 Jingūmae, Shibuya-ku ; 11h-20h ; ligne JR Yamanote jusqu'à Harajuku, sortie Omote-sandō). Laforet incarne l'avant-garde de la mode à Harajuku depuis des lustres. Ne vous laissez pas abuser par l'enseigne Topshop au rez-de-chaussée, car de nombreuses marques culte originales font toujours leurs débuts ici.

Musubi Artisanat

(むす美; carte p. 88 ; kyoto-musubi.com ; 2-31-8 Jingūmae, Shibuya-ku ; 11h-19h jeu-mar ; ligne JR Yamanote jusqu'à Harajuku, sortie Takeshita). Ce spécialiste des *furoshiki*, carrés de tissus qu'on plie et noue pour transporter des objets ou emballer des cadeaux, en propose de jolis modèles aux motifs traditionnels ou modernes. Un vendeur anglophone vous montrera la technique. Sinon, des livres en anglais vendus ici illustrent le sujet.

KiddyLand Jouets

(キデイランド ; carte p. 88 ; www.kiddyland.co.jp/en/index.html ; 6-1-9 Jingūmae, Shibuya-ku ; 10h-21h ; ligne JR Yamanote jusqu'à Harajuku, sortie Omote-sandō). Ce grand magasin de jouets sur plusieurs niveaux déborde de figurines de mangas et de desssins animés.

Oriental Bazaar Souvenirs

(オリエンタルバザー ; carte p. 88 ; www.orientalbazaar.co.jp ; 5-9-13 Jingūmae, Shibuya-ku ; 10h-18h lun-mer et ven, 10h-19h sam et dim ; ligne JR Yamanote jusqu'à Harajuku,

Croisière fluviale, Tōkyō

sortie Omote-sandō). Cette boutique propose un vaste choix de souvenirs aux prix très raisonnables. On y trouve aussi bien des éventails, des poteries, des *yukata* (kimonos légers d'été) que des T-shirts, certains fabriqués au Japon, d'autres non (vérifiez bien les étiquettes).

SHINJUKU 新宿

Isetan Grand magasin

(伊勢丹 ; carte p. 90 ; www.isetan.co.jp ; 3-14-1 Shinjuku, Shinjuku-ku ; ⏲10h-20h ; Ⓢ ligne Marunouchi jusqu'à Shinjuku-sanchōme, sorties B3, B4 et B5). Si la plupart des grands magasins ciblent une clientèle aux goûts classiques, celui-ci fait exception. Pour les femmes, le rayon Re-Style, au 2e niveau, présente, en les renouvelant régulièrement, des lignes de créateurs japonais en pleine ascension. La mode masculine a droit à un bâtiment à part, relié au reste par un passage. L'espace alimentation au-sous sol réunit quelques-uns des meilleurs fournisseurs du pays.

Don Quijote Gadgets/divers

(ドン・キホーテ ; carte p. 90 ; ☎5291-9211 ; www.donki.com ; 1-16-5 Kabukichō, Shinjuku-ku ; ⏲24h/24 ; 🚉ligne JR Yamanote jusqu'à Shinjuku, sortie est). Ce temple des bonnes affaires étincelant de néons fluos déborde d'articles tous plus bizarroïdes les uns que les autres. Matériel électronique de contrefaçon et articles de créateurs en vrac y côtoient sex-toys, costumes fétichistes et denrées alimentaires sous vide. À l'origine l'un des premiers commerces ouverts 24h/24 pour les Tokyoïtes travaillant de nuit, il s'agit désormais d'une chaîne nationale.

Ranking RanQueen Gadgets/divers

(ランキンランキン ; carte p. 90 ; sous-sol, Shinjuku Station, Shinjuku-ku ; ⏲10h-23h ; 🚉ligne JR Yamanote jusqu'à Shinjuku, sortie est). Si c'est tendance et branché, c'est ici. Cette boutique ne vend que des best-sellers, qu'il s'agisse d'eye-liners, de boissons sans alcool ou de rouleaux de massage amincissants pour les jambes. Elle est située immédiatement après les portillons automatiques de la sortie est de la gare JR de Shinjuku.

Croisières fluviales à Tōkyō

Autrefois, le bateau était l'un des grands moyens de transport à Tōkyō et la Sumida-gawa, le principal axe navigable. On peut revisiter cette tradition (et joindre l'utile à l'agréable) grâce aux bateaux-bus de **Tokyo Cruise (水上バス ; Suijō Bus ; ☎0120-977-311 ; suijobus.co.jp).**

Sur les quatre itinéraires, le plus populaire est celui de la Sumida-gawa, qui relie Asakusa au Hama-rikyū-teien (720 ¥, 35 minutes) et s'achève au **quai de Hinode (日の出桟橋 ; carte p. 62 ; 🚉ligne Yurikamome jusqu'à Hinode, sortie est)** dans la baie de Tōkyō.

La ligne directe Asakusa-Odaiba relie Asakusa au Odaiba Kaihin-kōen (1 520 ¥, 50 minutes), également via la Sumida-gawa. Sur cet itinéraire, préférez l'un des deux bateaux aux allures de vaisseaux spatiaux, le *Himiko* et le *Hotaluna*, qui ont été dessinés par le fameux auteur de mangas Matsumoto Leiji.

Disk Union Musique

(ディスクユニオン ; carte p. 90 ; 3-31-4 Shinjuku, Shinjuku-ku ; ⏲11h-21h ; 🚉ligne JR Yamanote jusqu'à Shinjuku, sortie est). Ce magasin est réputé comme étant le meilleur détaillant de CD et vinyles d'occasion de la capitale nippone. Divers styles musicaux sont représentés sur ses 8 niveaux. Si, malgré tout, vous ne trouvez toujours pas votre bonheur, il existe d'autres enseignes à Shinjuku spécialisées dans des genres plus obscurs (procurez-vous un plan dans ce magasin-ci).

AKIHABARA ET ALENTOUR 秋葉原

Mandarake Complex Mangas, anime

(まんだらけコンプレックス ; carte p. 62 ; www.mandarake.co.jp ; 3-11-2 Soto-Kanda, Chiyoda-ku ; ⏲12h-20h ; 🚉ligne JR Yamanote

jusqu'à Akihabara, sortie Electric Town). Un paradis pour *otaku* que ces 8 niveaux remplis de mangas, DVD, figurines, planches et dessins originaux. Le 5e, entièrement rose, est consacré aux BD pour femme, le 4e s'adresse à la gent masculine.

2k540 Aki-Oka Artisan Artisanat
(アキオカアルチザン ; carte p. 62 ; www.jrtk.jp/2k540 ; 5-9-23 Ueno, Taitō-ku ; 11h-19h jeu-mar ; ligne Ginza jusqu'à Suehirochō, sortie n°2). Baptisée d'après la distance qui la sépare de la gare de Tōkyō, cette galerie marchande qui se trouve sous la voie de JR rassemble des boutiques éclectiques axées sur le *monozukuri* (art de concevoir et produire des objets). Certes, l'endroit est probablement plus en phase avec l'esprit de Kyōto que d'Electric Town, mais on trouve çà et là quelques extra-terrestres *kawaii* au milieu des poteries. Nous aimons particulièrement les articles très colorés de **Nippon Hyakkuten** (日本百貨店 ; nippon-dept.jp).

Yodobashi Akiba Électronique
(ヨドバシカメラAkiba ; carte p. 62 ; www.yodobashi-akiba.com ; 1-1 Kanda Hanaoka-chō, Chiyoda-ku ; 9h30-22h ; ligne JR Yamanote jusqu'à Akihabara, sortie Shōwa-tōriguchi). L'énorme complexe de Yodobashi Camera comprend 8 niveaux de matériel électronique, appareils photo, jouets et appareils divers, une enseigne Tower Records (CD et DVD) et même des restaurants. Renseignez-vous sur les modèles export et les achats sans TVA.

mAAch ecute Centre commercial
(carte p. 62 ; www.maach-ecute.jp ; 1-25-4 Kanda-Sudachō, Chiyoda-ku ; 11h-21h lun-sam, 11h-20h dim ; ligne Chūō ou Sōbu jusqu'à Akihabara, sortie Electric Town). À Mansei-bashi, un autre ensemble de commerces et de restaurants a été aménagé dans une vieille gare et sous les arches du JR. Artisanat, déco, mode et comestibles des quatre coins du Japon attendent les acheteurs. À noter en particulier **Tatazumai**, fort de plus de 50 sortes de bières artisanales, cidres et sakés, et **Obscura Coffee Roasters**, expert en café.

ASAKUSA ET SUMIDA-GAWA 浅草・隅田川

Tokyo Hotarudo Vintage
(東京蛍堂 ; carte p. 96 ; tokyohotarudo.com ; 1-41-8 Asakusa, Taitō-ku ; 11h-20h mer-dim ;

Sumida-gawa

NICOLAS MCCOMBER/GETTY IMAGES ©

Tsukuba Express jusqu'à Asakusa, sortie n°5). Un jeune homme excentrique au look rétro tient cette boutique de curiosités. Venez découvrir son intéressante collection de robes et sacs vintage, lampes, montres et objets décoratifs anciens. L'entrée est un peu difficile à trouver : cherchez le panneau noir vertical représentant un doigt pointé.

Bengara Artisanat

(べんがら ; carte p. 96 ; www.bengara.com ; 1-35-6 Asakusa, Taitō-ku ; 10h-19h lun-ven, jusqu'à 19h sam et dim, fermé 3e jeu du mois ; S ligne Ginza jusqu'à Asakusa, sortie n°1). Un spécialiste des *noren*, ces rideaux tendus devant les portes des commerces, qui présente des modèles en lin teintés à l'indigo et autres pigments ou décorés de motifs peints à l'encre. Il y aussi des articles tels que petits sacs et couvertures de livre, taillés dans des tissus traditionnels.

Fujiya Artisanat

(ふじ屋 ; carte p. 96 ; 2-2-15 Asakusa, Taitō-ku ; 10h30-18h30 ven-mer ; S ligne Ginza jusqu'à Asakusa, sortie n°1). Un lieu dédié aux *tenugui*, fins rectangles de coton teints pouvant être utilisés comme serviettes de table, fichus, emballages cadeaux et bien d'autres choses encore. Modèles traditionnels ou à motifs humoristiques.

Solamachi Souvenirs

(ソラマチ ; carte p. 96 ; 1-1-2 Oshiage, Sumida-ku ; 10h-21h ; S ligne Hanzōmon jusqu'à Oshiage, sortie B3). Tout n'est pas si kitsch dans ce centre commercial situé sous la Sky Tree. Les commerces du 4e niveau proposent un choix de souvenirs japonais un cran au-dessus de la moyenne, dont de jolis bibelots confectionnés avec du tissu de kimono et des articles de mode originaux.

Renseignements

Argent

Il est plus facile de se procurer des espèces à Tōkyō que partout ailleurs au Japon. Même si la plupart des établissements et commerces acceptent les cartes bancaires, avoir des espèces sur soi au cas où est toujours est une bonne idée. On trouve dans chaque quartier des bureaux de poste et des supérettes 7-Eleven munis de DAB internationaux. Les plus importants, comme Shinjuku, Shibuya, Roppongi et Ginza, ont aussi des DAB **Citibank** (シティバンク ; www.citibank.co.jp/en) fonctionnant 24h/24 qui acceptent les cartes de tous les pays.

Offices du tourisme

L'**aéroport de Narita** (1er niv, terminaux 1 et 2 ; 8h-22h) et l'**aéroport de Haneda** (2e niv Hall des arrivées, terminal international ; 5h30-1h) abritent des centres d'information touristique dont le personnel anglophone vous aidera à vous orienter, mais n'assurera pas de réservations.

Centre d'information touristique d'Asakusa (浅草文化観光センター ; carte p. 96 ; 3842-5566 ; taitonavi.jp ; 2-18-9 Kaminarimon, Taitō-ku ; 9h-20h ; S ligne Ginza jusqu'à Asakusa, sortie n°2). Ce bureau près de l'entrée du Sensō-ji renseigne sur Asakusa et Ueno. Il comprend en outre une billetterie Pia (concerts et spectacles).

Centre d'information touristique JNTO (carte p. 68 ; 3201-3331 ; www.jnto.go.jp ; 1er niv, Shin-Tokyo Bldg, 3-3-1 Marunouchi, Chiyoda-ku ; 9h-17h ; ligne JR Yamanote jusqu'à Yūrakuchō, sortie Tōkyō International Forum). Cette antenne de la Japan National Tourism Organisation (JNTO) dispense des infos sur Tōkyō et le Japon.

Centre d'information touristique de Tōkyō (東京観光情報センター ; carte p. 90 ; 03-5321-3077 ; www.gotokyo.org ; 1er niv, Tokyo Metropolitan Government bldg 1, 2-8-1 Nishi-Shinjuku, Shinjuku-ku ; 9h30-18h30 ; S ligne Ōedo jusqu'à Tochōmae, sortie A4). Profitez d'une escapade sur les plateformes panoramiques des Bureaux du gouvernement métropolitain de Tōkyō pour faire un saut à l'office du tourisme officiel de la ville. Autre bureau à l'extérieur des portillons de la ligne Keisei Ueno (qui dessert l'aéroport de Narita).

JR East Travel Service Center (JR東日本訪日旅行センター ; carte p. 68 ; www.jreast.co.jp/e/customer_support/service_center_tokyo.html ; Tokyo Station, 1-9-1 Marunouchi, Chiyoda-ku ; 7h30-20h30 ; ligne JR Yamanote jusqu'à Tōkyō, sortie Marunouchi nord). Renseignements, consigne, bureau de change et réservations pour les séjours de ski et les visites d'*onsen*. Bureaux dans les deux aéroports.

Depuis/vers Tōkyō

Avion

Tōkyō compte deux grands aéroports. **Narita** (**NRT** ; 成田空港 ; **☎0476-34-8000 ; www.narita-airport.jp**), à 66 km à l'est dans la préfecture de Chiba voisine, accueille la plupart des liaisons internationales. **Haneda** (**HND** ; 羽田空港 ; **☎terminal international 03-6428-0888 ; www.tokyo-airport-bldg.co.jp/en**), dans la ville même près de la baie de Tōkyō, reçoit les vols intérieurs mais aussi, depuis octobre 2010, un nombre croissant d'avions en provenance de l'étranger. Parmi ces derniers, certains atterrissent en pleine nuit, après l'arrêt des transports publics, ce qui oblige à prévoir un budget taxi.

Les formalités d'immigration et de douane se révèlent généralement simples, mais peuvent prendre du temps. Les ressortissants étrangers se voient prendre leurs empreintes digitales et photographier à l'arrivée. Sachez que les douaniers japonais se montrent à l'occasion extrêmement pointilleux. Les globe-trotteurs débarquant de destinations plus ou moins exotiques (comme les Philippines, la Thaïlande, etc.) peuvent ainsi s'attendre à une série de questions, voire à une fouille minutieuse.

Il est important de savoir que Narita comporte deux terminaux, distants de 5 minutes en train. Vérifiez bien de quel terminal vous décollez, et prévoyez tout le temps de trajet nécessaire. Les autorités aéroportuaires recommandent de partir au moins 4 heures avant le vol.

Comment circuler

Depuis/vers l'aéroport de Narita

À l'exception des vols arrivant très tôt le matin, les transports en commun coïncident avec tous les départs et arrivées.

Selon votre destination, il est généralement moins cher et plus rapide de se rendre à Tōkyō en train plutôt qu'en Limousine Bus. Toutefois, il faut le plus souvent prendre une correspondance ou plusieurs, ce qui peut être fatigant à l'arrivée en raison du décalage horaire.

Des services de bus permettent de rallier directement et sans encombre maints grands hôtels, et il n'est pas obligatoire de loger dans lesdits établissements pour y embarquer. Un court trajet en taxi (il y a toujours des taxis stationnés devant les grands hôtels) permet de gagner ensuite votre destination finale.

Nous vous déconseillons de prendre un taxi à Narita car il vous en coûterait environ 30 000 ¥. Prévoyez plutôt une à deux heures dans votre itinéraire depuis/vers Narita.

Bus

Friendly Airport Limousine (**☎3665-7220 ; www.limousinebus.co.jp/en ; aller simple 3 150 ¥**). Ces bus directs à horaires fixes relient l'aéroport de Narita aux grands hôtels et gares ferroviaires. Le trajet dure de 1 heure 30 à 2 heures selon le trafic. Lors de nos recherches, les touristes étrangers pouvaient acheter un billet aller-retour à prix réduit, le "Welcome to Tokyo Limousine Bus Return Voucher" (4 500 ¥) ; renseignez-vous à la billetterie de l'aéroport.

Station de métro

TUPUNGATO/SHUTTERSTOCK ©

Cartes Suica et Pasmo

Même pour un court séjour, nous vous recommandons vivement d'investir dans l'une de ces deux cartes prépayées, lesquelles dispensent d'avoir à racheter sans cesse des tickets qui reviennent plus cher de surcroît. Munies d'une puce électromagnétique, ces cartes se glissent sur les bornes de détection des portillons du métro et des lignes ferroviaires en entrant et en sortant. Leurs détenteurs bénéficient d'une réduction de quelques yens sur chaque trajet.

Les cartes s'achètent aux billetteries automatiques de la plupart des gares JR (Suica) et des stations de métro ou de train de banlieue (Pasmo). Elles doivent être créditées d'un montant minimum de 1 000 ¥, plus 500 ¥ de caution (remboursable quand on rend le pass à un guichet JR). On peut ensuite les recharger, par tranches de 1 000 ¥, dans les mêmes billetteries automatiques.

Access Narita (アクセス成田 ; **carte p. 68** ; **☎0120-600-366 ; www.accessnarita.jp**). Ces bus vont de Narita à la gare de Tōkyō et à Ginza (1 000 ¥, 1 heure-1 heure 30). Il n'y a pas de billetterie à l'aéroport ; rendez-vous à l'arrêt n°31 du Terminal 1 ou bien l'arrêt n°2 ou 19 du Terminal 2. Réservation en ligne possible (plus sûr quand on a un avion à prendre), mais uniquement en japonais.

Train

Keisei Skyliner (京成スカイライナー ; **www.keisei.co.jp/keisei/tetudou/skyliner/us**). La ligne la plus rapide pour gagner Tōkyō, directe jusqu'aux gares de Nippori (2 470 ¥, 36 minutes) et d'Ueno (2 470 ¥, 41 minutes), d'où l'on peut emprunter la ligne JR Yamanote ou le métro (à Ueno seulement). Les trains circulent deux fois par heure, de 8h à 22h. Il existe des billets en ligne un peu moins chers (2 200 ¥) réservés aux étrangers. Sinon, le "Skyliner & Tokyo Subway Ticket" combinant un aller simple et un forfait métro de un, deux ou trois jours, se révèle avantageux.

Narita Express (**N'EX** ; 成田エクスプレス ; **www.jreast.co.jp/e/nex**). Rapides et pratiques, surtout si vous logez dans la partie ouest de la ville, les trains N'EX partent de Narita environ toutes les 30 minutes, de 7h à 22h, pour la gare de Tōkyō (3 020 ¥, 53 minutes). Ils rallient aussi à une moindre fréquence Shinagawa (3 110 ¥, 65 minutes), Shibuya (3 110 ¥, 73 minutes), Shinjuku (3 190 ¥, 80 minutes) et Ikebukuro (3 190 ¥, 86 minutes).

Les touristes peuvent acheter un billet N'EX aller-retour à 4 000 ¥ (valable 14 jours), soit une réduction de plus de 30%. Consultez le site Internet ou renseignez-vous au JR East Travel Service Center de l'aéroport à propos des dernières formules tarifaires.

Les détenteurs du Japan Rail Pass voyagent gratuitement à bord des trains N'EX, mais doivent réserver (sans supplément) auprès d'une billetterie JR.

Depuis vers l'aéroport de Haneda

Du centre de Tōkyō, il faut beaucoup moins de temps pour se rendre à l'aéroport de Haneda qu'à celui de Narita. Un taxi (environ 6 000 ¥) sera l'unique option si votre avion atterrit avant l'aube.

Friendly Airport Limousine (**www.limousinebus.co.jp/en**). Ces autocars relient Haneda aux grands nœuds de transports comme Shibuya (1 030 ¥), Shinjuku (1 230 ¥), Roppongi (1 130 ¥) et Ginza (930 ¥) ; les tarifs doublent après minuit. Le temps de trajet varie de 30 à 90 minutes suivant la densité de la circulation. Dernier départ de la gare de Shibuya à 0h30 et reprise du service à 5h45.

Keikyū (**☎5789-8686 ; www.haneda-tokyo-access.com/en**). Les trains *kyūkō* ("express spécial") circulent plusieurs fois par heure (5h30-minuit) entre Haneda et la gare de Shinagawa (410 ¥, 12 minutes), sur la ligne JR Yamanote. De Shinagawa, certains continuent sur la ligne de métro Asakusa, qui dessert les stations Higashi-Ginza, Nihombashi et Asakusa.

Quelques astuces pour prendre le train à Tōkyō

Aucune ville ne peut rivaliser avec les réseaux de train et de métro de Tōkyō : propres, pratiques, efficaces et rapides, ils ont néanmoins quelques spécificités. Voici nos conseils :

- L'application **Navitime for Japan Travel**, qui permet de télécharger les itinéraires, vous aidera à trouver le plus court chemin d'un point à un autre.
- Évitez les heures de pointe (8h-9h30 et 17h-20h) – l'expression "serrés comme des sardines" devient alors un doux euphémisme.
- Notez l'heure de votre dernier train : le service s'interrompt de minuit environ à 5h. Le dernier train peut être bondé (et peuplé d'individus très saouls).
- Si vous n'arrivez pas à déterminer le prix à payer, achetez le billet le moins cher (133 ¥ pour les lignes JR ; 165 ¥ pour Tokyo Metro ; 174 ¥ pour Toei) et servez-vous des machines destinées à ajuster les tarifs (*fare adjustement machines*), près des portes de sortie, pour compenser la différence à la fin.
- La plupart des gares ferroviaires ont plusieurs sorties. Veillez à emprunter la bonne (cela vous fera gagner du temps et vous épargnera pas mal de tracasseries à l'extérieur). On trouve généralement dans les gares des plans indiquant les sorties les plus proches des principaux sites et monuments.

Tokyo Monorail (東京モノレール ; **www.tokyo-monorail.co.jp/english**). Départ environ toutes les 10 minutes (5h-minuit) pour la gare de Hamamatsuchō (490 ¥, 15 minutes), sur la ligne JR Yamanote.

Taxi

À moins de se déplacer à quatre, cela vaut rarement la peine de prendre un taxi. La prise en charge, onéreuse (730 ¥), donne droit à 2 km de course. Après quoi, le compteur ajoute 90 ¥ tous les 280 m (et jusqu'à 90 ¥ chaque fois que l'on dépasse 2 minutes sans rouler). Tablez sur 3 000 ¥ la course entre Roppongi et Ginza. Mieux vaut avoir des espèces sur soi, car tous les taxis n'acceptent pas la carte bancaire.

S'il est possible de héler un taxi dans la rue, on a tout intérêt à en prendre un à une station au sortir d'une gare. Les taxis avec lumière rouge sont libres. Avec une lumière verte, ils sont occupés.

Même à Tōkyō, la plupart des chauffeurs ne parlent pas anglais. Ils ont aussi des difficultés à dénicher les adresses autres que très connues. Mais, heureusement, beaucoup de taxis sont équipés de GPS. Il suffit alors d'écrire sa destination sur un morceau de papier et de le montrer au chauffeur.

Train

Le réseau ferré tokyoïte est constitué des lignes JR, du métro, et des trains de banlieue privés. Il est si dense, surtout dans le centre, qu'il est rare de marcher plus de 10 minutes entre une station et sa destination finale. Les stations et les gares sont pourvues d'une signalétique en anglais.

Les billets sont en vente dans des distributeurs installés près des portillons automatiques. Privilégiez les machines récentes, dont les écrans tactiles donnent des indications en anglais. Le tarif dépend de la distance parcourue. Il y a en principe une grille tarifaire au-dessus des distributeurs. Vous devez être en possession d'un billet de train valable pour pouvoir sortir d'une gare.

Forfaits journaliers

Les forfaits journaliers sont avantageux seulement si l'on se déplace beaucoup dans une même journée. Trouvez-en un valable sur les lignes que vous aurez à emprunter, aux guichets des gares situées sur cette zone.

Tokyo Metro 1-Day Open Ticket 710 ¥ (enfant 360 ¥) ; couvre les lignes de Tokyo Metro.

Common 1-Day Ticket 1 000 ¥ (enfant 500 ¥) ; pour les lignes de Tokyo Metro et TOEI.

Tokyo Combination Ticket 1 590 ¥ (enfant 800 ¥) ; valables sur les lignes JR dans Tōkyō, toutes les lignes de métro et les bus TOEI.

Lignes de métro

Au total, 13 lignes de métro (toutes d'une couleur différente) sillonnent Tōkyō. Quatre sont gérées par TOEI et neuf dépendent de Tokyo Metro. Les correspondances entre les lignes du même groupe s'effectuent sans encombre. Pour passer des rames TOEI aux rames de Tokyo Metro, il faut acheter un billet de correspondance au début du trajet.

ENVIRONS DE TŌKYŌ

Région du mont Fuji

Plus haut et plus célèbre sommet du Japon, le mont Fuji (富士山周辺 ; Fuji-san ; 3 776 m) constitue, bien sûr, le grand

Environs de Tōkyō

attrait de cette région. Les visiteurs s'y rendent pour en faire l'ascension, pour contempler ce volcan sacré et pour camper, randonner ou pratiquer diverses autres activités autour des cinq lacs du Fuji (Fuji go-ko).

Circuits organisés

Discover Japan Tours Circuits (www.discover-japan-tours.com/index_e.html ; 2 circuits de 2 jours 10 000 ¥/pers). Spécialisé dans les itinéraires peu fréquentés, ce prestataire réputé met sur pied des circuits guidés au départ de Tōkyō pour des groupes de deux au minimum.

Renseignements

Les centres d'information suivants, dont le personnel parle anglais, vous fourniront des brochures sur les ascensions et les sites.

Centre d'information touristique de Fuji-Yoshida (☎0555-22-7000 ; ⊙9h-17h). Proche de la gare ferroviaire Fujisan, un centre au personnel expert en matière d'escalade. Cartes et brochures sur la région.

Centre d'information touristique de Kawaguchi-ko (☎0555-72-6700 ; ⊙8h30-17h30 dim-ven, 8h30-19h sam). À côté de la gare de Kawaguchi-ko. Personnel anglophone, cartes et brochures.

Depuis/vers le mont Fuji

Pour accéder à la région du mont Fuji depuis Tōkyō, le plus facile est de prendre le bus ou le train. Les deux villes principales sur le flanc nord de la montagne, Fuji-Yoshida et Kawaguchi-ko, sont les deux grandes portes d'accès. Durant la saison officielle des ascensions, des bus directs relient aussi Tōkyō à la 5e station (Fifth Station) de Kawaguchi-ko.

De l'ouest du Japon (Kyōtō, Ōsaka), on peut prendre un bus de nuit pour Kawaguchi-ko.

Bus

À Tōkyō, vous trouverez au départ de la **gare routière de Shinjuku** (☎5376-2222 ; www.highway-buses.jp ; 🚉ligne Yamanote jusqu'à Shinjuku, sortie ouest) de fréquents bus **Keiō Dentetsu** (☎03-5376-2222 ; www.highwaybus.com) et **Fujikyū Express** (☎0555-72-6877 ; www.fujiq.jp/en/access) à destination directe de la gare de Kawaguchi-ko et de celle de Fujisan à Fuji-Yoshida (1 750 ¥, 1 heure 50).

Si l'on vient de l'ouest, les bus de nuit partent de la station de métro Higashi-Umeda d'Ōsaka (8 700 ¥, arrêt à 22h15), passant par la gare de Kyōtō (8 200 ¥, 23h18) avant de rejoindre la gare de Kawaguchi-ko (arrivée à 8h32).

Train

La ligne JR Chūō relie Shinjuku à Ōtsuki (*tokkyū* 2 570 ¥, 1 heure ; *futsū* 1 320 ¥, 1 heure 30), où il faut changer pour prendre la ligne Fuji Kyūkō qui dessert la gare Fujisan de Fuji-Yoshida (1 020 ¥, 45 minutes et celle de Kawaguchi-ko (1 140 ¥, 50 minutes).

MONT FUJI 富士山

☎555

Le mont Fuji, qui figure sur la liste du Patrimoine mondial, est sans conteste l'emblème le plus célèbre du Japon. Les plus anciens écrits japonais connus (VIIIe siècle) témoignent de la vénération à son endroit. En ce temps-là, le volcan crachait de la fumée, ce qui contribuait à son caractère sacré. Toujours actif mais à faible risque éruptif (la dernière éruption date de 1707), le Fuji continue de fasciner les Japonais comme les étrangers. En 2013, année de son inscription au Patrimoine mondial, quelque 300 000 personnes en firent l'ascension.

Au sommet, le spectaculaire cratère de 4 km de circonférence est souvent noyé sous les nuages. Un bureau de poste installé au point culminant (3 776 m), de l'autre côté du cratère, permet d'envoyer une carte postale.

L'excellent site Internet Climbing Mt Fuji (www17.plala.or.jp/climb_fujiyama) regroupe toutes les informations nécessaires aux grimpeurs. La brochure *Climbing Mt Fuji*, disponible au Fuji-Yoshida Tourist Information Center, peut également être utile.

Quand partir

La saison officielle des ascensions s'étend du 1er juillet au 31 août. La fréquentation est alors si intense qu'il faut parfois faire la queue pour aller contempler le lever du soleil. Afin d'éviter la foule, allez-y en semaine ou partez tôt le matin (vous échapperez ainsi à l'afflux de l'après-midi) et dormez la nuit dans un refuge de montagne.

Les autorités déconseillent fortement d'entreprendre l'ascension hors saison : la météo est imprévisible et les postes de premier secours sont fermés. Cela n'empêche pas de nombreux grimpeurs de tenter l'aventure, pour échapper à la foule. Ils partent généralement à l'aube pour revenir en début d'après-midi. Les refuges de la voie de Kawaguchi-ko restent ouverts jusqu'à la mi-septembre (le temps peut encore être clément), mais aucun n'ouvre avant juillet, car il y a encore de la neige au niveau des stations les plus élevées.

Hors saison, vérifiez bien les conditions météo avant de partir, ne grimpez pas seul, emportez un équipement approprié et soyez prêt à redescendre à tout moment. Un guide peut être très précieux.

Quand la neige ou la glace sont au rendez-vous, l'ascension devient périlleuse. Seuls des grimpeurs chevronnés et équipés en conséquence peuvent s'y risquer. Hors saison, il est recommandé de se signaler auprès de la police locale : vous trouverez le formulaire requis aux centres d'information de Kawaguchi-ko et de Fuji-Yoshida.

Les différentes voies

Le mont Fuji est divisé en dix "stations", ou étapes, de la base (1re station) au sommet (10e station). Le sentier de pèlerinage originel part du pied de la montagne mais aujourd'hui, la plupart des randonneurs s'élancent de l'une des quatre "cinquièmes stations", accessibles en bus. Tous les itinéraires convergent vers la 8e station : dans la descente, ne vous trompez pas de sentier.

Pour parvenir au sommet à l'aube, il y a deux solutions : commencer la marche l'après-midi, passer la nuit dans un refuge, puis achever la montée tôt le matin, ou pratiquer toute l'ascension de nuit. Mieux vaut toutefois ne pas arriver trop longtemps avant les premières lueurs du jour car le vent et le froid sont souvent au rendez-vous.

Vers les cinquièmes stations

Il y a quatre itinéraires différents pour accéder à l'une des cinquièmes stations du mont Fuji : la voie de Kawaguchi-ko, aussi connue sous le nom de Yoshida

Mont Fuji

TAKESHI.K/GETTY IMAGES ©

Avant l'ascension du mont Fuji : quelques conseils

Si des enfants et des grands-parents montent régulièrement le mont Fuji, cette ascension n'est pas à prendre à la légère : l'altitude est assez élevée pour que certains souffrent du mal des montagnes, et la météo est très changeante. Les températures matinales passent en dessous de zéro, même en été ; et des bancs de brume soudains empêchent souvent toute visibilité. Emportez des vêtements adaptés au froid et à la pluie, en particulier un chapeau et des gants. Prenez aussi de l'eau, des provisions et une carte. Si vous escaladez la nuit, munissez-vous d'une lampe de poche ou d'une lampe frontale, avec des piles de rechange.

La descente est bien plus éprouvante pour les genoux que l'ascension (des bâtons de marche peuvent être utiles). Pour éviter le mal des montagnes, grimpez lentement, en marquant des pauses régulières. Si des symptômes sérieux surviennent, redescendez aussitôt.

La carte la plus complète de la région est la *Shobunsha Yama-to-kōgen Mt Fuji Map* (山と高原地図・富士山 ; en japonais), disponible dans les bonnes librairies.

Pour les prévisions météo au sommet, rendez-vous sur : www.snow-forecast.com/resorts/Mount-Fuji/6day/top.

(2 305 m) ; celle de Subashiri (1 980 m) ; celle de Fujinomiya (2 380 m) ; et celle de Gotemba (1 440 m). Comptez entre 5 et 6 heures pour atteindre le sommet (même si certains le font en deux fois moins de temps) et environ 3 heures pour redescendre, plus 1 heure 30 pour faire le tour du cratère.

La **voie de Kawaguchi-ko** est de loin la plus populaire. Elle part de la cinquième station homonyme et offre les équipements les plus modernes. En outre, elle est plus facile d'accès depuis la ville de Kawaguchi-ko.

Où se loger

Des dizaines de refuges disséminés à partir des cinquièmes stations proposent des repas simples et chauds et un endroit où dormir (avec/sans repas à partir de 7 560/5 400 ¥). Tout spartiates qu'ils soient (une simple couverture à même le sol entre deux autres grimpeurs), ils affichent vite complet – la réservation est conseillée, voire indispensable le week-end. Au **Taishikan** (太子館 ; ☎22-1947 ; www.mfi.or.jp/w3/home0/taisikan ; à partir de 8 500 ¥/pers avec 2 repas) et au **Fujisan Hotel** (富士山ホテル ; ☎0555-22-0237 ; www.fujisanhotel.com ; à partir de 8 350/5 950 ¥ par pers avec/sans 2 repas), à la huitième station (Eight Station ; voie de Kawaguchi-ko), vous trouverez généralement quelqu'un qui parle anglais. La plupart des refuges acceptent les grimpeurs qui souhaitent s'arrêter un moment pour se reposer, à condition qu'ils commandent quelque chose. Il est interdit de camper sur la montagne, sauf au bivouac voisin de la cinquième station de Kawaguchi-ko.

À la cinquième station de Subashiri, le pittoresque **Higashi Fuji Lodge** (☎75-2113 ; ch 5 000 ¥) est très pratique hors saison. On y sert des *soba* (nouilles de sarrasin) aux champignons et aux herbes du Fuji.

Comment s'y rendre et circuler

Les bus Keiō Dentetsu (p. 126) assurent un service direct (2 700 ¥, 2 heures 30, réservation indispensable) entre la gare routière de Shinjuku, à Tōkyō, et la 5e station de Kawaguchi-ko (sauf en hiver).

De mi-avril à début décembre environ, des bus mènent les excursionnistes de la gare ferroviaire de Kawaguchi-ko et de celle de Fujisan jusqu'au

Randonneurs au sommet du mont Fuji

PONGNATHEE KLUAYTHONG/SHUTTERSTOCK ©

départ de randonnée situé à la 5e station de Kawaguchi-ko (aller/aller-retour 1 540/2 100 ¥, 50 minutes). Durant la saison de trekking, tablez sur un départ par heure de 7h à 20h environ (très pratique pour les ascensions nocturnes). Les bus en sens contraire fonctionnent au même rythme dans le créneau 8h-21h.

Hors saison, le premier service au départ des gares de Kawaguchi-ko et de Fujisan est à 9h10, le dernier retour s'effectuant à 15h30. Aussi la plupart des randonneurs doivent-ils prendre un taxi (environ 12 000 ¥, plus 2 100 ¥ de péages) le matin pour disposer d'un temps suffisant avant de prendre le bus de retour. Les horaires variant considérablement durant cette période, renseignez-vous par téléphone auprès des bus Fujikyū Yamanashi (p. 126) ou de votre hôtel.

En basse saison, on rencontre souvent des grimpeurs désireux de partager un taxi à la K's House (p. 131). Autre option (particulièrement intéressante pour les groupes) : la location d'une auto pour quelque 6 800 ¥ par jour, plus l'essence et les péages.

Pour accéder au sentier de la 5e station de Subashiri, vous pouvez prendre le bus de Kawaguchi-ko à Gotemba (1 470 ¥), d'où des bus desservent régulièrement le point d'accès de Subashiri. On peut également rejoindre Gotemba en prenant un bus ou un train direct depuis Tōkyō.

RÉGION DES CINQ LACS 富士五湖

☎555

La superbe région des Cinq Lacs du Fuji (Fuji go-ko) s'étend près des contreforts nord du volcan. Les lacs font de merveilleux miroirs dans lesquels se reflète le cône parfait de la montagne. Après le Yamanaka-ko, le plus à l'est, viennent le Kawaguchi-ko, le Sai-ko, le Shōji-ko et le Motosu-ko. Particulièrement agréables à l'automne quand les arbres flamboient (*kōyō* en japonais), ces plans d'eau offrent l'occasion d'une belle excursion de deux jours depuis Tōkyō, agrémentée de paisibles balades, d'activités aquatiques ou de randonnées dans les montagnes voisines.

Les deux localités les plus accessibles et les mieux équipées sont Fuji-Yoshida et Kawaguchi-ko. La seconde offre le meilleur choix d'hébergements ; toutes deux constituent une bonne base pour entreprendre l'ascension du mont Fuji sans passer la nuit dans un refuge de montagne.

Les plus belles vues du mont Fuji

Le mont Fuji présente des visages variés en fonction des saisons. C'est en hiver et au printemps que vous avez le plus de chance de le voir dans toute sa splendeur. Cependant, même durant ces périodes, son sommet couronné de neige n'est souvent visible que le matin avant de disparaître derrière les nuages. La fugacité de ses apparitions fait d'ailleurs partie de son charme. Voici quelques-uns des endroits, proches ou plus lointains, d'où la vue sur le Fuji est la plus belle :

- **Kawaguchi-ko** Du côté nord du lac, là où le Fuji se dresse majestueux au-dessus de son reflet scintillant.
- **Motosu-ko** La fameuse vue reproduite sur les billets de 1 000 ¥ est celle que l'on a depuis le côté nord-ouest du lac.
- **Panorama-dai** Ce sentier de randonnée (パノラマ台) débouche sur un magnifique panorama face à la montagne.
- **Kōyō-dai** On peut voir le mont Fuji depuis ce belvédère, une vision particulièrement spectaculaire avec les couleurs de l'automne.

Fuji-Yoshida 富士吉田

La localité de Fuji-Yoshida est l'une des principales portes d'accès à la région. Au centre, le temps semble suspendu dans le quartier de Gekkō-ji, aux façades de la première moitié du XXe siècle. La gare de Fujisan est au centre de l'agglomération.

À voir et à faire

Fuji Sengen-jinja Sanctuaire shintoïste

(富士浅間神社 ; **0555-22-0221 ; sengenjinja.jp/index.html ; 5558 Kami-Yoshida ; jardins 24h/24, accueil 9h-17h).** GRATUIT Avant toute ascension du mont Fuji, il convient de visiter ce temple évocateur, installé en pleine verdure depuis le VIIIe siècle. Ce lieu mérite la visite pour ses cèdres millénaires, sa porte principale reconstruite tous les 60 ans (un peu plus grande chaque fois) et les deux *mikoshi* (autel portatif) d'une tonne que l'on sort chaque année pour le Yoshida no Himatsuri (fête du feu de Yoshida). Accessible en 20 minutes à pied de la gare Fujisan ou bien par le bus jusqu'à Sengen-jinja-mae (150 ¥, 5 minutes).

Togawa-ke Oshi-no-ie Édifice historique

(御師旧外川家住宅 ; **3-14-8 Kami-Yoshida ; adulte/enfant 100/50 ¥ ; 9h30-16h30, fermé mar).** Les *oshi-no-ie* (auberges de pèlerins) de Fuji-Yoshida accueillaient les visiteurs du temps où l'ascension du mont Fuji relevait du pèlerinage et non du tourisme. Rares sont celles encore en fonction aujourd'hui, mais le Togawa-ke Oshi-no-ie offre un intéressant aperçu sur le culte du mont Fuji durant la période d'Edo.

Kawaguchi-ko 河口湖

Localité la plus populaire dans la région des Cinq Lacs, Kawaguchi-ko est la plus proche de quatre des cinq lacs et points de départ pour l'ascension du mont Fuji. Même si vous n'avez pas l'intention de gravir le volcan, c'est un bon endroit pour le contempler, se détendre et profiter de la région.

À voir et à faire

Téléphérique de Kachi Kachi Yama
Téléphérique

(カチカチ山ロープウェイ ; www.fujikyu.co.jp/en/leisure/leisure13.html ; 1163-1 Azagawa ; aller/aller-retour adulte 410/720 ¥, enfant 210/360 ¥ ; 9h-17h). Sur la partie inférieure de la rive orientale du lac, ce téléphérique (*ropeway*) conduit à la **plateforme panoramique du mont Fuji** (1 104 m). De là, un ancien sentier offrant de superbes vues sur le Fuji mène en 3 heures 30 au **Mitsutōge-yama** (三つ峠山, 1 785 m). Le centre d'information touristique de Kawaguchi-ko vous fournira une carte.

Centre d'accueil des visiteurs du Fuji
Centre d'information

(富士ビジターセンター ; 0555-72-0259 ; www.yamanashi-kankou.jp/english ; 6663-1 Funatsu ; 8h30-17h). GRATUIT Le fort bien conçu Fuji Visitor Center possède une terrasse d'observation et un restaurant. Une vidéo en anglais (12 minutes) présente la montagne et son histoire géologique.

Où se loger

K's House Mt Fuji
Auberge de jeunesse ¥

(0555-83-5556 ; kshouse.jp/fuji-e/index.html ; 6713-108 Funatsu ; dort à partir de 2 500 ¥, d avec/sans sdb 7 800/6 800 ¥ ;). Outre l'ambiance chaleureuse, les vastes chambres à la japonaise, le personnel efficace et anglophone, cette auberge présente l'avantage d'une cuisine équipée et de confortables espaces communs où se faire des camarades de voyage/d'escalade. VTT à louer et transfert gratuit depuis la gare de Kawaguchi-ko. En saison (d'ascension), c'est vite complet ! Le bar **Zero Station** (18h-minuit) est tout proche.

Fuji Lake Hotel
Hôtel ¥¥

(0555-72-2209 ; www.fujilake.co.jp ; 1 Funatsu ; ch avec 2 repas à partir de 15 552 ¥/pers ;). Sur la rive sud du Kawaguchi-ko, cet élégant hôtel de 1935 aux chambres mêlant les styles japonais et occidental donne sur le mont Fuji ou sur le lac. et *rotemburo* privatif dans certaines chambres.

Sunnide Resort
Hôtel ¥¥

(サニーデリゾート ; 0555-76-6004 ; www.sunnide.com ; 2549-1 Ōishi ; ch avec 2 repas à partir de 13 000 ¥/pers, chalets à partir de 16 000 ¥ ;). Offrant une vue sur le Fuji depuis l'autre rive du Kawaguchi-ko, cet hôtel accueillant, doté d'un délicieux bain extérieur, loue chambres ou chalets, dans une gamme allant de l'élégante suite avec bain à la chambre tarif "backpacker"

Vue sur le mont Fuji (p. 126)

La gare de Fujisan

La dénomination en anglais des gares ferroviaires (*station*) et des stations de montagne a de quoi prêter à confusion. En 2011, la Fuji-Yoshida Station (gare ferroviaire de Fuji-Yoshida) a changé de nom pour devenir la Fujisan Station. Elle est également connue en anglais sous le nom de Mt Fuji Station. À ne pas confondre avec la Kawaguchi-ko Fifth Station (cinquième station de Kawaguchi-ko), également appelée Mont Fuji Fifth Station. Cette dernière n'est pas une gare ferroviaire mais un point d'accès pour l'ascension de la montagne (et un arrêt de bus) ; c'est le début de la voie de Kawaguchi-ko.

(4 400 ¥, sans vue) réservée pour le soir même. Petit-déjeuner/dîner : comptez à partir de 2 000/1 800 ¥.

Kozantei Ubuya Ryokan **¥¥¥**
(**湖山亭うぶや ; ☎0555-72-1145 ; www.ubuya.co.jp ; 10 Asakawa ; ch avec 2 repas à partir de 20 100 ¥/pers ;** ❄@📶). Un établissement raffiné à la vue dégagée et imbattable sur le mont Fuji se mirant dans le Kawaguchi-ko. Offrez-vous une suite afin de profiter du panorama tout en mijotant dans votre bain extérieur sur la terrasse. Parfait pour une lune de miel.

Où se restaurer

Kawaguchi-ko a pour spécialité les nouilles *hōtō*, coupées à la main et servies dans un épais bouillon miso avec des morceaux de potiron, de patates douces et d'autres légumes.

Hōtō Fudō Nouilles **¥¥**
(**ほうとう不動 ; ☎0555-72-8511 ; www.houtou-fudou.jp ; 707 Kawaguchi ; hōtō 1 080 ¥ ; 🕑11h-19h**). Spécialité de Kawaguchi-ko, les nouilles *hōtō* constituent un mets généreux à déguster dans l'un des cinq établissements de cette chaîne locale, celui-ci étant le plus original par son allure igloo. Également des *basashi* (sashimis de cheval, 1 080 ¥).

Sanrokuen Teppanyaki **¥¥**
(**山麓園 ; ☎0555-73-1000 ; 3370-1 Funatsu ; repas fixe 2 100-4 200 ¥ ; 🕑11h-19h30 ven-mer ;** 📋). Ici, on s'assied par terre autour du traditionnel *irori* (foyer) pour faire griller son repas – brochettes de poisson, viande, tofu et légumes. De la gare de Kawaguchi-ko, prenez à gauche puis encore à gauche après le 7-Eleven : 600 m plus loin, vous apercerez sur la droite le toit de chaume du restaurant.

Comment circuler

Comptez 8 minutes en bus (240 ¥) ou 5 minutes en train (220 ¥) entre la gare Fujisan (à Fyuji-Yoshida) et celle de Kawaguchi-ko.

Le **Retro-Bus** (forfait 2 jours adulte/enfant 1 200/600 ¥) partant de la gare de Kawaguchi-ko fait le tour de tous les sites des lacs de l'Ouest et l'on peut y monter ou en descendre à volonté. Une ligne suit la rive nord du Kawaguchi-ko et l'autre se dirige au sud ainsi que vers le Sai-ko et l'Aokigahara.

Pour louer une voiture, **Toyota Rent-a-Car** (**☎72-1100, en anglais 0800-7000-815**) se situe à quelques minutes à pied de la gare de Kawaguchi-ko (tout droit en sortant de la gare, puis à droite au premier carrefour). **Sazanami** (**🕑7h-17h été, 9h-17h hiver**), sur la rive sud du Kawaguchi-ko, loue des bicyclettes classiques (400/1 500 ¥ par heure/jour), des vélos électriques (600/2 600 ¥ par heure/jour) et des barques (1 000/2 500 ¥ par heure/jour).

Nikkō 日光

☎0288 / 98 000 HABITANTS

De la mousse qui s'accroche siècle après siècle à un mur de pierre, des rangées de lanternes en pierre parfaitement alignées, des portiques vermillon et des cèdres immenses : vous voici sur un sentier du sanctuaire de Nikkō, où perdure la glorieuse splendeur de la période d'Edo (1603-1868). S'éparpillant dans les collines boisées, Nikkō compte parmi les principaux sites touristiques du Japon. Durant la haute saison (été et automne) et tous les week-ends de l'année, il y a tant de monde que le lieu perd un peu de sa spiritualité.

Bien que Nikkō se visite en une journée depuis Tōkyō, y passer au moins une nuit permet de démarrer à la première heure, avant la foule. Deux nuits sur place laissent le loisir d'explorer le grandiose paysage alentour.

À voir

Inscrits au patrimoine mondial de l'Unesco, les sites autour du Tōshō-gū constituent le principal intérêt de Nikkō. La plupart des sites ouvrent de 8h à 16h30 (8h-15h30 nov-mars). Pour éviter la foule, venez tôt le matin en semaine. Procurez-vous un plan à l'office du tourisme : les panneaux en anglais indiquant les sanctuaires et les temples sont durs à trouver.

Tōshō-gū — Sanctuaire shintoïste

(東照宮 ; **www.toshogu.jp/english/index.html ; 2301 Sannai ; adulte/enfant 1 300/450 ¥ ; 8h-16h30 avr-oct, 8h-15h30 nov-mars).** Inscrit au patrimoine mondial de l'Unesco, ce sanctuaire au décor magnifique éblouit dans son splendide écrin de nature. Parmi ses pièces maîtresses figure l'étincelant Yōmei-mon (porte du Coucher du soleil).

En prévision de son 400e anniversaire, le sanctuaire subit une importante restauration. Le Yōmei-mon et le Shimojinko (l'un des Trois Entrepôts sacrés) seront obstrués par des échafaudages au moins jusqu'en 2018. Le Tōshō-gū n'en demeure pas moins impressionnant et un nouveau musée doit y ouvrir ses portes prochainement.

Après l'**Ishi-dorii** (石鳥居), imposant torii (portique), et le **Gōjūnotō** (五重塔, **pagode à cinq étages**), une construction de 1819 qui a remplacé l'original des années 1650, les marches en pierre de l'**Omotesandō** vous conduiront jusqu'à l'**Omote-mon** (表門), entrée principale du sanctuaire flanquée de rois Deva destinés à la protéger.

Dans la première cour du sanctuaire se dressent les **Sanjinko** (三神庫, **Trois Entrepôts sacrés**) dont le Kamijinko (Entrepôt supérieur) arbore à l'étage supérieur des gravures d'éléphants peu réalistes, fruits de l'imagination du sculpteur. À proximité, le **Shinkyūsha** (神厩舎, **Écurie sacrée**) est orné de sculptures allégoriques de singes, dont le fameux

Statues de Jizō, Nikkō

VOLANTHEVIST/GETTY IMAGES ©

En cours de restauration

Les restaurations dont ont fait l'objet certains temples de Nikkō ces dernières années se poursuivent. Au Rinnō-ji, la rénovation du Sambutsu-dō, le principal pavillon du temple, devrait s'achever en 2020. Au Tōshō-gū, la porte Yōmei-mon sera cachée par des échafaudages jusqu'en 2018.

trio symbolisant les trois principes du bouddhisme Tendai : "Ne pas regarder le mal, ne pas le dire, ne pas l'écouter".

Plus avant, à gauche de la tour du tambour, se dresse le pavillon **Honji-dō** (本地堂), au célèbre plafond décoré d'un Nakiryū (Dragon en larmes). C'est un lieu également réputé pour ses qualités acoustiques démontrées par un moine frappant deux morceaux de bois l'un contre l'autre sous la gueule du dragon qui, du coup, rugit, ou presque !

Une fois les échafaudages démontés en 2018, le **Yōmei-mon** (陽明門, **porte du Coucher du soleil**) apparaîtra plus majestueux que jamais. Sculptures et peintures rehaussées à la feuille d'or déploient fleurs, danseuses, animaux mythiques et sages chinois. Une œuvre d'une telle perfection que, pour se prémunir de la jalousie des dieux, les bâtisseurs choisirent délibérément de placer le dernier pilier à l'envers.

Le **Gōhonsha** (御本社), grande cour intérieure, renferme le **Honden** (本殿, **pavillon principal**) et le **Haiden** (拝殿, **pavillon du Culte**). Y figurent à l'intérieur les portraits des 36 poètes immortels de Kyōto, ainsi qu'un plafond peint dans le style de la période de Momoyama ; notez que les 100 dragons sont tous différents. La peinture sur le *fusuma* (porte coulissante) représente un *kirin* (animal mythique mi-girafe mi-dragon).

À droite du Gōhonsha se trouve le **Sakashita-mon** (坂下門) au célèbre **Nemuri-neko** (眠り猫, **Chat endormi**), étonnante petite sculpture en bois connue dans tout le pays pour son réalisme époustouflant. De là, un sentier grimpe entre les cèdres gigantesques jusqu'à l'**Okumiya** (奥宮), solennel tombeau d'Ieyasu.

Ignoré de l'immense majorité des visiteurs du Tōshō-gū, le merveilleux **musée d'art du Nikkō Tōshō-gū** (日光東照宮美術館 ; **☎0288-54-0560 ; www.toshogu.jp/shisetsu/bijutsu.html ; 2301 Yamanouchi ; adulte/enfant 800/400 ¥ ; 🕑9h-16h30 avr-oct, 9h-15h30 nov-mars**) occupe les anciens bureaux du sanctuaire. Vous admirerez les peintures sur les portes, les parois coulissantes, la charpente et les panneaux décoratifs, en partie signés de maîtres tels Taikan Yokoyama ou Gakuryo Nakamura. Accessible par le chemin sur la droite de l'Omote-mon.

Rinnō-ji — Temple bouddhique

(**輪王寺 ; ☎0288-54-0531 ; rinnoji.or.jp ; 2300 Yamanouchi ; adulte/enfant 400/200 ¥ ; 🕑8h-16h30 avr-oct, 8h-15h30 nov-mars**). Ce temple bouddhique de l'école Tendai fut fondé il y a 1 200 ans par Shōdō Shōnin. La restauration en cours, qui devrait s'achever en 2020, masque l'extérieur du **Sambutsu-dō** (三仏堂, **salle des Trois Bouddhas**) sous les échafaudages. À l'intérieur trônent trois bouddhas en bois doré de 8 m de haut : Amida Nyorai (l'une des principales divinités du bouddhisme Mahayana), flanqué de Senjū (divinité du Pardon et de la Compassion) et de Batō (Kannon à tête de cheval).

Taiyūin-byō — Sanctuaire shintoïste

(**大猷院廟 ; adulte/enfant 550/250 ¥ ; 🕑8h-16h30 avr-oct, 8h-15h30 nov-mars**). Sépulture d'Iemitsu Togukawa (1604-1651), le petit-fils d'Ieyasu, le Taiyūin-byō évoque en plus petit et plus intime le Tōshō-gū (entrepôts, tour du tambour, portes de style chinois...). Son charme tient aussi au fait qu'il s'élève au cœur d'une forêt de cryptomerias.

Vous remarquerez les dizaines de lanternes, offertes par les daimyos (seigneurs des provinces), et la porte Niō-mon, dont les dieux gardiens Agyo et Ungyo ont l'un une main ouverte en signe d'accueil des cœurs purs, l'autre la paume vers le bas pour repousser les cœurs impurs.

Futarasan-jinja Sanctuaire shintoïste
(二荒山神社 ; **www.futarasan.jp ; adulte/enfant 200/100 ¥**). Également fondé par Shōdō Shōnin et sis au milieu des cyprès, le plus ancien sanctuaire de Nikkō (1619) dégage une atmosphère très prenante. Dédié au Nantai-san (2 484 m), au mont Nyotai – sa compagne – et au mont Tarō – leur progéniture des montagnes –, le Futarasan-jinja est en fait le protecteur de la ville. Des sanctuaires secondaires se dressent l'un sur le Nantai-san, l'autre près du Chūzenji-ko.

Où se restaurer et prendre un verre

Le *yuba* (peau qui se forme sur le lait de soja quand on fabrique du tofu) est une spécialité locale. Coupé en fines lamelles, c'est un ingrédient phare du *shōjin ryōri* (cuisine végétarienne bouddhique) que l'on retrouve partout, des nouilles (*yuba soba*) aux beignets aux haricots (*age yuba manju*).

Nikkō Coffee Café
(日光珈琲 ; **nikko-coffee.com ; 3-13 Honchō ; café 550 ¥, repas à partir de 1 000 ¥ ; 10h-17h mar-dim**). Un magasin de riz centenaire transformé en élégant café rétro avec jardin. On y sert un café filtre préparé de manière experte, accompagné de gâteaux et d'en-cas (galettes bacon-fromage-œuf, curry de porc, etc.).

Nagomi-chaya
Japonais ¥¥
(和み茶屋 ; **0288-54-3770 ; 1016 Kamihatsu-ishi ; plats/menus à partir de 450/1 620 ¥ ; 11h30-16h jeu-mar**). De style *Arts and Crafts*, ce café sophistiqué tout en haut de l'artère principale de Nikkō affiche un menu illustré qui facilite la commande. Magnifiquement préparés, les déjeuners de style *kaiseki* sont une aubaine.

Gyōshintei Kaiseki ¥¥¥
(尭心亭 ; **0288-53-3751 ; www.meiji-yakata.com/gyoushin ; 2339-1 Sannai ; menus déj/dîner à partir de 2 138/4 514 ¥ ; 11h-19h ;**). Offrez-vous un luxueux *shōjin ryōri* végétarien, avec du fromage de soja local et des légumes déclinés en une demi-douzaine de délicieuses façons, ou un menu *kaiseki*, qui comprend notamment du poisson. L'élégante salle traditionnelle (avec tatamis) donne sur un jardin soigné qui fait partie de l'ensemble chic de restauration Meji-no-Yakata proche des sites inscrits au patrimoine mondial de l'Unesco.

Renseignements

Comptoir d'information touristique de la gare de Tōbu Nikkō (0288-54-0864 ; 8h30-17h). La gare de Nikkō abrite un petit

Pont Shin-kyō, Nikkō
DANIEL CHUI/GETTY IMAGES ©

comptoir d'information où vous pourrez vous procurer un plan de la ville. Le personnel anglophone vous aidera à trouver bus, restaurants et hôtels.

Office du tourisme du Kyōdo Center (**☎0288-54-2496 ; nikko.4-seasons.jp ; 591 Gokomachi ; ⏲9h-17h**). Le principal office du tourisme. Personnel anglophone (garanti entre 10h et 14h) et cartes. Accès Internet et ordinateurs à disposition.

Poste de Nikkō (日光郵便局 ; **☎0288-54-0101 ; 896-1 Nakahatsuishi-machi**). À trois pâtés de maisons au nord-ouest du Kyōdo Center. Une autre (route 119 ; ⏲8h45-19h lun-ven, 9h-17h sam-dim) en face de la gare de Tōbu Nikkō. Toutes deux avec DAB.

Comment s'y rendre et circuler

Le plus pratique pour rallier Nikkō depuis Tōkyō consiste à emprunter la ligne Tōbu Nikkō depuis la gare d'Asakusa. On trouve souvent des places de dernière minute sur les trains à réservation *tokkyū* (*semi-directs*) circulant toutes les heures (2 700 ¥, 1 heure 45). Il n'est pas nécessaire de réserver dans les *kaisoku* (rapides, 1 360 ¥, 2 heures 30, toutes les heures 6h20-17h30), mais il vous faudra peut-être changer à Shimo-imaichi. Pour atteindre Nikkō, veillez à bien monter dans l'un des deux derniers wagons (certains n'ayant pas cette destination).

Les détenteurs du JR Pass peuvent prendre la ligne Tohoku du *shinkansen* (train à grande vitesse) de Tōkyō à Utsunomiya (4 930 ¥, 54 minutes) puis une correspondance sur un train ordinaire pour Nikkō (740 ¥, 45 minutes).

La gare JR de Nikkō (conçue par Frank Lloyd Wright) et la gare voisine de Tōbu Nikkō se situent toutes deux au sud-ouest de la zone des sanctuaires, à un pâté de maisons de la rue principale de Nikkō (route 119, l'ancienne route Nikkō-kaidō). Pour gagner les sanctuaires, grimpez 20 minutes le long de cette route en passant devant restaurants, boutiques de souvenirs et le principal office du tourisme, ou prenez le bus jusqu'à l'arrêt Shin-kyō (200 ¥) – arrêts annoncés en anglais. Les bus partent de la gare du réseau JR et de celle de Tōbu Nikkō ; les bus vers Chūzen-ji Onsen et à destination de Yumoto Onsen font halte à la hauteur du Shin-kyō ainsi qu'à d'autres arrêts voisins des sites classés.

Pass pour le train et le bus

Tōbu Railway (**www.tobu.co.jp/foreign**) propose deux forfaits incluant le transport de la gare d'Asakusa à Nikkō (hormis la majoration pour le *tokkyū*, à partir de 1 040 ¥) plus les trajets illimités en bus autour de Nikkō. Ils s'achètent en ligne

Takaragawa Onsen

PAUL CHESLEY/GETTY IMAGES ©

ou au **Tōbu Sightseeing Service Center** (carte p. 96 ; ☎0288-3841-2871 ; www.tobu.co.jp/foreign ; ⏲ 7h45-17h) dans la gare d'Asakusa.

All Nikko Pass (adulte/enfant 4 520/2 280 ¥). Valable 4 jours, il comprend le transport en bus vers Chūzen-ji Onsen et Yumoto Onsen

Two-Day Nikkō Pass (adulte/enfant 2 670/1 340 ¥). D'une validité de 2 jours, il inclut le bus à destination des sites inscrits au patrimoine mondial de l'Unesco.

Tōbu Nikkō Bus Free Pass

Si vous avez déjà votre billet de train, cette carte de bus valable 2 jours permet des trajets illimités entre Nikkō et Chūzen-ji Onsen (adulte/enfant 2 000/1 000 ¥) ou Yumoto Onsen (3 000/1 500 ¥), et inclut la zone des sanctuaires. Le **Sekai-isan-meguri** (World Heritage Bus Pass ; adulte/enfant 500/250 ¥) couvre la zone située entre les gares et les sites des sanctuaires. Ces deux cartes s'achètent à la gare de Tōbu Nikkō.

Vaut le détour
Chūzen-ji Onsen

La région montagneuse à 11,5 km à l'ouest de Nikkō permet de bénéficier d'une agréable solitude et d'une vue superbe sur le Nantai-san depuis le Chūzenji-ko (lac Chūzen-ji). Par beau temps, le lac (161 m de profondeur) présente de fabuleux reflets bleu sombre. Une flottille de bateaux de tourisme vogue dessus.

Des bus relient la gare de Tōbu Nikkō à Chūzen-ji Onsen (1 150 ¥, 45 minutes). Le pass Tōbu Nikkō Bus Free peut être plus économique.

Minakami et Takaragawa Onsen 水上温泉・宝川温泉

☎0278 / 21 000 HABITANTS

Dans la partie nord de la préfecture de Gunma, Minakami est une ville d'*onsen* étendue. Entourée de belles forêts naturelles et de montagnes, et traversée par la rivière Tone-gawa, c'est un haut lieu d'activités de plein air, de sports d'aventure, de randonnée et de ski.

C'est là qu'est installé le Takaragawa Onsen (à 30 minutes de route environ), un spa en bordure de rivière classé parmi les meilleurs du pays.

Activités

Takaragawa Onsen Onsen

(宝川温泉 ; www.takaragawa.com ; 1 500 ¥ ; ⏲9h-17h). Ce superbe *onsen* en plein air comprend quatre grands bassins en pierre étagés au bord de la Tone-gawa, à l'ombre d'une forêt luxuriante remplie de sentiers sinueux, de chalets en bois et de statues profanes ou sacrées. Tous les bassins sont mixtes, sauf un réservé aux femmes, mais on peut louer une serviette (100 ¥) pour se couvrir. Des bus partant de la gare de Minakami (1 150 ¥, 40 minutes) desservent l'établissement toutes les heures.

Hōshi Onsen Chōjūkan Onsen

(法師温泉長寿館 ; www.houshi-onsen.jp ; 650 Nagai ; non-résidents 1 000 ¥ ; ⏲10h30-13h30 jeu-mar). L'*onsen* principal de ce *ryokan* occupe un beau bâtiment de bois datant de 1896, doté de rangées de bassins individuels et d'un système unique de bain bouillonnant. Les bains sont mixtes, mais un pavillon moderne réservé aux femmes a été ajouté, ainsi qu'un *rotemburo*.

Où se loger

Tenjin Lodge Lodge ¥¥

(天神・ロッジ ; ☎0278-25-3540 ; www.tenjinlodge.com ; 220-4 Yubiso ; ch à partir de 5 000 ¥/pers ; 📶). Idéalement placé au pied du Tanigawa-dake, en face d'une ravissante cascade et proche de bassins naturels, ce refuge dispose de chambres japonaises et occidentales confortables et spacieuses ; demandez-en une en bord de rivière. Accueillants, vos hôtes préparent des repas maison (petit-déjeuner 800 ¥, dîner 1 200 ¥) et fournissent de nombreux renseignements sur la région et les possibilités de sports d'aventure.

Hōshi Onsen Chōjūkan Ryokan ¥¥¥
(法師温泉長寿館 ; **0278-66-0005 ; www.houshi-onsen.jp ; 650 Nagai ; ch avec 2 repas à partir de 13 800 ¥/pers ; P**). Parfaitement rustique et extrêmement photogénique, ce refuge doté d'un superbe pavillon de bain en bois de 1896 est un des meilleurs *onsen ryokan* du Japon. À la gare de Gokan (deux arrêts avant Minakami), prenez un bus pour Sarugakyō (730 ¥, 40 minutes) puis le bus pour Hōshi Onsen (590 ¥, 15 minutes, peu fréquent) ou un taxi (3 000 ¥).

Ōsenkaku Ryokan ¥¥¥
(汪泉閣 ; **0278-75-2611 ; www.takaragawa.com ; 1899 Fujiwara ; s/d avec 2 repas et sdb commune à partir de 13 400/20 600 ¥ ;**). Difficile de faire plus traditionnel que cette auberge en bord de rivière répartie sur trois bâtiments. Le plus ancien, l'annexe n°1, date de 1936 et est si proche de la rivière qu'on a l'impression d'être dedans. Il suffit de retirer son *yukata* (peignoir en coton) pour s'y plonger vraiment, le *ryokan* bénéficiant d'un accès 24h/24 au Takaragawa Onsen adjacent.

Où se restaurer

La Biere Pizza ¥
(ラ・ビエール ; **0278-72-2959 ; www.3-sui.com/labiere.html ; pizzas à partir de 800 ¥ ; 11h-14h30 et 17h-20h30 mer-lun ;**). Cette jolie pizzeria à la terrasse couverte de pots de fleurs et de parasols sert des pizzas cuites au feu de bois simples et savoureuses. On peut aussi les emporter. À Minakami, à 15 minutes de marche de la gare ferroviaire.

Kadoya Soba ¥¥
(そば処角弥 ; **0278-72-2477 ; www.kadoya-soba.com ; 189-1 Yubiso ; soba pour 2 à partir de 2 700 ¥ ; 11h-14h30**). Attendez-vous à faire la queue dans ce pub prisé, spécialisé dans les *hegi soba* (*soba* aux algues servies dans une assiette spéciale, le *hegi*). Les nouilles sont fabriquées chaque jour à la main, et la boutique ferme quand il n'y en a plus. À 5 minutes de marche de l'Alpine Cafe.

Renseignements

Centre d'information touristique de Minakami Onsen (水上温泉旅館協同組合 ; **0278-72 2611 ; www.minakamionsen.com ; 8h30-16h30 juin-oct, 9h-16h30 nov-mai**). Face à la gare de Minakami, ce bureau dispose d'un personnel anglophone très serviable, de brochures et d'horaires de bus. Consultez aussi www.enjoy-minakami.jp.

Depuis/vers Minamaki et Takaragawa Onsen

Depuis Ueno, prenez la ligne Jōetsu du *shinkansen* (4 200 ¥, 50 minutes) ou la ligne JR Takasaki (1 940 ¥, 2 heures) pour Takasaki puis la ligne Jōetsu (970 ¥, 1 heure). On peut aussi prendre à Tōkyō/Ueno la ligne Jōetsu du *shinkansen* pour Jōmō Kōgen (5 390/5 180 ¥, 1 heure 15), d'où des bus rejoignent Minakami (620 ¥, 25 minutes).

Hakone 箱根

0460 / 13,500 HABITANTS

Si vous n'avez qu'un jour ou deux à passer en dehors de Tōkyō, la région de Hakone réunit à peu près tous les attraits de la campagne nippone : un paysage de montagne extraordinaire dominé par le Fuji, des *onsen* et des auberges traditionnelles. À quoi s'ajoutent des musées d'art de haut vol. Au cœur de la région, l'Ashino-ko et le *torii* du Hakone-jinja qui émerge des eaux du lac composent un premier plan parfait avec le mont Fuji en toile de fond.

Pendant les vacances scolaires, Hakone est très fréquentée, voire bondée. Mieux vaut venir en semaine. Pour plus d'informations : www.hakone.or.jp/english.

Depuis/vers la région de Hakone

La ligne privée Odakyū part de la gare de Shinjuku et rejoint directement Hakone-Yumoto, plaque tournante de la région. Le plus pratique sur cette ligne est le *Romance Car* (2 080 ¥, 1 heure 30). Le *kyūkō* (express ordinaire : 1 190 ¥, 2 heures) suppose parfois un changement à Odawara. Pour revenir de Hakone-Yumoto à Shinjuku, le dernier *Romance Car* part à 19h45 en semaine et à 20h50 les samedis et dimanches ; le dernier train de la ligne Odakyū est à 22h30 en semaine et à 23h les samedis et dimanches.

Les détenteurs du JR Pass pourront prendre le Kodama *shinkansen* (3 880 ¥, 50 minutes) ou la ligne JR Tōkaidō (*futsū* 1 790 ¥, 1 heure ; *tokkyū* 2 390 ¥, 1 heure) depuis la gare de Tōkyō, ou la ligne Shōnan-Shinjuku depuis Shinjuku (1 450 ¥, 1 heure 20) jusqu'à Odawara, et de là un train ou un bus pour Hakone-Yumoto.

À Odawara, on peut changer pour le train miniature de la ligne Hakone-Tōzan qui va jusqu'à Gōra (670 ¥, 1 heure) via Hakone-Yumoto.

Le **Hakone Freepass** (箱根フリーパス) d'Odakyū, disponible dans les gares d'Odakyū et dans les agences Odakyū Travel, est très avantageux : il couvre le trajet aller-retour à Hakone et donne un accès illimité à la plupart des transports de la région, en plus d'autres réductions. Il existe sous diverses formes : le forfait de 2 jours (adulte/enfant depuis Shinjuku 5 140/1 500 ¥, depuis Odawara si vous ne prévoyez pas de retourner à Shinjuku 4 000/1 000 ¥) ou le forfait de 3 jours (adulte/enfant au départ de Shinjuku 5 640/1 750 ¥, au départ d'Odawara 4 500/1 250 ¥). Les détenteurs du Hakone Freepass doivent payer un supplément *limited-express* pour emprunter le *Romance Car* (890 ¥ dans chaque sens).

Pour combiner un circuit englobant Hakone et le mont Fuji, le **Fuji Hakone Pass** (7 400 ¥), un forfait de 3 jours, offre des réductions sur le trajet depuis Shinjuku ainsi que l'accès illimité à la plupart des transports des régions de Hakone et du Fuji.

Comment circuler

La popularité de la région de Hakone tient en partie à ses nombreuses sortes de *norimono* (modes de transport) : train miniature (de Hakone-Yumoto à Gōra), funiculaire, téléphérique, bateau et bus. Consultez le site www.odakyu.jp.

Bateau

Depuis Tōgendai, des bateaux touristiques sillonnent l'Ashino-ko, reliant Hakone-machi et Moto-Hakone (adulte/enfant 1 000/500 ¥, 30 minutes).

Bus

Les compagnies Hakone-Tōzan et Izu Hakone desservent la région, en reliant les sites. Les bus Hakone-Tōzan, inclus dans le Hakone Freepass, relient Hakone-machi à Odawara (1 180 ¥, 55 minutes) et Moto-Hakone à Hakone-Yumoto (960 ¥, 35 minutes).

Torii (portique marquant l'entrée d'un sanctuaire), Hakone

Funiculaire et téléphérique

Gōra est le terminus de la ligne de chemin de fer Hakone-Tōzan et le départ du funiculaire pour Sōun-zan, d'où l'on prend le téléphérique (Hakone Ropeway) jusqu'à Ōwakudani et à Tōgendai.

Envoi des bagages dans les auberges

À la gare de Hakone-Yumoto, déposez avant midi vos bagages au **Hakone Baggage Service** (箱根キャリーサービス ; ☎86-4140 ; un article à partir de 800 ¥ ; ⏲8h30-19h) et ils seront livrés à votre auberge dans Hakone à partir de 15h. Réduction de 100 ¥/bagage avec le Hakone Freepass.

HAKONE-YUMOTO ONSEN 箱根湯元温泉

Au bord de la rivière, la station thermale de Hakone-Yumoto est charmante. Point de départ pour la plupart des visites à Hakone, elle est souvent bondée. Son principal intérêt réside dans ses nombreux *onsen*.

À voir et à faire

Hakone Yuryō Onsen

(**箱根湯寮 ; ☎0460-85-8411 ; www.hakoneyuryo.jp ; 4 Tonosawa ; adulte/enfant 1 400/700 ¥, bain privé à partir de 3 900 ¥ ; ⏲10h-20h lun-ven, 10h-21h sam-dim**). Accessible par navette gratuite de la gare de Hakone-Yumoto, une station thermale idyllique à l'abri de la forêt. Les *rotemburo* sont spacieux et ombragés, et il existe des bains privés sur réservation. Tatouages non autorisés.

Tenzan Tōji-kyō Onsen

(**天山湯治郷 ; www.tenzan.jp ; 208 Yumoto-chaya ; adulte/enfant 1 300/650 ¥ ; ⏲9h-22h**). Son *rotemburo* offre des bains à différentes températures et dans des cadres variés (notamment dans une reconstitution de grotte naturelle). Très couru, ce grand *onsen* est à 2 km au sud-ouest du bourg. Pour vous y rendre, prenez la navette "B" qui part du pont au sortir de la gare de Hakone-Yumoto (100 ¥). Tatouages autorisés.

Où se loger

Omiya Ryokan Ryokan ¥¥

(**☎85-7345 ; www.o-miya.com ; 116 Yumotochaya ; ch à partir de 6 150 ¥, week-end avec repas 13 000 ¥ ; ❄ 📶**). Ce *ryokan* pratique un prix intéressant en milieu de semaine pour ses chambres à la japonaise, dont certaines avec vue sur la montagne. Il possède un petit *onsen* intérieur, et offre 50% de réduction sur un *rotemburo* plus séduisant, non loin à pied. Pour vous y rendre, prenez le bus B à la gare de Hakone-Yumoto.

Yunessun

Fukuzumirō — Ryokan ¥¥¥

(福住楼 ; ☎85-5301 ; www.fukuzumi-ro.com ; 74 Tōnozawa ; ch avec 2 repas à partir de 18 000 ¥/pers). Dans cette auberge centenaire, les chambres, avec des boiseries, sont toutes différentes. La plupart ont des terrasses ensoleillées sur la Haya-gawa. La petite chambre tranquille donnant sur le jardin était la favorite de l'écrivain Yasunari Kawabata. Le Fukuzumirō dispose d'*onsen* (aucun privatif). Il se trouve juste en contrebas de la gare de Tōnozawa sur la ligne Hakone-Tōzan, côté rivière. Proche de la gare de Hakone-Yumoto en taxi.

KAI Hakone — Ryokan ¥¥¥

(界箱根 ; ☎050-3786-0099 ; global.hoshinoresort.com/kai_hakone/ ; 230 Yumoto-chaya ; s/d avec 2 repas à partir de 31 000/62 000 ¥ ; ❄@📶). À moins de 10 minutes en bus de Hakone-Yumo, cet élégant complexe au milieu des bambous donne sur la rivière. Les chambres spacieuses mêlent les influences traditionnelles et modernes. Parmi les atouts du KAI figurent les *onsen* "à débordement", le personnel anglophone et la délicieuse cuisine *kaiseki*.

Renseignements

Centre d'information touristique de Hakone-Yumoto (☎0460-85-8911 ; www.hakone.or.jp ; ⌚9h-17h45). Le meilleur endroit à Hakone pour obtenir cartes et renseignements sur les sentiers de randonnée, ainsi que sur l'ensemble des sites. Personnel serviable et parlant anglais. En face de la gare ferroviaire, de l'autre côté de la route principale.

MIYANOSHITA ET KOWAKIDANI 宮ノ　下・小涌谷

Première étape digne d'intérêt sur la ligne ferroviaire Hakone-Tōzan en direction de Gōra, ce village compte quelques boutiques d'antiquités, de beaux *ryokan* et un agréable **chemin de randonnée** qui gravit le mont Sengen-yama (浅間山) jusqu'à 800 m d'altitude. Le départ du chemin est marqué par un sanctuaire, sous le Fujiya Hotel.

Deuxième halte notable, Kowakidani abrite une énorme station thermale et un impressionnant musée d'art.

À voir et à faire

Musée d'art d'Okada — Musée

(岡田美術館 ; ☎0460-87-3931 ; www.okada-museum.com ; 483-1 Kowakidani ; tarif plein/étudiant 2 800/1 800 ¥ ; ⌚9h-16h30). Étonnante collection que celle de l'industriel Okada Kazuo consacrée à l'art japonais, chinois et coréen, des minutieuses peintures sur paravent aux poteries délicates. Un musée incontournable en face de l'arrêt Kowakien.

Yunessun — Onsen

(箱根小涌園ユネッサン ; www.yunessun.com ; 1297 Ninotaira ; Yunessun adulte/enfant 2 900/ 1 600 ¥, Mori-no-Yu adulte/enfant 1 900/1 200 ¥, les deux 4 100/2 100 ¥ ; ⌚9h-19h mars-oct, 9h-18h nov-fév). Cette sorte de parc thermal de loisirs conjugue divers bains mixtes (prévoyez un maillot) et toboggans extérieurs. En revanche, dans le Mori-no-Yu attenant (11h-21h), hommes et femmes sont séparés. Depuis Hakone-machi, Gōra ou Hakone-Yumoto, prendre le bus jusqu'à l'arrêt Kowakien. Gamme d'hébergements sur place.

Où se loger

Fujiya Hotel — Hôtel ¥¥¥

(富士屋ホテル ; ☎0460-82-2211 ; www.fujiyahotel.jp ; 359 Miyanoshita ; d à partir de 21 670 ¥ ; 🚭❄@📶🏊). Ouvert en 1878, le Fujiya est l'un des hôtels à l'occidentale les plus raffinés du pays. En son temps, la chambre n°45 a même accueilli Charlie Chaplin. Occupant désormais plusieurs ailes, l'établissement créé il a un siècle et demi conserve son faste. Une atmosphère délicieusement rétro à déguster le temps d'un thé au salon ou d'une promenade dans les jardins à flanc de colline ou dans la serre.

CHŌKOKU-NO-MORI ET GŌRA 彫刻の森・強羅

Un arrêt après Chōkoku-no-Mori, Gōra est le terminus de la ligne Hakone-Tōzan et le point de départ du trajet en funiculaire et en téléphérique jusqu'à Tōgendai, au bord de l'Ashi-no-ko.

À voir

Musée de plein air de Hakone Musée

(彫刻の森美術館 ; www.hakone-oam.or.jp ; 1121 Ninotaira ; adulte/enfant 1 600/800 ¥ ; 9h-16h30). Installé à flanc de colline, ce repaire pour amateurs d'art moderne et contemporain déploie en pleine nature une impressionnante collection de sculptures japonaises et occidentales des XIXe et XXe siècles, dont des signatures aussi prestigieuses que Henry Moore, Rodin et Miró. Pour sa part, le pavillon Picasso réunit plus de 300 œuvres de l'artiste, peintures, céramiques comme tapisseries).

Musée d'art de Hakone Musée

(箱根美術館 ; www.moaart.or.jp ; 1300 Gōra ; adulte/enfant 900 ¥/gratuit ; 9h30-16h30, fermé jeu). La collection de céramiques japonaises exposées remonte jusqu'à la période de Jōmon (il y a quelque 5 000 ans). Un jardin moussu, paré de mille feux à l'automne, cache une maison de thé (thé vert *matcha* plus pâtisserie, 700 ¥).

Où se restaurer

Gyōza Center Japonais ¥

(餃子センター ; 0460-82-3457 ; www.gyozacenter.com ; 1300 Gōra ; plats à partir de 800 ¥ ; 11h30-15h et 17h-20h, fermé sam ;). Installé de longue date, cette table accueillante décline les humbles *gyōza* (raviolis) dans une dizaine de variantes. Aucune option végétarienne, hélas. Situé entre les gares de Gōra et Chōkoku-no-mori, à l'angle d'une rue (panneau en anglais).

Itoh Dining by Nobu Japonais ¥¥¥

(0460-83-8209 ; www.itoh-dining.co.jp/ ; 1300-64 Gōra ; déj/dîner à partir de 3 000/7 000 ¥ ; 11h30-15h et 17h-21h ;). C'est l'une des tables de l'empire culinaire de Nobu Matsuhisa, grand chef cuisinier connu pour sa cuisine fusion. Savourez-y un bœuf japonais d'exception, cuisiné à la mode *teppanyaki* devant vous par le chef. Juste au-dessus de la station de funiculaire de Koenshimo, à un arrêt de Gōra.

SŌUN-ZAN ET ŌWAKUDANI 早雲山・大桶谷

De Gōra, le funiculaire continue son ascension (410 ¥, 10 minutes) pour s'approcher du sommet du Sōun-zan (1 153 m).

Plusieurs **sentiers** partent du Sōun-zan. L'un rejoint le Kami-yama (1 heure 45) et un autre grimpe vers l'Ōwakudani (1 heure 15 ; parfois fermé en raison d'émanations de gaz toxiques, renseignez-vous à l'office du tourisme).

Le Sōun-zan est le point de départ du **téléphérique de Hakone** (*Hakone Ropeway*), un parcours de 30 minutes et 4 km jusqu'à Tōgendai (aller/aller-retour 1 330/2 340 ¥). Les cabines marquent une halte à Ōwakudani pour permettre aux visiteurs d'admirer par beau temps la vue grandiose sur le mont Fuji.

L'Ōwakudani est un chaudron volcanique d'où sortent des vapeurs, de la boue bouillonnante et de mystérieuses odeurs. On y vend des *onsen tamago* (des œufs cuits dans les eaux sulfureuses et devenus noirs). Il ne faut pas s'attarder sur place en raison de la toxicité des gaz. De là, vous pouvez suivre le **sentier nature Ōwakudani-Togendai** (1 heure).

ASHI-NO-KO 芦ノ湖

Situé entre Tōgendai, Hakone-machi et Moto-Hakone, ce lac est présenté comme le premier site touristique de la région de Hakone. En réalité, le reflet des pentes enneigées du mont Fuji contribue pour l'essentiel à la poésie du lieu.

HAKONE-MACHI ET MOTO-HAKONE 箱根町・元箱根

Les bateaux touristiques qui croisent sur l'Ashi-no-ko vous déposent dans l'une de ces deux bourgades, toutes deux dotées de sites historiques intéressants.

À voir

Hakone Sekisho Musée

(箱根関所, musée du Poste-Frontière de Hakone ; www.hakonesekisyo.jp ; 1 Hakone-machi ; adulte/enfant 500/250 ¥ ; 9h-16h30 mars-nov, 9h-16h déc-fév). Pour passer le poste-frontière de l'époque féodale reconstitué en 2007 sur l'ancienne grand-route du Tōkaidō, on ne paie pas. En revanche, il faut un billet pour accéder à l'impressionnante collection d'armes et armures, rappelant qu'on arrêtait ici les hors-la-loi. Très peu d'explications en anglais.

Musée d'Art Narukawa Musée

(成川美術館 ; 0460-83-6828 ; www.narukawamuseum.co.jp ; 570 Moto Hakone ; adulte/enfant 1 200/800 ¥ ; 9h-17h). En dehors des exquis *nihonga* (peintures de style japonais) exposés, on appréciera la superbe vue sur le lac et le mont Fuji depuis la salle panoramique. Ne manquez pas la fascinante collection de kaléidoscopes.

Hakone-jinja Sanctuaire shintoïste

(箱根神社 ; 9h-16h). Un agréable sentier aux environs d'Ashino-ko contourne le lac jusqu'à ce sanctuaire. Dressé au milieu d'un bosquet, il est connu pour son torii (portique) qui émerge du lac.

Kamakura 鎌倉

0467 / 173 500 HABITANTS

L'âge d'or de la première capitale du Japon féodal (1185-1333) coïncide avec l'expansion du bouddhisme populaire dans le pays. Un riche passé illustré par la forte concentration de temples remarquables. Aujourd'hui, entre restaurants bio et, l'été, baraques de plage et surfeurs, la ville respire une ambiance décontractée. Les randonnées dans les collines comme les levers du soleil ajoutent à ses attraits. À seulement une heure de Tokyo, Kamakura est très fréquentée le week-end et en période de vacances ; prévoyez votre séjour en conséquence.

Ashi-no-ko

MIXA/GETTY IMAGES ©

À voir et à faire

Kenchō-ji — Temple bouddhique

(建長寺 ; www.kenchoji.com ; 8 Yamanouchi ; adulte/enfant 300/100 ¥ ; 8h30-16h30). Fondé en 1253 et toujours en activité, le Kenchō-ji est le plus ancien temple d'obédience zen du Japon. Au centre, le Butsuden (pavillon du Bouddha) fut apporté morceau par morceau de Tōkyō en 1647. Sa statue de Jizō Bosatsu, inhabituelle dans un temple zen, rappelle que la vallée fut autrefois un lieu d'exécution – Jizō console les âmes perdues. Remarquez aussi la cloche fondue en 1253 et le bosquet de genévriers, dont la plantation remonterait au fondateur du Kenchō-ji, revenu de Chine il y a 7 siècles avec des graines.

Engaku-ji — Temple bouddhique

(円覚寺 ; www.engakuji.or.jp ; 409 Yamanouchi ; adulte/enfant 300/100 ¥ ; 8h-16h30 mars-nov, 8h-16h déc-fév). Fondé en 1282 afin que les moines puissent prier pour les soldats japonais tombés face aux Mongols menés par Kubilay Khan, l'Engaku-ji est l'un des cinq grands temples zen de l'école Rinzai de Kamakura. De toutes les structures du temple, reconstruites au fil du temps, la plus ancienne reste le Shariden, un reliquaire de style Song datant du XVIe siècle. Au sommet d'une longue volée de marches, la cloche de l'Engaku-ji, la plus grosse de Kamakura, fut fondue en 1301.

Tsurugaoka Hachiman-gū — Sanctuaire shintoïste

(鶴岡八幡宮 ; hachimangu.or.jp ; 2-1-31 Yukinoshita ; 9h-16h). GRATUIT Dédié à Hachiman, le dieu de la Guerre, le plus important sanctuaire shintoïste de Kamakura doit sa fondation, en 1191, à Minamoto Yoritomo. Les symboles historiques abondent dans ses vastes jardins : le bassin Gempei, entrecoupé de ponts, symboliserait la division entre les clans Minamoto (Genji) et Taira (Heike).

Daibutsu — Monument

(大仏 ; www.kotoku-in.jp ; Kōtoku-in, 4-2-28 Hase ; adulte/enfant 200/150 ¥ ; 8h-17h30 avr-sept, 8h-17h oct-nov). Monument le plus célèbre de Kamakura, le Daibutsu est une statue en bronze du Bouddha Amida (*amitābha* en sanscrit) qui se dresse dans le Kōtoku-in, temple du courant bouddhiste Jōdo. Coulé après

Engaku-ji

GEMMA FERRANDO/GETTY IMAGES

une visite de Yoritomo à Nara (où s'élève le plus grand Daibutsu du Japon) à la suite de la victoire du clan Minamoto sur le clan Taira, ce bronze de 1252 mesure 11,4 m de haut. Le pavillon gigantesque qui l'abritait ayant été détruit par un tsunami en 1945, il a depuis pris place à l'extérieur.

Hase-dera Temple bouddhique

(長谷寺, Hase Kannon ; www.hasedera.jp ; 3-11-2 Hase ; adulte/enfant 300/100 ¥ ; 8h-16h30). Parmi les temples les plus populaires de la région du Kantō, ce sanctuaire de l'école Jōdo abrite en effet une statue en bois de 9 mètres de haut, représentant un bodhisattva aussi aimé que Jizō, le Kannon (*alokitesvara* en sanscrit) *Jūichimen* (Kannon aux onze visages). Ce bodhisattva de l'Infinie Compassion aurait échoué sur le rivage près de Kamakura, d'où la construction du temple en 736 pour la conserver. À 10 minutes à pied du Daibutsu.

Où se restaurer

Les végétariens trouveront leur bonheur à Kamakura, en se procurant la *Vegetarian Culture Map*, une carte gratuite et bilingue, à l'office du tourisme.

Bowls Donburi Café Japonais ¥

(鎌倉どんぶりカフェbowls ; bowls-cafe.jp ; 2-14-7 Komachi ; repas 880-1 680 ¥ ; 11h-15h et 17h-22h ;). Dans ce café moderne et lumineux, le modeste *donburi* (bol de riz) est revisité dans un esprit sain et branché avec une garniture telle que thon grillé, sauce au soja et huile de sésame. Petit bonus : une réduction si l'on découvre le mot *atari* (アタリ) inscrit au fond de son bol. Excellent café, Wi-Fi gratuit et terminaux d'ordinateur avec accès Internet.

Matsubara-an Nouilles ¥¥

(松原庵 ; 0467-61-2299 ; matsubara-an.com/kamakura/shop.php ; 4-10-3 Yuiga-hama ; plats 860-1 720 ¥ ; 11h-21h ;). Pour dîner dans ce restaurant de *soba* haut de gamme, installé dans une délicieuse maison ancienne, mieux vaut réserver. Essayez les tempura *goma seiro soba* (nouilles *al dente* froides à tremper dans une sauce au sésame). On peut dîner en extérieur ou à l'intérieur pour voir fabriquer les nouilles à la main. De la gare de Yuiga-hama (ligne Enoden), prendre la direction de la plage puis la première à droite jusqu'à l'enseigne bleue.

Renseignements

Vous trouverez des renseignements sur Kamakura sur le site www.city.kamakura.kanagawa.jp.

Centre d'information touristique (鎌倉市観光協会観光総合案内所 ; 22-3350 ; 9h-17h). À la sortie est de la gare de Kamakura, le personnel anglophone de cet office du tourisme peut réserver votre hébergement. Guide des temples de Kamakura (1 700 ¥), brochures gratuites et cartes de la région sur place.

Poste de Kamakura (郵便局 ; 22-1200 ; 1-10-3 Komachi ; 9h-19h lun-ven, 9h-15h sam). DAB à l'intérieur.

Depuis/vers Kamakura

Les trains de la ligne JR Yokosuka rallient Kamakura depuis Tōkyō (920 ¥, 56 minutes) et Shinagawa (720 ¥, 46 minutes), via Yokohama (340 ¥, 27 minutes). La ligne Shōnan Shinjuku rejoint aussi la ville en 1 heure environ depuis l'ouest de Tōkyō (Shibuya, Shinjuku et Ikebukuro, 920 ¥), mais il faut parfois changer à Ōfuna, un arrêt avant Kita-Kamakura. Le dernier train pour la gare de Tōkyō part de Kamakura à 23h20 ; le dernier pour Shinjuku est à 21h16.

Odakyū Enoshima/Kamakura Free Pass (depuis Shinjuku 1 470 ¥). Ce pass valable une journée permet de rallier la gare de Fujisawa (où le train rejoint la ligne Enoden Enoshima) et vaut aussi sur la ligne Enoden.

Comment circuler

La plupart des temples et sanctuaires sont accessibles à pied depuis les gares de Kamakura et de Kita-Kamakura. Pour les sites plus à l'ouest, comme le Daibutsu, prenez la ligne Enoden, à la gare de Kamakura, jusqu'à Hase (200 ¥) ou le bus n°1 ou 6 depuis la gare de Kamakura.

Kamakura Rent-a-Cycle (レンタサイクル ; 800/1 800 ¥ par heure/jour ; 8h30-17h) est à la sortie est de la gare de Kamakura, en haut de la pente.

Centre de Honshū

Le centre de Honshū est un paradis pour les amateurs de sources chaudes, de randonnées et d'histoire. L'île principale du Japon est nettement partagée en deux par les Alpes japonaises, qui forment la colonne vertébrale rocheuse du pays. En été, l'extrémité nord de la chaîne de montagnes, entre Kamikōchi et Tateyama, est la région la plus populaire du pays pour la randonnée et l'escalade.

Les villes de Matsumoto et de Takayama, deux portes des Alpes japonaises, méritent le détour : Takayama pour son magnifique quartier historique préservé et Matsumoto pour son château spectaculaire.

À l'ouest, sur le littoral de la mer du Japon, Kanazawa, historiquement à l'avant-garde de la culture et des arts dans l'archipel, compte nombre de temples, de musées et de maisons traditionnelles.

Le centre de Honshū est facilement accessible sur le trajet Tōkyō-Kyōto. De plus, rien n'est plus agréable que de se plonger dans les *onsen* (sources chaudes) de la région pour se remettre de la fatigue du voyage !

Randonnée dans les Alpes japonaises

Téléphérique de Tateyama (p. 186)

Centre de Honshū

Centre de Honshū À ne pas manquer

Kanazawa

Petite mais tentaculaire, la ville de Kanazawa (p. 188) comprend de nombreux sites d'intérê notamment l'un des plus beaux jardins du pays, des enclaves traditionnelles bien préservée ainsi que des temples et des musées fascinants. Desservie par des trains express à destination de Kyōto et la nouvelle ligne de *shinkansen* (train à grande vitesse), elle constit une halte phare entre Tōkyō et Kyōto. Elle peut se visiter au cours d'une excursion à Noto-hantō, dans les Alpes japonaises et à Takayama. Ci-dessous : maisons de geishas

1

2

Takayama

Proche des Alpes japonaises et d'une gran richesse historique, Takayama (p. 156) est une excursion idéale entre Tōkyō et Kyōto. C'est un monde à part, à un peu plus de deux heures au nord de Nagoy par le train direct express. Le quartier d Sanmachi-suji (p. 157), magnifiquemen préservé, recèle d'incroyables maisons marchands anciennes ; le village folklor de Hida (p. 160) regroupe des maisons à toit de chaume de toute la région. À gauche maison traditionnelle, village folklorique de Hida

CHRISTOPHER GROENHOUT / GETTY IMAGES ©

3 Route alpine Tateyama-Kurobe

Merveille d'ingénierie japonaise, cette route (p. 186) est parcourue par une série de téléphériques, de bus et de trolleybus à travers le nord des Alpes japonaises. Elle est idéale pour ceux qui veulent atteindre les sommets sans se fatiguer ! Les portes d'accès à l'est et à l'ouest de la route sont respectivement Matsumoto et Toyama, désormais reliées à Tōkyō par le *shinkansen*.

À droite : mont Tateyama

ANTONY GIBLIN / GETTY IMAGES ©

4 Kamikōchi

Réserve parfaitement préservée et encadrée de hautes montagnes, Kamikōchi (p. 165) offre sans doute les plus beaux paysages des Alpes japonaises. Le chapelet de refuges et d'hôtels bordant les eaux limpides de l'Azusa-gawa en fait un lieu de prédilection des randonneurs, qui ont le choix entre de courtes marches dans la vallée, en terrain relativement plat, et des circuits de plusieurs jours sur les hauteurs. Ci-dessus, à gauche : passerelle sur l'Azusa-gawa

5 Tsumago et Magome

Si vous avez envie de découvrir le Japon d'autrefois, tout en profitant d'un cadre magnifique, la randonnée de Magome (p. 183) à Tsumago (p. 184) vous enchantera. Ces deux villages bien préservés, situés sur l'ancienne route de Nakasendō qui reliait Tōkyō (alors Edo) à Kyōto en passant par les Alpes japonaises, sont des plus pittoresques. Voici un bon moyen de découvrir des paysages traditionnels tout en se dégourdissant les jambes. Ci-dessus, à droite : Tsumago

Centre de Honshū : le best of

Randonnées

- **Kamikōchi** Une réserve alpine, avec des refuges confortables et de belles randonnées. (p. 165)
- **Shin-hotaka Onsen** Prenez le téléphérique (tramway) jusqu'à la crête et continuez à grimper ! (p. 168)
- **Plateau de Tateyama-Murodō** Accédez à ce haut plateau des Alpes japonaises via la route alpine et partez à l'aventure. (p. 186)
- **Hakuba** En été, les sommets de cette grande station de ski, parmi les plus hauts de la région, attirent les randonneurs en nombre. (p. 174)

Onsen (sources chaudes)

- **Shin-hotaka-no-yu** Ce *rotemburo* (bain en plein air) au bord de la rivière est l'un des plus pittoresques du pays. (p. 169)
- **Shirahone Onsen** Baignez-vous dans ces célèbres eaux laiteuses à l'occasion d'une excursion au Kōkyō Notemburo ou d'un séjour dans un *ryokan* (auberge japonaise traditionnelle) donnant sur la gorge. (p. 173)
- **Nozawa Onsen** Une station thermale et de sports d'hiver avec de nombreux lieux de baignade gratuits. (p. 172)
- **Kaga Onsen** Une région comprenant trois villages thermaux, dont le charmant Yamanaka Onsen. (p. 197)

Hébergement traditionnel

- **Sumiyoshi Ryokan** Cette auberge ancienne simple est abordable, chaleureuse et pleine de charme. (p. 161)
- **Beniya Mukayu** Quintessence de l'art de recevoir à la japonaise dans un cadre associant à merveille tradition et modernité. (p. 198)
- **Kayōtei** Tout simplement l'un des meilleurs *ryokan* avec *onsen* du Japon. (p. 198)
- **Yarimikan** Un court trajet depuis Takayama vous conduit dans ce *ryokan* magique, doté d'un *onsen* au bord d'une rivière. (p. 169)

Ce qu'il faut savoir

Expériences

- **Kenroku-en** Un jardin considéré comme l'un des plus beaux du pays. (p. 193)
- **Asama Onsen Taimatsu Matsuri** Une fête du Feu spectaculaire à Matsumoto. (p. 179)
- **Azusa-gawa** Une rivière aux eaux cristallines à Kamikōchi. (p. 165)
- **Takayama Matsuri** Des défilés de chars magnifiques sont au programme de la plus belle fête du centre de Honshū. (p. 157)
- **Tsumago et Magome** Pour découvrir la route Nakasendō, passez une nuit dans l'un de ces deux ravissants villages et partez en randonnée vers l'autre (p. 183).

À gauche : Kenroku-en (p. 193) ;
essus : route alpine Tateyama-Kurobe (p. 186)

(À GAUCHE) IPPEI NAOI / GETTY IMAGES ©; (CI-DESSUS) TATEYAMA / GETTY IMAGES ©

À PRÉVOIR

- **Trois mois à l'avance** Entraînez-vous si vous prévoyez de faire des grandes randonnées ou de l'escalade dans les Alpes japonaises.
- **Trois mois à l'avance** Réservez votre hébergement tôt si vous séjournez dans les Alpes japonaises pendant la saison des feuillages d'automne (oct).
- **Une semaine à l'avance** Si vous souhaitez explorer le centre de Honshū en voiture, n'oubliez pas que les Français, les Belges et les Suisses doivent se procurer une traduction certifiée de leur permis de conduire (contactez la Japan Automobile Federation, www.jaf.or.jp/e/index.htm). Le permis de conduire international délivré au Canada est reconnu au Japon.
- **Une semaine à l'avance** Vérifiez l'enneigement si vous comptez randonner dans les Alpes japonaises avant le mois de juin ou après le mois de septembre.

COMMENT CIRCULER

- **À pied ou à vélo** Dans Takayama, Kanazawa et les Alpes japonaises.
- **Route alpine Tateyama-Kurobe** À travers les Alpes japonaises.
- **Train ou bus** Entre les villes.
- **Voiture de location** Dans le centre de Honshū, pour avoir plus de liberté qu'en train ou en bus.

MISES EN GARDE

- **Hiver (déc-mars)** Il peut faire très froid dans le centre de Honshū, surtout dans les montagnes. Il est impossible de randonner à des altitudes élevées entre fin octobre et fin mai (à moins d'être un alpiniste chevronné).
- **Conditions** Elles peuvent changer rapidement dans les Alpes japonaises, même pendant la saison de la randonnée, en juillet et août.
- **Alpes japonaises** Elles peuvent être bondées le week-end en été, notamment pendant les jours fériés de la fête d'O-Bon, à la mi-août.

Suggestions d'itinéraires

En ajoutant les sites traditionnels de Takayama ou de Kanazawa et les merveilles naturelles des Alpes japonaises à l'itinéraire habituel Tōkyō-Kyōto, votre séjour au Japon n'en sera que plus riche et plus varié.

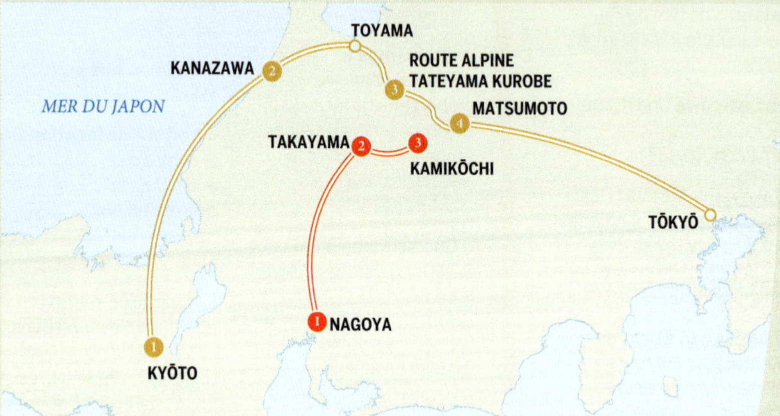

3 JOURS — DE TŌKYŌ À KYŌTO VIA LES ALPES JAPONAISES

Takayama et les Alpes japonaises

Si votre séjour au Japon est de courte durée, ce circuit dans le centre de Honshū complétera bien l'itinéraire habituel Tōkyō-Kyōto. À un peu plus de deux heures au nord de Nagoya, desservie par la ligne Tōkaidō du *shinkansen* (train à grande vitesse) entre Tōkyō et Kyōto, Takayama est le point de départ idéal pour suivre ce périple. C'est une ville historique, dotée d'un quartier traditionnel préservé et d'une grande variété de *ryokan* et de restaurants. C'est également la porte nord des Alpes japonaises.

Depuis Kyōto ou Tōkyō, empruntez un *shinkansen* jusqu'à ❶ **Nagoya**, puis un train express pour ❷ **Takayama** (p. 156). Le premier jour, explorez la ville et les maisons traditionnelles en bois de Sanmachi-suji. Marchez jusqu'au Takayama Yatai Kaikan, où sont conservés les chars du Takayama Matsuri, et prenez un bus, un taxi ou un vélo jusqu'au Hida-no-Sato, des maisons au toit de chaume de la région. Rendez-vous ensuite en bus (avec un changement) à ❸ **Kamikōchi** (p. 165). Passez la nuit sur place après votre randonnée et regagnez Kyōto ou Tōkyō via Takayama (ou Matsumoto). Vous pouvez également vous rendre à Kanazawa en bus ou en train depuis Takayama, puis continuer vers Kyōto en train, ou jusqu'à Tōkyō par le *shinkansen*.

5 JOURS

DE KYŌTO À TŌKYŌ VIA TATEYAMA
Kanazawa et la route alpine

Si vous partez de Tōkyō et vous rendez à Kyōto en *shinkansen*, cet itinéraire vous permettra de rejoindre Tōkyō sans faire d'aller-retour. Il est parfait pour les marcheurs : prévoyez une ou deux nuits dans les montagnes (dans un refuge ou sous une tente) pour profiter des randonnées du nord des Alpes japonaises. Notez toutefois que ce programme n'est envisageable que de mi-avril à mi-novembre (la route peut ouvrir plus tard ou fermer plus tôt à cause de la neige).

Attrapez un train express direct de ❶ **Kyōto** (p. 201) à ❷ **Kanazawa** (p. 188) et passez une journée en ville, entre le Kenroku-en et les temples. Prenez ensuite un train express jusqu'à Toyama, d'où un train local vous déposera au terminus ouest de la ❸ **route alpine Tateyama-Kurobe** (p. 186). De là, un funiculaire puis un bus montent jusqu'au plateau de Murodō-daira. Vous pourrez passer la nuit en refuge et faire une randonnée, voire vous mesurer au sommet du Tateyama (3 015 m). Continuez ensuite vers l'est sur la route alpine jusqu'à atteindre la ligne JR Oito qui rejoint la ville de ❹ **Matsumoto** (p. 177), d'où un train express rallie Tōkyō.

Le Matsumoto-jō (p. 177), Matsumoto

Centre de Honshū

Les incontournables

- **Takayama** Porte des Alpes japonaises, Takayama jouit d'un beau centre traditionnel bien préservé.
- **Nord des Alpes japonaises** (p. 164). Le toit du Japon attire skieurs et randonneurs du monde entier.
- **Matsumoto** (p. 177). Cette ville fortifiée est l'une des destinations les plus intéressantes de la région.
- **Kanazawa** (p. 188). Ville d'une grande richesse culturelle, elle abrite le Kenroku-en, l'un des plus beaux jardins du Japon.

Yatai (char) du Takayama Matsuri

KORKUSUNG/SHUTTERSTOCK ©

PROVINCE DE HIDA 飛騨地域

Takayama 高山

0577 / 92 750 HABITANTS

Dynamique et pourtant dotée d'un charme traditionnel, Takayama compte parmi les plus jolies villes du Japon. Cette cité, dont la configuration actuelle remonte à la fin du XVIIe siècle, accueille des fêtes appréciées et possède un nombre de musées, de galeries et de temples remarquable pour sa taille.

Étape presque incontournable de toute visite dans le centre de Honshū, Takayama est un parfait point de départ ou d'arrivée pour des virées dans la province de Hida et le nord des Alpes japonaises. Les auberges de l'ère Meiji, les temples et sanctuaires à flanc de colline, et le joli cadre en bord de rivière sont autant d'attraits auxquels s'ajoutent une excellente infrastructure et un accueil chaleureux. Accordez-vous deux ou trois jours pour découvrir la ville à pied ou à vélo.

Les sites majeurs sont presque tous indiqués en anglais et accessibles à pied depuis la gare, qui se trouve entre les rues principales Kokubunji-dōri et Hirokōji-dōri – toutes deux se dirigent vers l'est et traversent la Miya-gawa (rivière), où elles deviennent respectivement Yasugawa-dōri et Sanmachi-dōri. De l'autre côté de la rivière (à 10 minutes de marche environ) s'étend l'adorable quartier de Sanmachi-suji où sont regroupés des distilleries de saké, des cafés, des boutiques et des demeures anciennes (古い町並み ; *furui machinami*) parfaitement préservées.

À voir et à faire

SANMACHI-SUJI

Ce quartier, le mieux préservé de la ville, se compose de trois rues principales (Ichino-machi, Nino-machi et Sanno-machi). Les distilleries de saké sont signalées par des boules en aiguilles de cèdre suspendues au-dessus de leur porte. Certaines ouvrent au public en janvier et début février, mais la plupart se contentent de vendre leur production. Vous trouverez là des artisans, des antiquaires, des boutiques de vêtement et des cafés. De jour comme de nuit, les lieux sont propices à de belles photographies.

Takayama Shōwa-kan — Musée

(高山昭和館 ; **0577-33-7836 ; 6 Shimoichino-machi ; adulte/enfant 500/300 ¥ ; 9h-17h).** Ce lieu imprégné de la nostalgie de l'ère Shōwa (1926-1989) se concentre sur les années 1955-1965, époque d'optimisme intense après le malaise japonais d'après-guerre et avant les prémices du miracle économique. Égarez-vous parmi ce charmant bric-à-brac d'objets innombrables allant des affiches de cinéma aux voitures, le tout présenté avec amour dans des salles thématiques.

Maison Yoshijima — Édifice historique

(吉島家, **Yoshijima-ke ; 0577-32-0038 ; 1-51 Ōjin-machi ; adulte/enfant 500/300 ¥ ; 9h-17h mars-nov, jusqu'à 16h30 mer-dim déc-fév).** Les amateurs de design ne manqueront pas le Yoshijima-ke, souvent cité dans les publications d'architecture. Son absence d'ornementation permet de mieux se concentrer sur la sobriété des lignes, la hauteur du toit et la lucarne. L'entrée comprend une tasse d'un délicieux thé au shiitaké, que l'on peut acheter en cannette pour 600 ¥ l'unité.

Musée du Folklore Kusakabe — Musée

(日下部民藝館, **Kusakabe Mingeikan ; 0577-32-0072 ; 1-52 Ōjin-machi ; adulte/enfant 500/300 ¥ ; 9h-16h30 mars-nov, jusqu'à 16h mer-lun déc-fév).** Ce bâtiment des années 1890 témoigne de l'étonnant savoir-faire des charpentiers de Takayama. L'intérieur abrite une collection d'art folklorique.

Takayama Matsuri

Le Takayama Matsuri, l'une des plus grandes fêtes du Japon, se déroule en deux temps. Les 14 et 15 avril, lors du Sannō Matsuri, une dizaine de chars (*yatai*), décorés de sculptures, de marionnettes et de tentures colorées, sont promenés dans la ville. Le soir, les chars sont ornés de lanternes et la procession s'accompagne de musique sacrée. Le Hachiman Matsuri, les 9 et 10 octobre, est plus modeste. Réservez votre hébergement plusieurs mois à l'avance.

Musée d'Art et d'Histoire de Takayama — Musée

(飛騨高山まちの博物館, **Hida-Takayama Machi no Hakubutsukan ; 0577-32-1205 ; 75 Kamiichino-machi ; musée 9h-19h, jardin 7h-21h).** GRATUIT À ne pas confondre avec le musée d'Art de Hida Takayama, ce musée gratuit est installé autour de jolis jardins et possède 14 salles d'exposition thématiques portant sur l'histoire, la culture, la littérature et les arts de la région.

Musée archéologique et folklorique de Hida — Musée

(飛騨民族考古館, **Hida Minzoku Kōkō-kan ; 0577-32-1980 ; 82 Kamisanno-machi ; adulte/enfant 500/200 ¥ ; 7h-17h mars-nov, 9h30-16h déc-fév).** Ancienne maison de samouraï, elle recèle des passages secrets et un vieux puits dans la cour.

SANCTUAIRE SAKURAYAMA HACHIMAN-GŪ ET ALENTOUR

Salle d'exposition des chars de la fête de Takayama — Musée

(高山屋台会館 ; **Takayama Yatai-kaikan ; 178 Sakura-machi ; adulte/enfant 820/410 ¥ ; 8h30-17h mars-nov, 9h-16h30 déc-fév).** Une sélection tournante de 4 des 23 *yatai* (chars) à plusieurs étages qui défilent lors du Takayama Matsuri est exposée ici. Ces créations spectaculaires, datant parfois du XVIIe siècle, présentent d'extravagants

Takayama

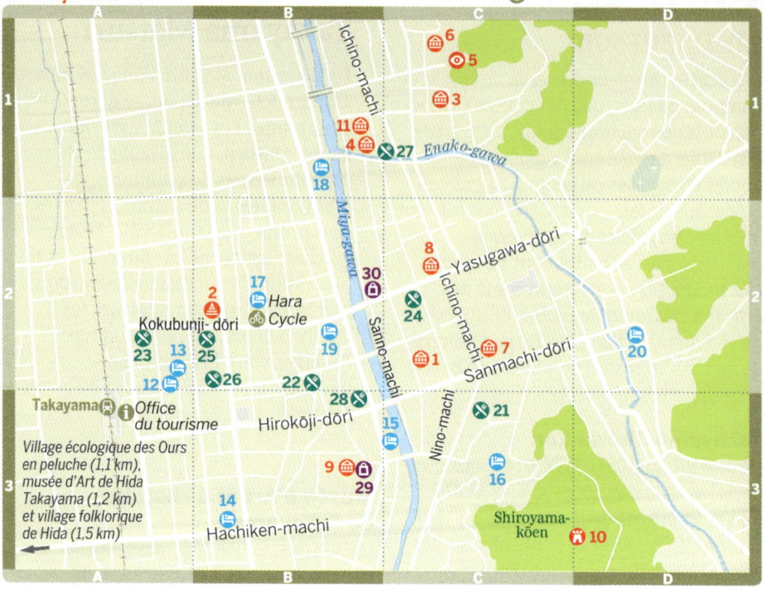

Takayama

À voir

1 Musée archéologique et folklorique de Hida ... C2
2 Hida Kokubun-ji ... B2
3 Musée de Karakuri ... C1
4 Musée du Folklore Kusakabe ... B1
5 Sakurayama Hachiman-gū ... C1
6 Salle d'exposition des chars de la fête de Takayama ... C1
7 Musée d'Art et d'Histoire de Takayama ... C2
8 Takayama Shōwa-kan ... C2
9 Takayama-jinya ... B3
10 Takayama-jō ... D3
11 Maison Yoshijima ... B1

Où se loger

12 Best Western Hotel ... A2
13 Guesthouse Tomaru ... A2
14 Hida Takayama Temple Inn Zenkō-ji ... B3
15 Honjin Hiranoya ... C3
16 Hōshōkaku ... C3
17 Rickshaw Inn ... B2
18 Sumiyoshi Ryokan ... B1
19 Tanabe Ryokan ... B2
20 Yamakyū ... D2

Où se restaurer

21 Center4 Hamburgers ... C3
22 Chapala ... B2
23 Chitose ... A2
24 Ebisu-Honten ... C2
25 Heianraku ... B2
26 Kotarō ... B2
27 Kyōya ... C1
28 Restaurant Le Midi ... B3

Achats

29 Jinya-mae Asa-ichi ... B3
30 Miya-gawa Asa-ichi ... B2

ouvrages de ferronnerie, sculptures et pièces laquées. Certains arborent des marionnettes *karakuri ningyō*, lesquelles s'animent grâce aux efforts conjugués de 8 marionnettistes actionnant leurs 36 ficelles.

Le musée se trouve sur le domaine de l'imposant sanctuaire **Sakurayama Hachiman-gū** (桜山八幡宮 ; ☎0577-32-0240 ; www.hidahachimangu.jp/english ; 178 Sakura-yama) GRATUIT, qui domine le festival et est dédié à la protection de Takayama.

Musée de Karakuri Musée

(飛騨高山獅子会館)からくりミュージアム ; ☎0577-32-0881 ; www.hida-karakuri.com ; 53-1 Sakura-machi ; adulte/enfant 600/400 ¥ ; ⏲9h-

16h30). Plus de 800 masques de *shishi* (lion), instruments et tambours liés aux danses festives sont exposés ici. Les spectacles de marionnettes donnés deux fois par heure permettent d'admirer les *karakuri ningyō* (poupées mécaniques) en action.

TERAMACHI, SHIROYAMA-KŌEN ET ALENTOUR

Ces jolis quartiers vallonnés à l'est de la ville sont reliés par un sentier pédestre bien signalé. Teramachi possède plus d'une dizaine de temples et sanctuaires à visiter avant de s'enfoncer dans la verdure du Shiroyama-kōen. Plusieurs sentiers traversent ce parc et grimpent la montagne jusqu'aux vestiges du château, le **Takayama-jō** (高山城跡 ; **Shiroyama-kōen**).

Takayama-jinya — Édifice historique

(高山陣屋 ; ✆0577-32-0643 ; 1-5 Hachiken-machi ; adulte/enfant 430 ¥/gratuit ; 🕘8h45-16h30 sept-juil, 8h45-18h août). Ce vaste domaine, situé au sud de Sanmachi-suji, accueille l'unique bâtiment préfectoral subsistant du shogunat Tokugawa, lequel occupe ce qui était à l'origine le centre administratif du clan Kanamori. L'actuel bâtiment principal date de 1816 et a abrité les bureaux du gouvernement régional jusqu'en 1969. On y trouve aussi un grenier à riz, un jardin et une salle de torture. Visites guidées gratuites proposées en anglais (réservation conseillée).

Hida Kokubun-ji — Temple bouddhique

(飛騨国分寺 ; ✆0577-32-1395 ; 1-83 Sōwa-chō ; salle du Trésor adulte/enfant 300/250 ¥ ; 🕘9h-16h). Les bâtiments d'origine du plus ancien temple de Takayama furent construits au VIIIe siècle puis ravagés par un incendie. Le plus ancien des bâtiments actuels date du XVIe siècle. La salle du Trésor renferme quelques biens culturels nationaux, et la cour arbore une pagode à trois étages et un gingko particulièrement noueux, âgé, paraît-il, de 1 200 ans.

ENVIRONS DE TAKAYAMA

Musée d'Art de Hida Takayama — Musée

(飛騨高山美術館, **Hida Takayama Bijutsukan ; ✆0577-35-3535 ; www.htm-museum.co.jp ; 1-124-1 Kamiokamoto-chō ; adulte/enfant 1 300/800 ¥ ; 🕘9h-17h).** Les amateurs d'Art nouveau et d'Art déco apprécieront la verrerie et le mobilier de ce vaste musée privé, à l'écart de la ville, doté d'un élégant café et d'une fontaine en verre de René Lalique. Un bus à impériale sert de navette (renseignez-vous à l'office du tourisme).

Village écologique des Ours en peluche — Galerie

(飛騨高山テディベアエコビレッジ ; ✆0577-37-3525 ; www.teddyeco.jp/english.html ; 3-829-4 Nishinoishiki-machi ; adulte/enfant 600/400 ¥ ; 🕘10h-16h). Plus de 1 000 peluches du monde entier, dont certaines datent de plus de 140 ans, sont

Takayama-jinya
CHEN WS/SHUTTERSTOCK ©

CHIARA SALVADORI/GETTY IMAGES ©

À ne pas manquer
Le village folklorique de Hida

Ce vaste musée en plein air mérite le détour le temps d'une demi-journée. Il comprend des dizaines de maisons traditionnelles, déplacées de leurs sites d'origine et reconstruites ici. Les objets, bien présentés, permettent d'imaginer la vie rurale au cours des siècles précédents. Par temps clair, la vue est dégagée sur les Alpes japonaises. Pour vous y rendre, louez un vélo ou prenez un bus à la gare routière de Takayama (200 ¥, 10 minutes). Vérifiez bien les horaires du bus de retour.

INFOS PRATIQUES

飛騨の里, Hida-no-Sato ; ☎0577-34-4711 ; www.hidanosato-tpo.jp/english12.htm ; 1-590 Kamiokamoto-chō ; adulte/enfant 700/200 ¥ ; 🕘8h30-17h

rassemblées dans un bâtiment à peine plus ancien. Café adjacent, agréable pour se détendre en extérieur. Demandez votre chemin à l'office du tourisme.

Où se loger

Takayama présente un choix varié d'hébergements de qualité, pour tous les goûts et tous les budgets. Si vous y allez pendant la période des fêtes, réservez plusieurs mois à l'avance et attendez-vous à débourser 20% de plus. La Hida Takayama Ryokan & Hotel Association (www.takayamaryokan.jp/english) peut vous renseigner sur les hébergements.

Rickshaw Inn Hôtel ¥

(力車イン ; ☎0577-32-2890 ; www.rickshawinn.com ; 54 Suehiro-chō ; ch sans sdb à partir de 4 200 ¥, lits jum avec/sans sdb à partir de 11 900/10 200 ¥ ; 🚭@). Établissement bien situé, aux abords du quartier animé de Takayama, et apprécié des voyageurs. Excellent rapport qualité/prix. Plusieurs types de chambres, petite cuisine, laverie et confortable salon. Les sympathiques propriétaires anglophones sont une mine de renseignements.

Guesthouse Tomaru Auberge de jeunesse ¥
(飛騨高山ゲストハウスとまる ; ☎0577-62-9260 ; www.hidatakayama-guesthouse.com ; 6-5 Hanasato-machi ; dort 2 800 ¥, s-d 6 500-7 500 ¥, tr 9 000 ¥ ; @ 📶). Les visiteurs apprécient l'ambiance chaleureuse de cette petite auberge située au centre-ville. Chambres agréables, accueillantes et impeccables. Wi-Fi gratuit et cuisine commune.

Hida Takayama Temple Inn Zenkō-ji Auberge de jeunesse ¥
(飛騨高山善光寺宿坊 ; ☎0577-32-8470 ; www.takayamahostelzenkoji.com ; 4-3 Tenman-machi ; dort 2 500 ¥, s 3 000 ¥ ; P 🚭 📶). Cette adresse, qui dépend du célèbre temple Zenkō-ji de Nagano, accepte les dons en échange d'un hébergement. Les chambres individuelles, spacieuses, sont disposées autour d'un jardin. Même les dortoirs sont empreints d'un charme digne du temple. Cuisine commune. Pas de couvre-feu.

Sumiyoshi Ryokan Ryokan ¥¥
(寿美吉旅館 ; ☎0577-32-0228 ; www.sumiyoshi-ryokan.com ; 4-21 Hon-machi ; ch avec/sans 2 repas à partir de 11 000/7 000 ¥/pers ; P @). Les gentils propriétaires de cette vénérable auberge, installée dans une demeure de marchand de l'ère Meiji, accueillent des voyageurs étrangers depuis des années. Les fenêtres de certaines chambres donnent sur la rivière. Les bains communs sont tout de bois et d'ardoise. Une chambre dispose d'un bain privatif.

Yamakyū Ryokan ¥¥
(山久 ; ☎0577-32-3756 ; www.takayama-yamakyu.com ; 58 Tenshōji-machi ; ch avec/sans repas 8 100/5 940 ¥ ; P @ 📶). L'auberge se trouve à flanc de colline, face au temple Hokke-ji, à 20 minutes à pied de la gare. On y parle un peu anglais. Vitrines remplies d'objets anciens, horloges et lampes jalonnent les couloirs couverts de moquette rouge. Les 20 chambres, pourvues de tatamis, disposent d'un lavabo et de toilettes, les bains communs sont de qualité. Idéal pour expérimenter un *ryokan* sans trop débourser.

Best Western Hotel Hôtel ¥¥
(ベストウェスタンホテル高山 ; ☎0577-37-2000 ; www.bestwestern.co.jp ; 6-6 Hanasato-machi ; s/d/lits jum à partir de

L'architecture des gasshō-zukuri

Les habitants affrontaient les hivers rudes de Hida bien avant l'invention du chauffage au propane. L'architecture des *gasshō-zukuri*, ces maisons au toit de chaume très pentu qui émaillent le paysage local, est le symbole le plus évident de leur faculté d'adaptation.

L'importante inclinaison des toits permet d'éviter l'accumulation de la neige, un problème non négligeable dans une région où la plupart des routes ferment de décembre à avril. Le terme *gasshō* vient du mot japonais signifiant prière, car la forme des toitures évoque des mains jointes. Les bâtiments de type *gasshō* comportaient souvent des piliers en bois de cèdre qui servaient à étayer la structure, et les combles étaient propices à la culture du ver à soie. Les familles aisées vivaient dans de vastes maisons, pouvant accueillir jusqu'à 30 personnes. Les paysans s'entassaient dans des huttes si petites qu'elles tiennent aujourd'hui lieu d'appentis.

En raison de l'urbanisation galopante, les *gasshō-zukuri* font aujourd'hui figure de patrimoine menacé. Elles sont pour la plupart regroupées dans des villages folkloriques, comme Hida-no-samo, Ogimachi, Suganuma et Ainokura. Des maisons aujourd'hui voisines peuvent avoir été jadis séparées par plusieurs jours de marche. Ces efforts de préservation permettent d'imaginer la vie d'autrefois dans les collines de Hida.

Si vous aimez... Takayama

Si vous aimez Takayama, ces autres destinations du centre de Honshū, moins visitées et pourtant merveilleuses, devraient également vous plaire :

1 **HIDA-FURUKAWA** À environ 15 minutes au nord de Takayama en train (ligne JR, 230 ¥), cette ville compte de jolis canaux remplis de carpes et bordés d'anciens *kura* (entrepôts).

2 **INUYAMA** C'est dans cette ville, à environ 30 minutes au nord-ouest de Nagoya en train (ligne Meitetsu Inuyama, 540 ¥), que se trouve l'Inuyama-jō, château classé trésor national.

3 **ECHIZEN ŌNO** Il vous faudra consentir quelques efforts pour rallier cette localité de la préfecture de Fukui : son petit *yamashiro* (château de montagne) est une merveille.

6 900/12 700/13 700 ¥ ;). Hôtel prisé des voyageurs occidentaux, avec ses chambres rénovées hautes en couleurs. Sujets à d'occasionnels rabais en ligne, les tarifs comprennent parfois un petit-déjeuner buffet. À deux pas de la gare.

Honjin Hiranoya Ryokan ¥¥¥
(本陣平野屋 ; **0577-34-1234 ; www.honjinhiranoya.co.jp/english ; 1-5 Hon-machi ; ch par pers avec 2 repas à partir de 12 600¥ ; P).** Si vous recherchez un peu de nouveauté, optez pour l'élégance contemporaine des chambres *executive* de l'aile Kachoan, la plus onéreuse. Sinon, choisissez une chambre "classique" avec vue sur la rivière dans l'aile Bekkan (annexe). Une navette gratuite est assurée depuis les gares routière et ferroviaire, mais l'auberge n'est qu'à 10 minutes de marche. Service de haut vol, personnel anglophone et cuisine exquise. Fortement recommandé !

Hōshōkaku Ryokan ¥¥¥
(宝生閣 ; **0577-34-0700 ; www.hoshokaku.co.jp/english ; 1-88 Baba-machi ; ch en demi-pension à partir de 9 720 ¥/pers ; P).** Entouré par le Shiroyama-kōen, ce *ryokan* haut de gamme est installé à flanc de colline, aux abords de Takayama. Magnifiques bains sur le toit avec vue sur la ville et somptueuse cuisine *kaiseki*. Si vous arrivez en train, le plus simple est de vous y rendre en taxi.

Tanabe Ryokan Ryokan ¥¥
(旅館田邊 ; **0577-32-0529 ; www.tanabe-ryokan.jp ; 58 Aioi-chō ; ch en demi-pension à partir de 12 960 ¥/pers ; @).** Auberge charmante à l'emplacement de choix. Son personnel accueillant parle un peu anglais. Les chambres, garnies de tatamis, ont une salle de bains, mais les jolis bains communs avec poutres au plafond méritent le détour. Un somptueux dîner *kaiseki*, composé de spécialités de Hida, vient compléter l'expérience.

Où se restaurer

Parmi les spécialités de Takayama figurent les *soba*, le *hoba-miso*, les *sansai* (légumes de montagne) et le *Hida-gyū* (bœuf de Hida). Dans la rue, on trouve des *mitarashi-dango* (brochettes de boulettes de riz grillées assaisonnées de sauce soja) et du *shio-sembei* (biscuits de riz salés). Le *Hida-gyū* est servi en *kushiyaki* (brochettes), en *korokke* (croquettes) et en *niku-man* (petits pains à la vapeur). Les petits budgets privilégieront les nombreuses boulangeries de la ville et leurs délicieux sandwichs et pains frais bon marché.

Heianraku Chinois ¥
(平安楽 ; **0577-32-3078 ; 6-7-2 Tenman-machi ; plats à partir de 700 ¥ ; 11h30-13h30 et 17h-22h mer-lun ;).** Pittoresque, économique, accueillant et délicieux sont les adjectifs qui viennent à l'esprit pour décrire ce merveilleux restaurant, tenu par la même famille depuis deux générations, où l'on sert des délices chinois dans une boutique traditionnelle japonaise de Kokubunji-dōri. À quelques pas du Hida Kokubun-ji, de l'autre

côté de la rue. Les *gyōza* et les boulettes de viande sont parfaits. Personnel anglophone.

Chitose Nouilles ¥

(ちとせ ; **☎0577-32-1056; 6-19 Hanasato-machi ; nouilles à partir de 500 ¥ ; ⏲11h-15h et 17h-19h30 mer-lun)**. De délicieuses grosses *yaki-soba* (nouilles sautées) et des soupes aux nouilles *chūka-soba* sont les spécialités de ce restaurant bon marché prisé des Japonais où l'on se remplit la panse sans trop vider son porte-monnaie. Recouvrez vos *yaki-soba* d'un œuf frit bien coulant pour parachever l'expérience. Adresse hautement recommandée.

Chapala Mexicain ¥

(チャパラ ; **☎0577-34-9800 ; 1 Hanakawa-chō ; plats 500-980 ¥ ; ⏲18h-22h30 lun-sam, fermé 1er lun du mois ; 🗐)**. L'enthousiaste propriétaire de ce sympathique restaurant propose des saveurs mexicaines dans une paisible rue japonaise. Les petites portions de tacos, *quesadillas*, chips et guacamole n'égalent pas celles de Guadalajara, mais les clients aiment cet établissement, unique endroit où l'on mange des tacos avec des baguettes tout en buvant une Corona ou du saké.

Ebisu-Honten Nouilles ¥

(恵比寿本店 ; **☎0577-32-0209 ; www.takayama-ebisu.jp/emenu ; 46 Kamini-no-machi ; bol de nouilles à partir de 880 ¥ ; ⏲10h-17h jeu-mar ; 🗐)**. On y fabrique des *teuchi soba* (nouilles faites main) depuis 1898. Goûtez les *zaru soba* (880 ¥) froides pour découvrir pleinement la saveur des nouilles. Les *tororo nameko soba* (1 220 ¥ ; nouilles dans une soupe chaude aux champignons et à la pomme de terre de montagne râpée) sont égaglement très bonnes. Le bâtiment présente une intéressante enseigne en verre rouge ornée d'idéogrammes blancs et surmontée d'une petit toit.

Center4 Hamburgers Burgers ¥¥

(**☎0577-36-4527 ; www.tiger-center4.com ; 94 Kamiichino-machi ; burgers à partir de 760 ¥ ; ⏲11h-21h30 ; 🗐)**. On dit que ce jeune couple japonais réalise un rêve en accueillant des visiteurs du monde entier – il vous faudra peut-être attendre une table pour déguster leurs délicieux plats préparés avec amour. La carte comporte des burgers juteux (y compris végétariens) faits comme à la maison, des club sandwichs et une épaisse soupe pimentée aux clams, le tout servi dans une salle à manger qui semble celle d'un particulier.

Agrémentez votre repas d'une bière, d'un rouge correct ou d'un milkshake et vous serez trop repu pour culpabiliser de n'avoir pas mangé local.

Kotarō Tonkatsu ¥¥

(小太郎 ; **☎0577-32-7353 ; 6-1 Tenman-machi ; repas 1 050-2 100 ¥ ; ⏲11h30-14h et 17h-21h jeu-mar ; 🗐)**. Le chef de ce restaurant maîtrise depuis 25 ans l'art du *tonkatsu* et d'autres délices frits. Les généreux *teishoku* (menus, à partir de 1 050 ¥) comprennent de croustillantes *katsu*, parfaitement cuites, et des accompagnements équilibrés : riz moelleux, soupe *miso*, fruit, salade et *pickles*. Goûtez le *katsu* au fromage (1 350 ¥) pour varier les plaisirs.

Kyōya Shokudō ¥¥

(京や ; **☎0577-34-7660 ; 1-77 Ōjin-machi ; plats 700-5 000 ¥ ; ⏲11h-22h mer-lun ; 🗐)**. Restaurant traditionnel spécialisé dans les plats régionaux comme le *hoba-miso* et le *Hida-gyū soba*. On s'assoit sur des tatamis autour des grils à charbon, sous un haut plafond aux poutres en bois sombre. L'établissement est situé dans un angle, à côté d'un pont enjambant le canal. Repérez les sacs de riz au-dessus de la porte.

Marchés matinaux

Les *Asa-ichi* (marchés matinaux) quotidiens sont tout indiqués pour commencer la journée et aller à la rencontre des habitants. Le **Jinya-mae Asa-ichi (1-5 Hachiken-machi)** se tient en face du Takayama-jinya. Plus grand, le **Miya-gawa Asa-ichi** (宮川朝市) s'étend sur la rive est de la Miya-gawa, entre Kaji-bashi et Yayoi-bashi. Les étals rassemblent produits frais, œuvres et artisanat locaux. Les pommes d'automne sont exceptionnelles.

Vaut le détour
Shirakawa-gō

Le hameau central de la région de Shirakawa-gō compte quelque 600 habitants et regroupe plus de 110 édifices *gasshō-zukuri*. C'est également le plus facile d'accès. Procurez-vous une carte en anglais gratuite à l'**office du tourisme** (観光案内所 ; ☎0576-96-1013 ; 2495-3 Ogimachi ; ⏲9h-17h), situé à côté de l'arrêt de bus principal, devant le village folklorique. Prévoyez assez d'espèces car il y a peu de DAB et les cartes bancaires sont rarement acceptées.

Restaurant Le Midi Français ¥¥¥
(☎0577-36-6386 ; www.le-midi.jp/english ; 2-85 Hon-machi ; hors-d'œuvre 650-3 400 ¥, plats Hida-gyū 2 400-7 500 ¥ ; ⏲11h30-14h et 18h-21h ven-mer ; 📋). Restaurant luxueux servant une cuisine française traditionnelle avec une touche japonaise, une rue derrière la rivière. Entrées appétissantes tels le carpaccio de bœuf de Hida et la soupe à l'oignon. Formules déjeuner de 1 800 à 4 800 ¥. Menus du soir comprenant hors-d'œuvre, plats, soupe, salade et café, à partir de 4 800 ¥. En dessert, ne manquez pas le *sukune kabocha* (au potiron). Pour amateurs de haute cuisine.

Renseignements

Office du tourisme (飛騨高山観光案内所 ; ☎0577-32-5328 ; www.hida.jp/english ; ⏲8h30-17h nov-mars, jusqu'à 18h30 avr-oct). Face à la gare JR de Takayama, le personnel bien informé et anglophone fournit cartes et brochures en anglais et autres langues sur les sites, l'hébergement, les événements et les transports régionaux. Ne réserve pas les hébergements.

Depuis/vers Takayama

Le moyen le plus pratique de rallier Takayama depuis Tōkyō ou le Kansai consiste à emprunter la ligne JR Takayama, via Nagoya (Hida *tokkyū*, 5 510 ¥, 2 heures 30). L'itinéraire longeant la Hida-gawa dans les montagnes est magnifique. Certains trains continuent jusqu'à Toyama (2 840 ¥, 90 minutes), où l'on peut prendre une correspondance pour Kanazawa (2 150 ¥, 40 minutes).

Nōhi Bus (濃飛バス ; ☎0577-32-1688 ; www.nouhibus.co.jp/english). Des bus longue distance circulent entre Takayama et la gare Shinjuku de Tōkyō (6 690 ¥, 5 heures 30, plusieurs par jour, réservation obligatoire), Matsumoto (3 190 ¥, 2 heures 30) et Kanazawa (3 390 ¥, 2 heures 15). La gare routière de Takayama jouxte la gare ferroviaire. Les horaires des bus varient suivant les saisons ; ils ne circulent pas sur certains itinéraires en hiver.

Comment circuler

La plupart des sites de Takayama sont facilement accessibles à pied. Une vingtaine de minutes de marche tranquille suffisent pour rallier Teramachi depuis la gare ferroviaire. Takayama se visite aussi à vélo. Certains hébergements en prêtent. Vous pouvez aussi en louer à **Hara Cycle** (ハラサイクル ; ☎0577-32-1657 ; 61 Suehiro-chō ; 1re heure 300 ¥, heure supp 200 ¥, la journée 1 300 ¥ ; ⏲9h-20h mer-lun).

NORD DES ALPES JAPONAISES
北日本アルプス

Riche de l'un des paysages les plus mémorables du Japon, le nord des Alpes japonaises, dans les préfectures de Gifu, de Toyama et de Nagano, compte de magnifiques sommets hauts de plus de 3 000 m, accessibles même aux randonneurs amateurs. Également appelé monts Hida, ce paysage est protégé par le parc national de Chūbu-Sangaku (中部山岳国立公園), de 174 323 ha. La randonnée dans les vallées et les montagnes de Kamikōchi, le téléphérique de Shin-Hotaka et les nombreux *rotemburo* de montagne figurent parmi les activités phares. La partie nord du parc s'étend jusqu'à la route alpine Tateyama-Kurobe.

Comment s'y rendre et circuler

Matsumoto et Takayama sont les principales villes d'accès aux montagnes, et Hirayu Onsen et

Kamikōchi ses nœuds de transport. Des bus s'y rendent depuis Takayama. De Matsumoto, prenez le train privé Matsumoto Dentetsu jusqu'à Shin-Shimashima, puis un bus. Que vous veniez de l'une ou de l'autre ville, le paysage est éblouissant.

Louer une voiture se révèle être une bonne idée si les routes sinueuses ne vous dérangent pas et que vous ne logez pas à Kamikōchi. La route entre Naka-no-yu et Kamikōchi n'est, de fait, ouverte qu'aux bus et aux taxis.

Kamikōchi 上高地

☎0260

Certains des plus beaux paysages japonais sont réunis ici : majestueux sommets enneigés, ruisseaux cristallins, fleurs et forêts anciennes hantées de singes sauvages. Mais ce ne serait pas le Japon sans la foule. Choisissez bien votre moment !

Kamikōchi ferme totalement du 15 novembre au 22 avril. En haute saison (fin juil-fin août, et pendant la saison des feuillages en octobre), l'affluence est telle qu'elle peut sembler plus importante qu'à la gare de Shinjuku ! Prévoyez d'arriver tôt dans la journée. La saison des pluies s'étend de juin à juillet. Kamikōchi peut se visiter en une journée, mais on passe alors à côté du plaisir de loger dans les montagnes et de s'y promener tôt le matin ou en fin d'après-midi.

Les visiteurs arrivent à l'immense gare routière de Kamikōchi, à proximité des infrastructures qui leur sont destinées. Une marche de 10 minutes le long de l'Azusa-gawa conduit au pont Kappa-bashi (du nom d'un farfadet aquatique légendaire), d'où partent des chemins de randonnée.

Activités

Bokuden-no-yu Onsen

(卜伝の湯 ; ☎0260-95-2407 ; 700 ¥ ; ⌚12h-17h). L'*onsen* le plus original de la région se trouve dans une petite grotte chargée de minéraux, près de l'arrêt de bus Naka-no-yu, à gauche du tunnel réservé au bus en direction de Kamikōchi. Payez dans la petite boutique qui délivre la clé de la cabane abritant l'*onsen*. L'endroit vous appartiendra pendant 30 minutes.

Où se loger et se restaurer

L'hébergement à Kamikōchi est onéreux et les réservations s'y révèlent indispensables. Hormis pour les campings, les tarifs indiqués ci-après comprennent la demi-pension. Certains établissements coupent le courant dans la nuit (l'éclairage de sécurité fonctionne).

Des dizaines de *yama-goya* (refuges de montagne) rudimentaires jalonnent les sentiers. Ils proposent un futon et la demi-pension pour 8 000 ¥ environ

Pont Kappa-bashi sur l'Azusa-gawa, Kamikōchi

Escalade et randonnée à Kamikōchi

La vallée offre de courtes randonnées bien balisées en terrain relativement plat. Une boucle débute à l'est du Kappa-bashi, passe par le Myōjin-bashi (1 heure), rejoint Tokusawa (1 heure), puis revient au point de départ. À côté du Myōjin-bashi, le joli étang Myōjin-ike forme le cœur du sanctuaire de Hotaka-jinja (300 ¥). À l'ouest du Kappa-bashi, on longe la rivière jusqu'au Weston Relief (monument à Walter Weston, missionnaire et alpiniste britannique ; 15 minutes) ou au Taishō-ike (40 minutes).

Parmi les autres itinéraires appréciés figurent les ascensions vers le refuge de Dakesawa (2 heures 30) et le Yakedake (4 heures, départ à 20 minutes à l'ouest du Weston Relief, au niveau du Hotaka-bashi). Des sommets, on aperçoit le mont Fuji par temps clair et la vue est somptueuse. Il existe aussi des randonnées plus longues (2-7 jours). Les cartes de la région, en japonais, indiquent les itinéraires et le temps de marche entre les refuges, et les principaux sommets et points de repère. Le Yariga-take (3 180 m) et le Hotaka-dake (3 190 m) sont très appréciés.

Un sentier escarpé relie Kamikōchi et Shin-Hotaka. Du Kappa-bashi, il traverse la crête en contrebas du Nishi-Hotaka-dake (2 909 m), au niveau du Nishi-Hotaka San-sō (chalet ; 3 heures), et va jusqu'à Nishi-Hotaka-guchi, la station supérieure du téléphérique de Shin-Hotaka. Comptez 4 heures –l'itinéraire est plus facile en sens inverse. Pour aller au téléphérique, prenez un bus à Takayama ou à Hirayu Onsen.

Les randonneurs expérimentés envisageront les treks vers Nakabusa Onsen (3 jours), ou encore Murodō (5 jours), située sur la route alpine Tateyama-Kurobe – ce dernier inclut en chemin un bain dans le ravissant Takama-ga-hara Onsen.

par personne. Certains servent aussi un déjeuner simple. Vérifiez qu'il s'en trouve bien sur votre itinéraire avant de vous mettre en route.

Les restaurants et boutiques sont peu nombreux à la gare routière. Suivant la durée de votre séjour, apportez les en-cas nécessaires ; remportez vos déchets.

Tokusawa-en Camping ¥

(徳澤園 ; ☎0260-95-2508 ; www.tokusawaen.com/english.html ; empl tente/dort/d et lits jum 500/10 000/14 900 ¥/pers, en demi-pension ; ⏲mai-oct). L'établissement, qui est à la fois un camping et un gîte, est isolé dans un vallon boisé. Il se trouve à environ 7 km au nord-est du Kappa-bashi. Il propose des chambres de style japonais (sanitaires communs) et de copieux repas servis dans une salle animée. On y accède à pied uniquement : comptez environ 2 heures.

Forest Resort Konashi Camping ¥

(森のリゾート小梨, Mori no rizōto Konashi ; ☎0260-95-2321 ; www.nihonalpskankou.com ; empl tente/lits jum à partir de 800/11 000 ¥/pers, en demi-pension ; ⏲bureau 7h-19h). À 200 m du centre d'accueil des visiteurs, ce camping est parfois bondé. Location de tentes à partir de 7 000 ¥ (juil-août), petite boutique et restaurant.

Kamikōchi Gosenjaku Hotel & Lodge Hôtel ¥¥

(上高地五千尺ホテル・ロッヂ ; ☎hôtel 0260-95-2111, lodge 0260-95-2221 ; www.gosenjaku.co.jp/english ; 4468 Kamikōchi ; lit "skieur"/s/lits jum en lodge à partir de 10 000/24 000/12 000 ¥/pers, en demi-pension, d à l'hôtel à partir de 17 500 ¥/pers, en demi-pension). Près du Kappa-bashi, l'établissement s'est récemment agrandi et comprend un petit hôtel. Le gîte compte 34 chambres de style japonais et quelques lits "skieurs" (lits superposés avec rideaux). Lavabos et toilettes dans toutes les chambres, salles de bains communes. L'hôtel, plus luxueux, propose des chambres de type japonais et occidental, certaines avec balcon.

Kamikōchi Nishi-itoya Sansō Auberge ¥¥¥
(上高地西糸屋山荘 ; ☎0260-95-2206 ; www.nishiitoya.com ; 4469-1 Kamikōchi ; dort/d à partir de 8 500/9 720 ¥/pers, en demi-pension ; 🚭@📶). À l'ouest du Kappa-bashi, ce gîte accueillant, pourvu d'un salon douillet, date du début du XXe siècle. Les chambres, japonaises et occidentales, disposent toutes de toilettes. Le bain commun est un grand *onsen* face au massif de Hotaka.

Kamikochi Imperial Hotel Hôtel ¥¥¥
(上高地帝国ホテル ; ☎0260-95-2001 ; www.imperialhotel.co.jp/j/kamikochi ; Azumino Kamikochi ; s et lits jum à partir de 29 400 ¥ ; @). Construit en 1933, cet hôtel historique au toit rouge se fend d'un service exceptionnel et de chambres rustiques de style européen. Les prix sont élevés mais il existe plusieurs formules et l'hôtel propose parfois d'excellentes offres incluant des repas gastronomiques français. Il faut parfois réserver un an à l'avance !

Kamonji-goya Shokudō ¥
(☎0260-95-2418 ; plats à partir de 700 ¥ ; ⏲8h30-16h ; 📋). Endroit idéal pour goûter la spécialité de Kamikōchi, l'*iwana* (truite de rivière) grillée sur un *irori* (menu *iwana* : 1 500 ¥). Vous pourrez aussi vous régaler d'*oden* (gâteaux de poisson en ragoût), de *soba* et *kotsu-sake* (*iwana* séchée au saké) servis dans un ravissant bol en céramique. Devant l'entrée de l'étang Myōjin-ike.

ℹ Renseignements

Kamikōchi est totalement fermée du 15 novembre au 22 avril. Les randonneurs peuvent souscrire une assurance (保険 ; *hoken* ; à partir de 1 000 ¥/jour) à la gare routière de Kamikōchi.

Nord des alpes japonaises : quelques lignes de bus et leurs tarifs

Dans les Alpes japonaises, les horaires changent selon les saisons. L'Alps-Wide Free Passport (10 290 ¥) vendu par Alpico permet des trajets illimités pendant quatre jours entre Matsumoto et Takayama, à l'intérieur du parc national de Chūbu-Sangaku et dans la région de Shirakawa-gō.

Les centres d'informations touristiques vous indiqueront où trouver les horaires et les tarifs à jour.

DÉPART	DESTINATION	TARIF (ALLER SIMPLE, EN ¥)	DURÉE (ALLER SIMPLE, EN MINUTES)
Takayama	Hirayu Onsen	1 570	55
	Kamikōchi	2 720	1 heure 20
	Shin-Hotaka	2 160	1 heure 30
Matsumoto	Shin-Shimashima	700 (train)	30
	Kamikōchi	2 650	1 heure 35
Shin-Shimashima	Naka-no-yu	1 700	50
	Kamikōchi	1 950	1 heure 10
	Shirahone Onsen	1 450	1 heure 15
Kamikōchi	Naka-no-yu	770	15
	Hirayu Onsen	1 160	25
	Shirahone Onsen	1 350	35
Hirayu Onsen	Naka-no-yu	580	10
	Shin-Hotaka	920	30

Centre d'accueil des visiteurs de Kamikōchi (上高地ビジターセンター ; ☎0260-95-2606 ; ⏲8h-17h). À 10 minutes à pied de la gare routière de Kamikōchi, dans la rue principale, l'endroit délivre des renseignements sur la faune, la flore, la géologie et l'histoire de Kamikōchi. Vous pourrez réserver des balades guidées vers les lacs Taishō-ike et Myōjin-ike (à partir de 500 ¥/pers). Des spécialistes de la nature (à partir de 2 000 ¥/heure) parlant anglais et des guides d'escalade (environ 30 000 ¥/jour) sont parfois disponibles.

Office du tourisme de Kamikōchi (上高地インフォメーションセンター ; ☎0260-95-2433 ; ⏲8h-17h). À la gare routière. Il fournit de précieux renseignements sur les randonnées et la météo et distribue le *Kamikōchi Pocket Guide* en anglais, qui comporte une carte des principaux sentiers de randonnée.

Comment circuler

Les véhicules individuels sont interdits entre Naka-no-yu et Kamikōchi : l'accès se fait uniquement en bus ou en taxi jusqu'à la gare routière de Kamikōchi. Les visiteurs pourront garer leur voiture dans le hameau de Sawando (500 ¥/jour) sur la route de Naka-no-yu. Des navettes (1 800 ¥ aller-retour) circulent plusieurs fois par heure.

Des bus passent par Naka-no-yu et le Taishō-ike avant de rejoindre la gare routière. À quelques minutes à pied de là, au pont Kappa-bashi, commencent les sentiers de randonnée.

Shin-Hotaka Onsen 新穂高温泉

☎0578

Le téléphérique le plus long du Japon est l'attrait principal de Shin-Hotaka Onsen, un vallon endormi au nord de Fukuchi Onsen.

À voir et à faire

Téléphérique de Shin-Hotaka Téléphérique

(新穂高ロープウェイ ; ☎0578-89-2252 ; www.okuhi.jp/Rop/english.pdf ; Shin-Hotaka ; aller simple/aller retour 1 600/2 900 ¥ ; ⏲8h30-16h30). Deux téléphériques vous conduisent de 1 308 m d'altitude à 2 156 m sur le pic Nishi Hotaka-dake (2 909 m). Au sommet, la vue est spectaculaire depuis les plates-formes d'observation et les sentiers, mais l'hiver, la neige peut être très abondante. En saison, les randonneurs correctement équipés et disposant de temps peuvent entreprendre des randonnées au départ de la station

Téléphérique de Shin-Hotaka

UNIVERSALIMAGESGROUP/GETTY IMAGES ©

JOHN S LANDER/GETTY IMAGES ©

À ne pas manquer
Shin-Hotaka-no-yu

Konyoku rotemburo (*rotemburo* mixte) rudimentaire près de la Kamata-gawa, visible depuis le pont qui traverse la rivière. Entrée libre (vous pouvez faire un don). On entre par des vestiaires séparés hommes/femmes mais on accède ensuite à un unique grand bassin. Faites comme les Japonais : ayez un comportement irréprochable.

INFOS PRATIQUES

新穂高の湯 ; **0578-89-2458 ; Okuhida Onsengo Kansaka ; 8h-21h mai-oct, fermé nov-avr**

supérieure du téléphérique, Nishi Hotaka-guchi. Ils peuvent notamment rejoindre Kamikōchi (3 heures), un parcours beaucoup plus simple dans ce sens que dans l'autre.

Nakazaki Sansou Okuhida-no-yu Onsen

(中崎山荘奥飛騨の湯 ; **0578-89-2021 ; 710 Okuhida Onsengo Kansaka ; adulte/enfant 800/400 ¥ ; 8h-20h).** L'établissement, de plus de 50 ans d'âge, a été totalement reconstruit en 2010 et bénéficie d'une vue spectaculaire sur les montagnes. Les eaux laiteuses de ses grands bains intérieurs et *rotemburo* font des merveilles sur les peaux sèches.

Où se loger et se restaurer

Yarimikan Ryokan ¥¥¥

(槍見舘 ; **0578-89-2808 ; www.yarimikan.com ; Okuhida Onsen-gun Kansaka ; ch avec repas à partir de 16 350 ¥/pers ; P).** Merveilleux *onsen ryokan* traditionnel installé près de la rivière Kamata-gawa et de la route 475, quelques kilomètres avant le téléphérique de Shin-Hotaka. Il abrite 2 bains intérieurs, 8 *rotemburo* en bordure de rivière (usage privatif possible pour certains) et 15 chambres. Les clients de l'auberge peuvent se baigner 24h/24 (magnifique au clair de lune). Les visiteurs sont acceptés

entre 10h et 14h (500 ¥). Au menu : bœuf de Hida et poisson d'eau douce grillé.

Nonohana Sansō Auberge ¥¥¥
(野の花山荘 ; ☎0578-89-0030 ; www.nono87.jp ; ch en demi-pension à partir de 13 000 ¥/pers, visiteurs journée adulte/enfant 800/500 ¥ ; visiteurs 10h-17h ; P). Située sur une route partant de la route 475, l'auberge a ouvert en 2010. Toutes les chambres tapissées de tatamis sont de style traditionnel et dotées de sanitaires privatifs, tandis que l'entrée et le *lounge* sont résolument contemporains. Une cuisine ouverte propose des spécialités locales et le grand *rotemburo* bénéficie d'un point de vue superbe ; tous deux sont ouverts aux non-résidents.

PRÉFECTURE DE NAGANO 長野県

Anciennement connue sous le nom de Shinshū et souvent surnommée le "toit du Japon", la préfecture de Nagano est une région aux montagnes majestueuses, à la riche histoire culturelle, et aux architecture et cuisine d'exception.

Outre une grande partie du parc national des Alpes japonaises, la région possède plusieurs parcs quasi nationaux (protégeant des zones naturelles d'importance régionale) qui attirent les skieurs, les alpinistes et les amateurs d'*onsen*.

Nagano, capitale de la préfecture, qui a accueilli les Jeux olympiques en 1998, abrite le Zenkō-ji, un temple de renommée nationale. L'adorable Matsumoto, l'autre ville majeure de la préfecture de Nagano, tire profit de sa superbe géographie, de son centre-ville animé et de son joli château.

Shiga Kōgen 志賀高原

☎0269

Site de plusieurs manifestations lors des Jeux olympiques de Nagano en 1998 et des Jeux mondiaux d'hiver en 2005,

À gauche : Shiga Kōgen ; **ci-dessous :** snowboarder, préfecture de Nagano
(À GAUCHE) NORIKAZU/SHUTTERSTOCK ©; (CI-DESSOUS) MICHAEL H/GETTY IMAGES ©

Shiga Kōgen est la plus grande station de ski du pays et l'une des plus vastes au monde, avec 21 domaines skiables reliés entre eux et 80 pistes.

En dehors de l'hiver, ses lacs de montagne, ses étangs et ses panoramas en font une excellente destination pour les randonneurs. Si vous ne venez ni pour marcher, ni pour skier, rien ne justifie votre visite.

Activités

Station de ski de Shiga Kōgen Ski
(志賀高原スキー場 ; ☎0269-34-2404 ; www.shigakogen.gr.jp ; forfait remontées 5 000 ¥/jour ; ⏲8h30-16h30 déc-avr). Un même forfait de remontées mécaniques couvre ces 21 domaines skiables associés et permet aussi d'utiliser la navette entre différents hôtels. Consultez www.snowjapan.com pour plus de détails sur chaque domaine skiable.

La station comprend des pistes adaptées à tous les niveaux. Sur le domaine de Hasuike, devant la station de téléphérique de Shiga Kōgen, un bureau emploie des personnes anglophones qui peuvent vous aider à vous y retrouver dans les pistes et à réserver un hébergement. Le domaine skiable de **Hasuike** est central et adapté aux débutants et aux familles ; celui de **Nishitate-yama** dispose de longues pistes et de vues superbes ; celui d'**Yakebitai-yama**, un des plus grands, offre des pistes très variées et des vues panoramiques.

Où se loger et se restaurer

Villa Ichinose Auberge ¥¥
(ヴィラ・一の瀬 ; ☎0269-34-2704 ; www.villa101.biz/english ; 7149 Hirao ; ch à partir de 5 000 ¥/pers ; P 📶). Idéalement située devant l'arrêt de bus d'Ichinose, cette auberge à l'atmosphère chaleureuse

est appréciée des étrangers. Chambres de style japonais dotées de toilettes et chambres de style occidental avec salle de bains. Personnel anglophone. Wi-Fi dans le hall et bain public ouvert 24h/24 au 2e niveau.

Hotel Sunroute Shiga Kōgen Hôtel ¥¥¥
(ホテルサンルート志賀高原 ; ☎0269-34-2020 ; www.sunroute.jp/english ; ch en demi-pension à partir de 11 500 ¥/pers ; P). Fréquenté par une clientèle occidentale, cet hôtel est à 3 minutes à pied de la remontée mécanique Ichinose Diamond, qui donne accès à d'autres domaines skiables. Chambres de style occidental avec salle de bains. Certaines donnent sur la montagne. Le personnel se débrouille bien en anglais.

Chalet Shiga Auberge ¥¥¥
(シャレー志賀 ; ☎0269-34-2235 ; www.shigakogen.jp/chalet/en ; ch en demi-pension à partir de 10 200 ¥/pers ; P). Pratique pour accéder aux pistes, l'auberge, dotée d'un bar des sports, loue des chambres occidentales et japonaises.

Depuis/vers Shiga Kōgen

Des bus Nagaden directs relient la gare de Nagano à Shiga Kōgen (1 700 ¥, 1 heure 10). Les départs sont fréquents pendant la saison de ski. Vous pourrez aussi prendre un train de Nagano à Yudanaka et poursuivre en bus jusqu'à Shiga Kōgen – prenez un bus en direction du Hase-ike et descendez au terminus (780 ¥, env. 40 minutes).

Nozawa Onsen 野沢温泉

☎0269 / 3 800 HABITANTS

Niché dans la partie orientale des Alpes japonaises, ce sympathique village est à la fois une station de ski l'hiver et, à l'année, une localité thermale qui mérite une visite. Établi dès le VIIIe siècle, le village compact et pittoresque présente un dédale de rues étroites qui mettront au défi même les meilleurs conducteurs.

L'eau des *onsen* est toujours utilisée par de nombreux habitants pour la lessive, la cuisine et le chauffage. On compte 13 *onsen* publics gratuits et d'excellents hébergements. L'eau est *très* chaude et chargée en minéraux. Si vous portez des bijoux en argent, ôtez-les, sous peine de les voir noircir.

En dehors de la saison de ski, cet ancien village de montagne permet d'échapper brièvement à la modernité et de se ressourcer.

Activités

Station de ski de Nozawa Onsen Sports d'hiver
(野沢温泉スキー場 ; www.nozawaski.com/winter/en ; forfait remontées 4 800 ¥/jour ; ⏰8h30-16h30 déc-avr). Cette station, l'une des meilleures de Honshū, surplombe le village. Le domaine, plutôt compact et facile à parcourir, dispose de 21 remontées mécaniques et de pistes adaptées à tous les niveaux. Autour des télécabines de Higake se trouvent les pistes pour débutants et familles.

Les snowboarders apprécieront les parcours de Karasawa et le half-pipe d'Uenotaira. Quant aux skieurs confirmés, ils profiteront des pistes raides et bosselées de la Schneider Course. Le village, animé, est agréable à fréquenter après le ski.

Où se loger

Lodge Nagano Auberge ¥
(ロッジながの ; ☎0269-67-0259 ; www.lodgenagano.com ; 6846-1 Toyosato ; ch avec petit-déj à partir de 4 500 ¥/pers, ch à partir de 4 000 ¥ l'été ; ❄ 📶). Cette pension chaleureuse et sympathique propose dortoirs avec lits superposés et chambres avec tatamis, certaines équipées de salle de bains.

Address Nozawa Appartements ¥¥
(アドレス野沢 ; ☎0269-67-0360 ; www.addressnozawa.com ; 9535 Nozawa Onsen ; studios à partir de 9 000 ¥ ; ❄ @ 📶 👪). Dans cette propriété de charme, les nouveaux propriétaires ont voulu recréer, à partir de l'ancienne auberge traditionnelle, un espace alliant les styles japonais et européen. Chambres occidentales vastes

aux couleurs fraîches, avec tatamis, lits moelleux, salle de bains lumineuse et cuisine contenant les ingrédients du petit-déjeuner. *Onsen* sur place, salle de jeux pour enfants, local à skis et nombreux éléments high-tech.

Mura-no-hoteru Sumiyoshi-ya Ryokan **¥¥¥**
(村のホテル住吉屋 ; **☎0269-85-2005 ; sumiyosiya.com ; 8713 Toyosato ; ch en demi-pension à partir de 17 820 ¥/pers ;** ❄ @). Ce merveilleux *ryokan*, le plus ancien de la ville, dispose d'un large choix de chambres traditionnelles, la plupart dotées d'une salle de bains et d'une belle vue. Les bains de l'*onsen* ornés de vitres teintées sont ravissants. Le personnel, accueillant, ne parle guère anglais, mais fournit un service de premier ordre.

Kiriya Ryokan Ryokan **¥¥¥**
(桐屋旅館 ; **☎0269-85-2020 ; www.kiriya.jp ; 8714-2 Nozawa Onsen ; ch en demi-pension à partir de 13 500 ¥/pers ;** P ❄ 📶 👪). Chaleureux *ryokan* tenu par la même famille depuis plusieurs générations. Le service attentionné et le personnel parfaitement anglophone lui garantit un succès durable auprès des clients occidentaux. Toilettes dans toutes les chambres. Salles de bains privatives dans certaines, en plus du grand *onsen* commun. Laverie et magnifique jardin.

Où se restaurer et prendre un verre

Pasta di Pasta Italien **¥**
パスタディパスタ ; **☎0269-85-5055 ; www.pastadipasta.net ; 8376-145 Toyosato ; plats 500-1200 ¥ ; ⏲déj et dîner, horaires variables selon saison).** Pâtes, pizzas et entrées fraîches sont servies dans un restaurant *cosy* à l'étage. Les pâtes *wafū sanshū no kinoko* (trois sortes de champignons) sont délicieuses.

Stay Bar
ステイ ; **www.seisenso.com).** Cet agréable bar en sous-sol ferme tard. Le gérant est un Japonais passionné de musique qui a vécu à l'étranger.

Si vous aimez... Les onsen

Si vous aimez Shin-Hotaka Onsen (p. 168), vous apprécierez ces *onsen* tout proches :

1 HIRAYU ONSEN
Hirayu est un nœud de transports au sud de Kamikōchi. Vous y trouverez également plusieurs *onsen* agréables, parfaits pour un bain après une randonnée dans le nord des Alpes japonaises. Pour vous y rendre, prenez le bus depuis Takayama (1 570 ¥, 55 minutes).

2 FUKUCHI ONSEN
Ce petit village thermal paisible est situé près de la station plus populaire de Hirayu. Pour y accéder, prenez le bus à Hirayu Onsen.

3 SHIRAHONE ONSEN
Cette merveilleuse station thermale, dans une gorge près de l'entrée de Kamikōchi, est incontournable pour les amoureux d'*onsen*. Elle ne se trouve qu'à un trajet de bus de Hirayu Onsen.

Renseignements

Centre d'accueil des visiteurs de Nozawa Onsen (野沢温泉ビジターセンター ; **☎0269-85-3155 ; www.nozawakanko.jp/english ; 9780-4 Toyosato ; ⏲8h30-18h).** Au centre du village. Le personnel anglophone peut vous aider à réserver les visites et les hébergements.

Depuis/vers Nozawa Onsen

Des bus directs circulent entre la sortie est de la gare JR de Nagano et Nozawa Onsen (1 500 ¥, 1 heure 30, 7/jour en hiver, 3/jour en été). Vous pouvez aussi prendre la ligne ferroviaire JR Iiyama entre Nagano et la gare Togari Nozawa Onsen (760 ¥, 1 heure). Des bus relient régulièrement la gare Togari Nozawa Onsen et Nozawa Onsen (310 ¥, 20 minutes, 9/jour). La gare routière/billetterie est à 200 m du principal arrêt de bus, situé en plein centre-ville. L'endroit est un peu déroutant mais du personnel aide les voyageurs à s'orienter.

Hakuba 白馬

☎0261

Au pied de l'un des plus hauts massifs du nord des Alpes japonaises, Hakuba est l'un des principaux domaines skiables et de randonnée du pays. En hiver, des skieurs venus de tout le Japon, et de plus en plus de l'étranger, affluent dans ses sept stations. En été, la région et ses hauts sommets facilement accessibles attirent les randonneurs et permet nombre d'activités de plein air. Le village principal de Hakuba-mura et ses environs comptent de nombreux *onsen*, idéals pour se détendre après une journée d'efforts.

Activités

Station de ski de Happō-One — Ski

(八方尾根スキー所 ; ☎0261-72-3066 ; www.happo-one.jp/English ; forfait remontées 5 000 ¥/jour ; ⏲déc-avr). Site des épreuves de vitesse des Jeux d'hiver de 1998, Happō-One, l'un des meilleurs domaines skiables du Japon, offre des vues superbes ainsi que des pistes de ski et de snowboard pour débutants, intermédiaires et confirmés. Consultez l'excellente page d'accueil en anglais de la station.

Parc de sports d'hiver Hakuba 47 et station de ski de Hakuba Goryū — Ski

(Hakuba47 ウインタースポーツパーク・白馬五竜スキー場 ; www.hakuba47.co.jp ; forfait remontées 5 000 ¥/jour ; ⏲déc-avr). Reliés entre eux, ces deux domaines forment la deuxième station de ski de la région de Hakuba. Ils présentent plusieurs types de pistes, fréquentées autant par les skieurs que par les adeptes de snowboard. Comme Happō-One, l'endroit possède de superbes panoramas montagneux.

De Hakuba-mura et Hakuba-eki, la navette gratuite est le moyen d'accès le plus simple.

Mimizuku-no-yu — Onsen

(みみずくの湯 ; 5480 Ō-aza Hokujō ; adulte/enfant 500/250 ¥ ; ⏲10h-21h30, entrée jusqu'à 21h). Parmi les nombreux *onsen* de Hakuba, celui-ci offre la plus belle vue sur la montagne depuis ses bains.

Evergreen Outdoor — Sports et aventures

(www.evergreen-hakuba.com). Toute l'année, cette aimable équipe propose diverses activités avec des guides anglophones, à partir de 5 000 ¥ : canyoning, VTT, mais aussi randonnées en raquettes et treks dans l'arrière-pays en hiver.

RANDONNÉE

En été, vous pourrez prendre la télécabine et les deux télésièges installés plus en amont pour emprunter le sentier qui conduit en 1 heure environ à l'étang de Happō-ike, sur une crête en contrebas du mont Karamatsu-dake

Sports d'hiver, Hakuba

JOHN BORTHWICK/GETTY IMAGES ©

(唐松岳 ; 2 695 m). De là, un autre sentier mène à Maru-yama (1 heure), d'où l'on peut poursuivre pendant 1 heure 30 jusqu'au refuge de Karamatsu-dake Sansō, qui n'est plus qu'à une demi-heure du sommet du Karamatsu-dake. Horaires et prix de la télécabine à l'office du tourisme de Hakuba (p. 176).

Où se loger et se restaurer

Snowbeds Backpackers Auberge de jeunesse ¥
(スノーベッズバックパッカーズ ; ☎0261-72-5242 ; www.snowbedsjapan.com ; dort à partir de 3 900 ¥/pers ; P @ wifi). Auberge tenue par des étrangers. Chambres avec lits superposés bon marché mais exiguës, chambres privatives et agréable espace commun doté d'un poêle à bois. Proche des lieux de sorties nocturnes.

Hakuba Panorama Hotel Auberge ¥¥
(白馬パノラマホテル ; ☎0261-85-4031 ; www.hakuba-panorama.com ; 3322-1 Hokujō ; d avec petit-déj à partir de 7 600 ¥/pers ; P wifi). À environ 300 m de l'une des remontées mécaniques de Happō-One, cette auberge au personnel anglophone (gérée par un Australien) propose divers types de chambres avec salle de bains. Sur place : agence de voyages, laverie et magnifique *onsen*.

Ridge Hotel & Apartments Hôtel ¥¥¥
(☎0261-85-4301 ; www.theridgehakuba.com ; 4608 Hakuba ; d/app à partir de 10 400/36 000 ¥ ; P ❄ @ wifi). Ce luxueux établissement, ouvert à l'année, a toutes les qualités : emplacement, équipements et vue. Beau choix de chambres, de celles, sublimes, de style occidental, ornées d'éléments japonais, à la magnifique suite avec balcon à l'ombre des pistes. Personnel anglophone, attentif et serviable.

Hakuba Tokyu Hotel Hôtel ¥¥¥
(白馬東急ホテル ; ☎0261-72-3001 ; www.tokyuhotelsjapan.com/cn ; Happō-wadanomori ; s/d avec petit-déj à partir de 19 200/27 200 ¥ ; P wifi). Bel hôtel ouvert toute l'année. Vastes chambres avec superbe vue, magnifique

Ma sélection

Nord des Alpes japonaises

PAR NAKANISHI NORIO, GUIDE DE MONTAGNE PROFESSIONNEL

1 ESCALADE DU TSURUGI-DAKE

Le mont Tsurugi-dake (2 999 m) compose l'un des paysages les plus impressionnants du Japon : les crêtes déchiquetées qui mènent au sommet attirent de nombreux randonneurs et grimpeurs. L'itinéraire habituel part de Murodō-daira, passe par le refuge de Tsurugi-sawa-goya et redescend à Murodō. On peut également partir de Murodō, franchir le sommet et redescendre dans la vallée de Tsurugi-sawa ou inversement. L'escalade, relativement difficile, est réservée aux grimpeurs expérimentés ayant l'habitude du vide.

2 TRAVERSÉE DE MURODŌ À TARŌBEI DAIRA

Il s'agit d'une traversée classique du nord des Alpes japonaises. Commencez sur la route alpine Tateyama-Kurobe de Toyama jusqu'à Murodō-daira, où vous passerez la nuit – ne manquez pas l'*onsen*. Ensuite, escaladez le plateau et traversez la longue crête de la montagne vers le sud, en vous arrêtant pour la nuit dans un refuge à Goshiki-ga-hara ou à Tarōbei-daira, puis terminez votre route à Oritate ou continuez vers le sud en direction de Shin-Hotaka Onsen ou même de Kamikōchi.

3 SUR LES HAUTEURS DE KAMIKŌCHI : LE YARIGA-TAKE ET LE HODAKA

Kamikōchi est une réserve alpine entourée de hauts sommets de chaque côté. Contrairement à Murodō-daira, elle se trouve au pied des montagnes. Vous aurez la possibilité de faire des randonnées agréables le long de l'Azusa-gawa dans la vallée ou d'escalader les pics rocheux qui la dominent. L'itinéraire qui traverse la chaîne du Hodaka pour grimper jusqu'au sommet de Yariga-take (3 180 m) est un grand classique.

jardin prisé pour les mariages, restaurants français et japonais. Le Grand Spa possède l'eau la plus alcaline de la région.

Bamboo Coffee Bar Café ¥

(☎0261-85-0901 ; www.bamboohakuba.com ; ⏰8h-18h ; 📶 📋). Sur la gauche en sortant de la gare JR de Hakuba, ce superbe café moderne sert de délicieux cafés, gâteaux et paninis. La musique douce, le personnel chaleureux et le Wi-Fi gratuit (réservé aux clients) en font un endroit idéal pour se connecter et se repérer.

Où prendre un verre et sortir

Tanuki's Bar

(タヌキズ ; ☎090-7202-9809 ; 6350-3 Hokujo ; ⏰12h-tard jeu-mar). Sur la droite en sortant de la gare JR de Hakuba, ce petit bar sert de bons burgers et d'autres plats de restauration rapide dans une atmosphère accueillante. Billard, jeu de fléchettes et baby-foot gratuit au 2e niveau.

Happō-ike

MASAYUKI/SHUTTERSTOCK ©

The Pub Pub

(☎0261-72-4453 ; www.thepubhakuba.com ; ⏰16h30-tard ; @📶). L'unique pub anglais du village est aménagé dans un chalet suisse à l'intérieur de l'hôtel Momonoki. Grand et branché, l'établissement propose une *happy hour* quotidienne, Internet et le Wi-Fi gratuits.

Hakuba Bike Bar Bar

(白馬バイクバー ; www.bikebar-hakuba.com). Sympathique bar en sous-sol à l'éclairage disco, situé dans la station Hakuba Goryū, à 10 minutes à pied des télécabines Sky 4. L'ambiance y est décontractée, tout comme le personnel. Billards, projections familiales en début de soirée (films de ninjas) et karaoké.

Renseignements

Centre d'information sur l'hébergement de Hakuba (白馬宿泊情報センター ; Hakuba Shukuhaku Jōhō Sentā ; ☎0261-72-6900 ; www.hakuba1.com/english ; ⏰7h-18h). Situé à droite de la gare de Hakuba, ce centre fournit des renseignements, des cartes et de l'aide pour se loger.

Office du tourisme de Hakuba (白馬村観光案内所 ; ☎0261-72-3232 ; www.vill.hakuba.nagano.jp/english ; ⏰8h30-17h30). En face de la gare de Hakuba, ce bureau fournit des cartes et des brochures liées aux activités touristiques de la région. Le site recense les informations utiles pour l'hiver mais aussi les horaires et tarifs des télécabines en été.

Depuis/vers Hakuba

Hakuba est reliée à Matsumoto par la ligne JR Ōito (*tokkyū*, 2 320 ¥, 1 heure ; *futsū*, 1 140 ¥, 1 heure 30). Pour continuer vers le nord, changez de train à Minami Otari afin de récupérer la ligne JR Hokuriku à Itoigawa.Le charmant trajet à bord d'un train à deux voitures de Minami Otari à Itoigawa dure 1 heure : il y a des correspondances pour Niigata, Toyama et Kanazawa.

Un train direct circule quotidiennement (Super Azusa n°3) entre Shinjuku et Hakuba, via Matsumoto (*tokkyû* 7 780 ¥, 4 heures). Il part de Shinjuku à 7h30 et repart de Hakuba à 14h38.

Des bus Alpico partent de la gare de Nagano (1 600 ¥, environ 1 heure 10) et de Shinjuku Nishi-guchi, à Tōkyō (4 850 ¥, 4 heures 30) ; il y a aussi des bus "Ninja" directs depuis l'aéroport de Narita (à partir de 9000 ¥). Plus d'informations sur www.alpico.co.jp/traffic/express/narita_hakuba/en.

Matsumoto 松本

☎0263 / 243 000 HABITANTS

Entourée par sept grands pics à l'ouest (notamment par le Yariga-take, le Hotaka-dake et le Norikura-dake, tous à plus de 3 000 m) et trois sommets plus petits à l'est (dont le bel Utsukushi-ga-hara-kōgen), Matsumoto occupe une zone protégée dans une vallée fertile qui s'étend sur 20 km en son point le plus large. La vue sur les majestueuses Alpes japonaises n'est jamais bien loin et les couchers du soleil sont éblouissants.

Anciennement appelée Fukashi, la deuxième plus grande ville de la préfecture de Nagano fut fondée au VIIIe siècle. Aux XIVe et XVe siècles, elle était la place forte du clan Ogasawara. Elle a continué à prospérer durant la période d'Edo et jusqu'à nos jours.

Aujourd'hui, c'est l'une des plus jolies villes du Japon, un lieu attrayant et cosmopolite que ses résidents et visiteurs apprécient pour son château, ses jolies rues, ses galeries, ses cafés et les ravissants paysages alentour. Les hébergements de qualité à des prix corrects et l'excellente facilité d'accès à la ville et à ses environs font de Matsumoto une base idéale pour explorer les Alpes japonaises et les vallées de Kiso et d'Azumino.

À voir et à faire

Matsumoto-jō — Château

(松本城 ; ☎0263-32-9202 ; 4-1 Marunōchi ; adulte/enfant 610/310 ¥ ; ⏲8h30-17h début sept à mi-juil, 8h30-18h mi-juil à août). Incontournable, Matsumoto-jō est le plus ancien château en bois du Japon et l'un des quatre châteaux classés trésors nationaux – les autres étant Hikone, Himeji et Inuyama. Son étonnant donjon noir et blanc à trois tourelles, achevé vers 1595, lui valut le surnom de Karasu-jō (château du Corbeau). Un escalier raide conduit au sommet, offrant une vue superbe et des objets historiques à chaque étage. Ne manquez pas le *tsukimi yagura* (pavillon d'observation de la Lune), récemment restauré. Le **Goodwill Guide Group** (☎0263-32-7140) propose des visites gratuites (1 heure) sur réservation.

Le ticket d'entrée inclut l'entrée au musée municipal de Matsumoto.

Ancienne école Kaichi — Musée

(旧開智学校, Kyū Kaichi Gakkō ; ☎0263-32-5275 ; 2-4-12 Kaichi ; 300 ¥ ; ⏲8h30-16h30 tlj mars-nov, mar-dim déc-fév). Quelques rues au nord du château, l'ancienne école Kaichi, classée monument culturel, est la plus ancienne école primaire du Japon, fondée en 1873. Elle a été convertie en musée de l'Éducation en 1965. L'édifice est un excellent exemple d'architecture de l'ère Meiji.

Musée d'Art de Matsumoto — Musée

(松本市美術館, Matsumoto-shi Bijutsukan ; ☎0263-39-7400 ; 4-2-22 Chūō ; adulte/enfant 410/200 ¥ ; ⏲9h-17h mar-dim). Cet élégant musée expose des œuvres d'artistes natifs de Matsumoto, ou ayant trait à la ville ou à la campagne environnante. Parmi les pièces maîtresses figurent de saisissantes œuvres avant-gardistes de la mondialement célèbre Yayoi Kusama, née à Matsumuto.

NAKAMACHI

Près de la rivière Metoba-gawa, l'ancien quartier marchand de Nakamachi (中町), doté de *namako-kabe kura* (entrepôts treillissés) et de rues de la période d'Edo, est propice à une agréable balade. De nombreux édifices ont été préservés et transformés en cafés, en galeries et en boutiques d'artisanat spécialisées dans le bois, le verre, le tissu, les céramiques et les objets anciens.

Nawate-dōri — Rue

(縄手道り). À quelques rues du château, Nawate-dōri est un endroit agréable pour une balade. Les vendeurs de cette promenade en bord de rivière proposent des objets anciens, des souvenirs et de délicieuses *taiyaki* (gaufres fourrées en forme de carpe) aux divers parfums. Remarquez la grande statue de grenouille, près du pont.

Musée de l'Horloge de Matsumoto — Musée

(松本市時計博物館, Matsumoto-shi Tokei Hakubutsukan ; ✆0263-36-0969 ; 4-21-15 Chūō ; tarif plein/étudiant 300/150 ¥ ; ⏲9h-17h mar-dim). Accueillant la plus grande pendule du Japon (à l'extérieur du bâtiment) et plus de 300 autres horloges, dont de fascinantes créations médiévales japonaises, ce musée illustre la passion nippone du *monozukuri* (l'art de créer).

Nawate-dōri

KORKUSUNG/SHUTTERSTOCK ©

DANS LES ENVIRONS

Au nord-est du centre-ville de Matsumoto, **Utsukushi-ga-hara Onsen** (美ヶ原温泉, à ne pas confondre avec Utsukushi-ga-hara-kōgen), est un joli village thermal doté d'une grand rue pittoresque et offrant une vue sur la vallée. **Asama Onsen** (浅間温泉), dont l'histoire remonterait au Xᵉ siècle et serait liée à des écrivains et à des poètes, semble plutôt ordinaire aujourd'hui. Ces deux localités sont faciles à rejoindre en bus depuis la gare routière de Matsumoto.

À l'est de Matsumoto, le superbe plateau alpin de **Utsukushi-ga-hara-kōgen** (美ヶ原高原 ; 2 000 m) regroupe plus de 200 espèces végétales en été. C'est une destination d'excursion intéressante depuis Matsumoto ; on le rejoint par des routes sinueuses et spectaculaires baptisées Azalée et Vénus (ouvertes de fin avril à début novembre). La voiture procure toute liberté d'explorer ces splendeurs, mais un bus circule aussi en saison (1 500 ¥ aller, 1 heure 30).

Musée en plein air d'Utsukushi-ga-hara — Musée

(美ヶ原美術館, Utsukushi-ga-hara Bijutsukan ; ✆0263-86-2331 ; utsukushi-oam.jp ; tarif plein/enfant/étudiant 1 000/700/800 ¥ ; ⏲9h-17h fin avr à début nov). Sur l'Utsukushi-ga-hara-kōgen, ce jardin rassemble quelque 350 sculptures, pour la plupart œuvres d'artistes japonais. La campagne alentour se révèle un cadre magnifique, où faire d'agréables balades et regarder paître les vaches (véritable source de fascination au Japon). Des bus (1 500 ¥, 1 heure 30) circulent plusieurs fois par jour en été, mais mieux vaut louer une voiture si les routes sinueuses ne vous effraient pas.

Musée des Ukiyo-e du Japon — Musée

(日本浮世絵美術館 ; **www.japan-ukiyoe-museum.com ; 2206-1 Koshiba ; adulte/enfant 1 200/600 ¥ ; 10h-17h mar-dim).** Ce célèbre musée privé recèle plus de 100 000 estampes, peintures, paravents et livres anciens, mais n'expose qu'une infime partie de sa collection, par roulement. Il se trouve à environ 3 km de la gare de Matsumoto et à 15 minutes à pied de la gare d'Ōniwa, sur la ligne Matsumoto Dentetsu (180 ¥, 6 minutes). Comptez 2 000 ¥ environ en taxi.

Musée d'Architecture en plein air de Matsumoto — Musée

(松本市歴史の里, **Matsumoto-shi Rekishi-no-sato ; 0263-47-4515 ; 2196-1 Shimadachi ; adulte/enfant 400/300 ¥ ; 9h-16h30 mar-dim).** À côté du musée des Ukiyo-e (ci-dessus), parmi les champs et les rizières, vous pourrez découvrir cinq exemples de l'étonnante architecture de la fin de la période d'Edo et du début de l'ère Showa. Ce musée en plein air se trouve à 3 km environ de la gare JR de Matsumoto et à 15 minutes à pied de la gare d'Ōniwa, sur la ligne Matsumoto Dentetsu (180 ¥, 6 minutes). En taxi, comptez 2 000 ¥ environ.

Fêtes

Les habitants adorent faire la fête ! Il y a toujours une manifestation au programme dans les environs.

Matsumoto-jō Sakura Matsuri — Culture

Trois jours après la floraison complète des cerisiers (début avril), le château et ses *sakura* (cerisiers) sont illuminés de manière spectaculaire, et l'entrée dans l'enceinte est gratuite.

Matsumoto Bonbon — Parade

Le plus grand événement de Matsumoto a lieu le premier samedi d'août. Plus de 25 000 personnes de tous âges exécutent la danse *bonbon* dans les rues, jusque tard dans la nuit. Laissez-vous porter !

Asama Onsen Taimatsu Matsuri — Défilé

Vers le début du mois d'octobre, Asama Onsen accueille une fête du feu spectaculaire et débridée. Des groupes d'hommes, de femmes et d'enfants, hurlant "wa-sshoi !" tel un mantra, transportent des bottes de foin enflammées dans les rues étroites jusqu'à un énorme feu de joie au Misha-jinja.

Où se loger

Matsumoto étant assez compacte, on peut loger dans le centre-ville et se déplacer facilement. La plupart des *business hotels* sont situés près de la gare. Le pittoresque quartier de Nakamachi recèle quelques beaux hébergements traditionnels.

Matsumoto Backpackers — Auberge de jeunesse ¥

(**0263-31-5848 ; matsumotobp.com/en ; Shiraita 1-1-6 ; dort 3 000 ¥ par pers ;).** Près de la rivière, à quelques minutes de marche de la gare JR de Matsumoto, ce nouvel établissement propre et sympathique dispose des dortoirs les moins chers et les mieux situés de la ville.

Marunouchi Hotel — Hôtel ¥¥

(丸の内ホテル ; **0263-35-4500 ; matsumoto-marunouchi.com/eng ; 3-5-15 Ōte ; s/d à partir de 6 600/9 000 ¥ ;).** Difficile de prendre en défaut ce nouvel hôtel occupant un emplacement d'exception près du château. Les chambres, à prix juste, sont élégantes et confortables ; les "deluxe" sont d'une taille approchant les normes occidentales (27 m^2) ; les chambres standards sont plus compactes mais moins chères. Les suites sont appréciables pour qui recherche un séjour haut de gamme. Certaines chambres donnent même sur le château.

Nunoya — Auberge ¥¥

(ぬのや旅館 ; **0263-32-0545 ; www.mcci.or.jp/www/nunoya/en ; 3-5-7 Chūō ; ch à partir de 4 500 ¥).** Cette modeste auberge traditionnelle a beaucoup de cachet. Particulièrement bien tenu par son

Ci-dessous : détail d'une *ukiyo-e* (estampe sur bois) ;
à droite : Matsumoto-jō (p. 177)

chaleureux propriétaire, l'établissement, impeccable, renferme des parquets cirés, de ravissantes chambres avec tatamis et des salles de bains communes. Aucun repas n'est servi mais il y a de quoi se restaurer dans le quartier. Les tarifs sont exceptionnels pour un hébergement doté d'autant de caractère.

Seifūsō Ryokan ¥¥

(静風荘 ; ☎ 0263-46-0639 ; www.ryokanseifuso.jp/english ; 634-5 Minami-asama ; s/d à partir de 3 990/8 280 ¥ ; P @). La navette (sur réservation) et les vélos gratuits compensent la proximité de l'auberge avec Asama-onsen plutôt que Matsumoto. La chaleureuse famille de propriétaires aime à accueillir des clients occidentaux. Les chambres de style japonais, propres et lumineuses, ont une belle vue. Bains communs. Sur place, prendre le bus n°2 pour retourner dans le centre.

Marumo Ryokan ¥¥

(まるも ; ☎ 0263-32-0115 ; www.avis.ne.jp/ ~marumo/index.html ; 3-3-10 Chūō ; ch 5 250 ¥/pers ; wifi). Entre Nakamachi et la rivière, ce *ryokan* en bois de 1868 possède beaucoup de charme traditionnel, un jardin de bambous et un café. Apprécié malgré la taille réduite des chambres et les salles de bains communes : mieux vaut donc réserver.

Ohgatou Hotel Hôtel ¥¥¥

(王ヶ頭ホテル ; ☎ 0263-31-2751 ; www.ougatou.jp ; Utsukushi-ga-hara-kōgen ; d par pers avec 2 repas à partir de 15 000 ¥). Passer une nuit dans cet hôtel isolé au sommet du magnifique plateau d'Utsukushi-ga-hara-kōgen est des plus mémorables. Les chambres sont somptueuses, confortables et à prix raisonnables pour la qualité. Des suites surdimensionnées comportent des salles de bains sublimes donnant sur le plateau et la barrière de nuages : on croit s'éveiller au septième ciel.

Sugimoto Ryokan ¥¥¥

(旅館すぎもと ; ☎0263-32-3379 ; ryokan-sugimoto.com ; 451-7 Satoyamabe ; ch à partir de 15 000 ¥ ; ❄📶 ; 🚌ligne Utsukushi-ga-hara Onsen, ligne nord du "Town Sneaker"). Le seul inconvénient de ce luxueux *ryokan* d'Utsukushi-ga-hara Onsen est qu'on n'y parle que japonais. Cet établissement unique possède quelques fascinants éléments, comme une collection d'art, un passage souterrain et un bar rempli de whiskies single malts. De tailles et de décorations variées, les chambres dégagent toutes une élégance subtile. Excellente cuisine.

Où se restaurer et prendre un verre

Pour un café et un gâteau, arrêtez-vous dans l'un des cafés qui bordent les berges de la Metoba-gawa et Nawate-dōri.

Delhi Curry ¥

(デリー ; ☎0263-35-2408 ; 2-4-13 Chūō ; riz au curry 650-850 ¥ ; 🕐11h30-18h jeu-mar ; 📋). Depuis 1970, cette petite adresse familiale, parmi nos favorites, sert de délicieux riz au curry (façon japonaise) dans un bel entrepôt ancien près de la rivière. Si vous aimez le *tonkatsu*, essayez le *katsu karē* (850 ¥). Bon marché et atmosphère joyeuse.

Kane Taïwanais ¥

(香根 ; ☎0263-36-1303 ; 2-8-5 Ōte ; plats 700-900 ¥ ; 🕐17h30-2h ; ✍📋). Ce modeste restaurant taïwanais près du château sert de savoureux légumes, soupes épicées et nouilles, ainsi que des classiques de la cuisine chinoise à des prix raisonnables. Menu illustré.

Nomugi Nouilles ¥¥

(野麦 ; ☎0263-36-3753 ; 2-9-11 Chūō ; soba 1 100 ¥ ; 🕐11h30-17h jeu-lun ; ✍). À Nakamachi, voici l'une des meilleures échoppes de *soba* du centre du Japon. Son propriétaire dirigeait un restaurant français à Tōkyō avant de revenir dans sa ville natale. On y sert deux plats, le *zaru-soba* et le *kake-soba*, et de la bière.

Shizuka Izakaya ¥¥
(しづか ; ☎0263-32-0547 ; 4-10-8 Ōte ; assiettes à partir de 480 ¥ ; ⏲12h-23h lun-sam ; 📄). Cet *izakaya* traditionnel sert les classiques *oden* et yakitoris, ainsi que des spécialités plus originales.

Old Rock Pub
(オールドロック ; ☎0263-38-0069 ; 2-30-20 Chūō ; plats à partir de 750 ¥ ; ⏲11h30-14h30 et 18h-minuit). Idéalement situé, à un pâté de maisons au sud de la rivière, face à Nakamachi, ce pub apprécié sert de bonnes formules au déjeuner et un large choix de bières.

Sorpresa Bar
(ソルプレーサ ; ☎0263-37-0510 ; Hotel Buena Vista 14F, 1-2-1 Honjō ; ⏲17h30-minuit). Ce bar chic, situé au dernier étage du Buena Vista Hotel, jouit d'une vue imprenable. C'est aussi un restaurant français mais on peut y prendre un simple verre.

ℹ Renseignements

Hormis le lacis de ruelles un peu confus qui débouche sur la gare ferroviaire, le reste de la ville suit un plan en damier. La plupart des sites d'intérêt locaux sont à moins de 20 minutes à pied de la gare.

Visitez le site welcome.city.matsumoto.nagano.jp/fr/

Office du tourisme (松本市観光案内所 ; ☎0263-32-2814 ; 1-1-1 Fukashi ; ⏲9h30-17h45). L'excellent office du tourisme, situé dans la gare JR de Matsumoto, propose de nombreux documents bien faits en anglais sur la région. Personnel anglophone chaleureux.

ℹ Depuis/vers Matsumoto

Avion

L'aéroport Shinshū Matsumoto dessert Fukuoka, Ōsaka et Sapporo.

Bus

Des **bus Alpico** circulent entre Matsumoto et Shinjuku, à Tōkyō (3 400 ¥, 3 heures 15, 24/jour), Ōsaka (5 850 ¥, 5 heures 45, 2/jour, et un service de nuit plus long), et Nagoya (3 600 ¥, 3 heures 30, 10/jour). Une ligne **Nohi Bus** dessert Takayama (3 900 ¥, 2 heures 30, au moins 6/jour). Les réservations sont conseillées. La **gare routière de Matsumoto** se trouve au sous-sol du bâtiment ESPA, en face de la gare JR de Matsumoto.

Train

Matsumoto est reliée à la gare de Shinjuku, à Tōkyō (*tokkyū*, 6 380 ¥, 2 heures 45, toutes les heures), à Nagoya (*tokkyū*, 5 510 ¥, 2 heures) et à Nagano (Shinano *tokkyū*, 2 320 ¥, 50 minutes ; Chūō *futsū*, 1 140 ¥, 1 heure 15). Des trains directs, peu fréquents, desservent aussi Ōsaka (*tokkyū* 8 850 ¥, 4 heures 30).

Voiture

Louer une voiture se révèle un excellent moyen de découvrir les alentours, mais les routes sont étroites et sinueuses. Plusieurs agences de location sont situées près de la gare. Comptez autour de 6 500 ¥/jour.

Yakitoris (brochettes de légumes et de poulet grillés)
MIXA/GETTY IMAGES ©

Comment circuler

Le château et le centre-ville se parcourent aisément à pied. Renseignez-vous à l'office du tourisme pour emprunter un vélo. Trois lignes de bus circulaires ("town sneaker") circulent entre 9h et 17h30 (200/500 ¥ par trajet/jour). Les lignes bleues et orange desservent le château et Nakamachi.

Une navette relie l'aéroport Shinshū Matsumoto au centre-ville (600 ¥, 25 minutes). Comptez environ 5 000 ¥ en taxi.

Nakasendō (vallée de Kiso) 木曽谷中仙道

☎0264

La Nakasendō, sinueuse et escarpée, était l'une des cinq grandes routes de la période d'Edo, qui reliaient Edo (actuelle Tōkyō) à Kyōto. Des routes nationales s'étirent désormais sur la majeure partie de son tracé, mais plusieurs sections ont été soigneusement restaurées dans la zone densément boisée de la vallée de Kiso. La plus impressionnante est la portion de 7,8 km entre Magome et Tsumago, deux des villes les plus attrayantes du secteur. Suivre la Nakasendō à pied compte au nombre des expériences mémorables que vous réserve le Japon.

En séjournant dans l'une des villes de la route historique, vous pourrez profiter des lieux après le départ des visiteurs venus pour la journée. Dans la rue, vous vous régalerez de *gohei-mochi* (brochettes de boulettes de riz enrobées de sauce au sésame et aux noix). En automne, les *kuri-kinton* (boulettes de châtaignes) sont incontournables.

MAGOME 馬篭

Dans le Gifu-ken, la jolie Magome est la plus méridionale des villes de la vallée de Kiso. Ses édifices bordent une rue piétonne pavée et abrupte (difficile à parcourir avec une lourde valise à roulettes), dotée de jolies devantures de boutiques rustiques et donnant sur la montagne.

La marche de 7,8 km entre Magome et Tsumago suit une route abrupte, essentiellement goudronnée, qui culmine au col de Magome-tōge (801 m). Après ce col, le chemin, jalonné de cascades, traverse une forêt et des terres cultivées. La marche est plus facile en allant de Magome (600 m) à Tsumago (420 m d'altitude). Le parcours est bien balisé en anglais. Prévoyez entre 3 et 6 heures pour en profiter pleinement.

Autre option : emprunter le bus Magome-Tsumago (600 ¥, 30 minutes, 2-3/jour dans chaque direction) qui s'arrête aussi au Magome-tōge. En descendant ici, il ne vous restera plus que 5,2 km de marche jusqu'à Tsumago.

Pour les randonneurs, Magome et Tsumago proposent un service pratique de transport de bagages entre leurs offices du tourisme respectifs. Déposez vos sacs entre 8h30 et 11h30 pour une livraison vers 13h.

Où se loger et se restaurer

Minshuku Tajimaya Minshuku ¥¥
(民宿但馬屋 ; ☎0264-69-2048 ; www.kiso-tajimaya.com ; 4266 Magome ; s/d en demi-pension 9 720/17 280 ¥ ; 🚭❄📶). Agréable auberge historique aux chambres compactes et aux salles de bains à l'emplacement peu pratique. Impressionnante variété de spécialités locales servies dans la salle commune. Superbes bains en bois de *hinoki* (cyprès) et personnel chaleureux.

Magome-Chaya Minshuku ¥¥
(馬籠茶屋 ; ☎0264-59-2038 ; en.magomechaya.com ; 4296 Magome ; ch en demi-pension à partir de 7 980 ¥/pers). *Minshuku* apprécié, quasi à mi-chemin du sommet de la colline, près de la roue à aubes. Hébergement sans repas possible.

Renseignements

Centre d'information touristique
(観光案内館 ; ☎0264-59-2336 ; ⏲9h-17h). Assez mal situé à mi-hauteur sur la colline, à droite. Service de transport de bagages à Tsumago.

TSUMAGO 妻籠

La ville, qui ne va pas sans rappeler un musée en plein air, se traverse en un quart d'heure environ. Elle fut classée zone protégée par le gouvernement afin d'en préserver l'architecture traditionnelle. Aucun élément moderne, tels des poteaux téléphoniques, n'en vient gâcher le paysage. Le bois sombre des édifices aux façades treillissées révèle toute sa beauté à l'aube et au crépuscule. La ville accueille souvent des équipes de TV et de cinéma.

Le 23 novembre, la parade **Fuzoku Emaki** a lieu sur la route Nakasendō à Tsumago. Les habitants défilent alors en costume de la période d'Edo.

À voir et à faire

Waki-honjin (Okuya) et musée d'Histoire locale Musée

(脇本陣（奥谷）・歴史資料館 Rekishi Shiryōkan ; adulte/enfant 600/300 ¥ ; 9h-17h). Ancienne halte destinée aux serviteurs des daimyos, le Waki-honjin fut reconstruit en 1877 par un ancien bâtisseur de châteaux que la politique antiféodale de l'empereur Meiji avait forcé à se reconvertir. Il renferme un ravissant jardin de mousse et des toilettes construites en cas de visite du souverain, qui ne vint jamais. Le musée d'Histoire locale adjacent abrite de belles pièces relatives à la vallée de Kiso et au Nakasendō, et quelques explications en anglais.

Tsumagojuku-honjin Édifice historique

(妻籠宿本陣 ; adulte/enfant 300/150 ¥ ; 9h-17h). Les daimyos, eux, passaient la nuit ici. L'architecture du lieu se révèle plus intéressante que les expositions qu'il abrite. Un ticket combiné (adulte/enfant 700/350 ¥) donne accès également au Waki-honjin et au musée d'Histoire locale, en face.

Kisoji Resort Onsen

(木曽路館, Kisoji-kan ; 0264-58-2046 ; 2278 Azuma ; bains 700 ¥ ; 9h-19h). À quelques kilomètres au-dessus de Tsumago se trouve ce *rotemburo* avec vue panoramique sur les montagnes, vaste salle à manger et boutique de souvenirs.

Tsumago

Où se loger et se restaurer

Oyado Daikichi Minshuku ¥¥
(御宿大吉 ; ☎0264-57-2595 ; ch en demi-pension à partir de 8 600 ¥/pers ;). Appréciée des visiteurs étrangers, cette auberge d'allure traditionnelle, aux abords de la ville, est en fait une construction moderne installée sur un emplacement de choix au sommet de la colline. Toutes les chambres ont une jolie vue.

Fujioto Ryokan ¥¥
(藤乙 ; ☎0264-57-3009 ; www.tsumago-fujioto.jp ; ch en demi-pension à partir de 10 800 ¥/pers ;). Le propriétaire de cette modeste et accueillante auberge a des connaissances en anglais, français, italien et espagnol. L'endroit est idéal pour une première expérience en *ryokan* car la plupart des employés peuvent expliquer les choses, notamment pendant le superbe dîner *kaiseki*, servi dans la salle à manger. À l'étage, les chambres situées dans les angles offrent une jolie vue. On peut aussi simplement y déjeuner ; essayez la truite de la vallée de Kiso (*tei-shoku* 1 350 ¥).

Yoshimura-ya Nouilles ¥
(吉村屋 ; ☎0264-57-3265 ; plats 700-1 500 ¥ ; 10h-17h ;). Après une longue marche, arrêtez-vous pour les *soba* maison.

Renseignements

Office du tourisme (観光案内館 ; ☎0264-57-3123 ; www.tumago.jp/english ; 2159-2 Azuma ; 8h30-17h). Dans le centre-ville, à côté de l'antique cabine téléphonique, l'office du tourisme distribue de la documentation en anglais. On y parle un peu anglais et l'on peut vous orienter.

Depuis/vers Tsumago

La gare de Nagiso, sur la ligne JR Chūō, desssert Tsumago, mais est assez éloignée de la ville. Quelques *tokkyū* s'arrêtent quotidiennemnt à Nagiso (depuis Nagoya 2 840 ¥, 1 heure) ; autrement, il faut changer à la gare de Nakatsugawa (Magome) (*futsū* 320 ¥, 20 minutes).

Des bus peu fréquents circulent entre Magome et Tsumago (600 ¥, 25 minutes), via le Magome-tōge.

Des bus circulent entre Tsumago et la gare de Nagiso (270 ¥, 10 minutes, 8/jour).

KISO-FUKUSHIMA 木曽福島

Au nord de Tsumago et de Magome, Kiso-Fukushima est plus grande et bien plus développée. Son importance historique en tant que poste de contrôle sur la Nakasendō et sa situation en bord de rivière en font une plaisante étape pour déjeuner sur la route de Matsumoto.

En sortant de la gare, tournez à droite et descendez vers le centre-ville et la Kiso-gawa. Les sites touristiques sont bien indiqués. **Ue-no-dan** (上の段), le quartier historique, est composé de jolies demeures reconverties en boutiques.

À voir

Poste de contrôle de Fukushima Musée
(福島関所跡 Fukushima Sekisho-ato ; adulte/enfant 300/150 ¥ ; 8h-17h avr-oct, 8h30-16h nov-mars). Il s'agit de la reconstruction de l'un des plus importants postes de contrôle des routes de la période d'Edo. Depuis son emplacement dominant la vallée, on comprend aisément l'importance stratégique de cette barrière. À l'intérieur sont présentés les éléments utilisés pour maintenir l'ordre, notamment des armes et des *tegata* (laissez-passer en bois).

Où se restaurer

Kurumaya Honten Nouilles ¥
(くるまや本店 ; ☎0264-22-2200 ; 5367-2 Kiso-machi Fukushima ; plats 630-1 575 ¥ ; 10h-17h jeu-mar ;). L'une des échoppes de *soba* les plus réputées du Japon sert des classiques : *mori* (simple) ou *zaru* (avec lamelles d'algues *nori*) froids accompagnés d'une sauce douce. Elle se trouve près du premier pont au pied de la colline.

La route alpine Tateyama-Kurobe

De mi-avril à mi-novembre, la Route alpine Tateyama-Kurobe (立山黒部アルペンルート), populaire route saisonnière de 90 km, relie Tateyama (préfecture de Toyama) à Shinano-ōmachi (préfecture de Nagano).

On la suit indifféremment dans un sens ou dans l'autre ; nous vous suggérons plutôt d'aller de Kanazawa/Toyama à Matsumoto. Vous trouverez tous les détails sur www.alpen-route.com/english.

Le prix pour l'itinéraire complet est de 10 850 ¥ aller ou 18 260 ¥ aller-retour ; des tickets pour des sections séparées sont également disponibles. Comptez au moins 6 heures aller. Si vous partez de Toyama et n'allez pas jusqu'à Matsumoto, vous trouverez peut-être suffisant de vous faire ramener jusqu'à Murodō (6 710 ¥), point culminant de l'itinéraire (2 450 m).

Partez avant 9h de la gare Dentetsu Toyama en prenant le train régional Toyama Chihō pour **Tateyama** (1 200 ¥, 1 heure). La première étape de la route est le téléphérique montant jusqu'à **Bijodaira** (美女平 ; 7 minutes).

L'ascension se poursuit par un trajet en bus jusqu'à **Murodō** (室堂 ; 50 minutes) passant par le spectaculaire plateau alpin de **Midagahara Kōgen**. À 10 minutes de marche de Murodō se trouve l'étang **Mikuri-ga-ike** (みくりが池), où vous découvrirez l'*onsen ryokan* (www.mikuri.com/english) le plus élevé du pays. Continuez encore 20 minutes jusqu'à l'**onsen de Jigokudani** ("sources chaudes de la vallée de l'enfer") – ici, ne prenez pas de bain, car l'eau est bouillante ! À l'est, on peut effectuer une randonnée escarpée (2 heures) jusqu'au pic **O-yama** (推山 ; 3 003 m) pour admirer une vue magnifique.

Montez dans le trolleybus qui franchit le tunnel sont le mont Tateyama pour rejoindre **Daikanbō** (3,7 km ; 10 minutes). Le téléphérique de Tateyama qui vous conduit 488 m plus bas à **Kurobe-daira** (7 minutes) vous offre une vue sensationnelle sur la vallée en contrebas. L'étape suivante est le funiculaire souterrain Kurobe jusqu'à **Kurobeko** (840 ¥, 5 minutes). En sortant de terre, on aperçoit l'énorme **barrage de Kurobe**.

Ensuite, des trolleybus (16 minutes) vous acheminent, via un tunnel de 5,8 km, jusqu'à **Ogizawa**, terme de votre périple. Un dernier bus vous conduit à la **gare de Shinano-ōmachi** (40 minutes, altitude 712 m).

Renseignements

Office du tourisme (木曽町観光協会, Kiso-machi Kankō Kyōkai ; ☎0264-22-4000 ; 2012-10 Kiso-machi, Fukushima ; ⌚9h-16h45). Face à la gare, les aimables employées distribuent des cartes en anglais, mais apprécient quelques connaissances en japonais.

Depuis/vers Kiso-Fukushima

Sur la ligne JR Chūō (*Shinano tokkyū*), Kiso-Fukushima est facilement accessible depuis Matsumoto (2 150 ¥, 38 minutes), Nakatsugawa (2 150 ¥, 34 minutes) et Nagoya (4 100 ¥, 1 heure 30).

NARAI 奈良井

Moins connue que d'autres villes de la Nakasendō mais non moins importante, Narai est l'une de nos localités favorites. Dissimulée dans une étroite vallée, autrefois appelée "Narai aux mille maisons", elle prospéra durant la période d'Edo, quand sa proximité avec le plus haut col de la Nakasendō en fit une étape prisée des voyageurs. Aujourd'hui, c'est un site classé. Son artère principale préservée est ponctuée de beaux exemples d'architecture de la période d'Edo.

Narai est connue pour ses *shikki* (objets en laque). Vous y trouverez des boutiques de souvenirs de qualité (prix raisonnables).

À voir

Maison Nakamura Édifice historique
(中村邸 ; ☎0264-34-2655 ; adulte/enfant 300 ¥/gratuit ; 🕘9h-16h). Cette ancienne demeure de négociant et son jardin bien préservés semblent avoir été figés dans le temps.

Où se loger et se restaurer

Echigo-ya Ryokan ¥¥
(ゑちごや旅館 ; ☎0264-34-3011 ; www.naraijyuku-echigoya.jp ; 493 Narai ; ch en demi-pension à partir de 15 660 ¥/pers). Ouvert depuis plus de 220 ans, ce charmant *ryokan* tenu en famille est exceptionnel. Avec ses deux seules chambres, il offre une occasion unique d'expérimenter l'hospitalité japonaise dans sa forme la plus authentique. Préparez-vous à remonter le temps. Quelques rudiments de japonais permettront de profiter au maximum de l'aventure. Réservez bien à l'avance. Paiement en espèces uniquement.

Oyado Iseya Minshuku ¥¥
(御宿伊勢屋 ; ☎0264-34-3051 ; www.oyado-iseya.jp ; 388 Narai ; ch en demi-pension à partir de 9 500 ¥/pers). Cette ancienne demeure de négociant, à la façade joliment préservée, fut bâtie en 1818. Aujourd'hui, les 10 chambres de cette agréable auberge sont distribuées entre la maison principale et un bâtiment récent situé à l'arrière.

Matsunami Shokudō ¥
(松波 ; ☎0264-34-3750 ; 397-1 Narai ; menus à partir de 850 ¥ ; 🕘11h30-20h mer-lun). Ce ravissant petit restaurant, situé à un angle de rue, sert des classiques simples comme le *tonkatsu-don* (porc pané sur un bol de riz) accompagné d'une sauce spéciale.

Route alpine Tateyama-Kurobe

JTB PHOTO/UIG/GETTY IMAGES ©

Renseignements

Office du tourisme (奈良井宿観光協会 ; ✆0264-54-2001 ; www.naraijuku.com). Dans la gare de Narai, il distribue quelques brochures en anglais et une carte. On y parle un peu anglais.

Depuis/vers Narai

Narai, sur la ligne JR Chūō, n'est desservie que par les trains *futsū* (locaux). La visite des sites prend entre une et trois heures, la ville est donc idéale pour une excursion d'une journée depuis Matsumoto (580 ¥, 50 minutes), mais on peut également y passer une paisible soirée. De Nagoya, changez de train à Nakatsugawa (1 320 ¥, 1 heure 30) ou à Kiso-Fukushima (410 ¥, 20 minutes).

PRÉFECTURE D'ISHIKAWA

Composée des anciens fiefs de Kaga et de Noto, la préfecture d'Ishikawa (石川県 ; Ishikawa-ken) allie sites culturels et historiques et paysages naturels. Kanazawa, capitale du Kaga et siège du pouvoir du clan Maeda de 1583 à la Restauration de Meiji en 1868, possède une architecture traditionnelle et l'un des jardins les plus célèbres du Japon. Au nord, la péninsule de Noto (Noto-hantō) dévoile de vastes paysages marins et de paisibles villages de pêcheurs. Le parc national de Hakusan, proche de la pointe méridionale de la préfecture, est propice à la randonnée. Le site www.hot-ishikawa.jp fournit une belle vue d'ensemble.

Kanazawa 金沢

✆076 / 462 360 HABITANTS

Les divers sites culturels font de Kanazawa l'atout de la région du Hokuriku. Surtout connue pour le Kenroku-en (XVIIe siècle), l'un des plus beaux jardins du pays, elle compte aussi des quartiers joliment préservés, où résidaient jadis samouraïs et geishas, de ravissants temples et quantité de musées. Deux ou trois jours sur place permettent de faire le tour de la ville.

À voir et à faire

Kanazawa est une ville étendue traversée en son centre par deux rivières presque parallèles. La plupart des secteurs intéressants sont éloignés du quartier de l'immense gare JR de Kanazawa, où débarquent la plupart des visiteurs. Avec l'arrivée récente de la ligne Hokuriku du *shinkansen*, ce quartier est devenu une véritable ruche. C'est également ici que se trouve le terminus de l'important réseau de bus de la ville, lequel peut paraître un peu confus à première vue.

Hyakumangoku-dōri, qui se dirige vers le sud, conduit à Kōrinbō, le quartier du commerce et des affaires, puis à Katamachi, près des quais de la Sai-gawa, où l'on peut manger et sortir. Si vous logez près de la gare, notez que les services de bus s'arrêtent tôt. Comptez au moins 1 300 ¥ pour rentrer en taxi du quartier des bars et restaurants.

Teramachi et Nishi-chaya-gai sont situés de l'autre côté du pont, en face de Katamachi. Les sites d'intérêt sont principalement à l'est de Katamachi. Au nord de ces derniers, de l'autre côté de l'Asano-gawa, le joli Higashi-chaya-gai se trouve à l'ombre des nombreux temples de la colline d'Utatsuyama. En allant vers l'ouest, on revient à la gare, en passant par le marché Ōmichō – à voir absolument.

Musée D.T. Suzuki Musée

(鈴木大拙館 ; ✆076-221-8011 ; www.kanazawa-museum.jp/daisetz/english ; 3-4-20 Honda-machi ; tarif plein/senior/enfant 300/200 ¥/gratuit ; ⌚9h30-16h30 mar-dim). Ce musée spirituel rend hommage à Daisetz Teitaro Suzuki, l'un des plus grands philosophes et écrivains (en japonais et en anglais) bouddhistes contemporains, à qui l'on doit l'introduction du zen en Occident. Ces éblouissants bâtiments en béton incarnent le zen. Allez-y pour en savoir plus sur cet homme et pratiquer la contemplation près du jardin d'eau.

Parc du château de Kanazawa Édifice historique

(金沢城公園, **Kanazawa-jō Kōen ; ☎076-34-3800 ; www.pref.ishikawa.jp/siro-niwa/kanazawajou/e/index.html ; 1-1 Marunouchi ; bâtiments/parc 310 ¥/gratuit ; ⏲parc 5h-18h mars-15 oct, 6h-16h30 16 oct-fév, château 9h-16h30).** Construit en 1580, cet énorme édifice jadis surnommé "le château aux mille tatamis" hébergea le clan Maeda pendant quatorze générations jusqu'à ce le feu le détruise en 1881. L'élégante porte rescapée **Ishikawa-mon** (construite en 1788) offre une entrée théâtrale au Kenroku-en ; les orifices de sa tourelle permettaient de jeter des pierres aux envahisseurs. Deux autres bâtiments, l'**Hishi-yagura** (tourelle en forme de diamant) et le **Gojikken-nagaya** (armurerie) ont été reconstruits selon des méthodes traditionnelles en 2001. Des travaux de restauration et des fouilles archéologiques sont en cours.

Marché Ōmichō Marché

(近江町市場 ; **35 Ōmi-chō ; ⏲9h-17h).** Entre la gare de Kanazawa et Katamachi, ce marché, rappelant le Tsukiji de Tōkyō, est un dédale animé regroupant poissonniers, acheteurs et restaurateurs. L'endroit est idéal pour observer la vie quotidienne ou pour s'offrir du sashimi frais et des produits locaux. L'arrêt de bus le plus proche est Musashi-ga-tsuji.

Musée d'Art contemporain du XXIe siècle Musée

(金沢21世紀美術館 ; **☎076-220-2800 ; www.kanazawa21.jp ; 1-2-1 Hirosaka ; ⏲10h-18h mar-jeu et dim, 10h-20h ven-sam).** GRATUIT Un cylindre de verre trapu de 113 m de diamètre forme le périmètre de ce musée qui a fêté ses dix ans en 2014. L'accès au musée est gratuit, mais vous devrez payer pour voir les expositions d'artistes contemporains japonais et étrangers. Consultez le site Web en anglais du musée pour connaître l'agenda et le prix d'entrée aux expositions.

Musée du Phonographe de Kanazawa Musée

(金沢蓄音器館 ; **☎076-232-3066 ; 2-11-21 Owari-chō ; 300 ¥ ; ⏲10h-17h).** Un musée regroupant des phonographes et des vinyles d'autrefois. Vous pourrez assistez à des démonstrations quotidiennes à 11h, 14h et 16h.

HIGASHI-CHAYA-GAI

Juste au nord de l'Asano-gawa, Higashi-chaya-gai (quartier des geishas) est une enclave de rues étroites, établie au XIXe siècle pour loger les geishas qui divertissaient les clients fortunés. Les façades en lattes de bois de ces maisons sont joliment préservées.

Parc du château de Kanazawa

LIGHTPOEM/GETTY IMAGES ©

Kanazawa

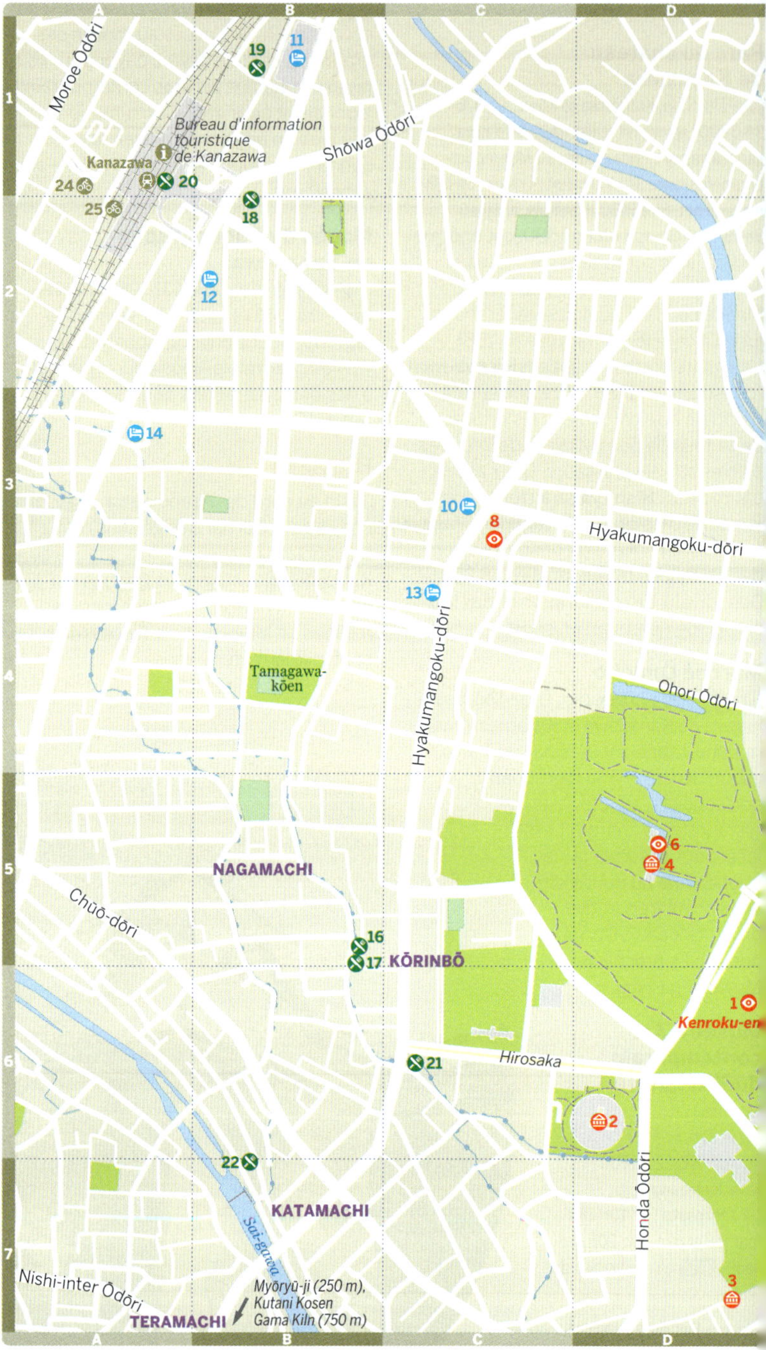

Moroe Ōdōri
Bureau d'information touristique de Kanazawa
Kanazawa
Shōwa Ōdōri
Hyakumangoku-dōri
Hyakumangoku-dōri
Tamagawa-kōen
Ohori Ōdōri
NAGAMACHI
Chūō-dōri
KŌRINBŌ
Kenroku-en
Hirosaka
Honda Ōdōri
KATAMACHI
Sai-gawa
Nishi-inter Ōdōri
TERAMACHI
Myōryū-ji (250 m), Kutani Kosen Gama Kiln (750 m)

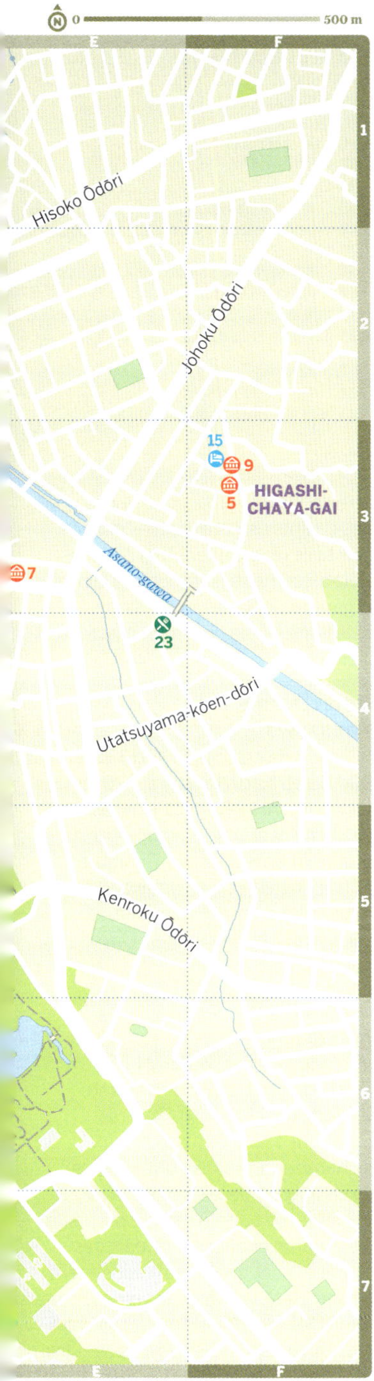

Shima Musée

(志摩 ; ☎076-252-5675 ; www.ochaya-shima.com/english/index.html ; 1-13-21 Higashiyama ; adulte/enfant 400/300 ¥ ; ⏰9h-18h). Ancien établissement de geishas, cette célèbre maison traditionnelle construite en 1820 renferme une vaste collection de peignes raffinés et de plectres pour *shamisen* (instrument à cordes).

Kaikarō Musée

(懐華樓 ; ☎076-253-0591 ; www.kenrokuen.jp/en/kaikaro ; 1-14-8 Higashiyama ; 700 ¥ ; ⏰9h-17h). À Higashi-chaya-gai, cette maison de geishas du début du XIXe siècle comporte des éléments décoratifs contemporains et artistiques, dont une cage d'escalier laquée de rouge.

QUARTIER DE TERAMACHI

Ce quartier vallonné situé au sud de la Sai-gawa, au sud-ouest du centre-ville, constituait initialement la première ligne de défense de Kanazawa et regroupe des dizaines de temples.

Myōryū-ji Temple bouddhique

(妙立寺 ; ☎076-241-0888 ; 1-2-12 Nomachi ; 800 ¥ ; ⏰9h-16h30 mars-nov, 9h-16h déc-fév, réservation obligatoire). À Teramachi, le fascinant Myōryū-ji (surnommé Ninja-dera), achevé en 1643, fut conçu pour servir de refuge au seigneur en cas d'attaque. Il referme des escaliers et des portes dérobés, ainsi que des pièces et des passages secrets. Contrairement à la croyance populaire, ce temple ancien n'est pas lié aux ninjas. Entrée possible uniquement à la faveur de visites (en japonais, avec brochure en anglais). Téléphonez pour réserver (en anglais).

Où se loger

Pongyi Pension ¥

(ポンギー ; ☎076-225-7369 ; www.pongyi.com ; 2-22 Rokumai-machi ; dort 2 700 ¥, s/d 4 500/6 000 ¥ ; @). Vieille bâtisse joliment rénovée au bord d'un canal, tenue par un chaleureux Japonais qui a vécu en Asie du Sud-Est en tant que moine. Les dortoirs, confortables, sont aménagés dans l'ancien entrepôt (*kura*) attenant.

Kanazawa

Les incontournables
1 Kenroku-en D6

À voir
2 Musée d'Art contemporain du XXIe siècle D6
3 Musée D.T. Suzuki D7
Gojikken-nagaya .... (voir 4)
4 Hishi-yagura D5
5 Kaikarō F3
6 Parc du château de Kanazawa D5
7 Musée du Phonographe de Kanazawa.. E3
8 Marché Ōmi-chō C3
9 Shima F3

Où se loger
10 Holiday Inn ANA Kanazawa Sky C3
11 Hotel Dormy Inn Kanazawa B1
12 Hotel Nikkō Kanazawa B2
13 Hotel Resol Trinity C4
14 Pongyi A3
15 Yōgetsu F3

Où se restaurer
16 Aashirwad B5
17 Cottage B5
18 Daiba Kanazawa Ekimae B2
19 Grand magasin Forus B1
20 Fureai-kan A1
21 Janome-sushi Honten C6
22 Osteria del Campagne B7
Sentō .... (voir 8)
23 Tamura E4

Transports
24 Hokutetsu Rent-a-Cycle A1
25 JR Kanazawa Station Rent-a-Cycle A2

Holiday Inn ANA Kanazawa Sky — Hôtel ¥¥

(**076-233-2233 ; www.holidayinn.com ; 15-1 Musashi-machi ; s/d à partir de 6 500/8 800 ¥ ;**). Situé au centre, en face du marché Ōmichō, entre la gare JR de Kanazawa et les sites intéressants, cet hôtel récemment rénové est une bonne adresse de catégorie moyenne. La literie est confortable et on y a de belles vues. Au-dessus du grand magasin M'Za, doté d'un espace de restauration bien commode au sous-sol.

Yōgetsu — Minshuku ¥¥

(**陽月 ; 076-252-0497 ; 1-13-22 Higashiyama ; ch par pers avec/sans petit-déj à partir de 5 000/4 500 ¥**). Au cœur du quartier pittoresque d'Higashi-chaya, cette belle maison de thé et de geishas rénovée, deux fois centenaire, ne possède que trois pièces et compte un *goemonburo* (baignoire en forme de chaudron). On n'y parle pas anglais, il n'y a pas de Wi-Fi, l'endroit est reculé, mais c'est idéal si vous recherchez tranquillité, histoire et authenticité.

Hotel Resol Trinity — Hôtel ¥¥

(**ホテルレソルトリニティ ; 076-221-9629 ; www.resol-hotel.jp/resol/en/hotels/trinity-kanazawa ; 1-18 Musashi-machi ; s/d à partir de 6 300/8 000 ¥ ; @**). Ce charmant hôtel de luxe donne une vraie bouffée d'oxygène. Les chambres, confortables malgré leur taille réduite, sont très colorées. L'établissement est proche de tout : la gare JR de Kanazawa, Katamachi et le Kenroku-en sont à 15 minutes à pied.

Hotel Dormy Inn Kanazawa — Hôtel ¥¥

(**ドーミーイン金沢 ; 076-263-9888 ; www.hotespa.net/hotels/kanazawa ; 2-25 Horikawa-shinmachi ; s/d 5 990/7 990 ¥ ; @**). Hôtel moderne et apprécié à proximité de la gare JR de Kanazawa. Chambres fonctionnelles et bien aménagées, *rotemburo* aux eaux riches en calcium au dernier étage, et laverie automatique.

Hotel Nikkō Kanazawa — Hôtel ¥¥¥

(**ホテル日航金沢 ; 076-234-1111 ; www.hnkanazawa.jp ; 2-15-1 Honmachi ; ch à partir de 12 800 ¥ ;**). Près de la gare, l'hôtel le plus luxueux de Kanazawa propose divers types de chambres, de la simple à la somptueuse suite, ainsi que plusieurs restaurants et bars. La plupart des chambres ont une vue exceptionnelle. L'hôtel a fêté ses vingt ans en 2014, mais toutes les chambres ont été rénovées récemment. Celles estampillées "Luxe Style" et "Stylish" valent le supplément.

DIANE COOK AND LEN JENSHEL/GETTY IMAGES ©

À ne pas manquer
Kenroku-en

Ce jardin de la période d'Edo est classé parmi les trois plus beaux du Japon. Son nom (*kenroku* ; "les six combinés") provient d'un célèbre jardin de la dynastie des Song en Chine, lequel possédait les six attributs de la perfection : isolement, espace, artifice, ancienneté, abondance de l'eau et vastes panoramas. Le Kenroku-en répond également à ces critères. Mieux vaut arriver tôt pour pouvoir profiter des lieux dans le calme.

On pense que ce jardin, à l'origine celui d'une villa satellite du Kanazawa-jō, fut construit et amélioré des années 1620 aux années 1840 et reçut son nom actuel en 1822. Il fut ouvert au public en 1871.

INFOS PRATIQUES

兼六園 ; ☎ 076-234-3800 ; www.pref.ishikawa.jp/siro-niwa/kenrokuen/e ; 1-1 Marunouchi ; adulte/enfant 310/100 ¥ ; 🕒 7h-18h mars-15 oct, 8h-16h30 16 oct-fév

Où se restaurer

es produits de la mer sont les spécialités u *Kaga ryōri* (cuisine de Kaga, ancien om de Kanazawa). Souvent, même s plus modestes bentos (boîtes-epas) vendus à la gare en contiennent. *'oshi-zushi*, une fine tranche de poisson ressée sur du riz vinaigré, serait ancêtre du sushi. Le *jibuni*, du canard u du poulet enrobé de farine, et mijoté avec des champignons shiitakés et des légumes verts, est une autre spécialité.

La gare JR de Kanazawa abrite de nombreuses échoppes de nourriture dans le Fureai-kan (ふれあい館). Le "Kuugo Dining Resort", au 6e niveau du grand magasin Forus voisin, regroupe 15 restaurants. Vous pourrez aussi vous rendre à Katamachi ou, plus proche, au marché Ōmichō (p. 188), pour déguster du poisson tout juste pêché.

Vaut le détour
Péninsule de Noto

La péninsule de Noto (Noto-hantō) est une plaisante combinaison de paysages marins déchiquetés et de vie rurale, agrémentée de quelques sites culturels et d'une gastronomie mettant à l'honneur les produits de la mer : un refuge pittoresque, loin de l'urbanisation. Centre de fabrication d'objets en laque, Wajima est la porte d'accès au littoral accidenté d'Oku-Noto, au nord, et le meilleur endroit où passer la nuit. Parmi les produits réputés figurent le *Wajima-nuri* (laque), les céramiques de style Suzu, le sel de mer de production locale et les algues *iwanori*.

La voiture reste le moyen le plus simple pour visiter la péninsule. Longue de 83 km, Noto Yūryo (能登有料 ; route à péage de Noto) mène rapidement jusqu'à Anamizu (péage : 1 180 ¥). La côte ouest de Noto, majoritairement plate, attire les cyclistes. Toutefois, il n'est pas conseillé de parcourir à vélo la côte de Noto-kongō et la partie située à l'est en raison des routes abruptes et des virages en épingle à cheveux.

Dans le centre d'Oku-Noto, l'**aéroport de Noto Satoyama** relie la péninsule à Tōkyō (Haneda). Des bus Hokutetsu relient Kanazawa à Wajima (2 200 ¥, 2 heures, 10/jour) et, moins fréquemment, Monzen (740 ¥, 35 minutes).

La plupart des sites n'étant accessibles que par la route, il est recommandé de louer une voiture à Kanazawa. Pour rejoindre la côte ouest de Noto, prenez la ligne JR Nanao de Kanazawa à Hakui (*tokkyū*, 1 410 ¥, 45 minutes ; *futsū*, 760 ¥, 1 heure), puis un bus. Pour Oku-Noto, les trains poursuivent jusqu'à Wakura Onsen, où les correspondances en bus sont moins fréquentes.

Sentō Chinois ¥
(仙桃 ; ☎076-234-0669 ; 88 Aokusa-machi, 2F Ōmichō Ichiba ; plats à partir de 600 ¥, menus à partir de 900 ¥ ; 🕒11h-15h et 17h-22h30 mer-lun). Á l'étage du marché Ōmichō, de talentueux chefs de Hong Kong préparent des plats authentiques du Sìchuān et de Hong Kong (notamment des *dim sum*). Les menus sains (cuisinés à l'huile de soja) et délicieux proposés à midi et le soir sont d'un excellent rapport qualité/prix. Le calamar épicé et salé est exquis, mais c'est pour les *tantanmen* (*rāmen* au sésame et au piment) que nous sommes revenus !

Full of Beans Café ¥
(☎076-222-3315 ; www.fullofbeans.jp ; 41-1 Satomi-chō ; repas à partir de 800 ¥ ; 🕒11h30-15h30 et 17h-22h jeu-mar). Ce café élégant propose une gamme de plats japonais et *yōshoku* (occidentaux) se trouve dans les petites rues calmes de Katamachi – la page d'accueil de son site Web vous donnera une idée de l'ambiance. C'est une bonne adresse pour goûter la spécialité de Kanazawa, le *hanton raisu* (900 ¥) – bol de riz coiffé d'une omelette, de friture de mer, de ketchup et de sauce tartare. Miam !

Aashirwad Népalais ¥
(アシルワード ; ☎076-262-2170 ; 2-12-15 Kōrinbō ; entrées à partir de 300 ¥, curries à partir de 900 ¥ ; 🕒11h-22h ; 🄴). Cuisine népalaise et indienne authentique et parfumée, servie dans un cadre original, dans une petite rue pittoresque de Kōrinbō. Le personnel est sympathique, l'ambiance et la qualité que propose cette nouvelle adresse sont remarquables. La longue carte propose tous vos plats préférés, mais goûtez les *momo* (raviolis népalais ; 650 ¥).

Cottage International ¥
(コテージ ; ☎076-262-3277 ; 2-8-16 Seseragi-dōri, derrière Kōrinbō 109 ; plats à partir de

780 ¥ ; 12h-14h30 et 18h-21h30 jeu-mar). Ce restaurant prisé où l'on se sent comme à la maison est tenu par un couple nippo-irlandais. Il a récemment déménagé. La cuisine est toujours savoureuse et l'ambiance très accueillante. Des pizzas à pâte fine, des pâtes délicieuses et des ragoûts irlandais roboratifs figurent notamment sur la carte éclectique et souvent renouvelée.

Daiba Kanazawa Ekimae Izakaya ¥¥
(台場金沢駅前店 ; 076-263-9191 ; 6-10 Konohana-machi, Kanazawa Miyako Hotel 1F ; à partir de 420 ¥/pièce ; 11h-15h et 17h-minuit ;). Cet établissement branché est installé dans le bâtiment de l'hôtel Kanazawa Miyako. Il propose un ample menu en japonais et une carte plus restreinte en anglais comprenant les classiques occidentaux et quelques spécialités locales. Idéal pour une première expérience dans un *izakaya* (bistrot). Commandez plusieurs petits plats et accompagnez-les d'une bière. Vivement recommandé.

Osteria del Campagne Italien ¥¥
(オステリアデルカンパーニュ ; 076-261-2156 ; 2-31-33 Katamachi ; plats à partir de 950 ¥, menus à partir de 3 900 ¥ ; 17h-minuit lun-sam ;). Ce bistrot italien douillet à l'élégance discrète propose de délicieux menus. Sa belle carte (en anglais) comprend notamment de la *focaccia* maison, des salades, des pâtes, des desserts et des hors-d'œuvre que l'on peut manger avec des baguettes. Le personnel est sympathique et professionnel.

Janome-sushi Honten Sushis ¥¥
(蛇之目寿司本店 ; 076-231-0093 ; 1-1-12 Kōrinbō ; menus 1 000-3 400 ¥, formule Kaga ryōri 4 000 ¥ ; 11h-14h et 17h-23h jeu-mar ;). Cet établissement réputé pour ses sashimis et sa cuisine de Kaga depuis 1931, sert des spécialités de Kanazawa. Le *saabisu ranchi* (plat du jour, à partir de 1 000 ¥) est une valeur sûre.

Tamura Izakaya ¥¥
(田村 ; 076-222-0517 ; 2-18 Namiki-machi ; menus à partir de 2 000 ¥ ; 17h-23h30 jeu-mar ;). Établissement en bord de rivière, fréquenté par des célébrités japonaises. Le propriétaire, qui parle un peu anglais, est charmant. Laissez-le choisir votre menu. Les plats démarrent à 2 000 ¥, et le somptueux *omakase* coûte 8 800 ¥.

Renseignements

Bureau d'information touristique de Kanazawa (石川県金沢観光情報センター ; 076-232-6200, KGGN 076-232-3933 ; kggn.sakura.ne.jp ; 1 Hirooka-machi ; 9h-19h). Excellent bureau installé dans la gare JR de

Marché Ōmichō (p. 188)

Ci-dessous : sashimis ; **à droite :** gare JR de Kanazawa
(CI-DESSOUS) DIGIPUB/GETTY IMAGES ©; (À DROITE) COWARDLIONA/SHUTTERSTOCK©

Kanazawa. Personnel très serviable et multitude de cartes, brochures et magazines bien faits en anglais, dont le *Eye on Kanazawa.* Le personnel accueillant du Goodwill Guide Network (KGGN) conseille des hôtels et organise des visites guidées gratuites en anglais, à réserver deux semaines à l'avance.

Depuis/vers Kanazawa

Avion

L'**aéroport Komatsu** (KMQ ; www.komatsuairport.jp), non loin, propose des vols vers les principales villes du Japon, ainsi que vers Séoul, Shanghai et Taipei.

Bus

Des bus express JR Highway Bus partent de la sortie est de la gare de Kanazawa en direction de la gare de Shinjuku, à Tōkyō (8 000 ¥, 7 heures 30), et de Kyōto (4 100 ¥, 4 heures 15). Les bus Hokutetsu desservent Nagoya (4 100 ¥, 4 heures). La société Nōhi Bus conduit à Takayama, via Shirakawa-go (3 390 ¥, 2 heures 30).

Train

La ligne JR Hokuriku relie Kanazawa à Fukui (*tokkyū*, 2 500 ¥, 45 minutes ; *futsū*, 1 320 ¥, 1 heure 30), Kyōto (*tokkyū*, 6 380 ¥, 2 heures 15), Ōsaka (*tokkyū*, 7 130 ¥, 2 heures 45) et Toyama (*tokkyū*, 980 ¥, 1 heure).

Vous trouverez sur english.jr-central.co.jp/info/ les tarifs et les horaires de la toute nouvelle ligne ultra-rapide Hokuriku du *shinkansen*, longtemps attendue, entre Kanazawa et Toyama. Le trajet direct entre Kanazawa et Tōkyō (14 120 ¥) ne dure plus que 2 heures 30.

Pour connaître les derniers horaires de la ligne Thunderbird Limited Express entre Ōsaka/Kyōtō et Kanazawa, consultez www.hyperdia.com.

Comment circuler

La gare JR de Kanazawa est le point central des transports de la ville et des alentours.

JR Kanazawa Station Rent-a-Cycle (駅レンタサイクル ; ☎076-261-1721 ;

ɔ00/1 200 ¥ par heure/jour ; 8h-20h30) ɛt **Hokutetsu Bicycle Rental** (北鉄レンタルサイクル ; 076-263-0919 ; 630/1 050 ¥ ɔour 4 heures/1 jour ; 8h-17h30), dans les ɔureaux de Nippon Rent-a-Car, louent des vélos. Tous deux sont situés près de la sortie ouest le la gare.

Il y a aussi un système de vélos en libre-service appelé Machi-nori. Les vélos sont ɪn peu petits, mais le système fonctionne ɪien. Pour des infos en anglais, consultez www.machi-nori.jp/pdf/machinoriEnglishmap.pdf.

Des bus partent du terminal circulaire situé devant la sortie est de la gare. Tous ɛs bus partant des arrêts n°7, 8 et 9 conduisent dans le centre-ville (200 ¥, forfait journée 900 ¥). Le Kanazawa Loop Bus (trajet imple/forfait 1 journée 200/500 ¥, toutes ɛs 15 minutes de 8h30 à 18h) fait le tour des principaux sites en 45 minutes. Les samedis, limanches et jours fériés, le Machi-bus conduit à Kōrinbō (100 ¥).

Des bus pour l'aéroport (1 130 ¥, 45 minutes) partent de l'arrêt n°6 de la gare. Certaines ɪgnes desservent Katamachi et le Kōrinbō 109, nais elles mettent 1 heure pour rejoindre aéroport.

De nombreuses agences de location de voitures sont disséminées devant la sortie ouest de la gare.

Kaga Onsen 加賀温泉

0761

Cette vaste région, composée de trois villes thermales, **Katayamazu Onsen**, **Yamashiro Onsen** et **Yamanaka Onsen** (cette dernière possède les plus beaux paysages), s'étend autour des gares de Kaga Onsen et de Daishōji, le long de la ligne JR Hokuriku. Elle est réputée pour ses *ryokan* avec *onsen*, et pour sa production de laque et de porcelaine.

À voir et à faire

Musée d'Art Kutaniyaki Musée

(石川県九谷焼美術館 ; 0761-72-7466 ; www.kutani-mus.jp/en ; 1-10-13 Daishōji Jikata-machi ; adulte/enfant 500 ¥/gratuit ; 9h-17h mar-dim). À 8 minutes à pied de la gare de Daishōji sont exposées de superbes pièces de porcelaine locale colorée.

Vaut le détour
Ichijōdani asakura

Les **ruines de la cité du clan Ichijōdani Asakura** (一乗谷朝倉氏遺跡, Ichijōdani Asakura-shi Iseki ; 0776-41-2330 ; info.pref.fukui.lg.jp/bunka/asakura_museum/080_english/ruin.php ; 4-10 Abaka ; 210 ¥ ; 9h-16h30) sont un lieu unique à un court trajet en voiture de Fukui à travers un beau paysage rural. Estampillé site historique national, ce joyau inattendu comprend les plus grandes ruines urbaines du pays. L'endroit est si beau que l'on comprend pourquoi le clan Asakura a voulu construire ici, dans une vallée étroite entre des montagnes modestes, sa petite cité fortifiée. On peut se balader librement dans les rues restaurées, bordées d'échopes et de maisons, et s'aventurer dans l'herbe pour découvrir les ruines des anciens bâtiments à flanc de colline. Un merveilleux endroit pour se poser, pique-niquer et méditer.

Zenshō-ji Temple bouddhique
(全昌寺 ; 0761-72-1164 ; 1 Daishōji Shinmei-chō ; 500 ¥ ; 9h-17h). Autour de la gare de Daishōji sont regroupés de nombreux temples. Le Zenshō-ji abrite plus de 500 amusantes statues d'arhat.

Yamanaka Onsen Onsen
Bashō, l'auteur de haïkus du XVIIe siècle, s'émerveillait ici du parfum de chrysanthème des sources minérales. L'endroit est idéal pour se détendre dans les bains publics **Kiku no Yu** (菊の湯 ; 420 ¥ ; 6h45-22h30) et se promener au bord de la rivière dans les gorges de Kokusenkei que traversent le joli **Korogi-bashi** (pont du Criquet) et l'amusant **Ayatori-bashi** (pont du Jeu de ficelles) de style Art moderne. Yamanaka Onsen est accessible en bus (410 ¥, 30 minutes) depuis la gare de Kaga Onsen.

Kosōyu Onsen
(古総湯 ; 500 ¥, ticket combiné avec Sōyu 700 ¥ ; 6h-22h). Près de la gare de Kaga Onsen, la petite localité assoupie de Yamashiro Onsen est construite autour de magnifiques bains publics en bois reconstruits récemment. Kosōyu possède de belles fenêtres en verre teinté et un espace détente au dernier étage. À proximité, Sōyu est plus grand et plus moderne.

Où se loger

L'accueillante équipe de la **Yamanaka Onsen Tourism Association** (association de promotion du tourisme ; 山中温泉観光協会 ; 78-0330 ; www.yamanaka-spa.or.jp/english ; 5-1 Yamanaka Onsen) vous aidera à choisir le *ryokan* adapté à votre budget et à vos goûts parmi les nombreux établissements de la région. Voici nos favoris :

Beniya Mukayū Ryokan ¥¥¥
(べにや無何有 ; 0761-77-1340 ; www.mukayu.com ; 55-1-3 Yamashiro Onsen ; par pers avec 2 repas à partir de 34,000 ¥ ; P @). Le personnel sympathique de ce *ryokan* primé s'applique à défendre l'art japonais de l'hospitalité. Magnifiquement minimaliste, tout ici évoque le zen, de la cérémonie du thé privée qui vous accueille aux cours de yoga matinaux. Les chambres offrent un beau mariage d'ancien et de nouveau – la plupart possèdent un bain privatif extérieur en cyprès.

La cuisine de l'établissement n'emploie que les ingrédients locaux de saison, les meilleurs et les plus frais, préparés et présentés de manière exquise. Les soins du spa vous laisseront agréablement détendu.

The Kayōtei Ryokan ¥¥¥
(かよう亭 ; 0761-78-1410 ; www.kayotei.jp ; 1-20 Higashi-machi, Yamanaka Onsen ; par pers avec 2 repas à partir de 40 110 ¥ ; P @). Ce somptueux et charmant *ryokan* bordant les gorges spectaculaires de Kokusenkei

orogi-bashi, Yamanaka Onsen

MIXA/GETTY IMAGES ©

e compte que 10 chambres. Certaines isposent de leur propre bain extérieur vec vue sur les gorges et sur une belle ascade cachée.

Comment s'y rendre et circuler

a ligne JR Hokuriku relie Kaga Onsen Kanazawa (*tokkyū*, 1 510 ¥, 25 minutes ; *tsū*, 760 ¥, 44 minutes) et Fukui *okkyū*, 1 330 ¥, 21 minutes ; *futsū*, 30 ¥, 33 minutes). **Willer Express** (**depuis tranger 050-5805-0383 ; willerexpress.com**) propose des bus entre Tōkyō et Kaga Onsen à partir de 5 000 ¥.

À Yamanaka Onsen, circulez à bord de la navette O-sanpo (forfait 2 jours 500 ¥) ; renseignez-vous auprès de l'Association touristique ou de votre hôtel sur les circuits en bus pour le **Daihonzan Eihei-ji** (大本山永平寺 ; **0776-63-3640 ; global.sotozen-net.or.jp/fre/temples/foreigner/Eihei-ji.html ; 5-15 Shihi, Eiheiji ; tarif plein/réduit 500/200 ¥ ; 9h-17h**).

À Yamashiro Onsen, le "Can bus" (forfait 2 jours 1 200 ¥) offre une desserte similaire des sites et des *onsen* du secteur.

Kyōto

Cœur du pays durant la majeure partie de l'histoire japonaise, Kyōto conserve, aujourd'hui encore, les secrets de l'âme nippone. Temples séculaires, sanctuaires colorés, jardins superbes... Kyōto est la gardienne des traditions, où les Japonais eux-mêmes viennent s'immerger dans leur propre culture. Avec 17 sites inscrits au Patrimoine mondial, plus de 1 600 temples bouddhiques et environ 400 sanctuaires shintoïstes, Kyōto compte parmi les villes du monde au patrimoine culturel le plus riche. Une ville à voir au moins une fois dans sa vie. Quel que soit votre itinéraire au Japon, elle est incontournable.

Geishas au Yasaka-jinja (p. 224)
FRANK CARTER / GETTY IMAGES ©

Kiyomizu-dera (p. 223)

OLEKSIY MAKSYMENKO / GETTY IMAGES ©

Kyōto

Rte 361
Rte 38
Rte 367
Kibune
KIBUNE
Kurama-yama (634 m)
KURAMA
Kurama
Ryūō-dake (2 764 m)
Shizuhara-gawa
Ōhara
ŌHARA
Takano-gawa
0
2 km
SAKYŌ-KU
Hiei-zan (848 m)
Takao
KITA-KU
Senbon-dōri
Kitayama-dōri
Kitaōji-dōri
4
UKYŌ-KU
Voir carte Nord de Higashiyama (p. 228)
KAMIGYŌ-KU
Senbon-dōri
Nishiōji-dōri
SAKYŌ-KU
1
2
Voir carte Centre de Kyōtō (p. 218)
NAKAGYŌ-KU
HIGASHIYAMA-KU
Gojō-dōri
3
SHIMOGYŌ-KU
Voir carte Quartier de la gare (p. 216)
Voir carte Sud de Higashiyama (p. 222)
Kujō-dōri
MINAMI-KU
5
Inari-san (233 m)
Katsura-gawa
Kamo-gawa
1 Arashiyama
2 Nanzen-ji
3 Kiyomizu-dera
4 Kinkaku-ji
5 Fushimi Inari-taisha

Kyōto
À ne pas manquer

Arashiyama

À 8 km à l'ouest du centre-ville, Arashiyama (p. 232) est le quartier romantique de Kyōto. L montagnes à l'horizon, la brise fraîche au bord de la rivière, les couleurs qui changent au fil des saisons... À l'origine, la famille impériale venait ici pour fuir la chaleur de l'été.

1

2 Le Nanzen-ji

Ce temple zen majestueux (p. 227) dan le quartier de Higashiyama constitue une introduction idéale à l'univers de temples japonais – jardin sec classiq (parfois appelé "jardin zen"), porte s *mon* s'élevant vers le ciel et plusieur petits temples intimistes éparpillés s le domaine. Une promenade en soiré dans l'enceinte du temple, en accès libre, est tout simplement magique.

PHILIP GAME / GETTY IMAGES ©

Le Kiyomizu-dera

3

Si vous ne devez voir qu'un seul temple à Kyōto, optez pour le Kiyomizu-dera (p. 223). Cet ensemble somptueux dominant Kyōto est un modèle du genre : bruyant, bondé et résolument mercantile. Mais l'expérience est tellement amusante et les temples si magnifiques au printemps et en automne qu'on lui pardonne tous ces défauts. Une source sacrée confère même longévité et santé.

DAVID CLAPP / GETTY IMAGES ©

4

Le Kinkaku-ji

Un régal pour les yeux : la salle principale recouverte d'or de ce temple extrêmement populaire (p. 232) au nord-ouest de Kyōto est probablement l'une des visions les plus impressionnantes de toute la ville – surtout si vous aimez ce qui est grandiose et voyant. Si le temps est ensoleillé, vous aurez presque besoin de lunettes de soleil pour l'admirer. Allez-y tôt en semaine si vous voulez éviter la foule quotidienne des visiteurs.

5

Le Fushimi Inari-taisha

Des centaines de torii (portiques des sanctuaires shintoïstes) rouge vermillon sont répartis sur la montagne, dans ce sanctuaire (p. 235) au sud-est de Kyōto. Visitez la salle principale, puis gravissez la pente en passant sous les arcades hypnotiques des torii, une expérience fascinante et unique au monde. Si vous en avez le temps, montez jusqu'au sommet pour admirer la vue.

Kyōto : le best of

Lieux de contemplation

- **Nanzen-ji** Temples et chapelles zen dissimulés dans les arbres. (p. 227)
- **Chion-in** Un vaste temple de l'école de la Terre pure, sorte de Vatican du bouddhisme japonais. (p. 225)
- **Ginkaku-ji** Le fameux "pavillon d'Argent" recèle l'un des plus beaux jardins de Kyōto. (p. 230)
- **Hōnen-in** Un havre méconnu à quelques pas du Ginkaku-ji, où se pressent les visiteurs. (p. 227)

Hébergement

- **Tawaraya** Pour certains, ce sublime *ryokan* de Kyōto est le meilleur hébergement du monde. (p. 245)
- **Hyatt Regency Kyoto** Huppé, feutré et professionnel, c'est le meilleur hôtel de Kyōto. (p. 247)
- **Ritz-Carlton Kyoto** Cet hôtel de luxe aux chambres bien conçues bénéficie d'une vue imprenable sur les montagnes de Higashiyama. (p. 246)
- **Westin Miyako Kyoto** Ce grand hôtel est idéalement situé pour visiter Kyōto. (p. 247)

Promenades

- **Promenade de la Philosophie (Tetsugaku-no-Michi)** Longeant un canal dans le quartier de Higashiyama, ce sentier est magnifique en toute saison. (p. 226)
- **Parc du Palais impérial de Kyōto** Le parc central de Kyōto, qui entoure le palais, est une vaste étendue sillonnée de chemins. (p. 217)
- **Maruyama-kōen** Pris d'assaut à la saison des cerisiers en fleur, cet agréable parc arboré est généralement paisible. (p. 224)
- **Gion** Promenez-vous à travers le "monde flottant" et gardez l'œil ouvert pour voir les geishas. (p. 225)

À gauche : *maiko* (geisha en formation) entrant dans un salon de thé à Gion ; **ci-dessus :** promenade de la Philosophie (Tetsugaku-no-Michi, p. 226)

Fêtes

- **Daimon-ji Gozan Okuribi** Cinq personnages géants sont embrasés sur les montagnes autour de Kyōto lors de ce rituel estival. (p. 241)

- **Gion Matsuri** Considéré comme le plus important festival au Japon. Le plus amusant est de se promener dans le centre de Kyōto les nuits précédant la date principale. (p. 241)

- **Aoi Matsuri** Admirez les costumes fabuleux du défilé qui va du Gosho jusqu'au Shimogamo-jinja. (p. 241)

- **Kurama-no-hi Matsuri** Regagnez les montagnes pour assister à cet événement ancestral. (p. 241)

Ce qu'il faut savoir

RENSEIGNEMENTS

- **Kyoto Tourist Information Center** (p. 260). Dès votre arrivée, arrêtez-vous à cet office du tourisme, commodément situé dans la gare de Kyōto – il est connu sous le nom de "Kyo Navi" en japonais. À proximité de l'entrée/la sortie du *shinkansen* (train à grande vitesse) ou du train ordinaire.

- **Kyoto Visitor's Guide** Vous pouvez vous procurer un exemplaire de ce magazine dans tous les grands hôtels de Kyōto ; c'est la meilleure source d'informations sur les manifestations en ville.

COMMENT CIRCULER

- **À pied ou à vélo** Les meilleures façons de visiter Kyōto !

- **Taxi** Depuis la gare de Kyōto jusqu'à votre hôtel ou *ryokan*.

- **Métro** Pratique si vous devez vous déplacer rapidement dans la ville : si vous voyagez entre le nord et le sud, prenez la ligne Karasuma, qui s'arrête à la gare de Kyōto ; dans le sens est-ouest, la ligne Tōzai circule entre Higashiyama et l'ouest de Kyōto.

- **Shinkansen** Pour voyager rapidement depuis/vers Nagoya, Tōkyō et Hiroshima.

MISES EN GARDE

- **Fêtes saisonnières** Les saisons des cerisiers en fleur et des feuillages d'automne attirent des foules de visiteurs à Kyōto : vous pourrez échapper à la cohue en vous rendant dans des temples et des sanctuaires moins connus.

- **Été (juil-août)** L'été est très chaud et humide à Kyōto. Mieux vaut prévoir ses visites tôt le matin ou en fin d'après-midi.

- **Chaussures sans lacets** Très pratiques pour explorer les temples de Kyōto (où vous devrez bien souvent vous déchausser à l'entrée), elles vous seront également utiles dans les *ryokan*.

Promenade dans le sud de Higashiyama

Le sud de Higashiyama renferme la plus grande concentration de sites dignes d'intérêt de Kyōto. Une balade dans le quartier est idéale pour une première journée dans la ville. Notez que cet itinéraire est également agréable en soirée.

EN BREF

- **Départ** Arrêt de bus Gojō-zaka, Higashiōji-dōri
- **Arrivée** Arrêt de bus Jingū-michi, Sanjō-dōri ; gare de Higashiyama
- **Distance** 5 km
- **Durée** 4 heures

1 Tainai-meguri

À gauche de la billetterie du Kiyomizu-dera, cette petite promenade souterraine dans l'obscurité est l'une des attractions touristiques les plus originales de Kyōto. Nous n'en dirons pas plus : le mieux est d'essayer !

2 Kiyomizu-dera

Tout en haut de la rue Chawan-zaka, ce grand temple de Kyōto offre une vue impressionnante sur la ville. Lorsque vous visiterez le Kiyomizu-dera (p. 223), ne manquez pas le Jishu-jinga, qui abrite les célèbres "pierres d'amour", et plongez-vous dans les eaux sacrées de la source, en contrebas du bâtiment principal.

3 Kasagi-ya

Sur la gauche, au départ de la rue Sannen-zaka, le Kasagi-ya (p. 253) est un joli petit salon de thé, idéal pour une tasse de *matcha* (thé vert en poudre) en hiver, ou un *uji kintoki* (glace pilée au thé vert sucré) en été. N'hésitez pas à demander la direction à un commerçant.

4 Ishibei-kōji

Après avoir descendu les rues Sannen-zaka et Ninen-zaka, vous trouverez l'entrée de cette allée piétonne pittoresque sur votre gauche, dans Nene-no-Michi (après les toilettes publiques). Il n'y a pas de panneaux en anglais, aussi demandez votre chemin. C'est l'une des plus belles rues de Kyōto.

5 Kōdai-ji

En haut de l'escalier sur la droite de Nene-no-Michi, vous trouverez le Kōdai-ji (p. 224), un temple célèbre pour les illuminations intéressantes de ses jardins. La nuit, la forêt de bambous semble irréelle.

6 Maruyama-kōen

Ce beau parc (p. 224) est un endroit agréable pour s'arrêter déjeuner en cours de route, ou pour se désaltérer avec une cannette de café ou de thé (oui, une cannette). Si vous vous trouvez au Maruyama-kōen pendant la saison des cerisiers en fleur, l'animation est garantie.

7 Yasaka-jinja

En contrebas (à l'ouest) du Maruyama-kōen, le Yasaka-jinja (p. 224) est un beau sanctuaire ouvert, habituellement bondé de fidèles. Si vous vous y rendez le 31 décembre ou les trois premiers jours de l'année, attendez-vous à ce qu'il y ait foule.

8 Chion-in

Immense temple de l'école de la Terre pure, le Chion-in (p. 225) est un des plus grands centres du bouddhisme japonais. Enlevez vos chaussures, entrez dans la salle principale et imprégnez-vous de l'atmosphère. L'entrée est gratuite.

9 Shōren-in

Contrastant agréablement avec le Chion-in, le Shōren-in (p. 220) est un petit temple de l'école Tendai, avec un jardin magnifique et une belle bambouseraie. Arrêtez-vous pour contempler le jardin autour d'une tasse de *matcha*. Deux camphriers géants se trouvent à l'entrée.

Kyōto en...

TROIS JOURS

Passez la première journée dans le **sud de Higashiyama** (p. 220) pour découvrir certains des sites les plus impressionnants du Japon : le Kiyomizu-dera, le Maruyama-kōen, le Chion-in et le Shōren-in. Si vous avez le temps, continuez jusqu'au **nord de Higashiyama** (p. 226) pour visiter le Nanzen-ji et le Tetsugaku-no-Michi. Le lendemain, partez vers l'ouest à **Arashiyama et Sagano** (p. 232), où se trouvent la célèbre bambouseraie et le Tenryū-ji. Le dernier jour, visitez le sanctuaire du Fushimi Inari-taisha, puis les sites du centre-ville tels que le marché de Nishiki et les sections d'alimentation des grands magasins. N'oubliez pas de passer une soirée à flâner dans Gion ou Ponto-chō.

UNE SEMAINE

Passez les trois ou quatre premiers jours à suivre l'itinéraire précédent. Rendez-vous ensuite au nord, à **Kurama et Kibune** (p. 240), visitez le **Kinkaku-ji** (p. 232) et le jardin zen du **Ryōan-ji** (p. 232), promenez-vous au milieu des nombreuses chapelles du **Daitoku-ji** (p. 219) et arrêtez-vous au **Tōfuku-ji** (p. 237). Pour finir, prévoyez une journée pour une excursion à **Nara** (p. 295).

Ci-dessus : marché de Nishiki (p. 214)

Kyōto

075 / 1 470 000 HABITANTS

Les incontournables

- **Centre de Kyōto** (p. 214). C'est ici que vous dînerez, ferez la fête et peut-être même logerez.
- **Sud de Higashiyama** (p. 220). Le principal quartier touristique de Kyōto.
- **Nord de Higashiyama** (p. 226). Un autre quartier touristique important, mais avec un peu plus d'espace.
- **Arashiyama et Sagano** (p. 232). L'effervescence touristique laisse rapidement la place à de paisibles forêts de bambous et à des temples.
- **Région de Kitayama** (p. 238). Des villages rustiques disséminés dans les montagnes, au nord de la ville.

Tō-ji

UNIVERSALIMAGESGROUP / GETTY IMAGES ©

S'orienter

Kyōto présente un plan en damier qui permet de s'orienter facilement. La gare ferroviaire principale, qui sert aux lignes JR et Kintetsu, se situe au sud de la ville. Le véritable centre de la cité se trouve aux alentours de Shijō-dōri, à environ 2 km au nord de la gare en empruntant Karasuma-dōri. Les commerces et les lieux de vie nocturne sont regroupés entre Shijō-dōri au sud et Sanjō-dōri au nord, et entre Kawaramachi-dōri à l'est et Karasuma-dōri à l'ouest.

À voir

Bien que certains hauts lieux touristiques se trouvent au centre de la ville, les sites les plus remarquables s'étendent à l'extérieur, au pied des montagnes de l'est (Higashiyama) et de l'ouest (Arashiyama). Les sites de l'est sont facilement accessibles en bus, à vélo ou par la ligne de métro Tōzai. Pour les sites de l'ouest (Arashiyama et ses environs), il faut prendre le bus ou le train. Plus éloignés de la ville, les villages de montagne d'Ōhara, de Kurama et de Takao, desservis par des bus, sont de merveilleuses destinations, parfaites pour une excursion d'une journée.

Le Tourist Information Centre de Kyōto (TIC ; p. 260) fournit des cartes utiles et des brochures d'information sur les bus.

QUARTIER DE LA GARE

La plupart des lieux à visiter sont situés un peu plus loin au nord. Cependant, certains sites sont assez proches de la gare pour s'y rendre à pied. Dans le quartier, le plus impressionnant est le gigantesque temple Higashi Hongan-ji. Le bâtiment de la gare (京都駅 ; **carte p. 216 ; Karasuma-dōri, Higashishiokōji-chō, Shiokōji-sagaru, Shimogyō-ku ;**

Quelques conseils pour visiter Kyōto

- Les règles du bon sens varient d'un endroit à l'autre. À Kyōto, on pourrait presque les ignorer, tant le risque de se trouver confronté à un problème sérieux est minime. Gardez cependant quelques petites choses à l'esprit, qui vous faciliteront la vie et garantiront votre sécurité :
- En sortant d'une boutique ou d'un hôtel, avant de vous engager sur le trottoir, regardez bien des deux côtés, surtout en compagnie d'enfants : Kyōto est une ville de cyclistes et il y en a toujours un qui fonce vers vous !
- Emportez une paire de chaussures faciles à enfiler. Les lacets ne sont guère pratiques quand on visite les temples.
- À l'époque des cerisiers en fleur, ne prenez pas un taxi dans le quartier touristique de Higashiyama. Les embouteillages y sont tels qu'il est alors plus rapide de circuler à pied ou à vélo.
- Gagnez les collines pour découvrir les plus beaux panoramas : en règle générale, plus l'on se rapproche des montagnes plus la vue est splendide.

Gare de Kyōto) est également devenu une curiosité architecturale.

Higashi Hongan-ji — Temple bouddhique

(東本願寺 ; carte p. 216 ; Karasuma-dōri, Shichijō-agaru, Shimogyō-ku ; 5h50-17h30 mars-oct, 6h20-16h30 nov-fév ; Gare de Kyōto). GRATUIT À une courte distance à pied au nord de la gare de Kyōto, le Higashi Hongan-ji (temple oriental du Vœu véritable) est tout ce qu'il y a de plus monumental. Étant donné sa proximité avec la gare, l'entrée gratuite, les superbes bâtiments et les magnifiques intérieurs, ce temple est un lieu à ne pas manquer lorsque l'on se trouve dans les environs. Le temple est dominé par l'immense pavillon **Goei-dō**, le deuxième plus grand bâtiment de bois au Japon, d'une hauteur de 38 m sur 76 m de long et 58 m de large.

Nishi Hongan-ji — Temple bouddhique

(西本願寺 ; carte p. 216 ; Horikawa-dōri, Hanayachō-sagaru, Shimogyō-ku ; 6h-17h nov-fév, 5h30-17h30 mars, avr, sept et oct, jusqu'à 18h mai-août ; Gare de Kyōto). GRATUIT À 15 minutes environ de marche au nord-ouest de la gare de Kyōto, le vaste Nishi Hongan-ji se compose de cinq bâtiments qui illustrent les prouesses architecturales et artistiques de la période Azuchi-Momoyama (1568-1600). Le **Goei-dō** (pavillon principal) est magnifique, et le pavillon **Daisho-in**, qui présente de somptueuses peintures, sculptures et ornementations métalliques, est également à voir. Un petit jardin et deux scènes de nō (théâtre classique japonais dansé) sont reliés à ce dernier. La porte **Kara-mon** est sculptée de splendides motifs.

Tō-ji — Temple bouddhique

(東寺 ; carte p. 212 ; 1 Kujō-chō, Minami-ku ; entrée libre dans l'enceinte, Kondō, Kōdō et salle du Trésor 500 ¥ chacun, pagode, Kondō et Kōdō 800 ¥ ; 8h30-17h30, 8h30-16h30 sept-mars ; S ligne Karasuma, station Kyōto, ligne Kintetsu Kyōto, gare Tōji). Ce bel ensemble de pavillons associés à une superbe pagode est l'un des principaux monuments au sud de la gare de Kyōto. Chaque mois, un marché aux puces se tient dans ce cadre d'exception. Ce temple fut érigé en 794, sur décret impérial, pour protéger la ville. En 823, l'empereur l'offrit à Kūkai (connu à titre posthume sous le nom de Kōbō

Agglomération de Kyōto

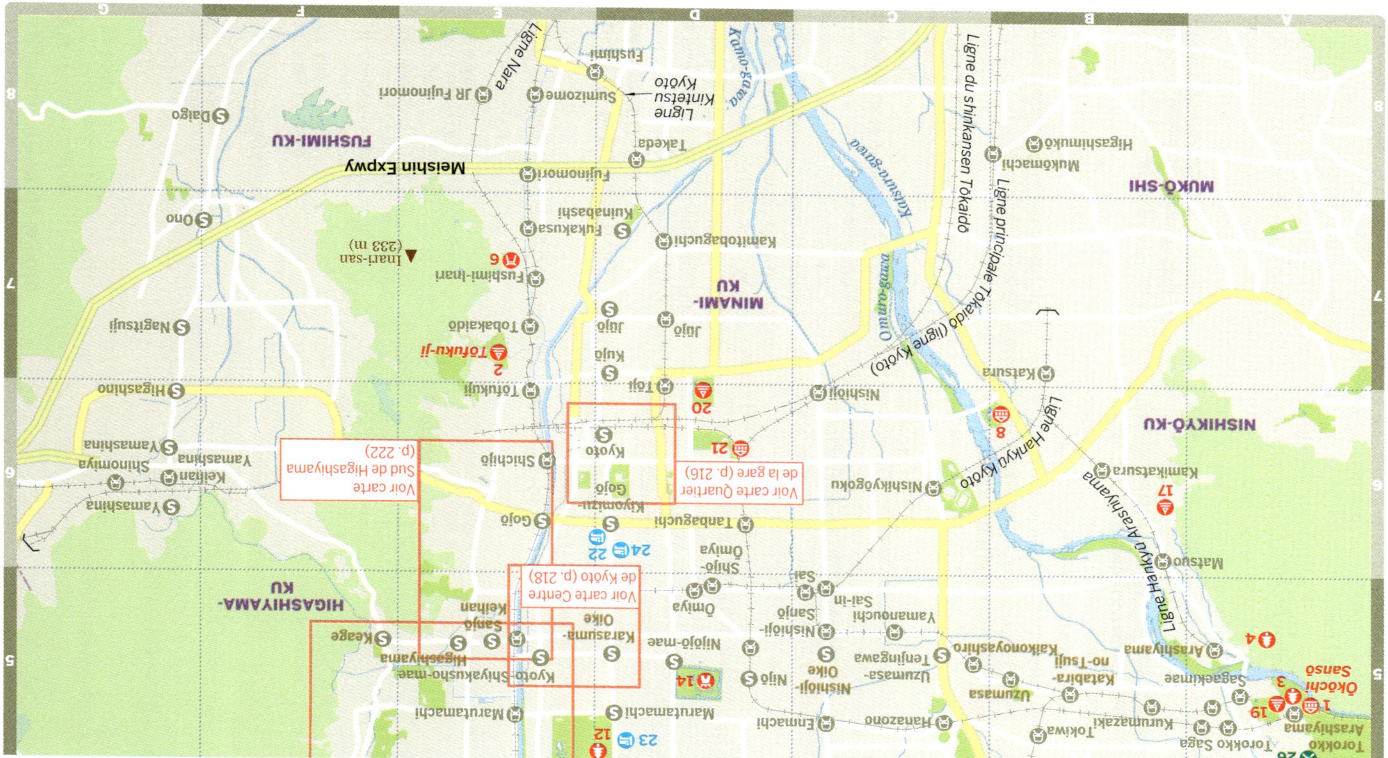
HIGASHIYAMA-KU
FUSHIMI-KU
MINAMI-KU
NISHIKYŌ-KU
MUKŌ-SHI
Meishin Expwy
Inari-san (233 m)
Tōfuku-ji
Ōkōchi Sansō
Voir carte Sud de Higashiyama (p. 222)
Voir carte Centre de Kyōto (p. 218)
Voir carte Quartier de la gare (p. 216)
Ligne Nara
Ligne Kintetsu Kyōto
Ligne du shinkansen Tōkaidō
Ligne principale Tōkaidō (ligne Kyōto)
Ligne Hankyū Kyōto
Ligne Hankyū Arashiyama
Kamo-gawa
Katsura-gawa
Omuro-gawa
Yamashina
Shinomiya
Keihan Yamashina
Higashino
Nagitsuji
Ono
Daigo
Keage
Higashiyama
Shiyakusho-mae
Sanjō Keihan
Kyoto
Marutamachi
Karasuma-Oike
Gojō
Shichijō
Tōfukuji
Tobakaidō
Fushimi-Inari
Fukakusa
Kuinabashi
Fujinomori
JR Fujinomori
Sumizome
Fushimi
Takeda
Kuinabashi
Kujō
Jūjō
Tōji
Kamitobaguchi
Kiyomizu-Gojō
Tanbaguchi
Shijō-Ōmiya
Ōmiya
Nijōjō-mae
Nijō
Nishiōji-Oike
Nishiōji-Sanjō
Sai
Sai-in
Yamanouchi
Enmachi
Hanazono
Uzumasa-Tenjingawa
Kaikonoyashiro
Uzumasa
Katabira-no-Tsuji
Tokiwa
Kurumazaki
Torokko Saga
Torokko Arashiyama
Sagaekimae
Arashiyama
Matsuo
Kamikatsura
Katsura
Nishikyōgoku
Nishiōji
Mukōmachi
Higashimukō
1
2
3
4
6
8
12
14
17
19
20
21
22
23
24
26

Agglomération de Kyōto

Daishi), fondateur de l'école bouddhique Shingon.

Musée de la Locomotive à vapeur d'Umekōji — Musée

(梅小路蒸気機関車館 ; carte p. 212 ; Kankiji-chō, Shimogyō-ku ; adulte/enfant 400/100 ¥, tour de train 200/100 ¥ ; 10h-17h, fermé lun, sauf 25 mars-7 avr et 21 juill-7 août ; bus n°33, 205 ou 208 depuis la gare, arrêt Umekō-ji-kōen-mae). Cet excellent musée intéressera les passionnés de locomotives et les enfants. Occupant l'ancien bâtiment de la gare JR de Nijō, démonté récemment, puis soigneusement reconstruit à cet emplacement, il expose 18 locomotives à vapeur datant de 1914 à 1948, ainsi que d'autres objets du rail. Vous pouvez faire un tour de 10 minutes sur un de ces vieux trains (départs à 11h, 13h30 et 15h30).

CENTRE DE KYŌTO

Le centre de Kyōto ressemble à n'importe quelle autre ville japonaise. Si vous souhaitez passer un moment hors des temples et des sanctuaires, vous y trouverez d'excellents sites touristiques tels que le marché de Nishiki, le musée de Kyōto, le musée international du Manga de Kyōto et Ponto-chō. C'est également un lieu agréable par temps de pluie, grâce à ses nombreuses galeries couvertes et sites intérieurs.

Marché de Nishiki — Marché

(錦市場 ; carte p. 218 ; Nishikikōji-dōri, entre Teramachi et Takakura, Nakagyō-ku ; 9h-17h ; S ligne Karasuma, station Shijō, ligne Hankyū, gare Karasuma ou Kawaramachi). Situé au centre de la ville, à un pâté de maisons au nord de Shijō-dōri et parallèle à celle-ci, le marché couvert de Nishiki s'étire à l'ouest de la galerie commerciale de Teramachi. Vous serez étonné par la variété des produits entrant dans la composition de la cuisine traditionnelle kyotoïte et sans doute étourdi par les cris incessants de "*irasshaimase !*" (Soyez le bienvenu !).

Musée international du Manga de Kyōto — Musée

(京都国際マンガミュージアム ; carte p. 218 ; www.kyotomm.jp/english ; Karasuma-dōri, Oike-agaru, Nakagyō-ku ; adulte/enfant 800/300 ¥ ; 10h-18h, fermé mer ; S lignes Karasuma et Tōzai, station Karasuma-Oike). Installé dans une ancienne école primaire, cet excellent musée présente une collection de quelque 300 000 mangas : une introduction idéale à cet art. Expositions et œuvres sont en japonais, même si de plus en plus de titres sont traduits.

Outre les salles montrant l'évolution du manga depuis les premiers dessins originaux, le musée propose, le week-end, des ateliers pour débutants et des séances de portraits.

Ponto-chō Quartier

(先斗町 ; carte p. 218 ; Ponto-chō, Nakagyō-ku ; S ligne Tōzai jusqu'à Sanjo-Keihan ou Kyoto-Shiyakusho-mae, ligne Keihan, gare Sanjo, ligne Hankyū, gare Kawaramachi). Peu de rues d'Asie dégagent une atmosphère aussi plaisante que cette allée piétonne. S'il y a peu à voir en journée, la rue s'anime en soirée, les splendides lanternes éclairant les façades en bois traditionnelles, tandis que d'élégants Kyotoïtes s'engouffrent dans les bars et restaurants chics.

HYPERCENTRE DE KYŌTO

Ce secteur inclut entre autres le parc du Palais impérial de Kyōto, le château de Nijō-jō, quelques grands sanctuaires shintoïstes et le quartier des tisserands de Nishijin. Bien plat, il se découvre facilement à pied ou à vélo.

Palais impérial de Kyōto Édifice historique

(京都御所, Kyōto-gosho ; carte p. 212 ; Kyōto-gosho, Nakagyō-ku ; S ligne Karasuma, station Marutamachi ou Imadegawa). Le Palais impérial de Kyōto est un ensemble fortifié qui se tient en plein cœur d'un parc. Bien qu'il ne soit plus la résidence officielle de l'empereur japonais, il reste un édifice plein de grandeur.

Le Palais impérial originel fut érigé en 794. Détruit à maintes reprises par le feu, il fut souvent rebâti. Le bâtiment actuel, sur un site différent et plus petit que l'original, date de 1855. C'est là qu'ont lieu encore aujourd'hui les cérémonies d'intronisation d'un nouvel empereur et d'autres cérémonies d'État.

Le Kyōto-gosho n'égale pas les autres sites majeurs de Kyōto et, pour le visiter, vous devrez d'abord demander la permission. En revanche, le parc qui l'entoure est ouvert au public de l'aube jusqu'au crépuscule et peut être visité gratuitement et sans formalités à remplir. C'est le principal espace vert de Kyōto.

Agence de la Maison impériale Réservations

(宮内庁京都事務所 ; carte p. 212 ; 211-1215 ; sankan.kunaicho.go.jp ; 8h45-12h et 13h-17h lun-ven ; S ligne Karasuma, Imadegawa). L'autorisation de visiter le Gosho est délivrée par le Kunaichō, l'Agence de la

Marché de Nishiki

CHARNSITR / GETTY IMAGES ©

Quartier de la gare

Quartier de la gare

À voir

1 Higashi Hongan-ji C2
2 Gare de Kyōto C4
3 Nishi Hongan-ji A1

Où se loger

4 Budget Inn A2
5 Capsule Ryokan Kyoto A2
6 Dormy Inn Premium Kyoto Ekimae C3
7 Hotel Granvia Kyoto C3
8 Ibis Styles Kyoto Station C4
9 Ryokan Shimizu B2
10 Tour Club A2

Où se restaurer

11 Cube B3
Eat Paradise .... (voir 11)
Kyoto Rāmen Kōji .... (voir 11)

Achats

12 Æon Mall Kyoto B4
13 Bic Camera B3

Renseignements

14 Kyoto Tourist Information Center B4

Maison impériale, située dans l'enceinte des murs du parc entourant le palais, à quelques pas de la station Imadegawa, sur la ligne de métro Karasuma. Vous remplirez un formulaire et montrerez votre passeport. Les enfants peuvent participer à la visite du Palais impérial s'ils sont accompagnés d'adultes âgés de 20 ans révolus (notez qu'ils ne sont pas admis dans les trois autres domaines impériaux : la Katsura Rikyū, le Sentō Gosho et la Shūgaku-in Rikyū). Généralement, la permission de visiter le Gosho est valable le jour même (il est important d'arriver au bureau au moins 30 minutes avant le début de la visite). Des visites guidées, parfois en anglais, ont lieu à 10h et à 14h, du lundi au vendredi ; elles durent environ 50 minutes.

Il est possible de parcourir le Gosho sans réservation deux fois par an : une fois au printemps et une autre à l'automne. Les dates varient chaque année, mais l'ouverture de printemps a lieu généralement vers la dernière semaine d'avril et celle d'automne à la mi-novembre. Renseignez-vous auprès du Tourist Information Centre de Kyōto (TIC ; p. 260).

C'est auprès de l'Agence de la Maison impériale que l'on réserve la visite du palais du Sentō Gosho et des villas Katsura Rikyū et Shūgaku-in. Il est toutefois préférable de réserver en ligne, car le nombre maximal de visiteurs est rapidement atteint.

Palais Sentō-gosho — Édifice historique

(仙洞御所 ; carte p. 228 ; ✆ 211-1215 ; Kyōto-Gyōen, Nakagyō-ku ; S ligne Karasuma, station Marutamachi ou Imadegawa). Seconde résidence impériale, le Sentō-gosho se trouve dans l'enceinte du parc du Palais impérial de Kyōto (l'autre est le Palais impérial, qui se dresse à une centaine de mètres au nord-ouest). Les bâtiments à l'intérieur de cet ensemble fermé ne sont pas très imposants, mais les magnifiques jardins, conçus en 1630 par Kobori Enshū, paysagiste renommé, sont exceptionnels.

Ce palais, édifié en 1630 durant le règne de l'empereur Go-Mizunō pour servir de résidence aux empereurs retirés, fut maintes fois détruit par le feu, puis reconstruit. En 1854, un dernier incendie mit un terme définitif à son usage. Aujourd'hui, seules deux constructions, les maisons de thé **Seika-tei** et **Yūshin-tei**, subsistent.

Les visiteurs doivent être munis de l'autorisation de l'Agence de la Maison impériale et avoir plus de 20 ans. Les visites d'une heure (en japonais) débutent tous les jours à 11h et 13h30. La visite guidée emprunte des sentiers qui serpentent autour de beaux étangs et s'avère bien plus plaisante que celle du Gosho, surtout si vous êtes amateur de jardins japonais.

Parc du Palais impérial de Kyōto — Parc

(京都御苑 ; carte p. 212 ; Kyōto-Gyōen, Nakagyō-ku ; ⏲ lever-coucher du soleil ; S ligne Karasuma, station Marutamachi ou Imadegawa). GRATUIT Le Palais impérial et le Sentō sont ceints d'un vaste parc, à l'atmosphère champêtre, planté d'une grande variété d'arbres à fleurs et parsemé de pelouses. Il constitue un cadre plaisant pour un pique-nique, une promenade ou n'importe quel sport ou jeu de plein air.

Parc du Palais impérial de Kyōto
PAOLO GIANTI / GETTY IMAGES ©

Centre de Kyōto

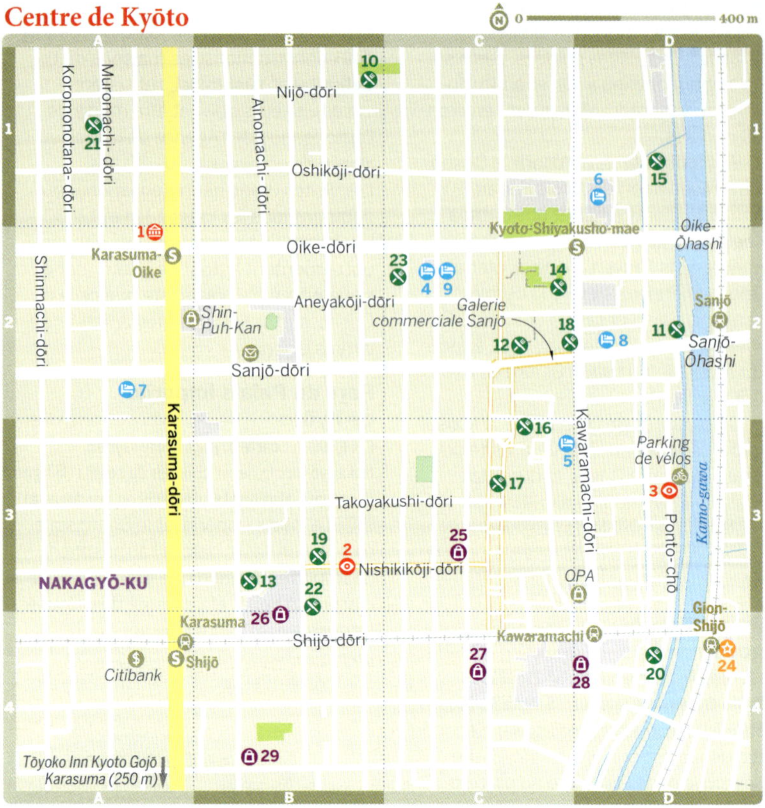

Centre de Kyōto

À voir

1 Musée international du Manga de Kyōto A2
2 Marché Nishiki B3
3 Ponto-chō D3

Où se loger

4 Hiiragiya Ryokan C2
5 Hotel Unizo C3
6 Kyoto Hotel Ōkura D1
7 Mitsui Garden Hotel Kyoto Sanjō A2
8 Royal Park Hotel The Kyoto D2
9 Tawaraya C2

Où se restaurer

10 Café Bibliotec Hello! B1
11 Ganko D2
12 Honke Tagoto C2
13 Ippūdō B3
14 Kerala C2
15 Kiyamachi Sakuragawa D1
16 Kyōgoku Kane-yo C3
17 Mumokuteki Cafe C3
18 Musashi Sushi C2
19 Nishiki Warai B3
20 Roan Kikunoi D4
21 Saryo Zen Cafe A1
22 Tsukiji Sushisei B3
23 Yoshikawa C2

Où sortir

24 Minami-za D4

Achats

25 Aritsugu C3
26 Daimaru B4
27 Grand magasin Fujii Daimaru C4
28 Takashimaya D4
29 Wagami no Mise B4

Allez jusqu'à l'étang, à l'extrémité sud du parc, admirer les carpes. Le parc offre ses plus beaux paysages lorsqu'au printemps fleurissent les pruniers (fin février) et les cerisiers (fin mars).

Daitoku-ji Temple bouddhique

(大徳寺 ; carte p. 212 ; 53 Daitokuji-chō, Murasakino, Kita-ku ; ⌚aube-crépuscule ; S ligne Karasuma, station Kitaōji). GRATUIT Le Daitoku-ji est un monde à part au cœur même de Kyōto, un monde de temples zen, de jardins ratissés à la perfection et de sentiers sinueux. C'est d'ailleurs l'un des plus beaux sites des environs, surtout pour ceux que passionne l'art des jardins. Le Daitoku-ji est le siège de l'école Zen Rinzai Daitoku-ji. Parmi les 24 temples constituant l'ensemble, le **Daisen-in**, le **Kōtō-in**, l'**Ōbai-in**, le **Ryōgen-in** et le **Zuihō-in** sont les pièces maîtresses.

Nijō-jō Château

(二条城 ; carte p. 212 ; 541 Nijōjō-chō, Nijō-dōri, Horikawa nishi-iru, Nakagyō-ku ; 600 ¥ ; ⌚8h45-17h, fermé mar en déc, jan, juil et août ; S ligne Tōzai, station Nijō-jō-mae). La puissance militaire des grands chefs de guerre japonais, les shoguns Tokugawa, est largement démontrée par les imposants remparts et fortifications en pierre de leur superbe château, le Nijō-jō, qui domine une grande partie du nord-ouest de Kyōto. Derrière les remparts se cache un superbe palais entouré de jardins splendides. Bien entendu, cette beauté attire les foules : mieux vaut arriver juste après l'ouverture ou peu de temps avant la fermeture.

Ce château fut construit en 1603 pour être la résidence officielle à Kyōto du premier shogun de la dynastie Tokugawa, Ieyasu. Son style architectural affiche avec ostentation le prestige d'Ieyasu en même temps qu'il annonce le renoncement au pouvoir de l'empereur. Pour se garder de toute trahison, Ieyasu fit recouvrir le sol des pièces d'un parquet dit "rossignol" (les lames émettent une sorte de piaillement quand on marche dessus), empêchant les intrus de s'approcher sans bruit. Il fit aussi aménager des chambres secrètes, où des gardes du corps veillaient sur lui.

Passez l'imposante **porte Kara-mon**, puis pénétrez dans le **palais Ninomaru**, qui comprend cinq bâtiments aux innombrables pièces. La 4e salle, **Ōhiroma Yon-no-Ma** est ornée de remarquables

Nijō-jō

PAL TERAVAGIMOV / GETTY IMAGES ©

peintures sur paravent. Surtout, ne manquez pas le **jardin du palais Ninomaru**, qui fut dessiné par le maître de thé et architecte Kobori Enshū.

Nishijin Quartier

(西陣 ; Nishijin, Kamigyō-ku ; bus n°9 jusqu'à Horikawa-Imadegawa). Nishijin est le centre traditionnel de l'industrie textile à Kyōto, où sont tissés les somptueux kimonos et leur *obi* (larges ceintures) que l'on voit partout en ville. Réputé pour son *Nishijin-ori* (tissage de Nishijin), le quartier est agréable aussi pour une simple balade, car il compte encore un certain nombre de *machiya* (maisons de ville traditionnelles).

Orinasu-kan Musée

(織成館 ; carte p. 212 ; 693 Daikoku-chō, Kamigyō-ku ; adulte/enfant 500/350 ¥ ; 10h-16h, fermé lun ; bus n°9, arrêt Horikawa-Imadegawa). Plein de cachet et souvent très calme, ce musée, installé dans une fabrique de tissu, propose de belles expositions sur les étoffes de Nishijin.

De l'autre côté de la rue, l'immeuble **Susamei-sha**, ouvert au public, mérite le coup d'œil.

SUD DE HIGASHIYAMA

Le quartier de Higashiyama, délimité par les contreforts des monts Higashiyama (montagnes de l'Est), accueille les principaux sites dignes d'intérêt de Kyōto – temples, sanctuaires, jardins, musées, quartiers traditionnels et parcs. Il devrait impérativement figurer sur votre itinéraire.

Shōren-in Temple bouddhique

(青蓮院 ; carte p. 222 ; 69-1 Sanjōbō-chō, Awataguchi, Higashiyama-ku ; 500 ¥ ; 9h-17h ; S ligne Tōzai, arrêt Higashiyama). Vous reconnaîtrez facilement ce temple aux immenses camphriers qui se dressent devant son mur extérieur. Curieusement, la plupart des touristes se contentent de passer devant, en chemin vers les temples les plus connus du quartier. Pourtant, ce petit sanctuaire à l'ambiance intime recèle un splendide jardin

À gauche : Kiyomizu-dera ; **ci-dessous :** statues au temple Sanjūsangen-dō
(À GAUCHE) FRANK DEIM/GETTY IMAGES ©; (CI-DESSOUS) PHOTO BY ILARIA LESCHIUTTA/GETTY IMAGES ©

paysager, dont vous pourrez profiter en buvant une tasse de thé vert (demandez au bureau de la réception).

Sanjūsangen-dō — Temple bouddhique

(三十三間堂 ; carte p. 222 ; 657 Sanjūsangendōma wari-chō, Higashiyama-ku ; 600 ¥ ; 8h-16h30 avr-oct, 9h-15h30 nov-mar ; bus n°206 ou 208 jusqu'à Sanjūsangen-dō-mae, S ligne Keihan jusqu'à Shichijō). Le nom de ce superbe temple fait référence aux 33 travées (*sanjūsan*) qui s'ouvrent entre les piliers du long et étroit bâtiment. Ce dernier abrite 1 001 statues en bois de Kannon (déesse de la Compassion). La représentation principale, Senjū-Kannon aux 1 000 bras, fut réalisée par le célèbre sculpteur Tankei en 1254. Cette statue est flanquée de 500 *kannon*, parfaitement alignés, de taille plus modeste. L'effet visuel est saisissant. C'est un site incontournable du sud de Higashiyama et un bon point de départ pour explorer le quartier.

Musée national de Kyōto — Musée

(京都国立博物館 ; carte p. 222 ; www.kyohaku.go.jp ; 527 Chaya-machi, Higashiyama-ku ; tarif plein/étudiant 500/250 ¥ ; 9h30-18h, 9h30-20h ven, fermé lun ; bus n 206 ou 208, arrêt Sanjūsangen-dō-mae, ligne Keihan, gare Shichijō). Le principal musée des arts de Kyōto accueille les meilleures expositions de la ville. Il fut fondé en 1895 en tant que dépôt impérial d'œuvres d'art et de trésors des temples et sanctuaires de la ville. Le **pavillon principal** compte 17 salles qui présentent plus d'un millier d'œuvres dans le domaine des beaux-arts, de l'histoire et de l'artisanat. Conçu par Yoshio Taniguchi, le nouveau **Heisei Chishinkan** (qui a ouvert en 2014) est un étonnant bâtiment moderne qui contraste avec l'édifice d'origine.

Kiyomizu-dera — Temple bouddhique

(清水寺 ; carte ci-contre ; www.kiyomizudera.or.jp ; 1-294 Kiyomizu, Higashiyama-ku ; 300 ¥ ;

Sud de Higashiyama

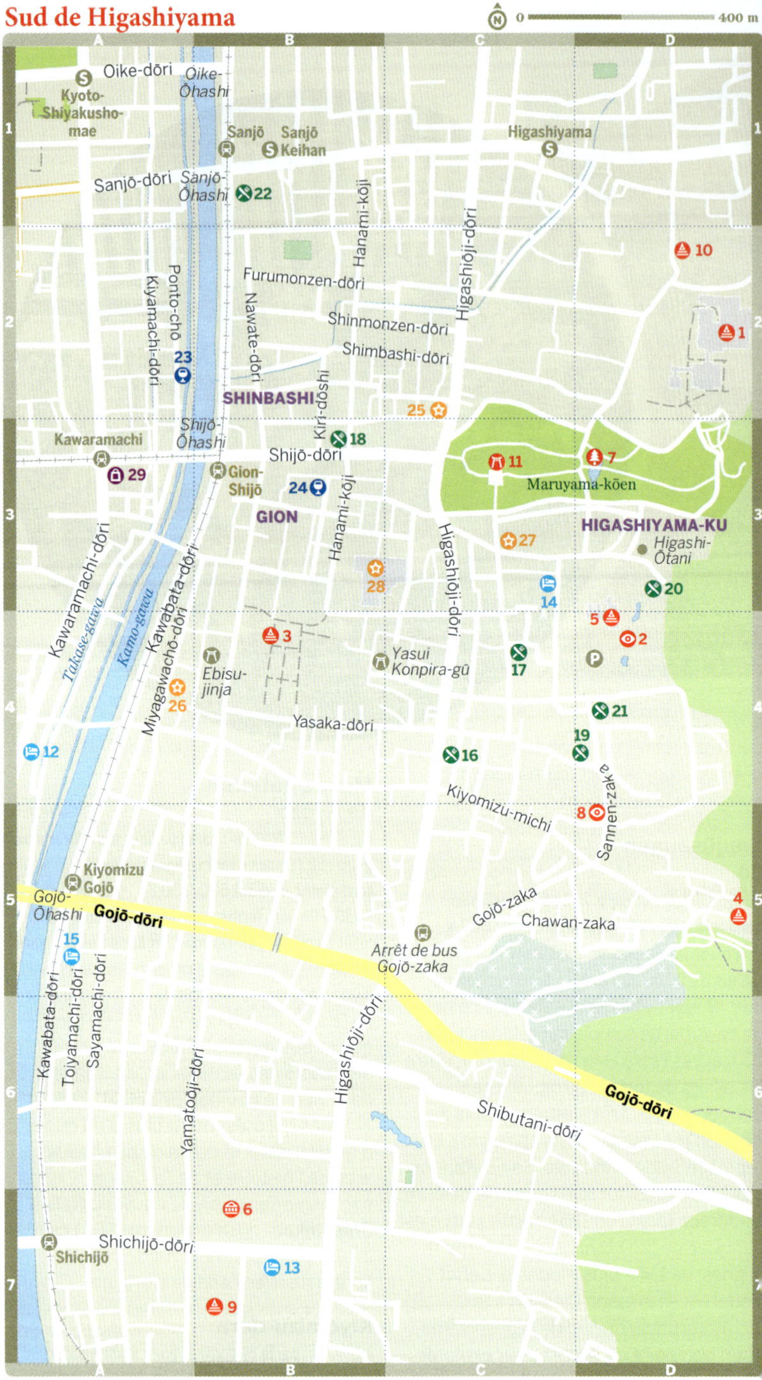

Sud de Higashiyama

À voir

1	Chion-in	D2
2	Gion	D4
3	Kennin-ji	B4
4	Kiyomizu-dera	D5
5	Kōdai-ji	D4
6	Musée national de Kyōto	B7
7	Maruyama-kōen	D3
8	Ninen-zaka et Sannen-zaka	D5
9	Temple Sanjūsangen-dō	B7
10	Shōren-in	D2
11	Yasaka-jinja	C3

Où se loger

	Gion Hatanaka	(voir 27)
12	Hotel Sunroute Kyoto	A4
13	Hyatt Regency Kyoto	B7
14	Motonago	C3
15	Seikōrō	A5

Où se restaurer

16	Café 3032	C4
17	Hisago	C4
18	Kagizen Yoshifusa	B3
19	Kasagi-ya	D4
20	Kikunoi	D3
21	Omen Kodai-ji	D4
22	Rāmen Santōka	B1

Où prendre un verre et faire la fête

23	Atlantis	A2
24	Gion Finlandia Bar	B3
	Tōzan Bar	(voir 13)

Où sortir

25	Gion Odori	C2
26	Kyō Odori	A4
27	Kyoto Cuisine & Maiko Evening	C3
28	Miyako Odori	B3

Achats

29	Marui	A3

6h-18h ; bus n°206, arrêt Kiyōmizu-michi ou Gojō-zaka, ligne Keihan, gare Kiyomizu-Gojō). Ce temple animé, perché sur une colline qui domine le bassin de Kyōto, est l'un des plus appréciés et des plus agréables de la ville. Il n'est sans doute pas l'oasis de tranquillité que la plupart des visiteurs associent aux temples bouddhiques, mais il représente l'expression populaire de la foi au Japon. Les voyageurs accompagnés d'enfants y trouveront en outre de quoi les occuper.

Ce temple remonte à 798, bien que les bâtiments actuels ne datent que de la reconstruction de 1633. Il représente l'école du bouddhisme Hossō, une école créée à Nara, qui survécut des siècles durant à toutes les intrigues ourdies par les écoles rivales de Kyōto. Il est aujourd'hui l'un des emblèmes majeurs de la ville (pour cette raison, il peut être bondé au printemps et en automne).

Le **Hondō** (pavillon principal) comprend une immense véranda surplombant le flanc de la colline, supportée par des piliers de bois. Juste au-dessous de cette grande salle coule la cascade **Otowa-no-taki**, dont on boit l'eau sacrée, supposée apporter longévité et bonne santé. L'enceinte comporte d'autres pavillons et sanctuaires. Dans le **Jishu-jinja**, le sanctuaire au-dessus du pavillon principal, vous pourrez, comme maints jeunes visiteurs, tenter de vous assurer l'amour en parcourant tout droit, les yeux fermés, les 18 m qui séparent une pierre d'une autre. Si vous n'arrivez pas pile sur la pierre en face, votre désir d'amour ne sera pas exaucé !

Avant d'entrer dans l'enceinte actuelle du temple, cherchez le **Tainai-meguri**, dont l'entrée est juste à gauche (au nord) de la pagode qui s'élève en face de l'entrée principale du temple (aucun panneau en anglais ne l'indique). Nous ne vous dirons rien de plus, car l'expérience en serait gâchée. Simplement, si vous entrez dans le Tainai-meguri, vous pénétrez de façon symbolique dans l'utérus d'une femme bodhisattva. Lorsque vous atteindrez la pierre dans l'obscurité, faites-la tourner en prononçant un vœu.

La pente raide qui monte au temple, portant le nom de **Chawan-zaka** (l'allée du Bol à thé), est bordée d'échoppes vendant des objets de l'artisanat de Kyōto, des souvenirs et des spécialités culinaires locales.

Vérifiez auprès du centre d'information touristique (TIC) les horaires des illuminations du temple, au printemps et à l'automne.

Ninen-zaka et Sannen-zaka — Quartier

(二年坂・三年坂 ; carte p. 222 ; Higashiyama-ku ; bus n°206, arrêt Kiyomizu-michi ou Gojō-zaka,

(ligne Keihan, gare Kiyomizu-Gojō). En contrebas du Kiyomizu-dera, légèrement vers le nord, s'étire le quartier restauré de Ninen-zaka et Sannen-zaka, l'un des plus jolis de la ville. Leurs noms "colline des 2 ans" et "colline des 3 ans" font référence à l'année du règne qui vit leur construction. Ces deux charmantes rues sont bordées de vieilles maisons en bois, de boutiques et de restaurants traditionnels.

Kōdai-ji — Temple bouddhique

(高台寺 ; **carte p. 222 ; 526 Shimokawara-chō, Kōdai-ji, Higashiyama-ku ; 600 ¥ ; 9h-17h ; bus n°206, arrêt Yasui, S ligne Tōzai, station Higashiyama**). Ce magnifique temple a été élevé par Kita-no-Mandokoro en 1605, à la mémoire de son mari, Toyotomi Hideyoshi. Sa vaste enceinte comprend des jardins agencés par l'architecte et paysagiste Kobori Enshū, ainsi que des pavillons de thé dessinés par le tout aussi fameux maître de thé Sen-no-Rikyū.

Trois fois par an, le temple illumine ses jardins de lumières multicolores. Ces illuminations ont lieu de mi-mars à début mai, du 1er au 18 août et de fin octobre à début décembre.

Maruyama-kōen — Parc

(円山公園 ; **carte p. 222 ; Maruyama-chō, Higashiyama-ku ; S ligne Tōzai, station Higashiyama**). Ce parc, qui offre des allées serpentant à travers les arbres, un petit étang central peuplé de carpes, des boutiques de souvenirs et des restaurants, est l'endroit idéal pour se reposer de l'agitation du centre-ville.

Yasaka-jinja — Sanctuaire shintoïste

(八坂神社 ; **carte p. 222 ; 625 Gion-machi, Kita-gawa, Higashiyama-ku ; 24h/24 ; S ligne Tōzai, station Higashiyama**). GRATUIT Juste en contrebas du Maruyama-kōen, ce vaste sanctuaire pittoresque est considéré comme le gardien du quartier de Gion. C'est un lieu plein de vie qui mérite une escale durant votre découverte du sud de Higashiyama.

À gauche : restaurant en plein air au Maruyama-kōen ; **ci-dessous :** plaquettes en bois au Yasaka-jinja

(À GAUCHE) EYEON/UIG VIA/GETTY IMAGES ©; (CI-DESSOUS) LUCAS SCHIFRES/GETTY IMAGES ©

Chion-in

Temple bouddhique

(知恩院 ; **carte p. 222 ; 400 Rinka-chō, Higashiyama-ku ; bâtiments intérieurs et jardin 500 ¥, entrée gratuite dans l'enceinte ; ⌚9h-16h30 ; S ligne Tōzai, station Higashiyama**). Vaste ensemble de bâtiments et de cours, le Chion-in est le siège de l'école Jōdo, la secte bouddhique la plus importante du pays, et un lieu de pèlerinage des plus populaires à Kyōto. Si vous aimez les édifices majestueux et l'animation, le Chion-in vous plaira.

En 1234, le Chion-in fut construit sur le site où le moine Hōnen, l'une des plus célèbres figures du bouddhisme japonais, enseigna sa doctrine de l'école de la Terre pure (Jōdo), avant de mourir après s'être imposé le jeûne.

Le plus ancien des bâtiments actuels remonte au XVIIe siècle. Le **San-mon**, une porte colossale à deux niveaux, la plus imposante du Japon, donne un aperçu de l'immensité de ce temple. La grande salle, abritant une image de Hōnen, est reliée à une autre salle, le Dai Hōjō, par un parquet "rossignol", dont les lattes émettent une sorte de piaillement qui annoncent les intrus.

En haut d'un escalier de pierre, au sud-est de la grande salle, se trouve la gigantesque **cloche du temple**. Fondue en 1633 et pesant 70 tonnes, c'est la plus lourde du Japon. Les moines la frappent 108 fois le soir du 31 décembre pour annoncer la venue de la nouvelle année.

Gion

Quartier

(祇園周辺 ; **carte p. 222 ; Higashiyama-ku ; S ligne Tōzai, arrêt Sanjō, 🚆 ligne Keihan, gare Gion-Shijō**). Sur la rive est de la Kamo-gawa, Gion est le *hanamachi* ("ville-fleur", quartier où vivent et travaillent les geishas) le plus célèbre de la ville. Regroupant à l'origine des maisons de thé destinées aux visiteurs fatigués du Yasaka-jinja (un sanctuaire des environs), le quartier était devenu, vers le milieu du XVIIIe siècle, le plus grand quartier des plaisirs de Kyōto. Malgré l'architecture moderne, les rues encombrées de voitures et les vilaines façades des bars qui l'ont dépossédé de sa beauté, il subsiste encore quelques endroits où flâner agréablement.

Hanami-kōji s'étire sur un axe nord-sud et coupe **Shijō-dōri**. La partie sud est bordée de maisons de thé et de restaurants traditionnels du XVIIe siècle, dont beaucoup emploient des geishas. À son extrémité sud, vous atteindrez le **Gion Corner** et le **théâtre Gion Kōbu Kaburen-jō** (祇園甲部歌舞練場).

Si vous longez la portion nord de Hanami-kōji au départ de Shijō-dōri et que vous tournez dans la troisième rue sur votre gauche, vous arriverez dans **Shimbashi** (appelé aussi Shirakawa Minami-dōri), sans doute la plus belle rue de Kyōto (et peut-être d'Asie), surtout quand le soir tombe et à la saison des cerisiers en fleur. Un peu plus loin au nord se trouvent **Shinmonzen-dōri** et **Furumonzen-dōri**, qui courent d'est en ouest. Vous pouvez vous promener, dans un sens ou dans l'autre, dans ces rues bordées de vieilles demeures, de galeries d'art et de boutiques spécialisées dans les antiquités onéreuses.

NORD DE HIGASHIYAMA

Ce secteur, au pied des monts Higashiyama, est l'une des zones les plus riches en sites importants : le Nanzen-ji, le Ginkaku-ji, le Hōnen-in et le Shūgaku-in Rikyū sont remarquables. Pour avoir un souvenir inoubliable de Kyōto, consacrez une journée à une promenade de la station de métro Keage, sur la ligne Tōzai, jusqu'au Ginkaku-ji en suivant le Tetsugaku-no-Michi (promenade de la Philosophie) et en vous arrêtant dans les nombreux temples et sanctuaires tout au long du chemin.

Promenade de la Philosophie (Tetsugaku-no-Michi) Quartier

(哲学の道 ; carte p. 228 ; Sakyō-ku ; bus n°5, arrêt Eikandō-michi ou Ginkakuji-michi, S ligne Tōzai, station Keage). Le Tetsugaku-no-Michi est l'une des promenades les plus plaisantes de la ville. Bordé de diverses plantes à fleurs, de buissons et d'arbres, il présente une belle palette de couleurs presque tout au long de l'année. Suivez l'allée dépourvue de circulation qui longe un canal bordé de cerisiers (en fleur début avril). Il faut 30 minutes pour accomplir la promenade, qui commence

Promenade de la Philosophie (Tetsugaku-no-Michi)

MICHAEL RUNKEL/GETTY IMAGES ©

MICHAEL RUNKEL/GETTY IMAGES ©

À ne pas manquer
Nanzen-ji

Ce vaste temple, composé d'une multitude d'annexes, est l'un des plus plaisants de Kyōto. À l'entrée se dresse la massive **San-mon**. Des escaliers mènent à l'étage, où vous aurez une très belle vue sur la ville. Au-delà de cette porte se trouve le bâtiment principal du temple, dans lequel le **Hōjō** (maison abbatiale) est célèbre pour son jardin du Tigre bondissant, une belle création zen classique.

L'édifice principal fut d'abord la villa de l'empereur Kameyama (après son abdication), avant de devenir, à sa mort, en 1291, un temple bouddhique zen. Au XVe siècle, la guerre civile provoqua la destruction presque totale du Nanzen-ji ; les bâtiments actuels, du XVIIe siècle, abritent maintenant le siège de l'école Rinzai du bouddhisme zen.

Dans le Hōjō, vous pourrez prendre une tasse de thé tout en contemplant une petite cascade (500 ¥ ; demandez au comptoir d'accueil du Hōjō).

INFOS PRATIQUES

南禅寺 ; carte p. 228 ; Fukuchi-chō, Nanzen-ji, Sakyō-ku ; jardin Hōjō 500 ¥, porte San-mon 400 ¥, entrée libre dans l'enceinte ; 8h40-17h mars-nov, 8h40-16h30 déc-fév ; S ligne Tōzai, Keage, Kyoto City Bus n°5, arrêt Eikandō-michi

au Nyakuōji-bashi, en contre-haut de l'Eikan-dō, et se termine au Ginkaku-ji.

Hōnen-in Temple bouddhique

法然院 ; carte p. 228 ; 30 Goshonodan-chō, Shishigatani, Sakyō-ku ; 6h-16h ; bus n°5, arrêt Ginkakuji-michi). GRATUIT L'un des trésors cachés de Kyōto, ce temple fut établi en 1680 en l'honneur du moine Hōnen. C'est un joli temple isolé avec des jardins ratissés avec soin qui se fondent dans les bois. Ses bâtiments abritent une petite galerie où se tiennent de fréquentes expositions d'œuvres d'artistes locaux et étrangers. Si vous souhaitez fuir les

Nord de Higashiyama

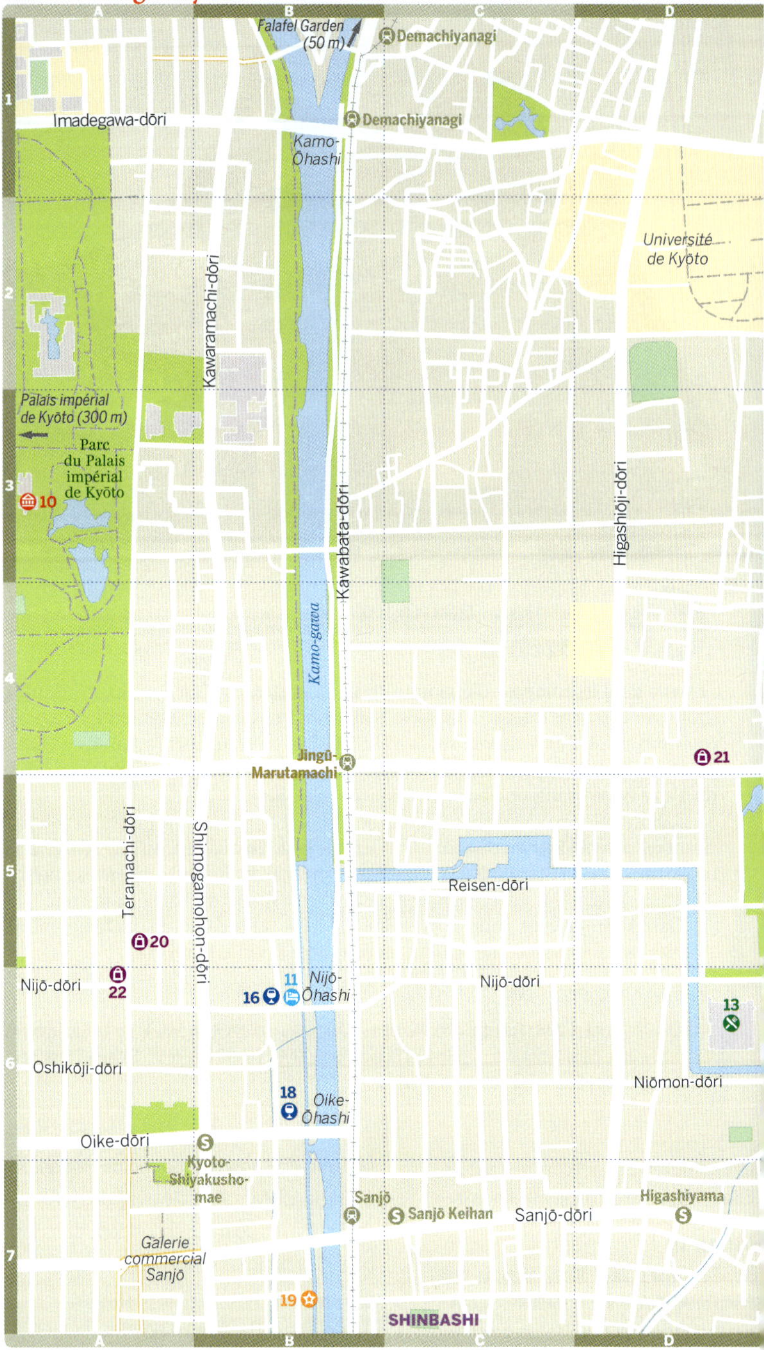

KYŌTO À VOIR

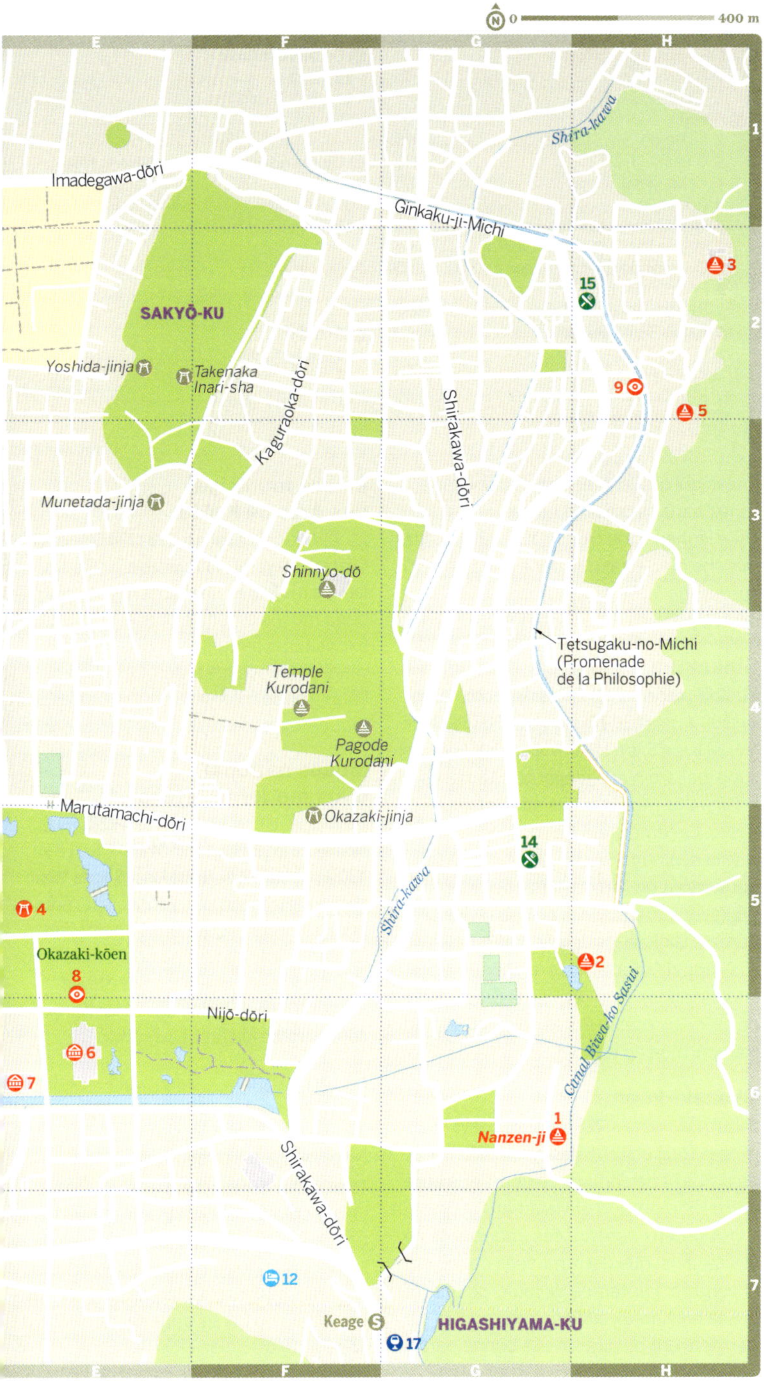
0
400 m
Imadegawa-dōri
Shira-kawa
Ginkaku-ji-Michi
SAKYŌ-KU
Yoshida-jinja
Takenaka Inari-sha
Kaguraoka-dōri
Shirakawa-dōri
Munetada-jinja
Shinnyo-dō
Temple Kurodani
Pagode Kurodani
Tetsugaku-no-Michi (Promenade de la Philosophie)
Marutamachi-dōri
Okazaki-jinja
Shira-kawa
Okazaki-kōen
Nijō-dōri
Canal Biwa-ko Sasui
Nanzen-ji
Shirakawa-dōri
Keage
HIGASHIYAMA-KU
1
2
3
4
5
6
7
8
9
12
14
15
17

Nord de Higashiyama

foules qui affluent au Ginkaku-ji voisin, venez dans ce paisible refuge.

Le Hōnen-in se trouve à 12 minutes de marche du Ginkaku-ji, dans une petite rue au-dessus du Tetsugaku-no-Michi – vous devrez peut-être demander votre chemin.

Ginkaku-ji — Temple bouddhique

(銀閣寺 ; carte p. 228 ; 2 Ginkaku-ji-chō, Sakyō-ku ; 500 ¥ ; ⏲8h30-17h mars-nov, 9h-16h30 déc-fév ; bus n°5, arrêt Ginkakuji-michi). Avec un superbe jardin et d'élégants bâtiments, le Ginkaku-ji est l'un des sites majeurs de Kyōto. Le temple était à l'origine, en 1482, la villa du shogun Ashikaga Yoshimasa, qui désirait un lieu où échapper aux bouleversements de la guerre civile. Le nom de Ginkaku-ji signifie littéralement "pavillon d'Argent", mais le shogun ne put jamais réaliser son rêve de la recouvrir de ce précieux métal. Après sa mort, elle fut transformée en temple.

Okazaki-kōen — Quartier

(岡崎公園 ; carte p. 228 ; Okazaki, Sakyo-ku ; S ligne Tōzai, station Higashiyama). Composé de parcs et de canaux, ce quartier s'étire entre Niōmon-dōri et Heian-jingū. On peut y visiter deux des musées importants de la ville, ainsi que deux musées de moindre envergure. Par temps de pluie, ce quartier et ses nombreux sites couverts vous permettront de passer une bonne partie de la journée à l'abri.

Musée municipal des Arts de Kyōto — Musée

(京都市美術館 ; carte p. 228 ; 124 Enshōji-chō, Okazaki, Sakyō-ku ; tarif variable ; ⏲9h-17h, fermé lun ; S ligne Tōzai, arrêt Higashiyama). Ce beau musée organise plusieurs grandes expositions par an, ainsi que diverses manifestations gratuites. Les alentours de l'étang situé à l'arrière sont propices à un pique-nique.

Musée national d'Art moderne, Kyōto — Musée

(京都国立近代美術館 ; carte p. 228 ; www.momak.go.jp ; Enshōji-chō, Okazaki, Sakyō-ku ; 430 ¥ ; ⏲9h30-17h, fermé lun ; S ligne Tōzai, station Higashiyama). Ce musée est réputé pour ses céramiques et ses peintures contemporaines japonaises. L'excellente collection permanente présente de nombreuses poteries de Kawai Kanjirō. Le café surplombe un beau canal.

Heian-jingū — Sanctuaire shintoïste

(平安神宮 ; carte p. 228 ; www.heianjingu.or.jp ; Nishitennō-chō, Okazaki, Sakyō-ku ; jardin 600 ¥ ; ⏲6h-17h nov-fév, 6h-18h mars-oct ; S ligne Tōzai, station Higashiyama). Très apprécié, ce sanctuaire fut construit en 1895 pour commémorer le 1 100e anniversaire de la fondation de Kyōto. Les bâtiments sont des répliques colorées, réduites aux deux tiers du Palais impérial de Kyōto, à la période de Heian (794-1185). À 500 m devant le sanctuaire s'élève un colossal torii (portique) en acier. Bien que détaché du sanctuaire, il en marque l'entrée.

Villa impériale Shūgaku-in Rikyū Édifice remarquable

(修学院離宮 ; carte p. 212 ; ✆211-1215 ; Shūgaku-in, Yabusoe, Sakyō-ku ; 🚌bus n°5 depuis la gare de Kyōto, arrêt Shūgakuinrikyū-michi). GRATUIT Au pied de l'Hiei-zan, cette superbe villa impériale est l'une des pièces maîtresses du nord-est de Kyōto. Elle fut construite comme résidence d'été pour la famille impériale. Les jardins, qui surplombent la ville Kyōto, méritent la visite malgré les difficultés pour s'y rendre.

La construction de cette villa commença dans les années 1650 à la demande de l'empereur Go-Mizunō, après son abdication. Après son décès en 1680, sa fille Akenomiya poursuivit son œuvre.

La propriété se divise en trois vastes niveaux de jardins étagés sur le flanc d'une colline. Chacun d'entre eux est agrémenté d'une superbe maison de thé : celles du niveau supérieur, **Kami-no-chaya**, et du niveau inférieur, **Shimo-no-chaya**, furent achevées en 1659, tandis que celle du niveau intermédiaire, **Naka-no-chaya**, fut terminée en 1682. Les jardins sont réputés pour leurs étangs, leurs sentiers et leurs surprenants *shakkei* ("paysages empruntés") qui adoptent habilement le décor des collines environnantes. La vue depuis la Kami-no-chaya est absolument magnifique.

Des visites guidées de 1 heure (en japonais) débutent à 9h, 10h, 11h, 13h30 et 15h – essayez d'arriver tôt. Un dépliant basique (en anglais) est distribué, mais une documentation plus détaillée est en vente dans la salle d'attente des visites.

Vous devez réserver les visites auprès de l'Agence de la Maison impériale, généralement plusieurs semaines à l'avance.

NORD-OUEST DE KYŌTO

Le nord-ouest de Kyōto est parsemé d'une multitude de sites superbes. Parmi les plus célèbres figurent le Kinkaku-ji, le fameux pavillon d'Or, et le Ryōan-ji, avec son mystérieux jardin de pierres. Vous pourrez grouper la visite de trois grands sites de cette zone – le Kinkaku-ji, le Ryōan-ji et le Ninna-ji – et passer ainsi

Musée national d'Art moderne

MICHAEL RUNKEL/SHUTTERSTOCK ©

une agréable demi-journée en dehors du centre de la ville.

Kinkaku-ji Temple bouddhique

(金閣寺 ; carte p. 212 ; 1 Kinkaku-ji-chō, Kita-ku ; 400 ¥ ; 9h-17h ; bus n°205 depuis la gare de Kyōto, arrêt Kinkakuji-michi, bus n°59 depuis Sanjō-Keihan, arrêt Kinkakuji-mae). Le pavillon d'Or est l'un des monuments les plus connus du Japon. Spectaculaire, le pavillon principal, recouvert de feuilles d'or, brille de mille feux au-dessus de son étang. Sa beauté peut lui valoir d'être bondé n'importe quel jour de l'année. Aussi, nous vous recommandons d'arriver tôt ou juste avant la fermeture, et dans l'idéal, en semaine.

Ryōan-ji Temple bouddhique

(龍安寺 ; carte p. 212 ; 13 Goryōnoshitamachi, Ryōan-ji, Ukyō-ku ; 500 ¥ ; 8h-17h mars-nov, 8h30-16h30 déc-fév ; bus n°59 depuis Sanjō-Keihan, arrêt Ryoanji-mae). Il est probable que vous ayez déjà vu une photo du jardin de rocailles, l'un des symboles de Kyōto et l'un des sites les plus connus du Japon. Fondé en 1450, le Ryōan-ji appartient à l'école Zen Rinzai. Derrière des murs de terre se trouve le jardin, un rectangle de sable où 15 austères rochers placés avec soin semblent dériver. Son créateur demeure inconnu à ce jour.

ARASHIYAMA ET SAGANO

Arashiyama et Sagano, deux quartiers au pied des montagnes de l'Ouest (appelées Arashiyama) constituent la deuxième grande zone touristique de Kyōto après Higashiyama. On peut se demander pourquoi l'endroit est si recherché, car la rue principale et le secteur autour du fameux pont Tōgetsu-kyō n'offrent guère que l'habituel étalage de boutiques de souvenirs. Mais grimpez dans les collines jusqu'aux temples cachés dans la verdure et vous comprendrez tout l'intérêt des lieux.

De la gare de Kyōto, le bus n°28 relie Arashiyama à l'instar du n°11 au départ de Sanjō-Keihan. Par le train, le plus pratique consiste à emprunter la ligne Sagano/San-in du JR depuis les gares de Kyōto ou de Nijō jusqu'à la gare de Saga-Arashiyama (attention de ne pas prendre un express, qui ne s'y arrêterait pas, mais un train local). Vous pouvez également utiliser la ligne Hankyū depuis le centre-ville de Kyōto jusqu'à la gare d'Arashiyama, mais cela implique une

Bambouseraie d'Arashiyama

NICHOLASHAN/GETTY IMAGES ©

correspondance à Katsura. Une façon rapide de rejoindre Arashiyama depuis le centre de Kyōto (centre-ville élargi) est de prendre la ligne de métro Tōzai jusqu'à son terminus ouest (Uzumasa-Tenjin-gawa) et de terminer en taxi (15 minutes jusqu'à Arashiyama, environ 1 600 ¥).

Tenryū-ji — Temple bouddhique

(天龍寺 ; carte p. 212 ; 68 Susukinobaba-chō, Saga-Tenryū-ji, Ukyō-ku ; 600 ¥ ; 8h30-17h30, 8h30-17h 21 oct-20 mars ; bus n°28 depuis la gare de Kyōto, arrêt Arashiyama-Tenryuji-mae, ligne JR Sagano/San-in, gare Saga-Arashiyama ou ligne Hankyū, gare Arashiyama avec changement à Katsura). Ce joli temple possède l'un des jardins les plus plaisants de tout Kyōto, en particulier au printemps et à l'automne. Le principal jardin zen (XIVe siècle), avec les montagnes d'Arashiyama en toile de fond, est un excellent exemple de *shakkei* ("paysage emprunté"). Malheureusement, ce jardin exceptionnel n'est pas un secret, aussi vaut-il mieux le visiter tôt le matin ou en semaine.

Bambouseraie d'Arashiyama — Parc

(嵐山竹林 ; carte p. 212 ; Ogurayama, Saga, Ukyō-ku ; lever-coucher du soleil ; bus n°28 depuis la gare de Kyōto jusqu'à Arashiyama-Tenryuji-mae, ligne JR Sagano/San-in, gare Saga-Arashiyama ou ligne Hankyū, gare Arashiyama avec changement à Katsura). GRATUIT Pénétrer dans cette immense bambouseraie revient à entrer dans un autre monde : les épais fûts verts des bambous semblent rayonner jusqu'à l'infini et créent une étrange lumière. Vous ne pourrez sans doute pas résister à l'envie de prendre quelques photos, mais vous risquez d'être déçu, car il est impossible de capturer la magie des lieux. La bambouseraie s'étire de la porte nord du Tenryū-ji au pied de la villa Ōkōchi Sansō.

Parc des singes d'Arashiyama-Iwatayama — Parc

(嵐山モンキーパークいわたやま ; carte p. 212 ; 8 Genrokuzan-chō, Arashiyama, Ukyō-ku ; adulte/enfant 550/250 ¥ ; 9h-17h 15 mars-

Ma sélection

Arashiyama

PAR IJUIN KOKO, GUIDE PROFESSIONNELLE ET AUTEURE

1 TEMPLE TENRYŪ-JI

L'un de mes jardins préférés à Kyōto se trouve à l'intérieur de ce temple. En se promenant de l'entrée principale jusqu'à son extrémité, on est émerveillé par l'étonnant jardin qui s'offre au regard. Arrêtez-vous et admirez-le depuis les nombreux points de vue qui émaillent l'étang, dessiné pour offrir partout une vision idéale. Ce paysage artificiel se fond parfaitement avec celui des montagnes lointaines qui semblent faire partie du jardin. Cette technique s'appelle *shakkei* ou "paysage emprunté".

2 BAMBOUSERAIE

En franchissant la sortie nord du Tenryū-ji, vous vous trouverez soudain dans une allée encadrée par d'immenses bambous. La température qui y règne est sensiblement plus fraîche. Tôt le matin, en semaine ou en basse saison, on a parfois la chance d'être tout seul.

3 ŌKŌCHI-SANSŌ

Cette magnifique villa avec jardin est l'œuvre d'Ōkōchi Denjirō, un célèbre acteur de films de samouraïs. Elle est maintenant ouverte au public qui peut profiter du jardin et de la vue sur Kyōto. Le jardin est un bel exemple d'utilisation parcimonieuse de l'espace, chacune des parties étant conçue à petite échelle.

4 GIŌ-JI

Parmi les 1 600 temples de Kyōto, celui-ci a toujours été mon préféré. Il ressemble davantage à un petit bâtiment de trois pièces au cœur d'un jardin intimiste qu'à un temple. L'endroit n'a rien de commun avec les autres temples majestueux de Kyōto : ralentissez et imprégnez-vous de la sérénité des lieux. Vous repartirez ressourcé et vivifié.

LONELY PLANET/GETTY IMAGES ©

À ne pas manquer
Ōkōchi Sansō

Cette somptueuse villa est la propriété d'Ōkōchi Denjirō (1898-1962), célèbre acteur de films de samouraïs. Les vastes jardins comptent certainement parmi les plus beaux de Kyōto, en particulier avec la magnifique vue sur la ville, à l'est. La maison et le pavillon de thé sont également splendides. Ne manquez pas de vous promener sur tous les sentiers des jardins. Conservez bien le bon reçu à l'entrée pour avoir droit à la tasse de thé et au gâteau offerts.

INFOS PRATIQUES

大河内山荘 ; carte p. 212 ; 8 Tabuchiyama-chō, Sagaogurayama, Ukyō-ku ; 1000 ¥ ; 9h-17h ; bus n°28 depuis la gare de Kyōto, arrêt Arashiyama-Tenryuji-mae, ligne JR Sagano/San-in, gare Saga-Arashiyama ou ligne Hankyū, gare Arashiyama avec changement à Katsura

oct, 9h-16h nov-14 mars ; bus n°28 depuis la gare de Kyōto, arrêt Arashiyama-Tenryuji-mae, ligne JR Sagano/San-in, gare Saga-Arashiyama ou ligne Hankyū, gare Arashiyama avec changement à Katsura). Bien qu'il soit courant d'apercevoir des singes dans les montagnes voisines, vous verrez ici ces facétieuses créatures jouer de plus près. Ici, les animaux sont en liberté tandis que les humains qui les nourrissent sont en cage ! Pour arriver jusqu'aux singes, vous devrez grimper en haut de la colline (belle vue sur Kyōto).

L'entrée du parc se fait du côté sud du Tōgetsu-kyō, via le torii (portique du sanctuaire) orange de l'Ichitani-jinja. Achetez votre billet à la machine installée sur la gauche du sanctuaire, en haut de l'escalier. Méfiez-vous, vous devrez grimper en haut de la colline pour arriver jusqu'aux singes, et la montée est abrupte. S'il fait chaud, vous serez en sueur en arrivant.

SUD-EST DE KYŌTO

Parmi les sites les plus remarquables de ce secteur, citons le Tōfuku-ji et le sanctuaire de Fushimi-Inari-Taisha qui fascine par ses belles enfilades de portiques shintoïstes.

Fushimi-Inari Taisha

Sanctuaire shintoïste

(伏見稲荷大社 ; carte p. 212 ; inari.jp ; 68 Yabunouchi-chō, Fukakusa, Fushimi-ku ; ⏲lever-coucher du soleil ; 🚆ligne JR Nara, gare Inari, ligne Keihan, gare Fushimi-Inari). GRATUIT Avec sa succession infinie de torii (portiques de sanctuaire) rouges qui court sur une montagne densément boisée, ce vaste sanctuaire est l'un des sites les plus impressionnants et les plus mémorables de toute la ville.

Les bâtiments s'étagent sur les pentes boisées du mont Inari-san. Un sentier de 4 km serpente jusqu'au sommet, passant des dizaines d'annexes pleines de charme.

Le Fushimi Inari fut bâti au VIIIe siècle par le clan Hata, qui le dédia aux divinités du riz et du saké. Puis, l'agriculture ayant perdu son rôle prépondérant, les divinités se virent attribuer le rôle d'assurer la prospérité dans les affaires. Aujourd'hui, ce lieu est un des plus populaires du Japon, à la tête de quelque 40 000 sanctuaires dédiés à Inari, disséminés dans tout le pays.

En explorant le sanctuaire, vous remarquerez des centaines de renards sculptés en pierre. Selon la tradition, le renard serait le messager d'Inari, déesse des Céréales et les renards en pierre sont souvent appelés Inari. La clé que l'on voit dans sa gueule est celle du grenier à céréales. Rappelons que, selon la tradition, les Japonais considèrent le renard comme une créature sacrée et quelque peu mystérieuse, qui a la capacité de "posséder" les humains – leur point d'entrée favori étant le dessous des ongles.

Monter jusqu'au sanctuaire du haut constitue une agréable balade, un peu plus ardue vers la fin. À la nuit tombante ou au lever du jour, un parfum de mystère semble se dégager des divers petits sanctuaires et des pierres tombales bordant le chemin. Mieux vaut toutefois y aller accompagné à ce moment de la journée.

Le 8 avril se tient une fête, Sangyō-sai, dont les offrandes et les danses visent à garantir la prospérité de l'industrie nationale. Durant les premiers jours du mois de janvier, des milliers de croyants se rendent avec ferveur dans ce sanctuaire sacré pour effectuer leur

Si vous aimez... Les sanctuaires shintoïstes

Si vous avez aimé le Fushimi Inari-taisha, ces deux autres sanctuaires shintoïstes de Kyōto vous plairont :

1 **KAMIGAMO-JINJA**

(上賀茂神社 ; carte p. 212 ; 339 Motoyama, Kamigamo, Kita-ku ; ⏲6h-7h ; 🚌bus n°9, arrêt Kamigamo-misonobashi). Ce sanctuaire, l'un des plus anciens du Japon, fut fondé en 679, avant l'établissement de Kyōto. Dédié à Raijin, le dieu du Tonnerre, il compte parmi les 17 sites de la ville inscrits au patrimoine mondial de l'Unesco. Les bâtiments actuels (plus de 40), dont l'imposant pavillon **Haiden**, sont des reproductions fidèles des constructions originales, allant du XVIIe au XIXe siècle.

2 **KITANO TENMAN-GŪ**

(北野天満宮 ; carte p. 212 ; Bakuro-chō, Kamigyō-ku ; ⏲5h-18h avr-sept, 5h30h-17h30 oct-mars ; 🚌bus n°50 depuis la gare de Kyōto, arrêt Kitano-Tenmangū-mae). Sanctuaire shintoïste plein de cachet du nord-ouest de Kyōto, le Kitano Tenman-gū accueille également le marché Tenjin-San, l'un des marchés aux puces les plus appréciés de la ville. C'est un lieu agréable qui se prête bien à des promenades paisibles, et les édifices actuels du temple, construits en 1607 par Toyotomi Hideyori, sont magnifiques. Début mars, un immense bosquet de pruniers fleurit dans une explosion de couleurs.

Vaut le détour
Musée de Miho

Niché au milieu des collines et des vallées non loin du village de Shigaraki, ce fabuleux **musée** (ミホミュージアム ; **0748-82-3411 ; www.miho.or.jp ; 300, Tashiro Momodani ; entrée 1 100 ¥ ; 10h-17h jan, fév, mi-juin à mi-juil, mi-août à fin août, mi-déc à fin déc, fermé certains lun et mar, voir site Internet)** abrite la collection de la famille Koyama consacrée à l'art du Japon, du Moyen-Orient, de la Chine et de l'Asie du Sud, ainsi que des expositions temporaires magnifiquement présentées. L'édifice est tout aussi impressionnant que la collection – si ce n'est plus. De la billetterie, on accède au bâtiment principal, œuvre de I. M. Pei, par un sentier qui passe dans un long tunnel piéton qui s'ouvre sur une gorge, donnant l'impression de pénétrer dans un repaire secret aux allures de ferme futuriste.

La construction représenta un sacré défi sur le plan technique : le sommet de la montagne fut retiré, le bâtiment en verre et en marbre construit, puis la terre remise autour et au-dessus, jusqu'au pin rouge massif (une vidéo l'explique).

De Kyōto ou Ōsaka, empruntez la ligne JR Tōkaidō jusqu'à la gare d'Ishiyama, puis prenez un bus Teisan à destination du musée (820 ¥, 50 minutes environ). Juste avant de vous y rendre, revérifiez les horaires d'ouverture sur le site Internet.

hatsu-mōde (la première visite de la nouvelle année au sanctuaire) afin de prier pour s'attirer la bonne fortune.

SUD-OUEST DE KYŌTO

Ce secteur abrite deux sites renommés : le "temple des Mousses" (Saihō-ji) et la villa Katsura-Rikyū.

Saihō-ji — Temple bouddhique

(西芳寺 ; carte p. 212 ; 56 Jingatani-chō, Matsuo, Nishikyō-ku ; 3 000 ¥ ; bus n°28 depuis la gare de Kyōto, arrêt Matsuo-taisha-mae, bus n° 63 depuis Sanjō-Keihan, arrêt Koke-dera). Le superbe jardin de mousse du Saihō-ji a valu au temple une solide réputation auprès des visiteurs de Kyōto et le surnom de Koke-dera ("temple des mousses"). Son jardin en forme de cœur, dessiné en 1339 par Musō Soseki, entoure un petit étang. Le nombre de visiteurs étant limité, vous devrez réserver votre entrée puis copier un sutra au pinceau et à l'encre de Chine avant de découvrir le jardin.

L'idée de recopier un sutra peut vous intimider, mais c'est un exercice moins difficile qu'il n'y paraît, et, si vous êtes perdu, regardez ce que font les visiteurs japonais. Il n'est pas obligatoire de terminer complètement le sutra, faites juste de votre mieux. Une fois dans le jardin, vous serez libre de vous promener seul et à votre rythme.

Pour réserver, envoyez une carte au moins une semaine avant la date de votre choix, stipulant vos nom, adresse au Japon, profession, âge (18 ans minimum), le nombre de visiteurs et la date désirée pour la visite (inscrivez plusieurs dates possibles). L'adresse est : Saihō-ji, 56 Kamigaya-chō, Matsuo, Nishikyō-ku, Kyōto-shi 615-8286, JAPON.

Pour la réponse, joignez une carte timbrée libellée à votre adresse au Japon. Vous trouverez peut-être plus pratique d'acheter un Ōfuku-hagaki (carte-réponse) dans un bureau de poste.

Katsura Rikyū — Édifice historique

(桂離宮 ; carte p. 212 ; palais détaché de Katsura ; Katsura Misono, Nishikyō-ku ; bus n°33 depuis la gare de Kyōto, arrêt Katsura Rikyū-mae, ligne Hankyū, gare Katsura). GRATUIT Le Katsura Rikyū, l'une des nombreuses propriétés impériales de Kyōto, est

JON BOWER AT APEXPHOTOS/GETTY IMAGES ©

À ne pas manquer
Tōfuku-ji

Composé d'un jardin spectaculaire, de plusieurs superbes édifices et d'une magnifique propriété, le Tōfuku-ji est l'un des plus beaux temples de Kyōto. Il mérite tout particulièrement une visite que l'on peut conjuguer avec la découverte du Fushimi Inari-Taisha (les deux sont reliées par la ligne de train Keihan).

Fondé en 1236 par le moine Enni, le Tōfuku-ji appartient à l'école Rinzai du bouddhisme zen. Son nom est formé à partir des caractères des noms des temples Tōdai-ji et Kōfuku-ji de Nara, avec lesquels il était supposé rivaliser.

L'ensemble actuel comprend 24 sous-temples (jadis au nombre de 53). L'impressionnante **San-mon** est la porte zen la plus ancienne du pays. L'image ci-dessus montre le jardin zen jouxtant le **Hōjō** (pavillon de l'Abbé), reconstruit en 1890. Les jardins, aménagés en 1938, méritent absolument une visite. Dans celui du nord, des pierres et des mousses sont soigneusement aménagés en damier. À l'arrière des jardins, une plateforme d'observation permet d'admirer le **Tsūten-kyō** (pont vers le Ciel), qui enjambe une vallée couverte d'érables.

Le Tōfuku-ji propose des séances régulières de méditation zen pour débutants. Malheureusement, aucune explication n'est donnée en anglais et ne vous attendez pas que l'on s'occupe de vous. Demandez à un locuteur japonais de se renseigner au temple sur les prochaines séances (elles ont lieu quatre fois par mois).

Notez que le Tōfuku-ji est l'un des sites les plus prisés de Kyōto pour l'observation des feuilles d'automne : il est invariablement bondé en novembre, lorsque ces dernières arborent leurs plus belles teintes. Le reste du temps, il est souvent très paisible.

INFOS PRATIQUES

東福寺 ; carte p. 212 ; 15-778 Honmahi, Higashiyama-ku ; jardin 400 ¥, pont Tsūtenkyō 400 ¥, entrée libre dans l'enceinte ; 9h-16h avr-oct, 8h30-16h nov-début déc, 9h-15h30 début déc-mars ; ligne Keihan, gare Tōfukuji, ligne JR Na, gare Tōfukuji

Si vous aimez...
Les temples

Si vous aimez le Nanzen-ji, vous apprécierez ces autres beaux temples moins connus de Kyōto :

1 **EIKAN-DŌ**

(永観堂 ; carte p. 228 ; www.eikando.or.jp ; 48 Eikandō-chō, Sakyō-ku ; 600 ¥ ; 9h-17h ; bus n°5, arrêt Eikandō-michi, S ligne Tōzai, station Keage). Sans doute la destination la plus réputée (et la plus fréquentée) pour contempler les feuillages d'automne, l'Eikan-dō est un superbe temple situé à courte distance au sud de la célèbre promenade de la Philosophie. L'endroit est particulièrement intéressant pour son architecture variée, ses beaux jardins et ses œuvres d'art. Baptisé Zenrin-ji lorsqu'il fut fondé en 855 par le moine Shinshō, il prit le nom d'un moine philanthrope du XIe siècle, Eikan.

2 **KENNIN-JI**

(建仁寺 ; carte p. 222 ; 584 Komatsu-chō, Yamatoōji-dōri, Shijo-sagaru, Higashiyama-ku ; 500 ¥ ; 10h-16h ; ligne Keihan, gare Gion-Shijō). Fondé en 1202 par le moine Eisai, le Kenin-ji est le plus vieux temple zen de Kyōto et une oasis de paix et de sérénité, en lisière du turbulent quartier de nuit de Gion. On admire avant tout son vaste et magnifique jardin *karesansui* (jardin sec de rocailles). Les deux dragons peints sur le plafond du **Hōdō** sont remarquables.

3 **MYŌSHIN-JI**

(妙心寺 ; carte p. 212 ; 1 Myoshin-ji-chō, Hanazono, Ukyō-ku ; temple principal gratuit, annexes 500 ¥ ; 9h10-11h50 et 13h-15h40 ; bus n°10 de Sanjō-Keihan, arrêt Myōshin-ji Kita-mon-mae). Derrière ses murs, l'ensemble du Myōshin-ji est un monde à part dans Kyōto, qui invite à de délicieuses flâneries. L'annexe **Taizō-in** comporte en particulier l'un des jardins les plus intéressants de la ville. Datant de 1342, le Myōshin-ji appartient à l'école Zen Rinzai et compte 47 temples annexes, dont seuls quelques-uns sont ouverts au public.

considéré comme le meilleur exemple de l'architecture traditionnelle japonaise et de l'art du jardin. Au cœur d'un quartier par ailleurs morne, c'est (littéralement) une île de toute beauté. La villa fut construite en 1624 pour le frère de l'empereur, le prince Toshihito. Chaque détail de sa composition, comme celle des pavillons de thé et du jardin avec son large étang entrecoupé d'îles, a été pensé avec un soin des plus minutieux.

Des visites guidées (environ 40 minutes), en japonais, débutent à 10h, 11h, 14h et 15h. Vous devez arriver 20 minutes avant. Dans la salle d'attente, une vidéo et une brochure en anglais vous donneront des explications sur ce lieu.

Il est indispensable de faire une réservation, généralement plusieurs semaines à l'avance, auprès de l'Agence de la Maison impériale. D'aucuns pensent, cependant, que les formalités fastidieuses, la distance entre la villa et le centre-ville et l'obligation de se joindre à une visite guidée gâchent l'expérience.

La villa se trouve à 15 minutes à pied de la gare Katsura, sur la ligne Hankyū. La course en taxi depuis la gare coûte 700 ¥ environ. Vous pouvez aussi prendre le bus n°33 et descendre à l'arrêt Katsura Rikyū-mae, à 5 minutes à pied de la villa.

KITAYAMA

Les monts Kitayama (montagnes du Nord) commencent à la frontière nord de la ville de Kyōto et s'étendent jusqu'à la mer du Japon. Les Kyotoïtes aiment aller se détendre dans ce bel environnement naturel. Les sites les plus attrayants sont le village d'Ōhara, à la beauté pastorale, le superbe temple de montagne de Kurama et le hameau de Kibune, où l'on mange sur des plates-formes surplombant la rivière.

ŌHARA

Depuis des temps reculés, Ōhara (大原), bourgade agricole, à une dizaine de kilomètres au nord de Kyōto, est un lieu sacré pour les fidèles de l'école bouddhique Jōdo. Le paysage alentour, qui ne manque pas de temples pittoresques tels que le Sanzen-in ou le Jakkō-in, donne un bel aperçu du Japon rural. Aux plus beaux jours des feuillages, en novembre, la foule envahit les lieux, surtout durant les week-ends.

Les bus n°17 et 18 au départ de la gare de Kyōto vous déposeront à l'arrêt Ōhara (600 ¥, 1 heure).

Sanzen-in — Temple bouddhique

(三千院 ; 540 Raikōin-chō, Ōhara, Sakyō-ku ; 700 ¥ ; 9h-17h mars-nov, 8h30-16h30 déc-fév ; bus de Kyōto n°17 ou 18 depuis la gare de Kyōto, arrêt Ōhara). Connu pour le magnifique feuillage d'automne de ses arbres, son jardin d'hortensias et ses saisissantes représentations du Bouddha, ce temple et très apprécié, à juste titre, des touristes japonais et étrangers. Dans le temple, le **Yūsei-en** est un jardin très photographié.

Prenez le temps de vous asseoir sur les marches du pavillon **Shin-den** pour contempler la beauté du Yūsei-en. Puis continuez jusqu'au **Ōjō-gokuraku-in** (temple de la Renaissance au paradis), où vous découvrirez la belle triade Amitabha, formée d'une immense statue du Bouddha Amida entourée de Kannon et de Seishi, dieu de la Sagesse. Passez ensuite derrière le temple pour pénétrer dans l'immense jardin, en fleur de la fin du printemps à l'été.

Fondé en 784 par le moine Saichō, le Sanzen-in appartient à l'école Tendai. Considéré comme l'un des plus grands patriarches du bouddhisme au Japon, Saichō fonda aussi l'Enryaku-ji.

Si vous n'êtes pas contre une petite marche après avoir quitté le temple, continuez à gravir la colline pour aller voir la **Cascade silencieuse** (Oto-nashi-no-taki ; 音無の滝). Bien qu'en réalité, elle fasse autant de bruit que n'importe quelle autre cascade, sa sonorité aurait inspiré le chant bouddhique *shōmyō*.

Le chemin qui mène au Sanzen-in se trouve face à l'arrêt de bus. Il n'y a aucun panneau en anglais, mais vous pourrez en général vous contenter de suivre les touristes japonais. Le temple est situé à 600 m sur ce chemin qui monte, sur votre gauche lorsque vous arrivez au sommet.

Jakkō-in — Temple bouddhique

(寂光院 ; 676 Kusao-chō, Ōhara, Sakyō-ku ; 600 ¥ ; 9h-17h mars-nov, jusqu'à 16h30 déc-fév ; bus de Kyōto n°17 ou 18 depuis la gare de Kyōto, arrêt Ōhara). Ce temple se trouve de l'autre côté d'Ōhara par rapport au célèbre Sanzen-in. On le rejoint par un chemin très plaisant, qui traverse un pittoresque village japonais traditionnel. Assez petit, le Jakkō-in constitue une destination intéressante après une agréable promenade dans la campagne.

Sanzen-in
SHIOGUCHI/GETTY IMAGES ©

KURAMA ET KIBUNE

À 30 minutes seulement au nord de Kyōto, sur la ligne principale du chemin de fer Eiden Eizan, Kurama (鞍馬) et Kibune (貴船) sont deux vallées tranquilles, depuis longtemps appréciées par les Kyotoïtes désireux d'oublier l'agitation de la ville en contrebas. Les principaux attraits de Kurama sont ses temples de montagne et son *onsen* (source chaude). Kibune, sur la crête, rassemble une poignée de *ryokan* surplombant le torrent. Rien de plus agréable, les jours accablants d'été, que de savourer un délicieux repas sur leurs plates-formes au-dessus des eaux vives et fraîches de la Kibune-gawa !

Les deux vallées se prêtent à être explorées ensemble. En hiver, partez de Kibune, marchez 1 heure environ sur le chemin de crête, visitez le Kurama-dera et terminez par un bain dans l'*onsen* avant de regagner Kyōto. En été, faites le contraire : partez de Kurama, grimpez jusqu'à son temple, puis redescendez sur l'autre versant jusqu'à Kibune pour goûter à la fraîcheur d'un déjeuner ou d'un dîner au-dessus du torrent.

Si vous avez la chance d'être à Kyōto la nuit du 22 octobre, ne ratez pas le **Kurama-no-hi Matsuri** (fête du Feu de Kurama), l'un des plus vivants des environs de Kyōto.

Pour vous rendre à Kurama et à Kibune, prenez la ligne de train Eiden Eizan de la gare Demachiyanagi de Kyōto. Pour Kibune, descendez à l'avant-dernier arrêt, Kibune Guchi ; de là, prenez à droite en sortant de la gare et marchez 20 minutes en montée. Pour Kurama, descendez au dernier arrêt, Kurama. Les deux trajets d'environ 30 minutes coûtent chacun 410 ¥.

Kurama-dera — Temple bouddhique

(鞍馬寺 ; 1074 Kurama Honmachi, Sakyō-ku ; 200 ¥ ; 9h-16h30 ; ligne Eiden Eizan de la gare de Demachiyanagi à celle de Kurama). Perché sur une montagne densément boisée, le Kurama-dera est l'un des rares temples du Japon moderne qui conserve une atmosphère de véritable spiritualité. C'est un endroit magique dont la puissance vient en grande partie de son exceptionnel cadre naturel.

L'histoire de ce temple est fascinante : en 770, le moine Gantei quitta le Tōshōdai-ji à Nara en quête d'un sanctuaire naturel où méditer. Alors qu'il errait dans les collines au nord de Kyōto, il croisa un cheval blanc qui le conduisit dans la vallée connue aujourd'hui sous le nom de Kurama. Après avoir vu en rêve Bishamon-ten, le dieu-gardien du paradis du Nord dans le paradis bouddhique, il fonda le Kurama-dera juste au-dessous du mont Kurama-yama. Appartenant à l'origine à l'école Tendai, Kurama est indépendant depuis 1949, s'étant déclaré de l'école Kurama-kyō.

L'entrée du temple est juste en haut de la colline à la sortie de la gare de Kurama. Un petit funiculaire vous mène au sommet pour 100 ¥, mais vous pouvez y aller à pied (environ 30 minutes) en suivant le même chemin. Quand il ne fait pas trop chaud, le sentier qui grimpe lentement dans la montagne est plaisant, passant sous de gigantesques et vénérables cryptomérias, et devant le **Yuki-jinja**, un petit sanctuaire shintoïste. Près du sommet s'ouvre une cour dominée par le **Honden** (pavillon principal). Derrière ce dernier, un sentier reprend jusqu'au sommet de la montagne.

De ce sommet, vous pourrez faire un petit détour par le sentier de crête jusqu'au **Ōsugi-gongen**, un paisible sanctuaire dans un bosquet d'arbres. Et si vous voulez poursuivre jusqu'à Kibune, empruntez le sentier qui redescend sur l'autre versant. C'est une randonnée de 30 minutes (1,2 km) à partir du Honden du Kurama-dera jusqu'à la vallée de Kibune. En descendant, vous remarquerez deux sanctuaires de montagne, **Sōjō-ga-dani Fudō-dō** et **Okuno-in Maō-den**, très agréables pour une petite pause.

Kurama Onsen — Onsen

(鞍馬温泉 ; 520 Kurama Honmachi, Sakyō-ku ; bain extérieur uniquement

1 000 ¥, bains extérieur et intérieur 2 500 ¥ ; ⌚10h-21h ; 🚆ligne Eiden Eizan depuis Demachiyanagi, gare Kurama). Un des rares *onsen* d'accès facile au départ de Kyōto, le Kurama Onsen est tout indiqué pour se détendre après une randonnée. Le bain extérieur offre une belle vue sur le mont Kurama, tandis que le bain intérieur comprend, en plus des baignoires, des espaces de relaxation. Pour profiter des deux bains, achetez un ticket au distributeur automatique installé dehors, devant l'entrée principale.

Pour vous rendre au Kurama Onsen, sortez de la gare de Kurama et suivez la rue principale (vous passerez devant l'entrée du Kurama-dera sur votre gauche). L'*onsen* se trouve à 10 minutes environ à pied, sur votre droite. Il y a aussi une navette gratuite qui relie la gare à l'*onsen et* qui attend l'arrivée des trains pour partir.

Fêtes

À Kyōto, l'année est rythmée par des centaines de fêtes. Consultez les agendas culturels du *Kyōto Visitor's Guide* ou du *Kansai Scene.* Celles mentionnées ci-dessous, les plus spectaculaires, attirent des milliers de spectateurs venus de Kyōto et des environs – réservez un hôtel bien à l'avance.

Setsubun Matsuri au Yoshida-jinja — Religion

Le *setsubun* (2, 3 ou 4 fév, vérifiez la date exacte auprès du TIC) est le dernier jour de l'hiver selon l'ancien calendrier lunaire japonais. Lors de cette fête, les gens montent jusqu'au Yoshida-jinja, dans le quartier nord de Higashiyama, pour contempler un grand feu (dans lequel brûlent tous les anciens porte-bonheur). C'est l'une des fêtes les plus colorées de Kyōto, qui débute à la tombée de la nuit.

Aoi Matsuri — Procession

Cette "fête des Roses trémières", qui remonte au VIe siècle, commémore les prières adressées avec succès aux dieux pour qu'ils mettent fin aux calamités. Aujourd'hui, 600 personnes portant des costumes traditionnels forment la procession, à la tête de laquelle on voit les messagers impériaux dans des chars à bœufs décorés de feuilles de rose trémière. Le 15 mai, le défilé s'ébranle vers 10h du Kyōto Gosho en direction du Shimogamo-jinja.

Gion Matsuri — Procession

Fête la plus importante de Kyōto, le Gion Matsuri culmine le 17 juillet, avec sa parade de plus de 30 chars, et une plus petite procession le 24 juillet. Les trois soirs précédant le 17 juillet, les gens se pressent dans Shijō-dōri, vêtus de jolis *yukata* (kimono léger d'été), pour admirer les chars et flâner autour des étals des camelots.

Daimon-ji Gozan Okuribi — Culture

Cette fête symbolise l'adieu aux âmes des ancêtres. Le 16 août, on allume de grands feux, prenant la forme de caractères chinois ou d'autres motifs tracés sur cinq des montagnes entourant la ville. Le plus important d'entre eux brûle sur le Daimon-ji-yama, le mont qui s'élève au-dessus du Ginkaku-ji, dans le nord de Higashiyama. Les berges de la Kamo-gawa offrent une belle vue sur les brasiers qui sont allumés à 20h.

Jidai Matsuri — Procession

La fête des Âges révolus ne date que de 1895. Le 22 octobre, plus de 2 000 participants, vêtus de costumes allant du VIIIe au XIXe siècle, forment une procession qui va du Kyōto-gosho au Heian-jingū.

Kurama-no-hi Matsuri — Culture

La fête du Feu de Kurama est peut-être la plus spectaculaire de Kyōto. Le 22 octobre (jour également du Jidai Matsuri), d'énormes torches enflammées sont brandies dans les rues de Kurama par des hommes ceints, pour tout vêtement, d'un linge autour des hanches. Notez que les trains vers et depuis Kurama sont complètement bondés le soir de cette fête (nous suggérons de partir tôt et de revenir tard)

Ci-dessous : détail d'un char du Gion Matsuri ; **à droite :** femmes en habit traditionnel participant à l'Aoi Matsuri
(CI-DESSOUS) FRANK CARTER/GETTY IMAGES ©; (À DROITE) FRANK CARTER/GETTY IMAGES ©

Où se loger

Les quartiers les plus pratiques, car les plus proches des principaux sites d'intérêt, des boutiques et des restaurants, sont ceux du centre-ville et du secteur de Higashiyama. Avec son excellent accès au réseau de transports publics, le quartier de la gare de Kyōto constitue également une bonne base, proche d'une multitude de magasins et de restaurants. Sauf mention contraire, l'accès aux hôtels est toujours signalé à partir de la gare de Kyōto.

QUARTIER DE LA GARE

Capsule Ryokan Kyoto Hôtel-capsule ¥

(カプセル旅館京都 ; **carte p. 216 ; ☎ 344-1510 ; www.capsule-ryokan-kyoto.com ; 204 Tsuchihashi-chō, Shimogyō-ku ; capsule 3 500 ¥, lits jum à partir de 3 990 ¥/pers ; @ ; gare de Kyōto).** Des nouvelles "capsules" de style *ryokan* (une minuscule cabine avec tatamis) ainsi que de confortables chambres particulières bien agencées. Chaque capsule comporte TV et accès Internet, et chaque chambre a tout le confort désiré. Internet et Wi-Fi gratuits, ainsi que d'autres commodités dans le confortable salon.

Près de l'angle sud-est du carrefour Horikawa-Shichijo.

Tour Club Pension ¥

(ツアークラブ ; **carte p. 216 ; ☎ 075-353 6968 ; www.kyotojp.com ; 362 Momiji-chō, Higashinakasuji, Shōmen-sagaru, Shimogyō-ku ; d/lits jum/tr 3 490/3 885/2 960 ¥ par pers ; @ ; gare de Kyōto).** Cette pension propre et bien tenue demeure la préférée de nombreux visiteurs étrangers à Kyōto. Accès Internet, petit jardin zen, laverie et Wi-Fi. Thé et café offerts. La plupart des chambres particulières ont une salle de bains et des toilettes privatives. Spacieuse chambre quadruple pour les

ımilles. Sans doute la meilleure adresse ans cette catégorie de prix.

De la gare de Kyōto, tournez au nord epuis Shichijō-dōri, 2 pâtés de maisons vant d'atteindre Horikawa-dōri (au iveau du bâtiment pseudo grec), puis epérez l'enseigne en lettres latines.

udget Inn Pension ¥

ジェットイン ; **carte p. 216 ; ✆ 075-344 10 ; www.budgetinnjp.com ; 295 Aburanokōji-ō, Aburanokōji, Shichijō sagaru, Shimogyō- ; ch tr/qua/5 pers 3 660/3 245/2 996 ¥ r pers ; 🚉 gare de Kyōto).** Cette pension en tenue est un choix excellent dans ette catégorie de prix. Elle bénéficie de chambres de style japonais, propres et parfait état. Toutes ont salle de bains toilettes privatives, et peuvent loger squ'à 5 personnes – idéal pour les milles. Personnel serviable et amical. ccès Internet, laverie et Wi-Fi.

yokan Shimizu Ryokan ¥

の宿しみず ; **carte p. 216 ; ✆ 371-5538 ; w.kyoto-shimizu.net ; 644 Kagiya-chō, Shichijō-dōri, Wakamiya-agaru, Shimogyō-ku ; ch à partir de 5 250 ¥/pers, sam et veille de jours fériés supp de 1 080 ¥ ; 🚭 @ ; S ligne Karasuma, gare de Kyōto, 🚉 ligne principale JR Tōkaidō).** À une courte distance au nord de l'entrée centrale Karasuma de la gare, ce sympathique établissement a déjà sa fidèle clientèle d'hôtes étrangers et pour cause : il est propre, bien tenu et gai. Chambres type *ryokan*, chacune avec sa salle de bains et ses toilettes. Location de vélos.

Ibis Styles Kyoto Station Hôtel ¥¥

(イビススタイルズ 京都ステーション ; **carte p. 216 ; ✆ 693-8444 ; www.ibis.com/gb/hotel-9418-ibis-styles-kyoto-station/index.shtml ; 47 Higashikujō-Kamitonoda-chō, Minami-ku ; ch à partir de 6 500-10 000 ¥ ; 🚉 gare de Kyōto).** Ce fantastique nouvel hôtel d'affaires, situé juste devant l'entrée sud de la gare de Kyōto, offre un excellent rapport qualité/prix. Les chambres sont petites, mais disposent de tous les équipements

Vaut le détour
Takao

Takao (高雄) est un hameau isolé dans les montagnes au nord-ouest de Kyōto, renommé pour ses couleurs d'automne et ses temples, le Jingo-ji, le Saimyō-ji et le Kōzan-ji.

Vous avez le choix entre deux services de bus pour rejoindre Takao : un bus JR partant toutes les heures de la gare de Kyōto (1 heure, arrêt Yamashiro-Takao) ou le bus municipal n°8 à partir de Shijō-Karasuma (arrêt Takao). En sortant de ces bus, pour vous rendre au Jingo-ji, descendez vers la rivière et repérez les marches de pierre sur l'autre rive.

nécessaires. Personnel extrêmement efficace. Très bonne option pour le prix.

Dormy Inn Premium Kyoto Ekimae Hôtel ¥¥
(ドーミーインPREMIUM京都駅前 ; carte p. 216 ; ☎371-5489 ; www.hotespa.net/hotels/kyoto ; Higashishiokōji-chō 558-8, Shimogyō-ku ; lits jum/d à partir de 12 500/11 890 ¥ ; @ ; gare de Kyōto). Quasiment en face de la gare, ce nouvel hôtel fonctionnel est un excellent choix. Chambres propres et bien entretenues. Spa.

Hotel Granvia Kyoto Hôtel ¥¥¥
(ホテルグランヴィア京都 ; carte p.216 ; ☎344-8888 ; www.granviakyoto.com ; Karasuma-dōri, Shiokōji-sagaru, Shimogyō-ku ; lits jum/d à partir de 16 000/21 000 ¥ ; @ ; gare de Kyōto). Sautez de votre lit et attrapez le *shinkansen* ! C'est presque possible si vous passez la nuit au Granvia, juste au-dessus de la gare de Kyōto. Vastes chambres, impeccables et élégantes, avec baignoires profondes. Très professionnel, l'hôtel dispose de bons restaurants, certains avec une jolie vue sur la ville.

CENTRE DE KYŌTO

Hotel Sunroute Kyoto Hôtel ¥¥
(ホテルサンルート京都 ; carte p. 222 ; ☎371-3711 ; www.sunroute.jp/english/hotelinfo/kinki/kyoto/ ; 406 Nanba-chō, Kawaramachi-dōri Matsubara-sagaru, Shimogyō-ku ; ch à partir de 6 300-10 000 ¥ ; @ ; ligne Hankyū, gare Kawaramachi). À courte distance à pied du centre-ville, ce tout nouvel hôtel constitue un très bon choix dans cette fourchette de prix. Les chambres sont un peu exiguës, mais elles ont tout le confort nécessaire. L'endroit est bien tenu et les voyageurs étrangers sont les bienvenus. Dans les chambres, Internet par câble LAN uniquement – Wi-Fi gratuit dans le hall du 2e niveau.

Hotel Unizo Hôtel ¥¥
(ホテルユニゾ京都 ; carte p. 218 ; ☎241-3351 www.hotelunizo.com/eng/kyoto ; Kawaramachi-dōri-Sanjō sagaru, Nakagyō-ku ; s/d/lits jum à partir de 10 000/17 000/19 000 ¥ ; @ ; bus n°5, arrêt Kawaramachi-Sanjō, S ligne Tōzai, station Kyōto Shiyakusho-mae). Il n'exist pas plus pratique que ce *business hotel*, situé au cœur de la scène nocturne et des galeries commerçantes. Vous êtes à 5 minutes d'une pléiade de restaurants et de boutiques. Chambres standards, petites mais confortables, avec salles de bains fonctionnelles. S'il n'a rien d'exceptionnel, il est propre, bien tenu et le personnel est habitué aux voyageurs étrangers.

Mitsui Garden Hotel Kyoto Sanjō Hôtel ¥¥
(三井ガーデンホテル 京都三条 ; carte p. 218 ; ☎256-3331 ; www.gardenhotels.co.jp/eng/sanjo ; 80 Mikura-chō, Sanjō-dōri, Karasuma nishi-iru, Nakagyō-ku ; s/d/lits jum à partir de 6 000/8 700/9 600 ¥ ; @ ; S lignes Tōzai ou Karasuma, station Karasuma-Oike). Juste à l'ouest du quartier commerçant et des restaurants, cet établissement propre et fonctionnel, aux chambres relativement confortables, offre un bon rapport qualité/prix.

Royal Park Hotel The Kyoto Hôtel ¥¥
ロイヤルパークホテル ザ 京都 ; carte p. 218 ; 241-1111 ; www.rph-the.co.jp/en/kyoto/ ; Sanjō-dōri, Kawaramachi higashi-iru, Nakagyō-ku ; s/d à partir de 10 000/12 500 ¥ ; ; ligne Tōzai station Kyōto-Shiyakusho-mae, ligne Keihan, gare Sanjō). Situé dans Sanjō-dōri, à deux pas de la rivière, cet hôtel bénéficie d'un emplacement très pratique, avec quantité de boutiques et de restaurants à deux pas. Atmosphère moderne et chic, avec des chambres un peu plus spacieuses que dans les *business hotels* standards. La boulangerie française en bas est agréable au petit-déjeuner.

Tawaraya Ryokan ¥¥¥
俵屋 ; carte p. 218 ; 211-5566 ; 278 Nakahakusan-chō, Fuyachō, Oike-sagaru, Nakagyō-ku ; ch avec 2 repas 55 891-74 520 ¥/pers ; @ ; ligne Tōzai, station Kyōto Shiyakusho-mae, sortie 8). Le *ryokan* Tawaraya, qui existe depuis plus de trois siècles, est l'un des hôtels les plus prestigieux du monde. Il propose le meilleur de Kyōto tant dans la décoration que dans le service ou les repas. C'est une adresse intime et chaleureuse qui s'est fait une clientèle fidèle. Situation centrale, à quelques minutes à pied de deux stations de métro et d'un grand nombre d'excellents restaurants.

Kyoto Hotel Ōkura Hôtel ¥¥¥
(京都ホテルオークラ ; carte p. 218 ; 211-5111 ; okura.kyotohotel.co.jp/english/ ; 537-4 Ichinofunairi-chō, Kawaramachi-dōri, Oike, Nakagyō-ku ; s/d/lits jum à partir de 13 600/23 000/18 400 ¥ ; @ ; ligne Tōzai, station Kyōto-Shiyakusho-mae, sortie 3). Cet immense hôtel du centre-ville jouit d'une vue impressionnante sur les monts Higashiyama. Les chambres sont spacieuses et impeccables, et la plupart ont une superbe vue, notamment les fantastiques suites en angle – on aurait aimé pouvoir ouvrir la fenêtre pour profiter de l'air frais.

Vous pouvez rejoindre le métro directement depuis l'hôtel, très pratique les jours de pluie ou lorsque l'on a des bagages. On trouve souvent d'excellents tarifs sur Internet. C'est l'un des hôtels offrant le meilleur rapport qualité/prix dans cette fourchette de prix.

Le Daimon-ji-yama portant le caractère *dai* ("grand") dans le cadre du Daimon-ji Gozan Okuribi

LONELY PLANET/GETTY IMAGES ©

Hiiragiya Ryokan Ryokan ¥¥¥
(柊家 ; carte p. 218 ; 221-1136 ; www.hiiragiya.co.jp/en ; Nakahakusan-chō, Fuyachō, Aneyakōji-agaru, Nakagyō-ku ; ch avec 2 repas 34 560-86 400 ¥/pers ; @ ; S ligne Tōzai, station Kyōto-Shiyakusho-mae, sortie 8). Cet élégant *ryokan* est prisé de longue date par les célébrités du monde entier. Les équipements et les services sont excellents et son emplacement est imbattable. Demandez l'une des chambres remises à neuf il y a peu si vous préférez un cadre impeccable, mais si le style *wabi-sabi* (beauté imparfaite) rétro vous attire, optez pour les plus anciennes.

Ritz-Carlton Kyoto Hôtel ¥¥¥
(ザ・リッツ・カールトン京都 ; carte p. 228 ; 746-5555 ; www.ritzcarlton.com/en/Properties/Kyoto ; 543 Hokoden-chō, Nijō-Ōhashi-hotori, Nakagyō-ku ; ch 65 000-200 000 ¥ ; @ ; S ligne Tōzai, station Kyōto-Shiyakusho-mae, ligne Keihan, gares Sanjō ou Jingū-Marutamachi). Le nouveau Ritz-Carlton est une oasis de luxe qui bénéficie d'une vue extraordinaire – il se trouve sur les berges de la Kamo-gawa et les immenses baies qui donnent sur l'est laissent voir la totalité des monts Higashiyama. Les chambres aux nombreux éléments japonais conjuguent avec un grand bonheur confort et élégance.

Les espaces communs sont chics, et les restaurants et bars installés sur place excellents. Spa, salle de sport et piscine à l'avenant.

HYPERCENTRE DE KYŌTO

Palace Side Hotel Hôtel ¥¥
(ザ・パレスサイドホテル ; carte p. 212 ; 415-8887 ; www.palacesidehotel.co.jp ; Okakuen-chō, Karasuma-dōri, Shimotachiuri-agaru, Kamigyō-ku ; s/lits jum/d à partir de 6 300/10, 200/10 200 ¥ ; @ ; S ligne Karasuma, station Marutamachi). Donnant sur le parc du Palais impérial de Kyōto, cet hôtel d'un excellent rapport qualité/prix ne manque pas d'atouts : un personnel sympathique qui parle anglais, un service de qualité, des machines à laver, un restaurant, des chambres en parfait état et des terminaux Internet. Chambres petites, mais commodes.

Ryokan Hiiragiya

LONELY PLANET/GETTY IMAGES

Tōyoko Inn Kyoto Gojō Karasuma Hôtel ¥¥

(東横INN京都五条烏丸 ; carte p. 212 ; ☎344-1045 ; www.toyoko-inn.com/hotel/00040/ ; Gojō Karasuma-chō 393, Karasuma-dōri, Matsubara-sagaru, Shimogyō-ku ; s/lits jum avec petit-déj à partir de 6 804/10 044 ¥ ; @ ; S ligne Karasuma, station Gojō). La chaîne hôtelière Tōyoko Inn est réputée pour ses petites chambres simples et bien tenues à un prix minimum. Leur équipement et divers compléments les rendent attractives : petit-déjeuner offert, appels téléphoniques gratuits au Japon et réductions sur les locations de voitures. On vous prête même un ordinateur portable si vous avez besoin d'envoyer un mail.

Un peu au sud du centre de Kyōto, mais facilement accessible par le métro depuis la gare de Kyōto.

Citadines Karasuma-Gojō Kyoto Appart'hôtel ¥¥¥

(シタディーン京都 烏丸五条 ; carte p. 212 ; ☎352-8900 ; www.citadines.jp/kyoto ; Matsuya-chō 432, Gojō-dōri, Karasuma higashi-iru, Shimogyō-ku ; lits jum/d à partir de 28 600 ¥ ; @ ; S ligne Karasuma, station Gojō). Dans Gojō-dōri, un peu au sud du quartier qui forme le cœur du centre-ville, mais à une courte distance à pied de la ligne de métro Karasuma (et de la ligne Keihan), ces appartements-hôtel (avec service et kitchenette) sont les bienvenus sur la scène hôtelière de Kyōto.

SUD DE HIGASHIYAMA

Hyatt Regency Kyoto Hôtel ¥¥¥

(ハイアットリージェンシー京都 ; carte p. 222 ; ☎541-1234 ; www.kyoto.regency.hyatt.com/en/hotel/home.html ; 644-2 Sanjūsangendō-mawari, Higashiyama-ku ; ch à partir de 28 512 ¥ ; @ ; ligne Keihan, gare Shichijō). Le Hyatt Regency, situé au sud du quartier touristique de Higashiyama, est un établissement élégant. Beaucoup de visiteurs étrangers le considèrent comme le meilleur hôtel de Kyōto et apprécient ses restaurants et son bar raffiné. Service professionnel et agréable (le personnel compte des étrangers, ce qui est très rare au Japon).

Chambres de bon goût avec jolie salle de bains. Les réceptionnistes, mines de renseignements sur la ville, peuvent vous prêter un ordinateur portable pour lire vos e-mails.

Seikōrō Ryokan ¥¥¥

(晴鴨楼 ; carte p. 222 ; ☎561-0771 ; ryokan.asia/seikoro ; 467 Nishi Tachibana-chō, 3 chō-me, Toiyamachi-dori, Gojō-sagaru, Higashiyama-ku ; ch avec 2 repas à partir de 21 600 ¥/pers ; @ ; ligne Keihan, gare Kiyomizu-Gojō). Ce *ryokan* classique, assez bien implanté près du centre-ville, possède une réception au décor somptueux. Dans un bâtiment plutôt spacieux, les superbes chambres confortables disposent chacune d'une salle de bains, et plusieurs s'ouvrent sur les jardins. Service attentionné.

Motonago Ryokan ¥¥¥

(旅館元奈古 ; carte p. 222 ; ☎561-2087 ; motonago.com/fr/top.html ; 511 Washio-chō, Kōdaiji-michi, Higashiyama-ku ; ch avec 2 repas à partir de 18 367 ¥/pers ; @ ; bus n°206 arrêt Gion). Peut-être le *ryokan* le mieux situé de la ville. Il met en outre dans le mille avec son décor japonais traditionnel, son service aimable, ses belles baignoires et ses petits jardins japonais.

NORD DE HIGASHIYAMA

Westin Miyako Kyoto Hôtel ¥¥¥

(ウェスティン都ホテル京都 ; carte p. 228 ; ☎771-7111 ; www.miyakohotels.ne.jp/westinkyoto ; Keage, Sanjō-dōri, Higashiyama-ku ; d/lits jum à partir de 16 200 ¥, ch japonaise à partir de 18 360 ¥ ; @ ; S ligne Tōzai, station Keage, sortie 2). Surplombant le quartier touristique de Higashiyama, cette luxueuse et vénérable institution de Kyōto offre une situation idéale pour découvrir la ville. Ses chambres élégantes sont impeccables, et le personnel est à l'aise avec les étrangers.

Les chambres du côté nord s'ouvrent sur le magnifique panorama de la ville jusqu'aux montagnes de Kitayama. Centre de remise en forme, jardin privé et sentier de promenade. L'établissement dispose aussi d'une section *ryokan* pour ceux qui veulent loger à la japonaise sans renoncer aux commodités de l'hôtel.

ARASHIYAMA ET SAGANO

Hoshinoya Kyoto Ryokan ¥¥¥

(星のや京都 ; carte p. 212 ; ☎871-0001 ; kyoto.hoshinoya.com/en ; Arashiyama Genrokuzan-chō 11-2, Nishikyō-ku ; ch avec repas à partir de 70 296 ¥/pers ; bus n°28 depuis la gare de Kyōto, arrêt Arashiyama-Tenryuji-mae, ligne JR Sagano/San-in, gare Saga-Arashiyama ou ligne Hankyū, gare Arashiyama avec changement à Katsura). Dans un secteur paisible d'Arashiyama, sur la rive sud de l'Hozu-gawa (en amont du principal quartier touristique), cet établissement moderne qui s'inspire de l'auberge japonaise traditionnelle est déjà l'adresse préférée des touristes aisés qui recherchent l'intimité et une expérience originale. Une barque privée vous attend avec son pilote près du pont Togetsu-kyō (après de grosses pluies, cependant, on ne peut arriver qu'en voiture). Les chambres offrent des vues splendides sur la rivière et les montagnes. Un lieu unique à Kyōto.

AÉROPORT DU KANSAI

Hotel Nikkō Kansai Airport Hôtel ¥¥

(ホテル日航関西空港 ; ☎072-455-1111 ; www.nikkokix.com ; Senshū Kūkō Kita 1, Izumisano-shi, Osaka-fu ; s/lits jum/d à partir de 9 500/11 000/14 500 ¥ ; @ ; JR Haruka Airport Express jusqu'à l'aéroport du Kansai). Unique hôtel de l'aéroport, cet excellent établissement est relié au terminal principal par une passerelle (vous pouvez même apporter votre chariot à bagages jusque dans votre chambre). Chambres en bon état, spacieuses et assez confortables pour un court séjour.

Où se restaurer

Kyōto est l'un des meilleurs endroits de l'archipel pour découvrir la cuisine japonaise, quel que soit votre budget. Une multitude de bons établissements de cuisine étrangère vous attendent également. Les restaurants sont concentrés dans le centre, mais aussi dans les quartiers sud de Higashiyama-Gion et aux abords de la gare de Kyōto. La ville accueillant un grand nombre de touristes étrangers, il est rare qu'un restaurant ne présente pas un menu en anglais et la plupart sont bienveillants avec les *gaijin*.

QUARTIER DE LA GARE

Le nouveau bâtiment de la gare de Kyōto renferme des allées entières de restaurants, et à tous les prix.

Des espaces de restauration sont disséminés un peu partout dans l'édifice, mais les meilleurs sont situés au 11e niveau sur le côté ouest : citons notamment **Cube** (ザキューブ ; carte p. 216 ; ☎371-2134 ; 11F Kyōto Station Bldg, Karasuma-dōri,

Femmes en tenue traditionnelle

hiokōji-sagaru, Shimogyō-ku ; 11h-22h ; gare de Kyōto), et **Eat Paradise** (イートパラダイス ; carte p. 216 ; 352-1111 ; 11F Kyōto Station Bldg, Karasuma-dōri, Shiokōji-sagaru, Shimogyō-ku ; 11h-22h ; gare de Kyōto), celui du grand magasin Isetan. À Eat Paradise, nous avons apprécié Tonkatsu Wako pour ses *tonkatsu* (côtelette de porc panée), Tenichi pour ses sublimes tempura et Wakuden pour sa cuisine *kaiseki* abordable. Pour vous y rendre, prenez les escalators sur le côté ouest de l'atrium, jusqu'au 11e et dernier niveau : Cube est sur votre gauche et Eat Paradise face à vous.

Parmi les autres options dans la gare, l'allée **Rāmen Koji** (京都拉麺小路 ; carte p. 216 ; 361-4401 ; 10F Kyōto Station Bldg, Karasuma-dōri, Shiokōji-sagaru, Shimogyō-ku ; rāmen 700-1 000 ¥ ; 11h-22h ; gare de Kyōto), aligne 7 restaurants de *rāmen* (nouilles dans du bouillon) au 10e niveau. Achetez votre coupon pour le *rāmen* à partir d'un distributeur, qui ne comporte pas d'explication en anglais, mais une photo sur chaque touche. Outre les *rāmen*, vous pouvez déguster une glace au thé vert et d'autres douceurs japonaises au Chasen, et croquer des *tako-yaki* (boulettes de pâte fourrées au poulpe) au Miyako.

CENTRE DE KYŌTO

Le centre-ville de Kyōto présente la plus grande variété de restaurants japonais et étrangers à des prix abordables.

Ippūdō — Rāmen ¥

(一風堂 ; carte p. 218 ; 213-8800 ; Higashinotō-in, Nishikikōji higashi-iru, Nakagyō-ku ; rāmen 750-950 ¥ ; 11h-2h ; ; S ligne Karasuma, station Shijō). Si les gens font la queue ici à midi, il y a une raison. Ses *rāmen* sont délectables et ses *gyōza* (raviolis) sont à se damner. Nous recommandons la formule *gyōza* (650 ou 850 ¥, selon le *rāmen* choisi). Dans Nishiki-dōri, à côté d'une poste, à la diagonale d'un Starbucks.

Kerala — Indien ¥

(ケララ ; carte p. 218 ; 251-0141 ; 2e niv, KS Bldg, Kawaramachi-dōri, Sanjō-agaru, Nakagyō-ku ; déj/dîner à partir de 850/2 500 ¥ ; 11h30-14h et 17h-21h ; ; S ligne Tōzai, station Kyoto-Shiyakusho-mae). Dans Kawaramachi-dōri, cet établissement tout en longueur est le meilleur restaurant indien de Kyōto. Le menu déjeuner à 850 ¥ est très avantageux, tout comme le déjeuner végétarien – le menu anglais est un plus. Les dîners coûtent plus près de 2 500 ¥ par personne, mais sont de très grande qualité. Terminez votre repas par une glace, riche et crémeuse, à la noix de coco.

Nishiki Warai — Okonomiyaki ¥

(錦わらい ; carte p. 218 ; 257-5966 ; 1er niv Mizukōto Bldg, 597 Nishiuoya-chō, Nishikikōji-dōri, Takakura Nishi-iru, Nakagyō-ku ; okonomiyaki à partir de 680 ¥ ; 11h30-minuit ; ; ligne Hankyū, gare Karasuma). Ce restaurant de Nishiki-dōri est une bonne adresse pour goûter l'*okonomiyaki* (sorte de crêpe japonaise) dans un cadre sans prétention, parfois un peu enfumé, mais chaleureux. Au déjeuner, des formules dès 680 ¥ ! À 20 m à l'ouest de l'extrémité ouest du marché de Nishiki – repérez l'enseigne en lettres latines à la fenêtre.

Saryo Zen Cafe — Café ¥

(茶寮「然」カフェ ; carte p. 218 ; Zenkashoin Kyōto Muromachi Store, 271-1 Takoyakushi-chō, Muromachi-dōri, Nijō-sagaru, Nakagyō-ku ; boissons à partir de 1 000 ¥ ; 10h-19h, fermé les 2e et 4e lun du mois ; ; S lignes Karasuma ou Tōzai, station Karasuma-Oike). Cette maison de thé moderne est un merveilleux endroit qui change des chaînes de café internationales : idéal pour faire une pause entre deux visites. Dans un cadre extrêmement confortable, vous pourrez déguster une tasse de *matcha* (thé vert en poudre) servi avec une délicieuse confiserie.

Café Bibliotec Hello! — Café ¥

(カフェビブリオティックハロー！ ; carte p. 218 ; 231-8625 ; 650 Seimei-chō, Nijō-dōri, Yanaginobanba higashi-iru, Nakagyō-ku ; repas à partir de 1 000 ¥, café 450 ¥ ; 11h30-minuit ; ; S ligne Tōzai, station Kyoto-Shiyakusho-mae). Au milieu des livres qui tapissent les murs de ce lieu sympathique, installé dans une *machiya* (maison

Ci-dessous : nouilles *udon* ; à droite : marché de Nishiki (p. 214)

traditionnelle), vous pourrez déguster cafés, thés et repas légers de bistrot ou vous détendre en lisant un livre ou un magazine. Il est prisé des jeunes femmes qui travaillent dans le quartier. Vous reconnaîtrez l'établissement aux plantes qui ornent sa devanture.

Honke Tagoto Nouilles ¥

(本家田毎 ; **carte p. 218 ; 221-3030 ; 12 Ishibashi-chō, Sanjō-dōri, Kawaramachi Nishi iru, Nakagyō-ku ; nouilles à partir de 840 ¥ ; 11h-21h ; ; S ligne Tōzai, station Kyōto Shiyakusho-mae).** L'une des plus vieilles maisons de Kyōto, et des plus révérées. Si vous en avez assez des *rāmen*, essayez les *soba* (nouilles au sarrasin), spécialité de l'établissement. Dans la galerie couverte Sanjō : vous apercevrez les tables à l'intérieur.

Sushi no Musashi Sushis ¥

(寿しのむさし ; **carte p. 218 ; 222-0634 ; Kawaramachi-dōri, Sanjō-agaru, Nakagyō-ku ; assiette 140 ¥ ; 11h-22h ; ; S ligne Tōzai, station Kyōto-Shiyakusho-mae, ligne Keihan jusqu'à Sanjō).** Si vous n'avez jamais testé de *kaiten-sushi* (restaurant avec tapis roulant à sushis), rendez-vous ici : toute les assiettes sont au prix dérisoire de 140 ¥. Ce ne sont pas les meilleurs sushis du monde, mais c'est bon march amusant et simple d'utilisation : il suffit d'attraper le plat qui vous fait envie sur l tapis roulant.

Kyōgoku Kane-yo Unagi ¥

(京極かねよ ; **carte p. 218 ; 221-0669 ; 456 Matsugaechō, Rokkaku, Shinkyōgoku higas iru, Nakagyō-ku ; anguille sur du riz à partir de 1 200 ¥ ; 11h30-21h ; ; S ligne Tōzai, station Kyōto Shiyakusho-mae).** Excellente adresse pour goûter l'*unagi* (anguille), l'un des mets de choix de la gastronomi japonaise. En bas, vous serez assis avec vue sur une jolie cascade ; au-dessus, des tatamis vous attendent. Le *kane-yo donburi* (anguille sur du riz ; 1 200 ¥) est délicieux et abordable. Devant la

façade en bois, des tonneaux servent de viviers.

Ganko Sushis ¥¥

(がんこ ; carte p. 218 ; 255-1128 ; 101 Nakajima-chō, Sanjō-dōri, Kawaramachi higashi-iru, Nakagyō-ku ; déj 1 000-2 500 ¥, dîner environ 5 000 ¥ ; 11h-23h ; ; S ligne Tōzai, stations Kyōto-Shiyakusho-mae ou Sanjō Keihan, ligne Keihan, gare Sanjō). Cet immense établissement installé sur 4 niveaux fait partie de la plus grande chaîne de sushis du Kansai. Au rez-de-chaussée, l'espace sushis – où vous pouvez aussi commander d'autres types de plats – est équipé d'un long comptoir, de nombreuses tables, et il y a de la place pour une poussette pour les clients accompagnés d'enfants. Il est apprécié tant par les Japonais que par les touristes.

Tsukiji Sushisei Sushis ¥¥

(築地寿司清 ; carte p. 218 ; 252-1537 ; 581 Obiya-chō, Takakura-dōri, Nishikikōji-sagaru, Nakagyō-ku ; formules sushis 1 296-3 150 ¥ ; 11h30-15h et 17h-22h lun-ven, 11h30-22h sam, dim et jours fériés ; ; S ligne Karasuma, station Shijō). À côté du grand magasin Daimaru, ce restaurant sans prétention en sous-sol sert de savoureux sushis. Commandez un assortiment ou montrez les sushis qui vous font envie. Facile à trouver : de la rue, on aperçoit l'intérieur du restaurant.

Mumokuteki cafe Végétarien ¥¥

(ムモクテキカフェ ; carte p. 218 ; www.mumokuteki.com/cafe/index_e.html ; 2e niv, Human Forum Bldg, 351 Iseya-chō, Gokomachi-dōri, Rokkaku-sagaru, Nakagyō-ku ; repas à partir de 1 500 ¥ ; 11h30-22h ; ; ligne Hankyū, gare Kawaramachi). Caché à l'étage d'une boutique de la galerie commerçante de Teramachi, ce café une adresse à connaître pour les végétariens en visite à Kyōto. Dans un environnement sans prétention, on vous y servira une cuisine savoureuse, variée, en grande partie végétarienne – les options non végétariennes sont clairement indiquées sur la carte. L'établissement se trouve en

Dîner dans un grand magasin

Cette idée n'a rien d'engageant… Détrompez-vous ! Au Japon, les grands magasins, surtout dans des grandes villes comme Tōkyō et Kyōto, offrent un beau choix de bons restaurants qui, comparés à ceux de la rue, sont généralement plus à l'aise avec les étrangers (on peut, en outre, toujours faire venir un employé bilingue de l'accueil).

Au sous-sol des grands magasins se trouve le *depachika* (mot formé de l'anglais *department* et du japonais *chika* qui signifie "sous-sol"). Un bon *depachika* est une véritable caverne d'Ali Baba, garnie de délices qui rivalisent avec celles des meilleurs traiteurs occidentaux. Et si l'on grimpe jusqu'aux derniers étages, le *resutoran-gai* ("rue de restaurants") aligne les enseignes japonaises habituelles – sushis, nouilles, *tonkatsu*, tempura – et, souvent, un restaurant français, italien ou chinois.

Voici quelques grands magasins dans le centre de Kyōto où se régaler :

Takashimaya (p. 258). Ce grand magasin chic dispose d'une excellente section alimentation (au premier sous-sol, B1) et du meilleur *resutoran-gai* de la ville (7eniv).

Daimaru (p. 258). Côté nord de Shijō, entre les rues Kawaramachi et Karasuma, le Daimaru possède une section alimentation digne de celle de Takashimaya (le rayon des pâtisseries japonaises est extraordinaire), ainsi qu'un excellent *resutoran-gai* au 8e niveau.

haut d'une volée de marches, au-dessus d'une boutique de vêtements appelée Spinns – il faut entrer dans la boutique pour monter.

Kiyamachi Sakuragawa — Kaiseki ¥¥¥

(木屋町　櫻川 ; carte p. 218 ; ☎255-4477 ; Kiyamachi-dōri, Nijō-sagaru, Nakagyō-ku ; formule déj/dîner à partir de 5 000/10 000 ¥ ; 11h30-14h et 17h-21h, fermé dim ; S ligne Tōzai, station Kyoto-Shiyakusho-mae). Dans la jolie Kiyamachi-dōri, ce restaurant élégant excelle dans la cuisine *kaiseki*. Les mets simples et exquis sont superbement présentés, et l'on se régale à regarder le chef à l'œuvre. L'accueil est chaleureux ce qui ne gâche rien. Réservation fortement recommandée. Tenue décontractée chic attendue.

Yoshikawa — Tempura ¥¥¥

(吉川 ; carte p. 218 ; ☎221-5544 ; www.kyoto-yoshikawa.co.jp/ ; Tominokōji, Oike-sagaru, Nakagyō-ku ; déj 3 000-25 000 ¥, dîner 6 000-25 000 ¥ ; 11h-14h et 17h-20h30 ; ; S ligne Tōzai, stations Karasuma-Oike et Kyōto Shiyakusho-mae). Une adresse incontournable pour de succulents tempura, à savourer à une table ou à l'intéressant poste d'observation que constitue le petit comptoir où travaillent les chefs. Près d'Oike-dōri, dans un beau bâtiment traditionnel. Réservation nécessaire pour un salon à tatamis – pas de service au comptoir et aux tables le dimanche.

Roan Kikunoi — Kaiseki ¥¥¥

(露庵菊乃井 ; carte p. 218 ; ☎361-5580 ; kikunoi.jp/english/store/roan/ ; 118 Saito-chō, Kiyamachi-dōri, Shijō-sagaru, Shimogyō-ku ; déj/dîner à partir de 4 000/10 000 ¥ ; 11h30-13h30 et 17h-20h30 ; ; ligne Hankyū, gare Kawaramachi, ligne Keihan, gare Gion-Shijō). Une excellente adresse pour découvrir les délices de la *kaiseki* (grande cuisine japonaise). C'est un lieu propre et intime situé en plein centre-ville. Le chef propose une cuisine expérimentale et créative, et les plats qu'il concocte sont de véritables chefs-d'œuvre, tant pour les yeux que pour le palais. Vivement recommandé.

Réservez par l'intermédiaire du gérant de votre hôtel ou de votre *ryokan*.

SUD DE HIGASHIYAMA

Kasagi-ya Salon de thé ¥

(かさぎ屋 ; carte p. 222 ; 561-9562 ; 349 Masuya chō, Kōdai-ji, Higashiyama-ku ; thé et douceur à partir de 600 ¥ ; 11h-18h, fermé mar ; ; bus n°206, arrêt Higashiyama-Yasui). Dans Sannen-zaka, à proximité du Kiyomizu-dera, cette curieuse boutique en bois à l'ancienne, animée par un personnel sympathique, mérite que l'on fasse la queue pour une bonne tasse de *matcha* (thé vert en poudre) et diverses douceurs. Difficile à trouver : vous devrez peut-être demander à l'un des propriétaires des boutiques du quartier.

Kagizen Yoshifusa Salon de thé ¥

(鍵善良房 ; carte p. 222 ; 561-1818 ; www.kagizen.co.jp/en/ ; 264 Gion machi, Kita-gawa, Higashiyama-ku ; kuzukiri ¥900 ; 9h30-18h, fermé lun ; ; ligne Hankyū, gare Kawaramachi, ligne Keihan, gare Gion-Shijō). Véritable institution de Gion, cet *okashi-ya* (pâtisserie) figure parmi les plus anciens et les plus renommés de Kyōto. Vous pourrez y acheter toutes sortes de douceurs et, dans le charmant salon de thé situé à l'arrière, vous pourrez déguster des *kuzukiri* (nouilles translucides à base de *kuzu*, fécule de la racine d'une plante grimpante) froids servis avec une sauce au *kuro-mitsu* (sucre noir), ou une bonne tasse de *matcha* accompagnée d'une confiserie.

Rāmen Santōka
Rāmen ¥

(らーめん山頭火 ; carte p. 222 ; 532-2335 ; santouka.co.jp/en/ ; Yamatoōji-dōri, Sanjō-sagaru Higashi-gawa, Higashiyama-ku ; rāmen à partir de 770 ¥ ; 11h-2h lun-sam, 11h-minuit dim et jours fériés ; ; ligne Tōzai, station Sanjō-Keihan, ligne Keihan, gare Sanjō). Les jeunes chefs de ce restaurant dans l'air du temps vous servent des *rāmen* (nouilles dans un bouillon) d'Hokkaidō à se damner. À la commande, vous aurez le choix entre trois bouillons de base : *shio* (sel), *shōyu* (sauce de soja) et *miso*, celui que nous recommandons.

Hisago Nouilles ¥

(ひさご ; carte p. 222 ; 561-2109 ; 484 Shimokawara-chō, Higashiyama-ku ; repas à partir de 900 ¥ ; 11h30-19h30, fermé lun ; ; bus n°206, arrêt Higashiyama-Yasui). Si vous visitez les sites au sud de Higashiyama, ce petit restaurant servant des plats à base de riz et de pâtes est idéal pour un repas rapide, à une courte distance à pied du Kiyomizu-dera et du Maruyama-kōen. Sa spécialité est l'*oyako-donburi* (poulet et œuf sur du riz ; 980 ¥).

Cherchez une façade traditionnelle avec une petite collection de modèles en plastique dans la vitrine. Lors des périodes les plus touristiques, attendez-vous à une longue file d'attente.

Tsukemono (légumes marinés)
COL/SHUTTERSTOCK ©

Café 3032 Café ¥

(カフェ サンゼロサンニ ; carte p. 222 ; 531-8869 ; 102 Tatsumi-chō, Higashiōji-dōri, Matsubara-agaru, Higashiyama-ku ; repas léger à partir de 600 ¥ ; 8h-22h, fermé irrégulièrement ; ; bus n°206, arrêt Higashiyama-Yasui). Dans Higashiōji, au pied de la colline sur laquelle s'étire le principal quartier touristique du sud de Higashiyama, ce café à l'ambiance très détendue est un excellent choix pour un déjeuner léger ou une tasse de café entre deux visites. Les étrangers sont bien accueillis (carte en anglais). Au menu : sandwichs, curry, bière et café.

Omen Kodai-ji Nouilles ¥¥

(おめん 高台寺店 ; carte p. 222 ; 541-5007 ; 358 Masuya-chō, Kodaiji-dōri, Shimokawara higashi-iru, Higashiyama-ku ; nouilles à partir de 1 150 ¥, formule 1 800 ¥ ; 11h-21h, fermé de façon irrégulière ; bus n°206, arrêt Higashiyama-Yasui). Ce restaurant de la fameuse enseigne de Kyōto, dans un bâtiment traditionnel revisité et lumineux, est parfait pour une pause lorsque vous visitez le sud de Higashiyama. Sa spécialité est le *udon*, d'épaisses pâtes blanches servies dans un délicieux bouillon, mais la carte propose d'autres plats.

Kikunoi Kaiseki ¥¥¥

(菊乃井 ; carte p. 222 ; 561-0015 ; kikunoi.jp/english/store/ ; 459 Shimokawara-chō, Yasakatoriimae-sagaru, Shimokawara-dōri, Higashiyama-ku ; déj/dîner à partir de 4 000/15 000 ¥ ; 12h-13h et 17h-20h ; ; ligne Keihan, gare Gion-Shijō). Véritable temple culinaire de Kyōto servant une cuisine *kaiseki* (gastronomie japonaise) des plus raffinées. Situé dans un recoin à proximité du Maruyama-kōen, ce restaurant propose tout ce qu'il faut pour savourer un repas *kaiseki* complet et haut de gamme : cadre, service, plats réalisés de main de maître, souvent avec créativité... tout est parfait. Réservez par l'intermédiaire du gérant de votre hôtel ou de votre *ryokan*.

NORD DE HIGASHIYAMA

Goya Cuisine d'Okinawa ¥

(ゴーヤ ; carte p. 228 ; 752-1158 ; 114-6 Nishida-chō, Jōdo-ji, Sakyō-ku ; repas à partir de 700 ¥ ; midi-17h et 18h-minuit, fermé mer ; ; bus n°5, arrêt Ginkakuji-michi). Nous avons apprécié ce restaurant, dans le

Plat de légumes à l'Omen (ci-contre)

FRANK CARTER/ALAMY

style d'Okinawa, pour sa savoureuse :uisine, son décor et le confort de la salle à l'étage. C'est l'endroit idéal le midi orsque vous visitez les sites au nord de Higashiyama, à quelques pas du Ginkaku-i. Au déjeuner, des mets simples comme e "taco rice" (880 ¥) et le *gōya champurū* concombre amer sauté, 730 ¥) sont privilégiés, tandis qu'au dîner, la carte affiche un grand choix de plats d'*izakaya* pub japonais).

'alafel Garden Israélien ¥

ファラフェルガーデン ; carte p. 212 ; ☎712-356 ; www.falafelgarden.com/english/index.html ; 15-2 Kamiyanagi-chō, Tanaka, Sakyō-ku ; alafel à partir de 410 ¥ ; 11h-21h30 ; ; ligne Keihan jusqu'à Demachiyanagi). Cette dresse branchée proche de la station emachiyanagi sert d'excellents falafels armi d'autres bons plats. Menu à partir e 1 000 ¥. Nous avons aimé l'ambiance étendue, mais pas autant que les alafels !

linode Udon Nouilles ¥

日の出うどん ; carte p. 228 ; ☎751-9251 ; 5 Kitanobō-chō, Nanzenji, Sakyō-ku ; nouilles à artir de 450 ¥ ; 11h-15h30, fermé dim, 1er et lun, sauf en avr et nov ; ; bus n°5, arrêt kandō-michi). Ce charmant restaurant ropose des plats de riz ou de pâtes onsistants (carte en anglais). Les *udon* paisses nouilles blanches) nature sont 500 ¥, mais nous recommandons les *abeyaki udon* (*udon* mijotés dans leur armite de terre avec du bouillon) à 50 ¥. Vous y ferez une plaisante pause-éjeuner entre deux visites de temples ans le nord de Higashiyama.

men Nouilles ¥¥

おめん ; carte p. 228 ; ☎771-8994 ; 74 Jōdo-shibashi-chō, Sakyō-ku ; nouilles à partir 1 150 ¥ ; 11h-21h, fermé jeu et un autre r du mois ; ; bus n°5, arrêt Ginkakuji-chi). Ce nom vient des épaisses pâtes anches servies dans un bouillon chaud, compagnées d'une sélection de sept gumes frais. Dites simplement *omen* vous aurez le choix entre des pâtes oides ou chaudes, un bol de sauce pour tremper et une assiette de légumes (avec sauce agrémentée de graines de sésame).

Il y a également un grand choix de plats à la carte : bonne salade, succulent *tori sansho yaki* (poulet cuit avec du poivre du Sichuan), bons tempura et, parfois, délicieuse assiette de sashimi. Carte en anglais. À 5 minutes à pied du Ginkaku-ji, dans une maison traditionnelle avec une lanterne à l'extérieur. Vivement recommandé.

ARASHIYAMA ET SAGANO

Komichi Café ¥

(こみち ; carte p. 212 ; ☎872-5313 ; 23 Ōjōin-chō, Nison-in Monzen, Saga, Ukyō-ku ; matcha 650 ¥ ; 10h-17h, fermé mer ; bus n°28 de la gare de Kyōto, arrêt Arashiyama-Tenryuji-mae, ligne JR Sagano/San-in, gare Saga-Arashiyama ou ligne Hankyū, gare Arashiyama avec changement à Katsura). Cette agréable petite maison de thé est idéalement située au bord du sentier qu'empruntent les touristes à Arashiyama. En plus du thé et du café (chauds ou froids), on y sert en été l'*uji kintoki* (glace pilée couverte de thé vert sucré) et, toute l'année, diverses spécialités de nouilles. Menu avec photos. Enseigne vert et noir sur fond blanc.

Où prendre un verre

Kyōto possède un vaste choix de bars, de discothèques et d'*izakaya*, dans lesquels il vous sera facile de lier connaissance. Si vous êtes à Kyōto pendant l'été, de nombreux hôtels et grands magasins installent un *beer garden* sur leur toit, où vous pourrez manger et boire (formules spéciales) tout en admirant le panorama.

Outre les adresses ci-dessous, tous les hôtels de luxe de la section *Où se loger* abritent au moins un excellent bar. Notre préféré est le **Tōzan** (carte p. 222 ; Sanjūsangendō-mawari, Hyatt Regency Kyoto ; gare de Shichijō, ligne Keihan), au Hyatt.

Atlantis Bar

(アトランティス ; carte p. 222 ; ☎241-1621 ; 161 Matsumoto-chō, Ponto-chō-Shijō-agaru, Nakagyō-ku ; 18h-2h, jusqu'à 1h dim ; ligne Hankyū jusqu'à Kawaramachi). Élégant et branché, ce bar – l'un des rares de Ponto-chō qui acceptent les étrangers non accompagnés d'un ami japonais – attire des personnes issues du beau monde de Kyōto ou qui veulent en faire partie. L'endroit est souvent bondé et il se peut que vous deviez faire la queue, surtout si vous désirez vous installer sur la terrasse (ouverte en été), qui donne sur la Kamo-gawa.

Gion Finlandia Bar Bar

(ぎをん フィンランディアバー ; carte p. 222 ; ☎541-3482 ; 570-123 Gion-machi minamigawa, Higashiyama-ku, (Hanamikōji, Shijō-sagaru hitosuji-me nishi-iru minamigawa) ; environ 900¥/boisson ; 18h-3h ; ligne Keihan, gare Gion-Shijō). Occupant une ancienne maison de geishas, ce bar de Gion est un lieu raffiné, avec touches finlandaises au rez-de-chaussée et atmosphère japonaise à l'étage (tatamis, tables dans le sol). L'entrée coûte 500 ¥ – comptez environ 3 000 ¥ pour quelques verres.

Tadg's Gastro Pub Pub

(ダイグ ガストロ パブ ; carte p.228 ; ☎213-0214 ; tadgs.com ; 1er niv, 498 Kamikoriki-chō, Nakagyō-ku ; boissons à partir de 500 ¥ environ ; déj et dîner jusqu'à tard, fermé mer ; S ligne Tōzai, station Kyoto-Shiyakusho-mae). Dominant une portion pittoresque de Kiyamachi-dōri, le Tadg's est un excellent pub pour prendre un verre ou deux en soirée. Grand choix de bières artisanales, ainsi qu'une belle sélection de vins, sakés et spiritueux. Tables disponibles, notamment dans un jardin fermé, à l'arrière, pour les fumeurs.

Kick Up Bar

(キックアップ ; carte p. 228 ; ☎761-5604 ; Higashikomonoza-chō 331, Higashiyama-ku ; boissons/plats à partir de 600/500 ¥ ; 19h-minuit, fermé mer ; S ligne Tōzai, station Keage). Face au Westin Miyako Kyoto, cet agréable bar réunit des habitués, aussi bien expatriés que Kyotoïtes, et la clientèle du Westin. Ambiance détendue et conviviale, et éclairage tamisé.

Bar K6 Bar

(バーK6 ; carte p. 228 ; ☎255-5009 ; 2e niv, Le Valls Bldg, Nijō-dōri, Kiyamachi higashi-iru, Nakagyō-ku ; boissons à partir de 600 ¥ environ ; 16h-1h ; S ligne Tōzai, station Kyōto-Shiyakusho-mae, ligne Keihan, gare Jingu-Marutamachi). Dominant l'une des plus jolies portions de Kiyamachi-dōri, ce bar japonais moderne et haut de gamme propose un grand choix de single malts et d'excellents cocktails. On y sert même une bière artisanale locale. Le Bar K6 est prisé des habitants fortunés et des voyageurs qui séjournent dans l'un des hôtels chics des environs.

Où sortir

À Kyōto, la plupart des divertissements culturels s'inscrivent dans le cadre de manifestations particulières. Pour connaître le programme pendant votre visite, contactez le TIC ou consultez le magazine *Kansai Scene*.

SPECTACLES DE DANSE DE GEISHAS

Chaque année, à l'automne et au printemps, les geishas de Kyōto (que l'on devrait appeler *geiko*, ou *maiko* quand elles sont encore apprenties) se parent de leurs kimonos les plus colorés pour donner des spectacles de danse traditionnelle, en l'honneur de ces deux saisons. Un supplément vous permet de participer à une rapide cérémonie du thé avant le spectacle. Si vous êtes en ville à ce moment-là, ces danses méritent vraiment le détour. Demandez au TIC ou à votre hôtel de vous réserver une place. Les agences de voyages s'en chargent également.

Miyako Odori Dans

(都をどり ; carte p. 222 ; ☎541-3391 ; www.miyako-odori.jp/english/ ; Gionkobu Kaburenjo, 570-2 Gionmachi-minamigawa, Higashiyama-ku ; place réservée/non réservée/réservée avec thé 4 200/2 500/4 800 ¥ ; spectacles 12h30, 14h, 15h30 et 16h50 ; bus n°206, arrêt Gion, ligne Keihan, gare Gion-Shijō). Présenté par le quartier de geishas de Gion Kōbu, ce spectacle de danse est notre favori à Kyōto. Il est prenant et les tableaux colorés resteront gravés dans votre mémoire longtemps après le tomber de rideau. À voir tout le mois d'avril au théâtre Gion Kōbu Kaburen-jō, dans Hanami-kōji, au sud de Shijō-dōri.

Gion Odori

Danse

(祇園をどり ; carte p. 222 ; ☎561-0224 ; Gion, Higashiyama-ku ; 3 500 ¥, avec thé 4 000 ¥ ; ⏰spectacles 13h30 et 16h ; 🚌bus n°206, arrêt Gion). Spectacle de danse de geishas, désuet et charmant, mis en scène par le quartier de geishas de Gion Higashi. Il est donné du 1er au 10 novembre au **théâtre Gion Kaikan** (祇園会館), près du Yasaka-jinja.

Kamogawa Odori

Danse

(鴨川をどり ; carte p. 228 ; ☎221-2025 ; Ponto-chō, Sanjō-sagaru, Nakagyō-ku ; place ordinaire/spéciale/spéciale avec thé 2 000/4 000/4 500 ¥ ; ⏰spectacles 12h30, 14h20 et 16h10 ; Ⓢligne Tōzai, station Kyōto-Shiyakusho-mae). Spectacle de danse de geishas du 1er au 24 mai au théâtre Ponto-chō Kaburen-jō, dans Ponto-chō.

Kitano Odori

Danse

(北野をどり ; ☎461-0148 ; Imadegawa-dōri, Nishihonmatsu nishi iru, Kamigyō-ku ; 4 000 ¥, avec thé 4 500 ¥ ; ⏰spectacles 13h30 et 16h). Au théâtre Kamishichiken Kaburen-jō (上七軒歌舞練場), à l'est du Kitano-Tenman-gū. Du 15 au 25 avril.

Kyō Odori

Danse

(京おどり ; carte p. 222 ; ☎561-1151 ; Miyagawachō Kaburenjo, 4-306 Miyagawasuji, Higashiyama-ku ; place réservée/non réservée 4 000/2 000 ¥, supp thé 500 ¥ ; ⏰spectacles 12h30, 14h30 et 16h30 ; 🚆ligne Keihan, gare Gion-Shijō). Mis sur pied par le quartier de geishas de Miyagawa-chō, ce magnifique spectacle de danse compte parmi les plus étonnants. Du 1er au 3e dimanche d'avril au **théâtre Miyagawa-chō Kaburen-jō** (宮川町歌舞練場), à l'est de la Kamo-gawa, entre Shijō-dōri et Gojō-dōri.

SOIRÉES AVEC GEISHAS

Si vous êtes curieux de voir une geisha, le meilleur moyen est de s'adresser au **Gion Hatanaka** **(祇園畑中 ; carte p. 222 ; ☎541-5315 ; www.thehatanaka.co.jp ; Yasaka-jinja Minami-mon mae, Higashiyama-ku ; ch par pers avec 2 repas à partir de 25 000 ¥ ; 🚭📶 ; 🚌bus n°206, arrêt Higashiyama-Yasui)**, un *ryokan* de Gion qui organise les soirées **Kyoto Cuisine & Maiko Evening** **(ぎおん畑中 ; carte p. 222 ; ☎541-5315 ; www.kyoto-maiko.jp ;**

Miyako Odori

THE ASAHI SHIMBUN/GETTY IMAGES ©

Hatanaka Ryokan, 505 Minamigawa, Gion-machi, Yasaka-jinja Minamimon-mae, Higashiyama-ku ; 18 000 ¥/pers ; 18h-20h, lun, mer, ven et sam ; bus n°206, arrêts Gion où Chionin-mae, ligne Keihan, gare Gion-Shijō). Vous savourerez la cuisine raffinée de Kyōto (*kaiseki*), diverti pendant ce festin par de vraies *geiko* et *maiko*.

KABUKI

Minami-za Théâtre

(南座 ; carte p. 218 ; 561-0160 ; www.kabuki-bito.jp/eng/contents/theatre/kyoto_minamiza.html ; Shijō-Ōhashi, Higashiyama-ku ; places 4 000-27 000 ¥ ; ligne Keihan, gare Gion-Shijō). Ce théâtre de Gion est le plus vieux théâtre de kabuki du Japon. L'événement majeur de l'année est le **festival du Kaomise** (1er-26 décembre), qui voit se produire sur scène les meilleurs acteurs de kabuki de tout le pays. D'autres représentations ont lieu à des dates irrégulières – renseignez-vous auprès du TIC. Les spectacles se tiennent le plus souvent en mai, juin et septembre.

Achats

En matière de shopping à Kyōto, le cœur de l'action se situe autour du carrefour formé par Shijō-dōri et Kawaramachi-dōri. Le quartier compris au nord et à l'ouest de ces deux artères rassemble un nombre incroyable de magasins d'articles traditionnels ou modernes. Les grands magasins les plus importants de Kyōto y sont regroupés, notamment :

Marui (マルイ (OIOI) ; carte p. 222, 075-257-0101 ; 68 Shin-chō, Shijō-dōri Kawaramachi Higashi-iru, Shimogyō-ku ; 10h30-20h30, restaurants 11h-22h, supermarché 8h-22h).

Takashimaya (高島屋 ; carte p. 218 ; 221 8811 ; Shijō-Kawaramachi Kado, Shimogyō-ku ; 10h-20h, restaurants jusqu'à 21h30 ; ligne Hankyū, gare Kawaramachi).

Daimaru (大丸 ; carte p. 218 ; 211-8111 ; Tachiuri Nishi-machi 79, Shijō-dōri, Takakura nishi-iru, Shimogyō-ku ; 10h-20h, restaurants 11h-21h ; S ligne Karasuma, station Shijō, ligne Hankyū, gare Karasuma).

Fujii Daimaru (フジイダイマル ; carte p. 218 ; 221-8181 ; Shijō-dōri, Teramachi nishi-iru ; 10h30-20h ; S ligne Hankyū, station Kawaramachi).

Il n'y a guère de meilleur endroit pour faire des achats que les trois galeries marchandes couvertes du cœur de Kyōto : celles de **Shinkyōgoku**, de **Teramachi** et du marché de Nishiki (p. 214). Les galeries de Teramachi et de Shinkyōgoku courent en parallèle au cœur de la ville. La première aligne des boutiques aussi raffinées que kitsch, tandis que la seconde propose des articles qui amusent les hordes de collégiens en voyage à Kyōto. De la galerie Teramachi, Nishiki

Galerie commerciale de Teramachi
ROBERT PAUL VAN BEETS/SHUTTERSTOCK ©

bifurque vers l'ouest, à environ 100 m au nord de Shijō-dōri.

C'est à Gion que vous trouverez les antiquaires, dans Shinmonzen-dōri. La rue est bordée de vieilles boutiques remarquables, beaucoup se spécialisant dans une seule chose (meubles, poterie, rouleaux peints, estampes, etc.). Un après-midi ne vous suffira peut-être pas pour découvrir tous ces trésors. Sachez malgré tout que les prix sont dissuasifs.

Teramachi-dōri, entre Oike-dōri et Marutamachi-dōri, déploie ses boutiques traditionnelles consacrées à l'art et à l'artisanat de Kyōto, ainsi qu'au thé. Pour un amateur d'antiquités, c'est sans doute la rue la plus intéressante.

Aritsugu Articles pour la maison

(有次 ; carte p. 218 ; ☎221-1091 ; 219 Kajiya-chō, Nishikikōji-dōri, Gokomachi nishi-iru, Nakagyō-ku ; ⏲9h-17h30 ; 🚉ligne Hankyū, gare Kawaramachi). Lors de votre exploration du marché de Nishiki, ne manquez pas cette boutique, où vous trouverez les meilleurs couteaux au monde. Propose aussi une sélection d'excellents ustensiles de cuisine japonais.

Wagami no Mise Artisanat

(倭紙の店 ; carte p. 218 ; ☎341-1419 ; 1er niv, Kajinoha Bldg, 298 Ōgisakaya-chō, Higashinotōin-dōri, Bukkōji-agaru, Shimogyō-ku ; ⏲9h30-17h30, 9h30-16h30 sam, fermé dim ; S ligne Karasuma jusqu'à Shijō). À quelques pas du croisement Shijō-Karasuma, ce magasin vend une très belle sélection de *washi* (papier japonais) à des prix raisonnables. L'une de nos boutiques de souvenirs préférées à Kyōto.

Zōhiko Laques

(象彦 ; carte p. 228 ; ☎229-6625 ; www.zohiko.co.jp/english/ ; 719-1 Yohojimae-chō, Teramachi-dōri, Nijō-agaru, Nakagyō-ku ; ⏲10h-18h ; S ligne Tōzai, station Kyoto-Shiyakusho-mae). Zōhiko est la meilleure boutique de Kyōto pour qui veut acheter des laques, artisanat japonais des plus captivants. Si vous ne connaissez pas, ne manquez pas de vous rendre ici : vous trouverez un grand choix de bols, coupes, plateaux, boîtes, etc.

Bic Camera Électronique

(ビックカメラ ; carte p. 216 ; ☎353-1111 ; 927 Higashi Shiokōji-chō, Shimogyō-ku ; ⏲10h-21h ; 🚉gare de Kyōto). Un nouveau magasin immense, relié à la gare de Kyōto par la porte Nishinotō-in – on peut aussi y accéder depuis la porte nord (Karasuma) en allant vers l'ouest. Vous serez étonné de la quantité d'articles exposés.

Æon Mall Kyoto Centre commercial

(イオンモール ; carte p. 216 ; 1 Nishikujō Toriiguchi-chō, Minami-ku ; ⏲10h-21h, étage restauration jusqu'à 22h ; 🚉gare de Kyōto). À environ 5 minutes à pied au sud-ouest de la gare de Kyōto (sortie Hachijō-guchi), cet immense centre commercial est un lieu agréable pour flâner, se restaurer ou faire des achats en attendant de prendre le train.

La plupart des grandes enseignes nippones y sont représentées, notamment Muji, Uniqlo, Monbell, Daiso et Sofmap (matériel informatique, etc.). Au 4e niveau, dédié à la restauration, on trouve les chaînes japonaises et internationales habituelles.

Kyoto Handicraft Center Artisanat

(京都ハンディクラフトセンター ; carte p. 228 ; ☎761-7000 ; www.kyotohandicraftcenter.com/ ; 21 Entomi-chō, Shōgoin, Sakyō-ku ; ⏲10h-19h ; 🚌bus n°206, arrêt Kumano-jinja-mae). Bon choix d'objets d'art et d'artisanat japonais. On y trouve des estampes sur bois, des poupées japonaises, des objets artisanaux damasquinés, des perles, des vêtements et des livres. Le personnel parle anglais. Peut changer les devises. Accessible à pied depuis le quartier touristique de Higashiyama.

Ippōdō Tea Thé

(一保堂茶舗 ; carte p. 228 ; ☎211-3421 ; www.ippodo-tea.co.jp/en/ ; Teramachi-dōri, Nijō-agaru, Nakagyō-ku ; ⏲9h-19h lun-sam, 9h-18h dim et jours fériés ; S ligne Tōzai, station Kyoto-Shiyakusho-mae). Une boutique de thé à l'ancienne, qui vend le meilleur thé japonais de tout Kyōto. Son *matcha* fait un excellent (et léger) souvenir. Nous vous conseillons la boîte de 40 g de *wa-no-mukashi* (littéralement "Japon

Marchés

Il n'y a pas de meilleur endroit pour dénicher objets anciens et souvenirs à prix raisonnables. Vous pourrez marchander sans honte : les marchés sont les seuls endroits au Japon où cette pratique a cours.

Le 21 de chaque mois, au Tō-ji, le **marché Kōbō-san** (弘法さん（東寺露天市）; **carte p. 212 ; ☎691-3325 ; 1 Kujō-chō, Tō-ji, Minami-ku ; ⌚aube-crépuscule, le 21 de chaque mois ; 🚆ligne Kintetsu, gare Tōji)** marque le jour anniversaire de la mort de Kōbō Daishi (Kūkai), qui, en 823, fut nommé abbé du temple.

Le 25 de chaque mois, le **marché Tenjin-san** (天神さん(北野天満宮露天市) ; **carte p. 212 ; ☎461-0005 ; Kitano Tenman-gū, Bakuro-chō, Kamigyō-ku ; ⌚aube-crépuscule, le 25 de chaque mois ; 🚌bus n° 50 ou 101, arrêt Kitano Tenmangū-mae)**, au Kitano Tenman-gū, célèbre le jour de naissance (et, par pur hasard, celui de la mort) de l'ancien ministre de la période de Heian, Michizane Sugawara (845-903).

d'autrefois") à 1 600 ¥, avec lequel vous pourrez préparer 25 tasses d'un excellent thé vert. Ippōdō se trouve au nord de l'hôtel de ville, dans Teramachi-dōri. Maison de thé adjacente (11h-17h30).

ℹ Renseignements

Argent

Presque toutes les grandes banques sont au carrefour Shijō-Karasuma, à deux arrêts au nord de la gare de Kyōto, sur la ligne de métro Karasuma.

Les transactions internationales (telles que des virements par fax) peuvent s'effectuer à la **Citibank** (シティバンク ; **carte p. 218 ; ☎212-5387 ; ⌚agence 9h-15h lun-ven, DAB 24h/24 ; Ⓢligne Karasuma, station Shijō)**, juste à l'ouest du carrefour.

Vous pouvez changer les chèques de voyage dans la plupart des bureaux de poste de la ville, y compris à la poste centrale, près de la gare de Kyōto. Les bureaux de poste disposent également de distributeurs qui acceptent la plupart des cartes étrangères ; si la vôtre n'est pas acceptée, essayez le DAB des magasins 7-Eleven. Et, dernière solution, le DAB 24h24 de la Citibank, qui accepte une multitude de cartes.

Offices du tourisme

Kyoto Tourist Information Center (京都総合観光案内所 ; **TIC ; carte p. 216 ; ☎343-0548 ; 2e niv Kyōto Station Bldg, Shimogyō-ku ; ⌚8h30-19h ; Ⓢligne Karasuma, gare de Kyōto)**. Meilleur source d'information sur Kyōto, le TIC est situé au 2e niveau du bâtiment principal de la gare de Kyōto (entre la partie *shinkansen* et la façade de la gare, près du grand magasin Isetan). Les employés, qui parlent anglais et d'autres langues européennes et asiatiques, répondront à toutes vos questions.

Poste

Poste centrale de Kyōto (京都中央郵便局 ; **carte p. 216 ; ☎365-2471 ; 843-12 Higashishiokōji-chō, Shimogyō-ku ; ⌚9h-21h lun-ven, 9h-19h sam-dim, DAB 0h05-23h55 lun-sam, 0h05-21h dim et jours fériés; Ⓢligne Karasuma, gare de Kyōto)**. Idéalement localisée près de la gare : prenez la sortie Karasuma, car la poste se situe sur le côté nord-ouest de la gare. Dans l'aile sud, un comptoir est ouvert après les heures de service, 24h/24, 365 jours par an. Ici aussi, les DAB fonctionnent presque 24h/24

ℹ Depuis/vers Kyōto

Il est très facile de voyager entre Kyōto et les autres parties du Japon. La région du Kansai est desservie par les lignes Tōkaidō et San-yō du *shinkansen* (train à grande vitesse), plusieurs lignes principales du chemin de fer national JR et quelques lignes privées. Des bus longue distance, empruntant les autoroutes, relient le Kansai aux autres parties de Honshū, à Shikoku et à Kyūshū. De plus, le Kansai est doté de deux aéroports (l'aéroport international du Kansai et l'aéroport Itami d'Ōsaka), et Kyōto se trouve aussi assez proche de Nagoya pour le voyageur qui devrait utiliser l'aéroport Nagoya Chubu Centrair.

Avion

Kyōto est desservie par l'aéroport Itami d'Ōsaka (ITM), qui assure surtout les liaisons nationales, et par l'aéroport international du Kansai (KIX). Des vols fréquents relient Tōkyō à Itami (environ

25 000 ¥, 80 minutes), mais vous trouverez qu'il est parfois plus pratique et rapide de prendre le *shinkansen*. Les deux aéroports sont reliés à la ville, quoique le trajet depuis/vers l'aéroport international du Kansai soit plus long et plus cher.

Train

Shinkansen

Kyōto se trouve sur la ligne Tōkaidō-San-yō du *shinkansen*, qui circule entre Tōkyō et Kyūshū, via Nagoya, Ōsaka, Kōbe, Himeji et Hiroshima. Le *shinkansen* circule depuis/vers la gare principale de Kyōto, et depuis les gares de Tōkyō, Shinagawa et Shin-Yokohama. Voici les tarifs et temps de trajet du *Hikari* (le deuxième *shinkansen* en termes de rapidité) au départ de Kyōto et à destination des villes suivantes :

Tōkyō (13 080 ¥, 2 heures 45)

Nagoya (5 070 ¥, 40 minutes)

Shin-Ōsaka (1 420 ¥, 13 minutes)

Hiroshima (10 570 ¥, 2 heures)

Hakata (15 120 ¥, 2 heures 45)

Trains réguliers

Nara La ligne privée Kintetsu (annoncée parfois en anglais comme le Kinki Nippon Railway) relie Kyōto (gare Kintetsu, au sud du bâtiment de la gare de Kyōto) et Nara (gare Kintetsu). Il existe des *tokkyū* rapides (express semi-direct ; 1 110 ¥, 33 minutes) et des trains express ordinaires (610 ¥, 40 minutes), qui demandent parfois un changement à Saidai-ji.

La ligne JR Nara relie aussi la gare de Kyōto à la gare JR de Nara (express, 710 ¥, 41 minutes) et représente une option plus avantageuse pour les détenteurs du Japan Rail Pass.

Ōsaka Après le *shinkansen*, le train le plus rapide entre la gare de Kyōto et celle d'Ōsaka est le *shinkaisoku* du JR (train rapide spécial, 560 ¥, 29 minutes). À Ōsaka, ce train s'arrête aux deux gares de Shin-Ōsaka et d'Ōsaka.

On peut aussi prendre un train de la ligne Hankyū, moins cher, qui part de la gare Hankyū de Kawaramachi et, passant par les gares de Karasuma et Ōmiya à Kyōto, arrive à la gare Hankyū d'Umeda à Ōsaka. (Le *tokkyū* Umeda-Kawaramachi, un express avec quelques arrêts, coûte 400 ¥ et prend 40 minutes). Ces trains sont plus confortables que les trains JR, et si vous montez à Kawaramachi ou à Umeda, vous trouverez en général une place assise.

Une autre possibilité consiste à prendre le train de la ligne principale Keihan qui part de la gare de Demachiyanagi et passe par celles de Sanjō, de Shijō et de Shichijō à Kyōto, pour s'arrêter à la gare Keihan Yodoyabashi à Ōsaka (*tokkyū* depuis/vers Sanjō 410 ¥, 51 minutes). Yodoyabashi à

Assiettes en vente au marché Kōbō-san

LAITR KEIOWS/SHUTTERSTOCK ©

Ōsaka est sur la ligne de métro Midō-suji. Ces trains aussi sont plus confortables que les trains JR et vous pourrez en général vous asseoir si vous montez à Demachiyanagi ou à Yodoyabashi.

Comment circuler

Depuis/vers l'aéroport

Aéroport Itami d'Ōsaka (ITM)

大阪伊丹空港

Des navettes spéciales, fréquentes, relient l'aéroport Itami d'Ōsaka et la gare de Kyōto (l'arrêt de la navette à la gare de Kyōto est sur le côté sud de la gare, en face du grand magasin Avanti). Des bus circulent aussi entre l'aéroport et les divers hôtels de la ville, mais sont moins fréquents (vérifiez avec votre hôtel). Le trajet dure environ 55 minutes pour un coût de 1 280 ¥. Prévoyez suffisamment de temps : il peut y avoir des embouteillages.

À Itami, la plate-forme pour ces bus se situe à l'extérieur du hall des arrivées – achetez votre ticket au distributeur et demandez à un employé de vous indiquer la plate-forme pour Kyōto (un conseil : vous aurez une meilleure chance d'être assis si vous montez au terminal sud).

MK Taxi (☎778-4141 ; **www.mktaxi-japan.com**) propose un service de navette par minibus depuis/vers l'aéroport pour 2 400 ¥. Appelez au moins 2 jours à l'avance pour réserver, ou adressez-vous à leur comptoir d'accueil dans le hall des arrivées à Ōsaka.

Aéroport international du Kansai (KIX) 関西国際空港

Le moyen le plus rapide et le plus pratique entre le KIX et Kyōto est le train express à destination de l'aéroport, appelé Haruka. Il parcourt le trajet en 1 heure 15 environ. La plupart des places y sont réservées (3 370 ¥), excepté dans deux voitures (2 850 ¥). De toute manière, il y a toujours des places, et vous n'avez pas besoin de réserver. Le premier départ de Kyōto vers le KIX est à 5h46 et le dernier à 20h15 ; le premier départ du KIX vers Kyōto est à 6h30 du lundi au vendredi, à 6h40 les samedis, dimanches et jours fériés et le dernier à 22h16. Le Haruka est un des rares trains du pays à être souvent en retard, pas plus de quelques minutes, mais prévoyez large pour attraper votre vol.

Si vous avez du temps, vous pouvez économiser de l'argent en prenant le *kankū kaisoku* (express pour l'aéroport du Kansai) entre l'aéroport et la gare d'Ōsaka, puis de là un *shinkaisoku* régulier vers Kyōto (de même dans l'autre sens). Le trajet total dure 1 heure 35 avec de bonnes connexions et coûte 1 750 ¥, ce qui réduit considérablement les frais (vous économiserez 130 ¥ de plus si vous sortez de la gare d'Ōsaka avant d'y rentrer à nouveau).

Un service de navettes assure aussi la liaison entre Kyōto et le KIX (2 550 ¥, environ 1 heure 30). À Kyōto, ce bus part du même endroit que celui à destination d'Itami.

Une dernière possibilité : le service de navettes par minibus **"Sky Gate" de MK Taxi** (☎778-5489 ; **www.mktaxi-japan.com**), qui vient vous chercher partout à Kyōto et vous dépose au KIX pour 3 600 ¥. Téléphonez au moins 2 jours à l'avance pour réserver. L'avantage de cette option est qu'il s'agit d'un service porte à porte : vous n'avez donc pas à traîner vos bagages à travers la gare. MK a un comptoir dans le hall des arrivées du KIX ; lorsque vous descendrez de l'avion, et pour peu qu'il y ait de la place, on vous installera dans le prochain minibus pour Kyōto. Yasaka Taxi (☎803-4800) offre le même service.

Transports publics

Bus

Kyōto possède un réseau dense de bus qui en fait un moyen efficace et bon marché pour se déplacer. Les lignes de bus les plus fréquentées par les visiteurs étrangers font des annonces en anglais. Le matin, le service commence à 7h ; il se termine à 21h, sauf sur quelques lignes.

Le TIC distribue la *Bus Navi: Kyōto City Bus Sightseeing Map*, une bonne carte des principales lignes de bus. Elle n'est cependant pas exhaustive. Si vous pouvez lire un peu les caractères, retirez dans un grand terminal la carte ordinaire des bus en japonais, plus complète.

L'entrée dans le bus s'effectue par la porte arrière et la sortie par la porte avant. Les bus à l'intérieur de la ville ont un tarif unique, quelle que soit la distance (230 ¥). En sortant, déposez cette somme dans le réceptacle en plastique transparent de la machine à côté du chauffeur. Une autre machine change les pièces de 100 et 500 ¥, et les billets de 1 000 ¥.

Dans les bus qui desservent l'agglomération de Kyōto, vous devrez prendre un ticket (*seiri-ken*) distribué par une machine à l'arrière du bus. À votre arrêt, un panneau électronique au-dessus du chauffeur vous indiquera le tarif correspondant à votre numéro (glissez le *seiri-ken* en même temps que vos pièces dans la machine).

Le principal **Kyoto Bus Information Centre (centre d'information des bus** ; 京都バス案内所 ; **p. 216**) est en face de la gare de Kyōto. Là, vous pourrez retirer des cartes de bus, acheter des tickets et des forfaits (sur toutes les lignes, y compris les lignes de bus longue distance), et bien sûr obtenir des informations supplémentaires. À proximité se trouve un terminal informatique sur les bus, en anglais/japonais ; entrez-y votre destination, et votre bus et son arrêt s'afficheront sur l'écran.

Quand vous sortez de la ville, veillez à emprunter le bon bus. Les bus municipaux (Kyōto City Bus) sont verts, les bus de l'agglomération de Kyōto brun clair, et ceux de la ligne Keihan rouge et blanc.

Métro

Kyōto est dotée de deux lignes de métro efficaces, en service de 5h30 à 23h30. Le tarif minimal est de 210 ¥ (enfant 110 ¥).

Le moyen le plus rapide de voyager entre le nord et le sud de la ville est de prendre la ligne Karasuma. Comptant 15 arrêts, elle va de Takeda, au sud, jusqu'au Kyoto International Conference Hall (station Kokusaikaikan), au nord, via la gare de Kyōto.

La ligne Tōzai relie l'est à l'ouest. D'Uzumasa-Tenjingawa à l'ouest, elle traverse Kyōto pour rejoindre la ligne Karasuma à la station Karasuma-Oike et poursuit à l'est jusqu'à Sanjō Keihan, puis vers l'est et le sud-est jusqu'à Yamashina et à Rokujizō.

Taxi

Les taxis de Kyōto pratiquent un tarif fixe de 640 ¥ pour les deux premiers kilomètres. L'exception est **MK Taxi** (p. 262), dont le tarif débute à 600 ¥.

MK Taxis organise aussi des visites de la ville en taxi guidées par des chauffeurs anglophones. Une visite de 3 heures, pour un groupe de 4 personnes au maximum, coûte 22 300 ¥.

La plupart des taxis de Kyōto sont équipés du GPS. Si vous allez dans un endroit que le chauffeur ne connaît pas, fournir une adresse ou un numéro de téléphone lui facilitera la tâche, ces deux données pouvant être programmées dans le système.

Vélo

Kyōto est une ville idéale pour le vélo – à l'exception de certains secteurs à l'extérieur, le terrain est quasi plat. De plus, une piste cyclable suit la Kamo-gawa.

Malheureusement, s'il existait une compétition, Kyōto remporterait sans doute la palme des villes les moins bien équipées en parkings publics pour vélos. En revanche, la ville ne se prive pas d'emporter à la fourrière les vélos stationnés dans les endroits interdits. Si votre vélo disparaît, vérifiez s'il n'y a pas une affiche dans le coin (en japonais et en anglais), indiquant l'heure de l'enlèvement et la lointaine fourrière où vous pourrez le récupérer moyennant une amende de 2 000 ¥...

Deux parkings à vélos sont pratiques pour les visiteurs : l'un devant la gare, l'autre dans Kiyamachi-dōri, à mi-chemin entre Sanjō-dōri et Shijō-dōri. Le tarif est de 150 ¥ la journée. Ne perdez pas le ticket qui vous sera délivré à l'entrée. **Kyoto Cycling Tour Project** (京都サイクリングツアープロジェクト ; **KCTP ; carte p. 216 ; 354-3636 ; www.kctp.net/en ; 552-13 Higashi-Aburanokoji-chō, Aburanokōji-dōri, Shiokōji-sagaru, Shimogyō-ku ; 9h-19h ; S ligne Karasuma, gare de Kyōto, ligne JR, gare de Kyōto**). Vous y trouverez des vélos (1 000 ¥/jour) parfaits pour la ville. KCTP organise aussi divers circuits à vélo à travers Kyōto, avec guides anglophones, une excellente manière de découvrir la ville (consultez aussi leur site Internet).

Kansai et ouest de Honshū

Le Kansai et l'ouest de Honshū complètent idéalement la visite de Kyōto, qui fait partie du Kansai et peut servir de base pour explorer les incroyables merveilles de ces deux régions.

Le Kansai est le cœur culturel du Japon ; c'est là que la culture japonaise a réellement éclos. À moins d'une heure de Kyōto, Nara fut la première capitale permanente du pays. Cette ville compacte renferme des trésors culturels, dont certains des plus beaux temples et représentations bouddhiques. Encore plus près, Ōsaka reproduit l'expérience urbaine de Tōkyō, à une échelle plus raisonnable, et possède quelques spécialités culinaires remarquables. Sa voisine Kōbe est l'une des villes les plus cosmopolites du Japon. En continuant de longer la mer Intérieure vers l'ouest, vous atteindrez la fascinante région de l'ouest de Honshū, qui comprend l'île de Naoshima, devenue un musée d'art à ciel ouvert, la ville d'Hiroshima et l'île de Miyajima, dotée d'un sanctuaire shintoïste emblématique.

L'Itsukushima-jinja (p. 332), Miyajima

Kansai et ouest de Honshū

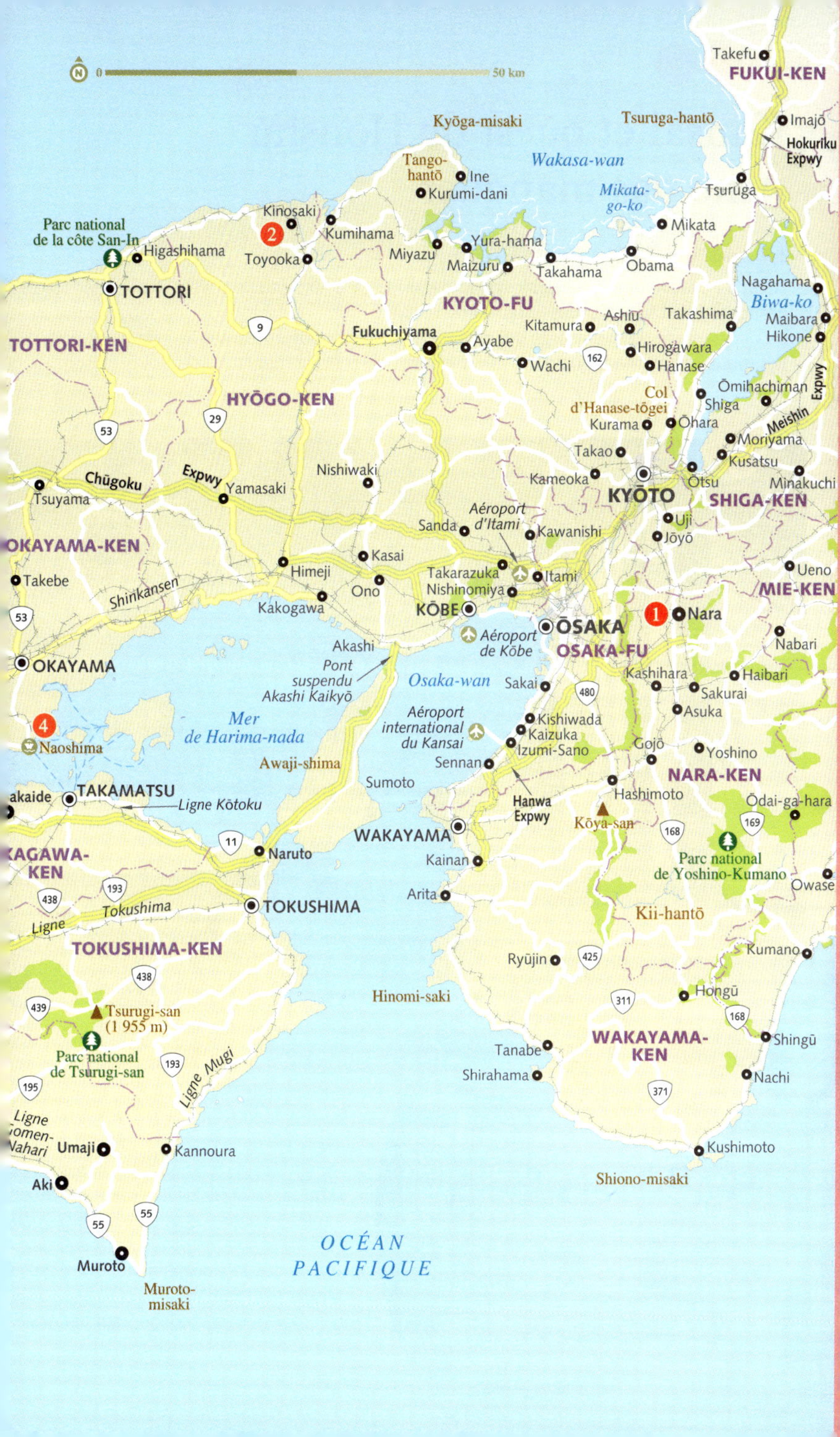

0
50 km
Takefu
FUKUI-KEN
Kyōga-misaki
Tsuruga-hantō
Imajō
Hokuriku Expwy
Wakasa-wan
Tango-hantō
Ine
Kurumi-dani
Mikata-go-ko
Tsuruga
Mikata
Kinosaki
Kumihama
Parc national de la côte San-In
Higashihama
Toyooka
Miyazu
Yura-hama
Maizuru
Takahama
Obama
Nagahama
Biwa-ko
Maibara
Hikone
TOTTORI
KYOTO-FU
Ashiu
Takashima
Kitamura
Hirogawara
Fukuchiyama
Ayabe
Wachi
Hanase
TOTTORI-KEN
Col d'Hanase-tōgei
Ōmihachiman
Shiga
Expwy
HYŌGO-KEN
Kurama
Ōhara
Meishin
Moriyama
Takao
Kusatsu
Nishiwaki
Kameoka
Ōtsu
Minakuchi
Chūgoku
Expwy
Yamasaki
KYŌTO
SHIGA-KEN
Tsuyama
Aéroport d'Itami
Uji
Sanda
Kawanishi
Jōyō
OKAYAMA-KEN
Kasai
Himeji
Takarazuka
Itami
Ueno
Takebe
Shinkansen
Ono
Nishinomiya
MIE-KEN
Kakogawa
KŌBE
ŌSAKA
Nara
Aéroport de Kōbe
Nabari
Akashi
OSAKA-FU
OKAYAMA
Pont suspendu Akashi Kaikyō
Osaka-wan
Sakai
Kashihara
Haibari
Sakurai
Mer de Harima-nada
Aéroport international du Kansai
Kishiwada
Asuka
Kaizuka
Naoshima
Izumi-Sano
Gojō
Yoshino
Awaji-shima
Sennan
NARA-KEN
Sumoto
Hanwa Expwy
Hashimoto
akaide
TAKAMATSU
Ligne Kōtoku
Kōya-san
Ōdai-ga-hara
WAKAYAMA
KAGAWA-KEN
Naruto
Kainan
Parc national de Yoshino-Kumano
Owase
Arita
TOKUSHIMA
Tokushima
Ligne
Kii-hantō
TOKUSHIMA-KEN
Kumano
Ryūjin
Tsurugi-san (1 955 m)
Hinomi-saki
Hongū
Parc national de Tsurugi-san
Shingū
Tanabe
WAKAYAMA-KEN
Ligne Mugi
Shirahama
Nachi
Ligne Gomen-Nahari
Umaji
Kannoura
Kushimoto
Aki
Shiono-misaki
OCÉAN PACIFIQUE
Muroto
Muroto-misaki

Kansai et ouest de Honshū À ne pas manquer

Le Nara-kōen

Beau parc facilement accessible à pied depuis la gare Kintetsu de Nara, le Nara-kōen (p. 295) comprend certains des plus importants trésors culturels et historiques du Japon, ainsi qu'une parcelle de forêt vierge qui serait la seule au monde implantée au sein d'une ville, où déambulent librement quelque 1 200 biches et cerfs. Il est magnifique en toute saison.

1

2

Les onsen de Kinosaki

Située au bord de la mer du Japon, dans le nord du Kansai, la pittoresque ville de Kinosaki (p. 309) est un endroit rêvé pour découvrir les *onsen (*sources chaudes). Enfilez votre *yukata* (kimono léger en coton) et une paire de sandale pour passer une soirée à circuler de bain en bain, puis rejoignez votre *ryoka* (auberge traditionnelle) et régalez-vous de crabes locaux fraîchement pêchés. À gauche : clients entrant dans un *onsen* à Kinosaki

3 Hiroshima

Reconstruite sur les cendres laissées par la bombe atomique en 1945, Hiroshima (p. 325) est dénuée des attraits touristiques traditionnels, mais riche en enseignements sur l'horreur nucléaire et la capacité de l'esprit humain à surmonter l'adversité. Les expositions retraçant les événements, extrêmement émouvantes, n'en sont pas moins pédagogiques, et la grande vitalité de la ville ne peut qu'inspirer l'espoir. À droite : dôme de Genbaku

4 Naoshima

Modèle d'interaction parfaite entre nature, art et architecture, Naoshima (p. 320) présente des musées, des sculptures en plein air et des installations d'art contemporain de classe mondiale. Parmi les nombreuses œuvres du prolifique architecte Tadao Andō, on y trouve le musée d'art de Chichū, une galerie souterraine où les œuvres d'art sont uniquement éclairées par la lumière naturelle. Ci-dessus : *"Le Banc"* de Niki de Saint Phalle

5 Miyajima

À environ une heure d'Hiroshima, l'île de Miyajima (p. 331) accueille l'une des images les plus emblématiques du Japon : le torii (portique de sanctuaire) flottant de l'Itsukushima-jinja. Après l'avoir dûment photographié, gravissez le mont Misen, culminant à 530 m, qui jouit d'une superbe vue sur les environs. Après la visite d'Hiroshima, Miyajima est une excellente halte où passer la nuit. Les deux villes peuvent se visiter en deux jours depuis le Kansai.

Kansai et ouest de Honshū : le best of

Expériences

- **Voir le Daibutsu (Grand Bouddha)** Ce bouddha cosmique est vraiment impressionnant. (p. 298)
- **Déguster un okonomiyaki à Hiroshima** Le plat emblématique de la ville (crêpe salée au chou et aux nouilles cuite sur une grille) est un régal. (p. 329)
- **Passer un vendredi soir dans le quartier de Dōtombori à Ōsaka** Les habitants d'Ōsaka savent faire la fête. (p. 286)
- **Admirer le torii flottant de Miyajima** Le plus connu des portiques de sanctuaires shintoïstes. (p. 332)

Lieux de promenade

- **Nara-kōen** Passez une journée avec les daims dans ce parc ponctué de temples. (p. 295)
- **Le cimetière Oku-no-in du Kōya-san** Les arbres immenses et les monuments recouverts de mousse rendent ce lieu étrange. (p. 305)
- **Le mont Misen à Miyajima** Son sommet offre une vue sublime sur la mer Intérieure. (p. 333)
- **Kinosaki** La balade au clair de lune le long du canal est magique. (p. 309)

Hébergement

- **Nishimuraya Honkan** L'un des meilleurs *ryokan* du Japon. (p. 311)
- **Shukubō dans le Kōya-san** Les *shukubō* (hébergements dans des temples) sont ici de rigueur. (p. 307)
- **Iwasō Ryokan** Le lieu rêvé pour passer la nuit sur l'île de Miyajima. (p. 335)
- **Benesse House** L'un des rares endroits au monde où l'on peut passer la nuit dans un musée d'art. (p. 323)

Temples et sanctuaires

- **Tōdai-ji** L'un des temples les plus impressionnants du pays. (p. 297)
- **Kōfuku-ji** Renferme une imposante pagode et de magnifiques représentations bouddhiques. (p. 297)
- **Kasuga Taisha** Un vénérable sanctuaire shintoïste, entouré de lanternes et de forêt. (p. 298)
- **Garan du Kōya-san** Il s'y dresse une fantastique "Grande Pagode". (p. 306)
- **Itsukushima-jinja** Le célèbre "torii flottant" du Japon. (p. 332)

auche : l'*okonomiyaki*, spécialité d'Hiroshima ;
ci-dessus : le Kasuga Taisha (p. 298), Nara

Ce qu'il faut savoir

À PRÉVOIR

- **Trois mois avant** Réservez votre hébergement bien à l'avance, surtout si vous envisagez de passer une ou plusieurs nuits à la Benesse House à Naoshima ou dans un *shukubō* (hébergement dans un temple) au Kōya-san.
- **Un mois avant** Si vous souhaitez explorer la région en voiture, n'oubliez pas que Français, Belges et Suisses doivent obtenir une traduction certifiée de leur permis de conduire (contactez la Japan Automobile Federation, www.jaf.or.jp/e/index.htm). Le permis de conduire international délivré au Canada est reconnu au Japon.
- **Un mois avant** Si vous prévoyez de voyager beaucoup en train dans le Kansai et l'ouest de Honshū, achetez un Japan Rail (JR) Pass. Vous devez vous procurer un *exchange order* (bon d'échange) en dehors du Japon et ensuite l'échanger contre une véritable carte d'abonnement une fois sur place.

COMMENT CIRCULER

- **Marche ou vélo** Les meilleurs moyens de circuler à Nara, Ōsaka, Kōbe, Hiroshima, Naoshima et Nagasaki, ainsi qu'au Kōya-san.
- **Ferry** Le seul moyen d'accéder aux îles de Naoshima et Miyajima (toutes deux dans l'ouest de Honshū).
- **Train** Idéal pour les courts trajets entre deux villes dans le Kansai et l'ouest de Honshū.
- **Shinkansen (train à grande vitesse)** Pour les trajets plus longs entre Kyōto et Hiroshima.

MISES EN GARDE

- **Été (juil-août)** Il peut faire très chaud et humide dans le Kansai et l'ouest de Honshū. Vous échapperez à la chaleur en séjournant dans des endroits en altitude comme le Kōya-san.
- **Manifestations saisonnières** La floraison des cerisiers et le feuillage d'automne peuvent attirer les foules à Nara ; évitez-les en visitant des temples et sanctuaires moins connus.
- **Hiver (nov-mars)** Il peut alors faire très froid sur le Kōya-san.

Kansai et ouest de Honshū Suggestions d'itinéraires

En prenant Kyōto pour base, il est possible d'explorer la majeure partie du Kansai en quelques excursions d'une journée. Après Kyōto et le Kansai, prolongez votre voyage vers l'ouest à Naoshima, Hiroshima et Miyajima.

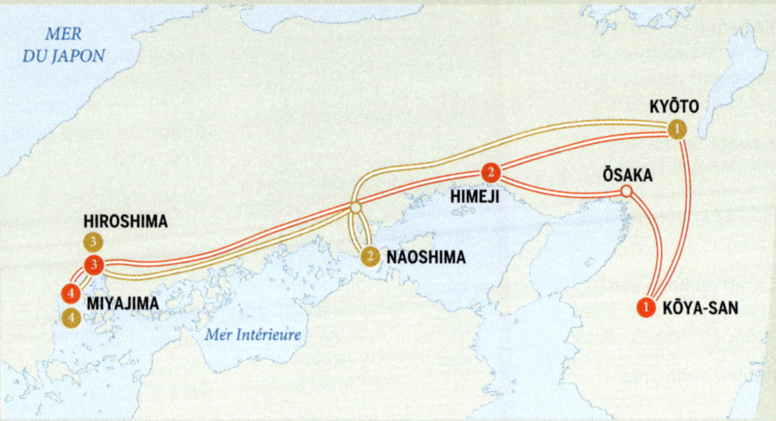

3 JOURS

DU KŌYA-SAN À MIYAJIMA

Hiroshima et Miyajima

Cet itinéraire suppose d'avoir déjà exploré Kyōto et le Kansai ; il est particulièrement recommandé aux détenteurs d'un Japan Rail (JR) Pass.

Pour découvrir les riches traditions bouddhiques du Japon, dirigez-vous vers le sud pour atteindre l'ensemble de temples du ❶ **Kōya-san** (p. 304), dans les montagnes du sud du Kansai.

Revenez à Kyōto (ou Ōsaka), puis prenez un *shinkansen* et filez à l'ouest en longeant la mer Intérieure. Si les châteaux vous passionnent, faites une halte à ❷ **Himeji** (p. 318), le plus célèbre château du Japon, tout juste sorti de 5 années de travaux de rénovation.

Sinon, rejoignez directement ❸ **Hiroshima** (p. 325). Visitez le parc du Mémorial de la Paix, consacré à l'histoire tragique de la ville, puis passez la soirée à vous régaler des huîtres et d'*okonomiyaki* qui font la renommée d'Hiroshima.

Le lendemain, faites le petit trajet jusqu'à ❹ **Miyajima** (p. 331), où se dresse l'une des icônes du Japon, le célèbre torii flottant. Si vous n'êtes pas pressé, grimpez en haut du Misen pour admirer la vue sur la mer Intérieure. Restez éventuellement la nuit à Miyajima : l'île est ravissante une fois la foule partie.

Enfin, regagnez Hiroshima et rentrez en *shinkansen* à Kyōto ou Tōkyō.

5 JOURS

DE KYŌTO À MIYAJIMA VIA NAOSHIMA

Le long de la mer Intérieure

Partez de ❶ **Kyōto** et prenez un *shinkansen* pour Okayama, vers l'ouest. De là, un train local puis un ferry vous mèneront à la passionnante "île d'art" de ❷ **Naoshima** (p. 320). Nous vous conseillons de passer une ou deux nuits sur place pour apprécier pleinement tous les musées et galeries.

Regagnez ensuite le continent et continuez vers l'ouest jusqu'à ❸ **Hiroshima** (p. 325). Prévoyez au moins une demi-journée au parc du Mémorial de la Paix pour découvrir l'histoire tragique de la ville. Le soir, savourez la fameuse cuisine d'Hiroshima ou allez voir un match de base-ball au Mazda Zoom-Zoom Stadium, le stade de l'équipe Hiroshima Toyo Carp.

Le lendemain, rejoignez la petite île de ❹ **Miyajima** (p. 331), non loin, pour voir le célèbre "torii flottant" et gravir le Misen. Encore une fois, si vous avez le temps, il est recommandé de rester la nuit à Miyajima, surtout si vous avez l'intention de rentrer d'une traite à Tōkyō.

Enfin, retournez à Hiroshima afin de reprendre un *shinkansen* vers l'est pour Kyōto ou Tōkyō.

L'Itsukushima-jinja (p. 332), Miyajima
JUDY BELLAH / GETTY IMAGES ©

Kansai et ouest de Honshū

Les incontournables

- **Ōsaka** Toute la folie urbaine de Tōkyō à une échelle plus raisonnable.
- **Nara** (p. 295). L'une des destinations les plus passionnantes du Japon (surtout pour les enfants).
- **Kōya-san** (p. 304). Un ensemble bouddhique ésotérique dans les montagnes du sud du Kansai.
- **Himeji** (p. 318). Le site du plus beau château du Japon.
- **Naoshima** (p. 320). Une île entièrement transformée en projet/musée d'art géant.
- **Hiroshima** (p. 325). Une ville au passé tragique et au présent inspirant.

Aquarium d'Ōsaka Kaiyūkan (p. 279)

ANTONY GIBLIN/GETTY IMAGES ©

ŌSAKA

☎06 / 2,7 MILLIONS D'HABITANTS

Troisième ville du Japon, Ōsaka (大阪), métropole laborieuse à l'urbanisation intense, a autre chose à offrir que la branchitude de Tōkyō et l'atmosphère raffinée de Kyōto. Forte de sa longue histoire de capitale commerciale, la ville est connue pour le caractère pragmatique de ses habitants, qui parlent un dialecte coloré, le *kansai-ben* (dialecte du Kansai) ; les rues sont truffées d'enseignes lumineuses aux inscriptions en 3D à la pointe de la modernité.

Ōsaka est connue avant tout pour sa gastronomie. L'expression *kuidaore* ("manger jusqu'à en tomber") est d'ailleurs la devise de la ville. Des trouvailles comme les *okonomiyaki* (crêpes au chou fourrées d'ingrédients salés) ou le tapis roulant pour sushis sont nées ici et continuent de remporter un franc succès.

Ōsaka n'est pas particulièrement belle – elle s'apparente parfois à une étendue interminable de cubes de béton, de salles de *pachinko* (sorte de flipper) et d'autoroutes suspendues – mais elle a de véritables atouts, dont quelques bijoux architecturaux. La vie bouillonnante de ses rues exerce également un certain charme.

Sachez aussi qu'il faut vraiment voir Ōsaka le soir, quand les habitants sortent pour se régaler et passer du bon temps.

À voir et à faire

UMEDA ET GARE D'ŌSAKA 梅田・大阪駅周辺

Également appelé Kita (nord), ce quartier est le centre de gravité d'Ōsaka en journée. Le quartier compte peu de curiosités touristiques, mais il abrite le gratte-ciel Umeda Sky, de grands magasins et quantité de restaurants, le tout dans une effervescence typique des grandes métropoles.

Umeda Sky Building Édifice remarquable

(梅田スカイビル ; www.kuchu-teien.com ; 1-1-88 Ōyodonaka, Kita-ku ; 700 ¥ ; plates-formes d'observation 10h-22h30, dernière entrée 22h ; ligne JR, gare d'Ōsaka). Inauguré en 1993 et considéré comme l'un des 20 plus beaux gratte-ciel du monde, le Sky Building ressemble à un arc de triomphe futuriste de 40 étages. Les sommets des tours jumelles sont reliés par un "jardin flottant" (en réalité une plate-forme d'observation sans jardin) offrant un époustouflant panorama à 360° sur la ville, de jour comme de nuit. L'intérêt de la visite réside en grande partie dans le transport vers les hauteurs – pour les cinq derniers étages, on emprunte un escalator dans un tube de verre installée entre les deux tours (à éviter si vous êtres sujet au vertige). L'architecte de l'édifice, Hiroshi Hara, a aussi dessiné la **gare de Kyōto** (p. 210).

Ohatsu Tenjin Sanctuaire shintoïste

(お初天神, Tsuyu no Tenjinja ; carte p. 276 ; 06-6311-0895 ; www.tuyutenjin.com/en ; 2-5-4 Sonezaki ; 6h-minuit ; S ligne Midō-suji, gare d'Umeda, ligne JR, gare d'Ōsaka). GRATUIT Dissimulé parmi les gratte-ciel d'Umeda, ce sanctuaire vieux de 1 300 ans doit sa renommée à l'une des tragédies théâtrales (elle est inspirée d'une histoire vraie) les plus connues du Japon, l'histoire d'amour maudite entre Ohatsu, une prostituée, et Tokubei, apprenti chez un commerçant. Plutôt que d'être séparés, ils se suicidèrent ici, en 1703, pour rester à jamais unis dans l'au-delà. Le sanctuaire, qui a l'air assez moderne et bien entretenu, est décoré d'hommages aux amoureux, notamment des *ema* (plaques votives) rédigées par les visiteurs.

Osaka-jō (p. 277)

Ōsaka (quartier de Kita)

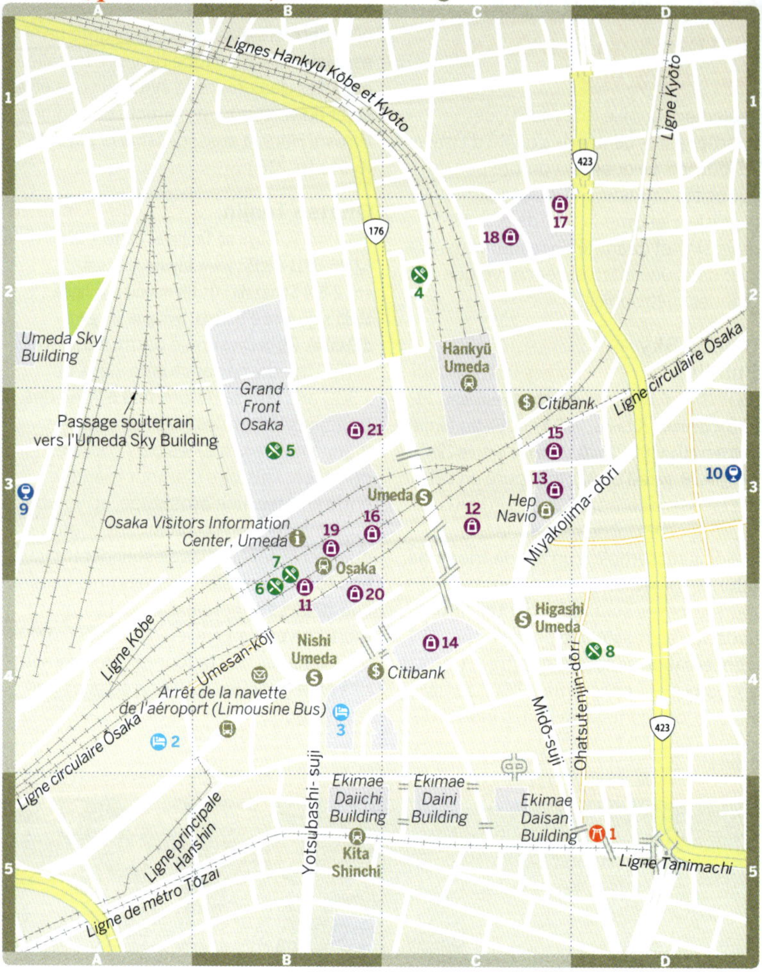

Un marché aux puces s'installe ici le premier vendredi du mois.

Musée du Style de vie dans l'ancien Ōsaka

Musée

(大阪くらしの今昔館, Ōsaka Kurashi no Konjakukan ; carte ci-contre ; konjyakukan.com ; 8e niv, 6-4-20 Tenjinbashi ; 600 ¥ ; 🕐10h-17h, fermé mar, lendemain j férié et 3e lundi du mois ; S ligne Tanimachi, station Tenjinbashisuji-rokuchōme, sortie 3).

À deux arrêts de métro d'Umeda, ce musée renferme une reproduction grandeur nature d'un quartier d'Ōsaka dans les années 1830 : boutiques, pharmacies, un *sentō* (bain public) à l'ancienne, etc. Tout est fait pour recréer l'atmosphère de l'époque d'Edo, avec des éclairages différents pour le jour et la nuit, et des boutiques vendant des jouets traditionnels et des souvenirs uniques ; pour 200 ¥, les visiteurs peuvent louer un kimono pour une photo souvenir originale. Louez un audioguide (100 ¥) car il y a peu d'explications en anglais.

Ōsaka (quartier de Kita)

À voir
1 Sanctuaire Ohatsu Tenjin D5

Où se loger
2 Hearton Hotel Nishi-Umeda A4
3 Hilton Osaka B4

Où se restaurer
4 Ganko Umeda Honten............................. C2
5 Grand Front Osaka B3
6 Kaiten Sushi Ganko B4
7 Kani Chahan-no-Mise............................. B3
Robatayaki Isaribi .... (voir 4)
8 Yukari D4

Où prendre un verre et faire la fête
9 Craft Beer Base.. A3
10 G Physique D3
Windows on the World.................... (voir 3)

Achats
11 Daimaru Umeda B4
12 Grand magasin Hankyū C3
13 Hankyū Men's C3
14 Grand magasin Hanshin......................... C4
15 Hep Five C3
16 Lucua B3
17 Maruzen & Junkudō
Umeda C2
18 NU Chayamachi...................................... C2
19 Pokemon Centre B3
20 Tokyu Hands... B4
21 Yodobashi Umeda Building.................... B3

À l'extérieur du musée (qui se trouve derrière vous en sortant du métro), vous découvrirez **Tenjinbashi-suji**, une rue commerçante très animée de 3 km de long, qui serait la plus longue rue commerçante du Japon. Procurez-vous une brochure en anglais au musée.

CENTRE D'ŌSAKA

Ōsaka-jō — Château

(大阪城, château d'Ōsaka ; www.osakacastle.net ; 1-1 Ōsaka-jō ; jardins/donjon gratuit/600 ¥, billet combiné avec le musée d'Histoire d'Ōsaka 900 ¥ ; 9h-17h, 9h-19h en août ; S ligne Chūō ou Tanimachi, station Tanimachi 4-chōme, sortie 9, ligne circulaire JR Ōsaka, gare d'Ōsaka-jō-kōen). Après avoir unifié le Japon à la fin du XVIe siècle, le général Toyotomi Hideyoshi (p. 367) construisit ce château (1583), symbole de sa puissance. Quelque 100 000 ouvriers auraient œuvré sur ce chantier. L'édifice actuel est une reconstruction en béton datant de 1931 (rénovée en 1997), mais il n'en est pas moins impressionnant, dominant le parc et les douves. À l'intérieur, on découvre une très belle collection d'art, d'armures et d'objets quotidiens liés au château, à Hideyoshi et à Ōsaka. La plate-forme d'observation du 8e niveau offre une vue à 360° sur les environs.

Musée d'Histoire d'Ōsaka — Musée

(大阪歴史博物館, Ōsaka Rekishi Hakubutsukan ; www.mus-his.city.osaka.jp ; 4-1-32 Ōtemae ; 600 ¥, billet combiné avec le château d'Ōsaka 900 ¥ ; 9h30-17h, 9h30-20h ven, fermé mar ; S ligne Tanimachi ou Chūō, station Tanimachi-yonchōme, sortie 9). Édifié sur les ruines du palais de Naniwa (vers 650), visibles à travers le sol, ce musée présente des répliques magnifiquement éclairées de la vieille ville ainsi que des personnages grandeur nature dans l'ancienne cour du palais. Expositions intéressantes sur le début du XXe siècle ; belle vue sur l'Osaka-jō. Les explications en anglais n'étant pas très détaillées, mieux vaut se munir d'un audioguide (200 ¥).

TENNŌ-JI ET SES ENVIRONS 天王寺公園

Shin-Sekai — Quartier

(新世界 ; S ligne Sakai-suji, station Ebisu-chō, sortie 3 ou ligne Midō-suji, station Dōbutsuen-mae, sortie 5). Il y a un siècle, Shin-Sekai ("nouveau monde") accueillait un parc d'attractions très moderne pour l'époque. Désormais, ce quartier de divertissement a un caractère à la fois désuet et rétro branché. Il s'organise autour de la **Tsūten-kaku** (通天閣 ; 700 ¥ ; **S lignes Midō-suji ou Sakai-suji, station Dōbutsu-en-mae, sortie 5, ligne JR ou Nankai, gare de Shin-Imamiya**), une tour en acier de 103 m de haut, construite en 1912 et reconstruite en 1956. La tour est entourée de vieux salons de *pachinko*, de théâtres délabrés et de rues fréquentées par une faune interlope. Toutefois, Shin-Sekai continue

Ōsaka (quartier de Minami)

d'attirer de nombreux visiteurs qui apprécient l'ambiance nostalgique et les restaurants bon marché, cachés derrière des enseignes clinquantes, qui servent notamment des *kushikatsu* (brochettes de boulettes de viande et de légumes frits ; voir p. 288).

Abeno Harukas — Édifice remarquable

(あべのハルカス ; www.abenoharukas-300.jp/en ; 1-1-43 Abeno-suji ; plate-forme d'observation 1 500 ¥ ; plate-forme d'observation 10h-22h ; S lignes Midō-suji ou Tanimachi, station Tennōji, lignes JR, gare de Tennōji, ligne Kintetsu gare d'Abeno-bashi). GRATUIT Ce gratte-ciel conçu par César Pelli, le plus haut du Japon (300 m, 60 étages), a été inauguré en mars 2014 et domine la partie sud d'Ōsaka, offrant un panorama imprenable sur la ville. Il abrite le plus vaste grand magasin du Japon (Kintetsu, niv B2–14), des boutiques, un hôtel, des bureaux, des restaurants (p. 284) et des plates-formes d'observation. L'entrée est gratuite sauf pour la **plate-forme**

Ōsaka (quartier de Minami)

Les incontournables
1 Dōtombori ... C3

À voir
2 Hōzen-ji et statue de Fudō-myōō ... C3
3 Hōzen-ji Yokochō ... C3

Où se loger
4 Cross Hotel Osaka ... B3
5 First Cabin Midosuji Namba ... B4
6 Hotel Nikkō Osaka ... B1
7 Kaneyoshi Ryokan ... D3

Où se restaurer
8 Café Absinthe ... A1
9 Chibō ... C3
10 Daiki Suisan ... C3
11 Imai Honten ... C3
12 Namba Parks Mall ... C5
13 Nishiya ... C1
Sai-ji-ki ... (voir 12)
14 Shoubentango-tei ... C3
15 Wanaka ... C5
16 Zauo ... D3

Où prendre un verre et faire la fête
17 Cinquecento ... D2
18 Grand Café ... B2
19 Onzieme (11) ... B2
20 Zerro ... C3

Achats
21 Bic Camera ... C4
22 D.A.D ... B3
23 Galerie marchande Dōguya-suji ... C5
Namba Parks Mall ... (voir 12)
24 Osaka Takashimaya ... C4
25 Tokyu Hands ... C1
26 Village Vanguard ... B1

d'observation Harukas 300 du dernier étage et l'**Abeno Harukas Art Museum** (あべのハルカス美術館 ; ☎06-4399-9050 ; www.aham.jp ; 16e niv, Abeno Harukas, 1-1-43 Abenosuji ; tarif variable selon les expositions ; ⏲10h-20h mar-ven, 10h-18h sam-dim), dont les expositions ont été très éclectiques jusqu'à présent, des peintures de la Renaissance aux objets du bouddhisme tantrique.

Si l'Abeno Harukas est le plus haut gratte-ciel du Japon, la plus haute construction est le Tokyo Sky Tree (p. 85), qui culmine à 634 m.

TEMPŌZAN 天保山

À piétiner dans les rues de Kita ou de Minami, on oublie vite qu'Ōsaka est une ville portuaire. Pour une agréable piqûre de rappel, allez donc faire un tour à Tempōzan, un quartier en bord de mer avec des aménagements qui raviront les enfants. Prenez la ligne de métro Chūō jusqu'à la station Osakakō, cherchez la sortie 1, descendez les escaliers et dirigez-vous vers la grande roue.

Aquarium d'Ōsaka — Aquarium

(海遊館 ; www.kaiyukan.com ; 1-1-10 Kaigan-dōri ; adulte/enfant 2 300/1 200 ¥ ; ⏲10h-20h ; Ⓢ ligne Chuō, station Osakakō, sortie 1). Cet aquarium (Kaiyūkan) figure incontestablement parmi les plus intéressants du monde. Un parcours de plus de 800 m permet de découvrir la vie marine dans la “ceinture de feu” du Pacifique : manchots de l'Antarctique, poissons-papillons des récifs de coraux, adorables loutres de l'Arctique, phoques de la baie de Monterey et méduses surnaturelles. Le plus impressionnant reste l'immense réservoir central, où évoluent un requin-baleine, une raie manta et des milliers d'autres raies et poissons. Intéressants commentaires en anglais, mais l'audioguide (500 ¥) permet d'avoir encore plus de détails. Le lieu attire nombre de familles et de groupes scolaires.

Fêtes

Kishiwada Danjiri Matsuri — Culture

Cette course enragée de *danjiri* (chars) tirés par des centaines de personnes – certains pèsent plus de 3 tonnes ! – est la fête la plus débridée de la ville (14-15 sept). Le spectacle atteint son apogée le second jour – pour en profiter pleinement, installez-vous à l'ouest de la gare de Kishiwada, sur la ligne Nankai *honsen* (ligne principale au départ de la gare de Nankai).

Tenjin Matsuri Culture

C'est l'une des trois fêtes majeures du pays. Elle se tient les 24 et 25 juillet. Allez-y si possible le second jour, quand les *mikoshi* (autels portatifs), portés en procession par des hommes en costume traditionnel, partent du Temman-gū en direction de l'O-kawa, où la procession s'achève sur des centaines de bateaux. À la nuit tombée, un monumental feu d'artifice clôt les festivités.

Où se loger

Ōsaka possède une kyrielle d'hébergements pour tous les budgets – consultez les sites Web pour des tarifs réduits. Choisissez Minami pour bénéficier d'un large choix de restaurants et de boutiques, ou Kita pour un accès rapide aux transports longue distance.

Si vous envisagez de visiter Ōsaka depuis Kyōto, n'oubliez pas que le dernier train part un peu avant minuit (avis aux les amateurs de vie nocturne).

UMEDA, GARE D'ŌSAKA ET NAKA-NO-SHIMA

Hearton Hotel Nishi- Umeda Business hotel ¥¥

(ハートンホテル西梅田 ; carte p. 276 ; ☎06-6342-1122 ; www.hearton.co.jp ; 3-3-55 Umeda ; s/lits jum/tr à partir de 8 100/11 400/15 000 ¥ ; ; S ligne Yotsubashi, station Nishi-Umeda, lignes JR, gare d'Ōsaka, sortie ouest). Avec ses 18 niveaux et 430 chambres, cet immense *business hotel* n'est pas d'une grande originalité, mais son personnel est chaleureux et ses chambres sont propres et confortables. Le petit-déjeuner japonais/occidental est servi sous forme de buffet (1 080 ¥) et il y a des machines à laver, le tout à proximité de la gare JR d'Ōsaka et de plusieurs stations de métro. Demandez une chambre donnant au sud pour échapper au bruit des trains.

Mitsui Garden Hotel Osaka Premier Hôtel ¥¥¥

(三井ガーデンホテル大阪プレミア ; ☎06-6444-1131 ; www.gardenhotels.co.jp/eng/

À gauche : vue depuis le Hilton Osaka ;
ci-dessous : *tako-yaki* (beignets au poulpe), Dōtombori (p. 286)

(À GAUCHE) HASAN DOGANTURK / ALAMY ©; (CI-DESSOUS) BRENT WINEBRENNER/GETTY IMAGES ©

osaka-premier ; 3-4-15 Naka-no-shima ; s/d/lits jum à partir de 22 700/26 000/26 000 ¥ ; ❄ 📶 ; Ⓢ ligne Yotsubashi, station Higobashi, sortie 2). Dans Naka-no-shima, ce nouvel hôtel dégage une atmosphère très contemporaine et branchée, du hall d'entrée en granit aux murs habillés de tissu. Demandez une chambre orientée vers l'est pour profiter d'une belle vue sur la rivière. Les chambres aux lignes épurées sont dotées de parquet ; nombreuses prises de courant et vastes salles de bains avec toilettes séparées. Les hôtes ont accès aux machines à laver et aux agréables bassins collectifs.

Consultez le site Web pour dénicher des remises significatives (certaines peuvent être obtenues en adhérant gratuitement au club MGH). À environ 5 minutes de marche de la station de métro, le long de la rivière. Vous pouvez aussi emprunter la navette de l'hôtel qui dessert la gare JR d'Ōsaka.

Hilton Osaka Hôtel ¥¥¥

(ヒルトン大阪 ; **carte p. 276 ; ☎ 06-6347-7111 ; osaka.hilton.com ; 1-8-8 Umeda ; s à partir de 21 622 , d ou lits jum à partir de 25,780 ¥ ; 🚭 ❄ @ 📶 🏊 ; 🚆 ligne JR, gare d'Ōsaka).** Juste de l'autre côté de la sortie sud de la gare JR d'Ōsaka, ce grand hôtel d'excellence est habitué à la clientèle étrangère. Les chambres récemment rénovées sont agrémentées de finitions en bois, *shoji* (parois en papier), fenêtres de style *fusuma* (porte coulissante), rideaux occultant et nombreuses prises de courant. Salle de sport bien équipée avec piscine de 15 m, bar Windows on the World (p. 289) au 35e niv, et innombrables restaurants à proximité.

CENTRE D'ŌSAKA, SHINSAIBASHI ET NAMBA

First Cabin Midosuji Namba Hôtel ¥

(ファーストキャビン御堂筋難波 ; **carte p. 278 ; ☎ 06-6631-8090 ; www.first-cabin.jp ;**

4e niv, Namba Midōsuji Bldg, 4-2-1 Namba ; ch 5 900 ¥/pers ; ; S ligne Midō-suji, station Namba, sortie 13). Vous aurez l'impression de passer la nuit en première classe d'un Airbus A380 – sauf que vous êtes dans un immeuble de bureaux. Les cabines, fermées par des cloisons coulissantes, sont pourvues de TV individuelle, casier et prises de courant. Les chambres et les sanitaires, communs (grandes douches et baignoires), sont séparés pour les hommes et les femmes. Excellent emplacement et service sympathique, mais le bruit peut poser problème (prévoyez des bouchons d'oreille).

Des repas (petit-déjeuner et dîner) simples et bon marché sont servis dans un salon.

Arietta Hotel Hôtel ¥¥

(アリエッタホテル大阪 ; 06-6267-2787 ; www.thehotel.co.jp/en/arietta_osaka ; 3-2-6 Azuchi-machi ; s/lits jum avec petit-déj à partir de 7 776/10 800 ¥ ; ; S ligne Midō-suji, station Honmachi, sortie 3). À environ 10 minutes de marche au nord du quartier de Minami, l'Arietta évoque un boutique-hôtel, avec une belle décoration minimaliste et des chambres de bonne taille dotées de parquet et de salles de bains carrelées. Le personnel est accueillant et le petit-déjeuner (pain, café et jus de fruits) est d'un bon rapport qualité/prix, comme le reste. De la station de métro, tournez à droite au premier croisement et l'hôtel sera à deux pâtés de maisons et demi sur la droite.

Kaneyoshi Ryokan Ryokan ¥¥

(かねよし旅館 ; carte p. 278 ; 6211-6337 ; www.kaneyosi.jp ; 3-12 Soemonchō ; à partir de 6 480 ¥ ; ; S ligne Sennichimae, station Nipponbashi, sortie 2, ou ligne Midō-suji, station Namba, sortie 14). En activité depuis près d'un siècle et à deux pas du Dōtombori – demandez une chambre à l'arrière pour une vue sur la rivière – le Kaneyoshi est un peu défraîchi (l'édifice actuel date des années 1980), mais le personnel est aux petits soins et les chambres, propres et confortables, sont dotées de tatamis et de salles de bains privées. Modeste bain collectif au 6e (et dernier) niveau. Pas de chambres non-fumeurs (mais toutes sont bien aérées).

Plat d'accompagnement de *hijiki* (algues brunes)

RUNIN/GETTY IMAGES ©

Cross Hotel Osaka Hôtel ¥¥¥
(クロスホテル大阪 ; carte p. 278 ; ✆06-6213-8281 ; www.crosshotel.com/osaka ; 2-5-15 Shinsaibashisuji ; s/d/lits jum à partir de 16 170/24 255/27 720 ¥ ; ; S ligne Midō-suji, station Namba, sortie 14). Un look branché et urbain avec des motifs rouges, noirs et blancs, des restaurants raffinés, un café et une terrasse sur laquelle est servi le copieux petit-déjeuner buffet aux beaux jours. Les chambres sont de taille moyenne mais les spacieuses salles de bains à la japonaise sont un bonus rare. Service parfait et emplacement on ne peut plus central. Guettez les offres spéciales en ligne.

Hotel Nikkō Osaka Hôtel ¥¥¥
(ホテル日航大阪 ; carte p. 278 ; ✆06-6244-1281 ; www.hno.co.jp ; 1-3-3 Nishi-Shinsaibashi ; s/d 30 000/36 000 ¥ ; ; S ligne Midō-suji, station Shinsaibashi, sortie 8). Dans la rue Midō-suji bordée d'arbres, cet hôtel de luxe offre un service attentif, une décoration élégante et récemment modernisée, des chambres confortables et spacieuses avec d'excellents matelas, de belles vues direction est ou ouest depuis les étages supérieurs, 10 restaurants, des salons et sa propre sortie de métro. Il y a souvent des tarifs réduits en ligne.

AUTRES QUARTIERS

Hostel 64 Osaka Auberge de jeunesse ¥
(✆6556-6586 ; www.hostel64.com ; 3-11-20 Shinmachi ; dort/s/d à partir de 3 500/6 000/8 100 ¥ ; ; S ligne Chuō, station Awaza, sortie 2). Installée dans un quartier tranquille juste au nord-ouest de Shinsaibashi, cette auberge de jeunesse pas comme les autres vaut bien le sacrifice d'être excentré. Elle propose des chambres particulières à la japonaise et à l'occidentale, un petit dortoir équipé de lits simples séparés par des paravents, un agréable salon-café-bar et une salle de petit-déjeuner. Personnel accueillant et bien renseigné et décoration rétro en accord avec l'édifice des années 1960.

Salles de bains communes. Pas d'ascenseur. De la station de métro, tournez à droite au troisième feu rouge et prenez la première à gauche.

Shin-Osaka Youth Hostel Auberge de jeunesse ¥
(新大阪ユースホステル; ✆06-6370-5427 ; osaka-yha.or.jp/shin-osaka-eng ; Koko Plaza, 1-13-13 Higashinakajima ; dort/lits jum 3 400/9 200 ¥ ; ; ligne JR, gare de Shin-Ōsaka, sortie est). À 5 minutes de marche au sud-est de la gare de Shin-Ōsaka, cette auberge de jeunesse efficacement gérée occupe les derniers étages d'un immeuble contemporain de 10 niveaux, offrant un fabuleux panorama sur la ville. Les chambres et les espaces communs sont vastes, bien équipés et immaculés ; les chambres privées sont d'un très bon rapport qualité/prix. Chambres fermées en journée (mais le salon reste accessible), couvre-feu à minuit et petit-déjeuner pour 500 ¥.

Où se restaurer

UMEDA ET GARE D'ŌSAKA

Robatayaki Isaribi Izakaya, yakitoris ¥¥
(炉ばた焼き漁火 ; carte p. 276 ; ✆6373-2969 ; www.rikimaru-group.com/shop/isaribi.html ; 1-5-12 Shibata ; plats 324 ¥ ; 17h-23h15 ; ; ligne JR, gare d'Ōsaka). Gagnez le rez-de-chaussée de cet *izakaya* convivial pour des plats classiques comme les brochettes de viande, les produits de la mer, les légumes grillés et les énormes morceaux de *tori no karaage* (poulet frit). Les comptoirs en demi-cercle offrent les meilleures places : le chef vous servira avec une très longue spatule. La plupart des plats coûte 324 ¥.

Ganko Umeda Honten Japonais ¥¥
(がんこ梅田本店 ; carte p. 276 ; ✆6376-2001 ; www.gankofood.co.jp ; 1-5-11 Shibata ; repas 780-5 000 ¥ ; 11h30-4h, 11h30-minuit dim ; ; ligne JR, gare d'Ōsaka). Dans la branche principale de cette institution d'Ōsaka, un large choix de menus et de sushis (à la carte ou en formule) est servi dans la spacieuse salle à manger. Des ingrédients traditionnels et de bonne qualité, à prix raisonnable. Dans la rue longeant la

Lieux de restauration

Des derniers étages des grands magasins aux galeries commerciales souterraines, Ōsaka compte de très nombreux restaurants adaptés à toutes les bourses. La carte n'est pas toujours disponible en anglais, mais, la plupart du temps, il y a des menus avec photos ou des modèles en plastique présentés en vitrine avec les prix, ce qui facilite le choix.

En voici une sélection du nord au sud.

Grand Front Ōsaka (グランフロント大阪 ; carte p. 276 ; gare JR d'Ōsaka, sortie nord). Dans le nouveau centre commercial branché situé au nord de la gare JR d'Ōsaka, **Umekita Dining**, installé du 7e au 9e niveau du bâtiment sud, compte 36 restaurants, assez tape-à-l'œil pour la plupart. Pour une expérience différente, **Umekita Cellar** est un espace alimentation avec des mets à consommer sur place ou à emporter.

Gare JR d'Ōsaka (JR大阪駅). Difficile de s'y retrouver parmi les plus de 70 restaurants installés dans les divers bâtiments. Pour cibler votre recherche, **Eki Marché**, sur le côté ouest, concentre des dizaines de petites adresses à prix raisonnables comme **Kani Chahan-no-Mise** (かにチャーハンの店 ; carte p. 276 ; 6341-3103 ; 3-1-1 Umeda, Eki-Marché ; plats à partir de 680 ¥ ; 10h-22h30) pour un délicieux riz frit au crabe, et une succursale de **Kaiten Sushi Ganko** (回転寿司がんこ ; carte p. 276 ; 4799-6811 ; 3-1-1 Umeda, Eki Marché ; assiettes de sushis 130-627 ¥ ; 11h-23h), qui dispose d'un *kaiten-sushi* (tapis roulant pour sushis).

Centre commercial Namba Parks (carte p. 278). Le seul 6e niveau compte 26 restaurants proposant *kushikatsu*, sushis ou encore spécialités chinoises ou italiennes. Tout au bout, **Sai-ji-ki** (菜蒔季 ; carte p. 278 ; 6636-8123 ; 6e niv, Namba Parks, 2-10-70 Namba-naka ; déj/dîner à partir de 1 510/1 940 ¥ ; 11h-21h ; ; S ligne Midō-suji, station Sennichimae, ou ligne Yotsubashi, station Namba) est un restaurant bio avec buffet à volonté.

Abeno Harukas (あべのハルカス ; 1-1-43 Abeno-suji ; lignes JR Lines, gare de Tennō-ji, lignes Kintetsu, gare d'Abenobashi). Les principaux étages des restaurants (12e au 14e niveau) du plus haut gratte-ciel du Japon comptent 44 restaurants servant absolument tout, du *fugu* (poisson-globe) à la pizza. Essayez d'obtenir une table près d'une fenêtre pour profiter de la vue imprenable.

gare Hankyū d'Umeda sur le côté ouest. Cherchez l'enseigne montrant un homme avec un bandeau.

Yukari Okonomiyaki **¥¥**
(ゆかり ; carte p. 276 ; 6311-0214 ; www.yukarichan.co.jp ; Ohatsutenjin-dōri ; okonomiyaki 800-1 460 ¥ ; 11h-1h ; ; ligne JR, gare d'Ōsaka). Ce restaurant situé dans la galerie marchande Ohatsutenjin-dōri est très couru pour ses délicieuses spécialités d'Ōsaka, les *okonomiyaki* (crêpes au chou), préparés au gril sous les yeux des clients. La carte (avec photos) offre un très grand choix, y compris des options végétariennes. Le *tokusen mikkusu yaki* (*okonomiyaki* avec crevettes, calmars et porc frits ; 1 080 ¥) est un classique. Repérez le restaurant à son enseigne rouge et blanche.

SHINSAIBASHI ET AMERIKA-MURA

Café Absinthe Méditerranéen **¥¥**
(カフェアブサン ; carte p.272; 6534-6635 ; www.absinthe-jp.com ; 1-2-27 Kitahorie ;

plats déj 800-1 000 ¥, dîner 800-1 600 ¥ ; 15h-3h, 15h-5h sam-dim, fermé mar ; ; S ligne Midō-suji, station Shinsaibashi, sortie 7). Près de la lisière ouest d'Ame-Mura, l'Absinthe propose de fantastiques cocktails, des boissons sans alcool et des jus de fruits. Menu méditerranéen (rare au Japon) avec falafels, houmous, purée d'aubergine, pâtes et pizzas. Les prix un peu élevés se justifient par la qualité des produits, le cadre branché et l'atmosphère décontractée. Si la météo le permet, les portes coulissantes s'ouvrent sur le trottoir. Et, oui, il sert de l'absinthe.

Le Coccole — Végétarien ¥¥

(レ コッコレ ; 6245-5556 ; www.le-coccole.jp ; 3-4-1 Kita-kyuhoji-machi ; petites assiettes 400-900 ¥, plats 900-1 400 ¥ ; 11h30-22h, 11h30-18h dim, fermé lun-mar ; ; S ligne Midō-suji ou Chūō, station Honmachi, sortie 11). Adorable restaurant exclusivement végétarien (presque tout est bio). Le déjeuner peut se composer de curry indien ou de risotto de riz brun, tandis que le dîner est plutôt "japonais fusion" : samosas aux *hijiki* (algues brunes), croquettes de champignons shiitakés ou pâtes au tofu séché, shiitakés, oignons, feuilles de *shiso* et sauce aux noix et à l'ail. La carte du café annonce des smoothies, du café et du cheese-cake au tofu.

Nishiya — Nouilles ¥¥

(にし家 ; carte p. 278 ; 6241-9221 ; 1-18-18 Higashi Shinsaibashi ; plats 650-1 300 ¥, plats dîner 3 000-5 000 ¥ ; 11h-23h lun-sam, 11h-21h30 dim ; ; S ligne Midō-suji, station Shinsaibashi, sortie 5 ou 6). Oasis de calme dans les rues trépidantes de Shinsaibashi, ce restaurant bien connu propose à des prix raisonnables des *udon*, un choix de généreux *nabe* (fondues), et des *shabu-shabu* (tranches de viande et légumes cuits dans un bouillon et trempés dans des sauces). Repérez le bâtiment traditionnel en bois de trois niveaux, avec porte coulissante à l'entrée, juste au nord du croisement.

DŌTOMBORI ET ALENTOURS

Le quartier animé de Dōtombori offre un tour du monde de la cuisine. Pas de dîner raffiné ici, mais une ambiance sans prétention et de généreuses portions d'une cuisine savoureuse. Comme le quartier attire beaucoup de touristes, la plupart des grandes enseignes affichent une carte en anglais.

Daiki Suisan — Sushis ¥

(大起水産 ; carte p. 278 ; 6214-1055 ; 1-7-24 Dōtombori ; plats 100-500 ¥ ; 11h-23h ;). Il règne une joyeuse effervescence dans ce restaurant avec *kaiten-sushi* (tapis roulant pour sushis) bénéficiant d'un excellent emplacement à Dōtombori. Plus de 50 sièges sont installés autour des comptoirs sur lesquels défilent les plats ; il y a un code couleur pour les prix et des indications en plusieurs langues. Également des plats cuisinés comme du *tori no karaage* (poulet frit) et du thon frit. Le personnel anglophone permet de s'y retrouver.

Chibō — Okonomiyaki ¥¥

(千房 ; carte p. 278 ; 6212-2211 ; www.chibo.com ; 1-5-5 Dōtombori ; plats 1 004-1 652 ¥ ; 11h-1h lun-sam, 11h-minuit dim ; ; S ligne Midō-suji, station Namba). Une adresse populaire pour découvrir la spécialité d'Ōsaka. Goûtez le *Dōtombori yaki*, succulente galette avec porc, bœuf, calmars, crevettes et fromage. Autre spécialité : le *tonpei-yaki*, une omelette enveloppée autour d'un morceau de porc frit. Certaines tables donnent sur le canal de Dōtombori.

Imai Honten — Nouilles ¥¥

(今井本店 ; carte p. 278 ; 6211-0319 ; d-imai.com ; 1-7-22 Dōtombori ; plats à partir de 752 ¥ ; 11h-22h, fermé mer ; ; S ligne Midō-suji, station Namba). Des employés en kimono vous accueillent dans cette oasis de calme au milieu du chaos de Dōtombori, l'un des plus anciens – et des plus estimés – restaurants de nouilles du quartier. Essayez donc le *kitsune udon*, une soupe de nouilles servie avec des tranches de tofu frit. Repérez la façade traditionnelle et le saule à l'extérieur.

DELPIXEL/SHUTTERSTOCK ©

À ne pas manquer
Dōtombori

Le très photogénique Dōtombori est le centre névralgique de la vie nocturne et le cœur du quartier de Minami (sud). Il doit son nom au canal de la Dōtombori-gawa, vieux de 400 ans, désormais bordé de passages piétonniers et d'innombrables enseignes lumineuses se reflétant à la surface de l'eau. Pour profiter du meilleur point de vue nocturne, rendez-vous sur le pont Ebisu-bashi.

Juste au sud et parallèlement au canal s'étend la **rue piétonne Dōtombori** (道頓堀 ; carte p. 278 ; S ligne Midō-suji, station Namba), où des dizaines de restaurants et théâtres cherchent à capter l'attention à grand renfort d'enseigne flashy : crabe géant en 3D, poisson-globe, dragon, etc. L'endroit est très touristique.

Au sud de la rue Dōtombori, le minuscule temple **Hōzen-ji** (法善寺 ; carte p. 278) est dissimulé dans une étroite allée pavée, à côté de la galerie marchande Sennichi-mae. Il est construit autour d'une **statue de Fudō-myōō** (dieu bouddhique à l'apparence effrayante), recouverte de mousse, car les fidèles lui versent de l'eau sur les épaules en guise d'offrande. La ruelle parallèle, **Hōzen-ji Yokochō** (法善寺横丁; carte p. 278 ; S ligne Midō-suji, station Namba), pleine de charme, renferme quantité de restaurants traditionnels et de bars.

Plus au sud, en direction de la gare de Nankai Namba, un dédale de galeries marchandes abrite d'autres restaurants, salons de *pachinko* (sorte de flipper), clubs de strip-tease et autres.

Dōtombori est desservi par les stations Namba (ligne Midō-suji) et Nipponbashi (lignes Sakai-suji et Sennichimae).

Zauo Poisson ¥¥

(ざうお難波本店 ; carte p. 278 ; ☎6212-5882 ; www.zauo.com ; Washington Hotel Plaza niveau B1, Nipponbashi 1-1-13 ; repas 680-6 000 ¥ ; 17h-minuit lun-ven, 11h30-minuit sam-dim ; ; S ligne Sakai-suji, station Nipponbashi, sortie 6, ou ligne Midō-suji, station Namba). Dans ce pays où les produits de la mer sont généralement d'une extrême fraîcheur, Zauo a installé ses tables sur de longs "bateaux de pêche" : les clients attrapent leur propre dîner dans des aquariums. Si ça mord, l'exploit est bruyamment salué et l'on s'empresse de préparer la prise selon les désirs du client (prix en fonction du poisson).

Shoubentango-tei Kappō-ryōri, kaiseki ¥¥¥

(正弁丹吾亭 ; carte p. 278 ; ☎6211-3208 ; 1-7-12 Dōtombori ; menu dîner à partir de 6 000 ¥, mini kappō-kaiseki à partir de 4 000 ¥ ; 17h-22h ; ; S ligne Midō-suji, station Namba). Dans Hōzen-ji Yokochō, l'atmosphère minimaliste de cette adorable boutique met parfaitement en valeur les *kappō-ryōri* : une profusion de plats présentés avec brio dans de magnifiques poteries, parfois surmontés d'une feuille colorée ou aspergés d'eau pour leur donner le brillant idéal. Les ingrédients phares varient tous les jours et en fonction des saisons.

Où prendre un verre et faire la fête

À Ōsaka, on sait d'autant mieux s'amuser le soir que l'on travaille dur la journée. Baladez-vous dans Minami un vendredi soir et vous aurez l'impression qu'il y a autant de bars que d'habitants, des *izakaya* aux pubs irlandais en passant par les bars à cocktails offrant des vues époustouflantes.

Les bières artisanales gagnent sans cesse du terrain – procurez-vous l'*Osaka Craft Beer Map* qui recense des dizaines d'adresses permettant de les déguster. En été, les **beer gardens** installés sur les toits-terrasses sont très agréables et proposent des formules "à boire et à manger" à volonté dans une ambiance festive et détendue – celui installé en haut du **centre commercial Hanshin** (阪神梅田 ; carte p. 276 ; www.hanshin-dept.jp/hshonten ; 10h-20h) est particulièrement plaisant.

Vie nocturne à Ōsaka

VINCENT ST. THOMAS/SHUTTERSTOCK ©

Cinq mets incontournables à Ōsaka

Okonomiyaki Épaisses crêpes salées, dont la pâte à base de farine et d'eau comprend aussi du chou râpé, garnies au choix de viande, poisson, fruits de mer, légumes ou autres (le nom signifie "cuisinez comme vous voulez"). Généralement préparées sur un *teppan* (plaque d'acier) installé sur votre table, la galette est badigeonnée d'une sauce salée de type Worcestershire, décorée de bandes de mayonnaise et saupoudrée de copeaux de bonite séchée. Découpez une tranche avec de petites truelles, les *kote* et laissez refroidir un peu avant la première bouchée. Goûtez les galettes à **Chibō** (p. 285), à Dōtombori, ou à **Yukari** (p. 284) dans le quartier d'Umeda.

Tako-yaki Le contrepoint des *okonomiyaki*, sous forme de raviolis au poulpe : des boulettes de pâtes garnies d'un morceau de poulpe (*tako* en japonais), servies avec du gingembre mariné et nappées de sauce salée, poudre d'*aonori* (algues), mayonnaise et copeaux de bonite ; on les mange généralement piquées dans des cure-dents. Sur tous les marchés, un stand propose cette spécialité ; sinon, essayez **Wanaka** (わなか ; carte p. 278 ; ☎6631-0127 ; 11-19 Sennichi-mae ; tako-yaki à partir de 450 ¥ les 8 ; ⏲10h-23h lun-ven, 8h30-23h sam-dim) une échoppe de *tako-yaki* classique, juste au nord de la **galerie Dōguya-suji** (p. 291).

Kushikatsu Les yakitoris sont des brochettes de viande, produits de la mer et/ou légumes grillés. Les *kushikatsu* sont également des brochettes, mais les ingrédients sont écrasés, frits et servis avec une sauce salée (il est interdit de retremper sa brochette dans la sauce après l'avoir croquée). Idéal pour accompagner une bière. Le quartier de Shin-Sekai est célèbre pour ses restaurants de *kushikatsu*, dans les ruelles au sud de la tour Tsūten-kaku, dont **Yokozuna** (横綱 ; ☎6630-8440 ; 3-6-1 Ebisu-higashi ; plats 100-550 ¥ ; ⏲10h-23h ; 🗐 ; S ligne Midōsuji, station Dōbutsu-en-mae, sortie 5).

Kaiten-sushi Installez-vous au comptoir : les sushis défilent devant vous sur un tapis roulant. Cette formule inventée à Ōsaka dans les années 1950 a longtemps été considérée comme bas de gamme, mais lorsque le Japon a commencé à privilégier les repas bon marché pendant la Grande Récession, les bars à *kaiten-sushi* ont commencer à soigner la qualité. Ne vous attendez pas à une expérience hautement gastronomique, mais la rapidité et les prix sont imbattables. Tentez le **Daiki Suisan** (p. 285).

Kappō-ryōri La cuisine *kaiseki* façon Ōsaka : un repas gastronomique composé de plusieurs plats sophistiqués, à base de produits de saison, servis dans de la vaisselle fine. Les tarifs sont parfois exorbitants, mais **Shoubentango-tei** (p. 287) propose un menu à prix raisonnable dans un cadre apaisant.

Pour les événements festifs et les soirées organisés par les clubs, consultez la publication en anglais *Kansai Scene* ou son site Web (www.kansaiscene.com).

UMEDA ET GARE D'ŌSAKA

Certes, Minami est le vrai quartier de la nuit à Ōsaka, mais les bars, clubs et *izakaya* ne manquent pas au sud et à l'est de la gare d'Ōsaka, ainsi qu'aux alentours de la gare de Hankyū à Umeda.

Craft Beer Base Bar
(クラフトビアベース ; carte p. 276 ; 1-2-11 Ōyodo-minami ; ⏲11h-23h, 15h-23h mar ; S ligne Midōsuji, gare d'Umeda, 🚉 lignes JR, gare d'Ōsaka). À l'ombre de l'Umeda Sky

Building, ce bar et magasin d'alcools est spécialisé dans les bières artisanales locales et internationales. Commandez et dégustez au comptoir, ou gravissez l'escalier étroit menant à une salle sobre aux murs blancs. Des sorties nord des gares d'Ōsaka ou d'Umeda, prenez le passage souterrain en direction de l'Umeda Sky Building et tournez à gauche.

G Physique — Bar gay

(carte p. 276 ; www.physiqueosaka.com ; 8-23 Dōyama-chō, 1er niv Sanyo-Kaikan Bldg ; à partir de 19h, heure de fermeture variable ; S ligne Midōsuji, gare d'Umeda, lignes JR, gare d'Ōsaka). Dans le dédale des bars minuscules de Dōyama-chō, à l'est de la gare d'Ōsaka, ce bar à l'élégance subtile accueille la gent masculine depuis 1993. Pas de droit d'entrée, boissons à prix raisonnables et accueil chaleureux pour les habitants comme pour les touristes.

Windows on the World — Bar

(ウィンドーズオンザワールド ; carte p. 276 ; 35e niv du Hilton Osaka, 1-8-8 Umeda ; 17h30-0h30 lun-jeu et dim, 17h30-1h ven-sam ; S ligne Yotsubashi-suji, station Nishi-Umeda, ligne JR, gare d'Ōsaka). On ne saurait trouver mieux que le 35e niveau du Hilton Ōsaka pour prendre un verre dans un cadre élégant en embrassant une vue imprenable sur la ville. Il y a un droit de table de 1 750 ¥ par personne (1 200 ¥ pour les clients de l'hôtel) et les boissons coûtent en moyenne 2 000 ¥. Parmi les plats les plus prisés du menu figure une assiette gourmande (3 300 ¥) composée de saumon fumé, jambon, fromage, salami, crevettes et autres mets.

SHINSAIBASHI ET AMERIKA-MURA

Le quartier de la nuit à Ōsaka. Bars, clubs et restaurants se serrent les uns contre les autres dans les rues et les ruelles.

Zerro — Bar

(ゼロ ; carte p. 278 ; 2-3-2 Shinsaibashi-suji ; 19h-5h ; S ligne Midō-suji, station Namba ou Shinsaibashi). Un bon choix de consommations et d'en-cas, des serveurs énergiques et anglophones et un emplacement au niveau de la rue idéal pour observer la vie qui bat son plein. Venez tôt si vous voulez prendre un verre et bavarder tranquillement, et tard le week-end pour danser avec la foule.

Cinquecento — Bar

(チンクエチェント ; carte p. 278 ; 2-1-10 Higashi-Shinsaibashi ; 19h30-5h lun-sam, 20h-3h dim ; S ligne Midō-suji, station Namba ou Shinsaibashi). Le nom signifie "500" en italien, et effectivement, tout coûte 500 ¥ dans ce bar cosy. Bon choix de nourriture et impressionnante carte de martinis. À proximité de l'angle de Zakai-suji ; repérez le numéro "5" dans un cercle rouge.

Onzieme (11) — Club

(オンジェム ; carte p. 278 ; www.onzieme.com ; 11e niv, Midō-suji Bldg, 1-4-5 Nishi-Shinsaibashi ; entrée autour de 2 500 ¥ ; S ligne Midō-suji, station Shinsaibashi, sortie 7). Le plus grand et le plus survolté des clubs d'Ōsaka. Japonais ou étrangers, des DJ réputés de house, techno ou hip-hop font étalage de leur talent tous les soirs dans un intérieur chic qui n'est pas sans rappeler certains clubs londoniens célèbres.

Grand Café — Club

(グランドカフェ ; carte p. 278 ; grandcafeosaka.com ; niveau B1, Spazio Bldg, 2-10-21 Nishi-Shinsaibashi ; S ligne Midō-suji, station Shinsaibashi). Ce club souterrain branché d'Ame-Mura accueille des DJ électro et des événements hip-hop. Il y a plusieurs pistes de danse et un coin salon agréable. Enseigne en lettres latines dans la rue.

Achats

Ōsaka compte presque autant de commerces que de restaurants : grands magasins, haute couture, boutiques indépendantes, magasins d'électronique ou d'articles d'occasion. Pour les étrangers, les grands magasins et beaucoup d'autres commerces remboursent les taxes sur les achats dépassant 10 000 ¥. Repérez l'indication sur la vitrine ou posez la question ; vous devrez présenter votre passeport.

UMEDA ET GARE D'ŌSAKA

C'est à Kita que se concentrent les centres commerciaux, regroupés aux abords des gares :

Daimaru (大丸梅田店 ; carte p. 276 ; ☎ 6343-1231 ; www.daimaru.co.jp/umedamise ; 3-1-1 Umeda ; ⏲ 10-20h) ;

Hankyū (阪急梅田本店 ; carte p. 276 ; www.hankyu-dept.co.jp/honten ; ⏲ 10h-20h dim-jeu, 10h-21h ven-sam) ;

Hanshin (p. 287) ;

Hep Five (carte p. 276 ; www.hepfive.jp ; ⏲ boutiques 10h-20h, loisirs 10h-23h). Surmonté d'une grande roue et visant une clientèle plus jeune ;

Lucua (ルクア ; carte p. 276 ; www.lucua.jp ; ⏲ boutiques 10h-21h, restaurants 11h-23h).

Parmi les autres complexes commerciaux :

Grand Front Ōsaka (p. 284) ;

Hankyū Men's (阪急メンズ ; carte p. 276 ; www.hankyu-dept.co.jp/mens ; ⏲ 11h-21h lun-ven, 10h-21h sam, 10h-20h dim). Pour la mode masculine, dans le building Hep Navio, en forme de bateau ;

NU Chayamachi (NU茶屋町 ; carte p. 276 ; nu-chayamachi.com ; ⏲ boutiques de mode 11h-21h, Tower Records 11h-23h, restaurants 11h-minuit) ;

Yodobashi Umeda (carte p. 276 ; ⏲ boutiques 9h-22h, restaurants 11h-23h). Renferme 10 niveaux abritant commerces dédiés à la technologie et la mode et restaurants ;

Dans la gare d'Ōsaka sont aussi installées des grands magasins japonais très appréciés comme **Tokyū Hands** (東急ハンズ ; carte p. 276 ; www.tokyu-hands.co.jp ; 10e-12e niv, Daimaru, 3-1-1 Umeda ; ⏲ 10h-21h, 10h-20h30 dim ; 🚉 ligne JR, gare d'Ōsaka) et **Uniqlo**, ainsi que le **Pokemon Centre** (ポケットモンスター ; carte p. 276 ; 13e niv Daimaru, 3-1-1 Umeda).

Maruzen & Junkudō Umeda Livres

(丸善&ジュンク堂書店梅田店 ; carte p. 276 ; www.junkudo.co.jp ; 7-20 Chayamachi ; ⏲ 10h-22h ; 🚉 ligne JR, gare d'Ōsaka). Résultat de la fusion de deux spécialistes, cette méga-

À gauche : Dōtombori (p. 286) de nuit ; **ci-dessous :** grand magasin Hankyū

(À GAUCHE) TOOYKRUB/SHUTTERSTOCK ©; (CI-DESSOUS) TK KURIKAWA/SHUTTERSTOCK ©

librairie (la plus grande d'Ōsaka) possède une section Guides de voyage (3e). Dans le tout nouveau building Chaska Chayamachi, dessiné par Tadao Andō.

SHINSAIBASHI, AMERIKA-MURA ET NAMBA

Minami offre un immense éventail de magasins. Les grandes marques du luxe international sont présentes dans son artère principale, Midō-suji, entre les stations Shinsaibashi et Namba. Dirigez-vous à l'est du centre commercial Shinsaibashi-suji, surpeuplé, pour les grandes chaînes locales et internationales, et rendez-vous à Ame-Mura pour des vêtements décalés et vintage, de la musique et des accessoires en tout genre, pour vous ou votre voiture – au **D.A.D** (D.A.D大阪アメリカ村店 ; carte p. 278 ; 2-8-29 Nishi-Shinsaibashi ; 11h-21h ; S ligne Midō-suji, station Shinsaibashi, sortie 7), incroyablement tape-à-l'œil. Les énormes centres commerciaux dominent à Namba, notamment **Ōsaka Takashimaya** (大阪タカシマヤ ; carte p. 278 ; www.takashimaya.co.jp/osaka/store_information/index.html ; 5-1-5 Namba ; S Namba) et **Namba Parks** (なんばパークス ; carte p. 278 ; www.nambaparks.com ; 2-10-70 Namba-naka ; 11h-21h ; S ligne Midō-suji, Sennichimae ou Yotsubashi, station Namba).

Galerie marchande Dōguya-suji — Marché

(道具屋筋 ; carte p. 278 ; www.doguyasuji.or.jp/map_eng.html ; S ligne Midō-suji, station Namba). Sur plusieurs pâtés de maisons, ce paradis des gourmets vend vraiment tout ce qui a trait à la préparation, à la consommation et au commerce de la nourriture : toutes sortes de marmites, poêles, couteaux, gadgets de cuisine, vaisselle, lanternes de boutiques, enseignes de bar et modèles de plats en plastique. Il vous faudra juste espérer avoir encore un peu de place dans votre valise.

Denden Town et Otaku Road

Équivalent du quartier de l'Akihabara à Tōkyō, **Denden Tow**, dont le nom vient de *denki* (électricité), présente aujourd'hui un visage un peu fatigué, ce qui est certainement dû à la concurrence des grands magasins de produits électroniques comme Bic Camera et Yodobashi. Toutefois, le choix est exceptionnel et on peut faire de bonnes affaires (mais vérifiez que votre gadget pourra fonctionner dans votre pays ou avec le système d'exploitation de votre ordinateur). La plupart des magasins sont fermés le mercredi.

À un pâté de maisons à l'ouest, **Otaku Road** est une longue succession de boutiques de mangas (bandes dessinées japonaises), d'anime (dessins animés japonais) et leurs produits dérivés, et de jeux vidéo d'occasion, ainsi que des boutiques de *cosplay*.

Denden Town s'étend sur Sakai-suji à partir du sud-est de la gare de Nankai Namba jusqu'à la station de métro Ebisu-chō, sur la ligne Sakai-suji (sortie 1a, 1b ou 2).

Village Vanguard Livres, cadeaux
(ヴィレッジヴァンガード ; carte p. 278 ; www.village-v.co.jp ; 1-10-28 Nishi-Shinsaibashi ; 11h-23h ; S ligne Midō-suji, station Shinsaibashi, sortie 7). Un excellent point de départ pour dénicher des souvenirs originaux et ludiques, d'inspiration urbaine ou pop art. Village Vanguard se décrit comme une librairie "excitante", mais la réalité va bien au-delà : entre les rayons débordant de livres et de magazines, on découvre des cadeaux loufoques tels que patères en forme d'animaux, T-shirts lumineux, coques de téléphone, accessoires de cuisine, casquettes de hip-hop, sacs à bandoulière, objets de décoration, etc.

Tokyū Hands Grand magasin
(東急ハンズ ; carte p. 278 ; www.tokyu-hands.co.jp ; 3-4-12 Minamisenba ; 10h30-20h30 ; S ligne Midō-suji, station Shinsaibashi). Théoriquement une chaîne de bricolage et d'articles pour la maison, Tokyū Hands est le meilleur endroit du Japon pour dégoter quelque chose dont vous n'avez pas besoin mais que vous finirez par adorer. Étage après étage, vous découvrirez une profusion d'objets : outils inconnus, luminaires design, horloges, bibelots et matériel pour activités manuelles. Succursale plus modeste à Umeda.

Bic Camera Électronique
(ビックカメラ ; carte p. 278 ; www.biccamera.co.jp/shoplist/nanba.html ; 2-10-1 Sennichimae ; 10h-21h ; S ligne Midō-suji ou Sennichimae, station Namba). Cet immense magasin vend matériel photo, accessoires électroniques et ordinateurs, à des prix compétitifs.

Renseignements

Argent

Il y a dans les agences Citibank, les grands bureaux de poste et les magasins 7-Eleven des DAB acceptant les cartes internationales. La plupart des banques et des bureaux de poste effectuent des opérations de change.

Citibank (シティバンク ; carte p. 276 ; citibank.co.jp ; 2e niv Dai-ichi Semei Bldg, 1-8-17 Umeda ; 9h-20h lun-ven, 10h-17h sam-dim, DAB 24h/24 ; ligne JR, gare d'Ōsaka). Autres agences à Shinsaibashi (carte p. 278 ; Midō-suji Diamond Bldg, 2-1-2 Nishi Shinsaibashi ; 9h-15h lun-ven, DAB 24h/24 ; S ligne Midō-suji, station Shinsaibashi) et Umeda (carte p. 276 ; 7e niv, ABC-MART Umeda Bldg, 1-27 Chayamachi, en face de la gare Hankyū ; 9h-15h et 17h-19h lun-ven, 10h-16h sam, DAB 8h-22h ; ligne Hankyū, gare d'Umeda ou ligne JR, gare d'Ōsaka) ; il y a aussi un DAB 24h/24 à l'aéroport international du Kansai.

Offices du tourisme

Les offices du tourisme peuvent vous aider à réserver des hébergements. Il y a des bureaux dans les grandes gares, ainsi que des comptoirs d'information aux aéroports. Pour le programme des manifestations, procurez-vous le magazine gratuit *Kansai Scene* (en anglais), disponible dans les restaurants, les établissements nocturnes, certains hôtels et les grandes librairies.

Centre d'information touristique d'Ōsaka, Umeda (大阪市ビジターズインフォメーションセンター・梅田 ; **carte p. 276 ; ☎6345-2189 ; www.osaka-info.jp ; 1er niv, nord du hall central, gare JR d'Ōsaka ; ⏲8h-20h ; 🚆lignes JR, gare d'Ōsaka).** Le principal office du tourisme se trouve dans la gare JR d'Ōsaka. Vous trouverez un autre centre d'information au 1er niveau de la gare de Nankai Namba (大阪市ビジターズインフォメーションセンター・なんば ; **carte p. 278 ; ☎6631-9100 ; ⏲9h-20h ; Ⓢ Namba, 🚆ligne Nankai, station Namba).**

Poste

Poste centrale d'Ōsaka (大阪中央郵便局 ; **carte p. 276 ; 3-2-4 Umeda ; ⏲services postaux 9h-21h, DAB 7h-23h30 lun-ven, 8h-23h30 sam, 9h-21h dim ; Ⓢ ligne Midōsuji, station Umeda ou ligne Yotsubashi-suji, station Nishi-Umeda, 🚆ligne JR, gare d'Ōsaka)**

Depuis/vers Ōsaka

Avion

Deux aéroports desservent **Ōsaka** : l'**aéroport international du Kansai** (**KIX ; 関西空港 ; www.kansai-airport.or.jp/en)** pour tous les vols internationaux et quelques vols nationaux, et l'**aéroport Itami** (**ITM ; 伊丹空港 ; osaka-airport.co.jp)**, également appelé aéroport international d'**Ōsaka (ce qui prête à confusion)**. Le KIX se situe à une cinquantaine de kilomètres au sud-est de la ville, sur une île artificielle dans la baie. Itami se trouve dans l'agglomération d'Ōsaka.

Train

La gare de Shin-Ōsaka se trouve sur la ligne Tōkaidō-Sanyō du *shinkansen* (qui relie Tōkyō et Hakata dans le Fukuoka) et constitue le terminus est du *shinkansen* Kyūshū en provenance de Kagoshima. Il y a des trains directs pour Tōkyō (13 620 ¥, 3 heures), Hiroshima (9 710 ¥, 1 heure 30), Hakata (14 480 ¥, 3 heures), Kagoshima (21 380 ¥, 4 heures 45) et des villes intermédiaires sur les différents parcours.

Kyōto

Le *shinkansen* offre la liaison la plus rapide entre Kyōto et Shin-Ōsaka (à partir de 1 420 ¥,

Galerie Shinsaibashi-Suji

SURASSAWADEE/SHUTTERSTOCK ©

14 minutes). Le *shinkaisoku* (train rapide spécial) JR entre la gare de Kyōto et la gare JR d'Ōsaka (560 ¥, 28 minutes) est plus pratique pour gagner le centre-ville.

La ligne Hankyū relie la gare d'Umeda à Ōsaka aux gares de Kawaramachi, Karasuma et Ōmiya, à Kyōto (semi-express *tokkyū* pour Kawaramachi 400 ¥, 44 minutes). Depuis la gare Keihan Yodoyabashi à Ōsaka, la ligne Keihan rejoint les gares de Sanjō, Shijō et Shichijō, à Kyōto (*tokkyū* pour Sanjō 410 ¥, 54 minutes). Yodoyabashi se trouve sur la ligne de métro Midō-suji.

Kōbe

Le *shinkansen* circule entre la gare de Shin-Kōbe et la gare de Shin-Ōsaka (à partir de 1 500 ¥, 13 minutes). Il existe aussi un *shinkaisoku* JR entre la gare JR d'Ōsaka et les gares de Kōbe et de Sannomiya (Kōbe ; 410 ¥, 22 minutes).

Un peu moins chère et souvent moins bondée, la ligne Hankyū relie la gare d'Umeda (Ōsaka) à celle de Sannomiya (Kōbe ; *tokkyū*, 320 ¥, 30 minutes).

Nara

La ligne JR Kansai relie les gares de Namba et de Tennō-ji d'Ōsaka à la gare JR de Nara via le Hōryū-ji (*Yamatoji Kaisoku*, 540 ¥, 50 minutes). Les trains de la ligne Kintetsu Nara circulent entre la gare de Namba (Ōsaka) et celle de Nara (540 ¥, 40 minutes).

Comment circuler

Depuis/Vers l'aéroport

Aéroport international du Kansai (KIX)

Des trains directs et des bus réguliers assurent une bonne liaison entre le KIX et la ville.

Le train Nankai Express Rapid circule depuis/vers la gare de Nankai Namba (avec réservation, 1 430 ¥, 35 minutes) ; le train Nankai Airport Express met environ 10 minutes de plus et coûte 920 ¥. Le semi-express JR Haruka, service spécial aéroport, relie le KIX aux gares de Tennō-ji (sans réservation, 1 710 ¥, 33 minutes) et Shin-Ōsaka (2 330 ¥, 49 minutes). Des express ordinaires JR, appelés *kankū kaisoku*, circulent également entre le KIX, la gare d'Ōsaka (1 190 ¥, 68 minutes) et le Tennō-ji (1 060 ¥, 50 minutes). Elles sont toutes desservies par la ligne de métro Midō-suji.

Les bus de l'aéroport circulent depuis/vers la gare d'Ōsaka/Umeda, l'Ōsaka City Air Terminal (OCAT), Namba, Uehonmachi et le quartier de Tempōzan. Le tarif est de 1 550 ¥ pour la plupart des trajets (1 050 ¥ pour l'OCAT) et il faut compte 50 minutes en moyenne, selon la circulation

Daims au Nara-Kōen (p. 295)

KIMURA TETSUSHI(KIMTETSU)/GETTY IMAGES

(il faut parfois jusqu'à 1 heure 30 pour Umeda). Horaires sur www.kate.co.jp.

Le dernier train part de l'aéroport à 23h30, le dernier bus juste après minuit. Si votre avion arrive plus tard, vous devrez prendre un taxi. Un tarif standard est appliqué pour Umeda (14 500 ¥) et Namba (14 000 ¥), avec un supplément de 2 500 ¥ la nuit. Comptez 18 000 ¥ environ pour Shin-Ōsaka. La course dure à peu près 50 minutes.

Aéroport Itami d'Ōsaka

Des navettes fréquentes circulent entre l'aéroport et divers point d'Ōsaka. Les bus circulent depuis/vers la gare de Shin-Ōsaka (500 ¥, 25 minutes) et les gares d'Ōsaka et de Namba (640 ¥, 25 minutes) toutes les 20 minutes de 8h à 21h environ. Billets en vente au distributeur à la sortie du hall des arrivées. Horaires sur www.okkbus.co.jp.

Train et métro

Ōsaka est desservie par un bon réseau de métro auquel s'ajoute, comme à Tōkyō, une ligne circulaire JR (la "Kanjō-sen") qui fait le tour de l'agglomération et permet de prendre des correspondances avec le métro et d'autres lignes de train. Vous ne devriez pas avoir besoin d'utiliser d'autres moyens de transport, à moins que vous ne ratiez le dernier train un soir.

Sur les 8 lignes de métro, la plus utile pour les touristes est la Midō-suji (ligne rouge), qui traverse Ōsaka du nord au sud et dessert Shin-Ōsaka, Umeda (à côté de la gare d'Ōsaka), Shinsaibashi, Namba et Tennō-ji. Le trajet coûte en général entre 200 et 300 ¥. Pass journaliers disponibles (par jour lun-ven/sam-dim 800/600 ¥).

NARA

☎0742 / 364 969 HABITANTS

Première capitale permanente dans l'histoire du Japon, Nara (奈良) compte parmi les destinations les plus intéressantes du pays. Avec ses huit sites inscrits au patrimoine mondial de l'Unesco, elle est, après Kyōto, un dépositaire majeur de l'héritage culturel national.

Le Daibutsu (Grand Bouddha) rivalise avec le mont Fuji et le pavillon d'Or (Kinkaku-ji) à Kyōto pour la place de premier site touristique du pays. Le Tōdai-ji, l'imposant temple qui abrite le Grand Bouddha, domine Nara-kōen, un parc riche d'autres sites intéressants où il fait bon se promener dans la verdure au milieu des daims domestiqués.

Le premier atout de Nara est sa taille modeste, qui permet de visiter la plupart des sites en une seule journée. Beaucoup de gens viennent en excursion depuis Kyōto, à une demi-heure de train (express confortable), mais en passant une nuit sur place (il y a des hébergements d'excellente qualité pour tous les budgets), vous pourrez explorer le centre-ville le premier jour puis découvrir les principaux temples à l'ouest et au sud-ouest de Nara le lendemain.

À voir

Nara a conservé son plan en damier inspiré de l'urbanisme chinois du VIIIe siècle. La ville compte deux grandes gares : JR Nara et Kintetsu Nara. La première se trouve un peu à l'ouest du centre (mais à distance raisonnable à pied des sites), la seconde est en plein cœur de la ville. Le Nara-kōen, qui renferme la plupart des sites importants, se situe dans la partie est de Nara, au pied du flanc dénudé du mont Wakakusa-yama. On découvre aisément le centre et les sites du Nara-kōen à pied – mais il y a aussi des bus et des taxis au besoin.

NARA-KŌEN 奈良公園

Bon nombre des sites majeurs de Nara se situent autour du Nara-kōen, un beau parc qui occupe la plus grande partie de l'est de la ville. Quelque 1 200 daims y vivent. Considérés comme des messagers des dieux à l'époque prébouddhique, bénéficiant aujourd'hui du statut de Trésors nationaux, ces animaux parcourent nonchalamment le parc et ses environs en quête de friandises offertes par les visiteurs, et n'hésitent pas à s'approcher d'enfants médusés pour leur chiper leur goûter.

Nara

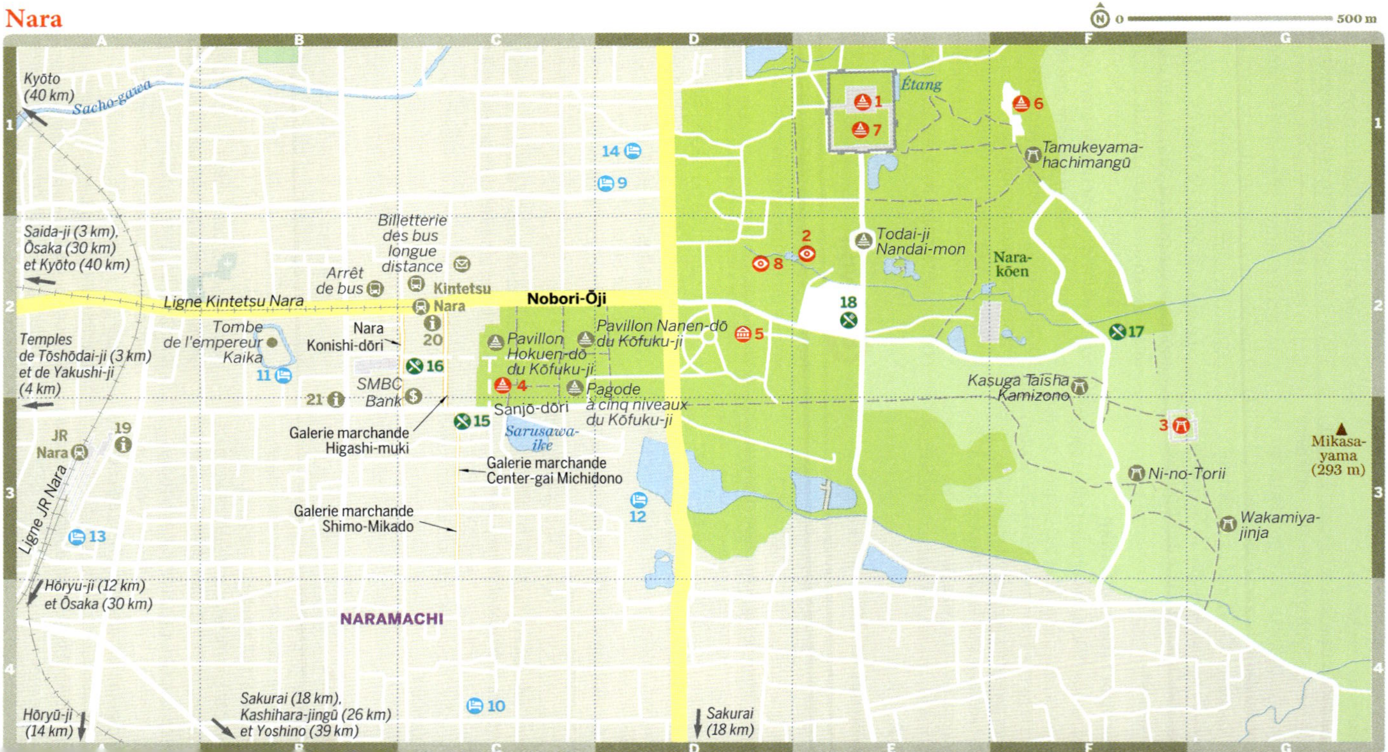
0
500 m
A
B
C
D
E
F
G
1
2
3
4
Kyōto (40 km)
Sacho-gawa
Étang
Tamukeyama-hachimangū
14
9
Saida-ji (3 km), Ōsaka (30 km) et Kyōto (40 km)
Billetterie des bus longue distance
Arrêt de bus
Kintetsu
Nara
Ligne Kintetsu Nara
Nobori-Ōji
Todai-ji Nandai-mon
Nara-kōen
Tombe de l'empereur Kaika
Nara Konishi-dōri
20
Pavillon Hokuen-dō du Kōfuku-ji
Pavillon Nanen-dō du Kōfuku-ji
Temples de Tōshōdai-ji (3 km) et de Yakushi-ji (4 km)
11
16
SMBC Bank
21
Pagode à cinq niveaux du Kōfuku-ji
Sanjō-dōri
Kasuga Taisha Kamizono
15
Sarusawa-ike
JR Nara
19
Galerie marchande Higashi-muki
Galerie marchande Center-gai Michidono
Mikasa-yama (293 m)
Ni-no-Torii
Ligne JR Nara
12
Galerie marchande Shimo-Mikado
13
Wakamiya-jinja
Hōryu-ji (12 km) et Ōsaka (30 km)
NARAMACHI
Sakurai (18 km), Kashihara-jingū (26 km) et Yoshino (39 km)
10
Sakurai (18 km)
Hōryū-ji (14 km)
1
2
3
4
5
6
7
8
17
18

Nara

À voir

1 Daibutsu-den E1
2 Isui-en et musée d'Art Neiraku E2
3 Kasuga Taisha F3
4 Kōfuku-ji C2
5 Musée national de Nara D2
6 Nigatsu-dō et Sangatsu-dō F1
7 Tōdai-ji E1
8 Yoshiki-en D2

Où se loger

9 Guesthouse Nara Backpackers D1
10 Guesthouse Sakuraya C4
11 Hotel Fujita Nara B2
12 Nara Hotel D3
13 Super Hotel Lohas JR Nara-eki A3
14 Wakasa Bettei D1

Où se restaurer

15 Kameya C3
16 Mellow Café C2
17 Mizutani-chaya F2
18 Yumekaze Plaza E2

Renseignements

19 Centre d'information de la gare JR de Nara A3
20 Bureau d'information de la gare Kintetsu de Nara C2
21 Centre d'information touristique de la ville de Nara B3

Vous pourrez acheter des *shika-sembei* (biscuits pour daims, 150 ¥) pour nourrir les animaux et des chocolats *shika-no-fun* (crottes de daim) pour vous-même.

Musée national de Nara — Musée

(奈良国立博物館 ; **Nara Kokuritsu Hakubutsukan ; ☎050-5542-8600 ; www.narahaku.go.jp ; 50 Noboriōji-chō ; 520 ¥ ; 9h30-17h, fermé lun)**. Ce musée consacré à l'art bouddhique compte deux sections. Édifiée en 1894, la **galerie de sculpture bouddhique et de bronzes rituels** abrite une belle collection de *butsu-zō* (statues du Bouddha et de bodhisattvas). Les statues bouddhiques sont présentées par catégories, avec d'excellentes explications en anglais qui permettent de comprendre l'iconographie du bouddhisme mahayana. Un peu à l'écart, les ailes est et ouest, plus récentes, accueillent la collection permanente de sculpture, peinture et calligraphie, et des expositions temporaires.

Kōfuku-ji — Temple bouddhique

(興福寺 ; **www.kohfukuji.com)**. Ce temple de Kyōto fut transféré à Nara en 710. Des 175 bâtiments que comptait l'ensemble architectural d'origine, seule une douzaine a survécu aux incendies et aux luttes de pouvoir. Il y a deux pagodes (trois et cinq niveaux respectivement), de 1143 et de 1426. La plus grande est la deuxième plus haute du pays, après la pagode du Tō-ji à Kyōto, qui ne la surpasse que de quelques centimètres.

Isui-en et musée d'Art Neiraku — Jardins

(依水園・寧楽美術館 ; **74 Suimon-chō ; musée et jardin 650 ¥ ; 9h30-16h30, fermé mar (sauf en avril, mai, oct et nov)**. Superbement dessiné et débordant de verdure, ces jardins de l'ère Meiji invitent à la contemplation grâce à ses étangs et à ses pierres de gué permettant de les admirer l'un après l'autre, individuellement. Pour 850 ¥, vous pourrez contempler le panorama en dégustant un thé assis sur un tatami. L'entrée comprend l'accès au musée d'Art Neiraku voisin, où sont exposés des céramiques et des bronzes chinois et coréens, dans un cadre paisible.

Yoshiki-en — Jardins

(吉城園 ; **68 Noboriōji-chō ; gratuit pour les visiteurs étrangers, 250 ¥ pour les Japonais ; 9h-17h, fermé jan et fév)**. Une pure merveille que ce jardin qui jouxte l'Isui-en (à droite lorsque l'on entre), à l'origine résidence du grand prêtre du Tōdai-ji. Le jardin dans sa forme actuelle a été dessiné en 1918. Il renferme une jolie maison à toit de chaume, un étang et plusieurs sentiers. En novembre et au début de décembre, il explose sous le rouge éclatant des érables. Cherchez le petit panneau en anglais.

Tōdai-ji — Temple bouddhique

(東大寺). Incontournable, ce temple majestueux abrite dans le Daibutsu-den (pavillon du Grand Bouddha) le célèbre

Daibutsu (Grand Bouddha) de Nara. Le site est souvent pris d'assaut par des groupes touristiques ou scolaires – mais les lieux sont suffisamment vastes pour absorber les foules. À l'exception du Daibutsu-den, la plupart des bâtiments de l'enceinte du Tōdai-ji peuvent être visités gratuitement. Pour plus d'informations sur le Tōdai-ji, voir p. 300.

Daibutsu-den — Temple bouddhique

(大仏殿 ; pavillon du Grand Bouddha ; 406-1 Zōshi-chō ; 500 ¥, billet combiné avec le musée du Tōdai-ji 800 ¥ ; ⏲8h-16h30 nov-fév, 8h-17h mars, 7h30-17h30 avril-sept, 7h30-17h oct). Le Daibutsu-den du Tōdai-ji est l'un des plus grands édifices de bois au monde. Et encore, le bâtiment actuel (reconstruit en 1709) ne représente-t-il que les deux tiers de la construction d'origine ! Le Daibutsu (Grand Bouddha) à l'intérieur est l'une des plus grandes statues de bronze au monde. Coulée à l'origine en 746, elle fut refondue à la période d'Edo. Elle fait aujourd'hui un peu plus de 16 mètres de haut, pour 437 tonnes de bronze et 130 kg d'or.

Nigatsu-dō et Sangatsu-dō — Temples bouddhiques

(二月堂、三月堂 ; Nigatsu-dō gratuit, Sangatsu-dō 500 ¥ ; ⏲Nigatsu-dō 7h30-18h juin-août, 8h-17h45 avr-mai et sept-oct, 8h-17h15 nov-mars ; Sangatsu-dō 8h-16h30 nov-fév, 8h-17h mars et oct, 7h30-17h30 avr-sept). Ces temples annexes du Tōdai-ji sont situés au-dessus du Daibutsu-den et sont beaucoup moins bruyants. Un escalier jalonné de lanternes mène jusqu'au Nigatsu-dō, un Trésor national datant de 1669 (construit à l'origine vers 750). Sa galerie offrant un panorama époustouflant sur la ville (surtout au crépuscule) vous rappellera peut-être le Kiyomizu-dera (p. 223) de Kyōto. C'est ici que se déroule l'**Omizutori Matsuri**.

Non loin du Nigatsu-dō direction sud, le Sangatsu-dō est le plus vieux bâtiment du Tōdai-ji ; il abrite une petite collection de jolies statues de la période de Nara.

Kasuga Taisha — Sanctuaire shintoïste

(春日大社 ; 160 Kasugano-chō ; ⏲lever-coucher du soleil). GRATUIT Cet immense sanctuaire se trouve au pied d'une colline dans un secteur très boisé où évoluent des

Kasuga Taisha

TOOYKRUB/SHUTTERSTOC

daims sacrés en quête de friandises. Ses allées sont ponctuées de centaines de anternes, et des centaines d'autres sont disposées dans le sanctuaire lui-même. Elles sont allumées lors de la fête des anternes de **Mantōrō**, qui a lieu deux fois par an.

Fondé au VIIIe siècle par la famille Fujiwara, le Kasuga Taisha fut reconstruit ensuite tous les 20 ans, selon la tradition shintoïste, jusqu'à la fin du XIXe siècle.

Où se loger

Si Nara peut se visiter en une journée d'excursion depuis Kyōto ou Ōsaka, passer la nuit sur place permet d'adopter un rythme plus détendu.

Guesthouse Nara Backpackers Pension ¥

ゲストハウス 奈良バックパッカーズ ; 0742-22-4557 ; www.nara-backpackers.com ; 31 Yurugichō ; dort 2 400 ¥, ch avec sdb commune jusqu'à 3 800 ¥/pers ;). Une pension charmante aménagée dans un édifice traditionnel des années 1920, ancienne résidence d'un maître du thé. Il y a des dortoirs et trois jolies chambres avec des tatamis (plus ou moins grandes, certaines donnent sur le jardin). Salles de bains communes (apportez des produits de toilette et une serviette ; vous pourrez aussi en acheter ou en louer sur place) et cuisine à disposition. Plus le séjour est long, plus le prix de la nuitée diminue.

Guesthouse Sakuraya Pension ¥¥

桜舎 ; www.guesthouse-sakuraya.com ; 1 Narukawa-chō ; s/d avec petit-déj 200/10 400 ¥ ;). Aménagée dans un ancien atelier de teinture, cette excellente adresse de Naramachi compte seulement trois chambres paisibles, agrémentées de détails traditionnels et contemporains. Elles entourent une jolie cour avec jardin et il y a un salon et des bains communs. Une seule chambre dispose de salle de bains privée. La propriétaire propose des cours de découverte de la culture japonaise (3 000 ¥). Si vous cherchez un endroit où faire la fête, passez votre chemin.

Hotel Fujita Nara Hôtel ¥¥

(ホテルフジタ奈良 ; 0742-23-8111 ; en.fujita-nara.com ; 47-1 Shimosanjō-chō ; s/d/lits jum à partir de 8 200/11 300/14 000 ¥ ; @). En plein centre-ville de Nara, à environ 5 minutes à pied des deux principales gares ferroviaires, cet hôtel propose des chambres propres à prix raisonnable, un personnel en partie

Si vous aimez... Les temples

Si vous avez aimé le Tōdai-ji, vous apprécierez sûrement ces autres beaux temples de la préfecture de Nara :

1 **HŌRYŪ-JI**
(法隆寺 ; www.horyuji.or.jp ; 1 000 ¥ ; 8h-17h fév-oct, 8h-16h30 nov-mars). Temple le plus ancien du Japon, Hōryū-ji fut fondé en 607 par le prince Shōtoku, considéré par beaucoup comme le saint patron du bouddhisme japonais. Consacré à Shōtoku, il renferme certains des plus rares trésors du pays. Plusieurs de ses édifices ont survécu à des séismes et des incendies et comptent aujourd'hui parmi les plus vieux bâtiments en bois au monde.

2 **YAKUSHI-JI**
(薬師寺 ; 500 ¥ ; 8h30-17h). Fondé en 680 par l'empereur Temmu pour implorer la guérison de son épouse, ce temple renferme certaines des plus belles statues du Bouddha de tout le Japon. À l'exception de la pagode de l'Est, qui date de 730 (et devrait être en rénovation jusqu'en 2018), la structure actuelle est en partie du XIIIe siècle, l'autre partie ayant été reconstruite très récemment.

3 **TŌSHŌDAI-JI**
(唐招提寺 ; www.toshodaiji.jp ; 600 ¥ ; 8h30-17h, dernière entrée 16h30). Ce temple fut fondé en 759 par le moine chinois Ganjin (Jian Zhen), qui avait été invité par l'empereur Shōmu pour réformer le bouddhisme au Japon. Les bâtiments s'élèvent dans un joli cadre boisé et moussu qui offre un agréable contraste avec le Yakushi-ji.

Le Tōdai-ji

Le visiteur est saisi devant la présence imposante du Daibutsu du Tōdai-ji, l'un des plus grands bouddhas en bronze du monde. La démesure de ses proportions n'a d'égale que celle du bâtiment qui l'abrite. Le Daibutsu-den figure en effet parmi les plus grands édifices en bois de la planète.

Édifié par l'empereur Shōmu pendant l'ère Nara (710-784), le Tōdai-ji fut achevé en 798, après le transfert de la capitale à Kyōto. Les historiens s'accordent généralement à penser que le temple fut construit en tant que centre religieux du pays, afin de consolider l'unité du Japon. On dit que plus de deux millions d'ouvriers ont participé aux travaux... mais ceci relève sans doute de la légende. Ce qui est sûr, en revanche, c'est que l'édification du temple mena le pays au bord de la faillite.

Le Daibutsu d'origine est en bronze ; il fallut pas moins de huit opérations pour le couler, sur une période de trois ans. La statue a été refondue à plusieurs reprises au fil des siècles, en totalité ou en partie. À l'origine, le Daibutsu était recouvert de feuilles d'or ; on ne peut qu'imaginer la forte impression qu'il devait produire sur les visiteurs japonais au VIIIe siècle.

Le temple appartient à l'école Kegon, l'une des six écoles du bouddhisme qui connurent leur essor durant l'ère Nara. Issue de l'école bouddhiste chinoise Huayan, elle se base sur le sutra "de la guirlande de fleurs", qui exprime l'idée des mondes à l'intérieur des mondes, un univers qui est la manifestation du Bouddha cosmique (Vairocana, ou Dainichi Nyorai). Le Grand Bouddha et les autres statues du Daibutsu-den sont le symbole physique de cette cosmologie.

EN BREF

LE DAIBUTSU

- **Hauteur :** 14,98 m
- **Poids :** 500 tonnes
- **Largeur de chaque narine :** 50 cm

LE DAIBUTSU-DEN

- **Hauteur :** 48,74 m
- **Longueur :** 57 m
- **Nombre de tuiles :** 112 589

JEFFREY FRIEDL ©

Kokuzo Bosatsu

Assis à la gauche du Daibutsu, Kokuzo Bosatsu est le bodhisattva de la Mémoire et de la Sagesse, que les fidèles viennent prier afin de réussir dans leurs études et de mieux progresser sur le chemin de l'Éveil.

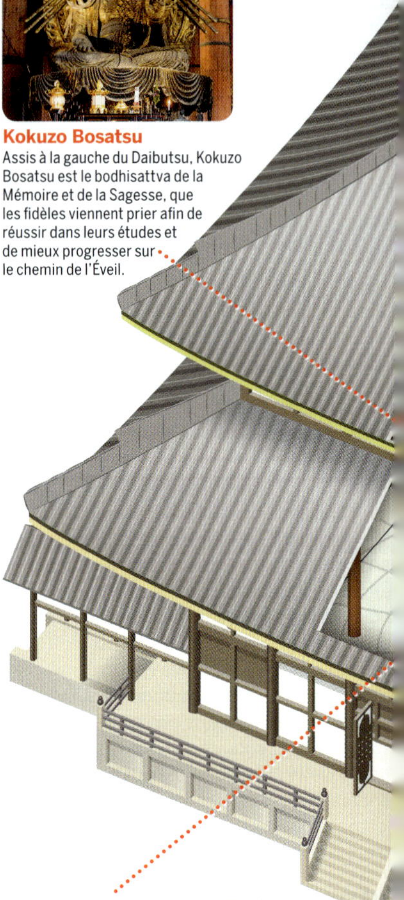

Le Daibutsu (Grand Bouddha)

Appelé "Vairocana" en sanscrit et "Daibutsu" en japonais, c'es le Bouddha cosmique d'où émanent tous les autres Bouddhas selon la doctrine Kegon. Les mains du Bouddha envoient les messages "N'ayez pas peur" et "Bienvenue".

JEFFREY FRIEDL ©

Komokuten

À la droite du Daibutsu, Komokuten (Roi céleste Vaste-Regard) est l'autre gardien du Bouddha. Il se tient sur un démon (*jaki*), qui symbolise l'ignorance, avec un pinceau et un rouleau à la main, signes de sagesse.

JEFFREY FRIEDL ©

Bouddhas autour de Dainichi

Seize petits bouddhas formant une sorte d'auréole derrière la tête du Daibutsu en représentent les 16 manifestations. De proportions différentes, ils semblent pourtant avoir la même taille lorsqu'on les observe d'en bas.

Tamonten

À la gauche du Daibutsu se tient Tamonten (Roi céleste Grande-Écoute), l'un des gardiens du Bouddha. Il est debout et tient une pagode, qui représente un grenier divin de la sagesse.

JEFFREY FRIEDL ©

Trou du pilier

Derrière le Daibutsu se trouve un pilier percé à sa base d'un trou de 50 cm de diamètre (la taille d'une narine du Grand Bouddha). Celui qui parvient à passer par cette ouverture serait assuré de connaître l'Éveil.

JEFFREY FRIEDL ©

Nyoirin Kannon

Assis à la droite du Daibutsu, Nyoirin Kannon est l'une des formes ésotériques du bodhisattva Kannon. C'est l'un des bodhisattvas qui règne sur les six royaumes de la renaissance karmique.

anglophone et un petit-déjeuner japonais ou occidental (1 555 ¥).

Super Hotel Lohas JR Nara-eki Business hotel ¥¥

(スーパーホテルLohas・JR奈良駅 ; ☎0742-27-9000 ; www.superhoteljapan.com/en/s-hotels/nara-lohas.html ; 1-2 Sanjō-honmachi ; s/d/lits jum avec petit-déj 7 180/12 320/15 220 ¥ ; ❄@📶). Relié à la gare JR de Nara par une passerelle surélevée, cet hôtel affiche un style contemporain et élégant. Chambres compactes avec salle de bains, personnel accueillant et efficace (et parfois anglophone), grand *onsen* commun et machine à laver fonctionnant à pièces. Il y a des téléphones dans le hall d'entrée, mais pas dans les chambres.

Nara Hotel Hôtel ¥¥¥

(奈良ホテル ; ☎0742-26-3300 ; www.narahotel.co.jp/en ; 1096 Takabatake-chō ; s/lits jum à partir de 19 008/34 452 ¥ ; ❄@📶). Fondée en 1909, cette institution de Nara a reçu nombre de célébrités, d'Édouard VIII à Albert Einstein en passant par le dalaï-lama. Elle a conservé le style de l'ère Meiji : façade traditionnelle, hauts plafonds et splendides boiseries. Il y a des restaurants japonais et occidentaux sophistiqués, un bar et de beaux jardins. Les chambres sont spacieuses, confortables et équipées de vastes lits. Mais certaines n'ont hélas qu'une salle de bains exiguë.

Pour profiter de l'atmosphère historique, préférez le Honkan (bâtiment principal) au Shinkan (nouveau bâtiment).

Wakasa Bettei Ryokan ¥¥¥

(和鹿彩別邸 ; ☎0742-23-5858 ; www.n-wakasa.com/english ; 1 Kita-handahigashi-machi ; sans repas 22 727 ¥/pers, avec 2 repas 34 546 ¥ ; ❄📶). Cet agréable *ryokan* contemporain vise la perfection. Les 11 chambres élégantes et spacieuses, de style japonais ou occidental, sont pourvues d'équipements comme des baignoires en bois ou en pierre, et le bassin collectif du dernier étage offre une belle vue sur le Tōdai-ji et le Wakakusa-yama. Nous vous conseillons le nouveau Bettei plutôt que l'Hotel New Wakasa, un établissement plus ancien

Nara Hotel

JOHN S LANDER / GETTY IMAGES

(mais néanmoins sympathique) juste à côté.

Où se restaurer

Nara ne manque pas de bons restaurants, en particulier à proximité des gares ferroviaires et à Naramachi. La galerie couverte Higashi-muki Shōtengai, entre la gare Kintetsu de Nara et Sanjō-dōri, renferme une douzaine de restaurants, de ceux servant *udon*, sushis ou spécialités italiennes, aux chaînes spécialisées dans le café et les sandwichs.

Kameya Okonomiyaki ¥
(かめや ; ☎0742-22-2434 ; 9 Tarui-chō ; plats 680-1 140 ¥ ; ⏲11h-22h ; 📋). Une énorme lanterne rouge marque l'entrée de ce modeste et authentique établissement d'*okonomiyaki*, en activité depuis les années 1960. Un vaste choix de garnitures accompagne les galettes salées ; la version "mix okonomiyaki" comprend calamars, crevettes, porc et coquilles Saint-Jacques. Le rouleau *yaki-soba* est farci de nouilles frites. Le personnel ne parle pas anglais mais cela ne pose pas de problème.

Mellow Café Pizza, desserts ¥
(メロー カフェ ; ☎0742-27-9099 ; 1-8 Konishi-chō ; plats 710-1 120 ¥, plat du jour déj 1 200 ¥ ; ⏲11h-23h30 ; 📶📋). Non loin de la gare Kintetsu de Nara et au bout d'une allée étroite (repérez la tonnelle et la citerne en pierre), cet agréable café se concentre sur les pâtes, les pizzas cuites dans un four en brique et les desserts tels que le "*hojicha* parfait" (à base de glace au thé grillé) ou le gâteau roulé Bambi typique de Nara. Côté boissons : vins, cocktails et cafés.

Mizutani-chaya Maison de thé ¥
(水谷茶屋 ; ☎0742-22-0627 ; 30 Kasugano-chō ; plats 590-790 ¥ ; ⏲10h-16h, fermé mer ; 📋). Cette petite maison au toit de chaume dissimulée dans un sous-bois entre le Nigatsu-dō et le Kasuga Taisha est sans conteste l'un des lieux les plus agréables de Nara. Arrêtez-vous pour un petit remontant : une tasse de *matcha* (thé vert en poudre ; 700 ¥ avec une douceur) ou un bol de nouilles.

Yumekaze Plaza Restaurants ¥¥
(夢風ひろば ; ☎0742-25-0870 ; www.yume-kaze.com ; 16 Kasuganochō ; ⏲variable selon les boutiques, pour la plupart déj et dîner). Jouxtant le Nara-kōen, en face du Musée national de Nara, cet ensemble d'une dizaine de restaurants s'avère très pratique et offre un choix varié : *soba* maison au **Warabe Yorokobi An** (plats 700-2 000 ¥), cuisine italienne au **Cafe I-lunga** (plats 1 100-1 900 ¥) et *wagashi* (pâtisseries japonaises) au **Tenpyō-an Cafe**, le tout dans de charmants bâtiments anciens bien rénovés.

Renseignements

Le grand **centre d'information de la gare JR de Nara** (☎0742-22-9821 ; www.narashikanko.or.jp/en ; ⏲9h-21h), situé dans l'ancien bâtiment de la gare, juste devant la sortie est de la gare JR, est le principal centre d'information touristique de la ville. Le personnel parle en principe en anglais. Si vous arrivez par la gare Kintetsu, rendez-vous au **bureau d'information de la gare Kintetsu de Nara** (☎0742-24-4858 ; ⏲9h-21h), en haut de l'escalier au-dessus de la sortie 3. La ville compte d'autres services d'information, dont le **centre d'information touristique de la ville de Nara** (奈良市観光センター ; ☎0742-22-3900 ; 23-4 Kami-Sanjō-chō ; ⏲9h-21h). Tous distribuent des plans utiles et pourront vous aider à réserver un hôtel pour le jour même.

Ces bureaux pourront vous aiguiller vers des guides bénévoles qui parlent anglais, notamment vers les **YMCA Goodwill Guides** (☎45-5920 ; eggnara.tripod.com/home.htm) ou les **Nara Student Guides** (☎26-4753 ; www.narastudentguide.org). Réservez au moins la veille.

Depuis/vers Nara

Bus

Il y a un bus de nuit entre le quartier de Shinjuku à Tōkyō et Nara (aller 5 980-9 500 ¥ ; tarifs variables selon les jours). Pour plus de renseignements, appelez **Nara Kōtsū Bus** (☎0742-22-5110 ; www.narakotsu.co.jp/kousoku, en japonais) ou passez au centre d'information touristique de la ville de Nara. De Nara, le bus part de l'arrêt 4 situé devant sortie est de la gare JR et passe par l'arrêt 20 situé devant la gare Kintetsu. À Tōkyō, appelez **Kantō Bus** (☎03-3371-1225 ; www.kanto-bus.co.jp) ou renseignez vous directement à la gare routière de Shinjuku.

Les bus pour les sites à l'ouest (Yakushi-ji et Tōshōdai-ji) et au sud-ouest (Hōryū-ji) de la ville partent de l'arrêt n°10 (en diagonale par rapport à la gare JR) et de l'arrêt n°8 (devant la gare Kintetsu).

Train

Kyōto

La ligne Kintetsu offre la liaison la plus rapide et la plus pratique entre Kyōto (gare Kintetsu de Kyōto, dans la gare de Kyōto) et le centre de Nara (gare Kintetsu de Nara). Les confortables trains *tokkyū* à réservation obligatoire (1 130 ¥, 35 minutes) sont directs ; les trains *kyūkō* (express ; 620 ¥, 45 minutes) impliquent généralement un changement à Yamato-Saidai-ji.

Pour les détenteurs du pass Japan Rail, la ligne JR Nara relie la gare JR de Kyōto à la gare JR de Nara (*kaisoku*, rapide ; 710 ¥, 45 minutes). Plusieurs départs par heure.

Ōsaka

La ligne Kintetsu Nara relie Ōsaka (gare Kintetsu de Namba) à Nara (gare Kintetsu de Nara). Les *kaisoku* et les *futsū* mettent 40 minutes environ (560 ¥). Les trains *tokkyū* à réservation obligatoire mettent 5 minutes de moins mais coûtent quasiment le double.

Pour les détenteurs du pass Japan Rail, la ligne JR Kansai relie la gare JR de Nara à Ōsaka (gares de Namba et de Tennō-ji), par des trains *kaisoku* (540 ¥, 45 minutes et 450 ¥, 30 minutes respectivement).

ℹ Comment circuler

Depuis/vers l'aéroport

Nara Kōtsū assure un service de **bus-navette** (www.narakotsu.co.jp/kousoku/limousine/nara_kanku.html) entre Nara et l'aéroport international du Kansai (KIX ; 2 050 ¥, 1 heure 30, 6h-21h) et l'aéroport Itami d'Ōsaka (ITM ; 1 480 ¥, 1 heure, 5h-17h), avec des départs toutes les heures environ. Les bus partent de l'arrêt 4 en face de la sortie est de la gare JR de Nara, et des arrêts 20 (pour l'aéroport international du Kansai) et 12 (pour l'aéroport Itami) devant la gare Kintetsu de Nara. Les billets sont vendus aux billetteries des gares ou aéroports concernés.

KŌYA-SAN 高野山

☎0736 / 3 797 HABITANTS

Dans le nord du Wakayama-ken, le mont Kōya forme un plateau élevé couvert d'épaisses forêts et entouré de huit hauts sommets. Le site est célèbre pour l'ensemble monastique du Kōya-san, premier lieu sacré de l'école Shingon du bouddhisme ésotérique. Bien qu'il n'apparaisse pas comme le Shangri-la que l'on décrit parfois, le Kōya-san figure parmi les sites les plus intéressants du Japon, non seulement pour le cadre naturel magnifique, mais aussi parce qu'il représente l'occasion de s'immerger dans la vie d'un temple aux traditions religieuses séculaires.

Il est techniquement possible de visiter le Kōya-san lors d'une excursion à la journée depuis Nara, Kyōto ou Ōsaka, mais mieux vaut prendre son temps et passer une nuit dans l'un des excellents *shukubō* (hébergement dans un temple) de la ville. Il fait en moyenne 5°C de moins ici qu'en plaine : sauf en plein été, prenez de quoi bien vous couvrir.

Histoire

Kūkai (désigné après sa mort sous le nom de Kōbō Daishi) établit ici une secte religieuse en 816. Jeune moine, il avait voyagé pendant deux ans en Chine, et était revenu pour fonder l'école Shingon du bouddhisme ésotérique. Calligraphe, érudit et inventeur du syllabaire *kana*, cet homme, l'une des plus grandes figures religieuses du Japon, est vénéré en tant que bodhisattva.

Les fidèles de l'école Shingon croient que Kōbō Daishi n'est pas mort, mais qu'il est simplement en train de méditer dans sa tombe de l'Oku-no-in, le cimetière du Kōya-san, dans l'attente de la venue de Miroku (Maitreya, le Bouddha de l'avenir). Chaque jour des offrandes de nourriture sont déposées devant la tombe afin de le soutenir dans sa méditation. Pour les fidèles, seul Kōbō Daishi sera capable d'interpréter le message divin adressé à l'humanité lorsque Miroku apparaîtra, et le vaste cimetière est donc un grand

PAL TERAVAGIMOV/SHUTTERSTOCK©

À ne pas manquer
Oku-no-in

L'un des sites les plus chargés de spiritualité au Japon, l'Oku-no-in est un mémorial dédié à Kōbō Daishi, entouré par un vaste cimetière bouddhique boisé. Les sentiers pavés sont ourlés de hauts cèdres et de milliers de stupas pointus en pierre, et l'ensemble est de toute beauté, surtout quand des volutes de brume enveloppent les arbres.

Tout bouddhiste japonais qui se respecte a ses cendres – en tout cas au moins une mèche de cheveux – enterrées ici, pour être sûr d'être là lorsque le Bouddha du Futur (Miroku) arrivera sur Terre.

À l'extrémité nord du cimetière se dresse le bâtiment principal du sanctuaire, le **Tōrō-dō**, qui renferme des centaines de lampes – dont deux brûlent, dit-on, depuis plus de 900 ans. Derrière l'édifice on aperçoit les portes closes du Kōbō Daishi (mausolée de Kūkai).

En chemin, vous traverserez le pont Mimyo-no-hashi. Les fidèles puisent là l'eau de la rivière pour la verser sur les statues de Jizō toutes proches, en offrande aux morts. Dans la rivière on voit des plaques de bois avec des inscriptions, qui rendent hommage à la mémoire des fœtus morts avant terme et des personnes noyées.

Entre le pont et le Tōrō-dō on remarque un petit édifice de bois, pas plus grand qu'une cabine téléphonique, qui contient le **Miroku-ishi**. Par des ouvertures dans le mur, les pèlerins essaient de soulever cette grosse pierre lisse pour la déposer sur une étagère. Son poids est censé varier en fonction du poids des péchés de chacun.

L'Oku-no-in est facilement accessible à pied depuis le centre-ville. Vous pourrez aussi prendre le bus direction est jusqu'à l'arrêt Ichi-no-hashi-mae ; de là, traversez le pont Ichi-no-bashi et pénétrez dans le cimetière. Vous pouvez regagner le centre-ville en bus (arrêt Oku-no-mae) ou à pied (30 minutes environ).

INFOS PRATIQUES

奥の院 ; ⌚Tōrō-dō 6h-17h30

Kōya-san

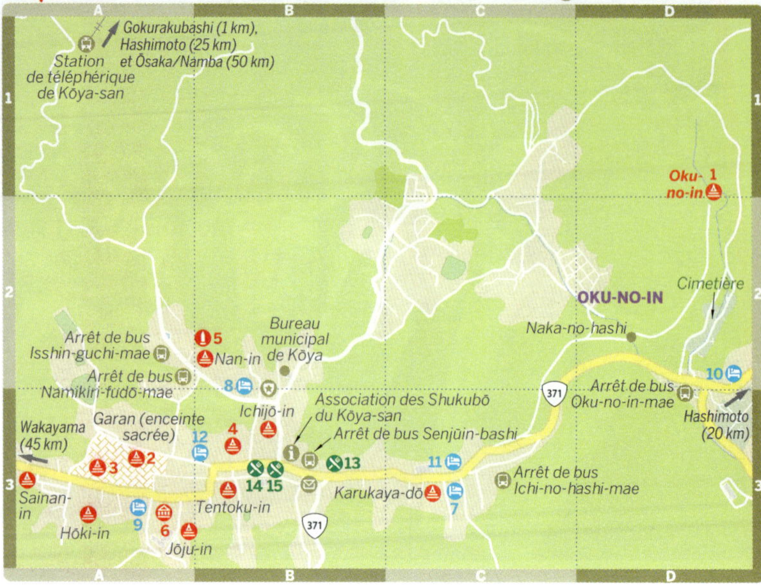

amphithéâtre empli de toutes les âmes attendant ce sermon salvateur.

L'ensemble monastique s'est agrandi au fil des siècles, attirant de nombreux fidèles de l'école bouddhique Jōdo (de la Terre pure). Au XIe siècle, une coutume se répandit chez les nobles et les gens du commun : à la mort d'un parent on déposait des cheveux ou des cendres près de la tombe de Kōbō Daishi.

Avec plus de 110 temples, Kōya-san est un centre très actif du bouddhisme japonais. C'est le site principal de l'école Shingon, qui rassemble 10 millions de fidèles et près de 4 000 temples dans tout le Japon.

À voir

Le domaine du Kōya-san est divisé en deux parties : à l'ouest le Garan (enceinte sacrée), aux intéressants temples et pagodes, à l'est l'Oku-no-in et son vaste cimetière.

Un billet combiné (*shodōkyōtsu-naihaiken* ; 1 500 ¥) couvrant le Kongōbu-ji, le Kondō, le Dai-tō, le musée du Trésor, le mausolée des Tokugawa et d'autres sites peut être acheté dans les bureaux de l'Association des Shukubo de Kōya-san (p. 308) et à l'entrée des monuments concernés.

Kongōbu-ji Temple bouddhique

(金剛峯寺 ; 500 ¥ ; 8h30-17h). Temple principal de la secte Shingon et résidence du supérieur du Kōya-san, cet édifice date du XIXe siècle. Dans le pavillon principal, la salle Ohiro-ma est décorée de paravents richement travaillés peints au XVIe siècle par Kanō Tanyū.

Le **jardin de pierres** retient l'intérêt en raison du nombre de pierres utilisées dans sa composition, qui donne l'impression d'une grande foule de fidèles rassemblés pour écouter le sermon d'un moine.

L'entrée comprend un thé et des gâteaux de riz, servis à côté du jardin de pierre.

Garan Temple bouddhique

(伽藍 ; chaque bâtiment 200 ¥ ; 8h30-17h). La pagode **Dai-tō** (**大塔 ; Grande Pagode)** est un des édifices les plus importants de cet ensemble comprenant plusieurs pavillons

Kōya-san

Les incontournables

À voir

Où se loger

Où se restaurer

et pagodes. Le Dai-tō, reconstruit en 1934 après un incendie, est censé représenter le centre de la fleur de lotus que forment les huit montagnes entourant le Kōya-san.

Le principal sujet de vénération est le **Dainichi-nyōrai** (Bouddha cosmique) et les quatre bouddhas qui l'assistent ; ils sont représentés sur des colonnes. L'œuvre originale serait de Kōbō Daishi lui-même ; elle a été repeinte depuis.

Musée du Trésor — Musée

(霊宝館 ; Reihōkan ; 600 ¥ ; 8h30-17h30 mai-oct, 8h30-17h nov-avril). Petite collection d'art bouddhique composée de pièces collectées dans tout le Kōya-san, notamment de jolies statues, des rouleaux peints et des mandalas.

Mausolée des Tokugawa — Monument

(徳川家霊台 ; Tokugawa-ke Reidai ; 200 ¥ ; 8h30-17h). Édifié en 1643, ce monument se compose de deux mausolées contigus érigés dans une clairière, celui d'Ieyasu (sur la droite) et celui de Hidetada (sur la gauche), premier et deuxième shoguns Tokugawa. Comme la plupart des monuments liés à ces shoguns, il est richement orné.

À proximité de l'arrêt de bus Namikiri-fudō-mae (波切不動前バス亭).

Où se loger

Plus de 50 temples accueillent des hôtes en *shukubō* (hébergement dans un temple). Pour les visiteurs, c'est une bonne occasion de goûter la cuisine végétarienne bouddhique *shōjin-ryōri* (sans viande, poisson, oignon et ail) et d'assister, s'ils le veulent, à la prière du matin.

Les prix débutent généralement à 9 500 ¥ par personne pour une nuit et deux repas (avec le plus souvent un supplément si vous êtes seul). Les tarifs varient considérablement d'un temple à l'autre, mais aussi au sein d'un même *shukubō*, en fonction du type de chambre, du repas et de la période. Il faut en principe se présenter avant 17h.

Réservez au moins une semaine à l'avance via l'Association des Shukubo de Kōya-san (p. 308) ; vous pourrez remplir un formulaire en ligne, en anglais.

Koyasan Guest House Kokuu — Pension ¥

(高野山ゲストハウスKokuu ; 0736-26-7216 ; koyasanguesthouse.com ; 49-43 Itogun Kōyachō Kōyasan ; capsules à partir de 3 500 ¥, s/d/tr à partir de 6 000/9 000/12 000 ¥ ; @). Cette adresse conviviale met le Kōya-san à la portée de toutes les bourses. Un cadre intimiste et propre, avec beaucoup de bois, d'air et de lumière, des chambres de type capsules et d'autres privées, jolies, et des douches dans l'entrée. Le personnel efficace et anglophone vous renseignera sur les prières du matin et les visites en soirée. Petits-déjeuners et repas légers (curry indien par exemple) savoureux et bon marché. Réservez directement, sans passer par l'Association des Shukubo.

Shōjōshin-in — Shukubo ¥¥

(清浄心院 ; 0736-56-2006 ; ch avec repas à partir de 9 720 ¥/pers, avec sdb privée à partir de 16 200 ¥ ;). Un établissement sympathique avec Wi-Fi dans les chambres et pas de supplément pour les voyageurs en solo. On aime la vieille cuisine pittoresque coiffée d'un haut plafond en bois et les *fusuma* dorées à la feuille d'or. Le *shukubo* le plus proche de l'entrée de l'Oku-no-in.

Ekō-in Shukubo ¥¥

(恵光院 ; ☎0736-56-2514 ; ekoin@mbox.co.jp ; ch avec repas à partir de 10 800 ¥/pers ; @ wifi). Un groupe de jeunes moines sympathiques gère ce joli temple accroché à la colline et les chambres donnent sur de splendides jardins. Ekō-in est connu pour ses visites nocturnes de l'Oku-no-in (en anglais) et possède l'un des deux temples de la ville (l'autre étant le Kongōbu-ji) offrant des cours de méditation assise ; téléphonez pour les détails. Pas de supplément pour les voyageurs en solo.

Fukuchi-in Shukubo ¥¥

(福智院 ; ☎0736-56-2021 ; ch avec repas à partir de 12 960 ¥/pers, voyageur seul 16 200 ¥ ; ❄ @ wifi). Ce beau temple possède des bains communs extérieurs avec de l'eau d'*onsen* et un joli jardin dessiné par le célèbre concepteur de jardins Mirei Shigemori. Accès Wi-Fi (durée limitée) près du bureau du temple. Certains employés parlent anglais. Il y a parfois des bus de touristes japonais en voyage organisé.

Henjōson-in Shukubo ¥¥

(遍照尊院 ; ☎0736-56-2434 ; ch avec repas à partir de 12 960 ¥/pers, avec sdb commune 16 200 ¥). Une bonne adresse : chambres attrayantes, bassins collectifs et atmosphère moderne.

Sōji-in Shukubo ¥¥¥

(総持院 ; ☎0736-56-2111 ; ch avec repas à partir de 18 360 ¥/pers, voyageur seul 29 376 ¥). Accueillant pour les étrangers, ce temple moderne possède un joli jardin. Certaines chambres ont une salle de bains privative et une chambre est accessible aux fauteuils roulants et dotée de lits à l'occidentale. Les meilleures chambres figurent parmi les plus belles du Kōya-san, et la qualité des repas justifie également la différence de prix.

Où se restaurer

La spécialité du Kōya-san, servie dans les temples, est la cuisine *shōjin-ryōri*. Si vous ne passez pas la nuit sur place, vous pouvez quand même prendre un repas dans l'un des temples offrant le *shukubō*. Passez à l'Association touristique : les employés se chargeront de la réservation. Les prix sont fixés à 2 700, 3 700 et 5 300 ¥, selon le nombre de plats. Quelques *shokudō* (sorte de cantines) complètent l'offre de restauration en ville, mais la plupart ferment en fin d'après-midi.

Bononsha Végétarien, café ¥

(梵恩舎 ; ☎0736-56-5535 ; 730 Kōyasan ; menu 1 200 ¥ ; ⏲9h-17h, fermé lun, mar et de façon irrégulière ; 🖉). Tenu par un adorable couple franco-japonais, ce charmant café agrémenté de magnifiques poutres en bois est un lieu apaisant pour siroter un café et savourer un gâteau au chocolat ou un cheese-cake au tofu. Les menus de midi sont servis jusqu'à épuisement du stock (arrivez tôt). Le lieu est aussi une galerie de poteries locales.

Maruman Shokudō ¥

(丸万 ; ☎0736-56-2049 ; 778 Kōyasan ; plats 850-1 150 ¥, menu 850-1 880 ¥ ; ⏲9h-17h, fermeture irrégulière, généralement mar ou mer). Ce *shokudō* pratique sert des classiques comme le *katsu-don* (escalope de porc panée et riz ; 820 ¥). Des modèles de plats en plastique sont présentés en vitrine. Dans la rue principale, en diagonale par rapport à l'Association des Shukubo. Juste à côté, vous trouverez le **Nankai Shokudō** (南海食堂 ; ☎0736-56-2128 ; 777 Kōyasan ; plats 550-900 ¥, teishoku 1 200-1 750 ¥), très similaire.

Renseignements

Association des Shukubo du Kōya-san (高野山宿坊協会 ; ☎0736-56-2616 ; eng.shukubo.net ; ⏲8h30-16h30 déc-fév, 8h30-17h mars-juin et sept-nov, 8h30-17h45 juil-août). En centre-ville en face de l'arrêt de bus Senjūin-bashi (千手院橋バス停), l'office du tourisme bien équipé du Kōya-san distribue des cartes et des brochures on y trouve généralement des personnes parlant anglais. L'association assure aussi les réservations pour les séjours ou repas dans les *shukubo* et loue des vélos et des audioguides (500 ¥) présentant les principaux sites de la ville (en anglais).

Kōyasan Interpreter Guide Club (☎090-1486-2588, 090-3263-5184 ; www.geocities.jp/

koyasan_i_g_c). Ce "club des guides interprètes" propose des visites (4 heures) du Kōya-san avec un guide volontaire pour 5 000 ¥ par groupe. La prestation avec un guide professionnel débute à 10 000 ¥ (4 heures). Le club organise aussi des visites guidées régulières le mercredi d'avril à septembre (1 000 ¥/pers).

Depuis/vers le Kōya-san

Sans voiture de location, l'accès au Kōya-san se fait via la ligne ferroviaire de Nankai, au départ d'Ōsaka. Les trains partent de la gare de Namba (*kyūkō/tokkyū* 1 260/2 040 ¥, 1 heure 40/43 minutes) et arrivent à Gokurakubashi, au pied de la montagne, d'où un téléphérique (5 minutes, inclus dans le prix du billet de train) monte au Kōya-san. À l'arrivée du téléphérique, prenez un bus jusqu'au centre de la localité (la route est interdite aux piétons).

Nankai propose un **billet Patrimoine mondial Kōya-san** (www.nankaikoya.jp/en/stations/ticket.html ; 3 400 ¥) qui comprend l'aller-retour en train (dont l'aller en *tokkyū* depuis Ōsaka) et les trajets en bus à Kōya-san. Ce billet garantit également des réductions sur l'entrée de certains sites.

De Kyōto, si vous avez un pass JR, prenez la ligne JR jusqu'à Hashimoto (changements à Nara, Sakurai et Takada). À Hashimoto, prenez la ligne Nankai jusqu'au Kōya-san (830 ¥, 50 minutes). Si vous n'avez pas de pass Japan Rail, il est plus facile et plus rapide de prendre la ligne Nankai à la gare de Namba.

Comment circuler

De la station supérieure du téléphérique, trois lignes de bus desservent, via le centre de la localité, l'Ichi-no-hashi et l'Oku-no-in (410 ¥), en passant par l'office du tourisme à Senjūin-bashi (290 ¥). À l'arrivée du téléphérique, le bureau des bus vend des pass à la journée (*ichi-nichi furee kippu* ; 830 ¥), mais une fois dans le centre, tous les sites sont accessibles à pied en 30 minutes environ. Notez les horaires des bus en prévision du retour car ils ne sont pas très fréquents.

Vous pouvez louer un vélo (400/1 200 ¥ l'heure/la journée) au bureau de l'Association des Shukubo du Kōya-san.

KINOSAKI

☎0796 / 4 134 HABITANTS

Au nord de la préfecture de Hyōgo, Kinosaki est l'un des meilleurs endroits du Japon pour découvrir les *onsen*. Dans le centre, un canal bordé de saules coule entre des maisons, des boutiques et des restaurants dont beaucoup ont gardé leur

Kinosaki

ADAM HESTER/GETTY IMAGES ©

charme traditionnel. Ajoutez le plaisir de la dégustation d'un crabe fraîchement pêché dans la mer du Japon (en hiver) et vous comprendrez pourquoi la localité est l'une de nos excursions préférées à partir des grandes villes du Kansai.

À voir et à faire

L'intérêt principal de Kinosaki réside dans ses sept *onsen*. En *yukata* (kimono de coton léger) et *geta* (sandales en bois), les visiteurs vont de bain en bain le long du canal. La plupart des *ryokan* et des hôtels possèdent leurs propres bains (*uchi-yu*), mais fournissent aussi à leurs hôtes une entrée gratuite aux bains publics (*soto-yu*).

Les visiteurs peuvent aussi jeter un coup d'œil au **Kinosaki Mugiwara Zaiku Denshokan** (城崎麦わら細工伝承館 ; **376-1 Yushima ; 300 ¥ ; 9h-17h, fermé mer**), qui expose un artisanat local appelé *mugiwara zaiku*. Cette technique emploie de la paille d'orge découpée en de minuscules morceaux qui sont appliqués sur du bois pour former des motifs magnifiques. Près du canal, à courte distance de marche de l'*onsen* Ichi-no-yu.

Vous pourrez obtenir une carte des *onsen* de Kinosaki à l'office du tourisme ou à votre hébergement.

Gosho-no-yu — Onsen

(御所の湯 ; **800 ¥ ; 7h-23h, dernière entrée 22h30, fermé 1er et 3e jeu du mois**). Une belle maison en rondins, un agréable *rotemburo* sur deux niveaux et des érables flamboyants à l'automne. La décoration de l'entrée rappelle le Kyōto Gosho (Palais impérial de Kyōto).

Sato-no-yu — Onsen

(さとの湯 ; **800 ¥ ; 13h-21h, dernière entrée 20h40, fermé lun**). Une incroyable diversité de bains, avec notamment un hammam, un *rotemburo* sur le toit et un "sauna-pingouin" (une sorte de grande chambre froide, unique en son genre et très appréciable après un bain chaud). Chaque niveau est ouvert en alternance aux hommes et aux femmes, aussi vous faudra-t-il deux jours pour découvrir tous les bains.

Kou-no-yu — Onsen

(鴻の湯 ; **600 ¥ ; 7h-23h, dernière entrée 22h30, fermé mar**). Son point fort est le

Cascade de Nunobiki (p. 314)

AKIRAT2011 /GETTY IMAGES ©

teien-buro (bain aménagé dans un jardin) qui évoque un jardin japonais classique.

Ichi-no-yu Onsen
(一の湯 ; 600 ¥ ; **7h-23h, dernière entrée 22h30, fermé mer).** Le bassin principal accuse le poids des années, mais le bain aménagé dans une grotte est fabuleux.

Yanagi-yu Onsen
(柳湯 ; 600 ¥ ; **15h-23h, dernière entrée 22h40, fermé jeu).** Mérite une petite trempette au cours de votre tournée. Jolie construction en bois.

Mandara-yu Onsen
(まんだら湯 ; 600 ¥ ; **15h-23h, dernière entrée 22h40, fermé mer).** Un petit *rotemburo* en bois.

Jizo-yu Onsen
(地蔵湯 ; 600 ¥ ; **7h-23h, dernière entrée 22h40, fermé ven).** Ressemble à un *sentō* (bains publics) à l'ancienne, avec un vaste bassin intérieur, mais pas de *rotemburo*. Parfait en cas d'affluence dans les autres *onsen*.

Où se loger

Tsuruya Ryokan ¥¥
(つるや ; **0796-32-2924 ; www.kinosaki-tsuruya.com/english.html ; 606 Yushima ; ch sans/avec repas à partir de 6 830/11 550 ¥/pers).** Quelques mètres avant le Kou-no-yu onsen (quand on vient de la gare), ce *ryokan* tout simple est habitué à accueillir des visiteurs étrangers. Les chambres sont basiques mais convenables (la plupart n'ont ni salle de bains ni toilettes), et le propriétaire est prompt à aider et parle anglais.

Suishōen Ryokan ¥¥
(水翔苑 ; **0796-32-4571 ; www.suisyou.com/en ; 1256 Momoshima ; ch sans repas 6 480-15 876 ¥/pers, avec repas à partir de 18 360 ¥/pers ; @).** Cet excellent *ryokan* moderne de 34 chambres comprend un fantastique *onsen* avec bains intérieurs et extérieurs, un sauna et des chambres japonaises avec salle de bains, le tout autour d'un magnifique jardin. Chambres à l'occidentale disponibles. Un peu en-dehors de la ville, mais un taxi londonien vous conduira à l'*onsen* de votre choix puis viendra vous chercher.

Ryokan Yamamotoya Ryokan ¥¥
(旅館山本屋 ; **0796-32-2114 ; www.kinosaki.com/en ; 835 Yushima, Kinosakichō ; ch avec repas à partir de 13 650 ¥/pers ;).** Les hôtes étrangers sont bien accueillis dans ce beau *ryokan* qui propose des chambres ravissantes, d'agréables bains intérieurs et extérieurs ainsi qu'une excellente nourriture. Au milieu de la localité, près des *onsen* Ichi-no-yu. Les chambres sont pourvues de lavabo et toilettes et offrent une vue sur la rivière ou les montagnes. Les voyageurs seuls ne sont admis (avec supplément) qu'au printemps et à l'automne.

Mikuniya Ryokan ¥¥
(三国屋 ; **0796-32-2414 ; www.kinosaki3928.com/english ; 221 Yushima ; ch sans/avec repas à partir de 9 720/16 200 ¥/pers ; @).** Ce charmant *ryokan* compte 12 chambres dans le bâtiment principal et l'annexe. De style japonais, elles ont été redécorées récemment et sont équipées de toilettes et d'un lavabo. *Onsen* plaisant et propriétaires sympathiques et anglophones. Wi-Fi dans le bâtiment principal uniquement. À 150 m environ de la gare dans la rue qui va vers le centre.

Nishimuraya Honkan Ryokan ¥¥¥
(西村屋本館 ; **0796-32-2211 ; www.nishimuraya.ne.jp/honkan/english ; 469 Yushima ; ch avec 2 repas à partir de 30 390 ¥/pers, voyageur seul à partir de 45 510 ¥ ; @).** Tenue par la même famille depuis sept générations, cette luxueuse auberge est un vrai coup de cœur. L'agencement un peu labyrinthique favorise l'ambiance intimiste, les deux *onsen* sont exquis, la plupart des chambres donnent sur des jardins privatifs et il y a une galerie privée exposant des objets artistiques et historiques. Cerise sur le gâteau : les repas de *kaiseki* (cuisine gastronomique japonaise) préparés en haute saison.

Où se restaurer

En hiver, on se régale de crabe de la mer du Japon, le *kani*, à déguster en *kani-suki*, c'est-à-dire cuit directement à table dans un bouillon avec des légumes. Attention, comme les touristes optent généralement pour un hébergement avec dîner (ce que nous vous conseillons, en tout cas à la saison du *kani*), la plupart des restaurants de Kinosaki ferment très tôt le soir.

Caffe Sorella Café
(カフェ　ソレッラ ; 0796-32-2059 ; 84 Yushima ; café à partir de 340 ¥ ; 9h30-17h30, fermeture irrégulière ;). À environ 75 m au nord de la gare de Kinosaki, dans la rue principale, ce modeste café est une bonne adresse pour une dose de caféine, un savoureux brownie et une session Internet (W-Fi gratuit si vous commandez une boisson). Le menu illustré facilite la communication.

Gubigabu Pub ¥¥
(グビガブ ; 79 Yushima ; plats 650-2 700 ¥ ; 11h-18h, fermé mer ;). Proche du centre-ville, ce nouveau bar à bières artisanales affiche une carte variée comprenant des pâtes, du *jidori* (poulet local), du riz au curry ou des en-cas pour accompagner les mousses de la maison.

Daikō Shōten Produits de la mer ¥¥
(大幸商店 ; 0796-32-3684 ; 130 Yushima ; plats 350-2 500 ¥ ; 10h-21h, 10h-23h mi-avr à oct ;). Ce magasin et *izakaya* sert la pêche du jour frite, grillée, sautée ou crue dans une atmosphère décontractée. La spécialité, les *kaisen-don* (produits de la mer servis sur du riz), coûte de 1 480 à 2 500 ¥. Vous pouvez aussi demander les *osusume* (conseils) du chef : vous ne serez jamais déçu. En diagonale par rapport à Mikuniya ; repérez l'auvent bleu et les photos de poissons.

Orizuru Sushis ¥¥
(をり鶴 ; 0796-32-2203 ; 396 Yushima ; repas 1 250-5 700 ¥ ; 11h-14h et 17h-21h30, fermé mar ;). Un restaurant apprécié des gens du coin. Essayez donc le *jō-nigiri* (formule sushis supérieure ; 3 700 ¥) ou bien, en hiver, le crabe. Dans la rue principale, entre l'Ichi-no-yu et le Gosho-no-yu, sur le trottoir d'en face.

Renseignements

Le personnel du **bureau d'information sur l'hébergement** (お宿案内所 ; 0796-32-4141 ; 9h-18h) vous aidera à trouver un logement et à faire la réservation. Le bureau met à disposition un plan de la ville et loue des vélos (400/800 ¥ pour 2 heures/la journée jusqu'à 17h).

Depuis/vers Kinosaki

Kinosaki, sur la ligne JR San-in, est desservie tous les jours par plusieurs *tokkyū* en provenance de Kyōto (4 320 ¥, 2 heures 25), Ōsaka (5 080 ¥, 2 heures 40) et Himeji (3 340 ¥, 1 heure 45).

KŌBE

078 / 1 553 789 D'HABITANTS

Accrochée à une colline surplombant la mer, Kōbe (神戸) est l'une des plus jolies villes du Japon et l'une des plus cosmopolites. Porte maritime depuis l'époque des premiers échanges avec la Chine, elle a accueilli les premières communautés étrangères après la réouverture du Japon au monde au milieu du XIXe siècle.

Un des attraits de Kōbe est sa taille relativement modeste (la plupart des sites sont accessibles à pied depuis les gares), qui en fait une ville où il fait bon se promener, en s'arrêtant au gré de ses envies. Les quartiers les plus séduisants sont Kitano-chō, Nankinmachi Chinatown et, à la nuit tombée, le secteur animé proche de la gare de Sannomiya.

À voir

Les deux principaux points d'accès de Kōbe sont les gares de Sannomiya et de Shin-Kōbe, d'où les sites touristiques, les hébergements et les restaurants sont facilement accessibles à pied (ou par un court trajet en train). Sannomiya se situe en centre-ville, mais le *shinkansen* s'arrête à la gare de Shin-Kōbe, en haut d'une colline au nord-est de la ville. Un rapide trajet en métro ou une marche d'environ 20 minutes permet de se rendre d'une gare à l'autre. Procurez-vous un plan de la ville dans l'un des offices du tourisme installés dans les gares.

Musée de la Ville de Kōbe
Musée

(神戸市立博物館, Kōbe Shiritsu Hakubutsukan ; www.city.kobe.lg.jp/culture/culture/institution/museum/main.html ; 24 Kyōmachi ; 200 ¥, expositions spéciales jusqu'à 1 000 ¥ ; ⏲10h-17h, plus tard pendant les expositions spéciales, fermé lun ; 🚆lignes JR, Hankyū ou Hanshin, gare de Sannomiya). Découvrez l'histoire de Kōbe et son passé de port commercial et de point de rencontre entre l'Occident et l'Extrême-Orient, grâce à des œuvres d'art et à divers objets (explications correctes en anglais). L'influence étrangère transparaît dans divers éléments, des montres aux lampes à pétrole en passant par les coupes de cheveux. Le tarif est élevé pendant les expositions spéciales mais il reste acceptable vu la qualité, surtout lorsque cela inclut la collection d'art *namban* (littéralement "les barbares du Sud"), une école de peinture née sous la férule des premiers missionnaires jésuites, qui ont enseigné les techniques de peinture occidentale à leurs étudiants japonais.

Kitano-chō
Quartier

(北野町 ; ijinkan 350-750 ¥, billets combinés disponibles ; ⏲la plupart des ijinkan 9h-18h (9h-17h oct-mars) ; 🚆ligne JR San-yō Shinkansen, gare de Shin-Kōbe ou lignes JR, Hankyū ou Hanshin, gare de Sannomiya). Pour des générations de touristes japonais, cet agréable quartier accroché à flanc de colline *est* Kōbe, grâce à la douzaine de maisons bien préservées, ayant (pour la plupart) appartenu à des familles de commerçants occidentaux et à des diplomates qui s'étaient installés ici durant l'ère Meiji. Les rues en lacets, les *ijinkan* ("maisons des étrangers") en briques et planches, les cafés, les restaurants et les incontournables boutiques de souvenirs invitent à une balade très plaisante. Tout est empreint d'une atmosphère européenne/américaine sans doute moins intrigante pour les visiteurs occidentaux que pour les Japonais.

Musée maritime de Kōbe et Kawasaki Good Times World
Musée

(神戸海洋博物館 et カワサキワールド Kōbe Kaiyō Hakubutsukan et Kawasaki Wārudo ; www.khi.co.jp/kawasakiworld/english ; 2-2 Hatoba-chō, Chūō-ku ; 600 ¥ ; ⏲10h-17h ; Ⓢligne Kaigan, station Minato Motomachi, 🚆ligne JR Kōbe, gare de Kōbe ou Motomachi). Ce bâtiment est divisé en deux parties : une vaste collection de superbes maquettes de bateaux et d'objets dans le classique **musée maritime**, et des

Kitano-chō
COWARDLION/SHUTTERSTOCK ©

Ci-dessous : bœuf de Kōbe (p. 316) ; à droite : Kōbe de nuit
(CI-DESSOUS) JOESAYHELLO/SHUTTERSTOCK ©; (À DROITE) JOESAYHELLO/SHUTTERSTOCK ©

expériences pratiques et ludiques liées aux nouvelles technologies dans le **Kawasaki Good Times World**. Vous avez probablement entendu parler des motos Kawasaki, mais cette entreprise née à Kōbe a aussi influencé la technologie des trains, de la robotique et de l'aérospatiale. Montez à bord d'un wagon du premier *shinkansen* et découvrez les premiers avions et quelques superbes motos. Certes, la marque fait sa publicité, mais l'ensemble est plutôt impressionnant.

Nankinmachi (Chinatown) Quartier

(南京町 ; lignes JR ou Hanshin, gare de Motomachi). Si vous avez déjà visité un Chinatown dans une autre ville, vous reconnaîtrez les restaurants et magasins aux couleurs criardes, ouvertement touristiques, et les boutiques de bibelots et de plantes médicinales. Le quartier est un lieu amusant pour se balader, surtout le soir, quand les néons illuminent les façades très ornementées. Les restaurants sont souvent chers (menus à partir de 850 ¥ environ) et décevront sans doute les palais fins, mais c'est l'un des seuls endroits du Japon où il est possible de grignoter dans la rue (en-cas à partir de 200 ¥ environ).

Cascade de Nunobiki Chute d'eau

(布引の滝, Nunobikinotaki ; S gare de Shin-Kōbe, gare de Shin-Kōbe). GRATUIT Qui aurait imaginé un tel écrin de beauté naturelle si près de la ville ? Cette cascade en quatre sections (la plus longue fait 43 m de hauteur) est vénérée depuis des siècles et a inspiré nombre d'œuvres d'art et de cultes – certains poèmes sont reproduits sur place, sur des tablettes de pierre. Elle est accessible par un sentier pentu de 400 m, qui part de la gare de Shin-Kōbe. Sortez au niveau de la rue, tournez à gauche et empruntez le passage souterrain jusqu'au chemin.

Où se loger

B Kōbe Hôtel ¥¥

(ザ・ビー神戸 ; ☎078-333-4880 ; www.theb-hotels.com/the-b-kobe/en ; 2-11-5 Shimoyamate St, Chūō-ku ; s/d/lits jum à partir de 7 200/8 800/9 800 ¥ ; ❄@📶 ; S ligne Seishin-Yamate, station Sannomiya, 🚆 lignes JR, Hankyū ou Hanshin, gare de Sannomiya). Au pied de Kitano-chō et à quelques pas des restaurants et de l'animation nocturne, le B Kōbe est une adresse pratique et plaisante. Les couloirs à l'éclairage tamisé et aux tapis et papier peint dans des tons bruns mènent aux chambres un peu exiguës (ce qui importe peu si vous ne faites qu'y dormir). Machines à laver à disposition des hôtes et café gratuit dans le hall d'entrée.

Hotel Trusty Boutique-hôtel ¥¥

(ホテルトラスティ神戸 ; ☎078-330-9111 ; www.trusty.jp/kobe ; 63 Naniwamachi, Chūō-ku ; s/d/lits jum à partir de 9 800/15 400/18 900 ¥ ; ❄@ ; 🚆 lignes JR, Hankyū ou Hanshin, station Sannomiya). Au sud de la gare de Sannomiya et derrière l'hôtel de ville, ce petit hôtel intimiste est d'une extrême élégance. Les chambres sont assez petites, mais elles sont immaculées et agrémentées de touches design comme les verres à dents et les distributeurs de savon en métal.

Oriental Hotel Hôtel ¥¥¥

(神戸旧居留地オリエンタルホテル ; ☎078-326-1500 ; www.orientalhotel.jp/en ; 25 Kyōmachi, Chūō-ku ; d/lits jum à partir de 30 900/34 500 ¥ ; @ ; 🚆 lignes JR Kōbe, Hanshin ou Hankyū, gares de Sannomiya ou Motomachi). Dans l'ancien "quartier des étrangers", l'Oriental est l'un des hôtels les plus anciens du Japon (vers 1880). Reconstruit après le séisme de 1995, il s'agit désormais d'une élégante tour élancée, dans un style mêlant adroitement des éléments japonais de naguère et d'aujourd'hui. Personnel anglophone attentionné et belle vue sur la baie et les montagnes depuis le hall d'entrée et le restaurant du 17e niveau.

Le bœuf de Kōbe

Pour les gourmets du monde entier, le nom Kōbe est synonyme d'un bœuf de grande qualité. Le délicat marbrage du bœuf de Kōbe lui donne une texture souple, et, aux dires de beaucoup, une tendresse inégalable. Cette variété représente à peine 0,06% de la consommation de bœuf du pays, ce qui explique son prix faramineux.

Le bœuf de Kōbe n'est qu'une des nombreuses variétés de *wagyu* (bœuf japonais). L'appellation "bœuf de Kōbe" fait référence aux vaches noires de race Tajima, élevées et abattues dans la préfecture de Hyōgo, dans laquelle se trouve la ville de Kōbe. Selon une rumeur largement répandue, ces vaches sont abreuvées de bière et bénéficient de massages et de musique douce, mais l'Association pour la promotion et la distribution du bœuf de Kōbe (www.kobe-beef.jp) dément ces informations.

ANA Crowne Plaza Hotel Kōbe Hôtel ¥¥¥
(ANAクラウンプラザ神戸 ; ☎078-291-1121 ; www.anacrowneplaza-kobe.jp/en ; 1-chome, Kitano-chō, Chūō-ku ; s/d/lits jum à partir de 9 500/15 500/15 500 ¥ ; ❄@ ; S ligne Seishin-Yamate, 🚉 ligne JR Shinkansen, gare de Shin-Kōbe). On peut contempler les lumières de Kōbe depuis cette tour de 37 niveaux perchée dans les hauteurs de la ville. Jouxtant la gare JR de Shin-Kōbe, le Crowne Plaza compte des chambres propres et spacieuses (même si les salles de bains sont un peu défraîchies), un personnel anglophone, plusieurs bars et restaurants, une piscine et une salle de sport (supp 1 080 ¥). Vous trouverez d'autres restaurants dans le **centre commercial Oriental Avenue** (アベニュー), en bas.

Où se restaurer

R Valentino Italien ¥¥
(アール ヴァレンティーノ ; ☎078-332-1268 ; www.r-valentino.com/english ; 3e niv, 4-5-13 Kanō-chō, Chūō-ku ; plats 950-3 200 ¥, menu déj/dîner à partir de 1 800/4 000 ¥ ; ⏲11h30-14h et 17h30-21h ; 🚉 lignes JR, Hanshin ou Hankyū, gare de Sannomiya). Géré par des Italiens et apprécié des Japonais comme des touristes, ce restaurant sans prétention, situé dans une rue secondaire de Sannomiya, est accueillant et confortable, avec des murs en pierre et un mobilier rustique. Il y a des dizaines de plats à base de pâtes, viande ou poisson, ainsi que des pizzas cuites dans un four à brique. Le personnel dévoué conseille et explique.

Grill Jūjiya Yoshoku ¥¥
(グリル十字屋 ; ☎078-331-5455 ; 96 Edomachi ; plats 750-2 300 ¥ ; ⏲11h-20h lun-sam ; 🚉 lignes JR, Hanshin ou Hankyū, gare de Sannomiya). Dans cette ville marquée par un mélange entre l'Occident et l'Extrême-Orient, ce charmant établissement à l'ancienne est spécialisé dans les *yōshoku*, une interprétation japonaise de plats occidentaux : bœuf mijoté, poulet grillé, fruits de mer frits, riz *hayashi* (riz, bœuf haché, oignons et sauce épicée), à accompagner de bières artisanales japonaises. Le restaurant est en activité depuis les années 1930 mais l'édifice est plus récent. Dirigez-vous au rez-de-chaussée, à côté du 7-Eleven.

Wanto Burger Burgers ¥¥
(ワントバーガー ; ☎078-392-5177 ; www.wantoburger.com ; 3-10-6 Shimo-Yamate-dōri ; burgers 970-4 210 ¥ ; ⏲12h-22h lun-sam, 12h-17h dim ; 🚉 lignes JR, Hanshin ou Hankyū, gare de Sannomiya). Dirigée par une équipe jeune et branchée, cette adresse a des airs de *diner* américain vintage, avec un

long comptoir, quelques tables et de la musique *groovy*. En revanche, en matière de goût et de tarifs, les choses sont bien différentes, car les burgers sont préparés avec du bœuf de Kōbe (vous pourrez aussi commander différentes sortes de *wagyū*, moins chères).

Kōbe Plaisir Steak ¥¥¥
(神戸プレジール ; ☎078-571-0141 ; www.kobe-plaisir.jp/e-index.html ; The B Hotel, 2-11-5 Shimo-yamate-dōri ; menu déj/dîner à partir de 3 240/6 480 ¥ ; ⏲11h30-15h et 17h-22h30 ; Ⓢ ligne Seishin-Yamate, station Sannomiya, 🚉 lignes JR, Hankyū ou Hanshin, gare de Sannomiya). Difficile de manger plus local, puisque les ingrédients viennent directement d'une succursale de la Coopérative agricole du Japon. Vous choisirez la façon dont est cuisiné votre morceau de bœuf de Kōbe ou autre pièce de viande – *seiro-mushi* (à la vapeur), *teppan-yaki* (grillé sur une plaque d'acier) ou *shabu-shabu* (fondue)– et verrez défiler une quantité phénoménale de plats à base de viande et légumes.

Renseignements

Citibank (シティバンク ; ⏲9h-15h lun-ven, DAB 24h/24 ; 🚉 lignes JR, Hanshin ou Hankyū, gare de Sannomiya). Au sud du grand magasin Sogo ; le DAB accepte les cartes internationales.

Office du tourisme (インフォメーション神戸 ; ☎078-322-0220 ; ⏲9h-19h ; 🚉 lignes JR, Hanshin, Hankyū, gare de Sannomiya). Le principal office du tourisme se trouve à l'extérieur de la porte est de la gare JR de Sannomiya, au rez-de-chaussée. Il y a aussi un comptoir au 2e niveau de la gare de Shin-Kōbe, juste avant l'entrée principale du *shinkansen*. Tous deux distribuent gratuitement des cartes de la ville d'assez bonne qualité, des prospectus et le carnet de bons de réduction *Kōbe Welcome Coupon*, valables pour différents sites.

Depuis/vers Kōbe

Train

La gare de Sannomiya est un nœud de transport ferroviaire pour voyager depuis/vers Ōsaka sur la ligne privée Hankyū, les lignes Hanshin et la plupart des lignes JR. Sur la ligne JR Tōkaidō, les *shinkaisoku* (trains rapides spéciaux) sont les plus rapides entre Sannomiya et la gare d'Ōsaka (410 ¥, 22 minutes). Parmi les lignes privées, Hankyū est la plus pratique : elle relie la gare de Sannomiya à Kōbe et la gare Hankyū d'Umeda (*tokkyū* ; 320 ¥, 27 minutes), près de la gare d'Ōsaka.

La gare Shin-Kōbe se trouve sur les lignes du *shinkansen* Tōkaidō/San-yō et Kyūshū. Les destinations desservies sont notamment Fukuoka (gare de Hakata ; 14 160 ¥, 2 heures 20), Tōkyō (14 160 ¥, 3 heures 15), avec des arrêts à Ōsaka, Kyōto, Nagoya, Hiroshima et Kagoshima, entre autres.

Comment circuler

Depuis/vers l'aéroport

Aéroport Itami d'Ōsaka

Des navettes directes relient Kōbe à l'aéroport Itami d'Ōsaka (1 050 ¥, 40 minutes). Elles s'arrêtent sur le côté sud-ouest de la gare de Sannomiya.

Aéroport international du Kansai (KIX)

Le moyen le plus amusant pour circuler entre Kōbe et le KIX est le bateau rapide Bay Shuttle (1 850 ¥, 31 minutes, toutes les heures environ), qui vous déposera à proximité du port de Kōbe ; prenez ensuite le Portliner pour le reste du trajet. En train, le plus rapide est de combiner le *shinkaisoku* de JR depuis/vers la gare d'Ōsaka et le *kanku kaisoku* de JR entre cette dernière et l'aéroport (coût total 1 660 ¥, temps total 1 heure 45 si vous ne ratez pas la correspondance). Il existe aussi une navette depuis/vers l'aéroport (2 000 ¥, 1 heure 15), une solution plus commode si vous avez beaucoup de bagages. L'arrêt du bus se situe sur le côté sud-ouest de la gare de Sannomiya.

Transports locaux

De taille relativement modeste, le centre de Kōbe s'explore bien à pied mais les lignes de train JR, Hankyū et Hanshin, traversent la ville d'est en ouest. La ligne de métro Seishin-Yamate relie les gares de Shin-Kōbe et de Sannomiya (210 ¥, 2 minutes) ; à pied, il faut compter environ 20 minutes. Il existe également une **ligne de bus circulaire** (trajet/forfait journée 260/660 ¥) qui effectue un grand tour de la ville en passant par la plupart des sites touristiques et marque l'arrêt aux gares principales. Cherchez les bus verts au look rétro.

HIMEJI

079 / 543 991 HABITANTS

Une visite de Himeji (姫路) est un passage obligé pour toute personne s'intéressant à l'histoire japonaise et aux châteaux en particulier. Récemment rénové, le château de Himeji, le plus beau du Japon, domine cette ville paisible. Non loin, Kōkō-en est un dédale de neuf maisons de samouraïs méticuleusement reconstruites et entourées de jardins.

Himeji se situe sur le parcours du *shinkansen* et peut se visiter lors d'une excursion à la journée depuis Kyōto, Nara, Ōsaka ou Kōbe, ou lors d'une étape sur la route d'Okayama ou d'Hiroshima.

À voir

Himeji-jō Château

(姫路城 ; château de Himeji ; 68 Honmachi ; adulte/enfant 1 000/300 ¥, billet combiné avec le Kōkō-en 1 040/360 ¥ ; 9h-17h sept-mai, 9h-18h juin-août). Le château le plus somptueux du Japon, classé au patrimoine de l'Unesco, est aussi l'un des rares à avoir survécu dans sa construction d'origine (la plupart des autres sont des reconstructions en béton). Il doit son surnom de Shirasagi-jō (château du Héron blanc) à sa majestueuse façade de plâtre blanc et à sa silhouette imposante, au sommet d'une colline surplombant la plaine. L'édifice présente un donjon principal (*tenshū*) de cinq niveaux et trois tours plus petites. Il est entouré de douves et de murs défensifs percés de meurtrières rectangulaires, circulaires ou triangulaires.

Les murs du donjon principal sont aussi agrémentés d'*ishiotoshi* – étroites ouvertures qui permettaient aux défenseurs de jeter de l'eau ou de l'huile bouillante sur quiconque avait franchi les fossés et tentait d'escalader les murailles.

Himeji était une ville fortifiée depuis 1333, mais le château actuel ne fut construit qu'en 1580, par Toyotomi Hideyoshi, puis agrandi une trentaine d'années plus tard par Ikeda Terumasa qui le reçut de Tokugawa Ieyasu en récompense de la victoire de son armée sur les forces de Toyotomi. Dans les siècles qui suivirent, le château fut la demeure successive de 48 seigneurs.

Après une restauration de cinq ans, qui nécessita la fermeture d'une grande partie de l'édifice, le château est aujourd'hui magnifique : ne manquez pas de le découvrir. Il faut environ 1 heure 30 pour suivre le parcours fléché. Dernière entrée une heure avant la fermeture.

Où se loger

Himeji se visite aisément en une journée depuis une autre ville du Kansai, mais il y a des hébergements de grande qualité si vous voulez y passer la nuit.

Dormy Inn Himeji
Hôtel ¥¥

(ドーミーイン姫路 ; 160-2 Toyozawa-chō ; s/d/lits jum 9 200/14 300/16 900 ¥ ;). Même si les chambres sont assez petites, ce tout nouvel hôtel de 12 niveaux ne manque

Himeji-jō

LKUNL/SHUTTERSTOCK ©

Himeji

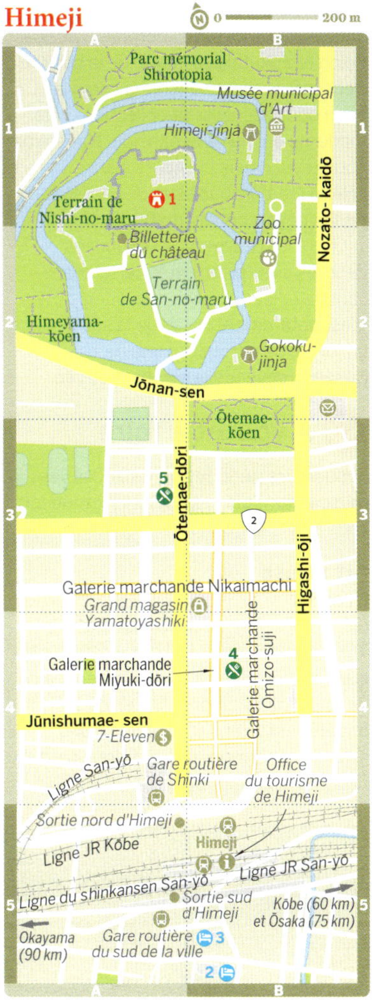

Himeji

À voir

1 Himeji-jō A1

Où se loger

2 Dormy Inn Himeji B5
3 Hotel Nikkō Himeji B5

Où se restaurer

4 Fukutei B4
5 Menme A3

vraiment pas d'atouts : *onsen* sur le toit (mais douches dans les chambres), sauna, machines à laver, style à la fois rustique et impeccablement moderne, pyjamas chinois au lieu des habituels *yukata* (kimono), interdiction de fumer dans toutes les chambres et *rāmen* gratuits tous les soirs. À un pâté de maisons au sud de la gare.

Hotel Nikkō Himeji Hôtel ¥¥¥
(ホテル日航姫路 ; ☎222-2231 ; 100 Minami-ekimae-cho ; s 13 000 ¥, d ou lits jum 23 000 ¥ ; ❄@📶). En face de la sortie sud de la gare, le meilleur hôtel de Himeji loue des chambres raffinées (quoiqu'un peu désuètes) et assez spacieuses, avec baignoires à l'occidentale. Il y a plusieurs restaurants (japonais, chinois, occidentaux), un spa et un bar au dernier étage. D'importantes remises sont parfois proposées en ligne.

Où se restaurer

La plupart des restaurants se trouvent dans les galeries commerciales au nord de la gare (sur la route du château).

Menme Nouilles ¥
(めんめ ; ☎225-0118 ; 68 Honmachi ; nouilles 550-950 ¥ ; ⏲11h30-18h, fermé mer ; 📄). Une cantine toute simple à quelques minutes du château, pour avaler un bol de savoureuses nouilles maison qui tiennent bien au corps. Repérez les *noren* (rideaux) blancs à la porte dont le motif montre la fabrication des nouilles.

Fukutei Japonais ¥¥
(福亭 ; ☎222-8150 ; 75 Kamei-chō ; plats 480-980 ¥, menu déj 1 350-2 500 ¥, dîner 3 200-4 000 ¥ ; ⏲11h30-14h30 et 17h-22h lun-ven, 11h30-14h30 et 17h-21h sam-dim ; 📄). Ce restaurant contemporain et abordable est un excellent choix pour un repas raffiné. Le menu typique comporte un peu de sashimis, quelques tempura et les bouchées classiques. Le midi, laissez-vous tenter par l'*omakase-zen* (menu dégustation, 1 500 ¥).

Renseignements

Office du tourisme de Himeji (姫路市観光案内所[姫路観光なびポート] ; ☎287-0003 ; ⏲9h-19h). Au rez-de-chaussée de la gare de Himeji. Prenez le plan-guide *Places of Interest Downtown Himeji* ou bien le *Himeji Tourist Guide & Map*.

Depuis/vers Himeji

Si vous avez un pass JR ou si vous êtes pressé, prenez le *shinkansen* depuis Kyōto (à partir de 4 770 ¥, 55 minutes), Hiroshima (7 790 ¥, 1 heure), Shin-Osaka (3 240 ¥, 35 minutes) et Shin-Kōbe (2 600 ¥, 16 minutes). Sinon, des trains *shinkaisoku* plus lents circulent sur la ligne JR Tōkaidō, depuis Kyōto (2 270 ¥, 1 heure 34), Ōsaka (1 490 ¥, 1 heure) et la gare Sannomiya de Kōbe (970 ¥, 40 minutes).

NAOSHIMA

087 / 3 300 HABITANTS

Il n'y a pas si longtemps, l'île de Naoshima ne se distinguait guère de ses homologues de la mer Intérieure : sa population, qui déclinait petit à petit, subsistait grâce aux maigres revenus d'une industrie de la pêche moribonde et aux pensions de retraite. Aujourd'hui, grâce au domaine artistique Benesse de Naoshima, l'île est devenue l'une des principales destinations touristiques de la région. Elle offre l'occasion unique d'admirer certaines des plus belles œuvres de l'art contemporain japonais dans un cadre naturel spectaculaire.

Tout a commencé au début des années 1990, lorsque l'homme d'affaires Soichiro Fukutake, à la tête de la société Benesse, a choisi Naoshima comme écrin pour accueillir sa collection d'art moderne en pleine expansion. Naoshima abrite désormais plusieurs installations et galeries remarquables et des artistes de tout le pays y ont élu domicile.

Outre les œuvres d'art exposées dans les sites principaux, certaines sont installées en extérieur, sur la côte. C'est notamment le cas de la sculpture en forme de citrouille jaune de Yayoi Kusama, devenue le symbole de l'île.

À voir et à faire

Pendant les périodes de vacances, les musées sont parfois bondés ; attendez-vous à faire la queue.

Art House Project Installations artistiques

(家プロジェクト ; www.benesse-artsite.jp/arthouse ; billet combiné 1 030 ¥ ; 10h-16h30 mar-dim). À Honmura, une demi-douzaine de maisons traditionnelles en déshérence ont été restaurées et confiées à des artistes contemporains qui y réalisent de

Benesse House (p. 323)

BENESSE HOUSE PARK; PHOTO: OSAMU WATANABE ©

CHEN MIN CHUN/SHUTTERSTOCK ©

surprenantes installations. Ainsi, Shinrō Ōtake a érigé une statue de la Liberté s'élevant à travers les étages d'une sorte de cabane du nom de **Haisha** (はいしゃ) ; l'Américain James Turrell s'est livré à une expérimentation avec la lumière dans une construction appelée **Minami-dera** (南寺) , où le spectateur pénètre dans une obscurité totale... et attend ; et Hiroshi Sugimoto s'est approprié l'aspect traditionnel du **Go'o Shrine** (護王神社 ; sanctuaire Go'o) en y installant un escalier en verre conduisant à une étroite "Salle en pierre" souterraine.

Les sites sont situés à une courte distance à pied les uns des autres. Prenez le bus de Naoshima jusqu'à l'arrêt Nōkyō-mae pour commencer votre exploration. Achetez un billet au guichet touristique du terminal des ferries de Miyanoura, au Honmura Lounge ou au tabac situé près de l'arrêt de bus.

Musée de la Benesse House Galerie d'art

(ベネッセハウス ; www.benesse-artsite.jp/benessehouse-museum ; 1 030 ¥ ; ⌚8h-21h). C'est l'architecte Tadao Andō, primé à plusieurs reprises, qui a conçu ce superbe hôtel-musée installé sur la côte sud de l'île. Y sont notamment exposées des œuvres d'Andy Warhol, de Niki de Saint Phalle, de David Hockney, de Jasper Johns, et d'artistes japonais comme Shinrō Ōtake.

Musée d'Art Chichū Musée

(地中美術館 ; www.benesse-artsite.jp/chichu ; 2 060 ¥ ; ⌚10h-18h mar-dim, 10h-17h oct-fév). Non loin de la Benesse House, ce musée est une autre création de Tadao Andō. Véritable œuvre d'art en soi, l'édifice est un enchaînement de beaux espaces aux murs de béton nichés sous terre. Grâce à son éclairage naturel, il offre un cadre remarquable à plusieurs *Nymphéas* de Monet, à de monumentales sculptures de Walter de Maria et à des installations de James Turrell. À l'extérieur, le jardin Chichū s'inspire de l'esprit du jardin de Monet à Giverny.

Aux périodes d'affluence, le musée met parfois en place un système de billet horodaté précisant l'heure à laquelle vous pouvez acheter votre billet et commencer la visite.

Musée Lee Ufan Musée

(李禹煥美術館 ; www.benesse-artsite.jp/lee-ufan ; 1 030 ¥ ; ⌚10h-18h mar-dim, 10h-17h

Ci-dessous : port de Miyanoura ;
à droite : *kaiseki* (cuisine gastronomique japonaise)

oct-fév). C'est encore une création de Tadao Andō, qui s'est ajoutée aux musées du domaine Benesse. Il abrite des œuvres du célèbre artiste (et philosophe) coréen Lee Ufan, figure emblématique du mouvement Mono-ha des années 1960 et 1970.

Naoshima Bath – I Heart Yū Sentō
(直島銭湯 ; www.benesse-artsite.jp/en/naoshimasento ; 510 ¥ ; ⏲14h-21h mar-ven, 10h-21h sam-dim). Vivez une expérience de baignade unique dans ce lieu coloré conçu par Shinrō Ōtake où se mêlent tradition du bain japonaise et art contemporain, avec, exposées dans le jardin, plusieurs sculptures de Niki de Saint Phalle. À quelques minutes à pied vers l'intérieur des terres depuis le port de Miyanoura. Il y a des palmiers devant le bâtiment.

Où se loger

L'île comprend surtout des *minshuku* (pensions) tenus par des particuliers. On y parle peu anglais, mais les résidents sont de plus en plus habitués à accueillir des étrangers. Pour un hébergement plus classique, la Benesse House est la seule véritable option. Vous pourrez aussi dormir à Okayama, dans le port d'Uno ou à Takamatsu (Shikoku), et visiter l'île dans la journée. Tarifs plus élevés en haute saison dans la plupart des hébergements.

Tsutsuji-sō Camping ¥
(つつじ荘 ; ☎087-892-2838 ; www.tsutsujiso.com ; tente à partir de 3 780 ¥/pers ; 🚭). Campement de *pao* (yourtes mongoles) idéalement situé sur le front de mer, non loin du domaine artistique Benesse. Les tentes, qui peuvent accueillir jusqu'à 4 personnes, sont confortables et ont un petit réfrigérateur et un chauffage (mais pas de climatisation). Sanitaires communs. Si vous n'aimez pas dormir sous la tente, optez pour une caravane ou un bungalow. Des repas sont servis, mais il faut réserver. Paiement en espèces uniquement.

Minshuku Oyaji-no-Umi Minshuku ¥ (民宿おやじの海 ; 090-5261-7670 ; **ameblo.jp/naosima-oyajinoumi ; ch à partir de 4 200 ¥/pers** ;). Cet établissement accueillant et familial occupant une vieille maison proche de l'Art House Project de Honmura dispose de chambres avec tatamis (séparées par des portes coulissantes) et d'une salle de bains commune. Les propriétaires ne parlent pas anglais ; si vous ne parlez pas japonais, réservez par e-mail ou sur le site Internet. Entrée située à côté du Cat Cafe.

Benesse House Boutique-hôtel ¥¥¥ (**087-892-3223 ; www.benesse-artsite.jp/en/benessehouse ; lits jum/ste à partir de 32 000/59 000 ¥** ;). Les amateurs d'art et d'architecture vivront une expérience unique dans cet hôtel-musée signé Tadao Andō. L'hébergement se fait dans 4 ailes différentes – Museum, Oval, Park et Beach – qui arborent toutes un décor moderne et impeccable, agrémentées d'œuvres d'art provenant de la collection Benesse, et dépourvues de TV.

Un monorail conduit les hôtes jusqu'à l'aile "Oval" (la plus onéreuse), tout en haut de la colline, où les chambres s'articulent autour d'un bassin à ciel ouvert ; la vue depuis le toit herbeux est spectaculaire. Les chambres de cette aile sont spacieuses (les salles de bains, elles, sont basiques) et les grandes fenêtres donnent sur un beau paysage : une fois en haut, vous ne voudrez peut-être plus redescendre. L'aile "Beach" est un bâtiment plus récent, situé près de la mer, d'où vous pourrez admirer la sculpture *Yellow Pumpkin*. Et, si vous préférez ne pas vous éloigner des œuvres d'art, optez pour une chambres de l'aile "Museum".

Les enfants de moins de 7 ans ne sont pas acceptés dans les ailes "Oval" et "Museum". Réservez bien à l'avance.

Où se restaurer et prendre un verre

On trouve quelques cafés dans le secteur de l'Art House Project et près du port de

Miyanoura. Peu restent ouverts le soir et les horaires sont parfois aléatoires.

Shioya Diner Café ¥

(シオヤダイナー ; **plats 400-1 000 ¥ ; 11h-21h mar-dim ;**). Avec sa musique rock'n'roll, ses meubles rétro et ses bibelots kitsch, le Shioya est à mi-chemin entre le *diner* américain et la cuisine de grand-mère. Au menu : tacos et *chili dogs* (hot dogs garnis de sauce chili) et parfois poulet cajun cuit au barbecue. L'endroit est idéal pour se détendre devant un café ou un repas à côté du port de Miyanoura.

Cafe Salon Naka-Oku Café ¥

(カフェサロン中奥 ; **087-892-3887 ; www.naka-oku.com ; déjà partir de 650¥, dîner 380-750 ¥ ; 11h30-21h mer-lun ;**). En haut d'une petite colline à l'arrière d'un terrain agricole, le Naka-Oku est une bonne adresse du secteur de Honmura, et l'un des rares établissements ouverts le soir. Dans la salle accueillante ornée de poutres en bois, dégustez des spécialités comme l'*omuraisu* (riz au poulet et aux légumes enroulé dans une omelette) à midi, et des petits plats accompagnés de boissons le soir.

Genmai-Shinshoku Aisunao Café ¥

(玄米心食あいすなお ; **www.aisunao.jp ; repas 600-900 ¥ ; 11h-17h30 ;**). Halte paisible dans le secteur de l'Art House Project où l'on s'installe sur des tatamis surélevés pour déguster des plats sains – goûtez à la formule midi *Aisunao* (riz brun local, soupe et légumes). Desserts (glace au lait de soja), jus de fruits et cafés issus du commerce équitable.

Cin.na.mon Curry ¥

(シナモン ; **www.cin-na-mon.jp ; repas 650-1 000 ¥ ; 11h-15h et 17h-22h mar-dim ;**). En journée, un personnel décontracté sert curries, gâteaux et smoothies. Le soir, on ouvre le bar (avec repas légers et en-cas). À une courte distance à pied du port de Miyanoura.

Museum Restaurant Issen Kaiseki ¥¥¥

(日本料理一扇 ; **087-892-3223 ; www.benesse-artsite.jp/en/benessehouse/restaurant_cafe.html ; petit-déj 2 100 ¥, déj à partir de 2 000 ¥, plats dîner à partir de 6 500 ¥ ; 7h30-9h30, 11h30-14h30 et 18h-21h45 ;**). Les *kaiseki* servis le soir dans ce restaurant installé au sous-sol de la Benesse House sont si bien présentés que l'on hésiterait presque à les manger. Poissons et fruits de mer sont à l'honneur ; option à dominante végétarienne (à commander deux jours à l'avance). La carte change avec les saisons. Petit-déjeuner et déjeuner sont également proposés. Réservation conseillée.

Renseignements

Les DAB des postes de Miyanoura et Honmura acceptent les cartes internationales. Demandez votre route à l'office du tourisme.

Honmura Lounge & Archive (**087-840-8273 ; 10h-16h30 mar-dim**). Informations touristiques à Honmura. Possède un espace repos et une consigne. Vente de billets pour l'Art House Project.

Office du tourisme de la gare maritime (**087-892-2299 ; www.naoshima.net ; 8h30-18h**). Au port des ferries de Miyanoura. Bonne carte de l'île bilingue japonais/anglais (également téléchargeable sur le site Internet), carte touristique et liste complète des hébergements. Notez que le personnel ne s'occupe pas des réservations d'hôtel. Les billets pour l'Art House Project sont aussi en vente ici.

Depuis/vers Naoshima

Il est possible de visiter Naoshima en une journée depuis Okayama ou Takamatsu. L'île constitue aussi une bonne étape entre Honshū et Shikoku.

Depuis Okayama, prenez la ligne JR Uno jusqu'à Uno (580 ¥, 1 heure environ) – avec généralement une correspondance rapide à Chayamachi. Des ferries rallient Miyanoura, le port principal de Naoshima, depuis le port proche de la gare d'Uno (290 ¥, 15-20 minutes, 13 ferries/jour). Des ferries assurent également la liaison entre Uno et le port de Honmura (290 ¥, 20 minutes, 5 ferries/jour).

Takamatsu est reliée au port de Miyanoura par un ferry ordinaire (520 ¥, 50 minutes, 5/jour) et par un bateau rapide (1 220 ¥, 25 minutes, 4/jour les vendredis, les week-ends et les jours fériés entre mars et novembre ; 1/jour le reste du temps).

Les horaires actuels des ferries sont indiqués sur le site Internet du domaine artistique Benesse (www.benesse-artsite.jp) et dans les offices du tourisme d'Okayama et de Takamatsu.

Comment circuler

Les vélos et les bus de ville sont les meilleurs moyens de transport sur Naoshima, mais il est également possible d'explorer l'île à pied si l'on a du temps devant soi – ainsi, à peine plus de 2 km séparent-ils le port de Miyanoura de Honmura et de l'Art House Project. Il existe un **taxi** (**☎087-892-3036**) sur Naoshima ; il peut transporter jusqu'à 9 passagers, mais il faut réserver sa place avant d'arriver sur l'île.

Bus

Les minibus de Naoshima circulent entre Miyanoura, Honmura et Tsutsuji-sō une à deux fois par heure. Le trajet coûte 100 ¥. Depuis Tsutsuji-sō, une navette gratuite dessert tous les musées du domaine artistique Benesse. En haute saison, les bus se remplissent rapidement, en particulier en fin de journée, lorsque les visiteurs retournent au port pour prendre le ferry. Consultez les horaires et prévoyez suffisamment de temps.

Vélo

Naoshima se prête bien au cyclisme. Plusieurs agences de location de vélos sont regroupées dans les environs du port des ferries de Miyanoura. **Cafe Ougiya Rent-a-Cycle** (**☎090-3189-0471 ; 300-500 ¥/jour ; ⏲9h-19h, 9h-18h déc-fév**) se trouve dans la gare maritime du port. Quelques vélos électriques (1 000 ¥ / jour) et scooters (1 500 ¥/jour) sont également disponibles.

HIROSHIMA 広島

☎082 / 1 174 200 HABITANTS

Cible du premier bombardement atomique de l'histoire de l'humanité, le 6 août 1945, la ville restera à jamais dans les mémoires. Il serait pourtant dommage de limiter Hiroshima à son seul parc du Mémorial de la paix, qui rappelle cet épisode tragique et attire des visiteurs venus du monde entier : cette ville arborée, avec ses larges boulevards et son ambiance conviviale, est loin d'être envahie par la tristesse. Ses habitants ont su bâtir une communauté prospère et cosmopolite, et cela vaut la peine de passer une ou deux nuits sur place pour profiter de l'effervescence du lieu.

À voir

La plupart des sites dignes d'intérêt sont à quelques minutes de marche ou de tramway les uns des autres. Pour rejoindre le secteur du dôme de Genbaku (ou Dôme de la bombe A) et du parc du Mémorial de la paix, prenez le tramway n°2 ou 6 au terminus situé devant la gare (sortie sud) et descendez à l'arrêt Genbaku-dōmu-mae.

Dôme de la bombe A — Site historique

(原爆ドーム ; **Genbaku Dōmu ; 🚋Genbaku-dōmu-mae).** Ce site est sans doute le symbole le plus puissant de la destruction d'Hiroshima durant la Seconde Guerre mondiale. Conçu par un architecte tchèque en 1915, le bâtiment fut d'abord le Palais préfectoral de la promotion industrielle d'Hiroshima avant que la bombe atomique n'explose presque juste au-dessus. Tous les gens qui se trouvaient à l'intérieur périrent. L'édifice, bien que partiellement détruit, est pourtant l'un des rares bâtiments à l'épicentre de l'explosion à être restés debout. Après la guerre, décision fut prise de le conserver en l'état et d'en faire un mémorial.

Parc du Mémorial de la paix — Parc

(平和記念公園 ; **Heiwa-kinen-kōen ; 🚋Genbaku-dōmu-mae).** Encadré par deux bras du fleuve Ōta, là où celui-ci forme un delta, ce vaste parc arboré est sillonné de sentiers et jalonné de monuments commémoratifs. L'élément central est le long Bassin de la paix, bordé d'arbres, avec le **cénotaphe** (原爆死没者慰霊碑), une arche en granit (reconstruite à partir de l'original en béton), sous laquelle sont celés, dans des dizaines de volumes dont le nombre augmente à mesure des disparitions d'*hibakushas*, les noms de toutes les victimes connues de la bombe. À l'autre extrémité du bassin, brûle la **Flamme de la paix** (平和の灯), qui se maintiendra aussi longtemps qu'il restera, dans le monde, des armes nucléaires.

En regardant en direction du bassin à travers le cénotaphe, vous constaterez qu'il est dans l'exact alignement de la Flamme de la paix et du Dôme de la bombe A, de l'autre côté du fleuve. Sciemment tracée, cette ligne droite se prolonge, au sud, jusqu'au musée du Mémorial de la paix.

Au nord de la route qui traverse le parc trône le **Monument des enfants pour la paix**, inspiré par la jeune Sadako Sasaki. En 1955, lorsque Sadako, âgée de 11 ans, développa une leucémie, elle décida de réaliser 1 000 grues en papier plié. Au Japon, la grue est un symbole de longévité et de bonheur, et Sadako était convaincue qu'en atteignant son objectif, elle pourrait guérir. Elle mourut avant d'y parvenir, mais ses camarades de classe réalisèrent les pliages manquants. L'histoire de Sadako, outre d'avoir valu à la malheureuse l'hommage, en 1958, de ce monument, provoqua au Japon une vague de pliage de grues en papier, qui continue aujourd'hui. Autour de la structure principale, sont exposées, notamment dans de petits kiosques vitrés, des guirlandes de milliers de grues en papier coloré, envoyées par des écoliers du Japon et du monde entier.

Le **Mémorial aux victimes coréennes de la bombe A** (韓国人原爆犠牲者慰霊碑) se trouve à proximité. Durant la Seconde Guerre mondiale, de nombreux Coréens avaient été amenés de force par bateau pour travailler dans les usines japonaises ; ils représentèrent plus de 10% des victimes de la bombe atomique. Au nord, le **tertre funéraire de la bombe A** abrite les cendres de milliers de victimes non identifiées ou non réclamées.

Le parc compte d'autres monuments et statues, ainsi que de nombreux bancs – dont certains faisant face au Dôme, sur la rive d'en face.

Musée du Mémorial de la paix d'Hiroshima

Musée

(広島平和記念資料館 ; www.pcf.city.hiroshima.jp ; 1-2 Nakajima-chō, Naka-ku ; 50 ¥ ;

Dôme de la bombe A

LUCIANO MORTULA/SHUTTERSTOCK ©

8h30-17h, 8h30-18h mars-nov, 8h30-19h août ; Genbaku-dōmu-mae ou Chūden-mae). Le bâtiment principal de ce musée, le plus important d'Hiroshima, abrite une collection d'objets, dont nombre d'effets personnels, récupérés après le désastre – vêtements en lambeaux, boîte à pique-nique d'enfant fondue, une montre arrêtée à 8h15, etc. De sinistres photographies sont également exposées. Bien que bouleversante, cette visite est incontournable. Le bâtiment présente l'histoire d'Hiroshima, ainsi que la genèse et le pouvoir destructeur des armes nucléaires.

Mémorial national de la paix pour les victimes de la bombe atomique d'Hiroshima Mémorial

(国立広島原爆死没者追悼平和祈念館 ; www.hiro-tsuitokinenkan.go.jp ; 1-6 Nakajima-chō, Naka-ku ; 8h30-18h mars-nov, 8h30-17h déc-fév, 8h30-19h août ; Genbaku-dōmu-mae ou Hon-dōri). GRATUIT Un passage intérieur à l'éclairage tamisé descend dans cet espace tranquille invitant au recueillement. Là, les murs présentent un panorama circulaire d'Hiroshima et les noms de ses quartiers au début de 1945. Au centre, la fontaine symbolise le point zéro de l'impact (8h15). Dans une salle voisine sont conservés les noms et les photographies des victimes. Avant de partir, prenez un peu de temps pour regarder les déchirants témoignages de survivants.

Hiroshima-jō Château

(広島城 ; 21-1 Moto-machi ; 370 ¥ ; 9h-18h, 9h-17h déc-fév ; Kamiya-chō). Également connu sous le nom de "château de la Carpe" (Rijō ; 鯉城), le Hiroshima-jō fut édifié en 1589 et presque entièrement démantelé au moment de la Restauration de Meiji. Ses vestiges furent rasés par la bombe, puis reconstruits en 1958. On y trouve un petit musée exposant des objets historiques, mais vous serez surtout impressionné par les douves et le parc, dans lequel il est très agréable de se promener.

Stade Mazda Zoom-Zoom Stade

(stade municipal d'Hiroshima ; 2-3-1 Minami-Kaniya). Ce stade d'Hiroshima est un endroit agréable où assister à un match de base-ball et voir évoluer l'équipe locale adulée, les Carp. À quelques mètres au sud-est de la gare (suivez les panneaux et le marquage au sol au motif de traces de pas rouges). Programme (en anglais) disponible sur le site www.japanball.com et à l'office du tourisme.

Où se loger

Hiroshima compte de nombreux hébergements, dans toutes les gammes de prix. La plupart louent également des vélos (environ 500 ¥/jour).

Ikawa Ryokan Ryokan ¥

(いかわ旅館 ; 082-231-5058 ; www.ikawaryokan.net ; 5-11 Dobashi-chō ; s/lit jum sans sdb 4 860/8 640 ¥, avec sdb 5 940/9 720 ¥ ; @ ; Dobashi). Sis dans une petite rue calme, ce grand *ryokan* familial aux allures d'hôtel occupe trois bâtiments contigus. De style japonais ou occidental, les chambres sont impeccables, et beaucoup ont une salle de bains (il y a aussi un grand bassin collectif). L'Ikawa reçoit souvent des groupes scolaires et des touristes en voyage organisé. Wi-Fi dans le hall.

Hotel Active Hiroshima Hôtel ¥¥

(ホテルアクティブ広島 ; 082-212-0001 ; www.hotel-active.com/hiroshima ; 15-3 Nobori-chō ; s/d avec petit-déj à partir de 5 380/7 300 ¥ ; @ ; Kanayama-chō). Avec ses couvre-lits en satin et ses têtes de lit rétro-éclairées, l'Hotel Active a un peu plus de style que les *business hotel* habituels. Il se trouve en plein cœur de l'animation, et les petits bonus, comme les boissons gratuites, le spa et le petit-déjeuner (buffet) inclus en font une honorable affaire.

Hotel Flex Hôtel ¥¥

(ホテルフレックス ; 082-223-1000 ; www.hotel-flex.co.jp ; 7-1 Kaminobori-chō ;

Hiroshima

0 400 m
Tera-machi
Chūō-kōen
Moat
8
Katei Saibansho-mae
Shukkei-en-mae
Kyūōta-gawa (Hon-kawa)
Kyōbashi-gawa
Ligne du shinkansen San-yō
Musée d'Art de la ville d'Hiroshima
Jōnan-dōri
Jogakuin-mae
Office du tourisme - Sortie nord
Tōkaichi-machi
Honkawa-chō
Genbaku-dōmu-mae (Dôme de la bombe A)
Chūō-dōri
13
JR Hiroshima
19
Office du tourisme
Aioi-bashi
Kamiya-chō-nishi
Hiroshima Eki
1
11
Ekimae-ōhashi
Hiroshima Rest House
Kamiya-chō-higashi
Aioi-dōri
Hatchō-bori
Ebisu-chō
Enkōbashi-chō
Dobashi
Aqua Net Hiroshima
Tate-machi
12
2
4
9
5
10
3
6
7
14
18
Inari-machi
Matoba-chō
Hon-dōri
Galerie Hon-dōri
Ebisu-dōri
Kanayama-chō
Aioi-dōri
Parco
Rijō-dōri
17
21
Fukuro-machi
Nagarekawa-dōri
Yagenbori-dōri
Namiki-dōri
Danbara-1-chōme
Enko-gawa
Motoyasu-gawa
QUARTIER DES DIVERTISSEMENTS
Chūden-mae
Ekimae-dōri
16
20
15
Heiwa-Ōdōri (Peace Blvd)
Chuo-dōri
Hijiyama-shita
Port d'Ujina (4 km)
Port d'Ujina (4 km)

s/d avec petit-déj à partir de 7 150/12 100 ¥ ; ⊝❄@). Hôtel tout de courbes et de béton situé sur la rivière. Les chambres standards sont petites, mais vous pourrez opter pour celles hautes de plafond ou pour la maisonnette, plus spacieuse. Les chambres, dotées de grandes fenêtres, sont très lumineuses, celles donnant sur l'eau offrant la meilleure vue. Café lumineux en bas où est servi le petit-déjeuner inclus (sandwich et boisson).

Hiroshima Inn Aioi Ryokan ¥¥¥
(広島の宿相生 ; ☎082-247-9331 ; **www.galilei.ne.jp/aioi ; 1-3-14 Ōtemachi ; ch avec repas à partir de 19 900 ¥/pers ;** ❄@ ; **Genbaku-dōmu-mae).** Un agréable *ryokan* traditionnel, dont les chambres (avec tatami) ont une belle vue sur la ville et le parc. Grand bassin où se prélasser au 7ᵉ niveau. Les repas tiennent d'un ensemble raffiné de plats traditionnels. Il est possible de se cantonner au seul petit-déjeuner ou dîner.

Où se restaurer

Hiroshima est réputée pour ses huîtres et ses *okonomiyaki* (galettes préparées sur une plaque chauffante, garnies de chou, puis de légumes et de fruits de mer ou de viande, et agrémentées de nouilles, comme le veut la tradition ici). Vous trouverez ces deux spécialités dans de nombreux établissements.

Hassei Okonomiyaki ¥
(八誠 ; **4-17 Fujimi-chō ; plats 600-1 300 ¥ ; 11h30-14h et 17h-23h mar-dim, dîner uniquement dim ;** ; **Chūden-mae).** Les murs de ce restaurant populaire d'*okonomiyaki* portent les autographes et les messages de clients (plus ou moins) célèbres. Les plats sont savoureux et si copieux que vous vous satisferez sûrement d'une demi-portion au déjeuner.

Okonomi-mura Okonomiyaki ¥
(お好み村 ; **www.okonomimura.jp ; 2ᵉ-4ᵉ niv, 5-13 Shintenchi ; plats 800-1 300 ¥ ; 11h-2h ;** ; **Ebisu-chō).** Véritable institution, l'Okonomi-mura est un lieu touristique mais plaisant composé de 26 échoppes réparties sur trois niveaux, qui servent toutes de copieuses *okonomiyaki*. C'est l'endroit idéal pour découvrir la version locale de ce plat japonais tout en discutant avec les cuisiniers. Choisissez un étage et installez-vous sur un des tabourets de n'importe quel comptoir.

Bakudanya Nouilles ¥
(ばくだん屋 ; **www.bakudanya.net ; 6-13 Fujimi-chō ; nouilles 700-1 080 ¥ ; 11h30-minuit ;** ; **Chūden-mae).** Une option simple de quartier qui concocte une autre délicieuse spécialité d'Hiroshima, les *tsukemen*. Les *tsukemen* rappellent les *rāmen*, mais les nouilles et le bouillon sont servis séparément. C'est l'établissement d'origine, l'enseigne étant présente dans tout le pays. Sous un auvent vert.

Tōshō Tofu ¥¥
(豆匠 ; 082-506-1028 ; www.toufu-tosho.jp ; 6-24 Hijiyama-chō ; assortiments 1 800-3 000 ¥ ; 11h-15h et 17h-22h, 11h-15h et 17h-21h dim ; ; Danbara-1-chōme). Dans un édifice en bois traditionnel donnant sur un vaste jardin avec un bassin et une cascade, un personnel en kimono sert du tofu maison décliné sous une multitude de formes, et toujours superbement présenté. Même les desserts sont à base de tofu. Plusieurs formules proposées, à commander en s'aidant des photos de la carte (en anglais).

Continuez à pied dans la direction du tramway depuis l'arrêt et prenez la rue qui monte à gauche après le sanctuaire Hijiyama.

Oyster Conclave Kaki-tei Huîtres ¥¥
(牡蠣亭 ; 082-221-8990 ; www.vivrelejapon.com/ville-kyoto/kaki-tei ; 11 Hashimoto-chō ; déj/dîner à partir de 1 800/3 800 ¥ ; 11h30-14h30 et 17h-22h, fermé mar et 1er et 3e mer du mois ; ; Kanayama-chō). Ce bistrot à l'ambiance intimiste, installé sur la berge, accommode les huîtres de diverses manières. Le midi, est proposée une formule avec huîtres, salade et soupe. Le soir, choisissez votre repas à la carte.

Roopali Indien ¥¥
(ルーパリ ; 082-264-1333 ; roopali.jp ; 14-32 Wakakusa-chō ; formules déj 720-1 300 ¥, formules dîner à partir de 1 600 ¥ ; 11h-15h et 17h-22h ;). Dans ce grand restaurant, où sont servis des curries authentiques et copieux, choisissez l'une des formules ou composez votre repas avec des plats à la carte (à partir de 850 ¥). Les *naan* sont énormes. Carte en anglais et personnel anglophone.

Renseignements

Argent

Le bureau de poste de Higashi est équipé de DAB acceptant les cartes étrangères et d'un service de change de devises. Les DAB des 7-Eleven prennent aussi les cartes internationales. La Hiroshima Rest House (ci-après) possède une liste des banques et des bureaux de poste qui changent les espèces et les chèques de voyage.

Offices du tourisme

Hiroshima Rest House (広島市平和記念公園レストハウス ; 082-247-6738 ; www.mk-kousan.co.jp/rest-house ; 1-1 Nakajima- machi ; 8h30-18h, 8h30-17h déc-fév, 8h30-19h août ; Genbaku-dōmu-mae). Dans le parc du Mémorial de la paix, à côté du pont Motoyasu-bashi, cet office du tourisme donne des informations exhaustives. Personnel parlant anglais et petite boutique vendant des souvenirs.

Office du tourisme (観光案内所 ; 082-261-1877 ; 9h-17h30). À l'intérieur de la gare, près de la sortie sud, avec personnel parlant anglais.

Okonomiyaki d'Hiroshima
HANA/DATACRAFT/GETTY IMAGES ©

Autre bureau à la sortie nord (*shinkansen*) (☎082-263-6822 ; ⏲9h-17h30).

Poste

Poste de Higashi (広島東郵便局 ; **2-62 Matsubara-chō ; ⏲9h-19h lun-ven, 9h-17h sam, 9h-12h30 dim)**. Près de la sortie sud de la gare de Hiroshima. DAB disponibles 24h/24 sauf le dimanche (éteints à partir de 21h).

Depuis/vers Hiroshima

Avion

L'**Aéroport d'Hiroshima** (**www.hij.airport.jp**) est à 40 km à l'est de la ville et un service de bus assure la liaison depuis/vers la gare d'Hiroshima (1 340 ¥, 45 minutes).

Train

La ligne JR San-yō passe par Hiroshima et continue vers l'ouest en direction de Shimonoseki. Hiroshima est aussi une gare importante sur la ligne Tōkyō-Ōsaka-Hakata du *shinkansen*. Il est bon de noter que si vous partez de Tōkyō ou de Kyōto, vous devrez peut-être faire une correspondance à ōsaka ou à Okayama. Exemples de trajets en *shinkansen* depuis Hiroshima :

Hakata 8 420 ¥, 65 minutes

Ōsaka 9 710 ¥, 1 heure 30

Tōkyō 18 040 ¥, 4 heures

Comment circuler

Bus

Les **bus touristiques d'Hiroshima** (*meipurūpu*) suivent deux itinéraires qui se chevauchent (ligne orange et ligne verte) et passent par les monuments et musées principaux de la ville, notamment le parc du Mémorial de la Paix et le Dôme de la bombe A. Le point de départ et d'arrivée des deux itinéraires se trouve du côté de l'entrée *shinkansen* (nord) de la gare. Les bus circulent de 9h à 18h environ (les bus de la ligne verte circulent plus tard en été). Les bus de la ligne orange partent toutes les 30 minutes et ceux de la ligne verte toutes les heures environ.

Les passagers peuvent monter et descendre du bus à n'importe quel arrêt. Un trajet simple coûte 200 ¥ ; un pass d'une journée revient à 400 ¥ (vous pourrez l'acheter auprès du conducteur). Les détenteurs d'un pass JR voyagent gratuitement. Dans le bus, certaines annonces sont assurées en anglais, mais les informations affichées sur les sites sont toutes en japonais.

Forfaits de tramway

Si vous comptez prendre le tramway au moins 4 fois dans la journée, optez pour un **pass journée** (One-Day Trip Card) à 600 ¥, qui donne droit à un nombre illimité de trajets. Le pass valable pour les trajets en tramway, plus l'aller-retour en ferry depuis/vers Miyajima, est à 840 ¥. Le **pass de 2 jours** (Two-Days Trip Card), à 2 000 ¥, comprend les déplacements en tramway et en ferry et un billet pour le téléphérique de Miyajima (normalement à 1 000/1 800 ¥ aller/ aller-retour). Les pass sont en vente au terminus du tramway à la gare, auprès des conducteurs à bord (pass journée uniquement), ainsi que dans divers hôtels et auberges.

Tramway

Hiroshima possède un vaste réseau de tramways qui vous conduira presque partout pour un forfait de 160 ¥. On paie à la descente, en introduisant la somme due dans la machine à côté du conducteur. Si vous devez changer de tramway pour rejoindre votre destination, demandez un billet *norikae-ken* (avec correspondance). Si vous comptez faire plusieurs trajets, un pass journée peut s'avérer pratique (consultez l'encadré ci-dessus).

MIYAJIMA 宮島

☎0829 / 1 970 HABITANTS

Considérée comme l'un des trois plus beaux sites du Japon, la petite île de Miyajima, inscrite au patrimoine mondial de l'Unesco, attire les visiteurs venus nombreux admirer et photographier le torii (portique de sanctuaire) rouge vermillon de l'Itsukushima-jinja, qui semble flotter sur les vagues à marée haute. Outre ce sanctuaire, l'île possède de beaux chemins de randonnée et des temples. Des cervidés n'hésitent pas à

Si vous aimez... Les villes historiques

Si vous aimez Hiroshima, nous vous recommandons ces villes méconnues et pourtant intéressantes de l'ouest de Honshū :

1 **KURASHIKI**
Non loin d'Okayama, cette ville possède un quartier historique parcouru de canaux bordés de vieux *kura* (entrepôts) convertis en musées. Elle est située à 15 minutes de train d'Okayama.

2 **OKAYAMA**
À 40 minutes d'Hiroshima en *shinkansen*, cette ville compte un château, l'un des plus célèbres jardins du pays (Kōrakuen) et un bon choix de musées.

3 **ONOMICHI**
Entre Okayama et Hiroshima, ce port de la mer Intérieure offre une belle promenade parmi les temples et une vue admirable. Il s'agit du point d'accès à la route cyclable Shimanami-kaidō. Comptez 1 heure de train depuis Hiroshima.

se promener dans les rues pour arracher tout ce que les touristes peu méfiants ont dans les mains.

Pour vous rendre au sanctuaire, tournez à droite en quittant le terminal des ferries et longez le front de mer pendant 10 minutes. La principale artère commerçante, Omotesando, est à une rue du front de mer ; elle est bordée de boutiques de souvenirs et de restaurants. Vous y trouverez aussi la plus grande *shakushi* (spatule à riz) du monde.

À voir

Prévoyez quelques heures pour faire le tour des principaux sites, davantage si vous voulez randonner sur le mont Misen (p. 333). L'idéal est de passer la nuit sur l'île pour profiter du calme de la soirée et admirer le torii flottant au coucher du soleil.

Itsukushima-jinja — Sanctuaire shintoïste

(厳島神社 ; 1-1 Miyajima-chō ; 300 ¥ ; **6h30-18h mars à mi-oct, 6h30-17h30 mi-oct à nov et jan-fév, 6h30-17h déc**). Miyajima doit sa renommée à l'Itsukushima-jinja, qui, très ancien, daterait de la fin du VIe siècle.

La configuration du sanctuaire, rappelant celle d'une jetée, est afférente au statut sacré de l'endroit : les gens du commun n'étaient pas autorisés à poser le pied sur l'île, et devaient donc s'approcher du sanctuaire par bateau en passant par le **torii** (大鳥居 ; portique du sanctuaire) érigé dans la baie. La plupart du temps, cependant, le sanctuaire et le torii sont entourés de vase, et il faut attendre la marée haute pour admirer ce dernier sous son aspect "flottant".

Sous sa forme actuelle, il date de 1168, année où il fut reconstruit sous le patronage de Taira no Kiyomori (1118-1181), du clan Heike. Sur l'un des côtés du sanctuaire se trouve une **scène de nō flottante** (能舞台), construite par le seigneur local Asano Tsunanaga en 1680, et utilisée chaque année pour des spectacles de nō (forme de théâtre dansé) du 16 au 18 avril.

Senjō-kaku — Pavillon

(1-1 Miyajima-chō ; 100 ¥ ; 8h30-16h30). Dominant la colline juste au nord de l'Itsukushima-jinja, cet immense bâtiment fut édifié en 1587 par Toyotomi Hideyoshi. L'espace principal, impressionnant, est constitué de piliers et de poutres gigantesques, et des peintures ornent son plafond. Il donne sur une **pagode** (五重塔) à cinq étages très colorée, construite en 1407.

Daigan-ji — Temple bouddhique

(大願寺 ; 3 Miyajima-chō ; 9h-17h). Miyajima compte plusieurs temples bouddhiques

Miyajima

Miyajima

Les incontournables

1 Daishō-in B3

À voir

2 Daigan-ji B2
3 Scène de nō flottante B2
4 Torii flottant B2
5 Itsukushima-jinja B2
6 Momiji-dani-kōen C3
7 Senjō-kaku B2

Où se loger

8 Guest House Kikugawa C1
9 Iwasō Ryokan C3
10 Yamaichi Bekkan C1

Où se restaurer

11 Baccano B2
12 Mame-tanuki B2
13 Sarasvati B2
14 Yakigaki-no-hayashi B2

importants, notamment le Daigan-ji, datant de 1201 et situé au sud du Itsukushima-jinja. Remontant à l'époque de Heian, il est consacré à Benzaiten, le nom japonais de Saraswati (déesse hindoue de la Bonne Fortune). On pense que le Yakushi Nyorai (bouddha) assis aurait été sculpté par Kōbō Daishi, le fondateur de l'école bouddhique Shingon.

Momiji-dani-kōen Parc

(紅葉谷公園 ; **parc de Momiji-dani**). Ce beau parc longeant la rivière doit son nom à ses érables (*momiji*), qui se parent de mille couleurs à l'automne. Au pied du mont Misen, près de la station du téléphérique.

Activités

Misen et téléphérique Randonnée

(弥山 ; **miyajima-ropeway.info ; téléphérique aller/aller-retour 1 000/1 800 ¥ ; téléphérique 9h-17h**). Couvert de forêt primaire, le paisible et sacré mont Misen est le plus haut sommet de Miyajima (530 m), et son ascension constitue la plus belle randonnée de l'île. Il est possible de s'épargner le plus clair de la montée en prenant le **téléphérique**, un trajet en deux étapes qui vous déposera à 30 minutes de marche du sommet, où se tient un excellent observatoire.

DELPIXEL/SHUTTERSTOCK ©

À ne pas manquer
Le Daishō-in

Au sud de la ville, au pied du mont Misen, le Daishō-in constitue une halte intéressante en chemin lors de l'ascension ou de la descente du mont. Ce temple de l'école Shingon abrite des icônes bouddhiques, des moulins à prières, des *tengu* (démons à l'allure d'oiseaux) à bec pointu et une grotte renfermant les images de chacun des 88 temples du pèlerinage de Shikoku.

INFOS PRATIQUES

大聖院 ; 210 Miyajima-chō ; 8h-17h

En haut de l'observatoire, vous pourrez enlever vos chaussures et vous détendre sur les terrasses d'observation en bois tout en admirant le panorama : par temps clair, il est possible de voir la chaîne de montagnes de Shikoku.

Près du sommet se trouve un **temple** où Kōbō Daishi médita 100 jours durant à son retour de Chine au IXe siècle. À côté du pavillon principal, près du sommet, vous verrez la flamme qui brûle sans interruption depuis que Kōbō Daishi l'a allumée il y a 1 200 ans. Du temple, un sentier descend la colline jusqu'au Daishō-in et à l'Itsukushima-jinja. La descente prend un peu plus d'une heure, mais vous pourrez aussi prendre le téléphérique et apercevoir, une fois en altitude, des singes et des cerfs dans les alentours.

La station du téléphérique (station Momiji-dani) pour l'ascension du Misen est à 10 minutes à pied du parc de Momiji-dani, ou à quelques minutes en prenant la navette gratuite, qui part toutes les 20 minutes d'un arrêt proche de l'Iwasō Ryokan. Le parcours détaillé d'une randonnée de 4 heures vers le sommet du mont Misen figure dans le guide *Hiking in Japan* de Lonely Planet (en anglais).

Où se loger

Cela vaut la peine de loger sur l'île pour profiter du calme de la soirée après le départ des touristes venus pour la journée.

Guest House Kikugawa Ryokan ¥¥

(ゲストハウス菊がわ ; 0829-44-0039 ; www.kikugawa.ne.jp ; 796 Miyajima-chō ; s/lits jum à partir de 6 500/11 600 ¥ ;). Cette charmante auberge de style traditionnel est dotée d'un bel intérieur en bois. Elle se révèle d'un bon rapport qualité/prix. Y sont louées des chambres avec tatamis et futons, ou avec lits, toutes avec salle de bains attenante. Celles avec tatamis sont légèrement plus grandes – la plus spacieuse possède une confortable mezzanine aménagée en espace couchage. Il est possible de dîner sur place, et de prendre également un petit-déjeuner simple à l'occidentale.

Yamaichi Bekkan Ryokan ¥¥

(山一別館 ; 0829-44-0700 ; yamaichibekkan.com ; ch à partir de 8 500 ¥/pers ; P). En face du terminal des ferries, le Yamaichi Bekkan loue des chambres sans prétention mais propres – l'une de style occidental et les trois autres avec tatamis – équipées de salles de bains privatives. La propriétaire est des plus accueillantes et parle un peu anglais.

Iwasō Ryokan Ryokan ¥¥¥

(岩惣 ; 0829-44-2233 ; www.iwaso.com ; Momiji-dani Miyajima-chō ; ch avec 2 repas 20 100-42 150 ¥/pers ; @). Cet établissement est ouvert depuis 1854. Il est situé dans de superbes jardins et constitue l'occasion rêvée de goûter à l'expérience d'un *ryokan* de luxe. Il se compose de trois bâtiments : les beaux cottages "Hanare" sont les plus dépaysants. Les chambres ne sontpas toutes équipées d'une salle de bains privative, mais il y a un *onsen* relaxant dans le bâtiment principal. L'endroit est tout particulièrement éblouissant en automne, quand la Momiji-dani (vallée des Érables) se pare de couleurs chatoyantes.

Où se restaurer et prendre un verre

Les restaurants ne manquent pas le long et autour de l'artère principale. On y sert notamment des huîtres locales, mais aussi de l'anguille préparée de diverses manières (avec du riz, dans de petits pains à la vapeur, etc.). Les enseignes sont souvent bondées et il faut parfois attendre avant de pouvoir s'asseoir. Une rue derrière l'avenue principale, Machiya-dōri, bien plus calme, compte quelques cafés et restaurants. La plupart des établissements ferment dès le départ des touristes.

Baccano Glacier ¥

(バッカーノ ; 435 Miyajima-chō ; glace à partir de 450 ¥ ; 10h-18h ;). Nombreuses glaces maison, des plus traditionnelles, aux fruits, à des créations originales (thé vert grillé ou sésame noir).

Sarasvati Café ¥

(sarasvati.jp ; 407 Miyajima-chō ; café à partir de 500 ¥, repas 990-1 500 ¥ ; 8h30-20h ;). L'odeur des grains de café torréfiés attire les clients à l'intérieur de ce café installé dans un ancien entrepôt du début des années 1900. Les tables et le plancher en bois brut s'accordent à la perfection avec la carte simple, où voisinent cafés traditionnels (expressos, cafés au lait, cappuccinos), gâteaux, sandwichs et plats de pâtes.

Yakigaki-no-hayashi Huîtres ¥¥

(焼がきのはやし ; 0829-44-0335 ; www.yakigaki-no-hayashi.co.jp ; 505-1 Miyajima-chō ; plats 900-1 600 ¥ ; 10h30-17h jeu-mar ;). Les huîtres que l'on aperçoit dans l'aquarium et sur le barbecue sont la spécialité de la maison. L'assiette de *nama-gaki* (huîtres crues) ou de *kaki-furai* (huîtres frites), ainsi que les huîtres sur nouilles *udon* sont des valeurs sûres. La carte comprend aussi d'autres plats, dont des curries et des spécialités à base d'anguille.

Mame-tanuki Izakaya ¥¥
(まめたぬき ; ☎0829-44-2131 ; 1113 Miyajima-chō ; menus déj 1 400-2 500 ¥, plats 500-1 500 ¥ ; ⏲11h-15h30 et 17h-23h ;). En journée, on y mange par exemple du délicieux *anago meshi* (congre cuit à la vapeur, accompagné de riz) ou des huîtres frites. L'un des rares endroits fermant tard le soir ; on y sert alors des boissons et une nourriture classique d'*izakaya*. Repérez le rideau bleu ; un panneau avec la carte se trouve à l'extérieur.

Renseignements

Guichet d'information touristique (宮島観光案内所 ; ☎0829-44-2011 ; visit-miyajima-japan.com ; ⏲9h-17h). Dans le terminal des ferries.

Depuis/vers Miyajima

Desservie par des ferries, Miyajima peut facilement faire l'objet d'une excursion d'une journée depuis Hiroshima.

Sur Honshū, le terminal des ferries est à une courte distance à pied de la gare de Miyajima-guchi, sur la ligne JR San-yō, à mi-chemin entre Hiroshima (410 ¥, 26 minutes) et Iwakuni. Vous pouvez aussi rejoindre le terminal des ferries par la ligne n°2 du tramway depuis Hiroshima (260 ¥, 1 heure 10), qui part de la gare d'Hiroshima et passe par le Dôme de la bombe A. Deux compagnies proposent des liaisons régulières en ferry jusqu'à l'île depuis Miyajima-guchi (180 ¥, 10 minutes). Les détenteurs du Pass JR peuvent embarquer gratuitement sur le ferry JR.

Setonaikai Kisen gère des ferries directs et rapides (1 850 ¥, 30 minutes, 6-8/jour) entre Miyajima et le port d'Ujina à Hiroshima. Vous pourrez aussi prendre un **Aqua Net ferry** (☎082-240-5955 ; www.aqua-net-h.co.jp ; aller/aller-retour 2 000/3 600 ¥, 45 minutes, 10-15/j), directement depuis le parc du Mémorial de la paix, dans le centre d'Hiroshima ; vous passerez alors sous les ponts de l'Ōta-gawa avant de pénétrer dans la baie menant à Miyajima. Il n'est pas nécessaire de réserver.

Ailleurs au Japon

Niseko (p. 338)

La station la plus haute d'Hokkaidō offre certaines des meilleures randonnées du pays et de nombreux *onsen* pour se détendre après celles-ci.

Parc national de Daisetsuzan (p. 341)

Sommets enneigés, volcans actifs, *onsen* reculés, lacs limpides et forêt dense.

Vallée de l'Iya (p. 343)

Au milieu du cœur montagneux de l'île de Shikoku, la vallée de l'Iya offre l'occasion de remonter le temps et de séjourner dans une maison rurale traditionnelle.

Nagasaki (p. 345)

Nagasaki est une ville animée qui a joué un rôle majeur dans l'histoire japonaise.

Îles du Sud-Ouest (p. 350)

Le sud tropical du Japon rappelle la Thaïlande.

En haut : Kazura-bashi, vallée de l'Iya (p. 343) ; **à gauche :** musée de la Bombe atomique de Nagasaki (p. 346)

Niseko

0136 / 4650 HABITANTS

LES INCONTOURNABLES

1. **Niseko United.** Station de poudreuse avec des remontées mécaniques parmi les plus fiables de la planète.
2. **Hilton Niseko.** Sans doute le meilleur hébergement de la région.
3. **Onsen.** Rien, rien ne vaut un bain dans les sources chaudes après une journée sur les pistes.

Skieurs gravissant le Niseko Annupuri
SHAYNE HILL XTREME VISUALS/GETTY IMAGES ©

Si Hokkaidō possède plusieurs stations de niveau international, Niseko (ニセコ) est incontestablement le haut lieu de la glisse. Elle ne comprend pas moins de quatre domaines reliés les uns aux autres, sur plus de 800 ha, qui s'étendent sur le versant est du mont Niseko Annupuri. Une poudreuse souple et légère, et des chutes de neige annuelles atteignant en moyenne plus de 15 m en font une destination très prisée des skieurs du monde entier.

Activités

Niseko United Ski, snowboard
(ニセコユナイテッド ; www.niseko.ne.jp/en ; forfait 8 heures/1 journée 5 400/6 400 ¥ ; 8h30-20h30 nov-avr). Ce nom générique regroupe quatre stations, Niseko Annupuri, Niseko Village, Grand Hirafu et Hanazono, qui ont l'avantage d'être accessibles avec un seul forfait électronique (*all-mountain pass*) Celui-ci permet d'utiliser 18 remontées mécaniques et téléphériques, 60 pistes et les navettes qui circulent entre les montagnes. Si vous prévoyez de skier plusieurs jours, une semaine ou même une saison, il existe des forfaits de plus longue durée à tarif réduit.

L'équipement, de grande qualité, peut être loué presque partout à un prix abordable. Les magasins de location emploient quelques étrangers anglophones.

Après le ski, l'action se concentre surtout à Hirafu, bien que les amateurs de luxe préfèrent le Hilton du Niseko Village et les Japonais Annupuri.

Soyez-en sûr, il n'y a pas mieux pour appréhender la culture nippone que de plonger dans un *onsen* bouillant au terme d'une journée sur les pistes. La plupart des hôtels ont leurs propres sources chaudes ou pourront vous indiquer les bains les plus proches.

ONSEN

Niseko édite une brochure qui répertorie 25 *onsen* du secteur, ouverts en hiver et/ou en été. Les prix tournent généralement autour de 500-700 ¥/personne. L'hiver, le luxe du Hilton Niseko Village (1 000 ¥) ou du Niseko Grand Hotel (700 ¥) est bien agréable. En été, les personnes motorisées apprécieront le Niimi Onsen (500 ¥) et le Goshiki Onsen (600 ¥), retirés dans les montagnes à l'ouest des pistes de Niseko Annupuri.

Où se loger

Niseko proprement dit s'étend au pied des quatre domaines skiables. Plus on approche de ces derniers, plus les hébergements deviennent nombreux. Hirafu et Annupuri en regroupent l'immense majorité, tandis que Niseko Village est organisé autour du Hilton. La plupart des établissements assurent le transfert depuis/vers les pistes en hiver. Il existe par ailleurs un service de bus et de navettes. Nous vous conseillons vivement de réserver longtemps à l'avance pour un séjour hivernal.

Hotel Niseko Alpen Hôtel ¥¥
(ホテルニセコアルペン ; 0136-22-1105 ; **www.grand-hirafu.jp/hotel_niseko-alpen/en ; ch à partir de 12 000 ¥ ;** P @). Juste à côté du centre d'accueil et des remontées mécaniques de Hirafu, cet établissement spacieux réunit toutes les qualités. Ses chambres de style occidental, sa piscine intérieure, son *onsen* et son restaurant buffet font de votre séjour un vrai plaisir – et il n'est pas loin des restaurants et des bars de Hirafu. Une très bonne adresse.

Hilton Niseko Resort ¥¥¥
(ニセコヒルトンヴィレジ ; 0136-44-1111 ; **www.placeshilton.com/niseko-village ; ch à partir de 20 000 ¥ ;** P @). Littéralement collé au téléphérique de Niseko Village, le Hilton jouit du meilleur emplacement. Aux chambres spacieuses à l'occidentale s'ajoute toute une gamme d'installations disséminées à l'intérieur d'un véritable village. Consultez le site Internet avant votre arrivée pour les offres spéciales avec petit-déjeuner et dîner.

Où se restaurer et prendre un verre

Beaucoup de lodges et de *ryokan* préparent de délicieux repas. Sur les pistes, pizzas, *rāmen* et autres en-cas satisfont les petits creux. Après la fermeture des pistes, les choses se compliquent car les logements sont dispersés et les bus peu pratiques. Il y a cependant nombre de bars à Hirafu.

Graubunden Café ¥
(グラウビュンデン ; **0136-23-3371 ; www.graubunden.jp ; 8h-19h ven-mer**). Populaire, cette adresse en activité depuis des décennies à Hirafu East Village sert des sandwichs, pâtisseries, petits gâteaux et boissons de qualité. Avec son service

Bar de Niseko

soigné et son atmosphère détendue, l'endroit invite à décompresser.

Jojo's Café & Restaurant Café ¥
(ジョジョズカフェ ; ☎0136-23-2220 ; **www.nac-web.com/niseko/cafe.html ; plats à partir de 750 ¥ ; ⌚11h-21h ;** 📋). Un établissement décontracté dans le Niseko Adventure Centre (NAC), où l'on peut dîner de burgers, salades, pâtes et tacos. Vue splendide sur le Yōtei-zan depuis la terrasse par temps clair.

Renseignements

Au pied des pistes se trouvent plusieurs villes et villages où vivent les habitants de Niseko. La plupart des restaurants et des bars se concentrent à Hirafu (ひらふ) ; Annupuri (アンヌプリ), Niseko Village (ニセコビレッジ) et Hanazono (花園) sont beaucoup plus tranquilles. Plus à l'est, Kutchan (倶知安) et Niseko (ニセコ) même sont des centres urbains résolument japonais.

Niseko Tourist Information (ニセコ観光 案内所 ; ☎0136-44-2468 ; www.nisekotourism.com ; ⌚9h-18h). On trouve des bureaux d'information touristique à la gare JR de Niseko et au View Plaza Michi-no-Eki, sur la route 66 qui mène en ville. Brochures, cartes, horaires des bus et service de réservations hôtelières.

Depuis/vers Niseko

Bus

Pendant la saison de ski, **Chūō Bus** (☎011-231-0500 ; www.chuo-bus.co.jp) dessert régulièrement Niseko depuis la gare JR de Sapporo et le nouvel aéroport de Chitose. Le trajet dure environ 3 heures, en fonction des conditions de circulation, et coûte 2 300/3 850 ¥ l'aller simple/aller-retour. Les bus s'arrêtent au centre d'accueil de Hirafu, puis poursuivent jusqu'au Hilton et à Annupuri. Il est nécessaire de réserver, de préférence bien avant la date de départ prévue. Si vous ne parlez pas japonais, demandez au personnel d'un office du tourisme ou au réceptionniste de votre hôtel d'effectuer la démarche pour vous.

Train

La gare JR de Hirafu, loin de la ville, est mal desservie par les bus locaux. Des gares JR de Niseko et de Kutchan, vous devrez prendre un bus pour rejoindre les villages au pied des pistes. Aussi, nous vous recommandons plutôt de rallier Niseko avec un bus longue distance ou en voiture. Sinon, des trains de la ligne Hakodate circulent entre Sapporo et Niseko (2 470 ¥, 2 heures) via Kutchan (2 150 ¥, 1 heure 45).

Voiture et moto

La pittoresque route 5 serpente de Sapporo à Otaru le long du littoral, puis coupe à travers les terres par les montagnes pour descendre à Niseko. Une voiture facilite les déplacements entre les différents domaines skiables, mais il importe d'être prudent : des accidents mortels se sont déjà produits. En été (basse saison), les transports publics sont moins fréquents et vous avez donc tout intérêt à louer un véhicule à Sapporo ou au nouvel aéroport de Chitose.

Comment circuler

Deux fois par heure, des bus locaux relient les gares JR de Kutchan et de Niseko à Hirafu, Niseko Village, Annupuri et Hanazono. Consultez les horaires dans les offices du tourisme afin de ne pas manquer votre correspondance. Si vous possédez un All-Mountain Pass, vous pourrez emprunter gratuitement la navette qui circule toutes les heures entre les villages.

Parc national de Daisetsuzan

Randonneurs sur l'Asahi-dake

LES INCONTOURNABLES

1. **Randonnée.** Partez à la conquête du toit d'Hokkaidō
2. **Asahidake Onsen.** Un point d'accès idéal au parc et de fantastiques sources chaudes.
3. **Téléphérique d'Asahidake** Pour grimper dans les montagnes sans effort.

Connu sous le nom de Nutakukamushupe en aïnou, le Daisetsuzan (大雪山国立公園 ; Grande Montagne enneigée) a été créé en 1934. C'est le parc national le plus vaste du Japon, avec une superficie dépassant les 2 300 km². Cette immense étendue sauvage englobant des montagnes vertigineuses, des volcans actifs, des *onsen* isolés, des lacs aux eaux limpides et des forêts denses fait partie des paradis naturels auxquels rêvent les travailleurs stressés de Tōkyō ou d'Ōsaka.

Dans ce parc, l'intervention humaine est quasi inexistante et le tourisme est très limité, d'autant que la plupart des visiteurs logent dans les villes thermales situées en périphérie. Ses trois principaux points d'accès sont **Asahidake Onsen** au nord-ouest, **Sōunkyō Onsen** au nord-est et **Tokachi-dake Onsen** au sud-ouest.

Asahidake Onsen 旭岳温泉

☎0166

Ce village émaillé de sources chaudes dans un environnement forestier à 1 100 m d'altitude comprend plusieurs petites auberges installées au pied de l'Asahi-dake, le point culminant d'Hokkaidō. Les possibilités de randonner abondent, tout comme les *onsen*.

La plupart des bains, même dans les hôtels haut de gamme, sont accessibles à tous en journée. Ils coûtent de 500 à 1 500 ¥.

Sachez qu'il n'y a ni DAB, ni commerces, ni restaurants à Asahidake Onsen. Si vous campez ou projetez d'entreprendre la Grande Traversée de Daisetsuzan, prévoyez des provisions. Si vous logez dans un hôtel, commandez les repas lors de la réservation.

Activités

Téléphérique d'Asahidake Téléphérique
(旭岳 ロープウェイ ; ☎0166-68-9111 ; wakasaresort.com/eng/ ; aller simple/aller-retour 1er juin-20 oct 1 650/2 900 ¥, 21 oct-31 mai 1 100/1 800 ¥ ; 🕒6h-17h30 juil à mi-oct, 9h-16h

Randonnée dans le parc national de Daisetsuzan

Des marches d'une demi-journée à la Grande Traversée de Daisetsuzan (55 km), rude périple de 5 à 7 jours, il existe de nombreuses possibilités d'excursions dans le parc.

Procurez-vous un exemplaire de la carte *Yama-to-Kōgen Chizu Map 3: Daisetsuzan* (昭文社山と高原地図 3 大雪山) éditée par Shōbunsha et consultez les prévisions météo. Le personnel du centre d'information des visiteurs se fera un plaisir de vous renseigner sur les conditions climatiques.

La randonnée est possible de juillet à octobre. Au vu des refuges extrêmement rudimentaires, mieux vaut apporter une tente et du matériel de camping. Des provisions et un réchaud se révèlent également indispensables. Enfin, n'oubliez pas que vous êtes au pays des ours, aussi accrochez une cloche à votre sac à dos.

L'itinéraire commence à Asahidake Onsen ou à Sōunkyō Onsen et s'achève à Tokachi-dake Onsen.

mi-oct à juin). Il relie Asahidake Onsen (1 100 m) à Sugatami (姿見 ; 1 600 m), d'où le sommet de l'**Asahi-dake** (旭岳 ; 2 290 m) est aisément accessible à pied, et permet de nombreuses randonnées. Par beau temps, la vue est magnifique.

Où se loger

Daisetsuzan Shirakaba-sō Auberge ¥
(**大雪山白樺荘 ; ☎0166-97-2246 ; park19.wakwak.com/~shirakaba/english.html ; avec 2 repas, dort à partir de 6 890 ¥, ch 7 940 ¥/pers ; P @**). Hybride entre une auberge de jeunesse et un *ryokan*, ce refuge de montagne en bas du téléphérique comporte des chambres de style japonais et occidental, ainsi que des bains alimentés par des sources chaudes. Les hôtes peuvent utiliser une grande cuisine, mais la demi-pension vaut le coup. Consultez le site Internet pour connaître les différentes formules. *Onsen* ouvert aux non-résidents moyennant 500 ¥.

Lodge Nutapukaushipe Lodge ¥¥
(**ロッジ・ヌタプカウシペ ; ☎0166-97-2150 ; ch avec 2 repas à partir de 8 000 ¥/pers ; P wifi**). Cet hébergement de type chalet est un petit bijou. Le propriétaire, un sacré numéro, a réalisé lui-même la plupart des meubles et des éléments avec du bois de la région. Un magnifique *onsen* et des repas délicieux complètent le tout. En l'absence de site Internet, prenez la peine de téléphoner et vous ne serez pas déçu.

Renseignements

Centre des visiteurs d'Asahidake
(**旭岳ビジターセンター ; ☎0166-97-2153 ; www.town.higashikawa.hokkaido.jp/vc ; 9h-17h juin-oct, 9h-16h nov-mai**). Il propose d'excellentes cartes de randonnée précises, assorties d'informations sur l'état des sentiers au jour le jour. Si vous projetez un parcours de longue durée, prévenez le personnel.

Depuis/vers Asahidake Onsen

Trois bus quotidiens circulent dans les deux sens entre l'arrêt n°4 devant la gare JR d'Asahikawa et Asahidake Onsen (1 320 ¥, 1 heure 30). Le premier quitte Asahikawa à 9h25 et repart d'Asahidake Onsen à 11h.

Vallée de l'Iya

LES INCONTOURNABLES

1. **Séjourner dans une maison traditionnelle japonaise.** Pour découvrir la vie d'un village rural de Shikoku.
2. **Iya Onsen** (p. 344). Descendez en téléphérique jusqu'à cet *onsen* incroyablement pittoresque.
3. **Chiiori** (p. 344). La première maison du Chiiori Trust demeure la plus impressionnante.

Meule traditionnelle, vallée de l'Iya
ANTONY GIBLIN/GETTY IMAGES ©

La spectaculaire vallée de l'Iya (祖谷渓) est un lieu spécial, doté de gorges impressionnantes et d'épaisses forêts de montagne qui invitent les voyageurs à échapper à la frénésie de la vie du "continent". Vous éprouverez un plaisir immense à rouler sur les routes étroites, accrochées en bordure de falaise, tandis que les eaux bleues de la Yoshino-gawa déferlent dans les vallées anciennes. Les sportifs choisiront certains des plus beaux sentiers de randonnée autour du mont Tsurugi ou s'adonneront au rafting dans les gorges d'Ōboke et de Koboke.

Ōboke et Koboke 大歩危・小歩危

Ōboke et Koboke sont deux belles gorges sur la Yoshino-gawa, dont le cours varie entre eaux vertes paisibles et rapides de catégorie IV. Traverser ces vallées rurales permet de se faire une première idée du caractère verdoyant et magique de l'Iya.

Pour vous orienter dans ce labyrinthe de vallées, arrêtez-vous au **Lapis Ōboke** (ラピス大歩危 ; ☎0883-84-1489 ; 1553-1 Kamimyo ; 500 ¥ ; 🕒9h-18h avr-nov, 17h déc-mars) pour obtenir les informations touristiques de base. Il s'agit avant tout d'un musée consacré à la géologie et aux *yōkai* locaux ; oubliez les pierres et familiarisez-vous avec ces êtres surnaturels, fidèlement représentés dans une salle haute en couleurs (quelques explications en anglais).

Faites une halte au complexe touristique **River Station West-West** (☎0887-84-1117 ; www.west-west.com) pour trouver du matériel pour les sports de rivière à la boutique Mont Bell, acheter des en-cas au *konbini* (épicerie) et déguster d'excellents *soba* au restaurant **Momiji-tei** (もみじ亭 ; ☎0883-84-1117 ; repas 900-2 000 ¥ ; 🕒10h-17h30 jeu-mar) – goûtez le menu *tempura soba* (1 450 ¥), servi chaud ou froid.

Activités

Happy Raft Rafting

(ハッピーラフト ; ☎0887-75-0500 ; www.happyraft.com ; 221-1 Ikadagi). Au sud d'Ikeda, sur la route 32 entre Koboke et Ōboke, près de 20 agences organisent des sorties de rafting et de kayak de mi-mai à mi-octobre. Happy Raft, à quelques pas de la gare JR de Tosa Iwahara, propose des excursions sensationnelles de rafting et de canyoning (9 000 ¥) avec des guides anglophones (demi-journée 5 500-7 500 ¥, journée 10 000-15 500 ¥).

Iya Onsen Onsen

(祖谷温泉 ; ☎0883-75-2311 ; www.iyaonsen.co.jp ; 367-2 Matsuo Matsumoto ; 1 500 ¥ ; 7h-18h pour les clients à la journée). Un superbe endroit pour se réchauffer après des activités sportives en eaux vives, situé sur l'ancienne route 32. Un téléphérique descend le long de la falaise face à des bains sulfureux en plein air au bord de la rivière. L'hôtel est parfait pour se détendre, profiter de la vue spectaculaire sur les gorges et, bien sûr, se plonger dans l'*onsen*.

Chiiori

Haut perché sur le versant d'une montagne, dans le cadre reculé de la vallée de l'Iya et dominant des collines boisées et des gorges vertigineuses, se trouve l'un des lieux d'hébergement les plus originaux du Japon.

Chiiori (www.chiiori.org ; s/d haute saison à partir de 21 000-22 000 ¥, tarifs pour les groupes) – "le chalet de la flûte" – est une ferme au toit de chaume datant du XVIIIe siècle, autrefois abandonnée et en ruine, qui a retrouvé son prestige d'antan après des rénovations réussies. L'Américain Alex Kerr l'a achetée au début des années 1970 et l'a transformée en une adresse authentique et plaisante garnie de *shōji* (paravents mobiles), de meubles anciens et d'un *irori* (foyer ouvert traditionnel), le tout complété d'une cuisine moderne parfaitement équipée et d'une salle de bains avec baignoire en *hinoki* (cyprès japonais). Ici, à l'inverse de nombreux édifices historiques du pays, pas d'ajouts de béton ou de plastique : d'imposants chevrons et de superbes parquets en pin rouge.

Créée en 1999, l'association d'Alex Kerr (renommée Chiiori Trust en 2007) travaille en synergie avec les habitants pour promouvoir un tourisme durable, favorable à la communauté, et faire valoir le potentiel économique de la vie traditionnelle. En effet, si la vallée de l'Iya a été pendant des siècles un exemple de coexistence parfaite entre l'homme et la nature – mais sans espoir de grand confort –, ces dernières décennies ont vu un chamboulement du mode de vie traditionnel et de l'équilibre établi avec l'environnement. Jadis concentrés dans le secteur de l'agriculture, les emplois sont désormais subventionnés par le gouvernement et se tournent vers le secteur de la construction, au service de réalisations souvent inutiles – tel le pavage des lits de rivière – dont on peut voir les conséquences depuis quasiment tous les bords de route. Depuis la création de l'association, le gouvernement local a participé à la restauration de petites maisons traditionnelles dans le secteur. Ces demeures, disponibles à la location, ont été rénovées en respectant les mêmes critères pratiques et esthétiques qu'à Chiiori. Toutes sont dotées de cuisines et salles de bains modernes, et même de lave-linge. Pour plus d'informations et pour connaître les tarifs de ces petites maisons, suivez le lien Higashi-Iya Ochiai sur le site Web du Chiiori Trust.

La mission n'est pas accomplie pour autant : beaucoup de toits de chaume sont toujours dissimulés sous des plaques de tôle rouillée. Mais le nombre de touristes visitant la région va croissant, en grande partie grâce aux travaux accomplis par les membres de Chiiori Trust.

Pour séjourner dans cet environnement unique, il est obligatoire de réserver bien à l'avance par l'intermédiaire du **Chiiori Trust** (☎0883-88-5290 ; www.chiiori.org ; 209 Tsurui, Higashi-Iya ; 9h-18h), qui n'accepte que les paiements en espèces. L'organisme conseille aux visiteurs de venir avec leur propre véhicule, Chiiori étant particulièrement isolé, tout comme les autres maisons du secteur.

Comment s'y rendre et circuler

Le secteur est accessible depuis la gare d'Ōboke, desservie par des trains en provenance de Takamatsu (2 990 ¥) et de Tokushima (3 280 ¥), avec changement à Awa-Ikeda, ou de Kōchi (2 460 ¥). Depuis Honshū, des trains Nanpū express à vitesse limitée partent toutes les heures d'Okayama (4 020 ¥, 1 heure 45) ; Okayama se trouve sur la ligne Sanyō *shinkansen*.

Voyager dans la vallée elle-même demande de l'organisation, car les sites de l'Iya sont éloignés les uns des autres, et les transports publics sont rares voire inexistants. Quatre bus circulent chaque jour entre Ōboke et l'Iya (660 ¥, 40 minutes). De nombreuses compagnies de taxis, dont **Ikeda DK Taxi** (☎0883-76-0011) et **Ōboke Taxi** (☎0883-84-1225), assurent les liaisons quand les bus ne roulent pas.

Pour explorer la région, le mieux est d'être motorisé, afin de jouir d'un maximum de liberté et de souplesse. Il est possible de louer une voiture dans les grandes villes de Shikoku.

Nagasaki

☎095 / 440 000 HABITANTS

LES INCONTOURNABLES

1. **Musée de la Bombe atomique de Nagasaki** (p. 346) et **parc de la Paix** (p. 346). Ces lieux émouvants qui témoignent de l'inhumanité des hommes inspirent aussi l'espoir d'un avenir plus pacifique.

2. **Dejima** (p. 346). Cet ancien comptoir commercial néerlandais est incontournable pour les férus d'histoire japonaise.

3. **Jardin Glover** (p. 347). Site majeur de Nagasaki, à la fois pittoresque et intéressant d'un point de vue historique.

Grues en papier au parc de la Paix (p. 346)
MARTIN MOOS/GETTY IMAGES ©

Si le nom de Nagasaki est associé aux tragiques destructions de la guerre, la ville fut auparavant et pour la plus grande partie de son histoire, comme d'autres secteurs de la préfecture de Nagasaki (長崎県), le seul lien du Japon avec le monde extérieur. Certes, vous visiterez forcément des sites de la dévastation atomique mais, au-delà, vous découvrirez aussi que cette métropole est unique, et dotée d'une riche et pittoresque histoire marchande, de jolies églises, de sanctuaires et de temples, à côté d'une scène gastronomique où se marient Orient et Occident, le tout dans des collines et autour d'un port charmant. Prévoyez plusieurs jours pour rencontrer les habitants et découvrir l'esprit du lieu.

À voir

URAKAMI (NORD DE NAGASAKI)

Urakami, centre de l'explosion atomique, est aujourd'hui un faubourg paisible et prospère. Si les ruines de l'explosion semblent lointaines 70 ans après, de nombreux sites entretiennent la mémoire.

Musée de la Bombe atomique de Nagasaki — Musée

(長崎原爆資料館 ; **www.city.nagasaki.lg.jp/peace/english/abm ; 7-8 Hirano-machi ; 200 ¥, audioguide 150 ¥ ; 8h30-18h30 mai-août, 8h30-17h30 sept-avr ; Matsuyama-machi).** Incontournable lors d'un passage à Nagasaki, ce triste lieu évoque la destruction de la ville et la mort de ses habitants à l'aide de photos et d'objets, notamment des rochers et des arbres déchiquetés, des meubles, des poteries et des vêtements, une horloge arrêtée à 11h02 (l'heure de l'explosion), des récits de survivants et des histoires de sauvetages héroïques. On y découvre aussi les campagnes pour le désarmement nucléaire menées après l'explosion et l'on termine par une illustration effrayante des pays dotés de l'arme atomique.

Mémorial national de la Paix de Nagasaki aux victimes de la bombe atomique — Mémorial

(国立長崎原爆死没者追悼平和祈念館 ; **www.peace-nagasaki.go.jp ; 7-8 Hirano-machi ; 8h30-18h30 mai-août, 8h30-17h30 sept-avr ; Matsuyama-machi).** GRATUIT Voisin du musée de la Bombe atomique, ce mémorial minimaliste, réalisé par Akira Kuryū et inauguré en 2003, est profondément émouvant. Le meilleur moyen de l'aborder consiste à lire tranquillement les inscriptions gravées et à se promener autour du bassin sculpté. Dans la salle souterraine, 12 piliers de verre, emplis d'étagères de livres contenant les noms des morts, s'élancent vers le ciel.

Parc de la Paix — Parc

(平和公園 ; **Heiwa-kōen ; Ōhashi).** GRATUIT Au nord du point d'impact, le parc de la Paix est dominé par la **statue de la Paix de Nagasaki** (平和祈念像), monument en bronze de 10 tonnes conçu en 1955 par Seibō Kitamura. Il comprend aussi la fontaine de la Paix, en forme de colombe (1969), et la Zone du symbole de paix (Peace Symbol Zone), un jardin de sculptures abritant des contributions du monde entier sur ce thème. Chaque 9 août, une bruyante manifestation antinucléaire est organisée à proximité de la cérémonie officielle à la mémoire des victimes de la bombe, plus solennelle.

Parc du Point zéro — Parc

(長崎爆心地公園 ; **Matsuyama-machi).** GRATUIT Ce parc comporte une colonne en pierre noire et lisse qui marque le point au-dessus duquel l'explosion s'est produite. On voit alentour des reliques de la déflagration, notamment un pan de mur de la cathédrale d'Urakami.

CENTRE DE NAGASAKI

Dejima — Site historique

(出島 ; **Dejima).** En 1641, le shogunat Tokugawa bannit tous les étrangers du Japon, à une exception près : Dejima, une île artificielle en forme d'éventail de 560 m de circonférence (15 000 m^2) dans le port de Nagasaki. Jusque dans les années 1850, ce petit comptoir

L'explosion atomique

Lorsque le bombardier B-29 *Bock's Car* décolla des îles Mariannes le 9 août 1945 pour larguer une seconde bombe atomique sur le Japon, il visait Kokura, sur la côte nord-est de Kyūshū. Faute de visibilité, l'équipage mit le cap sur la cible secondaire, Nagasaki.

Le B-29 arriva sur la ville à 10h58 parmi d'épais nuages. Une brève éclaircie laissa apparaître l'usine d'armement Mitsubishi, et "Fat Man," la bombe de 4,57 tonnes équivalant à 21,3 kilotonnes de TNT (une puissance presque deux fois supérieure à celle du "Little Boy" d'Hiroshima) fut larguée sur Nagasaki.

La bombe manqua sa cible et explosa à 11h02 à une altitude de 500 m, quasi en surplomb de la plus grande église catholique d'Asie (la cathédrale d'Urakami). En un instant elle souffla le faubourg d'Urakami, tuant 74 000 des 240 000 habitants de Nagasaki. La température du sol au niveau du point 0 fut estimée entre 3 000°C et 4 000°C, et jusqu'à 600°C à 1,5 km de là. Tout fut détruit dans un rayon de 1 km de l'explosion, et des vents brûlants, estimés à plus de 170 km/h (par comparaison, un typhon souffle au maximum à 150 km/h), balayèrent la vallée de l'Urakami-gawa en direction du centre-ville. Les hommes étant partis à la guerre, la plupart des victimes furent des femmes, des enfants et des vieillards, ainsi que 13 000 travailleurs coréens enrôlés de force et 200 prisonniers de guerre alliés. On dénombra quelque 75 000 personnes horriblement blessées, et l'on estime qu'un nombre au moins égal de personnes périrent des suites de l'explosion. Quand le dernier incendie qui s'ensuivit s'éteignit, un tiers de la ville avait disparu.

Les dégâts auraient été plus importants encore si l'usine d'armement avait été frappée. Contrairement aux plaines d'Hiroshima ou au port de Nagasaki, les collines autour de la vallée protégèrent un peu les faubourgs alentour.

néerlandais fut l'unique présence étrangère tolérée au Japon.

Aujourd'hui, l'île a été rattrapée par la ville et on peut passer devant sans la voir. Ce serait dommage ! Dix-sept bâtiments, murs et constructions (et une Dejima miniature) de l'ancien comptoir ont été soigneusement reconstitués dans le **musée de Dejima** (出島資料館 ; **nagasakidejima.jp/en ; 6-1 Dejima-machi ; 510 ¥ ; 8h-18h, 8h-19h mi juil-mi oct ; Dejima).**

Musée d'Histoire et des Traditions de Nagasaki — Musée

(長崎歴史文化博物館 ; **www.nmhc.jp ; 1-1-1 Tateyama ; 600 ¥ ; 8h30-19h, fermé 3e mar du mois ; Sakura-machi).** Vaste et intéressant musée ouvert en 2005, consacré à la riche tradition d'échanges commerciaux entre Nagasaki et l'étranger. La galerie principale est une fabuleuse reconstitution d'une section du bureau des magistrats de Nagasaki à l'époque d'Edo, qui contrôlait le commerce et la diplomatie. Des explications détaillées en anglais étaient en cours d'élaboration lors de nos recherches.

SUD DE NAGASAKI

Jardin Glover — Jardin

(グラバー園 ; **095-822-8223 ; www.glover-garden.jp ; 8-1 Minami-yamate-machi ; tarif plein/étudiant 610/300 ¥ ; 8h-21h30 29 avr à mi-juil, 18h mi-juil au 28 avr ; Ōura Tenshudō-shita).** Quelques demeures des premiers Européens installés à Nagasaki sous Meiji ont été reconstituées dans ce jardin à flanc de colline. Le jardin porte le nom de Thomas Glover (1838-1911), marchand écossais qui construisit le premier chemin de fer japonais, contribua à la mise en place de l'industrie navale et dont les importations d'armes influencèrent le cours de la Restauration de Meiji. C'est un lieu agréable pour une balade.

Où se loger

Pour vous déplacer facilement à pied et bénéficier du meilleur accès aux restaurants et aux bars, mieux vaut loger près des gares JR de Nagasaki ou de Shianbashi.

Hotel Dormy Inn Nagasaki Business hotel ¥¥
(ドーミーイン長崎 ; ☎095-820-5489 ; www.hotespa.net/hotels/nagasaki ; 7-24 Dōza-machi ; s/d/lits jum à partir de 6 290/8 290/13 900 ¥ ; ; Tsuki-machi). Juste à côté du quartier chinois, un hôtel idéalement situé, apprécié pour ses chambres propres (bons matelas) avec salle de bains. Sauna et vastes salles de bains communes non-mixtes. Du *sara-udon* est proposé au petit-déjeuner (buffet 1 100 ¥), et c'est *soba* (nouilles de sarrasin) gratuits de 21h30 à 23h. Les prix varient grandement selon la saison et l'on trouve des promotions sur Internet.

ANA Crowne Plaza Nagasaki Gloverhill Hôtel ¥¥
(ANA クラウンプラザ長崎グラバーヒル ; ☎095-818-6601 ; www.anacrowneplaza-nagasaki.jp ; 1-18 Minami-yamate-machi ; s/d/lits jum à partir de 8 700/13 400/16 440 ¥ ; P ; Ōura-Tenshudō-shita). Proche du jardin Glover, de l'église catholique d'Ōura et des Pentes hollandaises, cet hôtel dispose de trois types de chambres : les "standard", relativement ordinaires, et les "superior" et les "deluxe", plutôt élégantes grâce à une rénovation récente. Son seul défaut : il n'y a pas vraiment de vue.

Chisun Grand Nagasaki Business hotel ¥¥
(チサングランド長崎 ; ☎095-826-1211 ; www.solarehotels.com/english ; 5-35 Goto-machi ; s/d/lits jum 12 000/16 000/18 000 ¥ ; ; Goto-machi). Dans l'artère principale, 153 chambres chics ornées de panneaux de bois sombre, douches séparées, baignoires et accessoires de toilette. Le personnel a l'habitude de la clientèle étrangère. Laverie payante. Promotions sur le site Internet.

Jardin Glover (p. 347)

BARRY WINIKER/GETTY IMAGES

Sakamoto-ya Ryokan ¥¥¥
(料亭旅館坂本屋 ; ☎095-826-8211 ; www.sakamotoya.co.jp ; 2-13 Kanaya-machi ; ch avec 2 repas à partir de 15 575 ¥/pers ; P @ ; Goto-machi). Magnifique *ryokan* à l'ancienne, ouvert depuis 1894. Couloirs bordés de céramiques Arita-yaki, jardinets jouxtant les chambres du 1er niveau, repas *kaiseki* (grande cuisine japonaise) et seulement 11 chambres, ornées d'œuvres d'art, pour un service personnalisé, chacune disposant d'un *hinoki-buro* (baignoire en bois de cyprès). De l'arrêt de tram Goto-machi, passez devant le Chisun Grand Hotel et prenez à gauche. En diagonale de la tour de télédiffusion.

Richmond Hotel Nagasaki Shianbashi Hôtel ¥¥¥
(リッチモンドホテル長崎思案橋 ; ☎095-832-2525 ; nagasaki.richmondhotel.jp ; 6-38 Motoshikkui-machi ; s/d/lits jum à partir de 11 000/16 000/19 000 ¥ ; @ ; Shianbashi). Il n'y pas plus proche du cœur de Shianbashi que cet hôtel prisé des voyageurs. Les chambres "deluxe" sont grandes pour le Japon. Personnel anglophone sympathique et superbe petit-déjeuner buffet (1 000 ¥) avec des spécialités locales.

Où se restaurer

Véritable carrefour culinaire, Nagasaki peut se targuer de l'une des scènes gastronomiques les plus intéressantes du pays. Le centre commercial **Mirai Nagasaki Cocowalk** (みらい長崎ココウォーク ; ☎095-848-5509 ; www.cocowalk.jp ; 1-55 Morimachi ; 10h-21h ; Mori-machi, JR Urakami) compte quelque 20 restaurants, situés aux 4e et 5e niveaux. **Aletta** (アレッタ ; ☎095-801-5245 ; déj/dîner 1 650/2 070 ¥ ; 11h-15h30 et 17h-23h ; Mori-machi) est un restaurant-buffet, déclinant un thème national différent chaque mois.

Restaurant bio Tia Japonais ¥
(ティア ; ☎095 828 2984 ; www.tia-nagasaki.com ; 6-24 Ginza-chō ; petit-déj buffet 1 150 ¥, repas à partir de 700 ¥ ; 7h-10h, 11h30-15h et 18h-21h ; Kankō-dōri). Appétissante cuisine japonaise comme à la maison à base de produits bio et locaux. Tout est un régal et le petit-déjeuner buffet est exceptionnel. En dessous du Victoria Inn.

Hōuntei Izakaya ¥
(宝雲亭 ; ☎095-821-9333 ; 1-8 Motoshikkui-machi ; plats 360-520 ¥ ; 17h-23h ; Shianbashi). Ce bar-restaurant rustique sert de savoureux *hito-kuchi gyōza* (bouchées ; 380 ¥ les 10) depuis les années 1970. Essayez aussi les *butaniratoji* (sorte d'omelette au porc et aux échalotes, 540 ¥). Carte illustrée. Cherchez la lanterne et le *noren* (rideau de porte) marron en face de With Nagasaki.

Shippoku Hamakatsu Kaiseki ¥¥
(卓袱浜勝 ; ☎095-826-8321 ; www.sippoku.jp ; 6-50 Kajiya-machi ; déj/dîner à partir de 1 500/2 940 ¥ ; 11h30-22h ; ; Shianbashi). Venez essayer un *shippoku-ryōri* abordable. Les menus sont copieux et variés (l'Otakusa Shippoku est servi sur un plateau rond impressionnant). Tables à la japonaise ou à l'occidentale.

Yosso Japonais ¥¥
(吉宗 ; ☎095-821-0001 ; www.yossou.co.jp ; 8-9 Hama-machi ; menus à partir de 1 350 ¥ ; 11h-20h ; Shianbashi). On mange ici du *chawanmushi* (flan aux œufs japonais) depuis 1866. Cherchez la vitrine traditionnelle ornée de lanternes rouges. Le *teishoku* (2 376 ¥) contient du poisson, du *soboro* (poulet haché sucré sur du riz), du *kakuni* (poitrine de porc en ragoût), des desserts et plus encore. Pas de carte en anglais, mais le présentoir facilite la commande.

Renseignements

Informations touristiques

En plus des brochures touristiques disponibles dans les centres d'information, procurez-vous le magazine gratuit en anglais *Nagazasshi*, publié par des expatriés, qui liste les événements et donne des conseils sur les sites à visiter. Un nouveau **centre d'appels** (☎095-825-5175) multilingue vous renseigne.

Centre d'information de la ville de Nagasaki (長崎市総合観光案内所 ; ☎095-823-3631 ; www.at-nagasaki.jp/foreign/english ; 1er niv, gare JR de Nagasaki ; ⏲8h-20h). Ce centre d'information touristique pourra vous aider à trouver un hôtel. Brochures et plans en anglais.

Depuis/vers Nagasaki

Avion

Des vols relient Nagasaki à Tōkyō, Ōsaka, Okinawa et Nagoya.

Train

De Nagasaki, les lignes JR desservent Sasebo (pour Hirado ; *kaisoku* ; 1 650 ¥, 1 heure 45) et Fukuoka (gare de Hakata ; *tokkyū* ; 4 500 ¥, 2 heures). La plupart des autres destinations nécessitent un changement. Nagasaki n'est pas desservie par le *shinkansen*.

Comment circuler

Depuis/vers l'aéroport

L'aéroport de Nagasaki est à 40 km de la ville. Des navettes (800 ¥, 35 minutes) partent du quai n°4 de la gare routière de Kenei, en face de la gare JR de Nagasaki, et devant la gare routière de Shinchi. Prévoyez 10 000 ¥ en taxi.

Tramway

Le tramway constitue le meilleur moyen de circuler dans Nagasaki. Il existe quatre itinéraires numérotés – 1, 3, 4 et 5 (la ligne n°2 ne circule que pour les événements particuliers) – et de couleurs différentes. Les arrêts sont indiqués en anglais. Un trajet coûte 120 ¥ ; la seule correspondance gratuite est à l'arrêt Tsuki-machi (築町 ; demandez un *noritsugi*, ou pass de correspondance), à moins d'avoir un forfait illimité d'une journée vendu 500 ¥ dans les offices de tourisme de Nagasaki et dans de nombreux hôtels. La plupart des tramways cessent de circuler vers 23h30.

Îles du Sud-Ouest

LES INCONTOURNABLES

1. **Randonnée à Yakushima.** Des courtes promenades à l'ascension du Miyanoura-dake, Yakushima offre certaines des plus belles randonnées du Japon.
2. **Shuri-jō** (p. 355). Bien qu'il s'agisse d'une réplique moderne, ce château capte toujours la magie de l'ancienne Okinawa.
3. **Îles Kerama.** Superbes plages, observation des baleines et excellents sites de plongée font des Kerama une destination de rêve.

Littoral de Yakushima
IPPEI NAOI/GETTY IMAGES ©

Yakushima 屋久島

0997 / 13 700 HABITANTS

Inscrite au patrimoine mondial depuis 1993, Yakushima est l'une des plus belles îles du Sud-Ouest. Les montagnes escarpées de l'intérieur sont couvertes de *yaku-sugi* (屋久杉 ; *Cryptomeria japonica*), de très anciens spécimens de cèdres du Japon qui auraient inspiré des scènes du film *Princesse Mononoké*, de Hayao Miyazaki.

La randonnée parmi les pics élevés et les forêts moussues constitue la principale activité de l'île, qui compte aussi de bons *onsen* sur les côtes et quelques plages de sable.

Sachez que Yakushima conjugue les extrêmes : les montagnes piègent les nuages chargés d'humidité et le centre de l'île est l'un des endroits les plus humides du Japon. En hiver, la neige peut coiffer les sommets, alors que les températures restent relativement douces sur la côte. Quel que soit votre programme, ne partez pas en randonnée sans une bonne carte et l'équipement adéquat. Louer une voiture rendra votre séjour plus plaisant, car les bus sont limités et peu fréquents.

À voir

Miyanoura (宮之浦), le port principal de Yakushima, se situe sur la côte nord-est de l'île et constitue une base pratique car la plupart des bus partent de là. Au départ de Miyanoura, une route fait le tour de l'île, traverse le port secondaire d'Anbō (安房) sur la côte est, la ville thermale d'Onoaida (尾の間) au sud, puis remonte vers le nord par Nagata (永田), bordée d'une superbe plage de sable blanc.

Nagata Inaka-hama Plage
(永田いなか浜). C'est sur cette superbe plage de la côte nord-ouest, dans le village de Nagata, que les tortues de mer viennent pondre entre mai et juillet. L'endroit est idéal pour assister à un coucher du soleil. La plage jouxte l'arrêt de bus Inaka-hama, sur la ligne Miyanoura-Nagata.

Issō-kaisuiyokujō Plage
(一湊海水浴場). Cette belle plage s'étire sur la côte nord, à mi-chemin entre Miyanoura et Nagata, à une courte distance de l'arrêt de bus Yahazu (sur la ligne Miyanoura-Nagata).

Activités

RANDONNÉE

La marche est le meilleur moyen d'apprécier la beauté de Yakushima. Hormis pour les courtes promenades dans la forêt de la réserve de Yakusugi Land, mieux vaut se procurer la carte (en japonais) intitulée *Yama-to-Kougen-no-Chizu-Yakushima* (山と高原の地図屋久島 ; 1 080 ¥), disponible dans la plupart des grandes librairies du pays.

ONSEN

Yakushima possède plusieurs sources thermales, des bassins isolés en bord de mer aux infrastructures des hôtels de standing. Les *onsen* côtiers répertoriés ci-dessous sont des *konyoku onsen* (bains mixtes) dans lesquels on se baigne nu ; les femmes s'enveloppent généralement d'une fine serviette.

Hirauchi Kaichū Onsen Onsen
(平内海中温泉 ; **100 ¥ ; 24h/24**). Les bains extérieurs, dans les rochers en bord de mer, ne s'utilisent qu'à marée basse. Les bains sont accessibles à pied depuis l'arrêt de bus Kaichū Onsen, mais la station suivante, Nishikaikon, est plus proche. De Nishikaikon, descendez vers la mer sur 200 m, puis tournez à droite au pied de la colline.

Yudomari Onsen Onsen
(湯泊温泉 ; **100 ¥ ; 24h/24**). Cet autre *onsen* en bord de mer, qui offre une remarquable sérénité, ne dépend pas des marées. De l'arrêt de bus Yudomari, prenez la route en face de la poste en direction de la mer. Une fois dans le village, le chemin est indiqué. Cette marche de 300 m passe devant un superbe banian.

Où se loger

Miyanoura est l'endroit le plus pratique pour passer la nuit. Vous trouverez également des hébergements dans les villages importants et plusieurs *yama-goya* (refuges) rudimentaires dans les montagnes. En juillet-août et pendant la Golden Week au printemps, mieux vaut essayer de réserver car les établissements affichent vite complet.

Sankara Hotel & Spa Hôtel ¥¥¥

(**☎097-47-3488 ; numéro gratuit 0800-800-6007 ; www.sankarahotel-spa.com ; 553 Haginoue, Mugio ; ch avec petit-déj à partir de 35 000 ¥/pers ; P ❄ @ ≋**). Surplombant la côte sud-ouest de Yakushima, ce remarquable ensemble de villas de luxe conjugue vue sur l'océan et décoration balinaise. Les pratiques durables du Sankara concernent notamment l'eau utilisée sur la propriété, qui provient du ruissellement des montagnes, et la cuisine du restaurant, qui emploie un maximum d'ingrédients biologiques locaux, pour la plupart cultivés exclusivement pour l'hôtel. Hôtes à partir de 15 ans uniquement.

MIYANOURA

Lodge Yaedake-sansō Lodge ¥¥

(ロッジ八重岳山荘 ; **☎0997-42-1551 ; www17.ocn.ne.jp/~yakusima/lodge/index.html ; Miyanoura ; ch avec repas 8 100 ¥/pers ; P**). Ce lodge isolé, installé dans les terres au bord de la Miyanoura-gawa, offre des chambres de style japonais et occidental dans des bungalows rustiques au bord de l'eau, reliés entre eux par des promenades en bois. Profitez des *onsen* en admirant le paysage. Les repas servis sur des tatamis dans la salle à manger sont équilibrés et savoureux. On peut venir vous chercher à Miyanoura.

NAGATA

Sōyōtei Ryokan ¥¥

(送陽邸 ; **☎0997-45-2819 ; www.soyotei.com ; ch avec repas 13 650 ¥/pers ; P**). Au nord-ouest de l'île près de la plage Nagata Inaka-hama, cette belle pension tenue par une famille propose des chambres mitoyennes avec véranda et vue sur l'océan. On reconnaît l'endroit à ses toits traditionnels en pierre, caractéristiques de Yakushima. Plusieurs bassins sont disponibles pour un usage privé, dont un bain en plein air donnant sur les flots.

Où se restaurer

Chaque village compte quelques restaurants, mais c'est Miyanoura qui

Cap Manza, Okinawa-hontō

ZHANGXUN/GETTY IMAGES ©

offre le plus grand choix. Si vous séjournez ailleurs, mieux vaut opter pour la demi-pension. Pour vos randonnées, vous pouvez demander la veille à votre hôtel de vous préparer un bento (boîte-repas).

Si vous devez faire des courses pour camper ou randonner, rendez-vous au supermarché **Yakuden** (ヤクデン ; 9h-22h) dans l'artère principale de Miyanoura, au nord de l'entrée du débarcadère.

Naa Yuu Cafe Café ¥
(なーゆーカフェ ; **0997-49-3195 ; 349-109 Hirauchi ; menus déj 850-1 250 ¥ ; 11h30-20h mar-dim, fermé 2e et 4e jeu du mois ;**). Situé au bout d'une piste de terre, en face d'un champ de roseaux, ce charmant café à l'ambiance hawaiienne sert pourtant surtout des spécialités thaïlandaises. Les menus proposés le midi vont du curry rouge à la pizza au jambon de porc noir de Kagoshima. Guettez la pancarte verte en anglais, à 3 km à l'ouest d'Onoaida.

Shiosai Produits de la mer ¥¥
(潮騒 ; **0997-42-2721 ; 305-3 Miyanoura ; plats 1 200 ¥ ; 11h30-14h et 17h30-21h30 ven-mer).** On y sert toutes sortes de grands classiques de la cuisine nippone, du *sashimi teishoku* (menu sashimis ; 1 700 ¥) au *ebi-furai tei-shoku* (menu crevettes frites ; 1 400 ¥). Dans un bâtiment bleu et blanchâtre, avec des portes vitrées automatiques, dans l'artère principale de Miyanoura.

Renseignements

Centre d'information touristique (0997-42-1019 ; 8h30-17h). Au terminal des ferries de Miyanoura, ce centre d'information très utile se tient dans le bâtiment circulaire blanc juste après les bureaux des compagnies de ferries. Le personnel vous aidera à trouver un hébergement et répondra à toutes vos questions sur l'île.

Depuis/vers Yakushima

Avion

Japan Air Commuter (JAC) assure des vols entre Kagoshima et Yakushima (13 300 ¥, 35 minutes, 5/jour). L'aéroport de Yakushima se situe sur la côte nord-est, entre Miyanoura et Anbō. Il est desservi par des bus (toutes les heures) ; vous pouvez aussi téléphoner à votre hôtel pour qu'on vienne vous chercher ou prendre un taxi.

Bateau

Des compagnies maritimes proposent des liaisons en hydroptère entre Kagoshima et Yakushima, dont certaines avec escale à Tanegashima. **Tane Yaku Jetfoil (à Kagoshima 099-226-0128, à Miyanoura 0997-42-2003)** proposent quatre hydroptères (Toppy/Rocket) par jour entre Kagoshima (départ du terminal des navires à grande vitesse, juste au sud du débarcadère de Minamifutō) et Miyanoura (9 100 ¥, 1 heure 45 pour une traversée directe, 2 heures 40 avec une escale à Tanegashima). Deux hydroptères relient également chaque jour Kagoshima et le port d'Anbō (2 heures 30), à Yakushima.

Comment circuler

Des bus locaux parcourent partiellement la route côtière autour de Yakushima toutes les une à deux heures. Seuls quelques-uns desservent l'intérieur. Les bus sont chers et l'achat d'un *Furii Jōsha Kippu*, qui donne droit à des trajets illimités sur les bus Kotsu de Yakushima, vous fera réaliser des économies substantielles. Comptez 2 000/3 000 ¥ pour un forfait de 1/2 jours, en vente au bureau de Tane Yaku Jetfoil à Miyanoura.

Il est préférable de louer une voiture pour sillonner l'île. L'agence **Toyota Rent-a-Car (0997-42-2000 ; rent.toyota.co.jp ; jusqu'à 12 heures à partir de 5 250 ¥ ; 8h-20h)** est installée près du terminal à Miyanoura.

Okinawa-hontō
沖縄本島

098 / 1,39 MILLION D'HABITANTS

Okinawa-hontō, la plus grande des îles du Sud-Ouest, fut le siège de la dynastie Ryūkyū. Son architecture d'origine, qui témoignait autrefois des différences culturelles avec le Japon continental, a quasiment disparu durant la Seconde Guerre mondiale. Les bombardements des Alliés n'ont toutefois pas réussi à détruire les autres vestiges de cette culture spécifique et l'île conserve ses traditions artistiques, musicales et culinaires.

Naha, chef-lieu de la préfecture, est le carrefour des transports vers les autres îles. Des monuments commémoratifs de la guerre parsèment le sud de l'île, tandis que la péninsule de Motobu-hantō compte d'autres sites et quelques belles plages. La partie septentrionale de l'île est relativement sauvage.

Naha 那覇

098 / 315 000 HABITANTS

Rasé pendant la Seconde Guerre mondiale, le chef-lieu de la préfecture est aujourd'hui une ville animée, dotée d'un monorail aérien pratique, d'un nombre croissant d'immeubles modernes et d'inévitables embouteillages.

À voir

Il est assez facile de se déplacer dans Naha car les principaux sites sont regroupés dans le centre-ville. De Kokusai-dōri, l'artère principale, une série de galeries marchandes couvertes conduit au quartier des potiers de Tsuboya, au sud-est. Le quartier de Shuri se situe à 3 km à l'est du centre.

Kokusai-dōri (国際通り) est une débauche de néons, de magasins de souvenirs et de restaurants animés prisés des jeunes Japonais branchés. C'est un festival de bric-à-brac et d'objets de pacotille, amusant si vous êtes d'humeur joviale.

Beaucoup préfèrent l'ambiance des trois galeries marchandes qui s'étendent au sud de Kokusai-dōri, presque en face du grand magasin Mitsukoshi : **Ichibahon-dōri** (市場本道り), **Mutsumibashi-dōri** (むつみ橋通り) et **Heiwa-dōri** (平和通り).

Daichi Makishi Kōsetsu Ichiba — Marché

(第一牧志公設市場 ; 2-10-1 Matsuo ; 10h-20h). Ce marché d'alimentation couvert, à deux pas d'Ichibahon-dōri, à 200 m au sud de Kokusai-dōri, est notre endroit préféré du secteur des galeries marchandes. La diversité de poissons et de produits offerts est exceptionnelle. Ne manquez pas les excellents restaurants à l'étage.

Quartier des potiers de Tsuboya — Quartier

(壷屋やちむん道り ; Tsuboya Yachimun-dōri). Principale curiosité de Naha, ce secteur est un centre de fabrication de la céramique depuis 1682, date à laquelle les fours des Ryūkyū y furent rassemblés par décret royal. La plupart des boutiques vendent toutes les céramiques populaires d'Okinawa, comme les *shiisā* (lions-chiens, gardiens des toits) et les récipients pour servir l'*awamori*, l'eau-de-vie locale. Quelques vieilles maisons traditionnelles jalonnent les rues adjacentes. De Kokusai-dōri, traversez toute la galerie marchande Heiwa-dōri vers le sud sur environ 350 m.

Musée de la Préfecture d'Okinawa et musée d'Art — Musée

(沖縄県立博物館・美術館 ; 098-941-8200 ; www.museums.pref.okinawa.jp ; Omoromachi 3-1-1 ; musée de la Préfecture/musée d'Art 410/310 ¥ ; 9h-18h mar-jeu et dim, 9h-20h ven et sam). Inauguré en 2007, ce musée consacré au passé, à la culture et à l'histoire naturelle d'Okinawa est l'un des meilleurs du pays. Les collections, bien agencées et joliment présentées, se comprennent aisément grâce à une signalétique en deux langues. La section dédiée à l'art accueille des expositions temporaires (prix variable) qui privilégient les artistes locaux. Le musée se situe à 15 minutes à pied de la station Omoromachi du monorail en direction du nord-ouest.

Musée de la Céramique de Tsuboya — Musée

(壺屋焼物博物館 ; 098-862-3761 ; www.edu.city.naha.okinawa.jp/tsuboya ; 1-9-32 Tsuboya ; 315 ¥ ; 10h-18h mar-dim). Cet excellent musée abrite de beaux exemples de céramiques traditionnelles d'Okinawa, des tours de potier et des pièces *arayachi* (non vernissées) et *jōyachi* (vernissées). Il abrite un *nobori-gama* (four construit sur une pente) intact, dans son emplacement d'origine, avec des vestiges de céramiques du XVIIe siècle incrustés dans le sol.

QUARTIER DE SHURI 首里

Jadis la capitale d'Okinawa, Shuri abritait autrefois des temples, des sanctuaires, des tombes et un château qui furent tous détruits pendant la Seconde Guerre mondiale. Le château et les édifices alentour ont été reconstruits en 1992.

Shuri-jō — Château

(首里城, château de Shuri ; ☎098-886-2020 ; oki-park.jp/shurijo/ ; 1-2 Kinjō-chō ; 820 ¥, 660 ¥ avec le pass monorail 1 jour ; ⌚8h30-19h avr-juin, oct et nov, 8h30-20h juil-sept, 8h30-18h déc-mars, fermé mer et jeu en juil). Perché sur une colline, le château bâti au XIVe siècle, fut le centre administratif et la résidence des rois des Ryūkyū jusqu'au XIXe siècle. Entrez par la porte Kankai-mon (歓会門) et montez jusqu'à la Hōshin-mon (奉神門), l'entrée du périmètre intérieur du château, que domine l'imposant **Seiden** (正殿). Les visiteurs peuvent pénétrer dans le Seiden, qui présente des expositions sur l'édifice et sur la famille royale d'Okinawa.

À côté, le **Hokuden** (北殿) présente une petite collection d'œuvres.

Pour rejoindre le château qui surplombe la vaste Naha moderne, prenez le monorail Yui-rail jusqu'à la station Shuri. Empruntez la sortie ouest, descendez les marches, continuez tout droit, traversez une grande artère puis une petite rue, tournez à droite, parcourez 350 m et guettez les panneaux sur la gauche.

Où se loger

Naha constitue le point de chute le plus commode pour explorer Okinawa-hontō.

Hotel Sun Palace Kyūyōkan — Hôtel ¥¥

(ホテルサンパレス球陽館 ; ☎098-863-4181 ; www.palace-okinawa.com/sunpalace ; 2-5-1 Kumoji ; s/d avec petit-déj à partir de 6 500/9 800 ¥ ; P ⊝ ❄ @). À trois minutes à pied de Kokusai-dōri, le Sun Palace est un cran au-dessus des *business hotels* ordinaires. Les chambres sont assez spacieuses, avec de petites plantes en pot et une atmosphère chaleureuse typique d'Okinawa, tandis que la terrasse sur le toit offre un espace rafraîchissant et verdoyant. Personnel agréable.

Kokusai-dōri, Naha

UNGCHEUNG/SHUTTERSTOCK ©

Hotel JAL City Naha Hôtel ¥¥¥
(ホテル JAL シティ那覇 ; ☎098-866-2580 ; naha.jalcity.co.jp ; 1-3-70 Makishi ; s/d à partir de 13 000/16 000 ¥ ; P ⊝ ❄ @ ☰). Situé en plein cœur de l'animation de Kokusai-dōri, cet hôtel dispose de 304 chambres élégantes, dont les lits individuels sont assez larges pour passer pour des lits doubles. Le personnel parle un anglais très limité, mais assure un service remarquable.

Où se restaurer et prendre un verre

Naha est l'endroit idéal pour découvrir toutes les spécialités d'Okinawa.

Ashibiunā Cuisine d'Okinawa ¥
(あしびうなぁ ; ☎098-884-0035 ; 2-13 Shuri-jō ; menus déj 800-1 250 ¥ ; ⏲11h30-15h30 et 17h30-minuit ; 📋). Idéal pour déjeuner après la visite du Shuri-jō, l'Ashibiunā profite d'une atmosphère traditionnelle et d'un jardin pittoresque. Les menus affichent des spécialités locales comme le *gōyā champurū* (fricassée de concombre amer), l'*okinawa-soba* (épaisses nouilles blanches servies dans un bouillon de porc) et l'*ikasumi yakisoba* (nouilles sautées à l'encre de seiche). Sur la route en venant du Shuri-jō, à droite, juste avant l'intersection avec la route principale.

Yūnangi Cuisine d'Okinawa ¥¥
(ゆうなんぎい ; ☎098-867-3765 ; 3-3-3 Kumoji ; plats 1 200 ¥ ; ⏲12h-15h et 17h30-22h30 lun-sam ; 📋). Si vous parvenez à obtenir une table, vous dégusterez ici certaines des meilleures spécialités d'Okinawa, servies dans un cadre traditionnel à l'ambiance animée. Goûtez le menu *okinawa-soba* (1 400 ¥) ou choisissez parmi les appétissantes photos de la carte. Dans une petite rue en retrait de Kokusai-dōri. Repérez l'enseigne en bois avec des caractères japonais peints en blanc.

Uchinā Chaya Buku Buku Maison de thé
(うちなー茶屋ぶくぶく ; ☎098-861-2952 ; 1-28-3 Tsuboya ; thé 800 ¥ ; ⏲10h-18h). Cette maison de thé pleine de cachet, proche de l'extrémité est du quartier des potiers de Tsuboya, mérite le détour. Elle doit son

Gahi-jima (p. 359)

TORORO REACTION/SHUTTERSTOCK ©

nom au thé léger typique d'Okinawa servi ici, le *buku buku cha* (800 ¥), un thé au jasmin avec de la mousse de riz et des arachides pilées. Elle se trouve au bout d'une petite rue, au nord de Tsuboya-yachimun-dōri, et donne sur une maison vieille de 160 ans. Les enfants âgés de sept ans et plus sont les bienvenus.

Renseignements

Parmi les bureaux de poste disséminés en ville, citons celui de **Miebashi** (美栄橋郵便局 ; **1-1-1 Kumoji ; DAB 7h-23h lun-ven, 9h-21h sam, 9h-19h dim)**, au rez-de-chaussée du bâtiment Palette Kumoji, celui de **Tomari-kō** (泊ふ頭郵便局 ; **3-25-5 Maejima ; DAB 9h-19h lun-ven, 9h-17h sam-dim)**, dans le bâtiment du port de Tomari, et celui de **Makishi** (牧志郵便局 ; **3-13-19 Makishi ; DAB 9h-23h lun-ven, 9h-19h sam-dim)** à l'angle de la station Makishi.

Comptoir d'information touristique (**098-857-6884 ; terminal des arrivées 1F, aéroport international de Naha ; 9h-21h)**. Nous vous conseillons de récupérer auprès de ce guichet fort utile un exemplaire de la carte-guide *Naha Guide Map* avant de vous rendre en ville, ainsi qu'un exemplaire de l'*Okinawa Guide Map* si vous prévoyez d'explorer les environs.

Office du tourisme (那覇市観光案内所 ; **098-868-4887 ; 3-2-10 Makishi ; 9h-20h)**. L'office du tourisme municipal dispose d'un accès Internet et d'une consigne à bagages bon marché. Il distribue également des plans gratuits. Dans le Tenbus Building, qui abrite également le Centre d'art et d'artisanat traditionnel de Naha.

Depuis/vers Naha

Avion

De l'aéroport international de Naha (OKA), des vols rallient Séoul, Taipei, Hong Kong et Shanghai. Des vols intérieurs desservent Fukuoka (33 200 ¥, 1 heure 45), Ōsaka (40 800 ¥, 2 heures 15), Nagoya (46 110 ¥, 2 heures 30) et Tōkyō (28 390 ¥, 2 heures 45). Cette liste n'est pas exhaustive ; il existe des vols pour la plupart des grandes villes japonaises. Des réductions importantes (*tabiwari* sur All Nippon Airways et *sakitoku* sur JAL) sont parfois accordées si vous réservez votre vol un mois à l'avance.

Bateau

Des ferries circulent régulièrement entre Naha et les ports de Honshū (Tōkyō, Ōsaka/Kōbe) et Kyūshū (Kagoshima).

Marix (マリックスライン ; **098-53-3112, à Kagoshima 099-225-1551 ; www.marix-line.co.jp)** et **A Line** (**à Naha 098-861-1886, à Tōkyō 03-5643-6170 ; www.aline-ferry.com)** proposent 4 à 6 traversées par mois depuis/vers Tōkyō (27 230 ¥, 47 heures) et Ōsaka/Kōbe (21 790 ¥, 42 heures), ainsi que des ferries quotidiens depuis/vers Kagoshima (15 870 ¥, 25 heures). Si vous optez pour un pass *norihōdai kippu*, vous pourrez naviguer de Kagoshima à Naha, en montant et descendant librement du ferry pour cheminer d'île en île à votre guise pendant 7 jours.

Naha compte trois ports, ce qui peut prêter à confusion. Les ferries de Kagoshima/Amami-shotō partent de Naha-kō (port de Naha) ; les ferries de Tōkyō/Ōsaka/Kōbe de Naha Shin-kō (port de Naha Shin) ; et les ferries de Kume-jima et les Kerama-shotō de Tomari-kō (port de Tomari).

Comment circuler

Le monorail Yui-rail mène de l'aéroport international de Naha, au sud, à Shuri, au nord. Les billets coûtent de 200 à 290 ¥ ; le forfait d'une journée revient à 700 ¥. La station Kenchō-mae se situe à l'extrémité ouest de Kokusai-dōri et la station Makishi, à son extrémité est.

Naha-kō (le port de Naha) se trouve à 10 minutes de marche au sud-ouest de la station Asahibashi, et Tomari-kō (le port de Tomari) à une distance égale au nord de la station Miebashi. Le bus n°101, qui quitte le terminus des bus de Naha (那覇バスターミナル) en direction du nord, rejoint Naha Shin-kō (le port de Naha Shin ; 20 minutes, toutes les heures).

Si vous empruntez les bus urbains, déposez 200 ¥ dans le tronc à côté du chauffeur en montant. Pour des trajets plus longs, prenez un ticket indiquant votre lieu de départ en montant et payez le prix correspondant en descendant. De Naha, des bus desservent toutes les destinations de l'île.

Louer une voiture permet d'explorer plus facilement Okinawa-hontō. Dans le hall des arrivées de l'aéroport, un comptoir de location pourra vous renseigner sur la dizaine de compagnies existant à Naha, ce qui vous permettra de comparer les offres.

Sud d'Okinawa-hontō 沖縄本島の南部

Lors des derniers jours de la bataille d'Okinawa, le sud d'Okinawa-hontō fut l'un des derniers bastions de l'armée nippone et l'endroit d'où elle évacuait les soldats blessés. Ceux qui s'intéressent à cette page de l'histoire d'Okinawa pourront facilement visiter le secteur en une journée ou une demi-journée au départ de Naha.

Le **parc mémorial de la Paix** (平和祈念公園 ; aube-crépuscule), dans la ville d'Itoman sur la côte sud, renferme les principaux sites commémoratifs de la Seconde Guerre mondiale. Site majeur du parc, le **musée-mémorial de la Paix de la préfecture d'Okinawa** (沖縄県平和祈念資料館 ; 098-997-3844 ; www.peace-museum.pref.okinawa.jp ; 614-1 Aza Mabuni, Itoman ; 300 ¥ ; 9h-17h) est principalement consacré aux souffrances des habitants durant l'invasion de l'île et l'occupation américaine. Bien que certains éléments puissent susciter le débat, le musée a pour mission première de conserver le souvenir des horreurs de la guerre, afin que pareilles tragédies ne se reproduisent jamais. Disponible gratuitement, un audioguide en anglais illustre abondamment l'exposition du 2e niveau.

À l'extérieur du musée, la **pierre angulaire de la Paix** (aube-crépuscule) porte les noms de tous ceux qui périrent au cours de la bataille d'Okinawa.

Pour rejoindre le parc, prenez le bus n°89 à la gare routière de Naha jusqu'au terminus d'Itoman (560 ¥, 1 heure, toutes les 20 minutes), puis le bus n°82 jusqu'à Heiwa Kinen-dō Iriguchi (460 ¥, 30 minutes, toutes les heures).

En chemin, le **musée de la Paix de Himeyuri** (ひめゆり平和祈念資料館 ; 098-997-2100 ; www.himeyuri.or.jp ; 671-1 Ihara, Itoman ; 310 ¥ ; 9h-17h) constitue une halte intéressante. Il surplombe une grotte utilisée comme hôpital de campagne vers la fin de la bataille d'Okinawa. À cet endroit, 240 lycéennes furent réquisitionnées pour soigner les soldats japonais blessés. À l'approche des troupes américaines, elles furent renvoyées et la plupart périrent. Ce musée vise lui aussi à promouvoir la paix, sous l'impulsion de rescapées et d'anciennes élèves. D'excellents panneaux d'interprétation sont disponibles en anglais. Le bus n°82 dessert le musée.

Au sud de Naha, dans le parc Kaigungo-kōen, se tient le **quartier général souterrain de la Marine japonaise** (旧海軍司令部壕 ; Kyūkaigun Shireibu-gō ; 098-850-4055 ; 236 Tomishiro ; 440 ¥ ; 8h30-17h), où 4 000 hommes se suicidèrent ou furent tués alors que la bataille d'Okinawa s'acheminait vers une fin sanglante. Seuls 250 m de tunnels sont ouverts. Vous pouvez déambuler dans le labyrinthe des couloirs, lire les derniers mots du commandant inscrits sur un mur de sa chambre et découvrir les traces des explosions de grenades qui tuèrent de nombreux hommes. Pour rejoindre le site, prenez le bus n°35, 88 ou 98 au Naha Bus Terminal jusqu'à l'arrêt Uebaru Danchi (220 ¥, 20 minutes, plusieurs par heure), puis marchez 5 minutes en suivant les panneaux en anglais (l'entrée se situe près du sommet de la colline).

Kerama-shotō 慶良間諸島

À mille lieues de l'effervescence d'Okinawa-hontō, les Kerama-shotō peuvent néanmoins être bondées en été. Les trois îles principales, Zamami-jima, Aka-jima et Tokashiki-jima, se visitent chacune facilement dans la journée depuis Naha. Cependant, passer quelques jours dans un *minshuku* (pension japonaise) sur l'une d'elles vous permettra de mieux les apprécier.

AKA-JIMA 阿嘉島

098 / 279 HABITANTS

Mesurant à peine 2 km de diamètre, Aka-jima affiche une beauté inversement proportionnelle à sa taille. Ses plages superbes et son ambiance paisible invitent à s'attarder plusieurs jours en profitant des beaux sites de snorkeling et de plongée.

Parmi les belles plages de l'île, celle de **Nishibama** (西浜ビーチ), une étendue de sable blanc longue de 1 km sur la côte nord-est, est incomparable. Elle est parfois prise d'assaut en été et vous trouverez alors des plages plus calmes sur les autres côtes.

Centre de plongée et hôtel, le **Marine House Seasir** (マリンハウスシーサー ; 0120-10-2743, en anglais 090-8668-6544 ; www.seasir.com ; s/d avec 3 repas à partir de 9 000/16 000 ¥ ; P ❄ wifi), à la lisière ouest du bourg principal, loue des chambres proprettes, de style occidental ou japonais. La plupart des hôtes font de la plongée. L'établissement organise des sorties d'observation des baleines (4 800 ¥) de janvier à mars.

Installé sur la plage Maehama, au sud de l'île, le **Kawai Diving** (098-987-2219 ; www.oki-zamami.jp/~kawai/ ; 153 Aka ; s/d avec repas à partir de 7 780/15 550 ¥ ; P ❄ @ wifi) possède des chambres simples dans un cadre familial. Le personnel, qui parle anglais, renseigne ses hôtes sur l'île et propose des sorties de plongée (1/2 plongées 6 300/10 500 ¥, location de matériel 1 260 ¥/pièce d'équipement).

Zamami Sonei Ferry (098-868-4567) propose chaque jour 2 ou 3 ferries rapides (3 140 ¥, 1 heure, 10 minutes) et un ferry classique (2 120 ¥, 1 heure 30) depuis/vers le port Tomari-kō à Naha. Un bateau à moteur relie aussi Aka-jima et Zamami-jima (300 ¥, 15 minutes) 4 fois par jour.

ZAMAMI-JIMA 座間味島

098 / 586 HABITANTS

À une courte distance d'Aka-jima et à peine plus développée, Zamami-jima possède également de jolies plages. Les îlots proches et d'excellents sites de plongée et de snorkeling ajoutent à son attrait. Récupérez une carte et de l'excellente documentation en anglais à l'**office du tourisme** (098-987-2277 ; 9h-17h) installé sur le port.

Furuzamami Beach (古座間味ビーチ), à 1 km au sud-est du port (de l'autre côté de la colline), est une splendide étendue de sable blanc de 700 m, baignée d'une eau transparente et peu profonde avec quelques coraux. Bien aménagée, la plage comporte des toilettes, des douches et des stands de restauration. Vous pouvez aussi y louer du matériel de snorkeling (1 000 ¥).

Si vous préférez un endroit plus calme, vous trouverez des criques désertes de l'autre côté de l'île. Les plus belles plages se situent toutefois sur **Gahi-jima** (嘉比島) et **Agenashiku-jima** (安慶名敷島), à 1 km au sud du port. Ourlées de sable blanc, ces îles sont idéales pour une escapade d'une demi-journée. **Zamami Tour Operation** (098-987-3586) propose la traversée et des sorties de snorkeling. L'office du tourisme peut également organiser des circuits en bateau (aller-retour 1 500 ¥/pers).

Passez la nuit au **Joy Joy** (ジョイジョイ ; 098-987-2445, 0120-10-2445 ; keramajoyjoy.com/index.html ; 434-2 Zamami ; ch sans sdb avec petit-déj à partir de 5 400 ¥/pers ; ❄ wifi), au nord-ouest du bourg, qui dispose de chambres de styles japonais et occidental, aménagées autour d'un petit jardin. La pension gère un centre de plongée, avec des plongées depuis la plage et depuis un bateau (instructions en japonais uniquement) à partir de 4 860 ¥.

Inaugurée récemment, la **Zamamia International Guesthouse** (098-987-3626 ; www.zamamia-guesthouse.com ; dort/s/d 2 000/5 000/6 000 ¥ ; wifi) est tenue par un expatrié canadien fort chaleureux, qui organise souvent des soirées barbecue pour les résidents. Dans les dortoirs de cette pension conviviale, les lits sont spacieux et équipés de rideaux pour plus d'intimité – salles de bains communes.

Zamami Sonei (098-868-4567) propose quotidiennement deux ou trois ferries rapides (3 140 ¥, 50 minutes) et un ferry classique (2 120 ¥, 2 heures) depuis/vers le port Tomari-kō, à Naha. Ils font généralement escale à Aka-jima.

Un bateau à moteur relie aussi Zamami-jima et Aka-jima (300 ¥, 15 minutes) quatre fois par jour.

Vous pourrez louer une voiture, un scooter ou un vélo près du débarcadère.

髪飾り

Japon
En savoir plus

Ombrelles, Kyōto Handicraft Center (p. 259)

Le Japon aujourd'hui

> *Le pays échappe enfin au marasme économique et un vent d'optimisme souffle sur l'archipel*

Religions
(en % de la population)

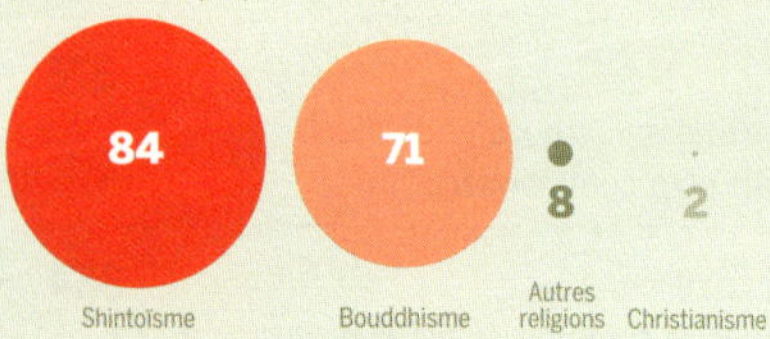

Note : le total est supérieur à 100 car beaucoup de Japonais sont à la fois shintoïstes et bouddhistes

sur 100 personnes au Japon

Population au km²

Yasaka-jinja (p. 224), Kyōto

Le Japon sort lentement de 30 ans de stagnation et se remet de la catastrophe de Fukushima provoqué par le séisme de 2011. Il y a même dans l'air comme un élan d'optimisme.

Un changement de cap

Le Japon a été laminé par la crise financière mondiale de 2008. Cela s'est traduit par un taux de chômage inédit dans l'histoire du pays, reléguant au rang de chimère les vieilles certitudes sur l'emploi à vie et la promotion à l'ancienneté. Et pour ne rien arranger, des nations comme la Chine et la Corée du Sud ont conquis des parts de marché considérables dans des secteurs dominés jusqu'alors par les Japonais. Lors des élections législatives de 2012, la population a exprimé son mécontentement envers la politique du Parti démocrate du Japon (PDJ) en ramenant au pouvoir le Parti libéral-démocrate (PLD) conduit par Shinzō Abe.

Dans un Japon pourtant connu pour son conservatisme, le nouveau Premier ministre n'a

VINCENT ST. THOMAS | SHUTTERSTOCK ©

pas tardé à fait voter un train de réformes économiques ("Abenomics") radicales. L'un des principaux objectifs poursuivis était d'affaiblir le yen afin d'accroître la compétitivité des produits japonais à l'exportation. Le pays a enregistré une hausse de 1,5% de son PIB en 2013 et la monnaie japonaise a commencé à baisser par rapport aux autres grandes devises. Fort de ce succès, Shinzō Abe a été réélu en 2014 avec une majorité écrasante.

Baisse du yen et retour des touristes

Ces derniers temps, le yen s'échange contre le dollar à des taux jamais vus depuis la fin des années 1990. Cela signifie que, malgré une petite inflation, le Japon est devenu l'une des destinations les moins chères du monde développé pour les voyageurs occidentaux.

Les touristes, qui avaient déserté le pays après le séisme de 2011, affluent désormais. Le record pour un seul mois a été atteint en octobre 2014 avec 1 272 000 visiteurs. Chinois, Taïwanais, Thaïlandais et Coréens forment le contingent en plus forte augmentation.

Dépasser les différends

L'afflux de visiteurs en provenance d'Asie ne pouvait se produire à un meilleur moment. En dépit de sa politique économique nouvelle, le PLD reste sans conteste un parti nationaliste dont les points de vue et les déclarations ont enflammé les passions dans les pays asiatiques ayant beaucoup souffert de l'agression nippone durant la Seconde Guerre mondiale. Les tensions entre le Japon et la Chine se focalisent sur le minuscule archipel des Senkaku (Diaoyu).

Si l'on a craint un temps que le conflit ne dégénère en affrontement armé, la raison a finalement prévalu. En décembre 2014, après moult tractations en coulisses, le Premier ministre japonais et le président chinois Xi Jinping se sont rencontrés et serré la main. Il s'agissait d'un geste fort même si, pour l'essentiel, les deux dirigeants n'ont fait que reconnaître leurs positions divergentes au sujet des îles Senkaku.

Les Jeux olympiques

En septembre 2013, le Japon a accueilli comme une excellente nouvelle l'attribution des Jeux olympiques d'été 2020 à la ville Tōkyō, promesse d'importantes retombées économiques. Dans la perspective de cet événement, des projets d'infrastructures – extension des lignes de *shinkansen* (trains à grande vitesse), agrandissement des aéroports internationaux et développement des installations et services touristiques – ont été mis en œuvre.

Histoire

Femmes en costume, Jidai Matsuri (p. 241), Kyōto

FRANK CARTER / SHUTTERSTO

L'histoire du Japon a grandement été influencée par la distance qui sépare ses îles du continent. Bien qu'au fil des siècles le pays ait été en contact avec d'autres régions d'Asie, sa position insulaire a joué un rôle-clé dans la création de l'État unifié que l'on connaît aujourd'hui. On peut grossièrement diviser son histoire en cinq grandes périodes : préhistorique (jusqu'en 400 av. J.-C. environ) ; préclassique (jusqu'en 710) ; classique (jusqu'en 1185) ; médiévale (jusqu'en 1600) ; et prémoderne à moderne (à partir de 1600).

La préhistoire

L'origine des premiers habitants du Japon est obscure. Des migrations eurent certainement lieu par voie terrestre depuis la Sibérie et la Corée, alors reliées au Japon, mais on parle aussi d'arrivées à Kyūshū et à Okinawa par la mer depuis la Polynésie. Il est donc vraisemblable que le peuple japonais trouve son origine dans l'émigration sibérienne au nord, chinoise et coréenne à l'ouest et, peut-être, polynésienne au sud.

Vers 10 000 av. J.-C.

Premières traces des chasseurs-cueilleurs de l'époque de Jōmon.

Les premières traces de civilisation au Japon remontent au néolithique, vers 10 000 av. J.-C. La culture de cette période, baptisée Jōmon (littéralement "marque de corde") à la suite de la découverte de fragments de poterie au décor cordé, était fondée sur la pêche, la chasse et la cueillette.

Cette période laissa peu à peu place à l'ère de Yayoi, qui débuta vers 300 av. J.-C. Cette époque tire son nom d'un site archéologique proche de Tōkyō où des fragments de poterie ont été exhumés. Le peuple yayoi était sans doute originaire de Corée. Ses principaux apports furent la pratique de la riziculture inondée et l'usage d'outils en bronze et en fer.

La période suivante, dite de Kofun (tumulus), se caractérisa par des milliers de sépultures de ce type mises au jour par les archéologues, principalement dans les régions centrale et occidentale du pays.

La volonté de défendre les territoires conduisit à la formation de communautés de plus en plus grandes ; vers 300, le clan Yamato réalisa une première unification du pays au terme de conquêtes et d'alliances. Avec la montée en puissance des empereurs Yamato, le Japon parvint au statut de nation, sur un territoire s'étendant des îles au sud de Kyūshū à l'extrême nord de Honshū.

Les grands... Lieux de l'histoire japonaise

1 Nara (p. 295)

2 Kyōto (p. 201)

3 Hiroshima (p. 325)

4 Okinawa-hontō (p. 353)

Le bouddhisme et les premières influences chinoises

Le bouddhisme arriva de Chine au milieu du VIe siècle via le royaume coréen de Paekche. Dès ses origines, la cour de Yamato s'était fixé pour règle de changer de capitale à la mort de l'empereur – probablement pour purifier la ville après ce décès. Le transfert de la capitale à Nara en 710 rompit néanmoins avec cette coutume ancienne, puisque Nara demeura capitale durant 75 ans.

L'établissement d'une culture nationale

À la fin du VIIIe siècle, face à l'influence croissante des religieux bouddhistes de Nara sur l'échiquier politique, l'empereur Kammu décida de déplacer la capitale. Le site choisi fut finalement celui de Heian-kyō (l'actuelle Kyōto).

La période de Heian (794-1185) fut marquée par un essor des arts et un développement de la pensée religieuse, sous l'influence des idées et des institutions venues de Chine, puis adaptées à la société japonaise.

Vers 300 av. J.-C.
Apparition du peuple yayoi dans le sud-ouest du Japon (sans doute arrivé de Corée).

Milieu du Ve siècle
Introduction de l'écriture, sous la forme de caractères chinois.

712 et 720
Rédaction du *Kojiki* (Chronique des faits anciens ; 712) et du *Nihon Shoki* (Chroniques du Japon ; 720).

Les grandes périodes de l'histoire nippone

Jōmon 13 000 av. J.-C.-300 av. J.-C.
Yayoi 300 av. J.-C.-300
Kofun 300-710
Nara 710-794
Heian 794-1185
Kamakura 1185-1333
Muromachi 1333-1576
Momoyama 1576-1600
Edo 1600-1868
Meiji 1868-1912
Taishō 1912-1926
Shōwa 1926-1989
Heisei depuis 1989

À la fin de la période de Heian, les empereurs délaissèrent progressivement l'administration du pays pour s'adonner aux loisirs et à l'étude. Le clan des Fujiwara profita de ce relâchement pour s'assurer des postes importants à la cour. Ces nobles devinrent les éminences grises de la dynastie – un rôle qu'ils conservèrent pendant plusieurs siècles.

Si la période de Heian est considérée comme l'apogée de l'élégance et du raffinement japonais, elle marqua aussi, dans les provinces, l'émergence d'un autre pouvoir : celui des samouraïs. Cette "classe de guerriers" constitua sa propre armée et n'hésita pas à prendre les armes pour défendre son autonomie. Rapidement, les familles de samouraïs rejoignirent la capitale et s'imposèrent à la cour.

Les Fujiwara furent finalement évincés par le clan Taira, qui ne régna que peu de temps avant d'être vaincu par la famille Minamoto (également connue sous le nom de Genji) à la bataille de Dan-no-ura (l'actuelle Shimonoseki) en 1185.

La domination du pouvoir militaire

La période de Kamakura (1185-1333) succéda à la période de Heian. En 1192, Minamoto Yoritomo conquit l'actuel Aomori-ken et étendit ainsi son pouvoir à l'extrême nord de Honshū. Pour la première fois de son histoire, le Japon fut entièrement unifié. Prenant le titre de shogun (chef militaire), Minamoto s'installa à Kamakura, tandis que l'empereur, établi à Kyōto, demeura le souverain en titre. Ce fut le début d'une longue période de féodalité, au cours de laquelle différentes familles de samouraïs se succédèrent au pouvoir. Le système féodal perdura sous des formes variées jusqu'à la restauration du pouvoir impérial, en 1868.

Si les Kamakura sortirent vainqueurs des batailles contre les Mongols (qui menèrent deux attaques au XIIIe siècle), ils se révélèrent incapables de payer les soldats et perdirent le soutien de la classe des samouraïs. Espérant profiter du mécontentement populaire, l'empereur Go-Daigo fomenta une sédition contre le gouvernement. Cette dernière échoua et l'empereur fut envoyé en exil dans les îles Oki-shotō, près de Matsue (ouest de Honshū). Il parvint toutefois à renverser le gouvernement dans une seconde tentative, menée l'année suivante.

1156
Deux grandes dynasties provinciales, les Taira et les Minamoto, s'engagent dans une guerre farouche.

1185
Renversement des Taira par Minamoto Yoritomo, qui devient l'homme le plus puissant du pays.

XIIIe siècle
Le bouddhisme zen s'impose au Japon.
Moine en méditation

Les sépultures kofun

L'origine de la lignée impériale et du peuple japonais demeure teintée d'un certain mystère. Les faits connus proviennent des tumuli en terre éparpillés dans les îles de Honshū, Kyūshū et Shikoku. Ces tertres funéraires, appelés *kofun*, servirent de sépultures aux premiers nobles du Japon. Leur construction débuta soudainement au IIIe siècle et disparut progressivement à la fin du VIIe siècle. C'est à cette époque que le clan Yamato, dont descend l'actuelle famille impériale, assit son contrôle sur le Japon.

Un pays en guerre

Ces événements annoncèrent la période de Muromachi (1333-1576). Privilégiant l'aristocratie et le clergé, l'empereur Go-Daigo refusa de rétribuer les soldats. Ashikaga Takauji, qui avait pourtant rejoint son camp, entra en rébellion. Il battit Go-Daigo à Kyōto, désigna un nouvel empereur et s'autoproclama shogun. Le clan Ashikaga s'installa ensuite à Muromachi, près de Kyōto.

Le règne des Ashikaga s'affaiblit progressivement, dans un territoire où la guerre civile et le chaos gagnèrent progressivement du terrain. En 1467 éclata la guerre d'Ōnin, qui tourna bientôt à la guerre civile et précipita le déclin du clan Ashikaga. Durant plus d'un siècle, daimyos (seigneurs de provinces) et chefs locaux se disputèrent le pouvoir dans des luttes pour le contrôle des territoires. Cette période, qui se poursuivit jusqu'au début de la période d'Azuchi-Momoyama, en 1576, devint pour tous l'époque Sengoku, ou "des pays en guerre".

Le retour à l'unité

En 1568, le fils d'un daimyo, Oda Nobunaga, renversa la cour impériale de Kyōto et s'empara du pouvoir. S'appuyant sur son génie militaire, il entreprit de pacifier et de réunifier le centre du pays. La relève fut assurée par Toyotomi Hideyoshi, son plus brillant commandant, qui poursuivit l'unification du Japon et parvint à le contrôler entièrement en 1590.

Le siècle chrétien

Quand les Européens parvinrent dans l'archipel au milieu du XVIe siècle, le pouvoir central exerça peu de contrôle sur le commerce avec l'étranger. Les premiers Portugais arrivèrent en 1543, après avoir fait naufrage au large de Kyūshū. La maîtrise lusitanienne de la fabrication des armes à feu, vite adoptée par les Japonais, leur valut un accueil chaleureux. Le jésuite saint François Xavier arriva à Kagoshima en 1549, suivi par d'autres missionnaires qui parvinrent à convertir rapidement des seigneurs locaux, avides de profiter du

XVe et XVIe siècles

Les guerres intestines, comme la terrible guerre d'Ōnin (1467-1477), gagnent quasiment tout le Japon.

KAZ MORI / GETTY IMAGES ©

1543

Arrivée des Portugais, premiers Occidentaux à entrer au Japon, qui introduisent les armes à feu et le christianisme.

commerce avec l'étranger et des ressources en armes. Le christianisme se répandit et compta bientôt plusieurs centaines de milliers de fidèles, principalement à Nagasaki.

Si Oda Nobunaga, conscient des avantages du commerce avec les Européens, accepta que le christianisme vienne concurrencer le bouddhisme, Toyotomi Hideyoshi craignit quant à lui que cette religion étrangère ne déstabilise son pouvoir. Des édits antichrétiens furent promulgués ; en 1597, 26 prêtres étrangers et chrétiens japonais furent crucifiés.

La paix et la fermeture du pays

Les protecteurs du jeune héritier de Toyotomi Hideyoshi, Toyotomi Hideyori, furent vaincus en 1600 par Tokugawa Ieyasu, son ancien allié, à la bataille de Sekigahara. Autoproclamé shogun, Tokugawa établit son *bakufu* (quartier général de campagne) à Edo (actuelle Tōkyō), inaugurant ainsi la période d'Edo, ou de Tokugawa (1600-1868). L'empereur et la cour continuèrent d'exercer une autorité purement théorique depuis Kyōto.

Sous les Tokugawa, le Japon entra dans une période de *sakoku* (isolement national). Sortir de l'archipel et faire du commerce avec l'étranger devint passible de mort. Seuls les Hollandais, les Chinois et les Coréens furent autorisés à rester sur le territoire japonais, et furent soumis à un contrôle strict. Les Hollandais furent confinés à l'île de Dejima, près de Nagasaki, et ne purent entrer en contact qu'avec les marchands et les prostituées.

Au tournant du XIXe siècle, le gouvernement Tokugawa était sclérosé et corrompu. Les famines et la pauvreté des paysans et des samouraïs affaiblirent encore l'administration. Les navires étrangers, qui montraient une insistance croissante à forcer l'isolement du pays, firent prendre conscience aux Japonais que leurs défenses étaient obsolètes et peu efficaces. Au contact avec la Russie, au nord, succéda la visite des Britanniques et des Américains. En 1853, le commodore Matthew Perry de la Marine américaine arriva accompagné d'un escadron de "bateaux noirs" pour exiger l'ouverture du pays au commerce.

L'arrivée des étrangers sonna le glas du régime des Tokugawa, déjà affaibli. Mécontents de la réaction du shogunat à ces incursions étrangères, deux importants

Les samouraïs

Dans l'imaginaire collectif, le samouraï combat avec un sabre, dit *katana* – dans un premier temps, pourtant, l'arc était l'arme la plus répandue. Les samouraïs, qui furent sans doute les meilleurs sabreurs du monde, constituaient de redoutables adversaires au duel. Un genre de combat guère adapté au monde moderne : à la fin du XIXe siècle, le gouvernement (qui comptait d'ailleurs des samouraïs) s'avisa qu'une armée de conscrits représenterait une force plus utile, et défit la caste des samouraïs. Les valeurs chères à ces derniers, comme le courage et la détermination, furent ravivées par la propagande avant la Seconde Guerre mondiale.

1600
Tokugawa Ieyasu, seigneur de la guerre, s'empare du pouvoir lors de la bataille de Sekigahara. Statue de Tokugawa Ieyasu, Tōshō-gū (p. 133), Nikkō

1853-1854
Matthew Perry emploie la "diplomatie des canonnières" pour contraindre le Japon à s'ouvrir aux échanges.

JUDY BELLAH / GETTY IMAGES ©

La bonne fortune des anciennes capitales

Selon certains historiens, Kyōto et Nara figuraient sur une liste de quelque 180 villes qui devaient être bombardées par les États-Unis durant la Seconde Guerre mondiale. Kyōto, peuplée de plus d'un million de personnes, était une cible désignée pour l'anéantissement atomique ; elle y échappa car ses usines de munitions étaient peu nombreuses (d'autres thèses suggèrent que la ville ne fut épargnée qu'en raison d'un caprice de la météo). Nara fut sauvée par sa modeste population de moins de 60 000 habitants, qui la maintint suffisamment bas sur la liste pour qu'elle ne soit pas atteinte avant la reddition inconditionnelle du Japon, en septembre 1945.

fiefs de l'ouest du Japon, Satsuma et Chōshū, s'allièrent à des samouraïs désabusés. Ils parvinrent à capturer l'empereur en 1868 et proclamèrent la restauration du pouvoir impérial et la fin du shogunat. Le shogun, Tokugawa Yoshinobu, démissionna. L'empereur Meiji prit les rênes des affaires de l'État.

L'ouverture du pays

Dans un contexte de quasi-guerre civile, la Restauration de Meiji (1868-1912) fit d'abord l'objet de résistances. Après l'abolition du shogunat, les daimyos se rendirent et leurs territoires furent divisés en préfectures – qui existent toujours aujourd'hui. Edo, rebaptisée Tōkyō ("capitale de l'Est"), devint la nouvelle capitale du Japon.

Sous couvert du slogan *fukoku kyōhei* (un pays riche, une armée forte), l'économie fut occidentalisée et modernisée à marche forcée. L'afflux d'experts occidentaux fut encouragé et des étudiants japonais furent envoyés à l'étranger pour étudier les technologies modernes.

La nouvelle confiance du pays s'illustra dans l'abolition des traités accordés aux puissances étrangères et l'aisance avec laquelle il remporta la guerre sino-japonaise (1894-1895). Le traité qui en résulta signa l'indépendance de la Corée et le passage de Taïwan aux mains des Japonais. Des tensions avec la Russie conduisirent à la guerre russo-japonaise (1904-1905). Les Japonais attaquèrent les Russes en Mandchourie et en Corée et anéantirent la flotte de la Baltique lors de la bataille de Tsushima.

L'industrialisation et la domination japonaise en Asie

À la mort de Meiji en 1912, son fils Yoshihito lui succéda sous le nom de Taishō, qui désigne aussi la période de son règne (1912-1926). Quand la Première Guerre mondiale éclata, le Japon se positionna contre l'Allemagne mais ne prit qu'une part

1902
Signature d'un pacte anglo-japonais, la première alliance de l'Histoire entre deux nations occidentale et non occidentale.

1941
L'attaque surprise de Pearl Harbor le 7 décembre signe l'entrée du Japon dans la Seconde Guerre mondiale.

1945
Le 6 août, Hiroshima entre tristement dans l'Histoire comme la première cible d'une bombe atomique.

Les chrétiens cachés

Le "siècle chrétien" japonais commença en 1549 avec l'arrivée de missionnaires portugais sur l'île de Kyūshū. En quelques décennies, des centaines de milliers de Japonais embrassèrent le christianisme.

L'essor rapide de cette religion, ainsi que le développement du commerce, la diffusion des armes des Occidentaux et le contrôle du territoire japonais qui en découlèrent, furent considérés comme une menace par le *bakufu* (gouvernement militaire) dirigé par Toyotomi Hideyoshi. Les missionnaires furent expulsés en 1587, et l'éradication du christianisme s'amorça. Le nombre de chrétiens exécutés au cours des six décennies qui suivirent est estimé à plusieurs milliers de personnes. Des milliers de paysans chrétiens entrèrent en résistance, ce qui donna lieu à la rébellion de Shimabara (1637-1638), après quoi le christianisme fut complètement proscrit.

Certains chrétiens présumés durent également se plier au *fumi-e,* technique consistant à leur faire piétiner des images de Jésus. La date du calendrier grégorien inscrite sur la façade de la maison de commerce hollandaise de l'île de Hirado fut utilisée comme preuve de l'obédience chrétienne des marchands hollandais. Cela justifia leur exil à Dejima, dans la baie de Nagasaki, et conduisit à plus de deux siècles de *sakoku* (fermeture du pays).

Les chrétiens japonais réagirent en entrant dans la clandestinité en tant que *kakure Kirishitan* (chrétiens cachés). Sans prêtres, ils pratiquaient leur culte lors d'offices secrets chez des particuliers. En apparence, leur pratique religieuse ressemblait à celle d'autres religions japonaises. Ils utilisaient notamment des *kamidana* (autels shintoïstes) et des *butsudan* (autels bouddhiques du culte des ancêtres), ainsi que du riz et du saké pour leurs rituels. Leurs sonorités imitaient aussi celles des incantations bouddhiques. Les spécialistes estiment à 150 000 le nombre de chrétiens cachés.

Ce n'est qu'en 1865, soit 12 ans après l'arrivée des Bateaux noirs (les premiers bateaux européens), que le Japon vit renaître une église à grande échelle – la cathédrale d'Oura, à Nagasaki. Des missionnaires commencèrent à revenir lorsque le pays rouvrit ses frontières en 1868. Le gouvernement de Meiji déclara officiellement la liberté de culte en 1871. Aujourd'hui, on estime entre un et deux millions le nombre de chrétiens japonais (soit environ 1% de la population).

marginale dans le conflit. Profitant de l'implication des Alliés dans la guerre, il accéléra son développement économique grâce au secteur maritime et au commerce. Il parvint également à s'implanter en Chine.

1945-1952

Le Japon est occupé par les Américains.

Années 1990-début des années 2000

Après l'éclatement de la "bulle économique", le Japon amorce une décennie de récession.

2011

Le 11 mars, un grand séisme provoque un tsunami et déclenche la catastrophe de la centrale nucléaire de Fukushima.

Le nationalisme et les visées impérialistes

L'ère Shōwa (1926-1989) s'ouvrit sur le couronnement de l'empereur Hirohito en 1926. Familier de l'Europe, celui-ci nourrit des liens avec la noblesse du Vieux Continent et un penchant pour le mode de vie britannique.

La dépression économique qui frappa la planète en 1930 accéléra la montée du nationalisme. Le mécontentement populaire s'illustra dans des complots pour renverser le gouvernement et des assassinats politiques. Les militaristes, qui approuvèrent l'invasion de la Mandchourie en 1931 et l'instauration d'un régime fantoche, gagnèrent du terrain. En 1933, le Japon se retira de la Société des Nations avant de s'engager dans une guerre ouverte contre la Chine en 1937.

Fort de sa position de leader d'un nouvel ordre en Asie, l'Empire signa un pacte tripartite avec l'Allemagne et l'Italie en 1940. Pour les militaires, les États-Unis étaient alors les principaux adversaires de la Sphère de coprospérité de la Grande Asie orientale.

La Seconde Guerre mondiale

Le Japon entra dans la Seconde Guerre mondiale par une attaque surprise contre la base navale américaine de Pearl Harbor le 7 décembre 1941.

Les Japonais enchaînèrent d'abord les victoires sur des fronts allant de l'Inde à la frontière australienne et au centre du Pacifique. Mais la bataille de Midway inaugura la contre-attaque des États-Unis. Le Japon perdit sa suprématie maritime, alors que s'inversait le cours de la guerre. En 1945, repoussé sur tous les fronts, le pays était épuisé par les blocus sous-marins et les bombardements aériens. En août, la déclaration de guerre de l'URSS et les bombes atomiques larguées par les Américains sur Hiroshima et Nagasaki eurent raison de ses forces : Hirohito annonça une reddition sans condition.

La reconstruction de l'après-guerre

À la fin de la guerre, l'économie japonaise, dévastée, connut une inflation galopante. Un programme de reconstruction fut mis en place ; il reposait sur un système de prêts, une restriction des importations et la stimulation de l'investissement et de l'épargne individuelle.

La fin des années 1950 fut marquée par la prospérité économique et la poursuite d'une croissance rapide. Le "miracle économique" japonais s'étendit pratiquement à tous les secteurs d'activité, du textile aux industries à forte main-d'œuvre, à l'exemple des appareils photo. Le Japon subit un retour de la récession et de l'inflation en 1974, puis en 1980, principalement du fait de l'augmentation des prix du pétrole importé, dont le pays dépend. Cela ne l'empêcha pas de devenir la première économie à vocation exportatrice, générant un fort excédent commercial et dominant des secteurs comme l'électronique, la robotique, l'informatique, l'automobile et le domaine bancaire.

2013

Le Comité international olympique désigne Tōkyō comme ville d'accueil des Jeux olympiques d'été de 2020.

2015

Shinzō Abe fait voter de nouvelles lois sécuritaires permettant à l'armée d'intervenir à l'étranger, ce qui met fin à la tradition pacifiste mise en place après la Seconde Guerre mondiale.

2016

La justice ordonne l'arrêt de deux réacteurs nucléaires qui venaient de redémarrer, invoquant le principe de sûreté et la catastrophe de Fukushima.

Société

Sensō-ji (p. 86), Tōkyō

CHRISTOPHER GROENHOUT / GETTY IMAGES

Le Japon se distingue par la relative homogénéité de sa population. Ajoutée à la distance qui sépare l'archipel nippon et le continent asiatique, celle-ci est à l'origine de ce que certains appellent le "syndrome des Galápagos", c'est-à-dire une culture vraiment particulière. En réalité, les Japonais ne sont pas aussi uniques que les étrangers et nombre d'entre eux aiment à le penser ! La culture nippone a bel et bien intégré des influences coréennes et chinoises, tout en présentant naturellement des traits caractéristiques.

L'esprit japonais

En découvrant le Japon, un pays de 127 millions d'habitants, les étrangers un peu attentifs sont frappés par la diversité et la richesse de la culture et de la société nippones. La solidité et la durabilité des liens sociaux constituent des aspects particulièrement notables.

Les Japonais passent souvent pour un peuple distant, parfois difficile à décrypter pour certains Occidentaux. L'explication de ces stéréotypes pourrait tenir à des questions de communication : peu de Japonais maîtrisent aussi bien l'anglais que, par exemple, les Singapouriens, les Chinois de Hong Kong ou un grand nombre d'Européens. Ces obstacles, en grande partie liés au système éducatif nippon, sont encore aggravés par une certaine réserve naturelle et un souci du perfectionnisme, ainsi que par la nature même de la langue japonaise, laquelle compte moins de sons que toute autre grande langue du monde (ce qui complique la prononciation de celles apprises). Ce qui peut apparaître, de prime abord, comme une relative impénétrabilité s'apparente sans doute davantage à une difficulté à communiquer avec aisance.

Ce que l'on appelle l'"esprit japonais" est le fruit de l'histoire du pays et de son interaction avec l'environnement. De fait, le Japon est une nation insulaire. Jusqu'à la Seconde Guerre mondiale, le pays n'avait jamais été conquis ou occupé par une puissance étrangère, ni réellement influencé par les missionnaires chrétiens ; jusqu'au début du XXe siècle, la majorité des Japonais vivaient au sein de communautés rurales très unies, solidaires. Par ailleurs, la majeure partie du Japon étant couverte de montagnes escarpées, les rares régions plates du pays sont surpeuplées. Enfin, pendant presque toute son histoire, la société japonaise a respecté une hiérarchie très stricte, avec un quasi-système de castes durant la période d'Edo.

La tache mongole

Presque tous les bébés japonais naissent avec une tache mongole, ou *mōkohan*, sur les fesses ou au bas du dos. Cette marque de naissance de couleur gris-bleu, composée de cellules à base de mélanine, n'est pas pathologique. Elle est commune à plusieurs peuples asiatiques, dont les Mongols (comme l'indique son nom), mais aussi aux Indiens d'Amérique. Elle disparaît habituellement vers l'âge de cinq ans et soulève d'intéressantes interrogations sur l'origine du peuple japonais.

Tous ces facteurs expliquent le penchant des Japonais pour l'identité collective et l'harmonie sociale. La recherche du consensus laisse l'individualisme en retrait, et il est monnaie courante de garder pour soi ses sentiments et opinions personnelles. Ainsi, les échanges d'idées et autres débats, parfois houleux, qui ont cours en Occident sont bien plus rares au Japon. Cette réticence à s'exposer participe peut-être de l'image mystérieuse que véhiculent parfois les Japonais.

Cette tendance japonaise à placer l'harmonie au-dessus de l'expression individuelle est confortée par les héritages confucéen et bouddhiste. Le confucianisme, venu de Chine, met l'accent sur le respect dû aux parents, aux enseignants, à la société et aux ancêtres, qui passe avant le bonheur individuel. Le bouddhisme, arrivé d'Inde via la Corée et la Chine, professe le caractère illusoire du soi et prêche la modération en toute chose.

La fidélité, la loyauté et le respect d'autrui sont donc des valeurs primordiales pour les Japonais, qui voient dans l'égoïsme l'un des plus grands défauts de l'esprit humain. Le groupe est, bien sûr, essentiel. Mais il serait absurde, à l'instar de certains "observateurs" occidentaux, de comparer les habitants de l'archipel à des automates suivant le mouvement de la société sans faire usage de leur conscience. S'il est généralement admis qu'un individu doit penser aux membres du cercle auquel il appartient, il n'a aucune obligation de les apprécier. Il convient simplement, par exemple, de prêter attention aux propos que l'on tient, d'éviter les conflits et de s'excuser en cas de problème, même quand la responsabilité en demeure mal définie.

Au Japon, la règle n°1 dans les rapports sociaux est sans doute de prendre en considération les sentiments d'autrui, ce qui implique avant tout de garder pour soi ses propres sentiments et opinions. Aussi, le *honne*, ou "ce que l'on pense vraiment", n'est parfois jamais exprimé. Le *tatamae* désigne "ce que l'on montre", des propos conformistes, que l'on peut prononcer sans crainte. Il est destiné à conserver sa position dans un groupe, une entreprise ou sa famille. En essayant de soutirer une opinion à un ami japonais, vous risquez de vous trouver face à un mur, ce qui vous plongera dans l'embarras… et traduira le malaise de votre interlocuteur. Toutefois, maintes circonstances font exception à ces règles, surtout avec les jeunes Japonais, plus prompts à dévoiler leurs opinions.

Population

Le Japon compte environ 127 millions d'habitants (ce qui le place au 9e rang mondial), dont 75% vivent dans des centres urbains à très forte densité de population. Dans des endroits comme la conurbation Tōkyō-Kawasaki-Yokohama, cette densité est telle que ces trois villes se sont presque fondues l'une dans l'autre. Considérées comme une seule et même mégapole, elles constitueraient la plus grande ville du monde.

L'un des traits remarquables de la population japonaise réside dans sa relative unité ethnique et culturelle, une caractéristique qui frappe particulièrement les visiteurs provenant de nations multiculturelles. La principale raison de cette homogénéité est la rigueur des lois japonaises en matière d'immigration ; seul un petit nombre d'étrangers parvient à s'installer dans le pays.

Les 650 000 *zai-nichi kankoku-jin* (résidents coréens) forment le groupe non japonais le plus important. Étrangers pour la plupart, les Coréens constituent une minorité invisible ; même les Japonais ne peuvent distinguer une personne d'ascendance coréenne si elle adopte un nom japonais. Jusque très récemment, les Coréens nés au Japon, et de langue japonaise, devaient pouvoir présenter en permanence une carte d'identité avec leurs empreintes ; ils souffrent encore de discrimination dans le secteur du travail et dans d'autres aspects de la vie quotidienne. En dehors des Coréens, la plupart des étrangers sont des travailleurs temporaires venus de Chine, d'Asie du Sud-Est, d'Amérique du Sud et d'Occident.

Les groupes aborigènes comme les Aïnous ont fortement diminué à cause des mariages interethniques et des actions du gouvernement destinées à hâter leur assimilation. Actuellement, les Aïnous vivent essentiellement à Hokkaidō, l'île la plus septentrionale du Japon.

La démographie nippone se caractérise avant tout par son déclin. Le taux de natalité (1,3 enfant par femme) compte parmi les plus faibles des pays développés et le Japon est en train de devenir rapidement une nation de citoyens âgés. Selon les spécialistes, la population, qui a commencé à décliner en 2007, ne dépassera pas

Maiko (apprentie geisha), Kyōto
PAUL CHESLEY / GETTY IMAGES ©

Où rencontrer les habitants ?

- **Les izakaya** Le saké et les tables communes facilitent les échanges dans ces bars-restaurants. Vos voisins de tablée briseront sûrement la glace en vous offrant un verre.
- **Les sentō** La nudité est un bon moyen de lever les barrières dues à la classe et au métier, comme adorent le souligner les Japonais, mais aussi à la nationalité. Si discuter tout(e) nu(e) ne vous gêne pas, le *sentō* (bain public) est un lieu idéal pour aller à la rencontre des habitants.
- **Les guides bénévoles** On en trouve dans de nombreux quartiers touristiques. Renseignez-vous auprès de l'office du tourisme local.
- **Les montagnes** Les Japonais aiment randonner et ceux que l'on rencontre sur les sentiers semblent être particulièrement chaleureux. Vous pouvez engager la conversation par la phrase : *"Ii tenki desu ne."* (Il fait beau, n'est-ce pas ?)
- **Une visite ou un séjour chez l'habitant** De nombreux offices du tourisme et centres de loisirs organisent des visites dans des familles japonaises, où vous pourrez manger ou passer la nuit.

100 millions en 2050 et 67 millions en 2100. Cette baisse démographique aura bien évidemment des répercussions économiques considérables dans les décennies à venir.

Être une femme au Japon

La société japonaise traditionnelle cantonnait la femme dans son foyer où, en tant que maîtresse de maison, elle jouissait d'un pouvoir considérable, supervisant le budget et l'éducation des enfants, et agissant d'une certaine manière en chef de famille. Cependant, même au début de l'ère Meiji (1868-1912), cet idéal restait loin de la réalité : la pénurie de main-d'œuvre obligeait souvent les femmes à travailler dans les fabriques ; auparavant, elles prêtaient fréquemment main-forte aux hommes dans les champs.

Aujourd'hui, la situation est complexe. Certaines femmes se conforment aux rôles traditionnels, choisissent un cursus court, souvent dans une université pour femmes, et considèrent l'éducation comme un atout pour le mariage. Une fois mariées, elles laissent leur époux gagner l'argent du foyer.

Toutefois, les Japonaises sont de plus en plus nombreuses à refuser ou à retarder le mariage, et à tenter de faire carrière. La réalité ne reflète pas leurs ambitions : les femmes restent sous-représentées dans la politique et les postes de direction, et constituent l'essentiel des employés de bureau subalternes ("office ladies" ou OL). Cette situation s'explique en partie par la discrimination sexuelle qui prévaut dans les entreprises japonaises. Les attentes sociales jouent également un rôle, en forçant les Japonaises à choisir entre carrière et famille. Non seulement la plupart des entreprises refusent d'embaucher des femmes pour des postes à responsabilité, mais certains Japonais répugnent à épouser une femme ambitieuse.

Celles qui optent pour un emploi à plein temps souffrent des pires inégalités de salaire du monde développé : elles ne gagnent que 66% de la rétribution versée aux hommes, contre 70 à 80% en France, 76% aux États-Unis et 83% au Royaume-Uni. Dans le monde politique, la situation est pire encore : les femmes ne détiennent que 10% des sièges à la Diète (Parlement).

Cuisine

Sushis, marché de Tsukiji (p. 66)

JAIME HOJJE LEE / GETTY IMAGES

Ceux qui connaissent la cuisine japonaise considèrent généralement qu'elle est l'un des éléments essentiels à la réussite d'un voyage dans l'archipel. Même si vous avez eu l'occasion de goûter certaines des spécialités les plus connues dans des restaurants japonais à l'étranger, vous serez sans doute étonné, sur place, de constater à quel point cette cuisine est savoureuse et variée. Les gourmands les plus intrépides découvriront avec bonheur que la gastronomie nippone ne se limite pas aux sushis, tempura et sukiyaki (tranches de bœuf mijotées accompagnées de légumes et de sauce).

Manger au Japon

L'idée de dîner dans un restaurant où l'on ne comprend ni la langue ni la carte peut décontenancer, mais il suffit de se familiariser avec les principales variétés de restaurants japonais pour savoir ce qui est proposé et comment commander. Que les plus timides se rassurent : les Japonais feront toujours preuve d'une grande patience pour deviner ce que vous désirez et vous guider dans votre choix.

À l'exception des *shokudō* (sortes de cantines) et des *izakaya* (bars-restaurants), la plupart des établissements japonais sont spécialisés dans un type de cuisine, ce qui limite le choix à quelques plats, souvent savoureux.

Restaurants : mode d'emploi

En entrant dans un restaurant japonais, le client est accueilli par un chaleureux "*Irasshaimase*" ("Bienvenue !"). Hormis dans les établissements les plus modestes, le serveur demande alors "*Nan-mei sama*" ("Combien de personnes ?"). Répondez à l'aide de vos doigts – c'est ce que font les Japonais.

On vous remettra ensuite un *oshibori* (serviette chaude), une tasse de thé et une carte. L'*oshibori* sert à s'essuyer les mains et le visage. Après l'avoir utilisée, roulez la serviette et posez-la près de vous. Le plus difficile reste à faire : commander. Si vous ne comprenez pas le japonais, reportez-vous aux traductions en caractères romains, ou indiquez au serveur les termes japonais correspondants. En cas de besoin, voici deux phrases utiles : "*O-susume wa nan desu ka*" ("Que conseillez-vous ?") et "*O-makase shimasu*" ("Choisissez pour moi"). Sinon, vous pouvez toujours montrer du doigt ce que mangent vos voisins ou, si le restaurant en possède, les reproductions en plastique exposées en vitrine.

Lorsque vous avez fini, vous pouvez demander l'addition en croisant les deux index l'un sur l'autre pour former un "x" – un geste signifiant communément "l'addition, s'il vous plaît". Vous pouvez aussi dire "*o-kanjō kudasai*". Rappelez-vous que l'on ne laisse pas de pourboire et que le thé est offert. Vous recevez généralement une note à apporter à la caisse, à l'entrée du restaurant. Dans les établissements plus haut de gamme, l'hôte principal quitte discrètement la table pour payer avant le départ du groupe. Contrairement aux habitudes occidentales, on ne laisse pas l'argent sur la table en partant. Seules les grandes enseignes internationales acceptent les cartes bancaires ; mieux vaut donc se munir d'argent liquide.

En partant, il est poli de dire au personnel "*Gochisō-sama deshita*" ("C'était un régal").

Les meilleures Villes où déguster...

1 **Des sushis** Tōkyō (p. 99)

2 **Un repas de *kaiseki* (cuisine gastronomique japonaise)** Kyōto (p. 248)

3 **Des *okonomiyaki* (crêpes salées japonaises)** Ōsaka (p. 283)

4 **Des *rāmen* (nouilles aux œufs)** Nagasaki (p. 349)

Restaurants et menus types

Shokudō

Les *shokudō* sont les restaurants les plus courants. Identifiables aux plats factices en plastique exposés en vitrine, ces établissements servent généralement un choix de *washoku* (plats japonais) et de *yōshoku* (cuisine occidentale).

Au déjeuner, et parfois au dîner, l'option la plus pratique est le *teishoku* (menu), parfois appelé *ranchi setto* (menu déjeuner) ou *kōsu*. Il comprend généralement une viande ou un poisson, un bol de riz, de la soupe miso, du chou émincé et quelques *tsukemono* (légumes en saumure). La plupart des *shokudō* servent en outre une sélection de *donburi-mono* (plats de riz) et de *menrui* (nouilles), *soba* ou *udon*, servis avec un choix de garnitures. Si vous ne savez pas quoi commander, il suffit d'annoncer "*kyō-no-ranchi*" ("le déjeuner du jour"). Un repas dans un *shokudō* coûte de 800 à 1 000 ¥.

Plats de riz

katsu-don	かつ丼	côtelette de porc panée sur un bol de riz
niku-don	牛丼	fines tranches de bœuf cuit sur un bol de riz
oyako-don	親子丼	œuf et poulet sur un bol de riz
ten-don	天丼	légumes et crevettes en tempura sur un bol de riz

Plats de nouilles

soba	そば	nouilles de sarrasin
udon	うどん	épaisses nouilles de froment
kake soba/udon	かけそば/うどん	*soba/udon* dans un bouillon
kitsune soba/udon	きつねそば/うどん	*soba/udon* au tofu poêlé
tempura soba/udon	天ぷらそば/うどん	*soba/udon* et crevettes en tempura
tsukimi soba/udon	月見そば/うどん	*soba/udon* coiffées d'un œuf cru

Izakaya

Équivalent japonais du bar-restaurant ou du bistrot, l'*izakaya* permet de déguster, dans une ambiance conviviale, une vaste sélection de plats simples, arrosés de bière ou de saké. À l'entrée, on vous demandera de choisir entre le comptoir, une table ou le tatami. La carte comprend diverses spécialités, des yakitoris aux sashimis ou aux grillades de poisson, et des versions nippones de plats européens comme les frites ou le bœuf braisé, que l'on commande au fur et à mesure.

agedashi-dōfu	揚げだし豆腐	tofu frit dans un bouillon *dashi*
jaga-batā	ジャガバター	pommes de terre cuites au beurre
niku-jaga	肉ジャガ	ragoût de bœuf et de pommes de terre
shio-yaki-zakana	塩焼魚	poisson entier grillé et salé
yaki-onigiri	焼きおにぎり	triangle de riz grillé avec une sauce de yakitori
poteto furai	ポテトフライ	frites
chiizu-age	チーズ揚げ	fromage frit
hiya-yakko	冷奴	cube de tofu froid à la sauce de soja et à la ciboule
sashimi mori-awase	刺身盛り合わせ	assortiment de sashimis

Bol de rāmen (p. 380)

Soba et udon

Les *soba* (fines nouilles de sarrasin) et les *udon* (épaisses nouilles de froment) sont les versions japonaises des *rāmen* d'origine chinoise. La plupart des restaurants spécialisés proposent les deux types, préparés de multiples façons.

Les nouilles sont généralement servies dans un bol contenant un bouillon léger à base de bonite. Les *zaru soba* se mangent froides, sur un treillis de bambou, toujours accompagnées d'un bouillon.

Sushis et sashimis

Comme le yakitori, le sushi est considéré comme un en-cas à déguster en buvant de la bière ou du saké. Néanmoins, les Japonais et les étrangers en font souvent un repas, à la fois délicieux et très sain. Un authentique restaurant de sushis sert le poisson cru, simplement en tranches, c'est-à-dire en sashimi ou *tsukuri* (le terme respectueux est *o-tsukuri*), ou sur du riz, auquel cas on parle de sushi. Il existe deux types de sushis : le *nigiri-zushi* (le plus courant, servi sur une boule de riz) et le *maki-zushi* (entouré d'une feuille d'algue).

ama-ebi	甘海老	crevette rose
ebi	海老	crevette grise
hamachi	はまち	thon à queue jaune
ika	いか	calamar
ikura	イクラ	œufs de saumon
kani	かに	crabe
katsuo	かつお	bonite, sorte de thon
maguro	まぐろ	thon
tai	鯛	dorade
tamago	たまご	omelette sucrée
toro	とろ	morceau le plus fin de la ventrèche de thon
unagi	うなぎ	anguille à la sauce sucrée
uni	うに	œufs d'oursin

Pour les voyageurs qui ne mangent pas de viande

Les personnes qui consomment du poisson devraient être à l'aise au Japon : presque tous les *shokudō*, les *izakaya* et les autres restaurants les plus courants proposent des menus qui en comprennent. Les végétaliens et les végétariens stricts trouveront une source de protéines dans le tofu et d'autres ingrédients à base de soja. Sachez que le *misoshiru* (soupe au miso) contient du *dashi*, c'est-à-dire du poisson.

La plupart des grandes villes japonaises comptent des restaurants végétariens et/ou bio qui proposent bien entendu une gamme de plats adaptés à toutes les préférences alimentaires. Consultez les rubriques *Où se restaurer* des chapitres régionaux pour en savoir plus. Dans ce guide, le symbole 🖉 indique une bonne sélection végétarienne dans un établissement donné.

À la campagne, en revanche, vous aurez du mal à trouver des plats adaptés ou à faire comprendre vos préférences culinaires aux serveurs. Sachez que de nombreux temples servent du *shōjin-ryōri*, la cuisine végétalienne bouddhique, sans viande, poisson ni produit laitier. C'est notamment le cas au Kōya-san, dans le Kansai.

Yakitoris

Les yakitoris (brochettes de poulet et de légumes grillées au charbon de bois) sont un en-cas très prisé à la sortie du bureau, généralement pour accompagner de la bière et du saké. Dans un *yakitori-ya* (restaurant de yakitoris), on s'assoit avec les autres clients au comptoir, et on indique au chef les brochettes que l'on désire. Notre conseil : demandez un assortiment, puis reprenez celles que vous préférez. Sachez que les brochettes sont servies par deux ou trois, mais que le tarif indiqué sur la carte s'entend généralement à l'unité.

yakitori	焼き鳥	grillade de viande blanche
hasami/negima	はさみ/ねぎま	alternance de viande blanche et de poireaux
sasami	ささみ	blanc de poulet
kawa	皮	peau de poulet
tsukune	つくね	boulettes de poulet
gyū-niku	牛肉	morceaux de bœuf
tebasaki	手羽先	ailes de poulet
shiitake	しいたけ	champignons japonais
piiman	ピーマン	petits piments verts
tama-negi	玉ねぎ	oignons blancs
yaki-onigiri	焼きおにぎり	

Rāmen

Importées de Chine, ces nouilles ont été accommodées à la sauce japonaise pour devenir l'un des meilleurs plats de restauration rapide du monde. Les *rāmen* sont de grands bols de nouilles dans un bouillon de viande, servis avec diverses garnitures : tranches de porc, pousses de soja, ciboule. Dans certains restaurants, notamment dans le Kansai, vous pouvez choisir entre une soupe *kotteri* (épaisse) ou *assari* (claire). Sinon, la commande est relativement facile : installez-vous au comptoir et dites "*rāmen*," ou l'un des autres plats généralement proposés.

rāmen	ラーメン	soupe et nouilles parsemées de viande et de légumes
chāshū-men	チャーシュー麺	*rāmen* garnies de tranches de rôti de porc
wantan-men	ワンタン麺	*rāmen* et raviolis de viande
miso-rāmen	みそラーメン	*rāmen* au bouillon au miso

À table : pas d'impairs !

Riz et baguettes Ne plantez pas vos *hashi* (baguettes) verticalement dans votre bol de riz.

Formules de politesse Lorsque vous partagez votre repas avec d'autres convives, surtout si vous êtes invité, il est poli de dire "*itadakimasu*" (littéralement "je le reçois") avant de commencer. À la fin du repas, il convient de remercier votre hôte en prononçant les mots "*Gochisō-sama deshita*" ("C'était un régal").

Kampai Il n'est pas convenable de remplir son propre verre de bière ou de saké.

"Slurp" Lorsque l'on mange des nouilles au Japon, il est tout à fait normal, voire essentiel, de les aspirer bruyamment.

Okonomiyaki

Parfois qualifié de pizza ou de galette japonaise, l'*okonomiyaki* n'a pourtant de celles-ci que la forme. Dans un restaurant d'*okonomiyaki*, les clients s'assoient autour d'un *teppan* (plaque de cuisson), armés d'une spatule et de baguettes, et disposent eux-mêmes la garniture (viande, poisson, légumes) de leur choix dans une pâte à base de chou.

mikkusu	ミックスお好み焼き	*okonomiyaki* garni de poisson, de viande et de légumes
modan-yaki	モダン焼き	*okonomiyaki* aux *yaki-soba* coiffées d'un œuf au plat

Tonkatsu

Le *tonkatsu* est une friture de côtelette de porc panée servie avec une sauce spéciale, généralement dans un menu (*tonkatsu teishoku*). Le *tonkatsu* est proposé par les restaurants spécialisés, où un menu complet coûte de 1 500 à 2 500 ¥. Si vous commandez un *tonkatsu*, vous avez le choix entre *rōsu* (morceau gras) et *hire* (plus maigre).

hire katsu	ヒレかつ	filet de porc en *tonkatsu*
tonkatsu teishoku	とんかつ定食	menu comprenant un *tonkatsu*, du riz, du *misoshiru* (soupe miso) et du chou émincé

Douceurs

Si les restaurants servent rarement des desserts (quelques tranches de fruits sont parfois apportées à la fin du repas), les confiseries (*wagashi*) sont nombreuses au Japon. La plupart sont vendues à emporter dans des boutiques spécialisées. Les pâtisseries les plus raffinées sont destinées à adoucir l'amertume du *matcha* (thé vert en poudre) durant la cérémonie du thé.

Okonomiyaki

Certains Occidentaux sont un peu déroutés par les confiseries japonaises, en particulier par l'omniprésence d'une pâte sucrée d'*azuki* (haricots rouges), l'*anko*. Cette garniture se retrouve dans la majorité des pâtisseries, qui méritent d'être découvertes. Autre ingrédient principal : le *mochi*, du riz gluant pilé.

Le choix est tel qu'il est impossible d'en dresser une liste exhaustive. La combinaison d'*anko* et d'une enveloppe de *mochi* est la plus commune.

Les *okashi-ya* (pâtisseries) sont facilement repérables ; ce sont généralement des échoppes ouvertes sur la rue, où les pâtisseries sont disposées sur des plateaux en bois pour allécher les passants. Il suffit de pointer le gâteau en indiquant sur vos doigts la quantité voulue.

Thé japonais et café

o-cha	お茶	thé vert à grandes feuilles
sencha	煎茶	thé vert de qualité moyenne
matcha	抹茶	thé vert en poudre servi lors de la cérémonie du thé
bancha	番茶	thé vert ordinaire, d'une couleur brunâtre
mugicha	麦茶	infusion d'orge grillée
kōcha	紅茶	thé noir à l'anglaise
kōhii	コーヒー	café normal
burendo kōhii	ブレンドコーヒー	café assez fort
amerikan kōhii	アメリカンコーヒー	café léger
kafe ore	カフェオレ	café au lait, chaud ou froid

Tonneaux de saké, Tōshō-gū (p. 133), Nikkō
CHRISTIAN KOBER / GETTY IMAGES ©

Saké

Obtenu par la fermentation du riz, le saké existe depuis plusieurs siècles. Bien que la bière et le *shōchū* (liqueur de grain distillé) l'aient récemment supplanté, il demeure pour la plupart des Japonais la boisson nationale. De fait, ce que nous appelons "saké" en Occident est plus communément appelé *nihonshu* ("boisson du Japon"). Le saké est traditionnellement associé au shintoïsme et à différentes cérémonies traditionnelles. D'énormes tonneaux de saké (*o-miki*) sont souvent empilés à l'entrée des sanctuaires.

Le saké est bien entendu la boisson idéale pour accompagner la cuisine japonaise, et les *izakaya* servent généralement d'excellents poissons de saison et d'autres plats assortis à la boisson. Le saké se boit frais (*reishu*), à température ambiante (*jō-on*), chaud (*nuru-kan*) ou brûlant (*atsu-kan*), selon la saison et le goût de chacun ; les sakés de qualité supérieure sont souvent servis bien frais. Le saké se présente traditionnellement dans une carafe en céramique appelée *tokkuri*, d'où on le verse dans de minuscules soucoupes (*o-choko* ou *sakazuki*). Il se mesure en *gō* (一合), soit un peu plus de 180 ml. Dans les bars spécialisés, il est proposé au verre, souvent plein à ras bord et placé dans un cadre en bois pour ne rien en perdre. En groupe, il est d'usage de servir d'abord son voisin, avant qu'il vous rende la politesse.

Le saké est produit en hiver, durant le froid qui suit la récolte de riz de septembre. Ses principaux ingrédients sont le riz et la levure, ainsi qu'un ferment non toxique (*kōji*) qui accélère la transformation de l'amidon du riz en sucres fermentables. Le saké doit légalement être classé en deux catégories : le *futsū-shu* (saké ordinaire), qui constitue la production principale, et le *tokuteimeishōshu* (saké haut de gamme), lui-même divisé selon le raffinage du riz avant fermentation qui le débarrasse des protéines et des huiles affectant le produit final. Ce degré est généralement exprimé en *seimai buai*, le pourcentage de la taille d'origine auquel le grain est réduit par polissage avant fermentation. En règle générale, plus ce chiffre est bas, meilleur (ou en tout cas plus cher) est le saké. Le riz raffiné de 60% ou moins de sa taille d'origine donne un saké appelé *ginjō*, celui poli à 50% ou moins de sa taille d'origine produit le saké le plus fin, le *dai-ginjō*. Le saké fabriqué exclusivement à base de riz et de *kōji* (sans ajout d'alcool) est le *junmai-shu*, ou saké au "riz pur".

Arts et architecture

Estampes, Kyōto Handicraft Center (p. 259)

FRANK CARTER / GETTY IMAGE

Le Japon est connu pour posséder l'une des plus riches cultures artistiques du monde. Telle une huître placée au bout de la Route de la Soie, il a absorbé toutes les traditions artistiques de l'Asie avant de les polir pour produire les perles que vous voyez aujourd'hui : sublimes jardins, merveilleuses techniques décoratives, textiles flamboyants, céramiques divines et extravagance visuelle du kabuki, entre autres nombreuses formes.

Des racines continentales avec une touche japonaise

Jusqu'au XIXe siècle, les principales influences de l'art japonais venaient de Chine et de Corée. À une époque où le Japon vivait encore à l'âge de la pierre, la Chine possédait une culture technique déjà bien développée. Sans grande surprise, lorsque des contacts fréquents furent établis, le Japon accueillit avidement les techniques et connaissances que l'Empire du Milieu avait à lui offrir. En empruntant de nombreux aspects de la culture chinoise, il absorba également des influences culturelles plus lointaines, venues notamment de la Perse, de l'Afghanistan et même de la Rome antique, fruits des activités commerciales de la Chine le long de la Route de la Soie. De toutes ces influences, la plus importante fut peut-être celle de l'Inde, sous la forme du bouddhisme, qui arriva par l'intermédiaire de la Chine au VIe siècle.

Cependant, au-delà de ces apports extérieurs, les Japonais ont toujours ajouté leur propre marque aux arts. On peut noter une fascination pour l'éphémère, le dépouillement, les formes rappelant le caractère aléatoire de la nature. Le goût pour la caricature est également présent, des premiers lavis zen aux mangas contemporains. Il existe par ailleurs une ferveur qui est moins évidente dans les arts chinois, ainsi qu'un intérêt pour le grotesque ou le bizarre – des manuscrits bouddhiques représentant les horreurs de l'enfer aux images stylisées de parties du corps dans les *ukiyo-e* (estampes) de la période d'Edo (ancienne Tōkyō, 1600-1867).

Les plus beaux Édifices traditionnels

1 Katsura Rikyū (p. 236)

2 Tōdai-ji (p. 297)

3 Chion-in (p. 225)

4 Nishi Hongan-ji (p. 211)

Arts visuels

Peinture traditionnelle

De 794 à 1600, les peintres japonais empruntèrent les techniques et supports chinois et occidentaux et les transformèrent pour atteindre leurs propres visées esthétiques. Au début de la période d'Edo, qui fut marquée par un mécénat enthousiaste en faveur d'une large palette de styles, l'art japonais possédait déjà son caractère propre. L'école de Kanō, créée plus d'un siècle auparavant, restait appréciée pour sa description de thèmes liés au confucianisme, de créatures mythologiques chinoises ou de la nature. L'école de Tosa (1333-1576), influencée par le style *yamato-e* (considéré comme le style classique japonais, souvent utilisé dans les rouleaux de la période de Heian, 794-1185), bénéficiait également d'une forte popularité dans la noblesse grâce à ses scènes inspirées de la littérature classique japonaise.

Tout en s'appuyant sur les courants qui l'avaient précédée, l'école de Rimpa (à partir de 1600) dépassa les conventions pour donner naissance à une peinture aux ombres délicates d'une grande qualité ornementale. Les œuvres des trois principaux artistes de ce style, Tawaraya Sōtatsu, Hon'ami Kōetsu et Ogata Kōrin, comptent parmi les pièces majeures de cette époque.

Ukiyo-e (estampes japonaises)

Le mot *ukiyo-e* ("images du monde flottant") dérive d'une métaphore bouddhique désignant le monde éphémère des plaisirs fugitifs. Les artistes représentaient des personnages et des scènes associés aux quartiers des plaisirs d'Edo, de Kyōto et d'Ōsaka, un "monde flottant" licencieux et animé.

Ce monde interlope, à l'image de celui de Yoshiwara à Edo, symbolisait un univers sens dessus dessous, une inversion de la hiérarchie sociale imposée par le shogunat des Tokugawa. En de tels lieux, l'argent importait plus que le rang, comédiens et artistes dictaient les modes, tandis que les geishas possédaient une culture et une distinction qui rivalisaient avec celles des femmes de bonne famille.

Les couleurs vives, le caractère innovant et les lignes fluides des *ukiyo-e* éveillèrent un vif intérêt en Occident et lancèrent une mode qui fut qualifiée de japonisme. L'*ukiyo-e* devint l'une des influences majeures des impressionnistes et des postimpressionnistes (notamment Toulouse-Lautrec, Manet et Degas). Au Japon, en revanche, des millions d'estampes étaient imprimées chaque année à Edo et on ne leur trouvait qu'un intérêt limité. Elles étaient souvent jetées ou servaient à envelopper

les poteries. Les Japonais s'étonnèrent longtemps de l'engouement des étrangers pour cet art auquel eux-mêmes n'accordaient qu'une valeur éphémère.

Céramique

La céramique est la forme artistique la plus ancienne du Japon : les poteries de la période Jōmon (10 000-300 av. J.-C.), qui se distinguent par leurs motifs semblables à des cordes, remontent ainsi à plus de 10 000 ans. Lorsque le peuple jōmon fut supplanté par le peuple yayoi, vers 300 av. J.-C., un style de poterie plus raffiné apparut. Alors que la poterie jōmon était un art indigène, la poterie yayoi intégra des influences et des techniques continentales. Avec les artisans venus du continent, ces dernières dominèrent la céramique japonaise pendant le millénaire suivant. Vers le Vᵉ siècle, la poterie Sue arriva de Corée ; au VIIᵉ siècle, la poterie chinoise Tang acquit une importance croissante.

Au Moyen Âge, Seto, dans le centre de Honshū, était le principal foyer de production de la céramique japonaise. À partir du XIIᵉ siècle, ses potiers adoptèrent des formes chinoises, qu'ils adaptèrent aux goûts et aux besoins japonais pour créer un style spécifique appelé céramique de Seto. Un terme japonais pour désigner la poterie et la porcelaine, *setomono* (littéralement "objets de Seto"), est dérivé du nom de ce centre, dont l'activité perdure aujourd'hui encore.

De nos jours, le pays compte plus de 100 centres de production de poterie, où une multitude d'artisans fabriquent des articles de toutes sortes, allant des accessoires pour le thé aux souvenirs folkloriques. Les grands magasins organisent régulièrement des expositions qui permettent d'admirer des pièces de qualité.

Shikki (laque)

Les Japonais emploient la laque pour protéger ou embellir le bois depuis la période de Jōmon. Les objets laqués, très prisés à l'étranger durant l'ère Meiji (1868-1912), comptent aujourd'hui encore parmi les produits japonais les plus connus dans le

Laques dans un magasin

monde. Appelée *shikki* ou *nurimono* en japonais, la laque est fabriquée avec le suc de l'*urushi*, ou laquier, une espèce proche du sumac. La laque brute, toxique, provoque de sérieuses irritations cutanées chez ceux qui ne sont pas immunisés. Une fois durcie, elle n'a plus d'effet délétère et se révèle très résistante.

La laque est habituellement de couleur ambre ou marron, mais des additifs permettent de la teinter en noir, violet, bleu, jaune ou blanc. Les plus belles pièces comportent de multiples couches de laque appliquées avec soin, séchées, puis polies pour obtenir une brillance incomparable.

Théâtre traditionnel

Nō

Le nō, une forme de théâtre dansé, reflète l'esthétique minimaliste du zen. Il réunit une gestuelle harmonieuse, une musique et des chœurs sonores et des dialogues subtils. Une scène en cèdre dépouillée met en valeur les artistes : les acteurs, le chœur, des joueurs de tambour et un flûtiste. Deux personnages principaux interviennent : le *shite*, qui peut représenter une personne vivante mais plus souvent un démon ou un fantôme dont l'âme ne peut trouver le repos, et le *waki*, dont le rôle est de conduire le *shite* vers le moment-clé de la pièce. Chaque école de nō possède son propre répertoire. Cette forme artistique ne cesse d'évoluer et de se développer.

Kabuki

Les premières représentations de kabuki remontent au début du XVIIe siècle. Jouées par une troupe exclusivement féminine, elles se caractérisaient par un érotisme non dissimulé et suscitèrent un vif engouement dans la classe des marchands.

Manga : la bande dessinée japonaise

Les Japonais sont d'insatiables lecteurs de mangas – mot passe-partout désignant à la fois des dessins animés, des bandes dessinées publiées dans des magazines et revues, et bien sûr les publications en livres de celles-ci, omniprésentes. Les nobles *ukiyo-e* (estampes) étaient une forme de manga, qui évolua avec le *kibyōshi* (couverture jaune), sorte de roman illustré pour adultes. Le maître de l'estampe japonaise Hokusai inventa même le mot "manga", en associant les caractères des termes "frivole" et "image".

Le père du manga moderne est Osamu Tezuka, qui, à la fin des années 1940, commença à introduire des effets inspirés de films européens dans ses bandes dessinées – il fut l'un des premiers à utiliser des mouvements décomposés sur plusieurs cases, des perspectives plongeant le lecteur dans l'action, des gros plans, des angles curieux et de nombreuses techniques cinématographiques. Ses aventures devinrent vite des bandes dessinées de la longueur d'un film – des story-boards, en quelque sorte. Le genre lancé par Tezuka prit son envol lorsque les hebdomadaires s'aperçurent qu'ils pouvaient stimuler les ventes en intégrant des mangas dans leurs pages. Grâce aux innovations qu'il a apportées, les bandes dessinées japonaises sont rarement minces (les séries à parution hebdomadaire épaisses comme des annuaires sont courantes).

On trouve des mangas dans toutes les librairies et supérettes du Japon. De nos jours, les grandes librairies de Tōkyō, d'Ōsaka et de Kyōto ont généralement un rayon consacré aux traductions en anglais des titres à succès. Les vrais passionnés apprécieront la visite du musée international du Manga, à Kyōto (p. 214).

En 1629, la bureaucratie des Tokugawa conduisit à l'interdiction pour les femmes de monter sur scène afin de "préserver la moralité du peuple". Les troupes de kabuki, devenues dès lors exclusivement masculines, donnèrent naissance à l'institution des *onnagata*, ou *ōyama*, des hommes spécialisés dans les rôles féminins.

Au fil des siècles, le kabuki s'est doté d'un répertoire inspiré de thèmes populaires, tels des récits historiques célèbres ou des histoires d'amours tragiques. Il a également fait de nombreux emprunts au nô, au *kyōgen* (théâtre comique) et au bunraku (théâtre de marionnettes traditionnel). La plupart des pièces de kabuki tendent vers le mélodrame, tout en variant les atmosphères.

La beauté formelle et la stylisation constituent les grands principes esthétiques du kabuki, dont le jeu combine la danse et des dialogues respectant des schémas d'intonation fixes. Les acteurs préparent leurs rôles en étudiant et en imitant le style de leurs prédécesseurs. Généralement issus d'un milieu artistique, ils commencent leur apprentissage dès l'enfance. Ils jouissent aujourd'hui d'un grand prestige et leurs faits et gestes, à la ville comme à la scène, sont suivis aussi étroitement que ceux des stars de cinéma et de télévision.

Architecture traditionnelle

Le chaos visuel qui règne dans les villes japonaises est tel que l'on a du mal à croire que la sobriété et le naturel étaient autrefois les maîtres mots de l'esthétique locale. Bien avant que les Japonais n'empruntent et ne perfectionnent les principes architecturaux occidentaux, la nation insulaire eut deux siècles pour affiner son art, durant l'isolement qu'imposa Tokugawa Ieyasu après avoir défait ses ennemis et consolidé l'autorité du shogunat.

La somptuosité des temples japonais reste sans conteste le meilleur exemple des capacités architecturales précoces de la nation. Les principaux ensembles religieux, relativement vastes, comprennent un grand pavillon entouré d'édifices secondaires, comme des pagodes (ancêtres des gratte-ciel) et des bâtiments pour loger les dévots.

Les châteaux féodaux sont tout aussi impressionnants, bien que nombre de bastions visibles aujourd'hui soient des répliques en béton des structures en bois d'origine, détruites par la guerre, les incendies ou le passage du temps. Les premiers châteaux étaient de simples forts, conçus pour échapper aux envahisseurs grâce à la nature du terrain plutôt qu'à l'innovation architecturale. La construction des châteaux connut une explosion aux XVIe et XVIIe siècles. Plus imposants les uns que les autres, ces édifices furent pourtant rasés par les autorités durant les périodes d'Edo et de Meiji.

Simple et raffinée, la maison typique comportait autrefois des poteaux et des poutres en bois, avec des panneaux en bois ou en papier de riz (dans les régions chaudes) en guise de murs extérieurs. Des *shōji* (paravents amovibles) séparaient les différentes pièces. Dans les régions densément peuplées, l'habitat se présentait sous la forme de *machiya* (maisons de ville) généralement bâties par des marchands. Bien que les rangées étroites et ordonnées de *machiya* aient cédé la place à des demeures modernes plus clinquantes, on peut encore trouver quelques-unes de ces habitations au hasard des rues de Kyōto. La légèreté des maisons était doublement justifiée : ces matériaux de construction permettaient de supporter la chaleur suffocante des mois d'été et ils étaient mieux adaptés aux secousses sismiques assez fréquentes.

Les onsen

Rotemburo (bain en plein air), Nagano

JOHN BORTHWICK / GETTY IMAGES ©

On peut dire que le Japon baigne littéralement dans l'eau chaude. Des sources thermales, les onsen*, jaillissent d'un bout à l'autre du pays, qui en compte plus de 3 000. Si pour vous la détente signifie passer des heures à se délasser dans une eau chaude gargouillante, le Japon est la destination idéale.*

Des temples dédiés à la relaxation

On trouve des *onsen* de toutes tailles, formes et couleurs. Il y en a un sur une île artificielle dans la baie de Tōkyō, et plusieurs au cœur des Alpes japonaises, accessibles au prix d'une journée de marche en montagne. D'autres bouillonnent parmi les rochers sur la côte nippone et n'apparaissent qu'au gré des marées.

Au fil des siècles, le bain s'est transformé en une sorte de rituel religieux ; pour bien des Japonais, se rendre dans un *onsen* réputé s'apparente à un pèlerinage. Aujourd'hui, la meilleure approche de l'*onsen* est sans aucun doute un séjour dans un *ryokan onsen*, une auberge traditionnelle dotée d'une source thermale privative. Les hôtes peuvent y passer la journée à prendre des bains, à se détendre dans leur chambre et à savourer une excellente cuisine locale.

Pas d'impairs !

La détente est bien la règle numéro un des *onsen*. Aucun rite compliqué ne préside à la fréquentation de ces lieux ; vous devez simplement respecter la fonction première des bassins et des baignoires : on s'y baigne pour se détendre et l'on y entre après s'être soigneusement lavé.

En arrivant dans un *onsen*, payez l'entrée (si nécessaire) et louez une serviette si vous n'en avez pas. Ôtez ensuite vos chaussures et placez-les dans un casier ou sur une étagère à disposition. Repérez le vestiaire et le bain approprié (hommes : 男 ; femmes : 女). Prenez un panier, déshabillez-vous et placez-y vos affaires. Rangez enfin le panier dans un casier et conservez votre serviette.

Dans la zone de baignade, trouvez une place pour déposer vos affaires de toilette et lavez-vous (au moins, rincez-vous à grande eau) avant d'entrer dans le bain. Certains Japonais ignorent ce rituel et se dirigent directement vers les bassins, puis attrapent un seau (il y en a généralement quelques-uns à côté) avec lequel ils s'arrosent d'eau.

Sachez que les minéraux que contiennent certaines sources peuvent décolorer les bijoux, notamment ceux en argent. Cependant, ne vous désolez pas si vous oubliez d'enlever votre alliance avant de plonger dans l'eau : la décoloration s'atténue normalement après quelques heures.

Les meilleurs Onsen

1 Kinosaki (p. 309)

2 Kayōtei (p. 198)

3 Takaragawa Onsen (p. 137)

4 Hirauchi Kaichū Onsen (p. 351)

Tatouages indésirables

Sachez que les tatouages peuvent vous priver d'accès aux *onsen* ou aux *sentō* (bains publics). Les tatouages qu'arborent presque tous les *yakuza* (membres de la mafia japonaise) expliquent cette interdiction – qui constitue un moyen détourné de se protéger des gangsters. Si vous avez un petit tatouage, n'hésitez pas à le couvrir d'un pansement adhésif. Sinon, demandez à la réception de l'*onsen* si vous pouvez obtenir l'autorisation d'entrer malgré vos tatouages. Dites simplement "*Irezumi wa daijōbu desu ka*" ("Les tatouages sont-ils acceptés ?").

Les ryokan

Hiiragiya Ryokan (p. 246), Kyōto

LONELY PLANET / GETTY IMAGES ©

Bien que l'on trouve dans l'archipel, comme partout ailleurs, des hôtels très agréables, vous rechercherez probablement un établissement typiquement japonais. Si tel est le cas, sachez que le Japon est l'un des rares pays d'Asie où l'on peut encore trouver des hébergements authentiques et traditionnels : les ryokan.

L'expérience du ryokan

Les *ryokan* sont des auberges traditionnelles. Ces établissements sont de style nippon, avec des chambres garnies de tatamis et des futons en guise de lits. La plupart servent un petit-déjeuner et un dîner japonais.

C'est le service qui distingue ces établissements des meilleurs hôtels : dans un bon *ryokan*, les hôtes ont droit à une femme de chambre personnelle, attentive à tous leurs besoins. Dotées d'un à-propos confinant au sixième sens, celles-ci se manifestent pour servir le plat suivant sitôt le précédent terminé, et s'introduisent dans les chambres pour installer les futons lorsque leurs hôtes en sont sortis.

De nombreux *ryokan* s'enorgueillissent de servir de la haute cuisine japonaise (*kaiseki ryōri*), laquelle rivalise avec celle des restaurants les plus remarquables. Séjourner dans l'un de ces *ryōri ryokan*

(*ryokan* gastronomique) donne l'impression de loger dans quelque restaurant étoilé, où l'on dormirait dans une salle à manger privée.

L'*onsen ryokan* est une autre merveille d'hébergement, qui tient en un *ryokan* doté de sa propre source thermale privée. Certains des meilleurs *onsen ryokan* possèdent des chambres avec *onsen* privatifs, lesquels donnent de coutume sur le jardin. Dans un *onsen ryokan,* les hôtes partagent leur temps entre baignade, sieste et repas.

Tous les *ryokan* ne correspondent évidemment pas à cette description. Beaucoup se font appeler ainsi, mais ne sont en réalité que de simples hôtels dotés de chambres de style japonais. Certains de ces établissements ne servent pas à dîner. Cela ne signifie pas pour autant qu'ils sont inconfortables : les *ryokan* simples sont souvent très accueillants et propices à la détente. Dans certains cas, ils sont en outre moins chers que les hôtels.

Les *ryokan* ne proposent pas toujours des chambres avec douche ou baignoire, et dans des établissements modestes, même les toilettes sont communes. Si cela vous indispose, renseignez-vous bien lors de la réservation.

Les meilleurs Ryokan

1 Tawaraya (p. 245)

2 Hiiragiya (p. 246)

3 Beniya Mukayū (p. 198)

4 Kayōtei (p. 198)

5 Nishimuraya Honkan (p. 311)

Architecture

Les *ryokan* haut de gamme sont le summum de la relaxation. Les bâtiments eux-mêmes donnent le ton : ils sont construits dans un style architectural traditionnel, à partir de matériaux naturels comme le bois, la terre, le papier, l'herbe, le bambou et la pierre. Un bon *ryokan* est d'ailleurs un prolongement du monde naturel, comme en atteste le jardin attenant, que l'on aperçoit généralement de sa chambre ou de sa baignoire privative.

Ryokan : mode d'emploi

Inutile de préciser que les usages ne sont pas les mêmes dans un *ryokan* que dans un hôtel. Voici quelques règles à respecter :

Chaussures Ôtez vos chaussures dans l'entrée, avant de monter sur les tatamis ou le plancher en bois.

Bain Rincez-vous le corps avant de pénétrer dans le bain proprement dit.

Bagages Ils ne doivent pas être placés dans le *tokonoma* (alcôve sacrée) de votre chambre.

Yukata (kimono léger en coton) Il peut être porté dans tout le *ryokan*, et même à l'extérieur dans des lieux tels que Kinosaki, où les gens se rendent aux *onsen* en *yukata*.

Voyager en famille

Parc du Palais impérial de Kyōto (p. 217)

FRANK CARTER/GETTY IMAGES ©

Le Japon est idéal pour voyager avec des enfants. Les inquiétudes habituelles des parents concernant la sécurité et l'hygiène ne sont tout simplement pas de mise dans ce pays très sûr où règne la propreté. Outre le dépaysement inhérent à ce pays fascinant qu'est le Japon, les curiosités et les divertissements adaptés aux plus jeunes ne manquent pas, et il y en a pour tous les goûts et tous les âges.

Pour les plus grands

Si vos enfants ne sont plus tout petits, prévoyez une randonnée (Kyōto s'y prête particulièrement), louez des vélos ou promenez-vous dans un quartier jeune et commerçant tel que Harajuku ou Shibuya à Tōkyō, ou Shinkyōgoku à Kyōto. Vous pouvez aussi opter pour l'un des nombreux parcs d'attractions, comme Tokyo Disneyland ou Universal Studios Japan.

Alimentation

Si vos enfants sont difficiles, l'alimentation peut poser problème au Japon, où même les adultes peuvent être déroutés par certains mets. Choisissez bien les endroits où vous mangez. Si vous allez dans un restaurant de *kaiseki* (haute cuisine), demandez à votre hôtel de téléphoner au préalable pour voir s'il est possible de préparer des plats au goût des petits. Agissez de même pour les *ryokan*.

En pratique

- **Allaitement** Il n'est pas d'usage d'allaiter en public, mais certains grands magasins sont dotés de salles prévues à cet effet.
- **Espaces pour le change** Dans les grands magasins, les aéroports, les grandes gares et certains lieux publics.
- **Lits pour bébés** Disponibles dans la plupart des hôtels (pensez à réserver), mais rarement dans les *ryokan* (auberges traditionnelles).
- **Santé** Les intoxications alimentaires et autres maladies infectieuses sont rares au Japon. Si vous suivez un traitement, emportez vos médicaments.
- **Chaises hautes** De nombreux restaurants en proposent.
- **Menus enfant** En général uniquement dans les restaurants dits "familiaux".
- **Couches jetables** On en trouve très facilement.
- **Poussettes** S'achètent au Japon, mais mieux vaut emporter la vôtre.
- **Transports** Confortables et sûrs. Pas de siège auto dans les taxis (possibilité d'en demander un pour les voitures de location).

On trouve au Japon quantité de restaurants dits "familiaux" servant généralement des plats qui plaisent même aux plus difficiles (pizza, poulet frit et frites figurent fréquemment au menu). Ces lieux proposent souvent des menus enfant (appelés parfois *o-ko-sama ranchii*).

Si vos enfants refusent de manger japonais, pas d'inquiétude : les grandes villes abondent en restaurants internationaux, et l'on trouve des fast-foods même dans les petites agglomérations. À la campagne, en revanche, il arrive que les restaurants ne proposent que de la cuisine japonaise – vous pouvez faire des provisions dans un supermarché à l'avance.

La plupart des supermarchés proposent de la nourriture pour bébés. Si vous tenez à donner exclusivement des aliments bio à votre tout-petit, prévoyez un stock personnel.

Pour les enfants concernés par des restrictions alimentaires ou des allergies, faites-les consigner par écrit. Si nécessaire, demandez à votre hôtel de vous les écrire en japonais.

Comment circuler

En principe, les villes sont d'un accès facile avec une poussette. Les gares ferroviaires et beaucoup de grands bâtiments (grands magasins, etc.) sont équipés d'ascenseurs. En revanche, de nombreux sites tels que les temples et les sanctuaires n'ont pas de rampe d'accès, ce qui oblige à porter régulièrement sa poussette. L'absence relative de trottoirs en dehors des artères principales pose particulièrement problème à Kyōto – heureusement, les conducteurs japonais sont prudents. Vous pouvez envisager d'opter pour un porte-bébé.

Il n'y a généralement pas de siège auto dans les taxis. La plupart des agences de location de voitures vous en fourniront un si vous le demandez à l'avance.

Enfin, vous constaterez sûrement que les Japonais adorent les petits. Vous les entendrez d'ailleurs souvent leur dire qu'ils sont *kawaii* ("mignons"). Malheureusement, cet amour des enfants ne signifie pas toujours que les gens cèdent leur place aux passagers avec des bambins dans les transports. La plupart des trains et des bus sont équipés de *yūsen zaseki* (places prioritaires réservées aux personnes âgées, aux handicapés, aux femmes enceintes et aux personnes accompagnées de jeunes enfants). Il suffit parfois de se tenir à côté d'un de ces sièges et de fixer son occupant valide pour qu'il se lève !

Carnet pratique

Gare de Shinjuku, Tōkyō
WILL ROBB / GETTY IMAGES ©

A-Z

Infos utiles

Alimentation

Pour plus d'informations, reportez-vous au chapitre *Cuisine* (p. 376).

Ambassades et consulats

Ambassades et consulats japonais à l'étranger

Canada Ontario (☎ 613-241 8541 ; www.ca.emb-japan.go.jp ; 255 prom. Sussex, Ottawa, Ontario K1N 9E6) ; Consulat (☎ 514-866-3429 ; www.montreal.ca.emb-japan.go.jp ; 1 place Ville-Marie, Bureau 3333, Montréal, Québec, H3B 3N2)

Belgique (☎ 02 513 23 40 ; www.be.emb-japan.go.jp ; rue Van Maerlant, 1040 Bruxelles)

France (☎ 01 48 88 62 00 ; www.fr.emb-japan.go.jp ; 7 avenue Hoche, 75008 Paris). Consulats à Lyon, Marseille et Strasbourg.

Suisse (☎ 031 300 22 22 ; www.ch.emb-japan.go.jp ; Engestrasse 53, 3012 Berne) ; Consulat (☎ 41 (0)22 716 99 00 ; www.geneve.ch.emb-japan.go.jp ; 82, rue de Lausanne, 1202 Genève)

Ambassades et consulats étrangers au Japon

Belgique (☎ 03-3262-0191 ; countries.diplomatie.belgium.be/fr/japon ; 5-4 Nibancho, Chiyoda-ku, Tōkyō). Consulats à Fukuoka, Kyōto, Nagoya, Ōsaka et Sapporo.

Canada (☎ 03-5412-6200 ; www.canadainternational.gc.ca/japan-japon ; 7-3-38 Akasaka, Minato-ku, Tōkyō). Attention : la section des visas et de l'immigration de l'ambassade est fermée et a été transférée à l'ambassade du Canada aux Philippines (Manille). Consulats à Nagoya, Osaka, Sapporo, Fukuoka et Hiroshima.

France (☎ 03-5798-6000 ; www.ambafrance-jp.org ; 4-11-44 Minami Azabu, Minato-ku, Tōkyō) ; Consulat (☎ 075-606-8301 ; 8 Izumidono-chō, Yoshida, Sakyō-ku, Kyōto)

Suisse (☎ 03-5449-8400 ; www.eda.admin.ch/countries/japan/ ; 5-9-12 Minami Azabu, Minato-ku, Tōkyō) ; Consulat (☎ 06-4704 9100 ; Epson Osaka Bldg. 18 F, 3-5-1 Bakuro-machi, Chuo-ku, Ōsaka)

Argent

La devise japonaise est le yen (¥). Ce mot se prononce "èn" en japonais ; son écriture en kanji est 円.

Voici les principaux pièces et billets :

1 ¥ Pièce ; légère, couleur argent

5 ¥ Pièce ; couleur bronze, percée au milieu, chiffre marqué en caractère chinois

10 ¥ Pièce ; couleur cuivre

50 ¥ Pièce ; couleur argent, percée au milieu

100 ¥ Pièce ; couleur argent

500 ¥ Pièce ; grandes dimensions, couleur argent

1 000 ¥ Billet

2 000 ¥ Billet (rare)

5 000 ¥ Billet

10 000 ¥ Billet

Cartes bancaires

Au Japon, mieux vaut ne pas trop compter sur sa carte bancaire, sinon pour retirer de l'argent. La carte Visa sera la plus utile, suivie de MasterCard, Amex et Diners Club. Notez aussi que les cartes Visa permettent d'obtenir des avances en liquide auprès de la banque Sumitomo Mitsui, mais pas

Prix des restaurants

Sauf indication contraire, les prix mentionnés dans ce guide correspondent à un repas complet pour une personne.

¥ moins de 1 000 ¥ (à Tōkyō, moins de 2 000 ¥)

¥¥ de 1 000 à 4 000 ¥ (à Tōkyō, de 2 000 à 5 000 ¥)

¥¥¥ plus de 4 000 ¥ (à Tōkyō, plus de 5 000 ¥)

Le pays où l'argent liquide est roi

Au Japon, on paie en yens sonnants et trébuchants ! Si les cartes bancaires sont de plus en plus courantes, les espèces demeurent très fréquemment utilisées et les chèques de voyage sont rarement acceptés. Hormis dans les grands magasins, les grands hôtels et les principales billetteries JR, mieux vaut toujours un montant suffisant en liquide.

Si vous n'avez pas de carte bancaire, emportez quand même quelques chèques de voyage au cas où. Comme dans beaucoup d'autres pays, le dollar US reste la devise n° 1 pour les opérations de change et les chèques de voyage.

forcément dans toutes ses agences.

Change

Les banques, les principaux bureaux de poste, les agences de billets à prix réduits, certains grands hôtels, quelques agences de voyages et la plupart des grands magasins changent les devises et les chèques de voyage. Les agences de billets à prix réduits (appelées *kakuyasu kippu uriba*), installées aux abords des grandes gares, offrent souvent le meilleur taux. Sachez cependant que seuls les dollars US et les euros sont changés à des taux corrects au Japon.

Distributeurs automatiques de billets (DAB)

Les distributeurs automatiques de billets sont légion au Japon mais la plupart refusent les cartes étrangères. Même lorsqu'un DAB porte les logos Visa et MasterCard, il n'accepte souvent que les cartes japonaises attachées à ces deux réseaux.

Les DAB de la Poste, en revanche, fonctionnent avec les cartes appartenant aux réseaux internationaux Visa, Plus, MasterCard, Cirrus, American Express, Diners Club, Discover et China Unionpay. Même les plus petits villages nippons possèdent un bureau de poste, qui est presque toujours équipé d'un DAB.

Attention, les DAB ne fonctionnent qu'avec des cartes bancaires ou de débit – vous ne pouvez donc pas utiliser des cartes de crédit différé, mêmes dotées d'un code d'identification personnel.

Les DAB de la poste sont généralement accessibles de 9h à 17h en semaine et de 9h à 12h le samedi. Ils sont fermés le dimanche et les jours fériés. Dans certains grands bureaux de poste, ils sont ouverts plus longtemps. Les postes centrales des grandes villes restent ouvertes *presque* 24h/24.

Les supérettes 7-Eleven sont désormais reliées aux réseaux internationaux de distributeurs de billets, et acceptent souvent des cartes bancaires que les DAB de la poste refusent parfois pour une raison ou une autre. Elles sont ouvertes 24h/24. Si vous ne trouvez pas de bureau de poste ou que votre carte ne fonctionne pas dans les DAB postaux, demandez autour de vous où se trouve un 7-Eleven (prononcez à la japonaise, "séboun éréboun").

Les DAB de la **Citibank Japan** (www.citibank.co.jp/en/banking/branch_atm) acceptent également les cartes internationales. C'est une bonne solution de dernier recours.

Pourboires

Le pourboire n'est pas d'usage au Japon. Pour exprimer votre gratitude, offrez un cadeau plutôt que de l'argent. Si vous souhaitez toutefois faire un présent en espèces, placez d'abord l'argent dans une enveloppe.

Transferts internationaux

Pour recevoir de l'argent depuis l'étranger, vous devez d'abord trouver une banque japonaise ayant des accords avec la banque émettrice :

Taux de change

Les taux de change pratiqués pour le dollar US et l'euro sont corrects au Japon. Ceux appliqués à toutes les autres devises sont franchement médiocres. Il est préférable de changer les autres devises en yens avant votre départ pour le Japon.

pour cela, adressez-vous à l'agence principale d'une grande banque ; même si celle-ci n'a pas passé ce genre d'accord, les employés sauront généralement vous dire où aller. Communiquez ensuite les coordonnées précises de la banque japonaise à votre banque, en précisant le nom, l'agence et l'adresse, ainsi que le code SWIFT ou BIC. Une avance sur carte de crédit est souvent plus pratique.

Assurances

La souscription d'une assurance couvrant le vol, les pertes et les frais médicaux est à considérer. Certains contrats ne couvrent pas les "activités dangereuses" telles la plongée, la moto et la randonnée.

Mieux vaut souscrire une police d'assurance qui prenne directement en charge les frais de visites médicales et d'hospitalisation sur place. Si votre contrat implique un remboursement ultérieur, conservez précieusement tous les justificatifs. Certaines compagnies demandent que vous appeliez (en PCV) un standard dans votre pays, afin que votre problème soit évalué. Vérifiez que votre contrat prenne en charge les frais d'ambulance et de rapatriement.

Certaines compagnies vous offrent le choix d'être assuré pour les soins médicaux de base ou pour les soins plus onéreux. Dans le cas du Japon, il est préférable d'opter pour la deuxième solution. Pensez à apporter avec vous votre carte d'assuré ainsi que tous les certificats nécessaires. Certains hôpitaux japonais ont en effet refusé des étrangers ne pouvant attester d'une couverture médicale.

Cartes

Les éditions Nelles et Periplus publient d'assez bonnes cartes, disponibles à l'étranger. Si vous cherchez des cartes plus détaillées, attendez d'être à Tōkyō ou Kyōto, où vous trouverez un vaste choix en anglais et en japonais.

Distribuée gratuitement dans les offices du tourisme de la JNTO au Japon et à l'étranger, la *Tourist Map of Japan* vous permettra de planifier vos déplacements.

Le *Bilingual Atlas of Japan* (Kodansha) est à conseiller à ceux qui souhaitent sillonner le pays en voiture. Si vous lisez un minimum de japonais, optez pour les excellents atlas *Super Mapple* publiés par Shobunsha.

Désagréments et dangers

Le Japon connaît son lot de catastrophes naturelles – séismes, tsunamis, éruptions volcaniques, typhons et glissements de terrain. Heureusement, il existe d'excellents systèmes de

Climat

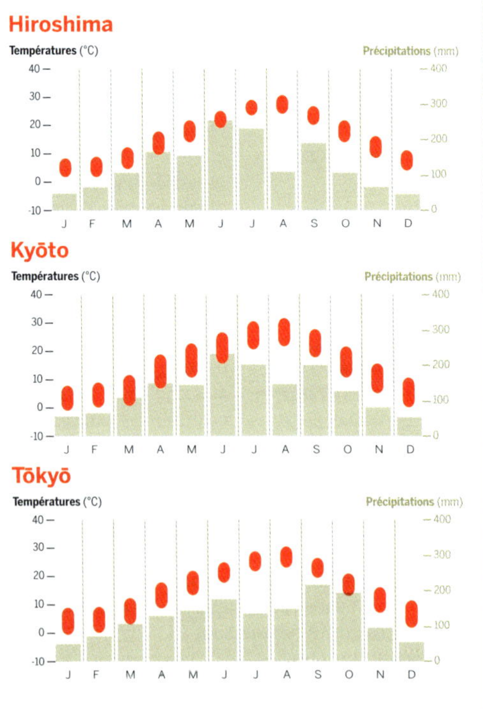

prévention publique et les procédures d'évacuation pour parer à ces désastres. En cas d'urgence, votre hébergement constituera une bonne source d'informations.

Le grand séisme de mars 2011 et le tsunami qui en a résulté ont causé d'énormes dégâts dans l'est du Japon. Aujourd'hui, les stigmates ont été majoritairement effacés et l'infrastructure locale a été en grande partie réparée. En revanche, la centrale nucléaire de Fukushima Dai-Ichi, située dans la préfecture de Fukushima, au nord-est de Honshū, est désormais entourée par une zone d'exclusion de 20 km.

Douane

Alcool Trois bouteilles de 760 ml.

Cadeaux/souvenirs D'une valeur maximale totale n'excédant pas 200 000 ¥.

Parfum Jusqu'à 56 ml.

Tabac 100 cigares ou 400 cigarettes ou 500 g de tabac.

Tout matériel pornographique dévoilant des poils pubiens sera confisqué.

Vous pouvez entrer dans le pays avec un montant illimité de yens et de devises étrangères. L'exportation de devises étrangères est totalement libre, celle de yens est plafonnée à 5 millions.

Pour de plus amples informations sur la législation japonaise, consultez le site Internet des **douanes japonaises** (Japan Customs ; www.customs.go.jp).

Électricité

Tōkyō et l'est du Japon fonctionnent au 50Hz, tandis que l'ouest du Japon, notamment Nagoya, Kyōto et Ōsaka, utilise le 60Hz.

100 V/50 Hz/60 Hz

Formalités et visas

S'ils voyagent à des fins touristiques et non lucratives, les ressortissants de France, de Belgique et du Canada peuvent rester sur le territoire japonais jusqu'à 3 mois sans demander de visa, et les ressortissants suisses jusqu'à 6 mois. Un visa dit *tanki-taizai* (visa de séjour temporaire) vous sera délivré à votre arrivée.

Un passeport en cours de validité suffit pour votre voyage (il doit être valable au moins jusquà la fin de votre séjour), ainsi qu'un billet d'avion ou de bateau et/ou une attestation de réservation.

Les visiteurs qui entrent dans le pays avec un visa de séjour temporaire doivent être en possession d'un billet retour en bateau ou en avion. Dans la pratique, on vous demandera rarement de présenter ce document, mais mieux vaut l'avoir.

Pour plus d'informations sur les visas et les formalités d'entrée, contactez l'ambassade ou le consulat japonais le plus proche, ou consultez le site Internet du **ministère japonais des Affaires étrangères** (www.mofa.go.jp). Ce site présente les différents types de visas, notamment les visas vacances-travail, ainsi que le programme Japan Exchange & Teaching (JET), qui permet de venir enseigner dans le système scolaire japonais.

Tout visiteur étranger qui entre au Japon pour un séjour de courte durée doit se faire photographier et donner ses empreintes digitales.

Femmes seules

Le Japon est un pays relativement sûr pour les femmes qui voyagent seules, pas aussi sûr toutefois qu'on pourrait le penser. On estime que beaucoup de délits à caractère sexuel ne sont pas signalés, surtout par les Japonaises. Les étrangères sont parfois la cible d'agressions verbales ou de questions lourdement indiscrètes. Les agressions physiques sont très rares mais peuvent cependant arriver.

Pratique

- **Journaux et magazines.** Il existe trois grands quotidiens anglophones : le *Japan Times*, le *Daily Yomiuri* et l'*Asahi Shimbun/International Herald Tribune*. Dans les grandes villes, ils sont disponibles dans les librairies, les commerces de proximité, les kiosques des gares et certains hôtels. Ils sont parfois introuvables à la campagne.
- **Radio.** InterFM (76.1 FM ; www.interfm.co.jp/) est la préférée des expatriés de Tōkyō ; son équivalent au Kansai est FM Cocolo (76.5 FM ; www.cocolo.jp).
- **Système vidéo.** Norme NTSC.
- **Poids et mesures.** Système métrique international.

Ne vous laissez donc pas endormir par l'image de pays sûr que donne le Japon et faites preuve de bon sens comme vous le feriez chez vous. Si un quartier ou un établissement vous paraît louche, restez sur vos gardes. En vous montrant prudente, vous ferez un merveilleux voyage dans une ambiance plaisante.

Plusieurs compagnies ferroviaires proposent depuis peu des wagons réservés aux femmes pour protéger celles-ci des *chikan* (hommes qui se livrent à des attouchements sur les femmes et les jeunes filles dans les trains bondés). Sur les lignes urbaines les plus fréquentées, ces wagons circulent en semaine aux heures de pointe. Un marquage au sol sur les quais (en général rose) indique à quel endroit les voitures s'arrêtent ; elles-mêmes portent une inscription en japonais et en anglais (à nouveau, souvent en rose).

En cas de problème, si la police ne vous vient pas en aide, appelez la Japan Helpline (p. 404), un numéro d'urgence qui fonctionne dans tout le pays, 24h/24, 7j/7.

Handicapés

Le Japon présente un bilan mitigé en termes d'accessibilité. Certes, beaucoup d'immeubles modernes sont équipés de rampes d'accès, les feux de circulation émettent une musique qui indique quand traverser, des points et des lignes en relief sur les quais des gares signalent la bonne direction aux malvoyants et, à Tōkyō, certains distributeurs de titres de transport comportent des indications en braille ; de plus, certains sites accordent la gratuité aux handicapés et à leur accompagnateur. Cependant, se déplacer dans bon nombre de villes reste difficile pour les personnes handicapées, notamment en raison de l'absence de trottoirs adaptés dans les rues étroites.

Sur la plupart des lignes de trains, les voitures possèdent des espaces réservés aux fauteuils roulants. Les voyageurs souffrant d'autres handicaps peuvent occuper les places dites *yūsen-zaseki*, situées près des portes. Des places similaires existent à l'avant des bus ; elles se distinguent généralement par leur couleur.

Le site **Accessible Japan** (www.tesco-premium.co.jp/aj/index.htm), bien que peu mis à jour, renseigne cependant sur l'accessibilité de centaines de lieux à Tōkyō, notamment des hôtels, des monuments et des grands magasins, et offre des informations générales sur les déplacements au Japon. Pour accéder à de précieuses informations en japonais et en anglais sur l'hébergement, les activités, les sites touristiques et les magasins, notamment, cliquez sur le lien "Accessible Tokyo", sur le site Internet des **Japanese Red Cross Language Service Volunteers** (www.tok-lanserv.jp/eng).

L'**Association des paralysés de France** (APF ; ☎ 01 40 78 69 00 ; www.apf.asso.fr ; 17 boulevard Auguste-Blanqui, 75013 Paris) peut vous fournir d'utiles informations sur les voyages accessibles aux handicapés.

Deux sites Internet dédiés aux personnes handicapées comportent une rubrique consacrée au voyage et constituent une bonne source d'information. Il s'agit de **Yanous** (www.yanous.com/pratique/index.html) et de **Handicap** (tourisme.handicap.fr/).

Hébergement

Le Japon dispose d'une large gamme d'hébergements, allant des campings aux hôtels de luxe. En plus des hôtels de style occidental, il existe des hébergements typiquement japonais, comme les *ryokan* (auberges traditionnelles), les *minshuku* (chambres d'hôtes). Pour plus d'informations, reportez-vous au chapitre *Les ryokan* (p. 391).

Réservations

Il peut être difficile de se loger à certains moments de l'année (à la saison des cerisiers en fleur ou des feuillages d'automne, durant la Golden Week ou la fête bouddhique d'O-Bon, etc.). Si vous envisagez de visiter le pays durant ces périodes, réservez votre hébergement le plus tôt possible.

Les offices du tourisme installés dans les grandes gares assurent souvent un service de réservation. Beaucoup restent ouverts jusqu'à 18h30, voire plus tard. Même si vous vous déplacez en voiture, les gares sont de très bons endroits pour obtenir des renseignements, effectuer des réservations et trouver des parkings à bas prix.

Dans les grands hôtels et les *ryokan* accueillant les étrangers, il est généralement possible de réserver par téléphone en anglais. En parlant avec clarté, vous devriez vous faire comprendre.

Le **Japanese Inn Group** (☎ 06-6225-3611 ; **japaneseinngroup.com/**) réunit des pensions et des *ryokan* habitués à recevoir des clients étrangers ; les réservations peuvent se faire via le site Internet, par téléphone ou par fax. Un guide très pratique recensant les établissements membres est disponible dans les principaux offices du tourisme et centres d'information des visiteurs du pays.

Hôtels

La plupart des villes et des régions touristiques possèdent des hôtels à l'occidentale. Les *business hotels* sont des établissements fonctionnels qui s'adressent surtout aux hommes d'affaires japonais ; les chambres, bien que petites, conviennent pour un séjour d'une nuit. Quant aux hôtels de luxe, ils sont les mêmes que partout ailleurs dans le monde.

Budget : les prix des hébergements

Les tarifs suivants valent pour une chambre double dans un hôtel ou pour une personne sur la base d'une chambre double dans un *ryokan* (auberge traditionnelle ; sans les repas). Sauf indication contraire, la taxe à la consommation de 8% est comprise. Sachez toutefois que certains hôtels affichent leurs prix hors taxe.

¥ moins de 6 000 ¥ (à Tōkyō, moins de 8 000 ¥)

¥¥ 6 000-15 000 ¥, (à Tōkyō, de 8 000-25 000 ¥)

¥¥¥ plus de 15 000 ¥ (à Tōkyō, plus de 20 000 ¥)

Heure locale

En dépit de la distance importante séparant les côtes est et ouest du pays, l'ensemble du territoire se situe dans un seul fuseau horaire. Le Japon avance de 9 heures sur l'heure GMT (Greenwich Mean Time), ce qui équivaut à –14 heures pour Montréal et –8 heures pour Paris. Ainsi, lorsqu'il est midi à Tōkyō, il est 4h du matin à Paris et 22h la veille à Montréal. Il n'y a pas d'heure d'été au Japon.

Heures d'ouverture

Les heures d'ouverture au Japon sont relativement classiques. Presque tous les musées, ainsi que de nombreux sites et commerces, ferment au moment du Nouvel An (du 30 ou 31 décembre au 3 ou 4 janvier). De plus, la plupart des musées sont fermés le lundi. Sachez que quand un lieu est normalement fermé le lundi, il ouvre quand même ce jour-là s'il s'agit d'un jour férié (à la place, il ferme souvent le lendemain, c'est-à-dire le mardi). Voici les heures d'ouverture généralement pratiquées :

Banques. 9h-15h du lundi au vendredi.

Bars. 18h-minuit ou plus tard, fermés un jour par semaine.

Grands magasins. 10h-19h, fermés un ou deux jours par mois. Souvent ouverts durant

Les adresses japonaises

Au Japon, trouver une adresse peut être difficile, même pour les habitants. Le problème est double. D'abord, parce que c'est le secteur qui est indiqué plutôt que la rue. Ensuite, parce que les numéros ne se suivent pas forcément : jusqu'au milieu des années 1950, ils étaient attribués en fonction de la date de construction.

Pour trouver un lieu, le mieux est donc de demander son chemin (conservez sur vous l'adresse écrite). Informer les passants sur les directions à prendre est d'ailleurs l'une des principales missions des nombreux postes de police de quartier. Les commerces impriment souvent un plan sur leurs publicités et leurs cartes de visite.

La plupart des taxis et des voitures de location sont aujourd'hui équipés d'un GPS qui permet de trouver facilement une destination, en saisissant l'adresse (il faut savoir lire le japonais) ou le numéro de téléphone (ce qui est bien plus facile).

tout ou partie de la période du Nouvel An.

Musées. 9h ou 10h-17h, du mardi au dimanche.

Bureaux. 9h-17h ou 18h du lundi au vendredi.

Bureaux de poste. Bureaux de quartier : 9h-17h du lundi au vendredi ; postes centrales : 9h-19h du lundi au vendredi et 9h-15h le samedi (dans les grandes villes, certaines disposent d'un guichet ouvert 24h/24, 7j/7).

Restaurants. 11h-14h et 18h-23h, fermés un jour par semaine.

Boutiques. 9h-17h, parfois fermées le dimanche.

Homosexualité

Abstraction faite de la Thaïlande, le Japon est le pays d'Asie le plus ouvert à l'égard des pratiques sexuelles. Shinjuku-nichōme, à Tōkyō, est un quartier gay où l'on parle anglais et où les rencontres entre hommes se font facilement.

Dans les zones rurales, on trouvera parfois un bar où les gays se rencontrent. Cependant, il est souvent difficile de localiser ces lieux sans un(e) ami(e) sur place pour vous guider.

Si la scène lesbienne prend de l'ampleur, elle demeure souvent fermée à celles qui ne maîtrisent pas le japonais. En dehors de Tōkyō, elle est presque impossible à découvrir, à moins de rester longtemps dans un même lieu ou d'être guidée par des habitants de la région.

Loger à l'hôtel pour un couple homosexuel ne pose pas de problème, car la plupart des établissements proposent des chambres avec lits jumeaux. En revanche, les *love hotels* ne sont pas toujours très accueillants ; si vous possédez des rudiments de japonais, vous aurez peut-être une chance, mais certains *love hotels* rechignent à accepter les étrangers.

Utopia (www.utopia-asia.com) est le site Internet le plus visité par les gays et les lesbiennes anglophones.

Les relations sexuelles entre personnes du même sexe sont légales. Bien que les Japonais, qu'ils soient homosexuels ou hétérosexuels, se témoignent rarement leur affection en public, les gestes tendres ne susciteront guère de réaction dans les villes. Dans les zones rurales, ils vous vaudront des regards désapprobateurs, mais sans doute rien de plus.

Internet (accès)

Vous trouverez des cybercafés (200-700 ¥/h) et divers points d'accès à Internet dans la plupart des grandes villes japonaises. De manière générale, les connections sont rapides et fiables.

Dans ce guide, nous indiquons à l'aide d'un pictogramme si un hébergement possède au moins un ordinateur avec Internet à l'usage des clients, et/où un point d'accès par câble LAN dans les chambres. Nous précisons aussi si un accès Wi-Fi est disponible.

La majorité des hôtels et auberges de jeunesse proposent gratuitement le Wi-Fi à leurs résidents, mais certains hébergements le font encore payer, tandis que d'autres ne le proposent pas du tout (notamment les petits hôtels assez anciens, dans les petites et moyennes agglomérations).

Notez que certains hôtels disposent d'un accès Internet par câble LAN, au lieu du Wi-Fi. L'hôtel fournit généralement le câble, mais il peut s'avérer intéressant d'emporter le sien pour ne pas avoir à le demander à chaque fois. Dans l'ensemble, ces connexions LAN fonctionnent bien. Néanmoins, des problèmes de compatibilité avec votre matériel ou de configuration peuvent survenir. Dans ce cas, le personnel de la réception pourra (peut-être) vous aider.

Wi-Fi

Bien qu'il soit omniprésent, le Wi-Fi est essentiellement réservé aux abonnés de services difficilement accessibles aux voyageurs étrangers (surtout à ceux qui ne parlent ni ne lisent le japonais). Il existe toutefois quantité de façons de se connecter, sachant que le Japon s'efforce d'améliorer les possibilités offertes aux voyageurs.

Freespot Map (www.freespot.com/users/map_e.html). Publie une liste des points d'accès à Internet : une ressource très utile, même si la liste n'est pas exhaustive. Les cartes présentées sont désormais en anglais.

Starbucks Tous les Starbucks du Japon offrent le Wi-Fi gratuit à leurs clients. Pour bénéficier de ce service, il faut s'enregistrer en ligne (starbucks.wi2.co.jp).

Cartes SIM Iijmio Japan Travel Possibilité d'acheter des cartes SIM Iijmio Japan Travel (t.iijmio.jp/en) dans les grands magasins d'articles électroniques du Japon. Pour les utiliser, votre appareil doit être désimlocké et vous devez pouvoir configurer l'APN. Ces cartes comptent 2 Go de données et sont valables trois mois. La société collabore avec Brastel : vous pouvez donc émettre des appels (mais pas en recevoir) via cet opérateur. Contrairement à d'autres cartes SIM, l'Iijmio Japan Travel ne nécessite pas qu'on passe un appel pour l'activer, ce qui en fait une excellente option pour les voyageurs.

Carte SIM B-Mobile Vous pouvez acheter une carte SIM B-Mobile dans les grands magasins d'électronique. Il est également possible de la commander par Internet (www.bmobile.ne.jp/english/) et de la faire livrer à l'hôtel où vous passerez votre première nuit ou même au bureau de poste de votre aéroport d'arrivée. Cette carte ne fonctionne que pour les données (pas de connexion voix) et permet de surfer sur Internet pendant un certain laps de temps (souvent un mois). Le volume de données que vous pouvez télécharger est limité, votre appareil doit être désimlocké et vous devez pouvoir configurer l'APN. Un appel est requis pour activer ces cartes (un employé de la boutique pourra éventuellement l'effectuer).

Japan Connected Téléchargez cette application (www.ntt-bp.net/jcfw), proposée par le fournisseur national NTT, et enregistrez-vous de bonne heure pour bénéficier du Wi-Fi gratuit. Connectez-vous dans divers endroits de Tōkyō (dont les supérettes 7-11 et les aéroports de Narita/Haneda) et du pays (majoritairement à Hiroshima, Fukuoka, Ōsaka et Kanazawa) ; consultez la page "Coverage Areas" pour plus de détails.

Boingo Les abonnés au service mondial Boingo (www.boingo.com) peuvent utiliser les points d'accès BB Mobilepoint dans les McDonald's, certains restaurants et supérettes.

Connexions Internet mobiles. Plusieurs sociétés de location de téléphones proposent des cartes de données, des clés USB ou des boîtiers "pocket Wi-Fi". L'option la plus pratique, avec service en anglais, est fournie par **Rentafone Japan** (✆ depuis l'étranger 81-75-212-0842, numéro gratuit au Japon 0120-746-487 ; www.rentafonejapan.com), qui propose deux types de "pocket Wi-Fi" à partir de 3 900 ¥ la semaine en illimité.

Wi-Fi gratuit Plusieurs villes du Japon, dont Kyōto, Ōsaka et Hiroshima, ont lancé un programme de connexion Wi-Fi gratuite dans les gares ferroviaires et les zones touristiques, notamment. Pour plus de détails, consultez les offices du tourisme locaux ou les sites Internet.

Jours fériés

Le Japon compte 16 jours fériés. Quand un jour férié

tombe un dimanche, le lundi est également férié ; et si le lundi est déjà férié, le mardi le sera lui aussi. Deux jours fériés séparés par un jour travaillé (tels mardi et jeudi) entraînent un pont.

Voici les jours fériés nationaux :

Ganjitsu (Nouvel An). 1er janvier

Seijin-no-hi (jour du passage à l'âge adulte). 2e lundi de janvier

Kenkoku Kinem-bi (jour de la fondation nationale). 11 février

Shumbun-no-hi (équinoxe de printemps). 20 ou 21 mars

Shōwa-no-hi (jour de l'empereur Shōwa). 29 avril

Kempō Kinem-bi (jour de la Constitution). 3 mai

Midori-no-hi (jour de la Nature). 4 mai

Kodomo-no-hi (jour des Enfants). 5 mai

Umi-no-hi (jour de la Mer). 3e lundi de juillet

Yama-no-hi (jour de la Montagne). 11 août (à partir de 2016)

Keirō-no-hi (jour du Respect envers les personnes âgées). 2e lundi de septembre

Shūbun-no-hi (équinoxe d'automne). 22 ou 23 septembre

Taiiku-no-hi (jour du Sport et de la Santé). 2e lundi d'octobre

Bunka-no-hi (jour de la Culture). 3 novembre

Kinrō Kansha-no-hi (fête du Travail). 23 novembre

Tennō Tanjōbi (anniversaire de l'empereur). 23 décembre

Les transports et hébergements sont bondés pendant les périodes suivantes :

Shōgatsu (Nouvel An) 31 décembre-3 janvier

Golden Week 29 avril-5 mai

O-Bon mi-août

Offices du tourisme

La plupart des villes et certains villages possèdent des offices du tourisme (*kankō annai-sho* ; 観光案内所), presque toujours installés dans ou devant la principale gare ferroviaire. Certains ont des employés parlant anglais et la plupart distribuent des brochures dans cette langue. Vous avez bien sûr plus de chance de trouver du personnel et des publications anglophones dans les endroits les plus fréquentés par les touristes étrangers. Dans tous les cas, avec un peu de patience et de bonne humeur, vous obtiendrez les informations nécessaires, même dans un minuscule bureau local.

La **Japan National Tourism Organization** (www.tourisme-japon.fr) est le principal service d'information anglophone à destination des touristes. Elle publie quantité de brochures utiles, diffusées dans ses antennes à l'étranger et au centre d'information touristique de Tōkyō. La plupart sont en anglais, certaines dans d'autres langues européennes et asiatiques. Le site Internet (en français) est un outil très pratique pour organiser votre séjour.

La JNTO possède des bureaux au Canada et en France (les coordonnées figurent sur son site).

Problèmes juridiques

Les policiers japonais disposent de pouvoirs étendus. Ils peuvent ainsi garder un suspect en garde à vue jusqu'à 3 jours ; au-delà, le procureur peut prolonger celle-ci pendant 20 jours. La police peut aussi choisir d'autoriser ou non un suspect à téléphoner à son ambassade ou à un avocat. En cas de détention, refusez de coopérer tant que vous n'aurez pas pu passer votre appel. Si vous en avez la possibilité, contactez en premier lieu votre ambassade.

Beaucoup de policiers ne parlent aucune langue étrangère ; exigez la présence d'un *tsūyakusha* (interprète). La loi exige qu'on vous en fournisse un avant tout interrogatoire. Si vous parlez japonais, mieux vaut ne pas le montrer.

En cas de problème, contactez la **Japan Helpline** (☎ 0570-000-911 ; www.jhelp.com/en/jhlp.html ; ⏲ 24h/24), un numéro d'urgence qui fonctionne 24h/24, 7j/7.

Santé

Le Japon est un pays développé où les normes d'hygiène sont élevées et les maladies endémiques rares. Aucun vaccin particulier n'est exigé et vous n'aurez pas de préparatifs spéciaux à faire. Si vous prenez un traitement régulier, pensez simplement à emporter vos médicaments. On trouve des hôpitaux et des cliniques un peu partout, sauf dans les îles les plus petites et les plus éloignées.

Soins médicaux au Japon

Le Japon possède un système de santé vaste et complet, mais le niveau des soins est très variable. Si vous avez besoin d'un médecin, voici quelques conseils pratiques :

- En général, mieux vaut s'adresser à un grand hôpital, universitaire ou non, qu'à une clinique.
- Médecins et hôpitaux sont parfois peu disposés à soigner les étrangers. Ils seront plus enclins à le faire si vous leur prouvez que vous êtes couvert par une assurance. S'ils refusent, insistez : même si le serment d'Hippocrate n'existe pas au Japon, vous pouvez exiger d'être soigné.
- La plupart des hôpitaux et cliniques ont des heures régulières de consultation (généralement le matin).
- Les hôtels et les *ryokan* habitués à recevoir des étrangers sauront vous indiquer les meilleurs hôpitaux du secteur, ou ceux dont les médecins parlent anglais.
- Beaucoup de médecins ont des rudiments d'anglais, mais tâchez de vous faire accompagner par une personne parlant japonais pour expliquer les symptômes dont vous souffrez et vous orienter dans l'hôpital.

Téléphone

Les numéros de téléphone japonais sont formés d'un indicatif régional (indiqué dans ce guide sous le nom de la ville), puis d'un numéro. À l'intérieur d'une même région, l'indicatif régional est inutile.

Pour appeler l'étranger depuis le Japon, faites le (☎00) puis composez le code du pays (☎33 pour la France, ☎32 pour la Belgique, ☎41 pour la Suisse et ☎1 pour le Canada), le code régional et le numéro désiré.

Pour appeler le Japon depuis l'étranger, composez le code d'accès international, l'indicatif du pays (☎81), puis l'indicatif régional (sans le 0) et enfin le numéro. Les numéros qui commencent par ☎0120, ☎0070, ☎0077, ☎0088 et ☎0800 sont gratuits. Voici les numéros des renseignements téléphoniques :

Renseignements locaux ☎104 (de 60 à 150 ¥ par appel)

Renseignements en anglais ☎0120-36-4463 (9h-17h du lundi au vendredi)

Renseignements internationaux ☎0057

Appels internationaux

Pour les appels internationaux passés par l'intermédiaire d'un opérateur, composez le ☎0051 (KDDI ; les opérateurs parlent anglais).

Les tarifs des appels internationaux directs sont sensiblement équivalents quel que soit l'opérateur.

Numéros importants

Ambulance/pompiers ☎119

Police ☎110

Indicatif du Japon ☎81

Code d'accès international ☎001

Opérateur international ☎0051

Composez l'un des numéros ci-dessous, puis l'indicatif du pays et le numéro de votre correspondant.

- KDDI ☎001-010
- NTT ☎0033-010
- SoftBank Telecom ☎0041-010

Appels locaux

Le réseau téléphonique japonais est fiable et efficace mais les cabines publiques se font malheureusement plus rares en raison de l'engouement pour le téléphone portable. Les appels locaux coûtent 10 ¥/minute. Les pièces de 10 ¥ non utilisées reviennent à l'utilisateur à la fin de l'appel, mais la monnaie n'est pas rendue sur les pièces de 100 ¥.

Le plus simple est d'acheter une carte de téléphone (*terefon kādo*) dès votre arrivée, ce qui vous évitera d'avoir toujours de la monnaie sur vous. Il existe des cartes de 500 et de 1 000 ¥ (avec 50 ¥ en cadeau pour les secondes), utilisables dans la plupart des téléphones verts ou gris. Elles sont en vente dans les distributeurs (certains sont installés dans les cabines publiques) et dans les commerces de proximité.

La variété des images qui les ornent en fait des objets de collection.

Cartes internationales prépayées

Vu la rareté des téléphones publics permettant d'appeler à l'étranger, ces cartes constituent la solution la plus simple pour passer des appels internationaux. La plupart des commerces de proximité vendent au moins l'une des cartes prépayées suivantes, utilisables dans toutes les cabines téléphoniques : KDDI Superworld Card, NTT Communications World Card ou SoftBank Telecom Comica Card.

Téléphones portables

Les réseaux japonais de téléphonie mobile ont recours à la technologie 3G (troisième génération) sur une variété de fréquences. Les téléphones portables non compatibles 3G ne fonctionnent pas au Japon, tout comme la plupart des téléphones étrangers. De plus, les cartes SIM ne sont pas courantes. Donc, si vous voulez utiliser un téléphone portable au Japon, la seule solution est souvent d'en louer un.

Au Japon, plusieurs sociétés de télécommunications sont spécialisées dans la location de téléphones portables de courte durée, notamment **Rentafone Japan** (**☎ depuis l'étranger 81-75-212-0842, appel gratuit au Japon 0120-746-487 ; www.rentafonejapan.com**), qui propose des contrats hebdomadaires à partir de 3 900 ¥ (appel local/international à partir de 35/45 ¥ la minute)

Toilettes

- Vous trouverez aussi bien des toilettes occidentales que des toilettes "à la turque", de type asiatique.
- Les toilettes publiques sont gratuites, et indiquées par les caractères トイレ en katakana et お手洗い en kanji. Les kanji suivants sont fréquemment employés : femmes 女 et hommes 男.
- Comme le papier n'est pas toujours fourni, il est prudent de prévoir des mouchoirs en papier (des paquets sont souvent distribués dans la rue en guise de publicité).
- À l'intérieur des toilettes, près de la porte, vous verrez parfois des chaussons réservés à cette pièce. N'oubliez pas de les enlever avant de sortir.
- Il est courant de voir des hommes uriner en public – officieusement, ce comportement est acceptable la nuit lorsqu'on est ivre.

Transports

Depuis/vers le Japon

Entrer au Japon

Pour la plupart des voyageurs, entrer au Japon n'a rien de compliqué. Les visas sont délivrés à l'arrivée pour un grand nombre de nationalités. Les ressortissants étrangers doivent désormais se soumettre à la prise d'empreintes digitales et poser pour une photographie.

Voie aérienne

Les vols internationaux desservent Tōkyō (pour la plupart), mais aussi d'autres grands aéroports du pays. Ainsi, les voyageurs qui souhaitent se rendre dans l'ouest du Japon ou dans la région du Kansai auront tout intérêt à prendre un vol pour l'aéroport international du Kansai (KIX), près d'Ōsaka.

Aéroports

Il existe des aéroports internationaux sur Honshū, l'île principale (Nagoya, Niigata, Ōsaka/Kansai, Haneda et Tōkyō Narita), ainsi que sur Kyūshū (Fukuoka, Kagoshima, Kumamoto et Nagasaki), Okinawa (Naha) et Hokkaidō (Sapporo). Parmi les plus importants :

Tōkyō La majorité des vols internationaux depuis/vers Tōkyō atterrissent à Narita (**www.narita-airport.jp**), à environ une heure de la capitale par train express ; si vous le pouvez, il est généralement moins cher et plus pratique de passer par l'aéroport international de Tōkyō (**www.tokyo-airport-bldg.co.jp**), plus connu sous le nom d'aéroport d'Haneda. À environ 30 minutes de Tōkyō par monorail.

Ōsaka La plupart des vols internationaux pour Ōsaka se posent à l'aéroport international du Kansai (**www.kansai-airport.or.jp**), d'où on peut rallier les grandes villes du Kansai : Kyōto, Ōsaka, Nara et Kōbe.

Nagoya Près de Nagoya, l'aéroport international du Chūbu (**www.centrair.jp**) assure des liaisons avec différents pays.

Depuis/vers la France

Air France, Japan Airlines et All Nippon Airlines proposent des vols directs Paris-Tōkyō (jusqu'à 4 vols quotidiens en haute saison). Le trajet en avion prend environ 11 heures 30. Nombre d'autres compagnies, telles Turkish Airlines, China Eastern Airlines ou Emirates, relient Paris au Japon, en général avec une escale.

Au moment de la rédaction de cet ouvrage, les tarifs les plus bas d'un aller-retour Paris-Tōkyō direct se situaient aux alentours de 1 200 € en classe éco, selon la compagnie empruntée et la saison. Pour un vol aller-retour avec escale, depuis Paris, comptez à partir de 800 €.

Pour une liste de tour-opérateurs proposant des séjours, et parfois des vols secs, voir la rubrique *Voyages organisés*, p. 408.

Quelques transporteurs :

Air France (☎3654 ; www.airfrance.fr). 4 vols directs/jour pour Tōkyō.

All Nippon Airways (ANA ; ☎0820 803 212 ; www.ana.co.jp). Un vol direct quotidien pour Tōkyō.

Air China (☎810 800 86 100 999 ; www.airchina.fr). Propose 1 vol quotidien à destination de Tōkyō incluant 1 ou 2 escales.

Japan Airlines (JAL ; ☎0810 747 700 ; www.jal.com). Dessert une fois par jour Tōkyō en vol direct.

Qatar Airways (☎01 70 95 05 80 ; www.qatarairways.com). Vol avec escale à Doha.

Depuis/vers la Belgique

Il n'existe pas de vols directs vers le Japon depuis la Belgique. Toutefois, de nombreuses compagnies (Emirates, Swiss Airlines et Austrian Air, notamment) proposent des vols avec escale(s). Comptez à partir de 14h30 de trajet (escale incluse), la moyenne se situant plutôt aux alentours de 16-17 heures pour un Bruxelles-Tōkyō. Les tarifs les plus intéressants se situent à partir de 800 €.

Quelques transporteurs et agences :

Tarifs des vols intérieurs

Voyages et changement climatique

Tous les moyens de transport fonctionnant à l'énergie fossile génèrent du CO_2 – la principale cause du changement climatique induit par l'homme. L'industrie du voyage est aujourd'hui dépendante des avions. Si ceux-ci ne consomment pas nécessairement plus de carburant par kilomètre et par personne que la plupart des voitures, ils parcourent en revanche des distances bien plus grandes et relâchent quantité de particules et de gaz à effet de serre dans les couches supérieures de l'atmosphère. De nombreux sites Internet utilisent des "compteurs de carbone" permettant aux voyageurs de compenser le niveau des gaz à effet de serre dont ils sont responsables par une contribution financière à des projets respectueux de l'environnement. Lonely Planet "compense" les émissions de tout son personnel et de ses auteurs.

Airstop (☎ 070/23 31 88 ; www.airstop.be)

Connections (☎ 070/23 33 13 ; www.connections.be)

Gigatour - Éole (www.voyageseole.be)

Japan Airlines (☎ 02/745 44 00 ; www.jal.com)

Qatar Airways (☎ 02/894 83 91 ; www.qatarairways.com).

Depuis/vers la Suisse

Swiss et All Nippon Airways proposent des vols directs Zurich-Tōkyō et pratiquent des tarifs assez similaires. Comptez à partir de 1 300 FS pour un aller-retour en classe économique (11 heures 50). De nombreuses autres compagnies (Lufthansa, Cathay ou Emirates) desservent Tōkyō depuis Zurich, Berne ou Genève avec escale(s). Comptez en moyenne à partir de 700 FS.

Voici quelques adresses utiles :

Swiss International Air Lines (☎ 848 700 700 ; www.swiss.com).

All Nippon Airways (ANA ; ☎ 0 844 803 545 ; www.ana.co.jp).

Japan Airlines (☎ 0 844 888 747 ; www.jal.com).

Lufthansa (☎ 0 900 900 922 ; www.lufthansa.com).

STA Travel (☎ 058 450 49 49 ; www.statravel.ch). Plusieurs agences en Suisse.

Depuis/vers le Canada

Il existe des vols directs entre Tōkyō et deux villes canadiennes : Toronto et Vancouver. Ils sont assurés par Japan Airlines (JAL), All Nippon Airways (ANA) et Air Canada. Comptez à partir de 1 200 $C et 10 heures 30 de vol (9 heures pour le retour). Vols directs depuis Calgary à certaines périodes.

Si votre budget est serré, il peut s'avérer intéressant de voler avec une compagnie chinoise, taïwanaise ou coréenne qui prolongent leurs vols depuis leurs hubs asiatiques jusqu'au Japon. Prendre l'avion depuis une ville américaine proche du Canada, avec les compagnies United Airlines ou Delta Airlines, peut parfois s'avérer très avantageux, même avec le vol de liaison depuis le Canada.

Quelques transporteurs et agences :

Air Canada (☎ 1 888 247 2262 ; www.aircanada.ca). Un vol quotidien direct vers Tōkyō depuis Vancouver et Toronto.

All Nippon Airways (ANA ; ☎ 1 800 235 9262 ; www.ana.co.jp). Un vol quotidien direct vers Tōkyō depuis Vancouver et Toronto.

Expedia.ca (☎ 1 888 397 3342 ; www.expedia.ca).

Japan Airlines (JAL ; ☎ 1 800 525 3663 ; www.jal.com). Un vol quotidien direct vers Tōkyō depuis Vancouver et Toronto.

Travelocity.ca (☎ 855 222 6739 ; www.travelocity.ca)

Travel Cuts – Voyages Campus (☎ 1-800 667 2887 ; www.travelcuts.com)

Voyages organisés

L'**Office national du tourisme japonais** (JNTO ; ☎ 01 42 96 20 29 ; www.tourisme-japon.fr ; 4 rue de Ventadour, 75001 Paris) est une mine d'informations. Il répond efficacement à vos questions et recense une sélection de sites Internet utiles pour préparer votre voyage.

Spécialistes du Japon

Outre des circuits classiques, certains de ces voyagistes affichent une offre plus originale : voyages thématiques, excursions à la carte, location d'appartements ou de voitures avec service d'assistance, guides privés francophones, etc. Leurs sites permettent aussi souvent de réserver en ligne vols secs, Japan Rail Pass et/ou hébergements.

Asia (☎ 0825 897 602 ; www.asia.fr ; 1 rue Dante, 75005 Paris). Autres agences à Lyon, Toulouse, Marseille, Nice et à Genève. Spécialiste de l'Asie et des voyages sur mesure.

Destination Japon (☎ 01 42 96 09 32 ; www.destinationjapon.fr ; 11 rue Villedo, 75001 Paris). Circuits en petits groupes ou individuels élaborés en collaboration avec son agence au Japon. Cours de cuisine japonaise, cours de *taiko* (tambour japonais), circuit Kyōto à vélo, etc. Vols secs, Japan Rail Pass, réservations d'hôtels.

HIS (☎ 01 53 05 34 03 ; www.voyagesjapon-his.com ; 14 rue Gaillon, 75002 Paris). Filiale du groupe japonais H.I.S. Voyages "en liberté" entièrement personnalisables (dont Voyage de noces, Patrimoine mondial, Régions méconnues). Voyages accompagnés.

Jaltour (☎ 01 44 55 15 30 ; www.jaltour.fr ; 4 rue de Ventadour, 75001 Paris). Spécialiste du Japon depuis plus de 25 ans. Voyages à la carte à partir de suggestions de circuits (dont Manga Tour, Sur les pas des samouraïs ou Le Jardin des sens).

Japan Guilde (☎ 09 70 44 96 20 ; www.japan-guilde.com). Équipe de 4 accompagnateurs spécialisés sur le Japon proposant des circuits accompagnés et des voyages sur mesure.

Désir de Japon (☎ 01 40 51 95 00 ; www.desirdejapon.com ; 76 rue Bonaparte, 75006 Paris). Une dizaine de circuits accompagnés (dont la Route des bonsaïs). Voyages sur mesure. Conférences sur le Japon.

La Route du Japon (☎ 01 43 74 96 67 ; www.routedujaponetdelacoree.com ; 34 rue Robert-Giraudineau, 94300 Vincennes). Une douzaine de circuits, des excursions (dont ascension du mont Fuji) et des activités (cours de danse japonaise, cours d'ikebana, etc).

NostalAsie (☎ 01 43 13 29 29 ; www.ann.fr ; 19 rue Damesme, 75013 Paris). Spécialiste des voyages sur mesure.

Vivre le Japon (anciennement Voyageurs au Japon ; ☎ 01 42 61 60 83 ; www.vivrelejapon.com ; 30 rue Sainte-Anne, 75001 Paris). Équipe à Kyōto (☎ +81 (0) 75 752 35 18 ; 606-8404 Kyōto-shi, Sakyo-ku, Jojodi Shimominamida-cho 173-1). Agence spécialisée sur le Japon depuis 30 ans. Voyages à la carte. Appartements à louer à Kyōto et à Tōkyō avec accueil et assistance par un "Travel Angel" francophone. Location de voitures avec assistance téléphonique en français 7j/7, traduction de permis, GPS en anglais et proposition de circuits avec hébergement de charme. Guides privés francophones.

Comment circuler

Le Japon possède l'un des meilleurs systèmes de transport public du monde. Ainsi, il est très facile de se déplacer dans le pays.

Avion

L'avion est un moyen pratique et sûr de voyager au Japon, souvent plus rapide que le *shinkansen* (train à grande vitesse) et pas tellement plus cher. C'est également une manière idéale de se rendre dans les nombreuses petites îles qui bordent les côtes, et en particulier dans celles du Sud-Ouest (préfectures de Kagoshima et d'Okinawa).

Compagnies aériennes au Japon

Japan Airlines (☎ 03-5460-0522, 0570-025-121 ; www.jal.co.jp/en). Ce grand transporteur international possède aussi un réseau intérieur très étendu.

All Nippon Airways (☎ 0570-029-709, à Ōsaka 06-7637-6679, à Tōkyō 03 6741-1120 ; www.ana.co.jp). Deuxième transporteur international et intérieur.

Japan Trans Ocean Air (☎ 03-5460-0522, 0570-025-071 ; www.jal.co.jp/jta). Petite compagnie spécialisée dans les vols intérieurs, particulièrement vers les îles du Sud-Ouest. Site Internet uniquement en japonais.

Transporteurs low-cost

Le Japon a ouvert son espace aérien aux compagnies low-cost. Toutefois, ces transporteurs disparaissent parfois aussi vite qu'ils sont apparus et ceux que nous citons ci-dessous n'existeront peut-être plus au moment de votre voyage. Cela vaut cependant la peine de vérifier leurs tarifs sur Internet : les économies sont parfois substantielles.

Jetstar (www.jetstar.com)

Peach (www.flypeach.com)

Skymark Airlines (www.skymark.co.jp)

Billets et réductions

- Sur les vols intérieurs, l'aller-retour coûte en moyenne 10% moins cher que deux allers simples. Par ailleurs, ANA (All Nippon Airways) et JAL (Japan Airlines) offrent toutes les deux jusqu'à 50% pour l'achat du billet un mois ou plus à l'avance, ou une remise moins importante de 1 à 3 semaines avant le départ.

- Les plus de 65 ans peuvent aussi bénéficier d'une remise sur la plupart des compagnies aériennes, mais parfois seulement du lundi au vendredi.

Voiture et moto

Conduire au Japon ne présente pas de difficulté particulière, même si vous n'avez pas l'esprit aventureux. Les panneaux sont en anglais sur les routes principales, le code de la route est respecté dans l'ensemble et la conduite est plus sûre que dans beaucoup d'autres pays d'Asie ; l'essence, bien que chère, n'est pas hors de prix. Dans certaines régions, la voiture s'avère même le moyen de transport le plus pratique, voire le plus économique si vous êtes en groupe.

Dans certaines zones (sur Hokkaidō, dans la péninsule de Noto, dans certaines parties de Kyūshū et sur les îles du Sud-Ouest), la voiture est la seule manière de se déplacer facilement, à moins d'avoir un bon vélo de randonnée ou de ne pas craindre de longues heures d'attente pour voyager en bus.

Conduire au Japon

À moins de prendre le volant dans le centre de Tōkyō ou d'Ōsaka ou d'oublier que les Japonais conduisent à gauche, vous ne devriez pas avoir de problème pour vous déplacer en voiture au Japon. Conduire est même particulièrement agréable par comparaison avec beaucoup d'autres pays (peut-être parce que le permis est plus difficile à obtenir). Toutefois, les points suivants méritent d'être rappelés :

Clignotants. Certains conducteurs japonais ont la fâcheuse habitude d'attendre de s'être arrêtés au feu rouge ou engagés dans une intersection pour mettre leurs clignotants (au lieu de prévenir de leurs intentions). Même si cela ne provoque pas de problèmes majeurs, il est bon de le savoir...

Stations-service. Si les pompes en libre-service deviennent plus courantes, les stations-service offrant un service complet demeurent prédominantes. Au Japon, "service complet" signifie qu'on videra votre cendrier, qu'on vous débarrassera de vos poubelles si vous en avez, qu'on nettoiera votre pare-brise et qu'on vous aidera à vous réinsérer dans la circulation. Si vous voulez qu'on vous fasse le plein, dites simplement *mantan*. Par ailleurs, on vous demandera peut-être de quelle manière vous souhaitez payer : les deux réponses possibles sont "*genkin*" (espèces) ou *"kaado"* (carte bancaire).

Chaînes. En hiver dans les régions montagneuses, des chaînes sont parfois exigées. Si vous louez une voiture sur place, elle devrait normalement être équipée. Les stations-service peuvent se charger d'installer les chaînes moyennant 1 000 à 2 000 ¥. Il arrive qu'il y ait des contrôles de police.

Pour les motards, le port du casque est obligatoire au Japon.

Automobile-club

Si vous êtes membre d'un automobile-club dans votre pays, vous devriez bénéficier des mêmes avantages auprès de la **Japan Automobile Federation** (JAF ; ☎ 0570-00-2811, 03-6833-9000 ; www.jaf.or.jp ; 2-2-17 Shiba, Minato-ku, Tokyo 105-0014). Ses bureaux sont proches de la gare d'Onarimon, sur la ligne Tōei Mita.

Permis de conduire

La plupart des étrangers en possession d'un permis classique et d'un permis international peuvent conduire au Japon (à la fois des voitures et des motos).

En revanche, les citoyens français, belges, suisses, allemands et italiens (ainsi que les personnes dont les pays n'ont pas ratifié la convention de Genève de 1949 sur les permis internationaux) ne peuvent pas prendre le volant avec un permis international ordinaire : ils doivent présenter leur propre permis, accompagné de sa traduction réalisée par leur ambassade ou leur consulat au Japon, ou par la Japanese Automobile Federation (JAF). Renseignez-vous auprès de cette dernière pour en savoir plus, notamment sur le coût de cette traduction. Si vous ne savez pas dans quelle catégorie figure votre pays, adressez-vous au bureau de l'Office national du tourisme japonais le plus proche.

Les permis de conduire nationaux et internationaux ne sont valables que six mois au Japon. Au-delà, vous devrez vous procurer un permis japonais auprès du département local des véhicules à moteur.

Voies express

Le réseau de voies express est rapide, pratique et en constante expansion. Le péage revient à environ 24,60 ¥ le kilomètre. Vous devrez ainsi débourser 10 050 ¥ pour un Tōkyō-Kyōto.

Des aires de repos et de services sont aménagées à intervalles réguliers. Une carte d'autoroute prépayée, en vente aux péages et dans les aires de services, vous offre de 4 à 8% de remise, selon la valeur de la carte. Les cartes bancaires sont également acceptées aux péages. Les sorties sont généralement bien indiquées en anglais, mais mieux vaut se renseigner sur leur dénomination à l'avance, car elles ne portent pas toujours le nom de la ville de destination.

Essence

On trouve des *gasoreen sutando* (stations-service) dans presque toutes les villes et sur les voies express. Comptez de 135 à 144 ¥ le litre pour l'essence ordinaire, et de 146 à 155 ¥ pour l'essence à haut indice d'octane (tarif au moment de la rédaction de ce guide).

Location

- Les agences de location sont généralement regroupées près des gares ferroviaires et des quais des ferries. Pour louer un petit véhicule, prévoyez de 5 000 à 7 000 ¥ par jour, avec des réductions à partir du deuxième jour. En plus du prix de la location, une assurance d'environ 1 000 ¥ par jour est exigée.
- Il peut être difficile de communiquer avec l'agent de location. Certaines agences se réfèrent à un petit guide de conversation en anglais regroupant des questions susceptibles d'être posées. Essayez de parler le plus lentement possible et croisez les doigts. Un bon moyen pour entamer la conversation est de dire "*kokusai menkyō wo motteimasu*" ("j'ai un permis international").
- **Toyota Rent-a-Car** (☎ au Japon 0800-7000-111, à l'étranger 81-3-5954-8020 ; rent.toyota.co.jp) possède le réseau le plus important. Son site Internet permet de réserver une voiture depuis l'étranger.
- Il est plus facile de louer une voiture qu'une moto pour effectuer de longs trajets, mais, pour des petits déplacements locaux, on trouve souvent des scooters en location.
- Les petites motos (en dessous de 125 cm^3) sont interdites sur les voies express, donc peu adaptées aux longues distances. Quelques aventuriers ont cependant traversé le pays d'un bout à l'autre en empruntant les routes secondaires sur de petites 50 cm^3. Grand avantage : celles-ci ne nécessitent qu'un permis de conduire normal, et non un permis moto.

Code de la route

En dehors de la conduite à gauche, les règles du code de la route au Japon ne posent aucun problème particulier, et la plupart des panneaux sont conformes aux conventions internationales. La JAF propose *Rules of the Road*, un ouvrage disponible en anglais et 4 autres langues (mais pas en français), pour 1 000 ¥.

Cartes et navigation routière

- Si vous trouvez un exemplaire d'occasion du *Road Atlas Japan* (Shōbunsha), achetez-le absolument ! Il est entièrement en caractères latins (*romaji*), avec assez de noms en kanji pour faciliter la navigation, même hors des routes principales. Malheureusement, cet atlas est aujourd'hui épuisé et difficile à dénicher. Si vous pensez vous aventurer sur les petites routes, il vous faudra une carte en japonais, même si vous ne savez pas lire les kanji. Les meilleurs atlas routiers sont la série des *Super Mapple* (Shōbunsha), qu'on trouve dans les librairies et certains magasins de proximité.

- Les panneaux en *romaji* sont relativement répandus, ce qui rend la navigation assez facile, surtout dans les régions urbanisées. En cas de doute, fiez-vous à votre carte et au paysage : lignes de chemin de fer, rivières, monuments. Vous pourrez ainsi vous orienter sans dépendre des panneaux en japonais. Une boussole peut aussi être utile.

- Les voitures de location sont souvent équipées d'un GPS en japonais. Encore faut-il savoir s'en servir : demandez au personnel de l'agence de vous en expliquer le fonctionnement (prenez des notes !) ou, si vous allez juste d'un point A à un point B, de le régler pour vous. La plupart du temps, il suffit de rentrer le numéro de téléphone de la destination (ce qui ne pose pas de problème) ou son adresse (chose impossible si vous ne lisez pas le japonais). Même sans saisir la destination, l'appareil s'avèrera une aide précieuse grâce à son dispositif par défaut "*genzai-chi*" (localisation actuelle).

Terminologie ferroviaire

PRONONCIATION	JAPONAIS	FRANÇAIS
futsū	普通	omnibus
green-sha	グリーン車	compartiment de 1re classe
jiyū-seki	自由席	place sans réservation
kaisoku	快速	train rapide ou express JR
kaku-eki-teisha	各駅停車	omnibus
katamichi	片道	aller simple
kin'en-sha	禁煙車	compartiment non-fumeurs
kitsuen-sha	喫煙車	compartiment fumeurs
kyūkō	急行	express ordinaire
ōfuku	往復	aller-retour
shin-kaisoku	新快速	train rapide spécial JR
shinkansen	新幹線	train à grande vitesse
shitei-seki	指定席	place réservée
tokkyū	特急	express semi-direct

Train

Le réseau ferroviaire japonais compte parmi les meilleurs du monde. Il offre des trains rapides, fréquents, propres et confortables. La "compagnie nationale", **Japan Railways (JR)**, est composée en réalité de plusieurs compagnies privées indépendantes.

Le réseau JR, qui dessert tout le pays, couvre aussi les trains de banlieue autour de villes comme Tōkyō et Ōsaka. JR exploite également des bus et des ferries et il existe des billets combinés pour plusieurs moyens de transport.

En dehors de JR, on trouve également un immense réseau de trains privés. Chaque grande ville possède au moins une ligne privée qui dessert l'agglomération et ses environs, ou qui la relie aux autres villes de la région. Les tarifs sont souvent un peu inférieurs à ceux de JR.

Types de trains

Les omnibus sont appelés *futsū* ou *kaku-eki-teisha*. Plus rapides, les *kyūkō* (express ordinaires) ne desservent que certaines gares.

Les *kaisoku* (trains rapides que l'on trouve surtout sur les lignes JR) sont très similaires aux *kyūkō*.

Les trains les plus rapides (abstraction faite des *shinkansen*) sont les *tokkyū* (express marquant peu d'arrêts), dits également *shinkaisoku* (à nouveau, surtout sur le réseau JR).

Shinkansen

Le train le plus rapide et le plus célèbre du Japon est le *shinkansen*, géré par JR. Ce train à grande vitesse ne circule pas sur les mêmes voies que les trains ordinaires ; dans certaines villes, comme Ōsaka, la gare du *shinkansen* se trouve à bonne distance de la principale gare JR.

Pour la plupart des liaisons en *shinkansen*, on trouve deux ou trois types de trains : certains sont des express qui ne s'arrêtent qu'à quelques gares ; d'autres, moins rapides, font halte plus souvent. Tous sont au même prix – notez simplement que les compartiments verts (*Green Cars*, 1re classe) sont un peu plus chers.

Les plupart des compartiments sont non-fumeurs et tous les trains comportent des compartiments avec et sans réservation. En dehors des périodes de pointe, vous avez de grandes chances de trouver une place dans un compartiment sans réservation. En haute saison, mieux vaut réserver dans une gare JR quelques jours avant le départ.

Classes

La plupart des trains JR longue distance, dont le *shinkansen*, sont composés de voitures normales et de compartiments verts (*Green Cars*), plus calmes, moins bondés et dotés de sièges plus spacieux. La réservation est obligatoire dans les *Green Cars*. Aussi, même avec un Green Japan Rail Pass, vous devez réserver chaque voyage (ce qui n'est pas le cas avec un pass ordinaire, qui donne accès aux autres compartiments, et avec lequel il suffit de franchir les tourniquets et de monter dans le premier train disponible).

Tarifs

Les tarifs JR sont calculés sur la base d'un *futsū-unchin* (tarif ordinaire), auquel s'ajoutent un *tokkyū-ryōkin* (supplément appliqué uniquement aux billets express) et un *shinkansen-ryōkin* (supplément spécial *shinkansen*). Si vous achetez un aller-retour pour un trajet de plus de 600 km dans chaque sens, vous avez droit à une réduction de 10% sur le retour.

Suppléments

Les tarifs qui s'appliquent aux réservations sont légèrement plus élevés pendant la haute saison (du 21 mars au 5 avril, du 28 avril au 6 mai, du 21 juillet au 31 août et du 25 décembre au 10 janvier). Le supplément est généralement de 200 ¥ durant ces périodes.

En outre, un supplément est facturé pour les couchettes, son montant variant selon le type de couchette. Il s'applique aussi aux titulaires du Japan Rail Pass.

Agences de billets à prix réduits

Les agences de billets à prix réduits, appelées *kakuyasu-kippu-uriba* (格安切符売り場) ou *kinken shoppu* (金券ショップ) en japonais, proposent des billets de train, de bus, de ferry et d'avion pour les vols intérieurs, ainsi que d'autres produits comme des timbres ou des cartes téléphoniques à tarif réduit. On peut ainsi gagner de 5 à 10% sur les billets de *shinkansen*. Ces agences sont installées aux abords des gares dans les grandes agglomérations et les villes de taille moyenne : demandez à votre hôtel de vous indiquer la plus proche.

Horaires et renseignements

La JNTO publie également un petit guide très commode en anglais, qui donne toutes sortes d'informations, ainsi que les horaires des *shinkansen*, des trains *tokkyū* de JR et des principales lignes privées. Les grandes gares disposent de guichets d'information où l'on peut généralement se renseigner dans un anglais sommaire.

Pour tout savoir sur les services offerts par JR (horaires, tarifs, meilleurs trajets, objets trouvés, réductions sur les billets de train, les hôtels ou les locations de voitures), appelez la **JR East Infoline** (**☎ depuis le Japon 050-2016-1603, depuis l'étranger 81-050-2016-1603 ; www.jreast.co.jp/e/customer_support/infoline.html ; ⏲ 10h-18h**). Renseignements en anglais, coréen et chinois. Le site **Hyperdia** (**www.hyperdia.com**) est une autre bonne source d'informations en ligne pour les horaires des trains (en anglais).

Nouveaux pass ferroviaires

Notez que la situation concernant les pass ferroviaires au Japon évolue à grande vitesse et que de nouveaux forfaits ne cessent de voir le jour. Nous vous conseillons fortement de consulter les dernières offres sur les sites de **JR East** (www.jreast.co.jp), de **JR West** (www.westjr.co.jp) et de **JR Kyūshū** (www.jrkyushu.co.jp).

Billets et réservations

Les billets s'achètent généralement aux distributeurs automatiques, aux comptoirs et dans les bureaux de réservation des gares ferroviaires. Pour réserver des billets compliqués, les grandes gares disposent de *midori-no-madoguchi* (guichets verts). La plupart des agences de voyages privées vendent aussi des places avec réservation.

Les trains *futsū* n'ont pas de places réservées. Dans les *tokkyū*, plus rapides, et les *shinkansen*, on peut choisir de réserver ou non – au risque de rester debout pendant tout le trajet (notamment le week-end, en haute saison et pendant les vacances). Les réservations sont ouvertes un mois avant la date du départ.

Les agences de voyages, très nombreuses au Japon, délivrent renseignements et billets. Presque toutes les gares ferroviaires abritent, en plus des guichets normaux, au moins une agence chargée de toutes les réservations. Japan Travel Bureau (JTB) est la principale agence japonaise. Pour la plupart des billets de train et les réservations de bus longue distance, il est cependant inutile de passer par une agence : il suffit de s'adresser au guichet ou au *midori-no-madoguchi* (guichets verts) de n'importe quelle grande gare.

Transports urbains

Les grandes villes offrent toutes un vaste choix de transports en commun. Un forfait journalier, souvent appelé *ichi-nichi-jōsha-ken*, permet d'effectuer un nombre illimité de trajets en bus, tramway ou métro. Si vous séjournez longtemps dans une ville, optez plutôt pour une carte d'abonnement.

Bus

Presque toutes les villes japonaises possèdent un réseau de bus étendu, mais les étrangers ont souvent du mal à s'y retrouver : les noms des destinations et des arrêts sont très souvent écrits uniquement en japonais.

On paie généralement le prix du voyage en descendant du bus. Dans certaines villes comme Tōkyō, un tarif fixe est appliqué, quelle que soit la distance. Dans d'autres villes, vous devez prendre, en montant, un billet (*seiri-ken*) qui indique le numéro de la zone de départ. Lorsque vous descendez, un écran électronique à l'avant du bus indique le tarif appliqué pour chaque zone de départ. Il ne vous reste plus qu'à payer, en insérant votre billet et votre argent dans l'appareil prévu pour cet effet. Il y a souvent à l'avant du bus un changeur

Prix des billets de train pour certaines destinations

Voici les prix généraux pour quelques destinations au départ de Tōkyō ou Ueno (pour le *shinkansen*, c'est le prix total du billet qui est indiqué) :

DESTINATION	ORDINAIRE (¥)	SHINKANSEN (¥)
Hakata	13 820	21 810
Hiroshima	11 660	18 040
Kyōto	8 210	13 080
Nagoya	6 260	10 360
Niigata	5 620	10 050
Okayama	10 480	16 300
Shin-Ōsaka	8 750	13 620

de monnaie qui accepte les pièces de 100 et 500 ¥ et les billets de 1 000 ¥.

Taxi

Les taxis sont pratiques et on en trouve même dans les villes et îles de petite taille – ils stationnent souvent près des gares ferroviaires. Le tarif (affiché sur la vitre) est plus ou moins le même partout dans le pays : de 600 à 710 ¥ pour les 2 premiers kilomètres, puis environ 100 ¥ tous les 350 m (approximativement). Lorsque la vitesse descend en dessous de 10 km/h, un tarif horaire s'applique également. Un voyant rouge (indiquant "libre" en japonais), dans le coin inférieur droit du pare-brise, montre si le taxi est disponible, mais il est difficile à apercevoir pendant la journée. La nuit, les taxis libres ont généralement une lumière allumée sur le toit (tout dépend des régions).

N'ouvrez pas la portière pour monter : grâce à un système centralisé, le chauffeur l'ouvre lui-même, et la referme de la même façon lorsque vous descendez.

La communication peut être problématique, mais pas autant qu'on pourrait le penser. Si vous avez du mal à faire comprendre au chauffeur quelle est votre destination, montrez-la-lui écrite en japonais. On trouve souvent à la réception des hôtels des cartes de visite portant leur nom et leur adresse, que vous pouvez utiliser pour cela.

Inutile de laisser un pourboire. Un supplément de 20% est appliqué après 23h ou si le taxi est appelé par radio. De même, cela coûte parfois plus cher de le réserver ou de l'appeler par téléphone. Enfin, la plupart des taxis peuvent charger 4 personnes adultes (une personne s'asseyant devant). Les chauffeurs font parfois une entorse à la règle en acceptant en plus un enfant en bas âge.

Train et métro

Plusieurs villes possèdent un système ferroviaire composé d'une ligne circulaire autour du centre-ville et d'un réseau de lignes convergeant vers les gares centrales et le métro. Fukuoka, Kōbe, Kyōto, Nagoya, Ōsaka, Sapporo, Tōkyō et Yokohama ont un métro, qui constitue généralement le moyen le plus rapide et le plus commode pour circuler.

Les tickets de métro et de trains locaux s'achètent en général aux distributeurs. Même si vous ne lisez pas les kanji, le plan du réseau indique également les tarifs. Si vous ne trouvez pas votre tarif, achetez le moins cher. Lorsque vous arrivez à destination, il ne vous reste qu'à passer

Réservations de train depuis l'étranger

- Sachez tout d'abord qu'il est rarement utile de réserver dans les trains japonais, sauf pendant des périodes comme la Golden Week, O-Bon (mi-août) et le Nouvel An.

- Il est impossible de faire des réservations sur Internet en anglais pour les trains JR. La plupart des agences de voyages qui proposent le Japan Rail Pass peuvent toutefois s'en charger pour vous et vous vendre les billets à l'avance, mais elles facturent pour ce service des frais non négligeables.

- Sachez aussi que si vous détenez un Japan Rail Pass, vous ne pouvez pas réserver par l'intermédiaire d'une agence de voyages à l'étranger, car vous devez activer ce pass au Japon et le présenter au moment de la réservation.

- Si vous craignez de ne pas avoir de place dans les trains que vous envisagez de prendre, vous pouvez toujours vous rendre dans un bureau JR dès votre arrivée au Japon pour réserver tous vos trajets (les réservations sont acceptées jusqu'à un mois à l'avance). En raison de la difficulté et du coût de cette procédure depuis l'étranger, de nombreux voyageurs procèdent ainsi.

au comptoir ou à la "machine d'ajustement" *(seisan-ki)* avant d'atteindre la sortie, et de payer la différence. Dans les gares JR et la plupart des stations de métro, un panneau indique non seulement le nom de la gare en kanji et en *romaji*, mais aussi ceux de la gare précédente et de la gare suivante.

Beaucoup de villes possèdent un tramway. Le système de tarification est similaire à celui du bus, et il existe aussi des forfaits journaliers illimités.

Forfaits et réductions

JAPAN RAIL PASS

Si vous pensez beaucoup voyager par le train au Japon, le **Japan Rail Pass** (www.japanrailpass.net) est indispensable. Il permet de faire des économies substantielles et d'éviter d'acheter un billet à chaque trajet.

Il donne accès à tous les trains JR et au *shinkansen*, à l'exception du super-express Nozomi.

Attention, ce pass doit *impérativement* être acheté à l'étranger. Il est donc réservé aux touristes étrangers et aux Japonais résidant à l'étranger (les étrangers vivant au Japon n'y ont pas droit).

Les enfants de 6 à 11 ans bénéficient d'un tarif réduit et les moins de 6 ans voyagent gratuitement. Toute personne de 12 ans révolus paie le prix adulte.

DURÉE	ORDINAIRE (ADULTE/ENFANT, EN ¥)	GREEN (ADULTE/ ENFANT, EN ¥)
7 jours	29 110/14 550	38 880/19 440
14 jours	46 390/23 190	62 950/31 470
21 jours	59 350/29 670	81 870/40 930

Sachant qu'un billet de *shinkansen* Tōkyō-Kyōto coûte 13 080 ¥, il suffit d'effectuer un aller-retour entre ces deux villes pour quasiment rentabiliser le pass de 7 jours (ajoutez-y un aller-retour entre Narita et Tōkyō et vous êtes gagnant). Notez que ce forfait est uniquement valable sur le réseau JR. Pour les trains privés, il faut acheter son billet.

Pour obtenir un pass, achetez d'abord un "bon d'échange" en dehors du Japon, dans un bureau JAL ou ANA, ou dans une grande agence de voyages. Une fois au Japon, présentez ce bon à un JR Travel Service Centre (dans la plupart des grandes gares JR, ainsi qu'aux aéroports internationaux de Narita et du Kansai). Pour valider votre pass, vous devrez également présenter votre passeport.

Au moment de l'activation, sélectionnez une date de début de validité (pour un usage immédiat ou ultérieur). Si vous comptez passer quelques jours à Kyōto ou Tōkyō, ne le validez qu'au moment de quitter ces villes pour aller explorer le reste du pays. Cela vous permettra d'économiser une somme conséquente (ce pass est vraiment intéressant quand on effectue de longs trajets en *shinkansen*, pas quand on réalise quelques excursions locales en train JR).

Pour plus de détails sur ce forfait et les points de vente à l'étranger, consultez le site Internet du Japan Rail Pass.

JR EAST RAIL PASS

- **JR East** (www.jreast.co.jp) gère des lignes ferroviaires dans le nord et l'est de Honshū, notamment dans la région de Tōkyō. La compagnie propose deux pass qui couvrent tout ou partie du secteur.

- **JR East Pass** Idéal pour ceux qui ne comptent voyager que dans l'est du Japon, le **JR East Pass** (www.jreast.co.jp/e/eastpass) est valable sur toutes les lignes JR dans cette zone (y compris les *shinkansen* desservant le Tōhoku, Yamagata, Akita, Jōetsu et Nagano, mais pas le *shinkansen* du Tōkaidō). Il inclut donc la région autour de Tōkyō et le nord de la capitale jusqu'à l'extrémité de Honshū, mais exclut Hokkaidō. Le forfait permet de voyager pendant 5 jours, consécutifs ou non, sur une période de 14 jours qui débute avec l'achat ou l'activation du pass au Japon. Il n'est pas nécessaire de déclarer les dates de voyage à l'avance. Le pass, d'un coût de 22 000/11 000 ¥ par adulte/enfant, permet uniquement d'accéder aux voitures ordinaires (voitures vertes exclues). Contrairement au Japan Rail Pass, le JR East Pass peut être acheté n'importe où, au Japon (par les titulaires d'un visa touristique) ou à l'étranger. On peut aussi l'acheter en ligne.

- **JR East Kantō Area Pass** Le JR East Kantō Area Pass **(www.jreast.co.jp/e/kantoareapass)** est une bonne option pour ceux qui souhaitent uniquement visiter Tōkyō et ses environs. Il couvre les déplacements sur toutes les lignes JR, notamment le *shinkansen* dans le secteur de Tōkyō et ses environs (consultez le site Internet pour connaître les lignes précisément concernées). Le pass, d'un coût de 8 300/4 200 ¥ par adulte/enfant, permet uniquement d'accéder aux voitures ordinaires (voitures vertes exclues).

JR WEST RAIL PASS

- **JR West (www.westjr.co.jp)** propose des pass ferroviaires valables dans l'ouest de Honshū (Kansai et régions d'Okayama, d'Hiroshima et de Yamaguchi). Le JR West Rail Pass peut être acheté au Japon (par les titulaires d'un visa touristique), dans les grandes gares des secteurs couverts, ainsi qu'à l'étranger (aux mêmes endroits que pour le Japan Rail Pass). On peut aussi l'acheter en ligne. Voir le site Internet pour plus de détails.

- **Kansai Area Pass** Pour ceux qui souhaitent explorer la région du Kansai, le Kansai Area Pass comprend un nombre illimité de voyages sur le réseau JR entre les grandes villes de la région, comme Himeji, Kōbe, Ōsaka, Kyōto et Nara. Il couvre aussi les trajets en train depuis/vers l'aéroport international du Kansai, mais aucune ligne de *shinkansen*. De plus, il permet de faire des réservations sans payer de supplément (réservez chaque trajet avant le départ). Il doit s'utiliser durant un certain nombre de jours consécutifs et coûte quelques 200 ¥ de plus si on l'achète au Japon.

DURÉE (JOURS)	VOITURE NORMALE (ADULTE/ENFANT, ¥)
1	2 200/1 100
2	4 300/2 150
3	5 300/2 650
4	6 300/3 150

Kansai Wide Area Pass Similaire au Kansai Area Pass, ce pass permet également d'emprunter le *shinkansen* Sanyō entre Ōsaka et Okayama, ainsi que les trains allant jusqu'à Kinosaki, au nord, et à Shingū, au sud, y compris un certain nombre de *tokkyū* (express semi-directs). Il est valable 4 jours et coûte 8 500/4 250 ¥ par adulte/enfant en cas d'achat à l'étranger ou en ligne – 9 000/4 500 ¥ en cas d'achat au Japon.

Kansai-Hiroshima Area Pass Ce pass concerne la majorité des trains JR, notamment les express dans le Kansai, ainsi que le *shinkansen* Sanyō entre Ōsaka et Hiroshima, et d'autres trains JR dans la région d'Hiroshima. Il est valable 5 jours et coûte 13 000/6 500 ¥ par adulte/enfant en cas d'achat à l'étranger ou en ligne – 14 000/7 000 ¥ en cas d'achat au Japon.

Sanyo-San'in Area Pass Ce pass concerne la majorité des trains JR, notamment les express dans le centre du Kansai et dans les régions d'Okayama, d'Hiroshima et de l'extrême ouest de Honshū, ainsi que le *shinkansen* Sanyō entre Ōsaka et Hakata. Il est valable 5 jours et coûte 19 000/9 500 ¥ par adulte/enfant en cas d'achat à l'étranger ou en ligne – 20 000/10 000 ¥ en cas d'achat au Japon.

KANSAI THRU PASS

Ce pass est un vrai bonus pour les voyageurs ayant l'intention d'explorer en profondeur le Kansai. En effet, il permet d'emprunter à loisir les métros, trains et bus de Kyōto, de Nara, d'Ōsaka, de Kōbe et de Wakayama. Il offre également un accès préférentiel à diverses attractions de la région. Les pass de 2 et 3 jours coûtent respectivement 4 000 ¥ et 5 200 ¥. Le Kansai Thru Pass est disponible au guichet des voyageurs de l'aéroport du Kansai, au 1er niveau du hall des arrivées internationales, ainsi qu'au principal point d'information des bus devant la gare de Kyōto. Pour en savoir plus, consultez www.surutto.com.

Langue

La prononciation du japonais ne présente guère de difficultés pour un francophone, puisque la plupart des sonorités existent en français – si vous lisez les transcriptions phonétiques comme s'il s'agissait de français, vous vous ferez comprendre. Il existe quelques exceptions. Ainsi, **u** se prononce "ou", et **e**, "ê".

En japonais, il est en revanche important de faire la distinction entre les voyelles courtes et longues, car la longueur d'une voyelle peut modifier le sens d'un mot. Pour les voyelles longues, qui sont surmontées d'un trait horizontal (ā, ē, ī, ō, ū), le temps de prononciation est doublé. Il convient également de distinguer les consonnes simples des consonnes doubles, car cela peut influencer le sens. Il faut prononcer les consonnes doubles en marquant une légère pause entre les deux, comme dans **sak·ka** (écrivain).

La plupart des consonnes simples sont prononcées comme en français, sauf le **f**, plus doux et légèrement expiré (les lèvres s'arrondissent), le **r**, qui se situe entre le "r" et le "l" et le **g**, plus dur. Le **w** se prononce "oua", le **j**, "dj" et **ch**, "tch". En japonais, toutes les syllabes d'un mot sont accentuées de la même façon.

Indispensable pour mieux communiquer sur place, le **guide de conversation japonais** de Lonely Planet permet d'acquérir les bases grammaticales et des rudiments de prononciation pour se faire comprendre en toutes circonstances (réserver une chambre, lire un menu, faire connaissance...). Il inclut un minidictionnaire bilingue.

Vocabulaire de base

Le japonais utilise différents registres de langue pour refléter la hiérarchie et le contexte social, mais on peut simplifier en utilisant la forme la plus appropriée à la situation. C'est ce que nous avons fait pour ce guide.

Bonjour.	こんにちは。	kon·ni·chi·wa
Au revoir.	さようなら。	sa·yō·na·ra
Oui.	はい。	hai
Non.	いいえ。	ī·e
S'il vous plaît.	ください。 (pour demander un service)	ku·da·sai
Allez-y.	どうぞ。 (en offrant quelque chose)	dō·zo
Merci.	ありがとう。	a·ri·ga·tō
Excusez-moi.	すみません。 (pour attirer l'attention)	su·mi·ma·sen

Je suis désolé.
ごめんなさい。 go·men·na·sai

Je vous en prie.
どういたしまして。 dō i·ta·shi·mash·te

Comment allez-vous ?
お元気ですか? o·gen·ki des ka

Je vais bien, et vous ?
はい、元気です。 hai, gen·ki des
あなたは? a·na·ta wa

Comment vous appelez-vous ?
お名前は何ですか? o·na·ma·e wa nan des ka

Je m'appelle...
私の名前は …です。 wa·ta·shi no na·ma·e wa … des

Parlez-vous anglais ?
英語が話せますか? ē·go ga ha·na·se·mas ka

Je ne comprends pas.
わかりません。 wa·ka·ri·ma·sen

Est-ce que quelqu'un parle anglais ?
どなたか英語を話せますか? do·na·ta ka ē·go o ha·na·se·mas ka

Hébergement

Où y a-t-il un(e) ...?	…が ありますか?	… ga a·ri·mas ka
camping	キャンプ場	kyam·pu·jō
chambre d'hôte	民宿	min·shu·ku

MOTS INTERROGATIFS

Comment ?	どのように?	do·no yō ni
Lequel ?	どちら?	do·chi·ra
Où ?	どこ?	do·ko
Pourquoi ?	なぜ?	na·ze
Quand ?	いつ?	i·tsu
Qui ?	だれ?	da·re
Quoi ?	なに?	na·ni i

hôtel	ホテル	ho·te·ru
pension	旅館	ryo·kan
auberge de jeunesse	ユースホステル	yū·su·ho·su·te·ru

Avez-vous une chambre... ?	…ルームはありますか?	…rū·mu wa a·ri·mas ka
simple	シングル	shin·gu·ru
double	ダブル	da·bu·ru
Combien est-ce par ...?	…いくらですか?	… i·ku·ra des ka
nuit	1泊	ip·pa·ku
personne	1人	hi·to·ri

climatisation	エアコン	air·kon
fenêtre	窓	ma·do
salle de bains	風呂場	fu·ro·ba

Orientation

Où se trouve le/la ...?
…はどこですか? … wa do·ko des ka

Pouvez-vous me montrer (sur la carte) ?
(地図で)教えてくれませんか? (chi·zu de) o·shi·e·te ku·re·ma·sen ka

Quelle est l'adresse ?
住所は何ですか? jū·sho wa nan des ka

Pouvez-vous me l'écrire ?
書いてくれませんか? kai·te ku·re·ma·sen ka

derrière...	…の後ろ	… no u·shi·ro
devant...	…の前	… no ma·e
près de...	…の近く	… no chi·ka·ku
à côté de...	…のとなり	… no to·na·ri
en face de...	…の向かい側	… no mu·kai·ga·wa
tout droit	この先	ko·no sa·ki

Tournez...	…まがってください。	… ma·gat·te ku·da·sai
à l'angle	その角を	so·no ka·do o
aux feux de signalisation	その信号を	so·no shin·gō o
à gauche	左へ	hi·da·ri e
à droite	右へ	mi·gi e

Au restaurant

J'aimerais réserver une table pour (deux).
(2人)の予約をお願いします。 (fu·ta·ri) no yo·ya·ku o o·ne·gai shi·mas

Que me conseillez-vous ?
なにがおすすめですか? na·ni ga o·su·su·me des ka

PHRASES-CLÉS

Associées aux mots de votre choix, les phrases suivantes vous aideront à vous faire comprendre en japonais :

À quelle heure est (le prochain bus) ?
(次のバスは)何時ですか? (tsu·gi no bas wa) nan·ji des ka

Où est (la gare) ?
(駅は)どこですか? (e·ki wa) do·ko des ka

Avez-vous (une carte) ?
(地図)がありますか? (chi·zu) ga a·ri·mas ka

Y a-t-il (des toilettes) ?
(トイレ)がありますか? (toy·re) ga a·ri·mas ka

Je voudrais (le menu).
(メニュー)をお願いします。 (me·nyū) o o·ne·gai shi·mas

Puis-je (m'asseoir ici) ?
(ここに座って)もいいですか? (ko·ko ni su·wat·te) mo ī des ka

J'ai besoin de/d' (un ouvre-boîte).
(缶切り)が必要です。 (kan·ki·ri) ga hi·tsu·yō des

Ai-je besoin de/d' (un visa) ?
(ビザ)が必要ですか? (bi·za) ga hi·tsu·yō des ka

J'ai (une réservation).
(予約)があります。 (yo·ya·ku) ga a·ri·mas

Je suis (professeur).
私は(教師)です。 wa·ta·shi wa (kyō·shi) des

Quels ingrédients y a-t-il dans ce plat ?
あの料理に何が入っていますか? a·no ryō·ri ni na·ni ga hait·te i·mas ka

Avez-vous des plats végétariens ?
ベジタリアン料理がありますか? be·ji·ta·ri·an ryō·ri ga a·ri·mas ka

Je suis végétarien.
私はベジタリアンです。 wa·ta·shi wa be·ji·ta·ri·an des

Je suis végétalien.
私は厳格な菜食主義者です。 wa·ta·shi wa gen·ka·ku na sai·sho·ku·shu·gi·sha des

Je ne mange pas... …は…食べません。 wa ta·be·ma·sen

de produits laitiers	乳製品	nyū·sē·hin
de viande (rouge)	（赤身の）肉	(a·ka·mi no) ni·ku
de viande ou de produits laitiers	肉や乳製品は	ni·ku ya nyū·sē·hin
de porc	豚肉	bu·ta·ni·ku
de produits de la mer	シーフード／海産物	shī·fū·do/ kai·sam·bu·tsu

Est-ce cuisiné avec du saindoux ou du bouillon de volaille ?
これはラードか鶏のだしを使っていますか? ko·re wa rā·do ka to·ri no da·shi o tsu·kat·te i·mas ka

Je suis allergique aux (cacahuètes).
私は（ピーナッツ)にアレルギーがあります。 wa·ta·shi wa (pī·nat·tsu) ni a·re·ru·gī ga a·ri·mas

C'était délicieux !
おいしかった。 oy·shi·kat·ta

Santé !
乾杯! kam·pai

Apportez-moi l'addition, s'il vous plaît.
お勘定をください。 o·kan·jō o ku·da·sai

Mots utiles

assiette	皿	sa·ra
avec	いっしょに	is·sho ni
bol	ボール	bō·ru
bouteille	ビン	bin
chaud	熱い	a·tsu·i
couteau	ナイフ	nai·fu
cuillère	スプーン	spūn
déjeuner	昼食	chū·sho·ku
dîner	夕食	yū·sho·ku
épicé	スパイシー	spai·shī
épicerie	食料品	sho·ku·ryō·hin
fourchette	フォーク	fō·ku
froid	冷たい	tsu·me·ta·i
hors-d'œuvre	前菜	zen·sai
marché	市場	i·chi·ba
menu	メニュー	me·nyū
petit-déjeuner	朝食	chō·sho·ku
sans	なしで	na·shi de
végétarien	ベジタリアン	be·ji·ta·ri·an
verre	グラス	gu·ra·su

Viandes et poissons

agneau	子羊	ko·hi·tsu·ji
anguille	うなぎ	u·na·gi
bœuf	牛肉	gyū·ni·ku
canard	アヒル	a·hi·ru
crevette	小エビ	ko·e·bi
dinde	七面鳥	shi·chi·men·chō
fruits de mer	シーフード／海産物	shī·fū·do/ kai·sam·bu·tsu
gamba	エビ	e·bi
langouste	ロブスター	ro·bus·tā
poisson	魚	sa·ka·na
porc	豚肉	bu·ta·ni·ku
poulet	鶏肉	to·ri·ni·ku
saumon	サケ	sa·ke
thon	マグロ	ma·gu·ro
veau	子牛	ko·u·shi
viande	肉	ni·ku

SIGNALISATION

入口	**Entrée**
出口	**Sortie**
営業中/開館	**Ouvert**
閉店/閉館	**Fermé**
インフォメーション	**Informations**
危険	**Danger**
トイレ	**Toilettes**
男	**Hommes**
女	**Femmes**

Fruits et légumes

ananas	パイナップル	pai·nap·pu·ru
banane	バナナ	ba·na·na
carotte	ニンジン	nin·jin
cerise	さくらんぼ	sa·ku·ram·bo
citrouille	カボチャ	ka·bo·cha
concombre	キュウリ	kyū·ri
épinards	ホウレンソウ	hō·ren·sō
fraise	イチゴ	i·chi·go
fruit	果物	ku·da·mo·no
haricots	豆	ma·me
laitue	レタス	re·tas
légumes	野菜	ya·sai
noix	ナッツ	nat·tsu
orange	オレンジ	o·ren·ji
pastèque	スイカ	su·i·ka
pêche	桃	mo·mo
petits pois	豆	ma·me
poivron	ピーマン	pī·man
pomme	りんご	rin·go
pomme de terre	ジャガイモ	ja·ga·i·mo
raisin	ブドウ	bu·dō
tomate	トマト	to·ma·to

Autres

algues	のり	no·ri
beurre	バター	ba·tā
confiture	ジャム	ja·mu
fromage	チーズ	chī·zu
miel	蜂蜜	ha·chi·mi·tsu
nouilles	麺	men
œuf	卵	ta·ma·go
pain	パン	pan
piment	唐辛子	tō·ga·ra·shi
poivre	コショウ	ko·shō
raifort	わさび	wa·sa·bi
riz (cuit)	ごはん	go·han
sauce soja	しょう油	shō·yu
sel	塩	shi·o
sucre	砂糖	sa·tō

Boissons

bière	ビール	bī·ru
café	コーヒー	kō·hī
eau	水	mi·zu
eau minérale	ミネラル ウォーター	mi·ne·ra·ru· wō·tā
jus (d'orange)	(オレンジ) ジュース	(o·ren·ji·) jū·su
lait	ミルク	mi·ru·ku
limonade	レモネード	re·mo·nē·do
saké	酒	sa·ke
thé	紅茶	kō·cha
vin rouge	赤ワイン	a·ka wain
vin blanc	白ワイン	shi·ro wain
yaourt	ヨーグルト	yō·gu·ru·to

Urgences

Au secours ! たすけて！ tas·ke·te

Partez ! 離れろ！ ha·na·re·ro

Je suis perdu.
迷いました。 ma·yoy·mash·ta

Appelez la police.
警察を呼んで。 kē·sa·tsu o yon·de

Appelez un médecin.
医者を呼んで。 i·sha o yon·de

Où sont les toilettes ?
トイレはどこですか? toy·re wa do·ko des ka

Je suis malade.
私は病気です。 wa·ta·shi wa byō·ki des

J'ai mal là.
ここが痛いです。 ko·ko ga i·tai des

Je suis allergique à ...
私は… wa·ta·shi wa ...
アレルギーです。 a·re·ru·gī des

NOMBRES

1	一	i·chi
2	二	ni
3	三	san
4	四	shi/yon
5	五	go
6	六	ro·ku
7	七	shi·chi/na·na
8	八	ha·chi
9	九	ku/kyū
10	十	jū
20	二十	ni·jū
30	三十	san·jū
40	四十	yon·jū
50	五十	go·jū
60	六十	ro·ku·jū
70	七十	na·na·jū
80	八十	ha·chi·jū
90	九十	kyū·jū
100	百	hya·ku
1 000	千	sen

Achats et services

Je voudrais acheter...
…をください。 ... o ku·da·sai

Je ne fais que regarder.
見ているだけです。 mi·te i·ru da·ke des

Puis-je voir ?
それを見ても so·re o mi·te mo
いいですか? ī des ka

Combien cela coûte-t-il ?
いくらですか? i·ku·ra des ka

C'est trop cher.
高すぎます。 ta·ka·su·gi·mas

Pouvez-vous me faire une remise ?
ディスカウント dis·kown·to
できますか? de·ki·mas ka

Il y a une erreur dans la note.
請求書に間違いが sē·kyū·sho ni ma·chi·gai ga
あります。 a·ri·mas

carte bancaire
クレジット カード ku·re·jit·to·kā·do

DAB
ATM ē·tī·e·mu

office du tourisme
観光案内所 kan·kō·an·nai·jo

Poste
郵便局 yū·bin·kyo·ku

téléphone public
公衆電話 kō·shū·den·wa

Heure et dates

Quelle heure est-il ?

何時ですか?　nan·ji des ka

Il est (10) heures.

(10)時です。　(jū)·ji des

(10) heures et demie.

(10)時半です。　(jū)·ji han des

du matin	午前	go·zen
de l'après-midi	午後	go·go

lundi	月曜日	ge·tsu·yō·bi
mardi	火曜日	ka·yō·bi
mercredi	水曜日	su·i·yō·bi
jeudi	木曜日	mo·ku·yō·bi
vendredi	金曜日	kin·yō·bi
samedi	土曜日	do·yō·bi
dimanche	日曜日	ni·chi·yō·bi

janvier	1月	i·chi·ga·tsu
février	2月	ni·ga·tsu
mars	3月	san·ga·tsu
avril	4月	shi·ga·tsu
mai	5月	go·ga·tsu
juin	6月	ro·ku·ga·tsu
juillet	7月	shi·chi·ga·tsu
août	8月	ha·chi·ga·tsu
septembre	9月	ku·ga·tsu
octobre	10月	jū·ga·tsu
novembre	11月	jū·i·chi·ga·tsu
décembre	12月	jū·ni·ga·tsu

Transports

avion	飛行機	hi·kō·ki
bateau	船	fu·ne
bus	バス	bas
métro	地下鉄	chi·ka·te·tsu
train	電車	den·sha
tramway	市電	shi·den

À quelle heure part-il ?

これは何時に　ko·re wa nan·ji ni
出ますか?　de·mas ka

S'arrête-t-il à (...) ?

(…)に　(...) ni
停まりますか?　to·ma·ri·mas ka

Dites-moi s'il vous plaît quand nous arrivons à (...).

(…)に着いたら　(...) ni tsu·i·ta·ra
教えてください。　o·shi·e·te ku·da·sai

Un billet aller/aller-retour (pour ...).

(...行きの)　(...·yu·ki no)
片道/往復　ka·ta·mi·chi/ō·fu·ku
切符。　kip·pu

arrêt de bus	バス停	bas·tē
dernier	最終の	sai·shū no
gare ferroviaire	駅	e·ki
guichet	窓口	ma·do·gu·chi
horaires	時刻表	ji·ko·ku·hyō
premier	始発の	shi·ha·tsu no

J'aimerais louer un(e) ...	…を借りたい のですが。	... o ka·ri·tai no des ga
4×4	四駆	yon·ku
moto	オートバイ	ō·to·bai
vélo	自転車	ji·ten·sha
voiture	自動車	ji·dō·sha

Est-ce la route pour ...?

この道は ...　ko·no mi·chi wa ...
まで行きますか?　ma·de i·ki·mas ka

(Combien de temps) puis-je stationner ici ?

(どのくらい)ここに　(do·no·ku·rai) ko·ko ni
駐車できますか?　chū·sha de·ki·mas ka

GLOSSAIRE

Aïnou - peuple aborigène de Hokkaidō et de certaines régions du nord de Honshū

Amaterasu - déesse du Soleil, ancêtre légendaire de la lignée impériale japonaise

ANA - All Nippon Airways

annai-sho - bureau d'information

asa-ichi - marché du matin

bama - plage

bashō - tournoi de sumo

bonsai - art de cultiver les arbres miniature (bonsaïs), par ligature et taille minutieuse des branches et des racines

bugaku - spectacle de danse accompagné jadis par les orchestres de cour

buke yashiki - résidence d'un samouraï

bunraku - théâtre de marionnettes classique, mettant en scène des marionnettes géantes, dans des pièces proches du *kabuki*

burakumin - intouchables japonais, associés à des métiers souvent méprisés, notamment celui de tanneurs (litt. : gens des villages)

bushidō - système de valeurs qui régit la vie des samouraïs (litt. : la voie du guerrier)

butsudan - autel bouddhique des maisons japonaises

chō - quartier (dans une grande ville) de taille intermédiaire entre un *ku* et un *chōme* ; également une rue

chōchin - lanterne en papier

chōme - ensemble de quelques pâtés de maisons

daibutsu - grand bouddha

daimyo (daïmio) - seigneur des provinces sous le *shogunat* (époque féodale)

daira - plaine

dake - pic

dani - vallée

danjiri - char de festival

dera - temple

dō - temple ou salle d'un temple

eki - gare ferroviaire

fu - préfecture

fusuma - panneau coulissant

futsū - train local (litt. : ordinaire)

gaijin - étranger (litt. : personne de l'extérieur)

gasoreen sutando - station-service

gasshō-zukuri - style architectural impliquant généralement un toit de chaume (litt. : mains en prière)

gawa - rivière

geiko - mot désignant une geisha à Kyōto

geisha - femme versée dans le domaine des arts qui distrait les invités

gekijō - théâtre

genkan - partie du vestibule où l'on retire ou enfile ses chaussures

geta - socques, sandales en bois traditionnelles

gū - sanctuaire

gun — district

habu - serpent venimeux d'Okinawa

haïku - poème en 17 syllabes

hama - plage

hanami - admirer la floraison, souvent des cerisiers

haniwa - figurines en terre retrouvées dans les sépultures de la période Kofun

hantō - péninsule

hara - champ ou plaine non cultivé(e)

hari - course de bateaux-dragons

hatsu-mōde - la visite du premier sanctuaire de l'année

henro - pèlerin du pèlerinage des 88 temples de Shikoku

Hikari - deuxième type le plus rapide de *shinkansen*

hiragana - syllabaire utilisé pour transcrire les mots japonais

hondō - route principale ou pavillon principal dans un ensemble de temples

honsen - voie ferrée principale

ichi-nichi-jōsha-ken - "pass" valable une journée, pour des trajets illimités en bus, en tramway ou en métro

ikebana - art de l'arrangement floral

irezumi - tatouage ou art du tatouage

irori - foyer ou cheminée

izakaya - bar-restaurant

JAF - Japan Automobile Federation

JAL - Japan Airlines

ji - temple

jigoku - eau chaude naturelle en ébullition, peu adaptée à la baignade (litt. : enfers)

jikokuhyō - horaires ou brochure contenant des horaires

jima - île

jingū - sanctuaire

jinja - sanctuaire

jizō - petite statue en pierre de la divinité bouddhiste protectrice des voyageurs et des enfants

JNTO - Japan National Tourism Organization (Office national du tourisme japonais)

jō - château

JR - Japan Railways (chemin de fer japonais)
JTB - Japan Travel Bureau
juku - établissement dispensant des cours intensifs après l'école
JYHA - Japan Youth Hostel Association (Association des auberges de jeunesse japonaises)

kabuki - forme théâtrale japonaise, caractérisée par l'exploitation de légendes populaires, des costumes élaborés et un jeu stylisé ; joué exclusivement par des hommes
kaikan - salle ou bâtiment
kaikyō - détroit/bras de mer
kaisoku - train rapide
kaisū-ken - carnet de tickets de transport
kami - divinités shintoïstes ; esprits élémentaires de la nature
kamikaze - typhon qui anéantit la flotte de Kubilay Khan lors d'une tentative d'invasion au XIIIe siècle ; terme repris pour les pilotes responsables des attaques aériennes suicides pendant la Seconde Guerre mondiale (litt. : vent divin)
kana - les deux syllabaires, *hiragana* et *katakana*
kanjis - caractères chinois employés en japonais (litt. : écriture japonaise)
Kannon - bodhisattva de la Compassion (souvent appelé déesse bouddhiste de la Miséricorde)
karaoké - bar dans lequel les clients chantent sur de la musique préenregistrée (litt. : orchestre vide)
katakana - syllabaire servant à transcrire les mots étrangers
katamichi - billet aller simple
katana - sabre japonais
kawa - rivière
ken - préfecture
kendo - le plus ancien des arts martiaux (litt. : la voie du sabre)
ki - force vitale, volonté
kimono - tunique traditionnelle aux couleurs vives
kin'en-sha - voiture non-fumeurs
kippu - ticket
kissaten - café (établissement)
ko - lac
kō - port
kōban - guérite de police
kōen - parc
kōgen - plateaux montagneux
kokumin-shukusha - logement du peuple ; hébergement bon marché
kokuritsu kōen - parc national
kotatsu - table chauffée, dotée d'une nappe pour maintenir les jambes et la partie inférieure du corps au chaud
koto - instrument à 13 cordes, dérivé de la cithare chinoise ; se joue à plat, à même le sol
ku - quartier
kūkō - aéroport
kura - grenier aux murs en terre
kyō - gorge
kyūkō - train express ordinaire (plus rapide qu'un *futsū*, ne dessert que certaines gares)

machi - secteur d'une grande ville, entre le *ku* et le *chōme* ; rue
machiya - maison de ville traditionnelle ou maison de marchand
maiko - apprentie *geisha*
mama-san - patronne de bar ou de boîte de nuit
maneki-neko - petite figurine représentant un chat, souvent disposée dans les bars et les restaurants pour attirer les clients et faire fructifier le commerce
manga - bande dessinée japonaise
matsuri - fête
meishi - carte de visite
midori-no-madoguchi - dans les grandes gares de Japan Rail, guichet spécial où sont réalisées les réservations plus compliquées (repérez la bande verte sur la vitre)
mikoshi - sanctuaire portatif porté en procession durant certaines fêtes
minato - port
minshuku - chambre d'hôte ; hébergement bon marché dans une famille
misaki - cap
mon - portail
mura - village

N'EX - Narita Express
NHK - Nihon Hōsō Kyōkai (société japonaise de radiodiffusion)
Nihon - nom du Japon en japonais (litt. : origine du Soleil)
ningyō - poupée japonaise
Nippon - voir *Nihon*
nô (nō) - théâtre classique japonais joué sur une scène décorée seulement d'une peinture en fond
noren - pièce de tissu ou rideau utilisé pour faire de l'ombre, qui porte souvent le nom d'un commerce et indique qu'un restaurant est ouvert
norikae-ken - billet de correspondance (tramway et bus)
NTT - Nippon Telegraph & Telephone Corporation

o- - préfixe utilisé comme marque de respect
ōfuku - billet aller-retour
o-furo - bain traditionnel
OL - *office lady* ; employée d'une grande entreprise ; prononcé "ō-eru"
onnagata - comédien jouant un rôle de femme (souvent dans le *kabuki*)
onsen - établissement de source chaude minérale, souvent doté d'un hébergement
oshibori - serviette chaude distribuée dans les restaurants

pachinko - flippers verticaux, joués dans les salons de *pachinko*

rakugo - conteur japonais, comique de one-man-show
rettō - groupe d'îles
Rinzai - école du bouddhisme zen qui met l'accent sur les *kōan* (anecdotes ou petits dialogues)

romaji - transcription en lettres romaines
rōnin - (aujourd'hui) étudiant qui a raté l'examen d'entrée à l'université et s'y prépare à nouveau ; (anciennement) samouraï sans maître
ropeway - en japonais, téléphérique, tramway ou funiculaire
rotemburo - bain en plein air
ryokan - auberge japonaise traditionnelle

saki - cap
sakoku - période de fermeture du pays qui a précédé la Restauration de Meiji
sakura - cerisiers
salaryman - employé de bureau, généralement dans une grande société
sama - suffixe qui marque un degré de respect supérieur à *san* ; employé notamment dans *o-kyaku-sama* (invité d'honneur)
samouraï - classe des guerriers
san - montagne ; également suffixe marquant le respect
san-sō - refuge ou maison de montagne
sentō - bains publics
seppuku - suicide rituel, hara-kiri
shamisen - instrument traditionnel à 3 cordes, semblable au banjo ou au luth
shi - ville (pour distinguer une ville et la préfecture du même nom ; exemple : Kyōto-shi)
shikki - laque
shima - île
shinkaisoku - train express ou train rapide spécial (en général sur le réseau JR)
shinkansen - train à grande vitesse, équivalent du T.G.V.
shintoïsme (shintō) - religion née et développée au Japon (litt. : la voie des dieux)
shirabyōshi - danseur traditionnel
shitamachi - quartiers à basse altitude, les moins riches de Tōkyō
shodō - calligraphie japonaise (litt. : la voie de l'écriture)
shōgekijō - petit théâtre
shōgi - jeu d'échecs dans lequel chacun des joueurs, muni de 20 pièces, essaie de capturer le roi de son adversaire
shogun - ancien chef militaire du Japon
shogunat - gouvernement militaire
shōji - panneau de papier de riz coulissant
shōjin-ryōri - repas végétarien bouddhique (servi notamment dans un shukubō)
shokudō - petit restaurant offrant un choix varié
shotō - archipel ou groupe d'îles
Shugendō - école bouddhique incorporant anciens rites chamaniques, croyances shintoïstes et traditions ascétiques bouddhiques
shūji - forme mineure du *shodō* (litt. : la voie des lettres)
shukubō - hébergement dans un temple
soapland - euphémisme japonais désignant une maison de bains qui offre des "services sexuels", par exemple un salon de massage
Sōtō - école du bouddhisme zen qui privilégie la méditation *zazen*
sumi-e - peinture à la brosse à l'encre noire
sumo - lutte japonaise

tabi - chaussettes à doigts séparés, portées avec les *geta*
taiko - tambour
taira - plaine
taisha - grand sanctuaire
take - pic
taki - cascade
tani - vallée
tanuki - personnage folklorique ressemblant à un chien viverrin, souvent représenté par des figurines en céramique
tatami - natte au tissage serré, sur laquelle on ne marche jamais avec des chaussures ; traditionnellement, la superficie d'une pièce est définie par le nombre de tatamis
teien - jardin
tera - temple
to - métropole (par exemple Tōkyō-to)
tō - île
tokkyū - express semi-direct, plus rapide que les express ordinaires (*kyūkō*)
tokonoma - dans une maison, alcôve ornée d'un bouquet de fleurs ou d'un rouleau
torii - portique d'un sanctuaire shintoïste
tōsu - toilettes

uchiwa - éventail
ukiyo-e - estampe (litt. : image du monde flottant)

wa - harmonie, esprit d'équipe ; employé jadis pour désigner le Japon, ce kanji demeure un préfixe (en japonais et en chinois) pour les choses d'origine japonaise, par exemple le *wafuku* (style vestimentaire japonais)
wabi - jouir de la paix et de la tranquillité
wan - baie
washi - papier artisanal japonais

yabusame - tir à l'arc à cheval, à la façon des samouraïs
yakimono - poterie ou céramique
yakuza - mafia japonaise
yama - montagne

yamabushi - prêtre des montagnes (du bouddhisme Shugendō)

yama-goya - refuge de montagne

yamato - un terme à l'origine controversée ; désigne le monde japonais

yamato-e - peinture japonaise traditionnelle

yatai - char de festival ; stand mobile de cuisine de rue

yukata - kimono en coton léger d'été, porté pour se prélasser ; indispensable dans les *ryokan*

zaibatsu - conglomérat industriel, un terme apparu avant la Seconde Guerre mondiale. De grands groupes comme Mitsui, Marubeni et Mitsubishi, impliqués dans divers secteurs, dominent aujourd'hui encore l'économie nippone

zaki - cap

zan - montagne

zazen - position de méditation assise, primordiale dans l'école du bouddhisme zen Sōtō

Zen - école bouddhique introduite au Japon au XIIe siècle depuis la Chine ; accorde une importance primordiale à une approche intuitive de l'Éveil, en opposition à une approche plus rationnelle

En coulisses

Un mot de l'auteur-coordinateur

Chris Rowthorn

Je tiens à remercier ma famille pour sa patience et son soutien pendant la rédaction de ce guide. J'aimerais aussi remercier Kitayama Jun, SK, KT, HK et IK pour leur aide. Un grand merci également aux habitants de Kyōto, qui m'ont chaque jour apporté leur aide de multiples façons. Enfin, merci à tous les lecteurs qui ont pris le temps de nous envoyer des conseils et des renseignements. Et, si vous tombez sur moi à Kyōto, n'hésitez pas à venir me voir pour partager vos impressions sur ce guide !

Remerciements

Données des cartes du climat adaptées de Peel MC, Finlayson BL & McMahon TA (2007) "Updated World Map of the Köppen-Geiger Climate Classification", *Hydrology and Earth System Sciences*, 11, 1633¬44.

Plan des lignes du métro de Tōkyō, Bureau des Transports, Gouvernement métropolitain de Tōkyō, Tokyo Metro Co Ltd © 2014.6.

Les illustrations p. 82-83 et p. 300-301 sont signées Michael Weldon.

Photographie de couverture : le Himeji-jō, à Himeji, John W. Banagan/ Getty.

Photographie de quatrième de couverture : le mont Fuji, Amanaimages/Corbis.

À propos de ce guide

Cette 3e édition du guide *L'essentiel du Japon* est une traduction-adaptation du guide *Discover Japan* (en anglais), coordonné par Chris Rowthorn, assisté dans les recherches et la rédaction par Ray Bartlett, Andrew Bender, Laura Crawford, Craig McLachlan, Rebecca Milner, Simon Richmond, Benedict Walker et Wendy Yanagihara.

Traduction Giuseppe Ardiri
Direction éditoriale Didier Férat
Adaptation française Marie Barriet-Savev
Responsable prépresse Jean-Noël Doan
Maquette Sébastienne Ocampo
Cartographie adaptée par Nicolas Chauveau pour l'édition française
Couverture adaptée par Sébastienne Ocampo pour la version française

Merci à Christiane Mouttet pour sa vigilance et sa précision et à Pierre Gallotta pour son travail de comparaison du texte et à Claire Chevanche pour son travail de référencement. Un grand merci à Dominique Spaety pour tout, ainsi qu'à Clare Mercer, Joe Revill, Sarah Nicholson et Luan Angel du bureau LP Londres et à Andy Nielsen, Darren O' Connell, Chris Love, Sasha Baskett, Angela Tinson, Jacqui Saunders, Ruth Cosgrave et Glenn van der Knijff du bureau LP Australie.

VOS RÉACTIONS ?

Vos commentaires nous sont très précieux pour améliorer nos guides. Notre équipe lit toutes vos lettres avec la plus grande attention. Nous ne pouvons pas répondre individuellement à tous ceux qui nous écrivent, mais vos commentaires sont transmis aux auteurs concernés. Tous les lecteurs qui prennent la peine de nous communiquer des informations sont remerciés dans l'édition suivante, et ceux qui nous fournissent les renseignements les plus utiles se voient offrir une sélection de chapitres de guide numérique au format PDF.

Pour nous faire part de vos réactions et suggestions ou demander un renseignement, consultez notre excellent site Internet, www.lonelyplanet.fr, où vous trouverez aussi des récits de voyage, des infos et un forum.

Nous reprenons parfois des extraits de notre courrier pour les publier dans nos produits, guides ou sites web. Si vous ne souhaitez pas que vos commentaires soient repris ou que votre nom apparaisse, merci de nous le préciser. Notre politique en matière de confidentialité est disponible sur notre site Internet.

Index

Symboles

A

Références des cartes **en gras**

B

C

D

E

F

G

H

Références des cartes **en gras**

N

Références des cartes **en gras**

T

U

Références des cartes **en gras**

NOTES

NOTES

NOTES

NOTES

Comment utiliser ce guide

Ces symboles vous aideront à identifier les différentes rubriques :

- À voir
- Activités
- Cours
- Circuits organisés
- Fêtes et festivals
- Où se loger
- Où se restaurer
- Où prendre un verre
- Où sortir
- Achats
- Renseignements/transports

Ces symboles vous donneront des informations essentielles au sein de chaque rubrique :

- Numéro de téléphone
- Horaires d'ouverture
- Parking
- Non-fumeurs
- Climatisation
- Accès Internet
- Wi-Fi
- Piscine
- Végétarien
- Menu en anglais
- Familles bienvenues
- Animaux acceptés
- Bus
- Ferry
- Métro
- Subway
- Tube (Londres)
- Tramway
- Train

La sélection apparaît dans l'ordre de préférence de l'auteur.

Les pictos pour se repérer :

GRATUIT Des sites libre d'accès

Les adresses écoresponsables

Nos auteurs ont sélectionné ces adresses pour leur engagement dans le développement durable – par leur soutien envers des communautés ou des producteurs locaux, leur fonctionnement écologique ou leur investissement dans des projets de protection de l'environnement.

Légende des cartes

À voir

- Plage
- Temple bouddhiste
- Château
- Église/cathédrale
- Temple hindou
- Mosquée
- Synagogue
- Monument
- Musée/galerie
- Ruines
- Vignoble
- Zoo
- Centre d'intérêt

Activités

- Plongée/snorkeling
- Canoë/kayak
- Ski
- Surf
- Piscine/baignade
- Randonnée
- Planche à voile
- Autres activités

Où se loger

- Hébergement
- Camping

Où se restaurer

- Restauration

Où prendre un verre

- Bar
- Café

Où sortir

- Spectacle

Achats

- Magasin

Renseignements

- Poste
- Point d'information

Transports

- Aéroport/aérodrome
- Poste frontière
- Bus
- Téléphérique/funiculaire
- Piste cyclable
- Ferry
- Métro
- Monorail
- Parking
- S-Bahn
- Taxi
- Train/rail
- Tramway
- Tube
- U-Bahn
- Autre moyen de transport

Routes

- Autoroute à péage
- Autoroute
- Nationale
- Départementale
- Cantonale
- Chemin
- Route non goudronnée
- Rue piétonne
- Escalier
- Tunnel
- Passerelle
- Promenade à pied
- Promenade à pied (variante)
- Sentier

Géographie

- Refuge/gîte
- Phare
- Point de vue
- Montagne/volcan
- Oasis
- Parc
- Col
- Aire de pique-nique
- Cascade

Population

- Capitale (pays)
- Capitale (État/province)
- Grande ville
- Petite ville/village

Limites et frontières

- Pays
- Province/État
- Contestée
- Région/banlieue
- Parc maritime
- Falaise/escarpement
- Rempart

Hydrographie

- Rivière
- Rivière intermittente
- Marais/mangrove
- Récif
- Canal
- Eau
- Lac asséché/salé/intermittent
- Glacier

Topographie

- Plage/désert
- Cimetière (chrétien)
- Cimetière (autre religion)
- Parc/forêt
- Terrain de sport
- Site (édifice)
- Site incontournable (édifice)

ANDREW BENDER

Kansai Après ses études, Andrew a décidé de quitter sa Nouvelle-Angleterre natale pour chercher du travail au Japon : son séjour dans l'archipel l'a profondément marqué, comme c'est le cas pour beaucoup de gens. Depuis lors, les baguettes, la langue nippone, le karaoké et l'art de se déchausser n'ont plus de secrets pour lui. Désormais installé à Los Angeles, il écrit sur le Japon pour le *Los Angeles Times* et des magazines distribués dans les avions, et a participé à une bonne dizaine de titres Lonely Planet. Il tient également le blog de voyage Seat 1A de Forbes. Par ailleurs, il propose un service de conseils en matière d'interculturalité aux entreprises japonaises et fait découvrir le Japon aux visiteurs. Plus d'infos sur son site Web (www.wheres-andy-now.com).

LAURA CRAWFORD

Hiroshima et Ouest de Honshū Laura a découvert le Japon pour la première fois comme étudiante en japonais dans le Kansai. Elle a ensuite sillonné le pays, s'est installée à Ōsaka pendant deux ans, a rédigé sa thèse sur l'anglais japonais et a fini par décrocher un job de rédactrice pour Lonely Planet à Melbourne. Elle travaille actuellement comme éditrice de destination à Londres mais elle a eu le droit de quitter son bureau pour retrouver le terrain au Japon. Retrouvez-la sur Twitter @crawfplanet.

Rendez-vous sur :
auth.lonelyplanet.com/profiles/crawfplanet

CRAIG MCLACHLAN

Ailleurs au Japon Craig a traversé le Japon à pied (3 200 km en 99 jours !), escaladé les 100 montagnes célèbres du pays, visité les 88 temples sacrés de Shikoku et fait l'ascension de tous les sommets de plus de 3 000 m de l'archipel. Des livres sur ces exploits ont été publiés en anglais et en japonais. Il a coécrit de nombreuses éditions des guides *Hiking in Japan* (non traduit) et *Japon* de Lonely Planet. Titulaire d'un MBA, Craig travaille en tant que free-lance dans de multiples secteurs : il est notamment pilote, professeur de karaté, accompagnateur touristique, guide de randonnée, interprète de japonais et romancier en herbe. Pour en savoir plus, rendez-vous sur www.craigmclachlan.com.

Rendez-vous sur:
auth.lonelyplanet.com/profiles/craigmclachlan

REBECCA MILNER

Tōkyō Rebecca est allée à Tōkyō en 2002 pour un séjour qui devait durer "une année seulement" mais elle n'a finalement jamais réussi à quitter sa ville d'accueil. Après avoir vécu dans l'ouest de Shinjuku et à l'est de la Sumida-gawa, elle vit aujourd'hui dans un appartement à Shibuya (la partie tranquille) avec son mari et son chat. Elle écrit pour le *Guardian*, le *Japan Times*, *CNN Travel* et *BBC Travel*. Elle a également participé à plusieurs guides Lonely Planet sur le Japon.

SIMON RICHMOND

Mont Fuji et environs de Tōkyō Auteur de voyage, photographe et vidéaste, Simon Richmond a remporté le prix de guide de voyage de l'année pour son premier guide coécrit sur le Japon, publié en 1999. Il a également écrit des guides sur Tōkyō (où il a vécu et travaillé pendant plusieurs années comme journaliste et éditorialiste au début des années 1990) et des ouvrages sur les anime et les mangas. Auteur pour Lonely Planet depuis 1999, il a travaillé sur de nombreux titres et écrit de multiples articles pour le site Web. Pour en savoir plus sur ses voyages, rendez-vous sur www.simonrichmond.com, ainsi que sur Twitter et Instagram @simonrichmond.

BENEDICT WALKER

Centre de Honshū Actuellement dans sa Newcastle natale, non loin de sa mère et de la plage, Ben vit son rêve en partageant son temps entre ses trois grands amours que sont l'Australie, l'Amérique du Nord et le Japon ; de l'amour qui n'a rien d'exclusif puisqu'il aime le partager avec le plus grand nombre ! Passionné par (presque) tout ce qui touche au Japon, il possède de solides connaissances de la langue japonaise (il est convaincu d'avoir été bonze dans une vie antérieure). Il a également coécrit les guides Lonely Planet *Canada*, *Floride* et *Australie*, écrit et mis en scène une pièce et géré les déplacements de rock stars à travers l'Australie. Réalisateur de films à l'origine, il est par ailleurs féru de photographie. Sa devise : ne jamais abandonner ses rêves, car ils peuvent devenir réalité. Retrouvez-le sur www.wordsandjourneys.com.

WENDY YANAGIHARA

Ailleurs au Japon Née en Californie de parents Issei (première génération de Japonais-Américains), Wendy passait tous ses étés au Japon avec sa mère quand elle était enfant. Ce n'est pourtant qu'il y a deux ans qu'elle a eu le plaisir de découvrir le pèlerinage des 88 temples, la diversité des dialectes des îles Ryukyu et son goût pour le *jiimami-dōfu*. Wendy a participé à plus d'une vingtaine de guides Lonely Planet, dont plusieurs éditions des guides *Japon* et *Tokyo* (non traduit).

Les guides Lonely Planet

Une vieille voiture déglinguée, quelques dollars en poche et le goût de l'aventure, c'est tout ce dont Tony et Maureen Wheeler eurent besoin pour réaliser, en 1972, le voyage d'une vie : rallier l'Australie par voie terrestre via l'Europe et l'Asie. De retour après un périple harassant de plusieurs mois, et forts de cette expérience formatrice, ils rédigèrent sur un coin de table leur premier guide, *Across Asia on the Cheap*, qui se vendit à 1 500 exemplaires en l'espace d'une semaine. Ainsi naquit Lonely Planet, dont les guides sont aujourd'hui traduits en 12 langues.

Nos auteurs

CHRIS ROWTHORN

Auteur-coordinateur, Kyōto Chris vit à Kyōto depuis 1992. En 1995, il est devenu le correspondant du *Japan Times* dans la région. Il a rejoint Lonely Planet en 1996 et a participé aux guides *Japon*, *Tokyo*, *Kyoto*, *Hiking in Japan* (non traduits). Lisant et parlant couramment le japonais, il a présenté une émission sur les temples cachés de Kyōto sur une chaîne de télévision locale. Son épouse est originaire du quartier kyotoïte d'Arashiyama et leurs deux enfants sont fiers de leur double culture. Chris dirige Chris Rowthorn Tours (www.chrisrowthorn.com), qui propose des circuits privés ainsi que des conseils sur Kyōto et le reste du Japon. Il tient également un blog sur Kyōto (insidekyoto.com).

RAY BARTLETT

Ailleurs au Japon Ray est arrivé à Kagoshima en 1993 et n'en est jamais vraiment reparti : c'est aujourd'hui sa deuxième maison. Avec comme base la préfecture la plus méridionale du Japon continental, il a sillonné tant de fois le Kyūshū qu'il en a perdu le compte. À l'occasion de ses recherches pour cette édition de *L'essentiel du Japon*, il a pu s'adonner à certains de ses passe-temps favoris : les *onsen*, le surf et la randonnée. Plus d'infos et contact sur www.kaisora.com. Vous trouverez également ses suggestions d'*onsen* sur www.OnsenJapan.net. Il partage son temps entre le Japon, le Mexique et les États-Unis.

Rendez-vous sur :
auth.lonelyplanet.com/profiles/kaisora

Auteurs (suite)

L'essentiel du Japon
3e édition
Traduit et adapté de l'ouvrage *Discover Japan, 3rd edition, November 2015*

Dépôt légal Mai 2016
ISBN 978-2-81615-429-0
Imprimé par IME by ESTIMPRIM, Baume-les-Dames, France

MIXTE
Issu de sources responsables
FSC® C003309
FSC www.fsc.org

En Voyage Éditions | un département place des éditeurs